Bernd Rill · Die Inquisition und ihre Ketzer

Bernd Rill

Die Inquisition
und ihre Ketzer

IDEA

Edition historica

CIP-Kurztitelaufnahme der Deutschen Bibliothek

Rill, Bernd:

Die Inquisition und ihre Ketzer / Bernd Rill.
Puchheim: IDEA, 1982.
(Edition historica)
ISBN 3-88793-010-X

ISBN 3-88793-010-X

© 1982 IDEA Verlag GmbH, Puchheim
Alle Rechte vorbehalten

Gesamtherstellung: Mayer-Druck, Augsburg
Printed in Germany

INHALT

„Was ist Wahrheit?" (Johannes 18, 38)

VORWORT

Auf dem Marktplatz des kleinen Städtchens hatte die Nacht über schon ein hochgeschichteter Scheiterhaufen gestanden, der nur noch der zündenden Brandfackel zu harren schien. Als nun allmählich die Sonne über den Horizont zu lugen begann, da hörte man ein Rütteln und Rumpeln durch die Gäßchen, daß gar mancher verschlafene Kopf hinter den Fensterscheiben der Fachwerkhäuser sichtbar wurde und erschreckt unten auf der Straße des vorbeiziehenden Henkerskarrens gewahr wurde, auf dem ein junges hübsches Weib kauerte, die Hände mit starken Stricken, die ihm in sein zartes Fleisch schnitten, auf den Rücken gebunden. Die langen blonden Haare hingen dem unseligen Weibe wirr um das bleiche Antlitz, in das die Spuren mannigfaltiger Tränenfluten eingekerbt waren. Sein Blick aber war von unruhigem Flackern erfüllt und verzweifelt. Stammelten seine zerrissenen Lippen, die sich zuckend zu bewegen schienen, heiße Gebete zur Jungfrau Maria, ihm in der Stunde seines nahenden, qualvollen, unverschuldeten Todes beizustehen? Und neben dem Weibe schritten mit blakenden Fackeln in knochigen Händen düster blickende Mönche, schwarze Kutten über das harte Antlitz gezogen, ein fanatisch entmenschtes Glühen in den zur Erde geneigten Blicken.

Da schrie das junge Weib plötzlich auf, und sein schlanker gemarterter Leib bäumte sich von der schmutzigen Streu des Henkerskarrens jäh in die Höhe: „Nein, ich bin keine Hexe, bei allen Heiligen, unschuldig bin ich, so wahr ich dereinst in die ewige Seligkeit eingehen will, es ist alles nicht wahr –" stieß es mit tränendem Schrei hervor. Doch schon hielt ihm der Mönch, der unmittelbar neben ihm geschritten war, das Kruzifix mit der Rechten vor, während er mit sehniger Linker ihm hart auf die Schulter schlug und das jammervolle Weib herrisch und unnachgiebig auf die Spreu zurückdrückte: „Tue Buße und hadere nicht mit Gott und seiner heiligen Inquisition!" rief er ihm mit gebietend erhobener Stimme zu und funkelte Blitze aus seinen Augen, „törichte Ketzerin, denn es steht geschrieben, daß ... ".

So könnte man das Thema „Inquisition" auch behandeln und dem betreffenden Buch durch einige kluge Marginalien sogar immer noch den Charakter des Sachbuches wahren. Aber damit ist außer der Beschwörung von Krimistimmung und, im Falle der Hexen, sadistischem Sex, etwas mit Mysterium versetzt, gar nichts getan. Denn die Geschichte der Inquisition ist ein Schulfall dafür, wie die Schlachtfelder der Politik von

7

weltanschaulichen Überzeugungen abhängen, die auf die Grundfragen des menschlichen Lebens eine Antwort zu geben versuchen. Natürlich müssen die blutigen Spuren der Inquisition deutlich dargestellt werden; aber die andere Hälfte der Auseinandersetzung fand eben in den Köpfen ihrer Gegner und Verfechter statt. Die Inquisition war Polizei, aber eine des Glaubens, und daher ohne dessen Erscheinungsbild undenkbar – so, wie die staatliche Polizei im Geist und nach der Verfassung ihres Dienstherren vorgehen muß. Daher ist es im vorliegenden Buch unser Bemühen, auch die andere Hälfte gebührend hervorzukehren und nicht dem Sensations-Effekt von Einzelereignissen zu opfern. Nur so gewinnt man einen Überblick über das Gesamtphänomen der Inquisition. Alles andere wäre eine zusammenhanglose Dramatisierung von jahrhundertealten Gerichtsakten.

Es wird also ohne Theologie und Kirchenrecht nicht abgehen. Damit wird klar werden, wie sehr die Inquisition zeitabhängig war, zugleich wird dargelegt, warum ihre Wirksamkeit so in die Breite gehen konnte und so relativ erfolgreich war – sie hat im hohen und späten Mittelalter und in der Zeit der Gegenreformation die Kirchengeschichte ganz entscheidend beeinflußt. Es geht also auch nicht ohne kirchengeschichtliche Ausblicke. Die „weltliche" Geschichte, die parallel dazu verläuft, muß mehr oder weniger vorausgesetzt werden. Denn die Darstellung der Inquisition bleibt eine Monographie und muß daher irgendwo eine Grenze im Zusammenhang der Fakten und im Knüpfen von Kausalketten finden. Um kein erdrückendes Kompendium in Angriff zu nehmen (bei diesem Thema eine Lebensarbeit!), war außerdem eine bewußte Auswahl aus der Fülle der Geschehnisse zu treffen. Dadurch soll das Typische stärker hervortreten und dem Grundsätzlichen mehr Raum verschafft werden.

Daß sich dies nicht mit dem redlichen Bemühen des Verfassers um Objektivität vertragen könnte, wollen wir nicht hoffen, wohl wissend, daß die bloße Darstellung „so, wie es gewesen", in Wirklichkeit ein Postulat ist, das selbst sein Verkünder, der große Ranke, nicht erfüllen konnte. Es ist für den Historiker wohl eher eine Idee im kantischen Sinne, die seiner Arbeit zwar Ordnung und Ziel gibt, die er aber nie erreicht.

Und es kann die vollständige Objektivität auch gar nicht geben, unabhängig davon, daß gerade das Thema der Inquisition „von der Parteien Gunst und Haß verwirrt" ganz besonders in der Geschichte schwankt. Denn die Abschnitte der Geschichte lassen sich im Geiste sehr wohl zusammenziehen, aber sie rächen sich für das Herausreißen aus dem Zusammenhang von Raum und Zeit, indem sie sich im Auge des Betrachters verändern.

„... nicht als Herren eures Glaubens, sondern als Mitgenießende eurer Freude ..." (2 Korinther,1,24)

I. GRUNDLEGUNG

»Da suchten die Hohepriester und der ganze Hohe Rat falsches Zeugnis gegen Jesus, um ihn zu Tode zu bringen, aber sie fanden keines, obwohl sich viele falsche Zeugen eingestellt hatten. Schließlich kamen zwei, die behaupteten: „Dieser hat gesagt: ich kann den Tempel Gottes zerstören und wieder aufbauen in drei Tagen". Da erhob sich der oberste der Hohepriester und sagte ihm: „Du antwortest nichts? Was ist mit dem, das diese gegen dich aussagen?" Aber Jesus schwieg. Und der oberste der Hohepriester begann von neuem: „Ich beschwöre dich bei dem lebendigen Gott, sage uns, ob du Christus bist, der Sohn Gottes". Jesus antwortete ihm: „Du hast es gesagt, ich aber sage euch: ihr werdet in der Zukunft den Menschensohn sehen, sitzend zur Rechten des Allmächtigen, und herabkommen auf den Wolken des Himmels". Da zerriß sich der oberste der Hohepriester die Kleider und sprach: „Er hat Gott gelästert! Was brauchen wir nun noch Zeugen? Hier, ihr habt seine Lästerung gehört! Was scheint euch nun gut?" Diese aber antworteten: „Er ist des Todes schuldig!"«

Und damit wurde der Gründer der Kirche auch zu ihrem ersten Ketzer, zumindest in den Augen derjenigen, die seine Kirchengründung als Ketzerei ansahen, also natürlich die Verwalter der bis dahin bestehenden Religion, die jüdische Hierarchie. Es konnte für sie nichts ketzerischer sein, als die Behauptung, der Sohn Gottes und damit (wir wollen christologische Feinheiten aussparen) selber Gott zu sein, denn das lief dem strikten jüdischen Monotheismus direkt zuwider. Wohlgemerkt: dem Monotheismus nach jüdischen Vorstellungen, der von einer Dreieinigkeitsvorstellung nichts hielt und der Gott als eine einzige Person ansah.

Die Hohepriester betätigten sich dabei auch sofort als Inquisition, und es kam, wie es kommen mußte und nicht nur den Bibellesern bekannt ist: »Pilatus wusch sich die Hände vor dem Volk und sprach: „Ich bin unschuldig an dem Blut dieses Gerechten. Denkt wohl daran!" Und das ganze Volk erwiderte: „Sein Blut komme über uns und über unsere Kinder!" Dann ließ er ihnen Barabbas frei und bestimmte Christus, nachdem er ihn hatte geißeln lassen, damit er gekreuzigt würde.«

Nach der Auferstehung und der Himmelfahrt Christi waren die Apostel in der „Urkirche" vereinigt, die eine idyllische Gemeinschaft des Friedens gewesen sein soll. Vielleicht hatte sie der Heilige Geist, der zu Pfingsten über sie gekommen war und die kleinen Leute aus Palästina

sich in schwungvollen Reden der Apologie und der Bekehrung zu ergehen gelehrt hatte, derart erleuchtet, weil die Wiederkunft Christi von ihnen für die allernächste Zeit erwartet wurde und sie ihm würdig vorbereitet entgegengehen wollten. Aber diese Vermutung hat bereits den
Hauch des Ketzerischen, da er die Erwartung der letzten Dinge durch die
Apostel, die sich nicht erfüllte, mit dem Wirken des Heiligen Geistes verbindet, dieser aber kraft seiner göttlichen Unfehlbarkeit nicht eine Hoffnung befördern konnte, die nicht berechtigt war. Sie ist auch schon kom-
plizierte theologisierende Spekulation, die der Entstehung von Ketzerei
zu allen Zeiten förderlich ist, und daher wollen wir sie nur als Hintergrund nehmen für die schlichte Welt der Urkirche, in der der Samen häretischer Zwietracht noch nicht ausgestreut scheint − zumindest wenn
wir die Zeugnisse der Apostelgeschichte betrachten. Es war das „goldene Zeitalter" der jungen Kirche: „Täglich auch weilten sie einträchtig im
Tempel, und brachen in ihren Häusern das Brot, nahmen ihre Speise mit
Freude und in der Einfachheit des Herzens zu sich, lobten Gott und verhielten sich freundlich zu allem Volk" (Apg 2, 46,47). „Es war aber die
Menge der Gläubigen ein Herz und einer Seele" (Apg 4, 32).

Der unvermeidliche Beginn der Theologie aber... der genauen Wissenschaft von dem, was bisher nur die Gemüter erfüllt hatte, führte noch zu
keinen unbrüderlichen Kontroversen. Die Theologie entstand negativ,
d. h. aus der Auseinandersetzung mit dem umgebenden jüdischen Glauben: „Wenn ihr euch nicht gemäß dem Gesetz Mosis beschneiden laßt,
könnt ihr nicht das Heil erlangen" (Apg 15,1), trugen da welche vor, und
das anschließende „Apostelkonzil", das diese Ansicht zurückwies, fand
in durchaus harmonischem Geiste und ohne die Aggressivität der Verfolgung statt.

Als erster Häretiker innerhalb der christlichen Kirche gilt Simon der
Magier, dessen Fehler es war, das Wunderwirken der Apostel mit ordi-
närer Zauberei zu verwechseln, und der daher Petrus Geld anbot, um die
Kunst des Wunderwirkens von ihm zu lernen. Daraufhin verwünscht ihn
Petrus so kräftig, wie es in der Apostelgeschichte nachzulesen ist.

Kaum ist die Kirche entstanden, taucht doch schon Ketzerei in ihr auf.
Bereits Christus hatte dies (gemäß Matthäus-Evangelium) vorausgesagt:
„Viele werden in meinem Namen kommen und sagen: ich bin Christus",
oder: „Es werden viele falsche Propheten auftreten und viele verführen". Setzen wir die „Kirche" vereinfachend dort fest, wo sie ein Minimum an äußerer Verfaßtheit erkennen läßt, also mit dem Augenblick, da
Christus „sich zwölf wählte, die er Apostel nannte" (Lukas 6,13). Sobald
eine noch so kleine Gemeinschaft entstand, die sich auf die Lehren Christi festlegte, war eine Abweichung von diesen möglich, die „Ketzerei".
Und sobald jemand auftrat, der diese Abweichung registrierte, dem Abtrünnigen entgegen − und ihn bei Strafe der Gewaltanwendung zum

Umkehren anhielt, war die „Inquisition" geboren – nicht das Amt, aber bereits die Sache.

Lassen wir uns von Thomas von Aquin, der, „weil er die alten heiligen Lehrer aufs höchste verehrte, darum gewissermaßen den Geist aller besaß" (Papst Leo XIII.), grundsätzlich definieren, was Ketzerei ist: „... eine besondere Art des Unglaubens, sich beziehend auf diejenigen, die den Glauben an Christus zwar bekennen, aber dessen Lehrsätze (dogmata) verderben". Etwas ausführlicher bestimmt Kanon 1325, § 3 des Codex Juris Canonici den Begriff des Ketzers: „Wenn jemand nach Empfang der Taufe zwar den Namen eines Christen beibehält, aber hartnäckig eine aus den Wahrheiten, die nach göttlichem und katholischem Glauben geglaubt werden müssen, verneint oder an ihr zweifelt, dann ist dieser ein Ketzer ..." oder ein Häretiker, um das griechische Fremdwort zu verwenden, das nicht ganz solche düsteren mittelalterlichen Assoziationen erweckt wie das mittelhochdeutsche „Ketzer". Hierbei ist zwischen formeller und materieller Häresie zu unterscheiden: Wer ketzerische Gedanken hat ohne das Bewußtsein davon, daß sie ketzerisch sind, der ist häretisch, aber ohne Sünde (z. B. dezidiert katholische belletristische Autoren wie Graham Greene, dem dabei gewiß ein Stein vom Herzen fallen wird!). Er ist „materiell", der Sache nach, ein Ketzer. Folglich ist er dann ein „formeller" Ketzer, wenn er sich seiner Häresie bewußt ist, letzterer im kirchlichen Sinne natürlich der gravierendere Fall. Die Herkunft des Wortes „Ketzer" soll uns im nächsten Kapitel beschäftigen, doch das Wort „Häretiker" muß sofort genauer betrachtet werden. Es sagt entsprechend der griechischen Wurzel „haireisthai = auswählen", daß Häretiker aus dem Zusammenhang aller kirchlichen Lehren einzelne herausreißen und daran typischerweise erkennbar sind. Denselben Sinn hat die andere mögliche Herleitung von lateinisch haersiscor = ich teile.

Häretiker verstoßen gegen die Einheit des Glaubens. Sie „zerstören den organischen Zusammenhang der Glaubenswahrheiten". Daß die Kirche aber eine Einheit darstellen muß, ergibt sich unmittelbar aus ihrem Anspruch auf die ewige Wahrheit, die nicht auseinanderdividiert werden kann.

Nach katholischer Auffassung kann die Kirche als ganze nicht aus der Wahrheit herausfallen, die der Menschheit durch Christus verkündet worden ist. Denn der Heilige Geist, mit Christus der Gründer der Kirche, ist in ihr immer anwesend. Sie hat ein „depositum fidei", einen „Schatz des Glaubens", zu verwahren, der von Christus und den Aposteln herrührt und in ihr immer vorhanden ist, sei er nun offenbar oder noch nicht erkannt. Infolgedessen muß die Kirche Entscheidungsvollmacht haben, um zu bestimmen, welche Lehre aus diesem „Schatz des Glaubens" zu ziehen ist und welche nicht. Das Dogma nun, in dem sich die Lehre allgemeingültig manifestiert, ist nichts anderes als das Ergebnis aus dieser

Entscheidungsvollmacht. Die Kirche „tritt überhaupt erst durch den Glauben an diese Vollmacht in Existenz". Durch das Dogma unterscheidet sich die Kirche von einer bloßen Kultgemeinschaft, durch das Dogma wird sie zu einer Institution.

Die Notwendigkeit seiner Verkündung erfordert ein besonderes Amt. Eine Institution mit der beschriebenen Verpflichtung, auch nach außen aufzutreten, ist ohne ein solches Amt undenkbar. Damit ist die Notwendigkeit des kirchlichen Lehramtes festgestellt. Es hat Teil am Wirken des Heiligen Geistes in der Kirche und kann daher wie sie grundsätzlich die Wahrheit nicht verfehlen. Es ist „an sich indefektibel" (wie man „unfehlbar" auch ausdrücken kann). Da das Erlösungswerk Christi nicht scheitern kann, kann auch die von ihm begründete Kirche die endgültige Erlösung nicht verfehlen. Damit ist die Kirche als ganze der Erlösung gewiß. Nicht aber kann es der einzelne in ihr sein. Ist das unlogisch? Nein, wenn unter „Kirche" mehr verstanden wird als die Summe der ihr angehörenden Personen. In ihr denkt Christus sozusagen die Menschheit im allgemeinen. Daraus wächst der Kirche eine besondere Heiligkeit zu, die auch dem Lehramt seine spezifische Autorität dem Einzelnen und dem Häretiker gegenüber verleiht.

Es bleibt noch festzulegen, wer in der Kirche das Lehramt auszuüben hat, denn diese Instanz muß auch dazu berufen sein, gegen Häretiker vorzugehen. Das „depositum fidei" muß denjenigen anvertraut sein, die es von Christus übernommen haben, also den Aposteln und deren Nachfolgern. Dies sind die Bischöfe, die ihr Amt durch eine Kette von Nachfolgeschaften auf die Apostel zurückführen können. Die nach Kirchenverfassung rechtmäßige Bestellung eines Bischof wird hiermit zum Punkt, an dem er auch Zugang zum „Schatz des Glaubens" erhält und so mit dem Lehramt bekleidet wird.

Der Papst als Bischof von Rom hat die gleiche von den Aposteln hergeleitete Autorität, zusätzlich aber den Jurisdiktionsprimat in der Kirche. Aus der Berechtigung, oberste Instanz in Fragen der Kirchenverfassung zu sein, war natürlich kein Vorrang seines Lehramtes vor dem der anderen Bischöfe zu folgern, denn Verwaltung und Politik auf der einen Seite haben für unbefangene Betrachtung mit der Klärung von Glaubenswahrheiten auf der anderen Seite nichts zu tun. Es konnte allerdings nicht ausbleiben, daß dem Papst im Laufe der Entwicklung ein solcher Vorrang auch im Lehramt zufiel. Der Satz „Roma locuta-causa finita" wuchs vom juristischen Feld aus in den dogmatischen Bereich hinein in dem Maße, in dem das Schwergewicht der Kirche sich in Rom konzen-

Allegorische Darstellung der Häresie als Göttin mit tiergestaltlichen Attributen.

HÆRESIS DEA

trierte. Rom wurde kirchlicherseits übermächtig.

Wenn aber das Lehramt auf dem „Schatz des Glaubens" beruht, dann muß dieser Urgrund fest sein. Er könnte indes von jemandem erschüttert werden, der behaupten würde, einen eigenen, von der Kirche unabhängigen „Schatz des Glaubens" zu besitzen. Diesen aber könnte er nur durch eine Offenbarung Gottes an sich persönlich erhalten haben!

Die Kirche erklärt es jedoch für unmöglich, daß das nach der Offenbarung des Neuen Testamentes noch geschehen könne. Denn das Wandeln Christi auf Erden, sofern er Gott war, ist ein schlechthin unüberbietbares Ereignis: die Gottheit selbst hat die Ewigkeit verlassen, ist in die Zeitlichkeit dieser Welt herabgestiegen und hat „sich selbst eröffnet". Christus ist daraufhin zum Himmel aufgefahren und wird erst am Ende aller Zeiten wiederkommen, also erst am Ende aller Geschichte, wie sie für Menschen faßbar ist. Mehr als die schon geschehene Offenbarung kann sich in der Zwischenzeit nicht mehr ereignen. Bis zur Wiederkehr Christi kann die Kirche nichts anderes tun, als im Besitz der einmal empfangenen Offenbarung zu verharren. Die Offenbarung kann allerdings besser verstanden und erklärt werden durch das Lehramt, das die Dogmen entwickelt.

Niemals aber haben sie den Charakter der Neuheit, denn sie werden aus der vorhandenen Offenbarung heraus gleichsam nur „freigelegt". Die Fülle der Gottesschau kann natürlich nicht in dieser Welt erreicht werden, sondern erst im Jenseits, vulgo „im Himmel". Dementsprechend ist die Erkenntnis Gottes auch für die Kirche auf Erden beschränkt. Wohl erkennt sie das, doch ergibt sich daraus nicht, daß sie Häretikern gegenüber von minderer oder auch nur gleichgroßer Autorität wäre. Dies folgt aus dem Gesagten.

All diese Gedanken atmen förmlich die Idee der kirchlichen Einheit. Aus dem Selbstverständnis der Kirche, wie es in den Briefen des Apostels Paulus angelegt ist, folgt ebenfalls, daß sie unbedingt eine Einheit in wesentlichen Glaubenfragen bilden muß. Wenn Christus ihr Haupt und sie der „mystische Leib Christi" ist, dann ist gedanklich die Existenz mehrerer Kirchen unmöglich. „Denn es ist kein anderer Name unter dem Himmel den Menschen gegeben, in dem wir selig werden sollen", sagte Petrus in der Apostelgeschichte vor den Hohepriestern. Häretiker, die diese Einheit verletzen, haben allerdings auch einen gewissen positiven Sinn für die Kirche, wenn auch nur einen pädagogischen: „einmal zur besseren Abklärung der Wahrheit, dann auch, um die Schwäche des Glaubens in denen bloßzulegen, die das Richtige glauben", wie Thomas von Aquin sagt.

Häretiker kann nur der sein, der dieser Kirche auch angehört, er muß also entsprechend der Formulierung des Codex Juris Canonici „nach Empfang der Taufe" geleugnet oder gezweifelt haben. Simon der Magier aber war bereits getauft, bevor er Petrus sein Anerbieten machte, wie aus dem Text der Apostelgeschichte hervorgeht. Ferner müssen Lehrsätze vorliegen, gegen die er überhaupt erst verstoßen kann; dies meint der Codex mit den „zu glaubenden Wahrheiten" und Thomas von Aquin mit den „dogmata".

Simon der Magier hatte nun die theologische Ungeschicklichkeit begangen, zu glauben, Wunderwirken sei ein Handwerk, das auf Abruf zu Gebote stünde und folglich gegen gute Bezahlung erlernt werden könnte. Daher mußte er sich von Petrus sagen lassen, daß Wunder Ausfluß des Wirkens des Heiligen Geistes sind, der in die Herzen der Christen einzieht, wenn sie „gerecht vor Gott" sind, aber sonst nicht.

So bietet schon der Text der Apostelgeschichte Ansatzpunkte zur Entwicklung einer feinverästelten Theologie, in deren teilweise unsichtbaren Netzen sich mit zunehmender Entwicklung des kirchlichen Lehrgebäudes immer mehr Menschen verfingen.

In den ersten Jahrhunderten nach Christi Geburt lag das oben kurz skizzierte Lehrgebäude selbstverständlich noch nicht vor. Es sollte hier aber dennoch vorausgeschickt, quasi vor die Klammer gesetzt werden, innerhalb der die Entwicklung der Inquisition im Mittelalter und in der frühen Neuzeit voranschritt. Denn wenn es so ist, daß Dogmen erst allmählich ans Licht gezogen werden, im Kern aber schon seit dem Abschluß der Offenbarung vorhanden sind, dann mag der Schluß gerechtfertigt sein, daß die Kirche ihnen entsprechend bereits gehandelt hat, bevor sie endgültig ans Licht gezogen waren. Und wir wollen hoffen, daß wir den Gedanken der verantwortlichen Kirchenmänner der Spätantike und des frühen Mittelalters keine Gewalt antun, wenn wir auch ihre Handlungsweise aus den Formulierungen zu erklären versuchen, die erst in der Zeit niedergelegt wurden, als die Kirche zur beherrschenden Macht des Abendlandes aufgestiegen war. Der Wille zur Verfolgung war ja schon immer vorhanden, wenn er als letzte Konsequenz aus dem Besitz der einzigen Wahrheit gefolgert wird; die Überzeugung von diesem Besitz aber ist schlechthin untrennbar von jeglicher religiösen Gemeinschaft.

In den Formulierungen der streitbaren Kirchenväter wetterleuchtet es da bereits. Unser so sensibles Jahrhundert (zumindest wenn es sich um die vor langen Generationen von der Kirche angewendete Gewalt handelt) könnte nicht umhin, diese Autoritäten der verbalen Gewalt anzuklagen, aus der die physische Gewalt nur allzu leicht folgt. Markion der Gnostiker, gegen den sich das kirchliche Dogma im 2. Jahrhundert bewußter herauszubilden begann, wird vom hl. Polykarp noch vergleichsweise zivil als „Erstgeborener des Satans" tituliert, was nach damaligem Dämonenglauben vielleicht sogar noch eine sachliche Aussage bedeutete. Ephraim (aus dem 4. Jahrhundert) gleitet mit den Ausdrücken „reißender Wolf", „schmutziges Schwein" und „greulicher Frevler" schon ganz gehörig aus.

Schließlich wird Markion ein Strick daraus gedreht, daß er aus der Landschaft Pontus am Südufer des Schwarzen Meeres stammt, denn dort sei angeblich zügellose Promiskuität im Schwange, und außerdem würden dort die Leichen der Eltern in Stücke geschnitten und zusammen mit Tierfleisch bei wüsten Gelagen verzehrt. Überhaupt wird der häretische Gegner höchstens am Rande mit seiner Lehre erwähnt, im übrigen aber mit Verbalinjurien zugedeckt.

Ein besonders gängiges Mittel der Diffamierung ist, dem Betreffenden einen moralisch unmöglichen Lebenswandel vorzuwerfen. Bereits der erste „Kirchenfeind", der erwähnte Simon der Magier aus der Apostelgeschichte, wird von dem Kirchenlehrer Irenäus des Konkubinates mit einer Straßendirne namens Helena bezichtigt, die er noch dazu seinem philosophischen Lehrer weggenommen habe. Die Priester seiner Gemeinschaft leisten der Sinnenlust Vorschub, brauen Liebestränke, verdrehen armen Mädchen auch sonst mit abgefeimten Methoden den Kopf etc. etc. Die Schrift des hl. Augustinus über Ketzereien (de haeresibus) dagegen ist in ihrer kurzen Auflistung und Charakterisierung der Häresien von ruhiger Sachlichkeit bestimmt.

Nun ist bekannt, daß viele antike Kulte, auch in der Spätantike, orgiastische Züge an sich hatten und sich auf das Vorbild des rauschhaften Dionysos und anderer chaosfördernder Gottheiten nur deshalb beriefen, um einen Vorwand zum hemmungslosen Austoben zu haben. Es ist auch bekannt, daß die Kaiser gegen das Überhandnehmen schmuddeliger Kulte einschreiten mußten. Trotz dieser Tatsachen ist die Absicht der Kirchenschriftsteller unverkennbar, gegen den religiösen Gegner nicht Tatsachen festzustellen, sondern eine moralische Schlammschlacht zu entfesseln.

Dräuend rollt die Invektive des Vaters der Kirchengeschichtsschreibung, des Eusebius von Cäsarea, gegen Simon den Magier und seine Gemeinde: „Was je an Schmutz und Schande ersonnen worden war, all das wurde noch übertroffen von der überaus scheußlichen Häresie dieser Leute, welche mit erbärmlichen und tatsächlich in allen Wassern gewaschenen Weibern ihren Unfug treiben". Als Eusebius sein Werk schrieb, war die christliche Kirche immerhin nicht mehr im Verteidigungskampf gegen das übermächtige Heidentum begriffen, sondern bereits von Kaiser Konstantin im Toleranzedikt von Mailand (313) endgültig außer Verfolgung gestellt worden!

Die Angriffe gegen Feinde in den eigenen Reihen sind also nicht mehr als Notwehrmaßnahmen zum Überleben zu erklären. Sie sind die Konsequenz eines Weltbildes, das das Universum unerbittlich in Gut und Böse einteilt. Das Böse wurde als lebendige Macht gesehen, die in Teufeln,

Dämonen und blutrünstigen Gespenstern die Erde und die Kirche beständig heimsuchte. Die heitere Welt des Mittelmeeres wurde allmählich zu einem Pandämonium. Welche beunruhigenden Irrationalismen auch immer in der klassischen Antike lebendig gewesen sein und nur für das unbewaffnete Auge der Menschen der Neuzeit von humanistischer Idealisierung überkleistert worden sein mögen: hier zog eine ganz neue Weltsicht herauf, die eben deshalb, weil sie konsequent zum Himmel aufblickte, die Teufel auf der Erde einziehen ließ.

Es widerstrebt uns dennoch, deshalb das Schlagwort von dem „finsteren Mittelalter" zu bemühen, das an dieser Zeitenwende heraufzieht: denn all die sorgfältig beobachteten Teufel und Dämonen sind nur der zeitbedingte Ausdruck für die innere Bedrohtheit des Menschen, die die christliche Religion schärfer erkannt hat als das Altertum und derer sie sich nur deshalb in solchem Ausmaße annimmt, weil sie die Rettung dagegen zu besitzen glaubt.

Von den irdischen Implikationen aller Häresie, politischen und sozialen Haupt- und Nebenabsichten, die in Gestalt einer ketzerischen Behauptung daherkamen oder bei denen zumindest die Grenze zwischen Lehrmeinung und außertheologischer Absicht unmöglich exakt gezogen werden kann, war allerdings bei dem „Prototyp" Simon dem Magier noch nicht die Rede, denn er erwiderte Petrus schlicht: „Betet zum Herren für mich, damit mir nichts von dem zustoße, was ihr gesagt habt". Hierbei drängt sich die Beobachtung auf, daß er die Worte des Petrus nicht richtig verstanden hatte, denn er scheint das Gebet als eine Art Gegenzauber zu dem Verwünschungszauber angesehen zu haben, den er von Petrus soeben hatte erleiden müssen.

Paulus, erst der Verfolger der Christen, nun ihr eifrigster Vorkämpfer, grollt im Epilog des zweiten Korintherbriefes: „Ich habe es schon einmal gesagt und wiederhole es in Abwesenheit für diejenigen, die gesündigt haben und für jeden anderen: wenn ich wieder zu euch komme, werde ich keine Nachsicht mehr üben, sobald ihr den Nachweis wollt, daß in mir Christus spricht..."

Die kirchliche Auslegung dieser Stelle beschwichtigt: „Dabei muß man vielleicht nicht daran denken, daß er ein formales und gesetzmäßiges Verfahren durchführen wollte, sondern daß er die Situation der Kirche von Korinth von Grund auf untersuchen wollte, die Verantwortlichen der Unordnung dort feststellen und die notwendigen Maßnahmen treffen wollte, um Frieden und Eintracht wiederherzustellen." Außerdem klingt ein anderes Paulus-Zitat wesentlich milder (2 Thess. 3,14): „Wenn einer unserem Wort nicht gehorcht, das wir durch diesen Brief gesandt haben, kennzeichnet ihn und habet keine Gemeinschaft mit ihm, damit er verwirrt werde. Haltet ihn aber nicht für einen Feind, sondern ermahnet ihn wie einen Bruder."

Dennoch lenkt das schneidende Wort des Paulus aus dem zweiten Korintherbrief die Aufmerksamkeit auf ein Problem, das nicht mehr nur theologisch war, sondern konkretes Ordnungsdenken verlangte und damit von höchster Wichtigkeit für den irdischen Weg der Kirche wurde: wie hatte man mit Abtrünnigen zu verfahren? Zunächst hatte man zu klären, ob die Kirche sich in ihrer Reaktion auf eine Bezeichnung häretischer Sätze zu beschränken habe oder ob sie die Häretiker zur Rückkehr zur Einheit zwingen dürfe. Jedenfalls darf sie exkommunizieren, d. h. die Häretiker von der Eucharistie ausschließen. Die Begründung dafür wurde im Brief des Paulus an die Galater (1,8) gefunden: „Aber wenn auch ich selbst oder ein vom Himmel herabgestiegener Engel euch ein Evangelium verkünden würde, das von dem verschieden ist, das wir euch gepredigt haben, dann sei er verdammt!" Griechisch: anathema esto.

Ist damit auch Zwang gemeint, der, genauer betrachtet, in zwei Modalitäten über die Exkommunikation hinaus ausgeübt werden kann: als Maßnahmen gegen die persönliche Freiheit, z. B. Entzug der Redefreiheit in der Kirche, oder gar gegen das Leben des Häretikers selbst, also seine Hinrichtung? Dem steht immerhin entgegen, daß das innerkirchliche Gesetz eine Liebesordnung sein soll und demnach alles getan werden muß, den Häretiker in diese Liebesordnung zurückzuführen – ohne Zwang, damit sich die Liebe nicht durch die Wahl ihrer Mittel selbst ad absurdum führt.

Im Matthäus-Evangelium (15, 12 – 17) ist die Auseinandersetzung mit dem Abweichler dementsprechend idyllisch vorgezeichnet, ganz in pastoralem Frieden: „Wenn ein Mann hundert Schafe hat und eines von diesen sich verirrt, wird er dann nicht etwa die neunundneunzig anderen auf den Bergen zurücklassen, um auf die Suche nach dem verirrten Schaf zu gehen? Und wenn er es dann wirklich findet, wahrlich, ich sage euch, hat er mehr Freude an diesem als an den neunundneunzig, die sich nicht verirrt haben ... wenn dein Bruder sich gegen dich verfehlt hat, gehe hin und bessere ihn im Gespräch unter vier Augen; wenn er dich anhört, hast du deinen Bruder wiedergewonnen; aber wenn er dich nicht anhört, nimm eine Person oder zwei mit dir, damit jede Rede aus dem Munde zweier oder dreier Zeugen festgehalten werden kann; und wenn er sich weigert, dich anzuhören, sage es der Gemeinde. Wenn er dann nicht einmal auf die Gemeinde hört, soll er für dich sein wie ein Heide und Zöllner." Keine Spur also von Zwang oder Gewalt. Damit fällt dieser Text deutlich aus dem historischen Rahmen, denn früheren Zeiten war die Anwendung von Zwang aus christlicher Liebe durchaus nicht als der Gegensatz bewußt, als den wir ihn heute auffassen mögen. (Augustinus meinte gar, wer härter strafe, zeige größere Liebe!) Heute wird die Stelle aus dem Galaterbrief so ausgelegt, daß sie „lediglich den Absolutheitscharakter des vom Herrn überkommenen Evangeliums betont".

18

Als die Männer der Kirche darüber nachzudenken begannen, wie mit Häretikern zu verfahren sei, ließ sich auch die Berechtigung von Zwangsanwendung aus jener Bibelstelle herausinterpretieren. Im Jahre 1415 verdammte die Kirche folgenden Lehrsatz des Böhmen Johannes Hus: „Die Gelehrten, die behaupten, daß ein durch kirchliche Rüge zu Bessernder (= Häretiker)...dem weltlichen Gericht zu übergeben ist, folgen darin den Päpsten, Schreibern und Pharisäern, die Christus...selbst dem weltlichen Gericht übergeben haben, und solche Leute sind schlimmere Mörder als Pilatus". Das Argument des Johannes Hus ist zu naheliegend, als daß es nicht auch schon in der christlichen Antike eine Rolle gespielt hätte! Papst Pius IX. vermerkt in seinem „Syllabus" von 1864, einer Zusammenfassung der von der damaligen Kirche als Irrlehren bezeichneten Sätze, die folgende Behauptung: „Die Kirche hat nicht die Berechtigung (potestatem), Gewalt zuzufügen..." Sie legte sich diese Berechtigung stets zu – sonst hätte sie sich nicht mit der Inquisition ihre Ordnungspolizei schaffen können.

Aus dem Besitz der ewigen Wahrheit ergibt sich die Konsequenz der Verfolgung natürlich nicht zwingend, denn man kann Andersdenkende auch tolerieren. Bischof Wazo von Lüttich schrieb in der Mitte des 11. Jahrhunderts: „Der Herr will den Tod des Sünders nicht... Genug der Scheiterhaufen! ... Die, welche heute Ketzer sind, können sich morgen bekehren und noch größer als wir in dem himmlischen Vaterlande werden... Die Bischöfe sind die Gesalbten des Herrn, nicht um den Tod zu geben, sondern um das Leben zu bringen." Man solle Gott nicht in blindem Eifer ins Handwerk pfuschen, der das Unkraut vom Weizen (dieses Bild ist einem Gleichnis der Bibel entnommen) viel besser scheiden könne, wenn die Ernte gekommen sei. Doch diese Stimme blieb ungehört, Bischof Wazo war nur ein vereinzelter Streiter gegen den allgemeinen Geist, der Unduldsamkeit und Gewaltanwendung gegen Häretiker verlangte.

Thomas von Aquin mag als Autorität hierfür genügen: Falls sich die Häretiker so verstockt gezeigt haben, sind sie nach zweimaligem vergeblichem Versuch, sie zum wahren Glauben zurückzuführen, zu exkommunizieren und aus der Kirche auszustoßen. „Und weiter überläßt die Kirche ihn (den Ketzer) dem weltlichen Gericht, um sie aus der Welt auszulöschen durch den Tod." Denn „es ist viel schwerwiegender, den Glauben zu verderben, durch den die Seele ihr Leben hat, als Geld zu fälschen, durch das das zeitliche Leben unterstützt wird. Daher, wenn die Geldfälscher oder andere Missetäter stracks durch die weltlichen Fürsten der gerechten Todesstrafe überantwortet werden, dann können umso eher Häretiker, sobald sie ihrer Häresie überführt werden, nicht nur exkommuniziert, sondern auch gerechterweise getötet werden".

So sprach der hl. Thomas in der zweiten Hälfte des 13. Jahrhunderts.

Ein Dogma war das nicht, aber die Kirchenpraxis war danach, und dem gehorsamen Dominikanermönch blieb nichts anderes übrig, als sie zu rechtfertigen. Wenn das Unkraut im Weizenfeld – also die häretische Meinung im Kopf des Häretikers – nicht anders vernichtet werden konnte, dann mußte eben auch der Kopf, sc. das Leben mit vernichtet werden. Dies war sich die Kirche – nach Thomas – auch schuldig, damit die Rechtgläubigen nicht von der Häresie angesteckt würden, denn diese Gesamtverantwortung trug die Kirche.

Nur eine Nuance ist in dieser Rechtfertigung des geistlichen Terrors, und auch diese Nuance ist grausam: da „die Kirche nicht nach Blut dürstet", wird die Exekution der Strafe dem weltlichen Gericht überlassen. Christus nämlich hat Petrus im Garten Gethsemane, als dieser dem Malchus das Ohr abhieb, gesagt, er solle es wieder einstecken: „Wer das Schwert nimmt, kommt durch das Schwert um." Diese Weisung an den späteren Apostelfürsten nahmen die Kleriker zum Anlaß, durch ihre Person keine Gewalt auszuüben.

Von dem mangelnden Blutdurst hat der betreffende Ketzer aber gar nichts, da die Kirche diese Überantwortung an den weltlichen Arm nicht vorsehen würde, wenn sie nicht absolut sicher wäre, daß der weltliche Arm die Exekution ganz automatisch ausführen wird. Dazu ist er nach kirchlicher Rechtsauffassung auch verpflichtet, denn „oft zieht das himmlische Reich seinen Vorteil aus dem irdischen Reich ... die weltlichen Fürsten müssen erkennen, daß sie Gott wegen des Zustandes der Kirche werden Rechenschaft ablegen müssen, die sie angenommen haben, um sie für Christus zu schützen."

So spricht die wichtigste kirchliche Rechtsquelle des hohen Mittelalters, das sogenannte „Decretum Gratiani". Dasselbe Dekret rechtfertigt auch die Todesstrafe – für das Mittelalter eine Selbstverständlichkeit, theologisch abgestützt durch die einschränkende Auslegung des Gebotes an Moses „du sollst nicht töten" und ausdrücklich auch gegen Ketzer gerichtet: „Wir halten nämlich nicht diejenigen für Mörder, die gegen die Exkommunizierten im Eifer für die Mutter Kirche entbrennen und dann einige von ihnen umbringen." Aber auch der Mönch Gratian ist nicht so weltfremd, um hier nicht Mißbrauch zu befürchten. Im nächsten Satz nämlich hält er auch für die Eiferer im Dienste der Mutter Kirche eine Reue für erforderlich, „falls sie etwas an doppeldeutig auslegbaren Taten hierbei vollführt haben sollten, wie es bei der Hinfälligkeit der Menschen vorkommen kann."

Würde die weltliche Gewalt sich weigern, gegen Ketzer vorzugehen, wäre sie selber der Beihilfe zur Häresie schuldig und damit ihrerseits ein Todeskandidat! Zur Entschuldigung gibt es hier nichts vorzutragen, wohl aber zur historischen Relativierung: der Vergleich des hl. Thomas mit den Falschmünzern weist darauf hin, daß man von der Kirche im Mittelalter, die sich als weltliche Institution etabliert hatte, nicht mehr Humanität erwarten konnte als von der weltlichen Gewalt. Und wie brutal deren Strafen damals waren, ist allgemein bekannt. Wenn sie auch Sadismus zeigten in grusligem Ausmaß, für das Mittelalter war dieser Sadismus schlicht rechtens.

Doch damit sind wir der Zeit vorausgeeilt, denn die Kirchenväter der späten Antike, die das Fundament für die Lehre zu legen begannen, die dann bei Thomas von Aquin im 13. Jahrhundert ausgefeilt vorliegt, waren sich über die gehörige Behandlung der Ketzer durchaus noch nicht einig. Tertullian, Origenes, Cyprian von Karthago und Laktanz lehnten physische Gewalt rundweg ab. Johannes Chrysostomos hielt Maßnahmen wie den Entzug der Redefreiheit in der Kirche für erlaubt, die Tötung eines Häretikers aber für ein untilgbares Verbrechen.

Schließlich trat der hl. Augustinus auf, der zentrale kirchliche Denker am Ende der römischen Antike, dessen Werke zum unerschöpflichen Steinbruch für theologisches Material wurden. Augustinus war zunächst gegen Gewaltanwedung eingestellt, befürwortete aber schließlich unter Berufung auf das Gleichnis in Lukas 14, 15 – 24 den Zwang: der Hausherr, der eine Menge Gäste geladen hat und erleben muß, daß diese unter allerlei Entschuldigungen ausbleiben, schickt seinen Knecht auf die Straße, um sein Haus zu füllen: „Zwinge sie zum Eintreten (compelle intrare)", ruft er dem Knecht zu. Wenn mit dem Gleichnis „die Verantwortung des Rufes zum Gottesreich" umschrieben werden soll, dann sei in diesem Zwang zum Eintreten eben auch die Notwendigkeit begründet, diejenigen zu bestrafen, die nicht eintreten wollen. Auf eben diese Bibelstelle stützt sich auch das erwähnte „Decretum Gratiani", um die Anwendung von Zwang zu rechtfertigen.

Augustinus übrigens begründete seinen Sinneswandel damit, daß er von der Schlechtigkeit der Häretiker zu spät erfahren habe. Er stellte auch kurz vor seinem Tode ein Büchlein zusammen, in dem die bisherigen Häresien der Reihe nach aufgeführt waren. Dabei bemerkte er schon in der Einleitung, daß es entweder unmöglich sei oder zumindest höchst schwierig, global zu definieren, worin Ketzerei nun eigentlich bestünde. Man könne das dem Inhalt nach nicht auf eine gängige Formel bringen. Augustinus hatte es trotzdem noch versuchen wollen, aber bevor er zu solch einer häresiologischen Glanzleistung ansetzen konnte, ereilte ihn der Tod.

Die Diskussionen um die Ketzerbehandlung waren zunächst noch Theorie, denn der Kirche fehlte die Macht, ihren dogmatischen Standpunkt auch mit Gewalt durchzusetzen. Die fehlte ihr auch noch, nachdem sie zu Konstantins des Großen Zeiten zur beherrschenden Religionsgemeinschaft des Reiches aufgestiegen war. Denn die Kaiser waren nicht gewillt, sich von der Organisation, die die ewige Wahrheit zu besitzen behauptete, die Strafgewalt über die Untertanen des Römischen Reiches aus den Händen nehmen zu lassen, auch nicht für Vergehen auf geistlichem Gebiet.

Allerdings mußten sie ihre Strafgewalt ganz gehörig anstrengen, um innerhalb der Kirche, der größten nichtstaatlichen Gemeinschaft des Reiches, die Ordnung aufrechtzuerhalten. Wenn es auch schließlich unabweisbar geworden war, die Christen außer Verfolgung zu stellen – sie waren durch ihre Anzahl zum Staat im Staate geworden und entsprechend mühsam unter Kontrolle zu halten.

Im theologischen Streit um das Verhältnis zwischen Gott-Vater und Gott-Sohn hatte das Konzil von Nizäa (325) unter dem Vorsitz Konstantins des Großen sich zu der Definition durchgerungen, daß Christus „eines Wesens mit dem Vater" sei, und die allermeisten Bischöfe hatten diese Formel auch gutgeheißen. Aber Arius, Pfarrer an der Baukalis – Kirche in Alexandria, und zwei seiner Freunde, unterschrieben nicht. Ihr Standpunkt, der der nachmaligen „Arianer", ist bekannt: es sei Häresie, Christus dasselbe Wesen wie dem Vater zuzugestehen. Zwar sei Christus als Mensch vollkommener gewesen als andere Menschen und dürfe daher als „Gott" bezeichnet werden – aber nur sozusagen, denn seine Gottheit sei ihm vom Vater erst verliehen worden. Folglich sei er nicht ewig wie der Vater, also nicht wesensgleich, sondern nur „wesensähnlich". Dies wiederum war für die Mehrheit der Konzilsväter Häresie, und sie exkommunizierten Arius.

Wenn auch die gebildeten Heiden sich über solche Streitigkeiten eher amüsierten: hier ging es um einen Kernpunkt des christlichen Glaubens, nämlich darum, daß Gott selber auf Erden gewandelt sei – das „goldene Zeitalter" der Hellenen, in fabelhafter Vorzeit angesiedelt, als die Götter noch mit den Menschen verkehrten, war damit historisch für exakt greifbar erklärt worden. Die Hartnäckigkeit ist also verständlich, mit der gerade der Streit um „wesensgleich" und „wesensähnlich" die Kirche anschließend in Atem hielt.

Da man weltanschauliche Streitigkeiten weder mit Unterschriften noch mit kaiserlichen Machtworten allein beenden kann, schwelte die Frage durch das 4. Jahrhundert weiter, bis Kaiser Theodosius (auch er „der Große") im Jahre 380 von Thessaloniki aus verkündete, daß die in Nizäa unterschriebene Lehre die einzig richtige sei. Abweichende Geister „sollten fürs erste durch ein göttliches Gericht, dann aber auch durch Ahndung unseres richterlichen Einschreitens, das wir, gestützt auf des Himmels Ermessen, treffen werden, bestraft werden".

Interessant ist, zu welcher Bestrafung der Kaiser schritt: Häretiker bekamen von nun an innerhalb der Städte Versammlungsverbot, sie verloren ihre Kulträume. Häretische Bischöfe wurden durch rechtgläubige ersetzt. Man muß zugeben, daß der Himmel sein Ermessen hierbei noch relativ maßvoll ausübte, erst spätere Zeiten gaben diese Toleranz auf.

Doch Theodosius steigerte sich: den „Manichäern", die sich Christen nannten und deren Name als Sammelbezeichnung für verschiedene häretische Gruppen zu verstehen ist, wurde die Testierfreiheit genommen, d. h. sie durften über ihr Vermögen nicht von Todes wegen verfügen, der Staat wurde ihr Zwangserbe. Auch durften sie keine Vermächtnisse annehmen. Gar ans Leben wollte ihnen der Kaiser, denn 382 drohte er den „Manichäern" die Todesstrafe an. Zu ihrer Aufspürung sollten „Inquisitoren" eingesetzt werden – hier aber noch als kaiserliche Beamte gemeint.

Die Streitigkeiten um die Natur Christi waren aber nur ein Teil des theologischen Klärungsprozesses, über den die Kaiser auf dem laufenden sein mußten. Auch die Ausformung der Lehre von der Dreieinigkeit machte den Priestern und Behörden zu schaffen. Sie produzierte natürlich ebenso Ketzer wie eine andere Frage, die nicht nur religiöse Menschen bewegen mag: wie weit ist der menschliche Wille frei, wie weit ist er vorbestimmt? Sofern Gott den Menschen Gnade erweist, in welchem Verhältnis steht seine Gnade zu deren freiem Willen? Können sie aus eigener Kraft selig werden oder bedürfen sie dazu der göttlichen Gnade als unabdingbarer oder gar als einziger Voraussetzung? Die Lehre von der Prädestination begann ihre jahrtausendelange Rolle zu spielen. Oder: ist das Sakrament, das ein persönlich unmündiger Priester spendet, auch gültig? Entfaltet es auch aus unreiner Hand seine heilsfördernde Wirkung?

Die Frage entzündete sich daran, daß in der Christenverfolgung Kaiser Diokletians (303 – 305) viele Christen ihrem Glauben untreu geworden waren und das Abschwören den Schikanen und dem Märtyrertod durch die kaiserlichen Behörden vorgezogen hatten. Unter Konstantin wurde niemand mehr verfolgt, und nun tauchten diese Leute wieder auf und verwalteten das Priesteramt. Man konnte es ihnen absprechen, aber man konnte auch den Mantel christlicher Nächstenliebe über die Peinlichkeit ihres Versagens breiten, einmal, um die hierarchische Organisation nicht zu schwächen, denn die Versager waren zahlreicher als die Märtyrer gewesen, auch wenn die üppig blühenden Märtyrerlegenden das vergessen lassen können. Zum anderen, um die Heiligkeit des kirchlichen Amtes nicht in Frage zu stellen. Das Amt sollte unabhängig von der Person gelten. Dies ist ein aus der modernen Staatsauffassung geläufiger Gedanke und erhält im Falle der Kirche noch eine besondere Brisanz daraus, daß das Amt auch eine theologische Größe darstellt, die untrennbar ist von der Heiligkeit der gesamten Kirche (siehe einige Seiten vorher). Fällt das Amt durch die Unwürdigkeit seines Verwalters, ist der Kirche insgesamt eine Wunde geschlagen. Also mußte die offizielle Kirche das Amt durch dick und dünn stützen und diejenigen zu Häretikern erklären, die es an höchst individuellen Charakteren maßen. Ein Problem, das ihr im Laufe ihrer Geschichte immer wieder zu schaffen machen sollte.

Bei der Fülle der allesamt grundlegenden Probleme mag es in der Spätantike nicht leicht gewesen sein, nicht zum Ketzer zu werden, denn auch wenn man der christlichen Glaubensgemeinschaft angehörte, so hatte diese ihren Glauben ja noch gar nicht genügend herausgebildet. Die Kirche mußte all den Arianern, Donatisten, Pelagianern, Montanisten, Semipelagianern, Monotheleten, Monphysiten, Doketen, Adoptianern, Nestorianern und wie die Irrgläubigen noch etikettiert werden konnten (diese Namen sind weit davon entfernt, eine endgültige Liste zu sein!) geradezu dankbar sein, daß sie ihr zur Ausformung der Rechtgläubigkeit erst einmal den Anstoß gaben.

Zum ersten Mal fiel das Schwert der Inquisition nieder, geschwungen vom weltlichen Arm unter tatkräftiger Mitwirkung des Klerus im Falle des Spaniers Priscillianus. Dieser, ein gebildeter Mann aus der Nähe von Cordoba, hatte in den Jahren vor 380 aus den Evangelien und den Paulusbriefen eine Lehre gesogen, die uns in diesem Buch noch häufiger beschäftigen wird: es besteht ein unauflösbarer Gegensatz zwischen Geist und Fleisch. Die Sinnlichkeit drückt den Menschen auf die Erde nieder, unterwirft ihn seinen tierischen Trieben und hindert ihn daran, sich zum göttlichen Lichte aufzurichten, das allein seiner Seele angemessen ist und ihr Rettung verspricht aus den Banden der schmutzigen Welt. Von ihr muß man sich lösen, von Eltern und Kindern, Gaben und Würden, und Gott allein lieben. Die vollkommenen Söhne Gottes sind seinen Engeln gleich, denn sie zeugen nicht und werden nicht gezeugt. Radikale Askese war die Antwort des Priscillianus auf die weltlichen Herausforderungen, und da sie seinem ernsthaften Gemüt entsprach, lebte er sie auch vor.

Schon den Besuch einer rechtgläubigen Kirche hielt er für andachtstörend und unternahm daher mit den Menschen, die sich um ihn scharten, zu ausgewählten Zeiten des Jahres Gebets- und Meditationsübungen in deren Privathäusern oder in der Einsamkeit der Berge. Männer und Frauen versammelten sich dabei gemeinsam, und da seine Gemeinde unverhältnismäßig viele Frauen zählte, waren die orthodoxen Gegner sofort mit dem Vorwurf zur Hand, seine Askese sei nichts als ein Deckmäntelchen für unerhörte Ausschweifungen. Das kennen wir nun schon als Standardargument gegen Häretiker, denn auch Simon der Magier war eines unanständigen Sexuallebens bezichtigt worden.

Bischof Ydacius aus Emerita Augusta (Merida) in der Provinz Lusitanien verfaßte ein Gutachten über den Lebenswandel der Priscillianisten, und im Herbst 380 kam es zu einer Synode in Caesaraugusta (Zaragoza), in der spanische und aquitanische Bischöfe die mangelnde Trennung der

Geschlechter beim Beten beanstandeten sowie den Unwillen der Priscillianisten, an der üblichen kirchlichen Liturgie teilzunehmen. Wenn die Häretiker diese Welt als schlechthin böse betrachteten, dann konnten sie konsequenterweise keinen Wert auf Riten legen, wie sie die Kirche pflegte, um sinnlich erfaßbare Zeichen ihres Glaubens zu setzen.

Das wiederum ließ die Kirche darum fürchten, daß Leute ihres Schlages den Zusammenhang ihrer Organisation gefährden würden, wenn man sie gewähren ließe. Ihre Abwendung von der Welt war auch von der Lehre her anfechtbar: wenn Christus Mensch geworden war, nicht nur zum Schein, sondern wirklich aus Fleisch und Blut, und wenn er am Kreuz wirklich unter Schmerzen und Qualen gestorben war, dann konnte diese Welt nicht so radikal schlecht sein, denn Gott selbst hatte sie gewürdigt, sich ihr anzuverwandeln. Das Menschsein Christi war ein Hinweis darauf, daß auch die Schöpfung in gewisser Weise geheiligt war – auch deswegen, weil sie schließlich und endlich Gottes Schöpfung war. Der juristisch-weltliche Teil der Kirche vertrug sich ebenfalls nicht mit der Auffassung von der Welt als ausschließlicher Teufelserfindung. Wir sehen, daß die Kirche auch aus diesen Gründen die Lehre des Arius ablehnen mußte.

Aber noch ein anderes durchaus untheologisches Argument sprach in den Augen der Bischöfe gegen Priscillianus und in den Augen seiner Anhänger für ihn: sein asketisches Ideal prangerte allein durch seine Existenz den luxuriösen Lebenswandel der Amtskirche an. Seine häretischen Gedanken bekamen dadurch eine höchst unerwünschte politische Dynamik. Die Amtskirche konnte niemanden dulden, der ihr durch Rückkehr zur reinen Lehre, wie er sie verstand, einen Spiegel vorhielt, in den sie nicht blicken wollte. Die Autorität der Amtskirche vertrug es nicht, daß ihr der Anspruch auf Heiligkeit streitig gemacht wurde – besonders dann nicht, wenn man dabei die Brüchigkeit dieses Anspruches aufzeigte. Auch das sind Gedanken und Frontstellungen, mit denen die spätere Kirche immer wieder zu tun hatte.

Bischof Ithacius von Ossonoba (Faro in der Algarve) mochte es nötig haben, die Priscillianisten so gründlich wie möglich zu verdammen, denn er stand in Spanien im Ruf eines besonders unmoralischen Lebenswandels. Ydacius von Emerita Augusta war sogar als verkommener Schwätzer von seinem eigenen Presbyterium angeklagt worden. So verwundert es nicht, daß der „Fall Priscillianus" bis zur allerletzten Konsequenz getrieben wurde, denn er war sozusagen ein Knotenpunkt der damaligen Kirchenpolitik.

Die Anhänger des Priscillianus weihten ihn zum Bischof von Avila. Nächste Steigerung: Ydacius wandte gegen ihn ein gegen die „Manichäer" gerichtetes Ketzeredikt Gratians an, des damaligen Kaisers der Westhälfte des römischen Reiches. Das bedeutete, daß Priscillianus seinen Bischofssitz verlor. Ebenso erging es den Bischöfen Instantius, Salvianus, Hyginus von Cordoba und Symposius von Asturica Augusta (Astorga), die sich seiner Lehre angeschlossen hatten.

Die Betroffenen gingen nach Italien und baten Papst (oder soll man noch sagen: den Bischof von Rom?) Damasus und Erzbischof Ambrosius von Mailand um ihre Unterstützung. Beide Kirchenfürsten zeigten sich unzugänglich. Daraufhin wandten sich die Spanier an die weltliche Gewalt, denn es ging ja um die Rechtmäßigkeit der Anwendung eines kaiserlichen Ediktes. Da nun hatten sie Erfolg: alle erhielten ihr Bischofsamt wieder, und der Spieß wurde sogar umgedreht, indem der Prokonsul Volventius angewiesen wurde, gegen die Ankläger der priscillianistischen Bischöfe vorzugehen, da sie den Kirchenfrieden gestört hätten. Ithacius hielt es gar für geraten, vor dem Arm des Gesetzes nach Gallien zu entfliehen.

Doch das war nur die Ruhepause vor der endgültigen Katastrophe, und Priscillianus sollte seine Meinung von der Verworfenheit dieser Welt am eigenen Leib bestätigt finden: in Britannien rebellierten die Truppen gegen Gratian und riefen ihren Oberkommandierenen Magnus Maximus zum Kaiser aus. Im Verlaufe des nun ausbrechenden Machtkampfes wurde Gratian ermordet (August 383), und damit war die Grundlage seiner Kirchenpolitik entfallen, durch die Priscillianus letztlich seinen Bischofsstuhl behalten hatte.

Magnus Maximus bemächtigte sich Galliens und Spaniens und wollte sich der kirchlichen Orthodoxie in Italien empfehlen, um auch dort die Herrschaft mit dem Rückhalt des überaus mächtigen Ambrosius von Mailand antreten zu können. Also berief er eine Synode nach Burdigala (Bordeaux), um die Angelegenheit der Priscillianisten noch einmal aufzurollen. Die Synodalen setzten Instantius ab, Priscillianus hingegen sprach ihnen das Recht hierzu ab und appellierte an den Kaiser, also an den Usurpator. Der hl. Martin von Tours, der ebenfalls asketischer Rigorosität verdächtigt wurde, versuchte, die Sache bei den kirchlichen Gerichten zu halten, da er wußte, wie die Entscheidung des Magnus Maximus in seiner Residenz in Augusta Treverorum (Trier) ausfallen würde.

Aber der Kaiser lockte aus Priscillian und seinen Anhängern das Geständnis heraus, das sie verderben mußte: sie hätten magische Praktiken getrieben, zusammen mit organisierter Unzucht. Darauf wurde Priscillianus mit den meisten seiner Anhänger durch das Schwert hingerichtet. Die Rechnung des Kaisers, sich dadurch als Hort der Orthodoxie zu empfehlen, ging nicht auf, denn Ambrosius von Mailand mißbilligte das Verfahren entschieden, und der Papst zeigte sich so unzufrieden, daß Magnus Maximus ihm die Prozeßakten zur Prüfung nach Rom übersenden ließ.

Wenn es auch in der damaligen Tagespolitik einen ziemlich üblen Eindruck machte, wie die Priscillianisten bekämpft wurden, so war man in Rom doch eigentlich froh, die lästigen moralischen Mahner von jenseits der Pyrenäen losgeworden zu sein. Papst Leo der Große sagte es im Jahre 447 in seinem Brief an den Bischof von Asturica Augusta, dessen Sitz einst ein Priscillianist eingenommen hatte, ganz offen: „Zu Recht haben unsere Vorgänger ... darauf gedrängt, daß die gottlose Raserei von der Gesamtheit der Kirche abgewehrt werde: denn auch die weltlichen Herrscher haben diesen gotteslästerlichen Wahnsinn so sehr verabscheut, daß sie seinen Urheber mit den meisten seiner Schüler durch das Schwert der staatlichen Gesetze niederstreckten." Es folgt der Hinweis, daß Asketen und Weltflüchtige für die menschliche Gesellschaft unbrauchbar sind: „Sie sahen nämlich, daß alle Bindung zwischen Eheleuten aufgelöst und gleichzeitig göttliches und menschliches Recht umgestürzt werde, wenn es Leuten solchen Schlages mit einem solchen öffentlichen Bekenntnis weiter erlaubt gewesen wäre, am Leben zu bleiben."

Und dann die Befriedigung darüber, daß die weltliche Macht der geistlichen das blutige Werk abgenommen hat: „dieses Ziehen des Schwertes hat der Milde der Kirche lange Zeit genützt, denn wenn diese auch mit dem kirchlichen Urteil sich begnügt und vor blutiger Vergeltung zurückschreckt, wird sie doch von den strengen Gesetzen der christlichen Herrscher unterstützt, weil ja diejenigen, die die körperliche Strafe fürchten, manchmal zum geistlichen Hilfsmittel ihren Weg zurückfinden." Warum, so meint Papst Leo, sollte die Angst nicht auch ein Mittel zur Ketzerbekehrung sein dürfen?

Es wird allerdings behauptet, daß dieser Brief des berühmten Papstes ein Jahrhundert später gefälscht worden sei, um seine Autorität in einem ähnlichen Fall in die Wagschale werfen zu können. Doch darauf kommt es nicht an, denn jedenfalls ist in ihm das kirchliche Interesse ausgedrückt, einen willfährigen weltlichen Arm zur Ketzerverfolgung zur Verfügung zu haben. Daß eine solche Stellung dem Selbstverständnis der römischen Kaiser nicht unbedingt, sondern nur von Fall zu Fall entsprach – ohne die Profilierungsabsicht des Magnus Maximus kein Prozeß in Trier! –, das war hierbei allerdings der Nachteil. Wie wir im Falle des Priscillianus sahen, bestanden zwar Ketzergesetze, aber ihre Durchführung war der weltlichen Verwaltung anvertraut. Kirchliche Einflußnahme auf die Verwaltung mußte durchaus nicht immer erfolgreich sein.

Die Kirche mußte das öffentliche Leben noch weitaus nachhaltiger in die Hand bekommen als in der Spätantike, um eine wirkungsvolle Ketzerverfolgung in eigener Regie durchführen zu können. Ambrosius von Mailand hatte in einem Brief an Kaiser Valentinian II. den Weg gewiesen: der Kaiser war nicht nur in seiner Person Christ, sondern hatte auch kraft seines Amtes die Verpflichtung, die Kirche zu schützen. Natürlich war er dann auch an Gottes Gebote gebunden – und die legte ihm das kirchliche Lehramt aus. Das Recht der Kirche, über den Kaiser in ihrem Interesse zu verfügen, folgte daraus. Bei Ambrosius regte sich der Wille zur weltumspannenden Herrschaft der Kirche.

Bald wird sich die Hierarchie, gruppiert um den Bischof von Rom, der sich als Nachfolger der Apostel Petrus und Paulus sieht, aufraffen zur Nachfolge des Römischen Reiches. Sie wird im Niedergang der Gewalt des weströmischen Kaisers die Bedeutung der alten Hauptstadt aufrechterhalten, sich aus der Bevormundung durch Ostrom, das Italien von den Barbaren wiederzugewinnen strebt, lösen und sich unter den Schutz des mächtigen Germanenreiches der Franken stellen. Aber sie wird bei aller momentanen Schwäche nie vergessen, daß Rom der Mittelpunkt der Welt sein muß und daher dem Frankenkönig Karl gegen dessen Willen in der Ewigen Stadt die Krone des Römischen Reiches aufnötigen. Die Nachfolger des Papstes, der diesen Handstreich gewagt und die Hierarchie damit unlösbar mit der höchsten weltlichen Macht im Abendland verknüpft hat, werden sich schließlich von der Schutzherrschaft der Deutschen lösen, indem sie die Erhabenheit der geistlichen Gewalt, die nur Gott und den Engeln untertan ist, den Kaisern gegenüber mit Erfolg ausspielen.

Wenn Papst Gregor VII. (1075-1085) von seinem Recht überzeugt ist, die weltlichen Fürsten nach Belieben ein- und abzusetzen, dann ist der Gipfelpunkt hierarchischer Machtentfaltung erreicht. Die Kirche greift im Bewußtsein ihrer göttlichen Berechtigung hierzu nach der Vorherrschaft im Abendlande. Nun kann sie fast sicher sein, daß der weltliche Arm sie unterstützen wird, denn welche eigene Legitimation könnte er ihrer Berufung auf die himmlische Herkunft und das Heil, das nur sie den Menschen vermittelt, mit gleicher Wirkung auf die Massen entgegenstellen?

Sie hat es jetzt auch nicht mehr nötig, mit ihren Gegnern zu taktieren oder sie gar zu schonen. Politische und religiöse Gründe sind dabei untrennbar miteinander verbunden, denn die Kirche beschränkt sich ja nicht auf die Pflege der Religion, sie will durch die Religion herrschen. Aber auch die Widerstände gegen ihren universalen Machtanspruch sind nicht zu unterschätzen; sie wachsen noch mit dem Gewicht ihres Anspruchs. Die Kirche braucht eine Speerspitze, und sie schafft sich diese in der durchorganisierten Inquisition.

II. DIE ALBIGENSER

Der heilige Bernhard von Clairvaux war einer der wortgewaltigsten Prediger, die in der Christenheit je aufgetreten sind. Alle hingen an seinen Lippen, waren erschüttert, vergossen Tränen und vermochten vor Rührung kaum mehr zu stammeln, wenn der Heilige in einem seinen Zuhörern ganz ähnlichen Zustand seine Predigt unter Aufbietung sämtlicher Gemütsreserven schwungvoll beschloß. Da gab es keine Standesunterschiede, ob Bauer, Bürger oder Edelmann, gegen die feurige Beredsamkeit des Abtes von Clairvaux konnte man nicht an.

Um so indignierter mußte der heilige Mann gewesen sein, als er seinen gänzlich erfolglosen Auftritt in Verfeil im Sommer des Jahres 1145 rückblickend überdachte: er war dort in die Kirche gegangen und hatte die versammelten adeligen Herren angefahren, daß sie die Ketzer begünstigten, ihnen Schutz gewährten und mithalfen, ihre haltlosen Ideen unter dem Volk zu verbreiten. Daraufhin hatten die adeligen Herren die Kirche verlassen, das gemeine Volk war ihnen solidarisch gefolgt. Aber nicht genug damit: St. Bernhard war ihnen hinterhergelaufen und hatte, unerschrocken und schwungvoll wie immer, seine Predigt auf dem Marktplatz fortgesetzt. Doch die Bürger begannen mit Türen und Fensterläden einen derartigen Radau zu machen, daß St. Bernhard seine Predigt abbrechen und sich auf eine Demonstration der Verachtung beschränken mußte: er schüttelte den Staub von seinen Füßen, um zu bezeugen, daß er die verstockten Einwohner von Verfeil für nichtswürdigen Staub hielt. Dann ging er.

Verfeil, an dessen Türen und Fensterläden die Rhetorik eines religiösen Genies zuschanden wurde, liegt in Südfrankreich, knapp nördlich des Aveyron-Flusses, an der Landstraße bei Albi. Der Tarn-Fluß, an dem wiederum Albi liegt, mündet nördlich von Toulouse bei Moissac in die Garonne. Südlich des Beckens von Toulouse erheben sich die Pyrenäen über 3000 m hoch; die Grafschaften Comminges und Foix liegen dort. Weiter westlich geht es durch den breiten Talgrund des Lauraguais, den heute der Canal du Midi durchschneidet, nach Carcassonne, schließlich nach Narbonne am Golfe du Lion und in einem flachen Bogen zwischen Mittelmeer und Südrand der Cevennen bis zum Unterlauf der Rhone, die südlich von St. Gilles und Arles ins Meer mündet.

Damit haben wir kurz die Landschaft skizziert, zweigeteilt in das Becken von Toulouse, das sich zum Atlantik hin öffnet, und das Languedoc, das Mittelmeercharakter hat, die im 12. Jahrhundert noch keinesfalls Teil des Königreiches Frankreich war, und wenn die Kapetinger auch zehnmal die Lehensherren der mächtigsten hier ansässigen Herren waren, der Grafen von Toulouse und der Herren von Trencavel mit der

Hauptstadt Carcassonne. Wer von den beiden nun der eigentlich mächtigere war vor Ort, das war auch noch nicht klar und konnte auch durch noch so viele Fehden nicht geklärt werden, denn im Midi ging man nie so weit, um Sein oder Nichtsein zu kämpfen.

Außerdem waren die Herren von Trencavel Lehensuntertanen der Könige von Aragon, die mit der Provinz Roussillon und deren Hauptort Perpignan einen Fuß nördlich der Pyrenäen hatten. Der Graf von Toulouse wiederum war auch noch Markgraf der Provence jenseits der Rhone und damit Lehensuntertan des Kaisers des Heiligen Römischen Reiches.

Die Buntheit der politischen Landkarte, noch beliebig ergänzbar durch die kleineren Herrschaften, die die Trencavels und die Grafen von Toulouse an sich rissen, verloren, durch Gewalt oder Verschwägerung wieder gewannen, fand ihre Entsprechung in der Lebhaftigkeit des kulturellen Lebens, das sich hier im Süden entfaltete. Weder Weltliche noch Geistliche waren dem Jenseits in dem Maße zugeneigt, wie das bei mittelalterlichen Menschen vereinfachenderweise erwartet wird.

Das Klima, die Ferne der Pariser Zentrale, die Nähe des mohammedanischen Spanien und die Aufgeschlossenheit allem Fremden gegenüber, das über den mittelmeerischen Raum hinweg an die Küsten des Languedoc gelangen konnte, schufen ein „Romanien", dessen Kultur auf heitere Weise dem Diesseits zugetan war. Hier dichteten und liebten die Troubadoure, die das Tapferkeitsideal des Ritters mit den Feinheiten gesteigerten höfischen Lebens verbanden und als Symbol für letzteres die zierliche Minne erfanden. Den Germanisten sind ihre gedichtgewordenen Einflüsse auf die noch recht bäurisch dahinlebenden Deutschen als Minnesang bekannt, und ihre vorbildgebenden Gesänge in dem damaligen Idiom des Südens, dem (grob gesagt) Occitanischen, bilden noch heute das Entzücken romanistischer Hochschulseminare. Mit dem Sublimieren der Gefühle wurde in Romanien ein höchst verfeinerter Kult getrieben, und man beschäftigte sich weit lieber mit dem Ziselieren artistischer Spielereien als mit dem, was in der deutsch-italienischen Mittelachse des Kontinents die Gemüter erfüllte: Kaiserherrlichkeit, Kanonistik, Bannfluch, Jüngstes Gericht.

Doch da brach über das Land der Troubadoure mit ungeheurem Ernst die Häresie der Katharer herein. Erst nahm sie ihm seine unbefangene Heiterkeit, dann schlug die katholische Kirche im Bunde mit den Oberlehensherren aus Paris zurück und nahm Occitanien durch Krieg und Scheiterhaufen für immer seine Freiheit.

Die Lehre der Katharer ging von der Fragestellung aus, wie sich das Schlechte, Böse und Negative in der Welt damit vereinen läßt, daß sie doch von einem Schöpfer herrührt, der als das höchste Gute angesehen wird. Der geringste Schmerz, den der Mensch empfindet, ist nicht vereinbar mit der Güte des Schöpfers; er ist sinnlos. Denn wenn er auch dadurch gerechtfertigt werden kann, daß er zu einem anderen Guten diene – warum ist die Welt so eingerichtet, daß man zu dem Guten nur durch das Schlechte, durch den Schmerz gelangen kann?

Die Katharer rechtfertigen Gott, indem sie ihm die Verantwortlichkeit für das Böse abnehmen. Nicht er hat diese unvollkommene Welt geschaffen; das muß ein anderer gewesen sein, der schon unter den Häretikern der Antike als „Demiurg", als (frei übersetzt) „Weltenerbauer" bezeichnet wird. Dieser Weltenerbauer ist niemand anderer als Satanas! Er ist nicht nur der Fürst dieser Welt, sondern auch ihr Schöpfer. Niemand anderer war der Gott des Alten Testamentes. Dann kann die Welt nicht anders als radikal böse sein (Hier haben wir einen Berührungspunkt mit der Lehre des Priscillianus).

Das Buch von den zwei Prinzipien, das als das bedeutendste literarische Zeugnis der Katharer betrachtet wird, das auf uns gekommen ist, erklärt es für unmöglich, daß Gott die Ursache des Bösen sein kann: wenn er allwissend und allmächtig ist, dann muß er gewußt haben, daß die bösen Engel von ihm abfallen würden; da er es aber wußte, war ihr Abfall unvermeidbar, denn Wissen und Willen zu einer Tat sind bei Gott eins. Er kann nichts wissen, ohne es auch gemäß seinem Wissen auszuführen. Dann haben die bösen Engel nicht aus freiem Willen, sondern aus Notwendigkeit gesündigt. Da er aber der gute Gott ist, kann er nicht Ursache des Bösen sein.

Die Existenz des Bösen, eines Gott feindlichen Elements, folgt auch daraus, daß wir Menschen ihm auf Erden überhaupt dienen können, um seine Zwecke zu erfüllen, auch wenn wir darin keine Willensfreiheit haben, sondern nur seinen Willen tun: er müßte uns nicht als Werkzeuge einsetzen, wenn er nicht gegen einen Widerstand, eben das Böse, angehen müßte. Dieser kurze Hinweis genügt, um zu zeigen, daß die Katharer eine weitere offene Flanke der christlichen Lehre erkannt hatten: die Unvereinbarkeit der menschlichen Willensfreiheit mit dem Postulat der göttlichen Allmacht.

Auch auf gemüthaft-moralischem Wege kann man zu dieser Lehre vom autonomen Bösen gelangen. Der Mensch hat so viel Edles und Gutes in sich, das in schreiendem Gegensatz zu dem Schlechten steht, das ihn beständig umgibt. Allein schon der Umstand, daß er fähig ist, eine Moral des Guten zu entwickeln, hebt ihn unendlich über die Welt hinaus, in der – um es unmittelalterlich auszudrücken – das ebenso erbarmungslose wie plumpe Gesetz des Dschungels herrscht. Dies Edle und Gute im Menschen nun, lehren die Katharer, ist sein göttlicher Funke, er verbindet ihn recht eigentlich mit Gott. Die Erlösung besteht darin, daß der Mensch durch diesen Funken wieder zu Gott eingehen kann.

Es hat dazu des Opfertodes Christi nicht bedurft, denn die Seele wird dadurch gerettet, daß sie sich vom Leibe trennt, der den göttlichen Funken wie ein Grabmal umschließt. Zwar spricht Christus auch zu den Katharern, besonders durch das Johannes-Evangelium, das sie wegen seiner vergeistigten Sprache den anderen Evangelien vorzogen, aber er war nicht Gottes Sohn und auch nicht selber Gott. Er war ein Engel, auf die Erde herabgesandt, um die göttliche Wahrheit zu verkünden, und ist zum Himmel zurückgekehrt, nachdem er sich dieses Auftrages entledigt hatte.

Da er ein Engel war, hat er am Kreuz nicht wirklich, sondern nur scheinbar gelitten. Das Kreuz durfte also nicht verehrt werden, denn es war nichts als das Symbol einer Hinrichtung im Stile der damaligen Zeit. Gott sei kein Analphabet, der anstelle seines Namens ein Kreuz male, sagten die Katharer. Auch Maria, die Christus geboren hatte, war ein Engel. War also die Passion Christi sinnlos? Vielleicht stellte sie ein Abbild der Strafe dar, die Satanas im Jenseits zugedacht war für den rebellischen Akt der Erschaffung der Welt.

Die Menschen würden am Jüngsten Tage nicht im Fleische auferstehen, denn das Fleisch war ja der Träger des Weltlichen und damit des Bösen. Sie würden zu Gott eingehen, denn ihre Seele ist ewig, da sie göttlicher Funke ist, und daher nur zeitweilig in dieser Welt von Gott getrennt. Gott und die Seele waren von Anbeginn da, eine „Schöpfung aus dem Nichts" hat es nie gegeben.

Man mußte alles vermeiden, was den Heimweg zu Gott hindern konnte. Daher verabscheuten die Katharer die körperliche Vereinigung der Geschlechter und konsequenterweise auch die Ehe, denn aus ihr konnte neues fleischliches Leben hervorgehen, nichts anderes als wiederum ein Grabmal für die Seele! Diese stellte man sich auf Wanderschaft begriffen vor; sie ging von einem Körper in den anderen über.

Solche Ideen gemahnen an den alten Orient, aus dem die Lehre von der Seelenwanderung nach Europa gekommen war; die Lehre vom guten und vom bösen Gott taucht bereits bei den Gnostikern und Manichäern der römischen Kaiserzeit auf, und sie hatte auch während des früheren Mittelalters im Machtbereich des byzantinischen Staates eine nicht unerhebliche Rolle gespielt: Im Jahre 935 hatte der Pope Bogomil in Makedonien eine Gemeinde um sich gesammelt, die sich ins unwegsame Bergland zurückzog, um dort der Verklärung ihrer Seele teilhaftig zu werden. Im 7. Jahrhundert hatte Paulus von Samosata am Euphrat eine Sekte mit ähnlicher Lehre gegründet, und seine Anhänger waren im 8. Jahrhundert nach Thrakien verpflanzt worden, denn sie hatten sich als sehr streitbar erwiesen und sollten für die Duldung ihrer Häresie die Grenzen des Kaiserreiches gegen Bulgarien sichern.

Die Historiker haben viel Mühe darauf verwandt, die Einflüsse der Bogomilen auf die Katharer-Bewegung in Südfrankreich nachzuweisen. Dabei muß vieles offenbleiben, da die Glaubensschriften beider Sekten nicht lückenlos bekannt sind. Im Mai 1167 jedenfalls, 22 Jahre nach der erfolglosen Predigt des Bernhard von Clairvaux in Verfeil, konnte die katharische Kirche in Saint-Félix-de-Caraman im Lauraguais bereits ein vollständiges Konzil abhalten, und dazu hatte sie den Popen Niketas vom Balkan eingeladen. Es kam zu dogmatischen Streitigkeiten, die sich an der Frage entzündeten, ob Satanas ein dem guten Gott ebenbürtiger göttlicher Gegner oder ob er nur ein abgefallener Engel sei. Die erste Alternative wäre mit „radikalem Dualismus", die zweite mit „gemäßigtem Dualismus" zu bezeichnen.

Wichtiger für die römisch-katholische Öffentlichkeit aber war, daß die Ketzer schon eine solch starke Organisation geworden waren, daß sie in Saint-Félix-de-Caraman wie die offizielle Amtskirche schalten und walten konnten. Denn mag sich auch die Spekulation der Katharer im metaphysischen Dunkel verloren haben, als Konkurrenz zur Amtskirche wirkten sie besonders im täglichen und praktischen Leben.

Es ist zu vermuten, daß die rigorose Moral der Katharer, die so offensichtlich von dem abstach, was die katholischen Geistlichen vorlebten, ihren Hauptanziehungspunkt für breiteste Bevölkerungskreise ausmachte. Die katholische Kirche forderte das Zölibat für ihre Priester, die Katharer lebten es tatsächlich vor. Sie lehnten den Fleischgenuß ab, um die sündigen Gedanken in sich abzutöten; sie verweigerten den Eid, da es unzulässig sei, Gott als Helfer in das niedrige Treiben dieser Welt herabzuziehen. Sie gaben in ihrer Gemeinschaft den Frauen gleiche Rechte wie den Männern, was dem Grundsatz „mulier taceat in ecclesia" (die Frauen haben in der Kirche zu schweigen) direkt entgegenlief. Sie verachteten die Sakramente, so wie sie alle äußerlichen Formen verachteten, mit denen die Kirche dem Heil zu dienen behauptete.

Sie lebten dem Ideal der „apostolischen Armut", aus der Schilderung des Lebens der urchristlichen Gemeinde in der Apostelgeschichte herausinterpretiert: also Gemeinschaft, untereinander zutiefst durch den Glauben verbunden, in selbstgewählter Armut lebend, deren Mitglieder sich untereinander brüderliche Hilfe gewähren, nach außen und innen unter strikter Ablehnung jeglicher Gewalt – ein Idyll ursprünglicher gesellschaftlicher Naivität und ein beständiger stiller Vorwurf für die umgebende Welt.

Noch eines konnte ihnen die Kirche ganz grundsätzlich nicht verzeihen: sie behaupteten, durch höchstpersönliche Erleuchtung zur Erlösung kommen zu können. Jahrhundertelang hatte die Kirche gelehrt, daß es außerhalb von ihr kein Heil gebe und daß der Mensch zu einer Erlösung eines Mittlers unbedingt bedürfe, eben der kirchlichen Organisation. Die Kirche hatte sich auf dieser Welt eingerichtet. Sie hatte die Lehren aus der Unsicherheit gezogen, die die ersten Christen befallen hatte, als sie die Wiederkunft Christi und das Ende der Zeit alsbald erwartet hatten und sich enttäuscht fanden. Schon Paulus hatte in seinem Brief an die Römer daraufhin den Rat gegeben, sich mit der Obrigkeit zu arrangieren, und das bedeutete im weiteren Sinne: mit der Fortdauer der Zeitlichkeit. Auf eine vollständig unbestimmte Zeit hatte die Kirche sich darauf eingerichtet, in dieser Welt ihre Pilgerschaft zu führen und daher mannigfaltige Kompromisse mit dieser Welt geschlossen.

Und nun traten die Katharer auf, wiesen alles Taktieren mit der „Welt" von sich und entdeckten die Leuchtkraft neu, die eine „reine Lehre" hat! Allerdings hatte auch die offizielle Kirche hundert Jahre, bevor die Katharer ihr Südfrankreich abspenstig machten, sich auf ihre geistlichen Quellen zurückbesonnen und im Vollgefühl ihrer einmaligen Heiligkeit einen Kompromiß aufgekündigt: den der Unterwerfung unter den Kaiser des Heiligen Römischen Reiches. Die cluniazensischen Reformer hatten sich nicht gescheut, im Kampf gegen die überkommene Kirchenstruktur auch antiklerikale Tendenzen in den breiten Volksmassen zu fördern. Sie hatten mit dem Anprangern des durch und durch verweltlichten Klerus langsam, aber unwiderstehlich ihr eigenes Personal radikal ausgewechselt, um es aus den ungeistlichen Verstrickungen in die Interessen der kaiserlichen Macht zu lösen. Da fanden nun die Katharer die Kirchenfürsten zu Recht abermals verweltlicht, lax und zynisch, kein ganzes Jahrhundert nach dem Tode des Vollenders des Werkes von Cluny, Papst Gregors VII!

Die lockere Atmosphäre Occitaniens hatte auch den Klerus dort in seinen Bann gezogen, er war ganz einfach kein geistliches Vorbild mehr. Aber die Kirche litt in ihrer Glaubwürdigkeit an viel mehr als an den milden Sitten Occitaniens: die cluniazensische Reform hatte bereits einen tiefen Widerspruch in sich getragen: die Heiligkeit der Kirche sollte ihr zur Herrschaft im Abendland verhelfen, und da die Kaiser im Kampf mit der Kirche den kürzeren gezogen hatten, hatte die Kirche zu ihrem religiösen Schaden tatsächlich einen solchen Machtzuwachs erhalten, daß die ernsthaften Gemüter der Katharer daran zu Recht Anstoß nahmen.

War es im Kampf der Päpste mit Heinrich IV. und Heinrich V. noch um das lobenswerte Ziel der Freiheit der Kirche gegangen, nun hatte sich der Konflikt mit dem Kaisertum in einen Machtkampf zwischen gleichstarken Kontrahenten verwandelt: Barbarossa geriet mit der Kirche um die Oberherrschaft in Italien aneinander. Wer Italien besaß, hatte die Vorherrschaft in Europa, und der Papst hatte nicht dem Salier Heinrich V. das Wormser Konkordat abgetrotzt, um seine neuerworbene Stellung an den Hohenstaufen Friedrich I. zu verlieren. Ab 1159 lag die Kirche unter Papst Alexander III. erneut im Kampf mit dem Kaisertum. Eine Gegenkirche in Südfrankreich konnte sie, wie sie sich nun einmal zur Machtinstitution entwickelt hatte, unmöglich dulden.

Zwar erhob sich da die Frage: wenn die Katharer die Göttlichkeit Christi und die göttliche Weltschöpfung leugneten, waren sie dann überhaupt noch Christen? Aber das war nur eine überflüssige Spitzfindigkeit, denn sie argumentierten aus dem Johannes-Evangelium heraus und aus anderen Schriften des Neuen Testamentes, sie bezogen sich damit auf die Heilige Schrift und waren der Ketzerei fähig.

Im Rahmen der unterschiedlichen Einstellung der Kirche und der Katharer zur Lehre von dieser Welt als dem Radikal-Bösen oder der nur durch die Erbsünde zum Bösen geöffneten Welt liegt es auch, wenn Rom ihnen schlicht Asozialität vorwarf: mit Leuten, die die Ehe, die Eide, alle Äußerlichkeiten des Kultes verwarfen, konnte man keine christliche Gesellschaft bauen! Warum auch, hätten die Katharer geantwortet, da die sogenannte Gesellschaft ebenfalls ein Werk des „Demiurgen" Satanas ist!

Nur war man sich noch nicht klar, wie man mit diesen Ketzern fertigwerden sollte. Am Anfang der Auseinandersetzung stand zunächst die Debatte. Im Jahre 1165 lud der Bischof von Albi namhafte Katharer (ihre Namen sind nicht überliefert) zu einem Streitgespräch in das Städtchen Lombers südlich von Albi ein. Das Aufgebot an Teilnehmern auf katholischer Seite war beeindruckend: nicht nur hohe Prälaten und Äbte aus ganz Südfrankreich nahmen teil, sondern u.a. auch Raymond Trencavel, Vicomte von Béziers und Carcassonne, sowie die Gemahlin des Grafen Raimund V. von Toulouse und Schwester des Königs von Frankreich. Aber der Verlauf des Gesprächs entsprach den hochgespannten Erwartungen nicht, die die erlauchten Gäste daran knüpfen mochten.

Zunächst stellte sich heraus, daß die Katharer an heiligen Schriften nur die vier Evangelien, die Paulusbriefe, die nachfolgenden 7 „katholischen" Briefe, die Apostelgeschichte und die Apokalypse anerkannten. Im Hintergrund, auch wenn sie in Lombers nicht zur Sprache kam, stand hierbei die Überzeugung, daß das Alte Testament zum größten Teil zu verwerfen sei, denn der rächende und strafende Gott des Alten Bundes, das sei eben jener Demiurg, Satanas persönlich.

Außerdem hatten sie in Lombers keine Lust, die Szene zum Inquisitionstribunal werden zu lassen. Daher antworteten sie auf die direkte Frage nach ihrem Glauben überhaupt nichts. Auch schnitten sie die Frage über die Verbindlichkeit der Sakramente, allen voran der Eucharistie, ab. Zu Ehe und Taufe wiesen sie kurz auf Zitate aus den Paulusbriefen hin. Dann wurden sie gefragt, ob sie zu dem Wort aus dem Brief des Apostels Jakob stünden: „Bekennt einer dem anderen eure Sünden", und fühlten sich dabei sofort angegriffen: die Kirche wollte wohl wissen, was einer der Katharer von dem anderen wüßte, um herauszufinden, wo sie Informationsquellen finden könnte! Also antworteten sie trocken, Jakob meine das nur in Bezug auf Kranke, denn die könnten beichten, bei wem sie wollten. Das genügte dem Bischof von Lodève und er verdammte die

Katharer in aller Form. Auch ihr Schweigen schien ihm beredt, denn „es gäbe sowohl Lügen zu verschweigen, als auch Lügen zu reden".

Damit war die Atmosphäre endgültig verdorben. Auf die katholischen Glaubensartikel weigerten sie sich zu schwören, einmal, weil der Apostel Jakob es verboten habe (Jakob 5,12: allerdings ohne Begründung), und zum anderen, weil ihnen der Bischof von Albi den Schwur erlassen habe. Der Bischof von Lodève merkte daran die mangelnde Koordination in der Kirche.

Die Katharer in Lombers jedoch waren bei weitem nicht die ersten Häretiker, auch nicht in Occitanien. Schon seit dem Beginn des Jahrhunderts waren im westlichen Europa die Häresien aus dem Boden geschossen, nicht vereinzelt, sondern Flächenbränden vergleichbar, die in Rom nicht nur Stirnrunzeln, sondern ernste Besorgnis um die ungeschmälerte Fortexistenz der Amtskirche aufkommen ließen.

Was auch immer die einzelnen Gruppen zur Kindertaufe, zur realen Verwandlung der Hostie in Christi Fleisch und Blut während der Wandlung (= Transsubstantiation) und zu sonstigen theologischen Einzelfragen für Meinungen hegen mochten, ein Generalnenner schlug immer wieder durch: die Gegnerschaft gegen Priestertum und Lehramt, also gerade gegen die Säulen des ganzen Kirchenbaues.

Da trat in Lyon ein reicher Kaufmann namens Petrus Waldus auf und ließ das Neue Testament ins damalige Französisch übersetzen. Das war ein Schlag gegen das Auslegungsmonopol der Priester. Petrus Waldus und seine Anhänger schworen ebenfalls auf das Ideal der „apostolischen Armut" - wenn sie damit aber die Urkirche wiederbeleben wollten, war das ein Sprengsatz für die gesamte Struktur der römischen Kirche!

Da alle diese Bewegungen, deren Einzelschicksale wir hier nicht ausbreiten wollen, in den städtischen Zentren der damaligen Zeit entstanden, also in Oberitalien, Südfrankreich, Flandern und am Rhein, wird diese um sich greifende Opposition auch soziale Ursachen gehabt haben. Das erste Bürgertum trat auf den Plan, und es konnte sich in den Ketzerbewegungen zum ersten Mal artikulieren, natürlich im Stile der Zeit, also gegen die Hintergrund-Folie der allgewaltigen römisch-katholischen Kirche.

Um die Mitte des Jahrhunderts hatte der Kleriker Arnold von Brescia in Italien zu lehren begonnen: die Laien sollten die Geistlichkeit ihres angehäuften Reichtums berauben, damit die Kirche sich wieder auf den Dienst der Seelsorge beschränken könne, der ihre eigentliche Aufgabe sei. Dementsprechend hatte die Kirche auch keinerlei Jurisdiktionsgewalt zu beanspruchen. Arnold trug diese Ideen in Oberitalien mit hinreißender Beredsamkeit vor und führte selber ein Leben von untadeliger Tugendhaftigkeit.

Es war daher nicht abzuschätzen, welcher Einfluß ihm und seinen Leh-

Verbrennung von Waldensern in Straßburg im Jahre 1215.

ren noch zufallen würde, zumal sich unter der mittelalterlich-religiösen Kruste der päpstlichen Hauptstadt Kräfte zu regen begannen, die die Herrschaft des Nachfolgers Petri nur zu gern abgeschüttelt hätten: die Einwohner Roms entsannen sich ihrer einstigen Herrlichkeit in längst vergangenen heidnischen Zeiten; zeitweilig mußte der Papst vor ihrem Haß nach Frankreich flüchten. Arnold von Brescia wurde so populär unter den „Neo-Römern", daß sie ihn in die Stadt aufnahmen und den Papst nur unter der Bedingung zurückkehren ließen, daß er Arnold, seinen größten Feind, nicht aus Rom vertreibe. Der Papst rief den damaligen deutschen König Konrad III. zu Hilfe, aber der König starb, von heimischen Sorgen in Anspruch genommen.

Sein Nachfolger ab 1152, Friedrich I. von Hohenstaufen, auch unter dem Namen Barbarossa bekannt, arbeitete sofort mit dem Papst zusammen: die Stellung des Kaisers beruhte auf der Zusammenarbeit mit der Kirche, die Neo-Römer und Arnold von Brescia waren für ihn daher als Verbündete wertlos.

Beide Universalmächte gegen den Ketzer gestellt, das war dessen sicheres Todesurteil. Barbarossa zog 1155 nach Rom, um dort aus der Hand des Papstes die Kaiserkrone zu empfangen. Seine Ritter holten Arnold von der Burg eines befreundeten Adeligen in der Campagna und schleppten ihn vor den päpstlichen Gerichtshof. Da er sich weigerte, seiner Ketzerei abzuschwören, wurde er erhängt, anschließend verbrannt. Seine Asche streute der Henker in den Tiber, damit um seine Überreste kein häretischer Reliquienkult entstehen konnte. Das war das Ergebnis des Honigmondes zu Beginn der Regierungszeit Barbarossas mit dem Papsttum.

Nun, zum Zeitpunkt des unfruchtbaren Streitgespräches von Lombers, bereute der Kaiser vielleicht, Arnold von Brescia damals geopfert zu haben, denn er stand mittlerweile im Kampf mit der Kurie. Und in Rom mußte man befürchten, die geistliche Herrschaft über das Abendland auf die Dauer zu verlieren, wenn das Ketzertum weiter um sich griff. Uns sind keine Statistiken bekannt, aus denen man die Zahl der Abtrünnigen und ihre prozentuale Beteiligung an der christlichen Bevölkerung errechnen könnte. Wenn auch nur im Schwerpunktgebiet Occitanien jeder zehnte sich zu den „Katharern" bekannte, dann war der geistliche Ausschließlichkeitsanspruch der Kirche aber bereits nachhaltig in Frage gestellt. Ein politisches Moment, das wie im Falle Arnolds von Brescia hinzutreten konnte, würde eine unabsehbare Katastrophe auslösen. Dieses politische Moment war zur Zeit von Lombers der Kampf gegen Barbarossa; aber er endete mit der Behauptung der Kirche und einer ernst gemeinten Aussöhnung mit dem Kaiser, 1177 in Venedig.

Jetzt war die Zeit gekommen, das Problem der Katharer endgültig anzupacken. Papst Alexander III. sandte schon im folgenden Jahr einen Kardinallegaten, den Abt von Clairvaux und einen englischen Bischof nach Occitanien, um durch Predigt der Ketzerei abzuhelfen. Das erwies sich als vollständig fruchtlos. Der Abt von Clairvaux erklärte unverblümt, hier helfe nur noch die Ausrottung.

Alexander III. zog daraus auf dem 3. Laterankonzil, abgehalten 1179, die Konsequenz: neben den üblichen (und wirkungslosen, wie der Papst selbst am besten wußte) Verboten, mit Ketzern bei Strafe der Exkommunikation Gemeinschaft zu pflegen, rief er zum Kreuzzug gegen die Katharer auf. Normalerweise ging man mit konzentrierter Waffengewalt nur gegen die Heiden vor, hatten die Kämpfer doch gegen die eigenen Mitbürger und Landsleute nicht die gleiche geistliche Belohnung zu erwarten wie die Kreuzritter im fernen Heiligen Land: zwei Jahre Ablaß und das Versprechen, beim Tod im Kampf ohne Umstände in den Himmel zu kommen.

Der Abt von Clairvaux, wegen seines Eifers zum Kardinal von Albano avanciert, predigte in ganz Frankreich das Kreuz und brach 1181 von Lyon aus zum Einfall in Occitanien auf. Er marschierte auf Lavaur, wo die Gemahlin des Vicomte von Béziers zusammen mit den Anführern der Katharer Zuflucht genommen hatte. Die Kreuzfahrer nahmen Lavaur ein, nicht ohne daß sich dieser Erfolg rings im Lande durch Wunder wie z. B. blutende Hostien schon vorher angekündigt hätte. Der Vicomte von Béziers schwor, die Ketzer nicht weiter beschützen zu wollen, auch zwei gefangene katharische Bischöfe schworen ab, und als das Kreuzheer wieder abzog bzw. sich zerstreute, da kehrten sie zu ihrem Glauben zurück und alles war umsonst gewesen. Nur die Stimmung war durch den Feldzug nachhaltig vergiftet worden.

Offensichtlich brauchte es zu dem Kreuzzug noch begleitende Maßnahmen, sonst war in Occitanien ernsthaft nichts auszurichten. Eine dauernde Kontrolle mußte im Lande eingerichtet werden. Hierzu boten sich als kirchliche Amtswalter vor Ort die Bischöfe an. Ihnen konnte der Kampf gegen die Ketzer übertragen werden. 1184 traf sich Papst Lucius III. mit dem alten Barbarossa, der Verständnis hatte für das päpstliche Vorgehen in Occitanien, aber dort praktisch nichts unternehmen konnte. In dem von Verona aus datierten Erlaß wurde bestimmt, daß Ketzer bei „offenkundigem Ertappen" an „das Ermessen des weltlichen Richters" ausgeliefert werden sollten. Ihr Vermögen sollte konfisziert werden, denn schon der Mönch Gratian hatte diese Maßnahme unter Berufung auf den Hl. Augustinus für rechtens erklärt, da geschrieben steht: „die Frommen werden den Arbeitsertrag der Gottlosen verbrauchen", ferner: „Euch wird das Reich Gottes genommen und den Menschen gegeben werden, die Gerechtigkeit üben". Außerdem wurde so ein materieller Anreiz geschaffen, um die Ketzer aufzuspüren.

Das war überhaupt das Hauptproblem: Wann schon konnte ein Ketzer offenkundig ertappt werden, da die Geschicklichkeit dieser Leute im Tarnen ihres Glaubens unerschöpflich war und sie von ihrer Umgebung gedeckt wurden, ohne daß deswegen die Begünstiger direkt Katharer gewesen wären! Also sollten die Bischöfe mindestens einmal im Jahr die ketzerverdächtigen Pfarreien aufsuchen und die Pfarrkinder sollten schwören, sich um eine Anzeige zu bemühen. Saumselige Bischöfe sollten drei Jahre lang in ihrem Amte suspendiert werden, mit allen Einbußen an Einnahmen, die das mit sich brachte. Der Papst krönte die neuen bischöflichen Pflichten damit, daß er die Bischöfe für allein zuständig in den Ketzerangelegenheiten erklärte. Niemand unterstünde hierin dem Heiligen Stuhl direkt (ab Gregor IX. galt dieses Prinzip nicht mehr, siehe weiter unten).

Der richtige Grundgedanke dieser Maßnahmen war, daß die Verantwortlichen an Ort und Stelle die Ketzerbekämpfung unternehmen mußten. Aber es änderte sich nichts daran, daß die kirchlichen Behörden sich schwer taten, an sachdienliche Informationen heranzukommen. Nicht nur die Nürnberger hängen keinen, sie hätten ihn denn zuvor. Es ist auch nicht überliefert, daß das Dekret von Verona zum Abklingen der Katharer-Bewegung geführt hätte. Nicht nur die Bevölkerung an Ort und Stelle spielte kaum mit, auch die Obrigkeit wollte sich nicht zum Büttel Roms hergeben. Das mochte aus heimlicher Sympathie oder religiöser Gleichgültigkeit herrühren, außerdem hatten der Graf von Toulouse und der Vicomte von Béziers kein Interesse daran, den Frieden in ihren Besitzungen um ungewissen Lohn aufs Spiel zu setzen.

Der päpstliche Legat Michael, Nachfolger des Kardinals von Albano, hatte auch keinen weiteren Erfolg, als er 1195 ein Provinzial-Konzil in Montpellier abhielt, auf dem er die Beschlüsse des 3. Laterankonzils den Anwesenden dringend einschärfte. Die ketzerische Bewegung breitete sich nur noch mehr in Europa aus. Die dualismusgläubigen Katharer (seinerseits abgeleitet von griechisch katharos = rein, davon abgeleitet das deutsche Wort „Ketzer") wurden zahlenmäßig überrundet von den Anhängern des Petrus Waldus, die zwar keine demiurgischen Spekulationen anstellten, sondern sich auf die – nach römischer Auffassung – Usurpation des Lehramtes beschränkten und landauf-landab zogen, um eigenverantwortlich das Evangelium zu verkünden. Aber die orthodoxe Seite ging dazu über, sie und die Katharer zusammen anzuvisieren und beide „Albigenser" zu nennen, nach Albi, der Stadt Occitaniens, wo sie besonders zahlreich waren und wo man auch die Entstehung ihrer Gemeinschaft vermutete. Das ist typisch für den damaligen Verfolgungsgeist und wohl für den Haß, wo immer er in Politik und Geistesleben auftaucht: Man machte sich keine Mühe, unter den Gegnern zu differenzieren – man haßte denjenigen, den man gar nicht genau kannte.

Da bestieg im Jahre 1198 Lothar, Graf von Segni, den päpstlichen Thron. In diesem Manne, der sich nun Innozenz III. nannte, war der Geist der römischen Imperatoren wiedergekehrt, nur hatte er sich zeitgemäßerweise mit der päpstlichen Tiara verbunden. Innozenz war durchdrungen von der Notwendigkeit für die Kirche, die Seelen absolut und lückenlos zu beherrschen, und in seiner willensstarken Politik gegenüber den weltlichen Potentaten des Abendlandes baute er sie Stück um Stück weiter aus. Man sagt ihm nach, er habe sich selbst als die personifizierte Kirche, als der gestaltgewordene „mystische Leib Christi" gefühlt. Wenn dies auch bei seinem nüchternen und eher juristisch als theologisch fundierten unerschütterlichen Ordnungsdenken nicht ganz der passende Vergleich ist, so handelte er doch danach. In den Jahren vor seiner Wahl zum Papst hatte er ein Büchlein verfaßt „über die Verachtung der Welt". Was andere zu mönchischer Weltflucht bringen mochte, bei ihm scheint die Weltverachtung zur Grundlage seines Machtwillens geworden zu sein: es ist sehr nützlich, den zu verachten, den man beherrschen will!

Bereits in seiner Inaugurationsrede hatte der Papst die Vernichtung der Ketzerei als seine Hauptaufgabe bezeichnet. Trotz aller politischen Verwicklungen, die sich in seinem 18jährigen Pontifikat häuften, hat er dieses Ziel nie aus den Augen verloren. Die ersten Jahre mußte auch er

erleben, daß alle Entsendung von Kardinallegaten mit den weitestge-
henden Vollmachten, die Ketzer zu verbrennen, wo man sie treffe, an der
Lethargie und Obstruktion nicht nur der weltlichen Fürsten, sondern
auch der Bischöfe zuschanden wurden. Ende Mai 1204 beseitigte Innozenz daher die seit dem Erlaß von Verona bestehende alleinige Zuständigkeit des Epsiskopats zur Ketzerverfolgung. Dem Klerus wurde befohlen, sich bei Strafandrohung den Weisungen aus Rom zu unterwerfen.
Unbußfertige Ketzer sollten sofort zur Aburteilung der weltlichen Gewalt übergeben werden. Philipp August, der König von Frankreich, sollte mit allen unterstützungswilligen Adeligen einen vollen Nachlaß der
Sünden erhalten, wenn er sich auf die Seite des Papstes schlüge. Alle wegen Gewaltverbrechen exkommunizierten Kriminellen sollten ebenfalls
absolviert werden, wenn sie mithalfen.

Aber der König von Frankreich reagierte nicht einmal positiv auf das
Angebot, die von den Ketzern einzuziehenden Ländereien behalten zu
dürfen. Er rüstete gerade zum Krieg gegen den König von England und
konnte eine Ablenkung im Süden nicht brauchen. War der Papst tatsächlich so machtlos? Auch Peter, König von Aragon, zeigte sein Desinteresse
an den angebotenen Konfiskationen.

Wenigstens der Bischof von Toulouse, seit 1206 ein ehemaliger Trou-
badour namens Fulco, war von erwünscht militanter Gesinnung. Der
Dichter Nikolaus Lenau sagt ihm in seiner Gedichtsammlung „die Albigenser" nach, er hätte seine Inbrunst auf das Himmelreich gelenkt,
nachdem seine angebetete Dame gestorben sei. Jedenfalls fiel Fulcos Inbrunst auf, als er nun nach Rom eilte und sich als erbitterter Scharfmacher betätigte.

Im allgemeinen konnten die katholischen Prediger, die die Seelen der
Kirche zurückgewinnen sollten, das Land ziemlich ungehindert durchziehen, denn die Albigenser hielten auf Toleranz und Enthaltsamkeit
auch von Gewalt. Doch da wurde am 15. Januar 1208 der Legat Peter von
Castelnau von einem Diener Raimunds VI., des Grafen von Toulouse, erstochen. Innozenz verzichtete auf die Feinheit, die tatsächliche Schuld
des Grafen an diesem Mord festzustellen. In einem Schreiben an die occitanischen Erzbischöfe erklärte er in gewundener Rede, nun müsse er
gegen die Ketzer von seinem Notwehrrecht Gebrauch machen. Das bedeutete im Klartext, daß der Papst endlich den Vorwand gefunden hatte,
um zum äußersten Mittel zu greifen, das allein er schon seit längerer Zeit
als erfolgversprechend ansehen mochte: er ließ im ganzen Königreich
Frankreich den Kreuzzug gegen Raimund predigen.

Die Wirkung war zufriedenstellend, im Juni 1209 versammelte sich
das Kreuzheer unter Teilnahme eines Erzbischofs, dreier Bischöfe, des
Herzogs von Burgund, der Grafen von Nevers und St. Pol sowie anderer
hoher Herren. Raimund bangte um den Besitz seiner Grafschaft und eilte

nach Rom, um sich gegen den Verdacht der Ketzerei zu rechtfertigen. Dort verlangte man von ihm, daß er sich fast vollständig entwaffnen und die Ketzer aus seinem Lande vertreiben sollte. Raimund blieb nichts anderes übrig, er akzeptierte alle Bedingungen und schloß sich sogar seinerseits dem Kreuzheer gegen seine eigenen Untertanen an.

Aber Innozenz hatte bereits den Stab über ihn gebrochen, denn er erkannte die Notwendigkeit, den Adel des Landes zu brechen, weil dies eine Vorbedingung zur Ausrottung der Ketzerei war. Er teilte seinen Legaten heimlich mit, man solle die Dienste Raimunds in Anspruch nehmen, solange sie nützlich waren, und ihn dann unter einem Vorwand, der sich schon ergeben würde, fallenlassen.

Der nun losbrechende Krieg wurde mit viehischer Grausamkeit geführt, wie sie auch unter den rohen Kriegspraktiken des Mittelalters besonders hervorstach. Zuerst kam die Stadt Béziers an die Reihe, verteidigt von dem Vicomte aus dem Hause Trencavel. Die Verfilzung von Katholiken und Katharern, eine der Hauptursachen für die Erfolglosigkeit früherer päpstlicher Bekehrungsversuche, bewirkte es, daß in dem Blutbad nach der Eroberung alle Einwohner unterschiedslos niedergemetzelt wurden. Der Legat Arnold von Citeaux selber sprach von 20 000 Erschlagenen, andere Quellen geben die Zahl noch weit höher an. Man fragte den Legaten, ob man die Katholiken unter den Einwohnern wirklich verschonen solle, denn dabei bestünde die Gefahr, daß sich Albigenser als rechtgläubig ausgäben und so ihrer Strafe entrönnen. Arnold gab die Antwort: „Tötet sie alle, denn Gott kennt die Seinen!" Bereits drei Tage nach der Eroberung von Béziers begann die Belagerung von Carcassonne. Hier durften die Einwohner abziehen, „ohne etwas anderes mitzunehmen als ihre Sünden".

Während Raimund noch glaubte, durch Teilnahme an dem Kreuzzug Toulouse behalten zu können, setzte Innozenz bereits einen anderen an seine Stelle, vorläufig als Verwalter seines Fürstentums, Simon von Monfort aus der Ile de France, Herzog von Leicester, den tüchtigsten Kriegsmann des Feldzuges. Raimund sollte sein gesamtes Land ausliefern und zur Sühne Kriegsdienst im Heiligen Lande leisten. Der Papst befahl allen Feudalherren Occitaniens, Simon von Montfort beizustehen.

Simon wütete im Lande weiter so, wie man in Béziers begonnen hatte. Albigenser, derer man habhaft werden konnte, wurden zu Abertausenden dem Scheiterhaufen übergeben. Nachdem Simon die Burg Lavaur eingenommen hatte, sollten die 80 gefangenen Verteidiger gehängt werden. Doch unter der Last des ersten brach der Galgen zusammen. Simon wurde ungeduldig und befahl, die Gefangenen dann eben mit dem Schwert niederzumachen. So geschah es auf der Stelle. Die Burgherrin wurde in einen tiefen Brunnen geworfen und mit Steinen zugedeckt. Daß Gefangene reihenweise geblendet wurden, bis auf einen, der nur ein Auge verlor, um die Leidensgefährten zum Rapport bei Graf Raimund führen zu können, war demgegenüber schon fast normaler Kriegsbrauch. Die Chronisten bezeichnen die entfesselten Mordbrenner unverzagt als „Pilger" und berichten immer wieder von deren besonderer Freude daran, Scheiterhaufen aufzurichten und mit Ketzern zu beschikken.

Auf der Gegenseite wuchs die Erbitterung dementsprechend, denn gegen die Kreuzfahrer half alles Bekenntnis zur Gewaltlosigkeit nichts. Die Katharer verteidigten sich also nach Kräften. Es wird von einem Schneider berichtet, der aus den Gewändern der getöteten Kreuzfahrer sich eine Jacke zusammenflickte und deswegen nicht auf den Scheiterhaufen wanderte, sondern von den frommen Kriegern sofort in Stücke gehauen wurde. Der Blutrausch zog noch weitere Kreise, da laufend neue Krieger zum Kreuzheer stießen und auch König Peter von Aragon mit Simon von Montfort zusammenarbeitete.

Eine Komplikation ergab sich, als Peter und Simon über die Verteilung der Beute aneinander gerieten, doch Simon siegte, Peter fand in der Schlacht den Tod, und dem unbezwingbaren Montfort ergaben sich daraufhin auch noch die letzten Hauptfesten der Ketzer, Toulouse und Montauban. Der Kreuzzug war für die päpstliche Politik ein voller Erfolg geworden, und wenn man Innozenz auch nicht unterstellen kann, daß er seine Entartungen gewollt hat, so hat er sich im Ergebnis doch zu ihm bekannt.

Im Wirken der päpstlichen Legaten auf den Schlachtfeldern, die sofort nach dem Sieg des Kreuzheeres in Tribunale verwandelt wurden, hatte die Inquisition in Waffen ihr Haupt erhoben, ein höchst aufwendiges Unterfangen. Aus dem simplen Grunde, weil nicht jedes Jahr Kreuzzug abgehalten werden konnte, dieser nur als „ultima ratio" der Ketzerbekämpfung in Frage kommen konnte, war es erforderlich, der Inquisition ein organisatorisches Gerüst auch für Friedenszeiten zu geben. Innozenz täuschte sich nicht darüber, daß trotz aller Erfolge im Felde das Ketzertum weder in Europa noch auch nur in Südfrankreich wirklich ausgerottet war. Wenn die geistliche Gewalt auch des weltlichen Schwertes bedurfte, so mußte sie doch ebenso bestrebt sein, mit geistlichen Mitteln zu wirken, damit die physische Vernichtung der Ketzerei nicht von unkalkulierbaren Kreuzzügen, sondern von dem koordinierten Wirken der kirchlichen Autorität besorgt werden konnte.

Innozenz rang sich im Laufe seines Pontifikates zu der Erkenntnis durch, daß die Kirche sich neue geistliche Kraftquellen erschließen mußte, die sie der Ketzerei entgegenstellen konnte. Leicht kann ihm dieser dynamische Gedanke nicht gefallen sein, denn er war ein Fremdkörper im statuarischen Denken des apostolischen Imperators. Ein Widerhall seiner Schwierigkeiten ist die Legende, die am Ausgangspunkt der Karriere des Hl. Dominicus steht: dieser, ein Spanier von Geburt (Domingo de Guzman), der beschlossen hatte, sein Leben der Ausrottung der Ketzerei in Südfrankreich zu widmen, begab sich mit dem fanatischen Fulco von Toulouse 1215 nach Rom, um die päpstliche Genehmigung zur Gründung seines Predigerordens zu erhalten, der in Occitanien bereits Fuß gefaßt hatte. Innozenz zögerte, denn dieser Orden schien schwer kontrollierbar zu sein. Religiöse Schwärmerei allein half gegen die Ketzer nichts. Da träumte er, die Basilika des Lateran wanke und drohe einzustürzen, bis ein Mann kam, der sie auf seine starken Schultern nahm und abstützte, eben der Hl. Dominicus. So erkannte der Papst, daß nur dieser halbwegs verdächtige Mönch das wankende Gebäude der Kirche stützen konnte, und erklärte sich mit des Dominicus Predigerorden unter der Bedingung einverstanden, daß er die Regel eines schon bestehenden Ordens annehme.

Dominicus aber war nicht nur durch seine Eigeninitiative verdächtig, sondern auch durch das Ideal der Armut, das er so konsequent vorlebte, daß er sein Leben später nicht einmal in seinem eigenen Bett beschließen konnte, weil er keines hatte. Das mochte den Papst an die nun schon ein Jahrhundert lang wieder hervorgeholte Idee der „apostolischen Armut" erinnern, die von den Ketzern aller Schattierungen so begierig aufgegriffen worden war, um die existierende kirchliche Hierarchie anzugreifen. Dominicus nun wollte dieses Prinzip zusammen mit dem evangelisierenden Umherziehen im Lande, das so verdächtig an die Waldenser gemahnte, für die Kirche fruchtbar machen. Wenn ihre Sendboten arm, asketisch und nur von Glaubenseifer beseelt auftraten, wer konnte dann der Kirche so schnell Versinken in weltlichem Luxus vorwerfen? Hier lag eine Möglichkeit zur Reform von innen her, derer die Kirche nach den Erfahrungen des letzten Jahrhunderts dringend bedurfte.

Ohne den tiefen Eindruck, den Dominicus auf den Papst gemacht hatte, hätte dieser das 4. Laterankonzil (1215), das sein Pontifikat krönen sollte, wohl nicht mit den Worten eingeleitet: „Die Verderbnis des Volkes hat ihre Hauptquelle im Klerus. Hieraus entspringen die Übel der Christenheit: ... die Ketzer vermehren sich, die Schismatiker werden kühn, die Ungläubigen stark, die Sarazenen siegreich!"

Innozenz starb 1216, bevor Dominicus die von ihm übernommene Ordensregel der regulierten Kanoniker vom Hl. Augustinus durch den Papst billigen lassen konnte. Dominicus starb 1221, und die Dominikanerlegende schreibt seinem Wirken den Beginn der Inquisition im Albigenserland zu. Das stimmt nur indirekt, denn der Heilige selber wird in den Quellen als erfolgreicher Prediger gegen die Ketzer nur sehr spärlich erwähnt.

Wohl aber wuchs sein Orden sehr rasch an, verbreitete sich über das gesamte christliche Abendland und lieferte nach dem Tode seines Gründers die ersten Inquisitoren. Denn ein Orden, der direkt der römischen Zentrale unterstand, war tauglicher als die Bischöfe vor Ort, um mit den Ketzern fertig zu werden. Was nützten alle päpstlichen Aufforderungen an Priester und Laien in den einzelnen Kirchenprovinzen, die Ketzer aufzuspüren, wenn diese dabei erstens saumselig waren und zweitens gar nicht die erforderliche theologische Gelehrsamkeit besaßen, um einen Häretiker von einem römisch-katholischen Christen zu unterscheiden! Denn tückisch waren die Abtrünnigen und verstanden es gut, sich den Anschein der Rechtgläubigkeit zu geben. Sie waren kaum zu fassen, ihre Ausforschung bedurfte geschulter Fachkräfte, die sich durch Fanatismus, gediegene geistliche Bildung und Sympathie bei den Landesbewohnern auszeichneten. Wenn die Ketzer sich in der Bevölkerung wie Fische im Wasser bewegten, dann mußten ihre Verfolger auch solche Fische im Wasser sein, anders waren keine befriedigenden Resultate zu erwarten. Nicht nur der unbedingte Gehorsam Rom gegenüber prädestinierte die Dominikaner für ihre Aufgabe, auch das Gelübde der Armut schützte sie vor Verfilzungen in materielle Interessen an Ort und Stelle.

Der zweite Orden, der sich als Personalreservoir für eine effiziente Inquisition hervortat, waren die Franziskaner. Der Gründer dieses Ordens, der Hl. Franz von Assisi, ist bekannt als eine Art Genie der christlichen Nächstenliebe. Indem er die ganze Schöpfung heiß und innig liebte (man denke etwa an seinen „Sonnengesang"), predigte er den gänzlichen Verzicht auf den eigenen Willen und die totale Unterwerfung unter den Willen des in der hierarchischen Stufe jeweils Höheren, letztlich also des Papstes. Das Ideal der Armut entsprach logisch dem Prinzip der Unterwerfung, die Ordensmitglieder nannten sich demütig „Minoritenbrüder", also die „geringeren Brüder".

Die Armut bezog sich auch auf das Erwerben abstrakteren theologischen Wissens. Als einige Minoritenbrüder daher bei ihrem Umherwandern in Occitanien um 1220 gefragt wurden, ob sie „Albigenser" seien, mußten sie ehrlich die Antwort schuldig bleiben, weil sie diesen Ausdruck noch nie gehört hatten. Der Eindruck der Selbstlosigkeit und Herzensreinheit, die Franziskus und seine Brüder auf die Zeitgenossen machten, ist überwältigend gewesen, eben deswegen, weil man jedwede Brutalität und unbedenklichen Eigennutz gewöhnt war und umso mehr erstaunte, hier Kleriker den Satz aus Matthäus 19, 21 ernstnehmen zu sehen: „Willst du vollkommen sein, so gehe hin, verkaufe was du hast und gib es den Armen, so wirst du einen Schatz im Himmel haben ...". Ja, der Hl. Bonaventura berichtet von einer Vision, in der Luzifers Thron, Gott am nächsten, aber nach dem Sturz des frevelnden Erzengels leerstehend, auf einmal vom Hl. Franziskus besetzt war.

Innozenz III. hatte die Ordensregel des Franziskus erst mündlich gebilligt. Seine Nachfolger, Honorius III. und Gregor IX., erkannten ebenfalls, welch hervorragende Truppe sie da in die Hand bekamen. Der den Vögeln und Fischen predigte und mit den Aussätzigen aus einem Napf aß, hätte es sich kaum träumen lassen, daß sein Orden neben dem der Dominikaner dem Papst einst tüchtige Inquisitoren liefern würde!

Waren die Bettelorden langfristig ein Vorteil für die römisch-katholische Kirche, so wirkte auch die Einheit zwischen geistlicher und weltlicher Gewalt auf die Ketzer erdrückend. Die Kaiser des Heiligen Römischen Reiches leiteten ihre Regierungsgewalt ebenso wie die römischen Päpste von Gott her. Die abendländische Christenheit wollte das Gottesreich auf Erden sein und war daher ideal eins. Ob der Kaiser nun seine Macht als unmittelbar von Gott gegeben betrachtete oder ob der Papst sich als den alleinigen „vicarius Christi" auf Erden ansah und dementsprechend die kaiserliche Gewalt von seiner Verleihung abhängig machen wollte, ob sich auch beide Mächte deswegen gegenseitig zerfetzten: als Schutzherr der Kirche konnte der Kaiser nicht anders, als die Ketzer zu Feinden auch seiner Herrschaft zu erklären.

Friedrich II. von Hohenstaufen, mit Hilfe von Innozenz III. 1212 deutscher König geworden, ließ es an Eifer in der Ketzerverfolgung keinesfalls fehlen. 1224 erließ er von Catania in Sizilien aus für sein lombardisches Königreich ein Ketzeredikt, in dem er es als eine Unverschämtheit bezeichnete, daß die Ketzer sich in Oberitalien, also gleichsam vor der Haustür des Papstes, so breitmachten und verkündete als ihre Bestrafung: entweder den Scheiterhaufen oder zur besonderen Abschreckung das Ausreißen der Zunge, da sie mit dieser Gott gelästert hätten. Nur demjenigen, der weiß, daß Kaiser und Papst 15 Jahre später in unversöhnlichem Kampf miteinander lagen, fällt die Nuance auf, daß der Kaiser seine Verpflichtung zur Ketzerverfolgung in keiner Weise als eine Verpflichtung dem Papst gegenüber, sondern als eine Herausforderung der kaiserlichen Majestät darstellt.

Friedrich II. hat in den nächsten Jahren noch verschiedene Ketzererlasse herausgegeben, die auf päpstliche Veranlassung in den folgenden Jahrzehnten auch als kirchliches Recht etabliert wurden mit der Auflage an die weltlichen Regierungen, sie in ihre Gesetzbücher aufzunehmen. Da wurde im prunkenden Stil der kaiserlichen Hofkanzlei bestimmt: Wer aus Todesfurcht seine Irrlehren widerrief, der sollte „begnadigt" werden – zu lebenslangem Kerker. Zermürbte ihn das und bekannte er sich in seiner Verzweiflung erneut zu seiner Ketzerei, so verfiel er dem Scheiterhaufen. Der bürgerliche Tod der Ketzer war ebenso vollkommen: nicht nur, daß ihr Vermögen der Konfiskation verfiel, auch ihr Haus wurde zerstört, um nie wieder aufgebaut zu werden. Ein Ketzer war unfähig, vor Gericht Zeugnis abzulegen, außer er wollte dort jemanden anderen als Ketzer denunzieren. Diejenigen, die ketzerische Meinungen zu verteidigen wagten, waren den Häretikern gleichgestellt. Die Kinder des Ketzers bis ins zweite Glied wurden für unfähig erklärt, ein besoldetes Amt zu bekleiden, und waren damit aus dem Staatsdienst, wie ihn Friedrich II. in Unteritalien und Sizilien nach verblüffend modernen Grundsätzen einrichtete, eliminiert. Sie konnten begnadigt werden, falls sie ihren Vater oder einen anderen Ketzer denunzierten. Was galten schon die Familienbande vor der Notwendigkeit, den Glauben rein zu halten!

Die Obrigkeit wurde durch Eid verpflichtet, alles nur Mögliche zur Aufspürung der Ketzer zu tun. Ein Magistrat, der sich dabei saumselig zeigte, verwirkte sein Amt. Ein weltlicher Fürst, der sich weigerte, die Ketzer aus seinem Gebiet auf Anforderung hin innerhalb eines Jahres zu vertreiben, mußte die Besetzung seines Landes durch die Gläubigen dulden, seine politische Gewalt war außer Vollzug gesetzt. Waren die Ketzer durch die hingebungsvolle Tätigkeit der Gläubigen vertrieben, hing der weitere Besitz des Landes vom Gutdünken des Oberlehensherren ab.

Friedrich schärfte diese drakonischen Vorschriften durch das Grundgesetz ein, das er 1231 für sein unteritalienisches Königreich erließ und das nach Melfi, dem Ort der Verkündung, „constitutiones Melfitanae" genannt wurde. Höhnisch wurde zum Feuertode bemerkt, die Ketzer sehnten sich ja anscheinend nach ihm als nach dem Martyrium. Friedrich hatte, ebenso wie die nunmehr fest etablierte Amtskirche, für Bekennermut außerhalb der offiziellen Gehwege der Orthodoxie nur Spott übrig. Er selbst, religiöser Freigeist an der Grenze zwischen Christentum und Islam, der sich so verdächtig offen mit mohammedanischen Gottesgelehrten unterhielt und dessen fragender Verstand keine Tabus kannte, huldigte der bluttriefenden Orthodoxie, indem er sie in seiner Gesetzgebung noch zu überbieten trachtete. Nicht nur aus politischem Kalkül und um die geistliche Wurzel seines Kaisertums durch religiöse Experimente nicht leichtfertig aufs Spiel zu setzen – auch, weil er gegen den Geist der Zeit nicht aufkam, der die Ausrottung der Ketzerei gebieterisch verlangte. Hier war Friedrich II. nicht nur Zyniker, wie ihm zu Recht oft vorgeworfen wird, er handelte ganz einfach unter Zwang.

Papst Gregor IX. wird als ein halsstarriger Greis von cholerischer Gemütsart beschrieben. Er dachte in Kriterien des Kampfes, und die endgültige, institutionelle Etablierung der Inquisition voranzutreiben, war demnach eine Aufgabe, die seinem Charakter entsprach. 1227, zu Beginn seines Pontifikates, erfuhr Gregor, daß der Bischof Filippo Paternon, dessen Diözese sich von Pisa bis Arezzo erstreckte, nach anfänglichem Abschwören in seine früheren Irrtümer zurückgefallen sei. Der Papst schickte den Dominikanerprior von Santa Maria Novella mit zwei Begleitern nach Florenz, um Filippo Paternon als Häretiker abzuurteilen. Das war ein klarer Eingriff in die Jurisdiktion des Bischofs von Florenz, auch wenn Bruder Giovanni nichts ausrichtete. Nach dem Tode Giovannis im Jahre 1230 wurde ein anderer Dominikaner zu seinem Nachfolger ernannt; die ersten Ketzer wurden verbrannt. Der Bischof von Florenz dachte jedoch nicht daran, sich die Kompetenz zur Ketzerverfolgung aus der Hand nehmen zu lassen, und Gregor bestätigte ihm auch wiederum die Statuten, die er erlassen hatte. Doch war damit eine unumkehrbare Entwicklung eingeleitet, die darauf hinauslief, neben der bisherigen bischöflichen und lokalen Zuständigkeit eine zentrale „Ketzerverfolgungsbehörde" unter der Ägide des Papstes einzurichten. Nur war die Entscheidung, die Bischöfe von dieser Aufgabe vollständig zurückzudrängen, politisch nicht durchführbar und auch nicht erwünscht, um deren Autorität nicht in einer Weise zu beschneiden, wie es letztlich der gesamten Hierarchie abträglich sein mußte.

Es war aber nicht zu verkennen, daß die Inquisition der Orden weitaus effektiver arbeitete als die der Bischöfe. Schon damit mußte ihr ein Gewicht zufallen, das die kanonischen Rechtsgelehrten schließlich zu der grundsätzlichen Feststellung führen konnte, daß ein Bischof, in dessen Sprengel ein Inquisitor auf den besonderen Antrag des Papstes hin arbeite, insofern seiner verfolgenden Tätigkeit enthoben sei. Die gesteigerte Effizienz folgte daraus, daß die Bischöfe vereinzelt und grundsätzlich ohne Zusammenarbeit untereinander tätig wurden, während die Orden eine über die Sprengelgrenzen und auch über die Staatengrenzen hinausgehende Wirksamkeit entfalten konnten, die noch dazu für mittelalterliche Verwaltungsverhältnisse hervorragend koordiniert war. Die Gerichtshöfe führten Ketzerverzeichnisse und tauschten untereinander ihre Informationen regelmäßig aus, was schon einem geordneten Aktenbetrieb gleichkam und das Netz des Aufspürens festknüpfte und von spontanen Aktionen zum Großteil unabhängig machte. Ein Opfer, das über seine Verbindungen aussagte, konnte zum Aufspüren von hunderten anderer Ketzer die Hand reichen. Wer alle mögliche Geheimhaltung beobachtete, der Obrigkeit gegenüber nie ein unbedachtes Wort geäußert hatte, der hatte im vertraulichen Kreis, unter Gesinnungsfreunden sich sicher einmal ausgesprochen – und mußte von da an mit der Ungewißheit leben, ob diese Gesinnungsfreunde nicht irgendwann einmal vor dem Tribunal „sangen". Die Bischöfe waren außerdem vielbeschäftigt, die Inquisitoren hingegen arbeiteten hauptamtlich. Hier zahlte es sich aus, daß sie aus den Bettelorden rekrutiert wurden mit all den schon weiter oben erwähnten „personalpolitischen" Vorteilen.

Am 20. April 1233 veröffentlichte Gregor IX. zwei Bullen, in denen er die Ketzerverfolgung speziell den unter seiner Jurisdiktion stehenden Dominikanern zuwies. Er meinte dazu in salbungsvoller Sprache, die Amtsbürden der Bischöfe seien schon so erdrückend, daß sie dringend der Unterstützung bedürften. In einer unmittelbar nachfolgenden Bulle bestimmte er, daß der Provinzialprior von Toulouse gelehrte Dominikaner auswählen sollte, um gegen die Ketzer vorzugehen. Manche Bischöfe akzeptierten dieses Verfahren nicht, ohne daß Rom sie dazu gezwungen hätte (und auch nicht zwingen konnte), den Dominikanern in ihrem Sprengel freie Hand zu lassen. Kompetenz-Rangeleien zwischen Bischöfen und Dominikanern waren oftmals die Folge, hauptsächlich außerhalb Italiens, da die Bischöfe jenseits der Alpen ein empfindlicheres Gefühl für ihre Rechte hatten als ihre Amtsbrüder unmittelbar vor den Pforten Sankt Peters.

Das Zögern der Päpste, ihr vielfältiges Nachgeben, wenn die Bischöfe eine energische Sprache führten, erklärt sich auch aus dem anfangs noch vorhandenen Bewußtsein, die Inquisition sei eine vorläufige Angelegenheit. Erst mußte sich die Kirche noch daran gewöhnen, daß es lange Zeit ein beträchtliches „Aufkommen" an Ketzern gab, bis sie ihre Verfolgungsbehörde fest begründete.

Papst Innozenz IV. schließlich verkündete 1252 in seiner Bulle „ad extirpanda" die feste Organisation der Inquisition. Wenig machte es dabei aus, daß die Zuständigkeiten zwischen bestallten Inquisitoren, Bischöfen und Mönchen noch nicht endgültig festgelegt waren. Jeder weltliche Fürst sollte innerhalb von drei Tagen nach seinem Amtsantritt nach den Vorschlägen eines Bischofs und zweier Mönche aus dem Dominikaner- und Franziskanerorden zwölf „gute Katholiken" mit zwei Notaren (soll hier wohl heißen: Protokollführern) und mehreren Dienern benennen, die nur eine Aufgabe hatten: Ketzer zu verhaften und sie dem Bischof auszuliefern. Gehalt und Unkosten hatte der Fürst zu tragen. Es war ihnen erlassen, ihr Zeugnis beeiden zu müssen. Gegen die übereinstimmende Aussage von mindestens zwei von ihnen gab es keinen Gegenbeweis. Jeder Einwohner war zu ihrer Unterstützung verpflichtet. Kamen die Inquisitoren in eine Stadt oder ein Dorf, mußte der sie obligatorisch begleitende Vertreter der Obrigkeit die Bevölkerung zusammenrufen und sie unter Eid nach dem Vorhandensein von Ketzern fragen sowie nach deren Vermögenslage. Der weltliche Arm war verpflichtet, die namhaft gemachten Ketzer zu ergreifen, sie einzusperren und die gegen sie verhängten Urteile 14 Tage nach Verkündung auszuführen. Außerdem hatte der weltliche Fürst vier Listen mit den Namen der geächteten Ketzer anzufertigen (also derjenigen, die noch nicht abgeurteilt waren, da man ihrer noch nicht habhaft geworden war): eine mußte dreimal im Jahr öffentlich verlesen werden, die anderen drei mußten je eine dem Bischof, den Dominikanern und den Franziskanern übergeben werden. Ein Drittel aus den Konfiskationen stand dem Bischof und den Inquisitoren zu, um für weitere Ketzersuche verwendet zu werden.

Das war ebenso starker Tobak wie die Ketzergesetze Friedrichs II., und die Sanktionen gegen säumige Mitwirkungspflichtige waren auch dessen Edikten entnommen. Die Inquisitoren erhielten Vollmacht, die einschlägigen kaiserlichen Gesetze autoritativ auszulegen. Die weltlichen Fürsten wurden angehalten, dieser Bulle Gesetzeskraft zu geben, und dies wurde in der Zukunft auch durch Verhängung des Interdiktes erzwungen. Allerdings nur selten, denn die Öffentlichkeit fand diesen gesetzgewordenen Geist der Verfolgung rechtens, in Italien wie außerhalb. Die Päpste haben im 13. Jahrhundert insgesamt ungefähr 100 Ketzerbullen erlassen, die zusammen mit den entsprechenden weltlichen Gesetzen (wir haben die Gesetze Friedrichs II. nur beispielhaft herausgegriffen; spätere Kaiser erneuerten ihre Zustimmung zu den päpstlichen Ketzerbullen) die staatsrechtliche Grundlage für die Arbeit der Inquisitoren lieferten.

Der Geist der Zeit war unduldsam geworden. Waren die Albigenser zu Beginn des Jahrhunderts noch von ihren Mitbürgern gedeckt worden, so standen breite Volksmassen nunmehr eindeutig auf der Seite der Inquisition. Im Jahre 1260 war ein Herr Capello di Chia, Adliger aus dem Kirchenstaat, der Ketzerei verdächtigt, abgeurteilt und, wie es üblich war, mit der Konfiskation seiner Güter bestraft worden. Capello di Chia akzeptierte diesen Spruch nicht. Da rief der Inquisitor die Bürger der Stadt Viterbo auf, ein Heer auszurüsten, um den Verstockten in seiner Burg Colle Casale zu belagern. Tatsächlich zogen die Einwohner von Viterbo ins Feld und kamen damit ganz dem Selbstverständnis der Inquisition nach, das darin bestand, gegen die Ketzer offenen Krieg zu führen. Papst Alexander IV. dankte den Viterbesen ganz angelegentlich für ihren Eifer.

So hatte die Inquisition im Bewußtsein der Bevölkerung Fuß gefaßt. Die Kirche des hohen Mittelalters, die sich in ihren Kreuzzugsappellen stolz als „ecclesia militans", als „kämpfende Kirche", empfand, hatte die Waffen gegen die eigenen Glaubensbrüder gerichtet. Im Himmel mag mehr Freude über einen wiedergewonnenen „verlorenen Sohn" bestehen als über hundert Gerechte; auf Erden jedenfalls wurden die verlorenen Söhne mit Gericht und Scheiterhaufen behandelt. Das war nicht der Gott der Liebe und des Erbarmens, der hier auftrat, das war der rächende Jehovah des Alten Testaments.

Die Albigenser hatten unter den Umständen, die zur Schaffung und festen Verankerung der Inquisition in der Christenheit führten, keine Chance mehr. Mochten ihre Ideen auch im Verborgenen noch Jahrhunderte weiterleben, ihre Stellung in der Öffentlichkeit war dahin. Noch Innozenz III. hatte dem Sieger des ersten Kreuzzuges gegen sie, Simon von Montfort, die Ländereien Occitaniens politisch zugebilligt, natürlich mit dem Modus, daß er sie aus der Hand des zuständigen Oberlehensherren, des Königs von Frankreich, empfangen sollte. 1216 belehnte der König den Kämpen, wie es dem Interesse des Papstes entsprach, doch in der gleichen Zeit landete Raimund VI., der so übel an die Wand gespielt worden war, in Marseille zusammen mit seinem Sohn und Nachfolger, um seine Grafschaft zurückzugewinnen. 1217 marschierte er wieder in seiner Hauptstadt Toulouse ein, stürmisch begrüßt von der Bevölkerung, die auf ihr angestammtes Herrscherhaus nicht verzichten wollte, auch um den Preis weiterer Kriegsjahre und Verwüstungen nicht.

Simon mußte Toulouse erneut belagern und fiel 1218 vor den Mauern der Stadt im Steinhagel, den die Belagerten auf sein Lager niedergehen ließen. Sein Sohn rief den König von Frankreich um Hilfe an, und 1229 mußte Raimund VII. von Toulouse, der Erbe auf der anderen Seite der Frontlinien, auf den größten Teil seines Fürstentums im Vertrag von Meaux verzichten. Da er sich außerdem verpflichtet hatte, „die Exkommunizierten zur Buße zu zwingen", tauchten die Dominikaner-Inquisitoren in seinem Lande auf. Hauptakteure dabei waren Pierre Cella und Guillaume Arnaud. Die Autorität des apostolischen Stuhles und des Königs von Frankreich stand hinter ihnen. Während Raimund VII. nach dem Vertrag von Meaux keinen seiner Untertanen verfolgen durfte, der sich vor 1229 für Kirche, König oder Simon von Montfort erklärt hatte, gingen die Inquisitoren gegen alle vor, die sich in der Vergangenheit verdächtig gegen die katholische Kirche und den König gemacht hatten.

Auch gegen die Toten tobten sie noch, luden sie in Abwesenheit vor das Inquisitionstribunal und stellten fest, daß sie der Häresie schuldig waren. Dann gruben die Diener Cellas und Arnauds die Leichen aus, zerrten sie auf den Scheiterhaufen und verbrannten sie nachträglich. Dieses Wüten gegen die Verstorbenen erbitterte das Volk; Guillaume Arnaud mußte vor der Wut, die ihm auf dem flachen Lande entgegenschlug, nach Carcassonne flüchten, die Dominikaner des neu begründeten Klosters von Toulouse wurden vertrieben. Gregor IX. machte Raimund VII. hierfür verantwortlich, denn er hatte sich in Meaux auch zum Schutze der katholischen Geistlichkeit verpflichtet.

Es sollte aber noch schlimmer kommen: Guillaume Arnaud war eines Tages im Jahre 1242 wieder von seinem Schlupfwinkel Carcassonne aufgebrochen und nach Avignonet gezogen, einem Städtchen an der Straße von Toulouse nach Castelnaudary. Kommandant des Ortes war Raimund von Alfar, ein naher Verwandter des Grafen von Toulouse. Kaum hatte Alfar von der Ankunft des Vielverhaßten erfahren, als er Pierre Roger de Mirepoix benachrichtigte, den Befehlshaber der Burg Montségur, am Fuße der Pyrenäen im Gebiet des Grafen von Foix. Sie hatten es auf Guillaume und seine zehn Begleiter abgesehen. Während die Inquisitoren von Raimund mit ausgesuchter Höflichkeit zur Nachtruhe in ein Haus im Besitz des Grafen von Toulouse komplimentiert wurden, benachrichtigte ein Einwohner von Avignonet die herbeigerufenen Ritter und Kriegsknechte. Als beobachtet wurde, daß die Inquisitoren ihre Abendmahlzeit beendet hatten und sich zur Ruhe begeben wollten, bahnten sich ihre Feinde mit Schwertern und Äxten den Zugang zu dem Saal und erschlugen alle elf. Es wird berichtet, daß die Inquisitoren unerschrocken das „Salve Regina" anstimmten und ihren Mördern entgegengingen. Die Ritter und Knechte kehrten unverzüglich nach Montségur zurück.

Falls Raimund VII. den Gedanken gehabt haben sollte, mit dem Mord von Avignonet die Bevölkerung in ihren antipäpstlichen Ressentiments auf seine Seite zu ziehen und im Bündnis mit Heinrich III. von England einen Befreiungskampf gegen den König von Frankreich zu entfesseln, so sah er sich grausam enttäuscht. König Ludwig IX. („der Heilige") hatte zwei Monate nach Avignonet den König von England entscheidend geschlagen, Raimund stand ohne Verbündeten da und wurde seinerseits gezwungen, die Delinquenten in ihrer Fluchtburg zu belagern, in Montségur. Er wollte aber nicht und stellte den Eingeschlossenen sogar seine Hilfe in Aussicht, sobald es nur tunlich sei. Daher übernahm der Seneschall von Carcassonne, Kriegsmann des Königs von Frankreich, im Mai 1243 die Belagerung.

An eine Eroberung war nicht zu denken, da die Burg auf einem nach allen Seiten abschüssigen Felsen lag. Eine Blockade war nur höchst lückenhaft durchführbar, denn die Bevölkerung der Umgebung war dem Seneschall feindlich gesonnen, sabotierte seine Absperrungsmaßnahmen und ließ der Burgbesatzung heimlich Versorgungsgüter zukommen. Wieder einmal bewegten sich die Ketzer, wenn auch auf die Höhe von Montségur festgenagelt, wie die Fische im Wasser. Die Burg wurde zum Symbol des katharischen Widerstandes, denn vor der Belagerung war sie der sichere Zufluchtsort der Ketzer gewesen, die draußen im Lande der Inquisition in die Hände zu fallen drohten. Hausherrin war Esclarmonde, Schwester des Grafen von Foix. Der Katharerbischof Betrand Marty leitete von der Burg aus seine Kirche und hatte vor dem Anrücken des Seneschalls von Carcassonne in Montségur Ketzerboten aus ganz Europa empfangen. Ein Mißerfolg der Belagerer würde unabsehbare moralische und politische Folgen haben. Die Kirche, die das Schwert genommen hatte, mußte hier mit dem Schwert siegreich bleiben, sonst würde das Ketzerwesen von seinem wichtigsten Schlupfwinkel in den Pyrenäen aus erneute Kraft sammeln können.

Im Osten der Burg war ein steiler Abhang zusätzlich befestigt. Von diesem aus konnte man an die Hauptbefestigung herankommen. Natürlich war es ein Verräter, der den Franzosen den mühevollen Weg zeigte, auf dem sie den Ostabhang erklimmen und die vorgeschobene Befestigung erobern konnten. Mittlerweile war es Weihnachten 1243 geworden. Der Bischof von Albi auf der Seite der Belagerer baute eine Schleudermaschine, gegen die wiederum der Techniker der Ketzer seine Konstruktion spielen ließ. Das Patt war anscheinend nicht aufhebbar, denn obwohl hunderte von Menschen in Montségur eingeschlossen waren, konnten sie nicht ausgehungert werden, nachdem ein direkter Angriff unmöglich schien.

Da machte Pierre-Roger de Mirepoix einen Ausfall, um die Franzosen von der vorgeschobenen Bastion zu vertreiben und ihre Belagerungsmaschine in Brand zu stecken. Das will uns angesichts der Gesamtlage als ein überflüssiges Risiko erscheinen. Die Ketzer wurden auch blutig zurückgeschlagen und hatten große Mühe, die nachdrängenden Franzosen von den Wällen der Burg wieder zu vertreiben. Am nächsten Tag – es war mittlerweile Ende Februar 1244 geworden – hörte man Hornzeichen aus der Burg: die Belagerten wollten über die Kapitulation verhandeln. Sie müssen resignierend erkannt haben, daß ihr Widerstand auf die Dauer aussichtslos war. Auf Raimunds Hilfsversprechungen war ohnehin nichts zu geben.

Die Sieger forderten natürlich, daß die Katharer ihrer Häresie abschworen, sonst würden sie den Flammen übergeben werden. Die Verteidiger sollten Geiseln stellen, dafür dürften sie noch für vierzehn weitere Tage auf der Burg bleiben. Diese Bedingung ist nicht recht verständlich: sollte den Katharern unter den Verteidigern damit ein letzte Frist gewährt werden, in der sie zur Orthodoxie zurückkehren konnten?

Jedenfalls zeigten die Häretiker in dieser Zeit eine unerschütterliche Festigkeit des Glaubens. Einige Ritter baten um das einzige Sakrament, das die Katharer hatten, das „Consolamentum": dies begann mit der Lobpreisung des Vaters, des Sohnes und des Heiligen Geistes. Der Kandidat, dem das „Consolamentum" erteilt werden sollte, verneigte sich vor dem Eingeweihten, der das „Consolamentum" zu spenden berechtigt war, und bat ihn nach einer bestimmten Formel dreimal um den Segen. Dabei verkündete er feierlich: „Ich verspreche, mich Gott und dem Evangelium zu weihen, niemals zu lügen noch zu schwören, keine Frau mehr anzurühren, kein Tier zu töten und weder Fleisch noch Eier zu essen noch aus Milch Bereitetes, mich nur von Pflanzlichem und von Fischen zu ernähren, nichts zu unternehmen, ohne das Gebet des Herrn zu sprechen, nicht zu reisen noch zu nächtigen, wo auch immer es sei, noch auch nur ein Mahl einzunehmen ohne Gefährten, und wenn ich in die Hände meiner Feinde falle und von meinem Bruder getrennt werde, mich wenigstens drei Tage lang aller Nahrung zu enthalten, nie anders als bekleidet zu schlafen und endlich niemals meinen Glauben zu verraten, welcher Tod mir auch drohe". Dann nahm der Eingeweihte die Bibel und legte sie dem Kandidaten aufs Haupt, wobei die anderen Katharer diesem die Hand auflegten und dabei sprachen: „Heiliger Vater (Anmerkung: damit ist ausnahmsweise nicht der Papst in Rom gemeint!), nimm deinen Diener auf in deine Gerechtigkeit und erfülle ihn mit deiner Gnade und deinem Geist". Nun wurde mehrere Male das Vaterunser gesprochen, dann das „Adoremus"; die siebzehn ersten Verse des Johannes-Evangeliums wurden gelesen. Das Vaterunser folgte noch dreimal, dann wiederum das „Adoremus". Schließlich warf sich der Neugeweihte vor dem Ältesten, der die Feier zelebriert hatte, nieder und mit ihm die ganze übrige Gemeinde. Der Älteste beendete die Zeremonie mit dem Friedenskuß für den bisherigen Kandidaten.

Alle schon Eingeweihten wußten, daß sie dem Tode entgegengingen, und die Kandidaten waren sich klar darüber, daß sie die Feier des „Consolamentum" mit dem Tod auf dem Scheiterhaufen würden bezahlen müssen. Am 16. März 1244 drangen die Sieger ein, zwei Inquisitoren sonderten die Katharer von den Verteidigern, die sich zur Othodoxie bekannten. An die zweihundert rissen sich los von ihren Freunden und nahen Verwandten und wurden von den Kriegsknechten den Abhang der Burg hinuntergeschleppt, wo die Scheiterhaufen bereits aufgeschichtet waren – vielleicht hatte man sie tagelang von Montségur aus schon sehen können. Das Feld dort heißt seitdem „champ des Crémats", „Acker der Verbrannten".

Die Katharer gingen vollständig freiwillig in den Tod, unter ihnen auch Bertand Marty, ihr Bischof. Aber wenn die Scheiterhaufen auch weithin sichtbar brannten – nicht alle Ketzer hatten sich den Inquisitoren ausgeliefert! Pierre-Roger de Mirepoix ließ in der Nacht vom 16. auf den 17. März vier Katharer heimlich entweichen. Er muß sie dort versteckt und zurückgehalten haben, damit sie noch einen wichtigen Auftrag ausführen konnten: „Die Kirche der Ketzer sollte nicht ihrenSchatz verlieren, der in den Wäldern versteckt worden war; und den Flüchtlingen war das Versteck bekannt", meldet ein Chronist. Welchen Schatz meint er? Auf Montségur hatte sich eine beträchtliche Menge Geldes befunden, denn so weltverneinend waren auch die Katharer nicht gewesen, daß sie nicht Spenden entgegengenommen und wohl verwahrt hätten. Ihre Teilnahme an den Geschäften dieser schmutzigen Welt war sogar so weit gegangen, Vermögen planvoll zu sammeln und anzulegen. Zu den Anlagemöglichkeiten gehörte auch das Dingen von Mördern, um Inquisitoren aus dem Weg zu räumen...

Doch dieses Geld, dessen Existenz später vor dem Inquisitionstribunal bestätigt wurde, war schon vor Monaten durch die weitmaschige Blockade des Seneschalls heimlich abtransportiert worden (in die Grotten des Sabarthés, wo es allerdings niemals später gefunden wurde) – was war demnach in der Burg verblieben, das es Pierre-Roger de Mirepoix wert war, den Waffenstillstand und sein Leben zu riskieren? Hier können wir nur Vermutungen anstellen. Vielleicht war es ein geistlicher Schatz, der in die Grotten des Sabarthés gerettet wurde, ein Heiligtum besonderer Art, von dem die römisch-katholische Kirche keine Ahnung hatte?

Verlassen wir also den Boden der Geschichte und hören wir die Legende, die berichtet, daß in Montségur der heilige Gral aufbewahrt gewesen sei. Der Gral war die Schüssel, aus der Christus beim letzten Abendmahl gespeist hatte und in der Joseph von Arimathia das Blut des Erlösers vom Kreuz aufgefangen hatte. Also ein unübertreffliches Zeichen des Heiles innerhalb der Welt, das nur die Auserwählten sehen und besitzen durften! Dann wäre Montségur die Gralsburg gewesen, aber eben nicht nur erreichbar durch die besonders Berufenen und im übrigen fernab der Welt, sondern sogar dem Zugriff der blutrünstigen Inquisitoren offen.

Die Katharer hatten noch eine Zuflucht in der Burg Quéribus, zwischen Roussillon und Lauraguais in der Nähe des Golfe du Lion gelegen, wo sie erst 1255 ausgehoben wurden. 1249 starb Raimund VII. von Toulouse katholischen Glaubens, aber seine Nachkommen waren durch die dynastischen Regelungen des Vertrages von Meaux von der Erbfolge ausgeschlossen, natürlich zugunsten des französischen Königshauses. Occitanien war tot, politisch und religiös.

Manche stilisieren die Katharer zu Vorläufern der Moderne hoch, da sie das Individuum aus eigenem Entschluß für erlösungsfähig hielten und damit dem typisch mittelalterlichen Institutionendenken abgesagt hätten – sie seien mutig genug gewesen, das Heil außerhalb der verfaßten Amtskirche zu suchen. Vielleicht genügt dieser Individualismus nicht ganz, um auf ihn eine derart epochenüberschreitende Betrachtung aufzusetzen. Vielleicht tun die Historiker und sonstigen Sinndeuter der Geschichte in ihrem Bestreben nach der Herstellung weitgespannter geistiger Bögen manchmal zuviel des Guten. Jedenfalls war es den Katharern bzw. Albigensern in den wenigen Jahrzehnten ihrer Blüte nicht gelungen, an die Stelle der römisch-katholischen Hierarchie eine gleichwertige eigene zu setzen, auch wenn sie selber Bischöfe hatten, Konzile abhielten und in ihrem Kirchenvolk immerhin schon zwischen einfachen „Gläubigen" und „Vollkommenen" (nach dem Sprachgebrauch der Inquisition) hierarchisch zu unterscheiden wußten.

Es konnte ihnen auch nicht gelingen, Rom war in seiner Organisation und in seiner Wirkung auf die Massen unbesiegbar. Die Lückenhaftigkeit der Überlieferung ihrer Schriften hindert uns auch, festzustellen, wie weit an gedanklicher Geschliffenheit und Verästelung es ihre Theologie bereits mit der römischen aufnehmen konnte. Immerhin scheint hier auch noch zum Zeitpunkt des Falles von Montségur eine Menge von Unklarheiten bestanden zu haben. Man mag es den Albigensern zum Vorwurf machen, daß ihre dualistische Metaphysik auf der einen und ihre praktische Moral auf der anderen Seite für das unverbildete Empfinden nicht überzeugend miteinander verbunden waren. Die zwei Hälften der Lehre klaffen auseinander – die Seele, die heim zu Gott strebt, und der Körper, der sich auch als Katharer auf der Erde einrichten muß, wollen aber eine Einheit bilden, selbst wenn der Demiurg Satanas als Stifter dieser Einheit angesehen wird. Hiergegen hatte der katholische Glauben den ungeheuren und geradezu kirchenstiftenden Vorteil, Diesseits und Jenseits in unauflösliche Wechselwirkung zu bringen. Damit war er der irdischen Welt wesentlich besser angepaßt als sein manichäisch-dualistischer Opponent, mochte dieser auch durch seine ätherische Reinheit der Konzeption, durch seine unschuldige Unbedingtheit viele Gemüter magisch anziehen.

Ist es demnach eine Übertreibung, wenn wir behaupten, daß der Untergang der Albigenser unausweichlich war? Daß sie bestimmt waren, einen neuen Beleg für die Wahrheit des Satzes zu liefern, daß die Weltgeschichte nicht der Boden des Glückes ist?

III. DAS VERFAHREN

Die Inquisition kannte im christlichen Abendland kaum örtliche Grenzen. Sie waltete überall, wo den geistlichen Ketzergesetzen weltliche entsprachen, also in ganz Deutschland und in Frankreich, wo König Ludwig IX., der „Heilige", sich in seinem Eifer für die Aufrechterhaltung des wahren Glaubens von der Ketzergesetzgebung Kaiser Friedrichs II. nicht übertreffen ließ und selbst eine Reihe einschlägiger Vorschriften erließ. Auch in Spanien, Polen und Ungarn durfte sie sich betätigen.

England und die skandinavischen Länder hingegen waren zunächst von den häretischen Strömungen des südlichen Europa nicht erreicht worden. Die dortige weltliche Gesetzgebung hatte daher auch keinen Anlaß, der Kirche willfährig zu sein. Als in der zweiten Hälfte des 14. Jahrhunderts John Wiclif in England zu lehren anfing, da fand es der damalige König Richard II. noch hinreichend, ihm und den sogenannten Lollarden, seinen „Sympathisanten", durch Anweisungen an die weltlichen Behörden entgegenzutreten. Das wurde anders, als der Herzog von Bolingbroke 1399 den König stürzte und zur Abstützung seiner neuen Herrschaft die Hilfe der Kirche brauchte. 1400 erließ er, nunmehr Heinrich IV. genannt, ein Gesetz „de haeretico comburendo", das den Scheiterhaufen auch im Königreich England einführte.

Die skandinavischen Staaten kamen erst in den Sog der Ketzerabwehr, als die Päpste zu Beginn des 15. Jahrhunderts fürchteten, die hussitische Bewegung könnte auch auf die Nordländer übergreifen. Papst Martin V. ermächtigte 1421 den Bischof von Schleswig, einen Inquisitor für Dänemark, Schweden und Norwegen zu ernennen.

Doch da von einem einschlägigen Wirken dort nichts überliefert ist, wenden wir uns wieder dem Süden zu: auch in Tunis und Marokko bestand das "Heilige Offizium", wie die Inquisition wesentlich harmloser und gleichzeitig attraktiver genannt wurde; ab 1370 gab es auch einen „Inquisitor des Orients", der für Rußland, Armenien, Georgien und die Walachei zuständig war, schließlich auch für Griechenland und die „Tartarei" – letzteres meint wohl die mongolischen Teilreiche der Goldenen Horde, der Tschagatai-Horde und Zentralasiens, wo auch immer Christen dort wohnen mochten. Bis zur endgültigen Vertreibung der Kreuzfahrer aus dem Heiligen Lande im Jahr 1291 amtierte auch dort das „Heilige Offizium", denn (so sagte Papst Nikolaus IV.) die kriegerischen Mißerfolge der christlichen Waffen dort unten seien die Ursache für die Ausbreitung der Ketzerei in Palästina. Dort waren auch Christen betroffen, die zum Judentum abfielen (das war wohl ein „Rückfalldelikt" ehemaliger Juden, die getauft worden waren). Nicht zu vergessen Abessinien und Nubien, das legendäre Reich des „Priesterkönigs Johannes".

Inquisitionsverhör. Darstellung des 19. Jahrhunderts.

Man konnte damals eben nicht Christ sein, ohne unter dem Schatten der Inquisition zu leben. Die Einteilung der Bezirke vor Ort folgte der dominikanischen Ordensgeographie, denn wenn auch mitunter die Franziskaner, Augustiner, Benediktiner, Zisterzienser und Cölestiner dem Heiligen Offizium Personal stellten, so waren doch die Dominikaner in der eindeutigen Überzahl. Ein „Provinziale", also der für eine Ordensprovinz zuständige Obere, war zur Ernennung der erforderlichen Beamten verpflichtet. Jede Ordensprovinz hatte mehrere Bistümer in ihrem Einzugsbereich, und am Sitz des Provinzialen war der Ketzergerichtshof personell und sachlich konzentriert. Man verhandelte im Palast des jeweiligen Bischofs oder Erzbischofs oder im Dominikanerkloster, oder wenn beide Bauten zu wenig Platz boten, in einem Gebäude, das die weltliche Gewalt zur Verfügung stellen mußte. Dorthin wurden die Ketzer geladen.

Daneben stand allerdings die Verpflichtung der Inquisition, sich in die einzelnen Gegenden ihrer Amtsprovinz zu begeben, die Bevölkerung zusammenzurufen und aufzufordern, mögliche Delinquenten anzugeben. Das war nicht ungefährlich und hatte 1242 in Avignonet Guillaume Arnaud und seinen Mannen das Leben gekostet. Nichtsdestoweniger kam die „reisende Verfahrensweise" nicht außer Übung, und die erwähnte Bulle „ad extirpanda" schreibt sie auch ausdrücklich vor.

Von der örtlichen Zuständigkeit der Ketzerrichter darf man indessen keine allzu starre Vorstellung haben. Derjenige Inquisitor zog einen Fall an sich, der glaubte, ihn am wirkungsvollsten behandeln zu können, d. h. der Ketzer wurde dort festgehalten, wo er am meisten verraten konnte. Das war oft genug in seiner Heimatstadt, da er dort seine Umgebung am besten kannte. Da aber z. B. die Katharer zwischen Südfrankreich und Oberitalien hin- und herflohen, konnte ein in Mailand ergriffener Delinquent eventuell gute Informationen über seine Mitbrüder in Carcassonne geben; in diesem Falle tauschten die Inquisitoren die Akten aus und überlieferten die Gefangenen auch an ein „befreundetes" Tribunal.

Eine genaue Einhaltung der örtlichen Zuständigkeit hätte nur der kriminalistischen Effizienz geschadet. Ein Ketzer, der in Nordfrankreich die Dreieinigkeit geleugnet hatte, konnte sich also keinesfalls sicher fühlen, wenn er nach Südfrankreich oder Spanien floh, wenn er dort gefaßt wurde, schon allein deswegen, weil er seinen Mitbürgern als Fremdling auffiel und einen Frommen auf den Gedanken bringen mochte, wer so exotisch daherrede, könne wohl gar ein Fall für das Heilige Offizium sein.

Und dessen Arm war dann lange genug, er reichte über die ganze Christenheit – eine Verwaltungsleistung, die für das Mittelalter mit seinen spärlichen und schäbigen Verkehrswegen und -mitteln staunen macht. Der Inquisitor der Provence z. B. teilte 1358 dem Papst mit, daß einige getaufte und nun wieder abtrünnig gewordene Juden nach Spanien geflohen seien. Der Papst ermächtigte ihn ausdrücklich, sie bis in die Königreiche Kastilien und Aragon zu verfolgen, und wies die dortigen Fürsten an, dem Heiligen Offizium jeden nur erdenklichen Beistand zu leisten. Als nach der Vertreibung der Hohenstaufen aus Unteritalien dort Karl von Anjou als neuer König amtierte, verpflanzte er sofort französische Inquisitoren nach Neapel, damit sie mit den Ketzern aufräumen sollten, die von den Hohenstaufen wegen ihres Kampfes gegen den Papst nicht effektiv hatten verfolgt werden können.

Wie sah nun das Personal dieser wirklich allgegenwärtigen Verfolgungsbehörde aus? Zeitweilig bestand am Sitz des Papstes ein General-Inquisitor, um den Pontifex in all seinen politischen Sorgen wenigstens von denen der geistlichen Strafverfolgung zu entlasten. 1262 ernannte

Papst Urban IV. den Kardinal Caetano Orsini zum obersten Chef und Koordinator des Heiligen Offiziums. Orsini wurde 1277 zum Papst Nikolaus III. (1277 – 1280) und trat das gewichtige Amt daher an seinen Neffen ab. Doch wenn auch die päpstliche Personalpolitik von bewunderungswürdiger Konsequenz war, so krankte sie jedenfalls daran, daß ihre Spitze, der Pontifex selbst, in oft sehr kurzer Zeit verstarb, der Neffe des Nikolaus also, Kardinal Latino Malebranca, dann in all seiner Machtfülle auf willfährige Nachfolger auf dem Stuhl Petri angewiesen war. Ein solcher General-Inquisitor mußte allen anderen Kardinälen und auch den Päpsten selber unheimlich werden, denn in seiner Hand liefen die Fäden weltweiter Repression zusammen und machten ihn tatsächlich, wenn auch nicht rechtlich, ebenso mächtig wie den Papst. Der Vergleich mit den unbequemen Geheimdienst- und Polizeichefs modernerer Zeiten, etwa mit Joseph Fouché und Lawrenti Berija, drängt sich uns auf, wenn wir erfahren, daß der äußerst machtbewußte Papst Bonifaz VIII. (1294 – 1303) Latino Malebranca absetzte und sein Amt seitdem vakant ließ. Clemens VI. (1342 – 1352) versuchte es noch einmal mit einem General-Inquisitor, doch das Amt hatte auf die Entwicklung der Institution weiter keinen Einfluß, es blieb zentralisiert nur im jeweiligen Papst, der detaillierte Vorschriften für ihre Tätigkeit erlassen konnte.

Steigen wir also eine hierarchische Stufe tiefer: dem Offizium sitzen pro Ordensprovinz ein oder mehrere Inquisitoren vor, an die offiziell hohe persönliche Anforderungen gestellt wurden. Zunächst mußten sie das 40. Lebensjahr vollendet haben (Vorschrift von Papst Clemens V., 1305 – 1314). Dagegen wurde eingewendet, auch der lokale Bischof sei Inquisitor kraft Amtes, für ihn bestehe diese Altersgrenze nicht; jüngere Leute wären außerdem eventuell noch feuriger in der Verfolgung der Häretiker. Doch blieb es bei der Altersregelung.

Die persönlichen Voraussetzungen waren die, die man von einem guten Verfolger und Richter in einer Person zu erwarten hatte. Bernard Gui, eine der Spitzenkräfte zu Beginn des 14. Jahrhunderts, sagt in seinem Handbuch „Practica inquisitionis heretice pravitatis" (Praxis des Aufspürens häretischer Verworfenheit) hierzu: Fleißig und gleichzeitig von Glaubenseifer glühend müsse ein Inquisitor sein. Bei aller inneren Leidenschaft müsse er nach außen jedoch immer als kühler und abwägender Richter mit guten Nerven auftreten, denn das sei er der Öffentlichkeit schuldig. Er dürfe nicht in das Odium der Grausamkeit geraten, weil er damit dem Ansehen des Heiligen Offiziums unermäßlichen Schaden zufügen könne. Da körperliche Schlaffheit die Energie des Handelns lähme, müsse er gut bei Kräften und gesund sein. Angst dürfe er keine haben. Trotz allen Glaubenseifers sei Objektivität und Ausgewogenheit der Gedanken erforderlich, um keinen Unschuldigen auf den erstbesten Verdacht hin zu verurteilen. Hinzuzufügen ist eine fundierte theologische Bildung, um nicht von einem versierten Ketzer beschämt und lächerlich gemacht zu werden. Natürlich ist Gottesgelehrsamkeit allein nicht das ausreichende Rüstzeug. Ohne handfesten praktischen Sinn, psychologisches Fingerspitzengefühl und eine gewisse Lebenserfahrung kein guter Inquisitor! Aus seinem Amtsbezirk sollte er tunlichst nicht stammen, um die Gefahr der „Fraternisierung" zu bannen, doch wurde diese Regel zumindest in Deutschland nicht befolgt. Gegen ihre schematische Anwendung sprach die Überlegung, daß ein häretischer Ansteckung unverdächtiger Ordensmann gerade aus der Vertrautheit mit einem bestimmten Gebiet wertvolle Informationen für seine Arbeit an Ort und Stelle beziehen konnte.

Die zitierten „Berufsbilder" fordern also eine geistliche Elite für das Amt des Ketzerrichters. In der Reihe der Inquisitoren finden wir denn auch einen der namhaftesten deutschen Gottesgelehrten des 13. Jahrhunderts, den Franziskaner David von Augsburg, der unter den deutschen Mystikern nicht als der geringste dasteht. Von 1256 bis 1272 wirkte er für das Heilige Offizium. In dieser Zeit verfaßte er einen Traktat „über die Inquisition der Häretiker", und er scheint seine Tätigkeit nicht als Widerspruch zu seiner Lehre von der Askese, die der Ausgangspunkt zur Annäherung der Seele an Gott sei, aufgefaßt zu haben – vielleicht, weil die von David gelehrte Askese auf der christlichen Moral aufruht, die Moral aber auf dem katholischen Dogma.

David ergeht sich in seinen mystischen Schriften nicht als rauschhafter Ekstatiker und läuft daher keine Gefahr, vom rechten Wege abzukommen. Gibt er doch eine sorgsame Klassifikation der Visionen, die ein gläubiger Mensch überhaupt haben könne, und erklärt es dabei z. B. in etwas trockener Weise für unmöglich, daß Christus einem Frommen noch erscheinen könne, denn der Erlöser sei nach kirchlicher Lehre mit verklärtem Leib in den Himmel aufgefahren und werde auf Erden nicht mehr geboren. Auch eine andere Quelle der Ketzerei, eschatologische Prophetien, weist er von sich; hat Christus nicht die Apostel gewarnt (Apostelgeschichte 1,17): „Eure Sache ist es nicht, zu kennen Zeiten und Augenblicke, die der Vater gesetzt hat in seiner Macht."? Ein solcher nüchterner Seelenforscher mochte wohl zum Inquisitor taugen, denn sein „geistlicher Liebesrausch" konnte die festgefügte hierarchische Organisation nicht gefährden, und an theologischer Bildung und innerer Standfestigkeit war er seinen Opfern überlegen.

Ein tüchtiger Inquisitor durfte zur Belohnung für jahrelange Tätigkeit auf einen Bischofsstuhl hoffen: Bernard Gui beschloß sein Leben als Bischof von Lodève. Ein unfähiger oder korrupter Inquisitor dagegen mußte mit seiner Absetzung rechnen; eventuell auch dann, wenn er bei seinem Vorgehen die weltlichen und geistlichen Gesetze allzusehr mißachtete. Ein Inquisitor hatte weder weltliche noch kirchliche Abgaben zu leisten, aber sein Einkommen war nicht genau geregelt. Er bekam in Deutschland 30 Mark in Silber, waren die aufgebraucht, blieb er auf freiwillige Zuwendungen der Geistlichkeit und der Fürsten angewiesen, die außerdem sämtliche anfallenden Spesen und seinen Unterhalt zu begleichen hatten. Kaiser Karl IV. (1347 – 1378) bestimmte schließlich mit nachfolgender päpstlicher Zustimmung, daß die Inquisitoren ein Drittel des eingezogenen Vermögens abgeurteilter Ketzer einziehen durften, das ihnen binnen eines Monats nach Einziehung ausgefolgt werden mußte. Ferner durfte der Ketzerrichter auch Geldstrafen verhängen, eventuell Kautionen verlangen, und auch diese Gelder flossen in seine Tasche. Die Versuchung war groß, mit der Reinigung der Kirche von Häretikern einträgliche Geschäfte zu verbinden!

Der Inquisitor bediente sich zum Aufspüren von Verdächtigen der „familiares", der „Vertrauten". Die müssen nicht immer von rechtschaffenem Charakter gewesen sein, wenn sie nur tüchtig „arbeiteten". Hierbei kam ihnen zustatten, daß sie wie alle am Inquisitionsverfahren aktiv Mitwirkenden nicht nur von der weltlichen Gerichtsbarkeit ausgenommen waren, sondern auch von der geistlichen: ihre Chefs durften sie wegen aller Sünden in Ausübung ihrer Tätigkeit absolvieren. Ja, die Inquisitoren untereinander, falls es sich einmal nicht verheimlichen lassen sollte, daß sie über die Stränge des Gesetzes geschlagen hatten, bekamen vom Papst die Vollmacht, sich gegenseitig zu absolvieren. Denn dies sei den Ordensoberen ihnen gegenüber auch dann erlaubt, wenn sie nicht Mitglieder der Inquisition seien, folglich übertrage ihnen ihr unmittelbarer Vorgesetzter für die Tätigkeit im Heiligen Offizium, der Papst, dieses Recht auf gleichgeordneter Stufe untereinander.

Die „familiares" hatten Absolutionen auch oft genug bitter nötig, denn sie nützten ihre über den Gesetzen schwebende Stellung zu Mord, Erpressung und sonstigen Schändlichkeiten. Dazu kam noch, daß sie Waffen tragen durften, eine für mittelalterliche Bürger höchst selten vorgesehene Erlaubnis. Zwar begründeten sie dieses Recht mit der Gefährlichkeit ihres Dienstes, aber daß sie es auch weidlich mißbrauchten, ergibt sich aus den beständigen Versuchen der weltlichen Fürsten und auch des Papstes, diesen Mißbrauch durch Verordnungen in den Griff zu bekommen. Der gestrenge Karl von Anjou, Nachfolger der Hohenstaufen im Königreich Neapel, beschränkte die Zahl der „Vertrauten" auf drei pro Inquisitor. Papst Clemens V. verbot die Ausdehnung der Zahl der „Vertrauten". Die weltliche Gewalt war ohnehin zur Unterstützung des Heiligen Offiziums verpflichtet, also waren eigentlich nur wenige „Vertraute" erforderlich. Aber die Praxis ging über dieses Maß hinaus. Schließlich wurde das Tragen von Waffen vom Besitz eines Erlaubnisscheins des Inquisitors abhängig gemacht, doch setzte bald ein schwunghafter Handel mit solchen Scheinen ein: Fra Piero aus L'Aquila in den Abruzzen zum Beispiel verkaufte 250 Erlaubnisse mit den entsprechenden katastrophalen Folgen für die öffentliche Ordnung in dieser kleinen Stadt. Das Hin und Her um das terroristische Treiben der „familiares" durchzieht das ganze späte Mittelalter. Natürlich fehlte für sie auch nicht die Rechtfertigung, daß die Beschränkung der „familiares" nichts anderes sei, als Hindernisbereitung für die Inquisition, und damit Begünstigung der Ketzerei bedeute.

Für die mehr intellektuelle Seite des Verfahrens waren die Protokollführer wichtig, auch „Notare" genannt. Schriftliches Verfahren vor einer Behörde und Aktenbetrieb, heute die Regel, waren im Hochmittelalter eine administrative Errungenschaft, in der es die Kirche der weltlichen Gewalt an Konsequenz zuvortat. Der gesamte Prozeß, Aussagen des Ketzers, der Zeugen, der Verteidiger wurden schriftlich festgehalten, das Urteil erging auf Grund der so zustandegekommenen Akte. Man bekam das Problem aber nicht ganz in den Griff, woher qualifizierte „Notare" jeweils zu bekommen seien. Nur an den Hauptsitzen der Inquisition, den Sitzen der dominikanischen Provinzialen, war ein Notar hauptamtlich beschäftigt. Sonst, wenn der Gerichtshof über Land zog, mußte man auf Dominikaner mit Erfahrung oder auf Schreibkräfte der Bischöfe und Fürsten zurückgreifen. Hätte der Inquisitor hingegen das Recht erhalten, für seine Tätigkeit Notare auch „auf Reisen" fest anzustellen, so hätten sich das die betreffenden Stellen nicht bieten lassen: die Schreibkundigen waren damals eben Mangelware.

Mit der Abwicklung des Prozesses war die Schreibarbeit noch nicht beendet, denn es mußte ein Duplikat der Akten hergestellt werden, ferner eine Abschrift beim Bischof oder sonst an einem sicheren Ort verwahrt werden. Das diente einmal der Versendung von Information an andere Gerichtshöfe und half zusammen mit minutiös aufgestellten Registern (z. B. nach den Anfangsbuchstaben der Orte in einem Bezirk, in denen Häretiker bereits abgeurteilt worden waren), dem Heiligen Offizium höchst wirkungsvolle „Dossiers" europaweit in die Hand zu geben. Ferner mußte gesichert sein, daß die Aufzeichnungen nicht der jähen Wut der gepeinigten Bevölkerung zum Opfer fielen, denn manchmal kam es durchaus vor, daß Archive gestürmt wurden.

So etwas wie Verjährung von Verbrechen der Ketzerei gab es nicht. Die Inquisition rächte erbarmungslos an dem Greis, was der unreife Jüngling an Unwillkommenem geäußert hatte. Ein Blick in die Akten, und jahrzehntealte Verfehlungen konnten immer noch zum Scheiterhaufen führen! Umso wichtiger war ein langes schriftliches Gedächtnis, da Ketzer auch nach dem Tode noch abgeurteilt werden konnten, was nicht nur moralisch gemeint war, sondern auch die praktische Konsequenz nach sich zog, daß ihre Nachfahren unfähig zur Bekleidung öffentlicher Ämter und nach einem Ketzer nicht erbberechtigt waren. So hatte es die Inquisition in der Hand, einen mißliebigen Zeitgenossen, dem seinerseits mit dem Verdacht der Häresie nicht beizukommen war, auf dem Umweg über seine Eltern finanziell zu erwürgen und ihn auch noch seines Amtes zu berauben! Daß Wissen Macht ist, hat sie damit einleuchtend vorexerziert.

Um zu diesem Wissen zu gelangen, mußte die Bevölkerung die erforderliche „positive" Grundeinstellung haben. Aber nicht genug damit, dies mußte auch in Aktennotizen und Verfahren zu Buche schlagen. Dazu mußte eine erdrückende Atmosphäre des Mißtrauens, der Furcht und der unendlichen Denunziationsmöglichkeiten geschaffen werden. Die Inquisitoren hatten die notwendigen geistlichen Hilfsmittel zur Verfügung, um diese Atmosphäre nach Belieben hervorzurufen: wenn sie auf einer ihrer Dienstreisen einen Ort ausersehen hatten, benachrichtigten sie einige Tage vorher die dortigen Kirchenbehörden, um das Volk zu einem bestimmten Zeitpunkt zu versammeln. Jeder, der käme, erhielte einen genau bestimmten Sündennachlaß. Die Lehre vom Ablaß und von der Rechtfertigung durch gute Werke leistete dabei gute Dienste, denn der Ablaß bedeutete eine Verkürzung der Zeit, die man nach dem Tode im Fegefeuer zuzubringen hätte um seiner Sünden willen. Man konnte durch gute Werke die Wirksamkeit der göttlichen Gnade befördern, z. B. durch Befolgung der Befehle des Heiligen Offiziums. Manche Inquisitoren verhängten die Exkommunikation allein schon für Nichterscheinen in der angekündigten ersten Versammlung, was jedoch auch von der Kirche als Mißbrauch angesehen wurde.

War der Inquisitor am Orte eingetroffen, veranlaßte er die Versammelten, ihm innerhalb einer bestimmten Frist mitzuteilen, was sie an ketzerischen Worten und Taten in ihrer Umgebung wahrgenommen hätten. Alle männlichen Einwohner ab 14 und alle weiblichen ab 12 Lebensjahren mußten dabei Treue zur Kirche schwören. Wer es nicht tat, galt als der Ketzerei verdächtig, wenn er den Eid nicht innerhalb einer Frist von 14 Tagen nachholte. Die obigen Altersstufen wurden teilweise als der Beginn der „Häresiefähigkeit" angesehen. Doch zeigte das Heilige Offizium wenig Sinn für die Besonderheiten jugendlicher Entwicklung zur Strafmündigkeit, wenn es an anderen Orten 9 1/2 Jahre für Mädchen und 10 1/2 Jahre für Knaben als untere Altersgrenze festsetzte. Auch wurde es manchmal für eine ausreichende Altersdefinition angesehen, daß die Kinder schon die Bedeutung eines Eides verstehen konnten. Zwar trat in romanischen Ländern erst mit 25 Jahren die Volljährigkeit ein, und unter diesem Alter durfte man nicht selbständig vor Gericht erscheinen. Aber für diese Fälle behalf man sich mit der Beiordnung eines „curators", und der Jugendliche wurde dann eben unter den Augen des curators gefoltert und verurteilt.

Wer nach Ermahnung durch den Inquisitor in der öffentlichen Versammlung redete, erhielt einen dreijährigen Ablaß, wer nicht, wurde exkommuniziert. Der Gewissensdruck für gläubige Menschen war ungeheuerlich, denn auch wenn sie schwiegen, ohne daß der Inquisitor wußte, daß sie etwas wußten, hatten sie eine große Sünde begangen, und Gott sieht bis ins Innerste der Herzen! Ketzer, die sich selbst bezichtigten nach dieser Aufforderung, also noch vor Einleitung des eigentlichen Verfahrens, konnten Gnade erwarten, allerdings abgestuft: von vollständiger Straffreiheit über Zahlung einer Geldbuße bis zur Verpflichtung einer Wallfahrt; nur Tod, Verbannung, Gefängnis und Konfiskation der Güter blieben ihnen erspart.

Während einer bestimmten „Denunziationsfrist" logierte der Inquisitor im Ort, um Meldungen entgegenzunehmen und erste Verhöre zu führen. Mit ihm logierte die Angst, denn wer hatte nicht einmal ein leichtfertiges Wort über irgendeine Glaubenswahrheit geäußert, und wie viele mißgünstige Nachbarn mochte es nicht geben, die einen zielbewußt verleumden konnten! Bernard Gui, der es wissen mußte, rühmte die „heuristische" Ergiebigkeit solcher eingeräumter Fristen, denn die Leute nahmen dem Inquisitor währenddessen auf sehr wirkungsvolle Weise die Arbeit der Nachforschung ab. Und Papst Gregor IX. freute sich makaber darüber, daß in solch einer Lage Eltern ihre Kinder, Kinder ihre Eltern, Männer ihre Frauen und Frauen ihre Männer verraten könnten! Manchmal mochte auch der Beichtvater eines Opfers sein Beichtgeheimnis brechen. Auf diese Pflichtvergessenheit kam es dabei nicht an im Verhältnis zu dem Versäumnis, daß der Beichtvater sein Wissen nicht schon vor der Visitation des Heiligen Offiziums dem zuständigen Bischof mitgeteilt hatte.

Auf diese unwiderstehliche Weise kommt es schließlich zur Anklage. Der Inquisitor, der Richter, ist dabei gleichzeitig der Ankläger. Die Hinweise aus der Bevölkerung haben für ihn nur den Wert einer Anregung; er könnte sie eigentlich auch ignorieren. Dies ist ein wesentlicher Punkt des Inquisitionsverfahrens. Im Interesse der Effektivität hatte sich die Kirche dafür entschieden, die Leute, an deren Aburteilung sie ein Interesse hatte, auch selber anzuklagen. Es ist auch ein anderes prozessuales System möglich: der Richter leitet nur dann ein Verfahren ein, wenn ein vom ihm unabhängiger Ankläger es verlangt hat. Der moderne deutsche Strafprozeß hat sich für diese Konstruktion, das „Akkusationsprinzip" entschieden, denn die anklagende Staatsanwaltschaft arbeitet unabhängig von dem aburteilenden Gericht. Gleichwohl gilt daneben auch im gegenwärtigen Strafprozeß das „Inquisitionsprinzip". Der Begriff leitet sich wie der Name der hier untersuchten ketzerverfolgenden Behörde von lateinisch inquirere = untersuchen her und bedeutet, daß das Gericht den vorliegenden Sachverhalt von Amts wegen zu untersuchen hat und nicht daran gebunden ist, was Staatsanwalt, Angeklagter, Verteidiger, Zeugen, etc. an Tatsachenmaterial in den Prozeß einführen. Für die Ketzerverfolgung müssen wir dieses Prinzip nur um den Zusatz ergänzen: der Richter ist auch an das Vorliegen einer Anklage nicht gebunden. Gegen die Herrschaft des gleichsam lückenlosen Inquisitionsprinzips ist immer wieder eingewendet worden, daß es den Richter voreingenommen gegen den Abzuurteilenden mache, denn der Richter beginne die Verhandlung ja erst, wenn er genügend belastendes Material gesammelt habe. Es sei unrealistisch, von ihm zu erwarten, daß er nach Eröffnung der Verhandlung auf einmal in strengste Objektivität verfalle. Der Richter unter der Herrschaft des lückenlosen Inquisitionsprinzips sei kein abwägender Gerechtigkeitsfinder, sondern ein einseitiger Verfolger! Da auch Richter Menschen sind, ist dieser Einwand so unberechtigt nicht. Er wird auch noch bestätigt, wenn wir bei Bernard Gui über Probleme des Inquisitors bei nicht eindeutiger Beweislage lesen: „Auf der einen Seite quält ihn sein Gewissen, wenn ein Mensch bestraft wird, der weder gestanden hat noch seines Verbrechens überführt ist; auf der anderen Seite verursacht es dem Geist des Inquisitors sogar noch mehr Sorgen, wenn die Ketzer durch ihre durchtriebene Schläue der Bestrafung entgehen, zum Nachteil des Glaubens..." Hier liegt ein Denkfehler vor: Daß der Inkulpant auch tatsächlich ein Ketzer ist, steht ja gerade noch nicht fest! Das Zurückgreifen auf die Raffinesse der Ketzer im allgemeinen sollte den Inquisitor noch nicht dazu bestimmen, das Einzelindividuum vor sich auch als Ketzer anzusehen, nur weil es sich gut verteidigt hat. Oder wollte Bernard Gui hier den Grundsatz aufstellen „im Zweifel gegen den Angeklagten"? Die Objektivität der Ketzerrichter dürfte tatsächlich unter ihrer Doppelstellung als Ankläger und Richter gleichzeitig gelitten haben!

Trotzdem fand das Inquisitionsprinzip im späten Mittelalter auch in den weltlichen Gerichtshöfen immer mehr Eingang. Nicht, daß es die Kirche erfunden hätte: schon Karl der Große hatte seine Praktikabilität erkannt, aber im weltlichen Rechtsleben nicht durchsetzen können. Aus den deutschen Städten sind vom Anfang des 13. Jahrhunderts sogenannte „Stadtkläger" bekannt, bestallte Beamte, die den Verdächtigen verhaften ließen und anschließend den Sachverhalt von Amts wegen ermittelten. Also auch dort schon ein inquisitorisches Verfahren. Es brachte, oft genug zum Schaden der Gerechtigkeit, schnelle Ergebnisse, und da der Rechtsgang eine kostspielige Angelegenheit war, urteilte man lieber auf Kosten der Wahrheitsfindung als auf Kosten der Staatskasse.

Sind die Ermittlungen soweit gediehen, daß sie hinreichenden Tatverdacht ergeben, klagt der Staatsanwalt den Beschuldigten eines bestimmten strafbaren Tatbestandes an. In unserem Falle also der Inquisitor. Dann wußte der Angeklagte wenigstens, was ihm vorgeworfen wird, und könnte seine Verteidigung gezielt danach einrichten. Aber da Fair-

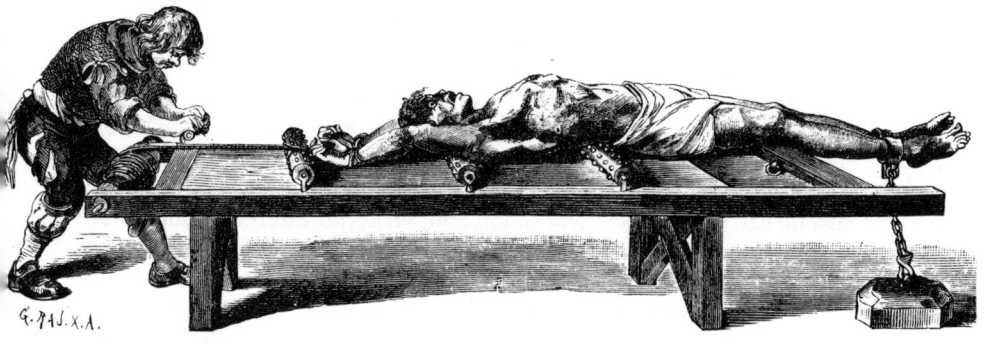

Ein vielfach benütztes Folterinstrument der Inquisition war das Streckbett.

neß gegenüber dem Angeklagten kein Prinzip des Inquisitionsverfahrens ist, war es nicht vorgeschrieben, ihm die Punkte der Anklage zu eröffnen! Ein Verhör konnte dann so unkonturiert beginnen, wie es Bernard Gui erzählt: „Ich frage den Ketzer, warum er vor mich gebracht sei. Er erwidert gutgelaunt: es würde mich freuen, von Euch den Grund zu erfahren. – Ihr seid angeklagt, ein Ketzer zu sein und anders zu glauben und zu lehren als die heilige Kirche. – O Gott, du weißt, daß ich dessen unschuldig bin, und daß ich niemals irgendeinen anderen Glauben bekannt habe als den des wahren Christentums. – Ihr nennt euren Glauben christlich, weil ihr unseren für falsch und ketzerisch anseht; aber ich frage Euch, ob ihr jemals einen anderen Glauben für ebenso wahr gehalten habt wie den, den die römische Kirche für wahr hält. – Ich glaube den wahren Glauben, den die römische Kirche glaubt und den ihr uns öffentlich lehrt.“ Womit das Verhör an einem toten Punkt angelangt ist, mangels substantiierten Vorwurfes des Inquisitors.

Es gab auch keine klaren Tatbestände, die die „Ketzerei" für alle zu verfolgenden Fälle beschrieben. Mit der Definition, die im ersten Kapitel aus Thomas von Aquin gegeben wurde, kann man kein gerichtliches Verfahren einleiten, denn sie bietet nur den äußeren Rahmen der Ketzerei. Sofern kirchliche Dogmen vorlagen, war ein Abweichen von ihnen identisch mit Ketzerei. Aber da die ganze Vorstellungswelt des mittelalterlichen Menschen mit Religion durchtränkt war, genügten auch folgende Sachverhalte: Ein Wucherer konnte ein Ketzer sein – nicht, weil er seine Mitbürger finanziell ausnützte, sondern weil er Wucher nicht als Sünde ansah. Ein Priester, der im Konkubinat lebte, war ein Ketzer, nicht wegen des standeswidrigen Konkubinates, sondern weil er meinte, das

Anlegen der heiligen Gewänder beim Zelebrieren der Messe reinige ihn von Sünden (eine rührende Ansicht, nicht ohne die Poesie einer Legende, aber leider häretisch!)

Goffredi de Trano in seiner „Summa in titulos Decretalium", einem Kommentar zu den päpstlichen Dekretalen, versucht über das Abweichen von Dogmen hinaus einen Kanon aufzustellen, nach dem Häretiker zu erkennen sind: sie interpretieren die Heilige Schrift anders als die römische Kirche – danach war schon eine nicht ganz durch kirchliche Autorität abgestützte theologische Lehrmeinung gefährlich; sie üben Simonie – da hätte wohl mancher Inquisitor selbst als Sünder vor Gericht stehen müssen, wie Richter Adam im „Zerbrochenen Krug", nur daß niemand die Macht hatte, ihm gegenüber den Gerichtsrat Walter zu spielen; sie sind bereits exkommuniziert – ein geistlich „Vorbestrafter" stand schon mit einem Bein auf dem Scheiterhaufen; sie haben einen „zweifelhaften Glauben" – eine unüberbietbare Gummiformel, zumal es auf ein äußerlich orthodoxes Verhalten zur Entlastung nicht ankommen mußte und hier willkürlichem Verdachtschöpfen ein weites Feld geöffnet war; sie weisen das Monopol der katholischen Kirche in allen Dingen des Heils zurück – durch diese Formel konnten auch die Kritiker an der kirchlichen Verwaltungspraxis belangt werden.

Eine Anklage war also schnell erhoben, der Delinquent vorgeladen. Wenn er nicht kam, galt das als Eingeständnis seiner Ketzerei. Wenn er kam, wanderte er zunächst in eine Art „Untersuchungshaft". Die Gefängnisse der Inquisition waren selbstverständlich nicht besser als die der weltlichen Gewalt im Mittelalter und daher bestens geeignet, den Delinquenten schon vor dem ersten Verhör mürbe zu machen. Manche Häretiker ertrugen das Vegetieren im Dunkeln, ohne oder mit erbärmlichster Nahrung, Hunger und Lungenentzündung ausgeliefert, nicht und widerriefen schon aus der Untersuchungshaft heraus.

In diesem trüben Dunstkreis soll sich einst ein Wunder ereignet haben, das, da es auf Kosten der Inquisition geschah, eines gewissen ketzerischen Anhauches nicht entbehrt, dennoch aber offiziell im Heiligsprechungsverfahren des Franziskus von Assisi herangezogen wurde: Pietro von Assisi war der Ketzerei angeklagt und gefangengenommen worden. Bei Wasser und Brot rief er Sankt Franziskus inbrünstig um Hilfe an, und tatsächlich – der Heilige (noch nicht kanonisiert) erschien ihm und befahl ihm, seine Zelle zu verlassen. Da fielen Pietro die Ketten ab, die Türen flogen auf und der Arme versuchte, hinauszuwanken. Aber, verwirrt durch die Haft und die himmlische Erscheinung gleichzeitig hielt Pietro sich am Türpfosten fest und schrie laut auf, so daß ihn die Wächter wieder einfangen konnten. Der verfahrensleitende Bischof sandte die zerbrochenen Ketten als Beweis des Wunders an den Papst.

Ohne Wunder ging das Verfahren jedoch gewöhnlich folgendermaßen weiter: Der Delinquent wurde vor den Inquisitor geladen, wobei ein Dominikaner eine Untersuchung meist allein leitete. Natürlich war die Öffentlichkeit strikt ausgeschlossen. Er wurde vom Inquisitor ruhig ermahnt, die reine Wahrheit zu sagen und nichts als die Wahrheit. Dies mußte er auf das Evangelium schwören. Der Eid bezog sich auf seinen eigenen Fall und auf alles, was mit dem Vorgehen der Inquisition insgesamt zu tun hatte, also ebenso auf seine Verwendung als Zeugen für andere Fälle, in denen sich das Heilige Offizium von ihm Aufschlüsse erhoffte. Der protokollierende Notar war von Anfang an dabei.

Beging der Delinquent anschließend den Fehler, häretische Glaubenssätze vor dem Inquisitor ausdrücklich zu verteidigen, dann war die Sache klar, das Verfahren abgeschlossen, denn er hatte sich damit bereits um Kopf und Kragen geredet. Gebrauchte er aber Ausflüchte – und das taten die allermeisten –, dann wurde die Wahrheitsfindung kompliziert.

Bernard Gui, der vielerfahrene, meint daher, man müsse das Verfahren den einzelnen vermuteten Häresien anpassen. Ein „Manichäer" z. B. (also ein Katharer) würde erklären, daß er den kirchlichen Lehrsätzen völlig zustimme, die da lauten: Glauben an Gott Vater, den Sohn und den Hl. Geist (glauben schon, aber für den Katharer sind sie keine Dreieinigkeit); an die Hl. Jungfrau Maria (aber der Katharer sieht sie als Engel an); an die Taufe und an die wahre Bußfertigkeit (aber außerhalb der kirchlichen Sakramente); an das Menschsein Christi (das müßte der Katharer heucheln), an das Sakrament der Ehe (das verabscheut er sicherlich). Genaueres Nachfragen würde aber bald ergeben, daß der „Manichäer" sich nur verstellt habe. Bernard Gui wußte nachzuhaken: er griff den Ausdruck „römische Kirche" auf, an deren Lehrsätze zu glauben der „Manichäer" in der wenig befriedigenden Einleitung des Verhörs behauptet hatte, das illustrieren sollte, daß den Ketzern die Anklage nicht ohne Umschweife dargelegt wurde.

Bernard Gui fuhr nämlich fort: „Vielleicht leben einige von eurer Sekte in Rom. Diese nennt ihr die römische Kirche." Damit hat er freie Bahn, den Delinquenten weiter zu fragen, und zwar frontal: „Glaubt Ihr an Jesum Christum, geboren aus der Jungfrau, der gelitten hat und auferstanden und aufgefahren ist gen Himmel?" Der Delinquent mußte nur immer fromm mit „Ja" antworten, dann wäre Bernard am Ende seines Lateins. Aber er stellt Gegenfragen, mit denen er derart offensichtlich ausweichen will, daß ein jeder Untersuchungsrichter, sei er nun vom Heiligen Offizium oder einem beliebigen anderen Tribunal, gereizt werden muß. Und so fängt er sich schließlich durch demonstrative Frechheit in den Netzen des Inquisitors.

Dabei schreckten die Richter auch nicht vor albernsten sophistischen Kunststücken zurück. So fragte der Inquisitor von Narbonne, Ferrier:

„Wer macht die Frau zur Mutter: Gott oder der Mann?" Antwortete der Delinquent: natürlich der Mann, dann war sein „Manichäismus" erwiesen, denn wenn Gott nicht an der Zeugung beteiligt war, dann wurde sie als etwas Böses angesehen, und eben das war ja die Lehre der Katharer! Sagte der Delinquent aber: „Gott macht die Frau zur Mutter", dann war das eine Gotteslästerung, denn Gott ließ sich doch nicht mit einem Weibe ein!

Wäre ein „Manichäer" aber erst einmal überführt, fährt Bernard in seinem Erfahrungsbericht fort, dann bekenne er seinen abweichenden Glauben offen und ehrlich. Ja, er verrate dann auch seine Mitbrüder bereitwillig (denn er hat der Lüge abgeschworen). Deshalb sei es sinnvoll, einen des „Manichäismus" Verdächtigen lange im Kerker zu halten, nicht nur, um ihm Gelegenheit zur Reue und zur Umkehr zu geben, sondern auch, um seine Mitbrüder zur Selbstbezichtigung zu treiben. Denn sie wußten, daß er sie denunzieren würde, wenn er geständig geworden wäre und würden daher versuchen, seinem Geständnis zuvorzukommen. Damit gibt Bernard Gui zu, daß die „Untersuchungshaft" als kriminalistisches Druckmittel angewendet wurde. Er sagt aber gleichzeitig, daß der Inquisitor während des Verfahrens auf die Besserung seines Opfers hinwirken solle, und das ist bei aller Brutalität des Verfahrens mehr als ein Feigenblatt von Heuchelei. Das Konzil von Narbonne (1243; kein ökumenisches Konzil, sondern nur vom lokalen Episkopat besucht) schärfte den Ketzerrichtern ein: „Beeilt euch nicht, diejenigen zu verurteilen, die die Umkehr verweigern, redet ihnen häufig zu, sei es in eigener Person, sei es durch andere, um sie zum Umdenken zu bewegen ... erweist euch den Ketzern, die sich bekehren wollen, gewogen und günstig, da durch solche Fälle unsere Sache sehr mit Ruhm bedeckt und auch gefördert wird ..." Der Inquisitor sollte, zumindest in amtlicher Lesart, nicht nur ein Verfolger, sondern auch Beichtvater und echter Seelsorger sein. Gewalt sollte erst dann angewendet werden, wenn alle Mittel der Überredung bzw. Überzeugung erschöpft erschienen.

Doch wie ging der Prozeß weiter, wenn kein ehrlicher „Manichäer" vor dem Tribunal stand und der Richter über den Fall noch im Zweifel war? Vielleicht hatte das erste Verhör nicht auf einem befriedigenden theologischen Niveau stattgefunden, und es ist ja anzunehmen, daß das in der Mehrzahl der Fälle so war. Vielleicht hatte der Richter in seiner „akademischen" Sprache an dem Delinquenten vorbeigeredet und dieser daher gar nicht sein Innerstes eröffnen können. So etwas kommt vor Gericht immer wieder vor! Der Inquisitor konnte eventuell auf Zeugen zurückgreifen.

Das war nun ein Fortschritt der Prozeßtechnik, daß zur Sachverhaltsfeststellung Tatzeugen aufgeboten wurden, so merkwürdig dies einem modernen Betrachter auch anmuten mag. Im alten deutschen Prozeß hatte sich der Angeklagte durch einen Eid von jedem Vorwurf reinigen können; dabei blieb der Sachverhalt wohl nur zu oft auf der Strecke. Er konnte auch „Eideshelfer" heranziehen, die bestätigten, daß der Angeklagte einen ehrliche Eid geschworen hatte, aber vom Sachverhalt mußten sie keine Ahnung haben. Einen solchen „Eideshelfer" zur Findung der Wahrheit heran- und von der Persönlichkeit des Angeklagten abzuziehen, das war eine Umkrempelung des Beweisdenkens, die Jahrhunderte in Anspruch nahm. Die Kirche nun wollte zwar dasselbe wie der Richter aus karolingischer Zeit, nämlich die Ehrenhaftigkeit des Angeklagten überprüfen; aber dazu brauchte sie keine Leute, die als Bürgen hierfür einstehen wollten, sondern Zeugen zur Sachaufklärung. Damit wurde das Verfahren nicht nur effizienter, sondern auch rationaler.

Bedenklich wird die Sache wiederum dadurch, daß zum Zeugen buchstäblich jeder zugelassen war, auch ein Krimineller, Ketzer, Exkommunizierter. Die Zeugenfähigkeit endete erst mit dem Tode. Verbrechen „schwächen" den Menschen zwar, befand das erwähnte Konzil von Narbonne, aber sie machen ihn nicht zum Zeugen untauglich, weil „bei solch einem Verbrechen (sc. der Ketzerei) wegen seiner Ungeheuerlichkeit alle Kriminellen und Ehrlosen ... zur Anklage (sc. zur Anregung der Anklageerhebung durch den Inquisitor) und zum Zeugnisablegen zugelassen werden können." Das mußte extra festgestellt werden, denn nach weltlichen Gesetzen konnten die „Ehrlosen" aller Schattierungen nicht in den Zeugenstand treten.

Auch Kinder wurden als Zeugen zugelassen. In den Akten wird ein Knabe von zehn Jahren erwähnt, der bei der „Säuberung" von Montségur nicht nur seinen Vater und seine Schwester bezichtigte, sondern 66 weitere Personen, die einen Katharer-Bischof „verehrt" hatten. Zum Vergleich: nach dem sächsischen Lehensrechtsbuch, das in Deutschland zur gleichen Zeit galt, mußten Zeugen ein Mindestalter von 18 Jahren haben. Der Ketzerrichter konnte also Kinder überrumpeln und in dem menschlichen Abschaum seines Bezirkes fischen, wenn er dadurch nur an wertvolle Informationen herankam. Natürlich sahen die Prozessualisten die Gefahr einer solchen Zeugenschaft und wiesen daher auf die unter Umständen reduzierte Glaubwürdigkeit mancher Zeugen hin. Hoffentlich wurde ihre Warnung in der Praxis auch immer hinreichend beachtet.

Da, wie gesagt, der Angeklagte grundsätzlich keine Rechte hatte, bekam er nie die Namen seiner Zeugen mitgeteilt. Das erzeugte in ihm eine durchaus erwünschte Unsicherheit und diente gleichzeitig dem Schutz der Denunzianten vor unkontrollierbaren Racheakten. Ein Zeuge sollte auch möglichst in einem Termin angehört werden, nur wenn der Richter einen Befragungspunkt vergessen hatte oder das Prozeßthema ausweiten wollte, sollte er ihn noch einmal vorladen. Wie erwähnt, war der

Beichtvater ein besonders interessanter Informant, zumal er wissen mochte, ob der Delinquent ihm gegenüber beim Bekenntnis seiner Ketzerei echte Reue gezeigt hatte oder nicht.

Das wäre eine Entlastungsmöglichkeit gewesen, die charakteristischerweise wiederum nicht in der Hand des Angeklagten lag, doch dürfte sie nur selten benutzt worden sein. Das Konzil von Narbonne bestimmte nämlich: „Ob man aber allein dem Beichtvater glauben darf in Bezug auf die Absolution oder die Reue ... darüber soll die Meinung des Herrn Papstes eingeholt werden." Um den Bruch des Beichtgeheimnisses dabei kam man folgendermaßen herum: der Beichtvater sollte den geständigen Sünder dazu anhalten, seine Bekenntnisse aufzuschreiben und sie der Inquisition oder einer geistlichen Person mitteilen. Hatte der Beichtvater Skrupel, so vorzugehen, dann sollte er ohne Nennung des Namens „gottesfürchtige Sachverständige" um Rat fragen. So kam das Tribunal scheibchenweise doch an das Beichtgeheimnis heran.

Eine weitere Verfeinerung des Druckes durch Zeugenaussagen bestand darin, daß der Richter dem Angeklagten den Inhalt der belastenden Aussage nicht mitteilte, damit er auch an ihr keinen Anhaltspunkt zur Verteidigung hatte. Überhaupt, was konnte schon viel zur Verteidigung geschehen? Das Konzil von Béziers (1246; ebenfalls kein allgemeines) hatte zwar die Regel aufgestellt, daß der Angeklagte genügend Gelegenheit zur Verteidigung haben sollte. Aber mit diesem Grundsatz war es wie mit so vielen, die öffentlich verkündet wurden, um das Inquisitionsverfahren als gerecht zu konstituieren, deren Einhaltung aber nicht erzwungen wurde und die daher in allzu vielen Fällen nur auf dem Papier (bzw. Pergament) standen. Schon Innozenz III. hatte Advokaten und öffentlichen Schreibern untersagt, Ketzern in ihrem Prozeß zu Hilfe zu kommen. Die Folgezeit sah die Übernahme der Verteidigung vor dem Heiligen Offizium gar als Begünstigung der Ketzerei an. Kleriker gingen ihrer Pfründe verlustig, wenn sie ein anvertrautes Schäfchen aus dem Rachen des Wolfes retten wollten. Natürlich getraute sich dann auch niemand aufzutreten. Eymericus, der Verfasser eines Inquisitionshandbuches aus dem 14. Jahrhundert, machte aus der Verteidigung förmlich einen Witz für Radio Eriwan („im Prinzip ja, aber ... "), wenn er die Verteidigung eines Ketzers zuließ, den Advokaten aber anschließend selbst als Ketzer anzuklagen empfahl. Die einzige Möglichkeit der Verteidigung bestand im Nachweis, daß der Belastungszeuge ein Todfeind des Delinquenten sei, der ihm nach dem Leben trachte, denn für diesen einzigen Fall war vorgeschrieben, daß sein Belastungszeugnis nicht verwertet werden durfte. Aber wenn ihm die Namen der Zeugen nicht bekannt waren, dann konnte er lange im Dunkeln herumtappen, bis er auf die Denunziation durch seinen Todfeind traf! Außerdem war es dem Inquisitor möglich, den Delinquenten an der Nase herumzuführen, wenn er zwar durch den Todfeind auf die Fährte des Ketzers gekommen war, aber in den Akten die Anzeige gleichen Inhalts durch jemanden anderen nachschob. Und der Todfeind war nicht gehindert, sein Wissen jemand anderem anzuvertrauen, der seinerseits den gleichen Effekt hervorrufen konnte. Wie sagte doch ein Opfer des heiligen Offiziums: selbst die Apostel Petrus und Paulus, der Verehrung des „Ketzers" Jesus Christus angeklagt, hätten vor einem Inquisitionstribunal keine Chance!

Aber gehen wir weiter davon aus, daß der Richter immer noch keinen Beweis gegen den Angeklagten hat, weder durch Verhör noch durch Zeugen. Er darf ihm aber nach den Bestimmungen des vierten Laterankonzils (1215) nicht ohne Beweis verurteilen. Das klingt vernünftig, hatte aber für die Praxis nichts zu sagen, da dann eben alle möglichen Mittel angestrengt wurden, um zum Beweis zu gelangen. Und in den Mitteln lag die Ungerechtigkeit! Der Richter konnte den Angeklagten in den Kerker sperren, damit er durch „Beugehaft" mürbe würde und endlich, endlich ein Geständnis ablegte.

Das Geständnis galt nach allgemeiner mittelalterlicher Rechtsvorstellung als die Krone des Beweises. Die Haft konnte mit Erschwernissen beliebiger Art garniert werden, Nahrungsentzug, Lichtenzug, langer Zeitablauf fern von den Lieben – Zeit spielte für die Inquisition keine Rolle. Die „Seelenmassage" konnte natürlich auch im Vorführen von Freunden, Verwandten, Ehegatten bestehen, die den Angeklagten unter Tränen bestürmten, doch endlich seinem Leugnen ein Ende zu setzen, damit er die schlimmste Konsequenz, den Scheiterhaufen, vermeide. Hätten die nahestehenden Personen sich dem Richter für eine solche Szene nicht zur Verfügung gestellt – der Leser errät mittlerweile bereits die Konsequenz –, dann wären sie Begünstiger der Ketzerei gewesen!

Nur am Rande sei vermerkt, daß dieses muntere Unterstellen von Begünstigung bei einem Delikt, das noch gar nicht erwiesen ist, ein Ding der logischen Unmöglichkeit ist: wie kann ich z. B. als Hehler einen angeblichen Dieb begünstigt haben, wenn noch gar nicht feststeht, ob er ein Dieb ist!

Nun, unser (wohl atypischer, nur zur Demonstration des Prozeßverfahrens so hartnäckiger) Ketzer übersteht auch diesen Sturm auf sein Gemüt. Hätte der Inquisitor einige Generationen früher gelebt, dann hätte er zwecks Entscheidungsfindung auf den Gedanken kommen können, den Delinquenten einem Gottesurteil auszusetzen: etwa, indem man ihn gebunden, so daß er nicht schwimmen konnte, ins Wasser warf. Das Wasser war eine Art heiliges Element, seit Johannes, der Eremit, Christus im Jordan damit getauft hatte und seit es als Mittel der Taufe vorgeschrieben und unentbehrlich war. (Bier z. B. reichte hierzu nicht aus, wie Gregor IX. dem Erzbischof von Trondheim ausdrücklich einschärfte). Wenn es den Delinquenten also zurückstieß, dann war er ein Ketzer.

Ging er unter, war er orthodox. Diese „Wasserprobe" war schon in heidnischer Zeit geübt worden, wobei man natürlich nicht Christus und Johannes den Täufer im Sinn hatte, sondern die Naturgottheiten zum Wahrheitserweis anrief.

Die Kirche hatte derlei Verfahren im angehenden Mittelalter nicht bekämpft, sondern, wie wir sahen, ihre eigenen Wertvorstellungen damit verquickt. So kam es, daß Kaiser Ludwig der Fromme (814 – 840) das „Kreuzurteil" empfahl: die beiden Kontrahenten eines Prozesses sollten sich mit ausgestreckten Armen unter ein Kreuz stellen und so verharren. Wer als erster einen Arm sinken ließ, hatte verloren! Im Laufe des hohen Mittelalters wurden solche Verfahren der Kirche immer suspekter; nur zu oft überlebte dabei unter einer dünnen christlichen Tünche altheidnischer Naturzauber. Innozenz III. befahl daher, im kirchlichen Prozeß keine Gottesurteile anzuwenden. Das war zweifelsohne ein großer Fortschritt in Richtung Rationalität des Verfahrens. Ein ratloser Inquisitor konnte sich nicht mehr um die eigene Entscheidung herummogeln. Er brauchte Gott auch nicht das Urteil zu überlassen, da er das Herz des vor ihm stehenden Delinquenten durchschauen und sich damit selbst an Gottes Stelle setzen wollte. Dachte einer der Ketzerrichter manchmal daran, daß die Schlange im Paradies auch ihn gemeint haben könnte, als sie zu Eva sprach: „Ihr werdet wie Gott sein und Gut und Böse unterscheiden können"?

Es half also nichts, der Inquisitor mußte das Geständnis erzwingen. Er mußte den Leugnenden foltern lassen. Zwar war dem „decretum Gratiani" der Satz zu entnehmen, daß durch Folter kein Geständnis erpreßt werden dürfe. Aber was sollte man schon machen, wenn die Gottesurteile abgeschafft waren? In der Tat hat hier eine Bestimmung der Vernunft indirekt und kaum vorhersehbar zu unermeßlicher Grausamkeit geführt. In der Zeit, als Montségur fiel, begann die Rechtswelt sich an die Folter als übliches Mittel der Wahrheitsfindung zu gewöhnen. Innozenz IV. schließlich hatte ihre Anwendung in Ketzerprozessen durch seine Bulle „ad extirpanda" 1252 gutgeheißen. Damit war der Damm gegen Gewalttaten auf Geheiß des Heiligen Offiziums gebrochen. Denn zunächst war es Geistlichen zwar verboten, bei der Folter anwesend zu sein oder sie anzuordnen, aber nachdem Papst Alexander IV. 1256 den Inquisitoren gestattet hatte, sich wegen Irregularitäten gegenseitig zu absolvieren, war der Siegeslauf der Folter nicht mehr aufzuhalten. Auch die weltlichen Gerichte übernahmen sie, wenn auch ziemlich zögernd. Das frühe und das hohe Mittelalter hatten diese Art von gerichtlichem Vorgehen nicht gekannt. Wenn man das Mittelalter in seiner Vorstellung gern koloriert mit perversen Kerkerszenen und sadistischen Henkersknechten, dann muß man also wissen, daß diese Bilder erst mit der Einrichtung der Inquisition im Laufe des 13. Jahrhunderts auftauchen, mithin erst für das spätere Mittelalter kennzeichnend sind.

Papst Clemens V. zu Beginn des 14. Jahrhunderts versuchte, den Gebrauch der Folter zu kanalisieren, indem er ihn von einer gemeinsamen Entscheidung von Bischof und Inquisitor abhängig machte, sofern diese innerhalb von acht Tagen zustandekommen konnte. Das widersprach ihrem Zweck, schnelle Geständnisse zu produzieren. Es fanden sich daher auch Rabulisten, die die päpstliche Anordnung so auslegten, daß entweder Bischof oder Inquisitor die Folter anordnen durften. Außerdem hatte Papst Clemens nichts von den Zeugen gesagt, die durften also auf jeden Fall und immer gefoltert werden.

Bei unserem hartnäckigen Ketzer sieht die Tortur als ultima ratio aus. Das hätte immerhin einen gewissen Eindämmungseffekt gehabt, denn es hätte auf die Vorschrift schließen lassen können, sie wenigstens nicht in jedem Stadium des Verfahrens anzuwenden. Aber auch in diesem Punkt war die Willkür des Inquisitors so gut wie unbegrenzt: manche diensteifrige Prozessualisten erklärten ihre Anwendung schon dann für berechtigt, wenn der Angeklagte stotterte!

Dann konnte es losgehen nach den Empfehlungen des Inquisitionsmeisters Eymericus: erst droht man mit der Folter, dann zeigt man dem Delinquenten die Marterwerkzeuge: die Daumenschrauben, die die Finger zerquetschen; die „spanischen Stiefel", die ums Bein geschraubt werden und mit spitzen Stacheln ins Fleisch dringen, auch das Schienbein zerschmettern können; die Drohung, den Angeklagten mit auf den Rücken gefesselten Händen an einem Seil hochzuziehen und ihm Gewichte an die Füße zu hängen, daß die Arme aus den Gelenken gerissen werden; das Streckbrett, um ihn wie weiland Prokrustes die arglosen Wanderer in die Länge zu ziehen; die bekannte „eiserne Jungfrau" – kurz, das ganze Instrumentarium einer brutalisierten Strafrechtspflege!

Bleibt der Ketzer standhaft, geht die Prozedur los, vom einfachen Grad sich steigernd bis zu Höllenqualen. Innerhalb der Prozedur war eine Milderung möglich, indem ihre Anwendung auf ein einziges Mal beschränkt wurde. Dabei traten wiederum die Rabulisten auf und zerdeutelten den Ausdruck „ein einziges Mal": bezog sich das auf die Anwendung der Folterwerkzeuge oder auf das Beweisthema? Letzteres würde bedeuten, daß ein Wechsel des Beweisthemas eine erneute Anwendung der Folter rechtfertigte. Oder wenn man im selben Thema blieb: dann war auch eine mehrtägige Folter mit mehreren Stunden Pause jeweils zwischendurch „ein einziges Mal"?

Mancherlei Indizien sprechen dafür, daß die Anwendung der Folter in den Inquisitionsakten seltener vermerkt ist, als sie wirklich stattgefunden hat. Die Urteile schweigen sich meistens aus, denn sie basierten auf dem Geständnis der Angeklagten, und dieses hatte freiwillig zu sein. Der Notar nahm es auf, nachdem der Ketzer durch die Folter mürbe gemacht worden war. Er wurde losgebunden und in seinem maroden Zustande in einen anderen Raum geschleppt, wo er das Geständnis zu Protokoll geben konnte. Später wurde es ihm erneut vorgelesen und er gefragt, ob er sich dazu bekenne. Schwieg er, so galt das als Zustimmung, nahm er es zurück, ging die Folter weiter. Dabei legte man so großen Wert auf die Fiktion der Freiwilligkeit, daß Ketzer noch Jahre nach Ablegung eines Geständnisses angehalten werden konnten, sein Zustandekommen als unerpreßt zu bestätigen. Die Heimlichkeit ist eben die Höflichkeit der Verbrecher!

Übrigens war es gerade diese Heimlichkeit bzw. „Nicht-Öffentlichkeit" des Verfahrens, die geschützt werden mußte und deren Bedrohung daher als Gegenargument gegen die Folter diente. Das Schreien aus dunklen Gewölben konnte Außenstehenden verraten, in welchem Stadium sich das Verfahren befand. Man machte sich auch zumindest keine unbegrenzten Illusionen über den Wert solcher erzwungener Geständnisse. Wie es bei allen Standardargumenten für und wider eine Angelegenheit der Fall zu sein pflegt: sie sind nicht schlagartig vorhanden, sondern altbekannt. Auch den Anwendern der Folter war es daher schon bewußt, worauf spätere Zeiten die Abschaffung der Folter neben Erwägungen der Humanität besonders gründeten: daß ein Angeklagter alles Beliebige „gestand", was seine Peiniger hören wollten, nur um von der Streckbank herunter- und aus den spanischen Stiefeln herauszukommen.

Praktische Konsequenzen hatte diese Erkenntnis zunächst allerdings gar keine. Besser, ein abgeschlossenes Verfahren lag vor, als daß ein präsumptiver Ketzer laufen gelassen wurde. Die Gier nach den Ergebnissen der Verfolgung dürfte nicht nur die Inquisitionsrichter der Vergangenheit geleitet haben, sie ist eine menschlich- allzumenschliche Versuchung aller Leute, die ein Verfahren leiten, das ein Ergebnis am Schluß vorsieht! Außerdem stand bei Erfolglosigkeit die Würde des Heiligen Offiziums auf dem Spiel, und deren Aufrechterhaltung garantierte den zukünftigen Erfolg.

Nicht, daß die Inquisition nicht auch Angeklagte freigesprochen hätte. Zwar wollte sie terrorisieren, aber die Wahrheit nach ihrem Verständnis finden wollte sie eben doch. Deshalb waren auch Freisprüche vorgesehen. Eymericus führt dazu folgende Möglichkeiten an: der Angeklagte ist nicht einmal öffentlich verdächtigt, die Verdachtsgründe gegen ihn sind sehr gering, die Folter hat ihm kein Geständnis entlockt, die Verdachtsgründe sind zwar schwerwiegend, reichten aber zur Überführung nicht aus. Da Eymericus aber auch bloß Erfahrungen und Empfehlungen niederschrieb, keine gesetzlichen Vorschriften, so kam es durchaus vor, daß bereits schwerer Verdacht zur Aburteilung genügte. Ein weiterer Beleg für den Satz, daß die Inquisitoren sich nicht scheuten, „im Zweifel gegen den Angeklagten" zu entscheiden. Wie oft die Folter übrigens wirklich angewendet wurde, läßt sich auch nicht annähernd exakt belegen. In sehr vielen Fällen dürfte es ja genügt haben, dem Verstockten das Arsenal an Marterwerkzeugen nur zu zeigen, um ihn zum Geständnis zu bringen. Und nicht zu unterschätzen ist auch die abschreckende Wirkung, die schon von dem bloßen Wissen ausging, das Heilige Offizium in dem Hause dort und dort verfüge über einen düsteren Keller, in dem teuflische Utensilien auf ihre Verwendung warteten ... Beschränken wir uns daher auf die Feststellung, daß die Folter bei den Richtern „beliebt" war.

Wie konnte der Angeklagte überhaupt noch freikommen, nachdem er sein Geständnis widerrief, sobald er wieder zu Kräften gekommen war. Eymericus sagt, wenn die Folter vorher genügend angewendet worden sei und der Delinquent bei seinem Widerruf bleibe, dann sei er freizusprechen. Dann hätte der Wille über die Marterwerkzeuge gesiegt! Aber mit dieser versöhnlichen Lösung steht der sonst bitterböse Eymericus allein unter den Autoritäten. Im allgemeinen wurde Widerruf als Rückfall in die Ketzerei betrachtet, die den Widerruf protokollierenden Notare waren schon wieder so ein Fall von Begünstigung des Häretikers. Fürwahr, dieses prozessuale Denken war so klobig gefügt, wie wir uns die Steinmauern eines Inquisitionsgefängnisses vorstellen mögen. Auch ein schon in die Freiheit entlassener Ketzer, der seine Bußübungen abgeleistet hatte und nun erklärte, sein damaliges Geständis sei erzwungen gewesen und er widerrufe es daher, beging damit eine neue Ketzerei, und nun war ihm die Höchststrafe sicher, der Scheiterhaufen.

Noch eine Möglichkeit der Rettung: die Berufung an den Papst, den Vorgesetzten der Dominikaner und anderen inquisitorisch tätigen Orden; mit der Begründung, das Verfahren sei unregelmäßig geführt, die Gerechtigkeit sei verweigert worden. Die Berufung mußte vor der Urteilsverkündung eingelegt werden, weil das Urteil immer endgültig war. Außerdem hatte der Inquisitor sie in Empfang zu nehmen und sie weiterzuleiten – wie denn, wenn er sie bei sich behielt, nicht erpicht darauf, als ungerechter Richter in Rom oder Avignon notiert zu werden? Da bedurfte es schon bester Beziehungen, um tatsächlich bis zum Papst vorzustoßen. Die hatten aber nur die Spitzen der damaligen Gesellschaft; für das „ketzerische Fußvolk" war die Möglichkeit der Berufung praktisch wertlos.

Das Tribunal schritt also zur Verkündung des Urteils. Das heißt, da wir es mit einem Gerichtshof geistlicher Art zu tun haben, werden keine Strafen ausgesprochen, weder vergeltende noch wiedergutmachende.

Alle Konsequenzen, die den Delinquenten treffen, haben Ermahnungscharakter, so hart sie in Wirklichkeit auch sind. (Das ist natürlich eine pastorale Erbaulichkeit, die die Grenze zur Heuchelei bereits überschritten hat). Von kirchlicher Seite direkt war als Strafe nur die Exkommunikation vorgesehen. Auch die fiel weg, wenn sich der Ketzer als reuig zeigte oder wenn er einem Reuevollen gleichzusetzen war. Das war der Fall bei Leuten, die Umgang mit Ketzern gehabt hatten und nur aus diesem Grunde selbst unter dringendem „Tatverdacht" standen. Ferner bei denen, die schon einmal unter leichtem Verdacht vorgeführt worden waren und zum zweitenmal vor dem Inquisitor erschienen, natürlich infolge ihrer Rückfälligkeit nun unter weitaus gewichtigerem Verdacht, schließlich bei einem Sonderfall: wer schon einmal verdächtig gewesen war, die Flucht ergriffen hatte und infolgedessen exkommuniziert worden war. Gelang es dem Betreffenden nicht innerhalb eines Jahres, sich von der Exkommunikation zu lösen, dann zog er sich automatisch die Anklage wegen Ketzerei zu. Fiel also die Exkommunikation weg, mußte eine kirchliche Buße gefunden werden.

Die Fülle an Möglichkeiten, die hier zu Gebote standen und die allesamt als saftige Bestrafung wirkten, zeigt einmal mehr, welch ein willkürliches Verfahren die Inquisition insgesamt „auszeichnete", denn es ist nirgends verbindlich vorgeschrieben, welchem Deliktsgrad welche „Buße" genau entsprechen würde. Daß sich unter den Inquisitoren gewisse gleichförmige Übungen herausgebildet haben dürften, sowohl aus einem nicht auszuschließenden Gerechtigkeitsempfinden als auch aus Respekt vor der Erfahrung anderer Fachkollegen als auch aus behördlicher Trägheit änderte daran nichts Grundsätzliches.

Um die Unterschiedlichkeit der Prozeßergebnisse noch allgemeiner ins Blickfeld zu bekommen: nach seinem Selbstverständnis war das Inquisitionsverfahren eine Gewissenserforschung, so etwa wie zwischen Beichtvater und Beichtendem stattfindend. In einem solchen Zusammenhang ist aber ein gewisses höchstpersönliches Ermessen des Inquisitors unausschließbar, denn auch die geistliche Schuld des Beichtenden ist eine nicht exakt abwägbare Größe; dem steht jedoch die Erfordernis gegenüber, zu einem exakten Urteil zu kommen. Bei dem Ketzereiverdacht, der derart einschneidende Folgen für Leib und Lebenswandel des Betroffenen haben konnte, kann das „persönliche Ermessen" des Inquisitor-Beichtvaters jedoch nicht mehr als Entschuldigung ausreichen, angesichts der höchst unterschiedlichen Folgen, die gleichartige Häresie-Tatbestände sühnen sollten.

Hatten die Ketzerrichter bei alledem nicht auch einmal ein schlechtes Gewissen? Nun, jedenfalls nicht reihenweise, wenn man bedenkt, daß auch im weltlichen Rechtsdenken damaliger Zeit die persönliche Schuld des Angeklagten nur eine untergeordnete Rolle spielte und daß er in ei ner unzweideutigen Verantwortlichkeit für sein Glaubensbekenntnis gesehen wurde. Das ist nicht nur ein Bewegen der Lippen, das angesichts der Tiefe des Gegenstandes auch bedeutungslos sein könnte. Innerer Glauben und äußeres Bekenntnis werden vielmehr als eine unauflösbare Einheit angesehen, gemäß dem Pauluswort im zweiten Korintherbrief:»Auch wir glauben, indem wir denselben Geist des Glaubens haben, so wie (Psalm 116, 10) geschrieben steht: „ich glaubte, darum redete ich", und daher sprechen auch wir.« Hier war für moderne Psychologie kein Platz, denn die Inquisitoren wollten klare Erklärungen nicht nur, um ihre Protokolle sauber führen zu können, da für sie die Erklärung selbst bereits als ein Akt des Glaubens galt. Die Kirche erklärte es für allein von des Ketzers freiem Willen abhängig, ob er die orthodoxe Lehre annahm oder nicht, gemäß der scholastischen Definition: „Glauben ist ein Akt des Verstandes, der nach dem Befehl seines Willens der göttlichen Wahrheit zustimmt." Der Unterschied zwischen „formeller" und „materieller" Ketzerei (siehe Kapitel 1: zwischen Bewußtsein der Häresie und Mangel an diesem Bewußtsein) spielte da noch keine Rolle, denn das Kriterium des Bewußtseins fehlte überhaupt.

Verwerfen des Dogmas galt automatisch als Bösartigkeit, entsprechend der freien Entscheidung Luzifers, der sich gegen Gott und damit gegen das Gute gewandt hatte. Daß der Mensch in seinem Willen auch ganz einfach der Schwäche unterliegt, oder daß der als richtig vorausgesetzte Glauben vielleicht auch ein Geschenk unkalkulierbarer göttlicher Gnade sein kann, das bedachte die Inquisition nicht. Eine jede richtende Institution muß zu einem Ergebnis kommen, ungeachtet des Umstandes, daß die Notwendigkeit zur Entscheidung weiter reicht als die Möglichkeit der Erkenntnis (nach Kant). Aber das Heilige Offizium setzte sich über diese Skrupel nicht hinweg – es erkannte sie nicht. Wir können ihm zumindest das eine nicht vorwerfen: daß es Immanuel Kant und die moderne Rechtsentwicklung nicht im Kopfe hatte.

Geben wir also dem Mittelalter, was des Mittelalters ist, so kann doch ein exemplarischer Fall nicht übergangen werden, der auch für die Zeitgenossen schlicht unerträglich war: der des fürchterlichen Konrad von Marburg. Er hatte seine Karriere als Kreuzzugsprediger auf Veranlassung von Papst Innozenz III. begonnen, soll ein zündender Redner gewesen sein und gewann als Beichtvater der Hl. Elisabeth von Thüringen einen Nischenplatz in der Legende. Zum Inquisitor für Deutschland wurde er 1227 von Gregor IX. ernannt. Er sollte sich mit anderen geeigneten Männern in Verbindung setzen und bei der Aufspürung der Ketzer „sorgfältig und wachsam" vorgehen. Da der Papst große Stücke auf Konrad hielt (die Erzbischöfe von Mainz und Trier hatten ihn in Rom warm empfohlen), erlaubte er ihm, das übliche Prozeßverfahren großzügig zu handhaben, nicht ohne jedoch hinzuzufügen: er solle stets zwei Kleriker beiziehen, die die Aufzeichnung der einschlägigen Zeugenaussagen zu beglaubigen hätten. Bei der Urteilsfällung solle er „vertrauenswürdige Männer, die des Rechtes nicht unkundig sind, hinzuziehen, gemäß deren Ratschlag, wie es gut erscheint, in diesem Geschäft umsichtig vorgegangen werden soll." Also eigentlich kein Blankoscheck, denn einen solchen Präzedenzfall hätte Gregor IX. nicht setzen wollen.

Konrad aber scheint unter dem Einfluß seiner zwei Adjutanten, des Laienbruders Konrad Dorso und des Laien namens Johannes, außer Rand und Band geraten zu sein. Die beiden Adjutanten behaupteten, sie hätten ein Gefühl dafür, wer ein Ketzer sei, und erzielten auf diese Weise, die schon gar nicht mehr als „Verfahren" bezeichnet werden kann, eine reiche Ernte. „Wir würden hundert Unschuldige verbrennen, wenn nur ein Schuldiger darunter ist", sollen sie gesagt haben, und mit Konrads geistlicher Bildung und Rednergabe im Rücken verbrannten sie die Leute auch wirklich in kurzer Zeit zu Aberhunderten. Sie vergriffen sich auch an Adeligen und Rittern, ja, sie gaben ohne päpstliche Bestätigung einigen Predigerbrüdern und Franziskanern ebenfalls den Auftrag zur Ketzerverfolgung. Johannes wird geschildert als einäugig und nur mit einer Hand; er ist daher als hauptamtlicher Sadist gut vorstellbar. Die Opfer bezichtigten in ihrer Panik völlig Unschuldige; persönliche Rache konnte am schnellsten durch ein falsches Zeugnis vor Konrad oder seinen Henkersknechten gekühlt werden. Der Erzbischof von Mainz, der Konrad einst empfohlen hatte, war nunmehr entsetzt über dessen willkürliches Vorgehen. Manche gläubigen Katholiken wären lieber den Feuertod gestorben, sagte er, bevor sie sich mit der offenkundigen Lüge befleckt hätten, ein Ketzer zu sein. Ableugnen der Ketzerei aber war nach Konrads verschrobenen Begriffen mit Ketzerei identisch.

Schließlich war das Maß voll. Konrad hatte den Grafen von Sayn vor sein Tribunal zitiert, dieser wandte sich entrüstet an den Mainzer Erzbischof Siegfried, der ließ Konrad auf einer Synode anklagen, auf der auch der deutsche König Heinrich erschien, Sohn des fast beständig in Italien weilenden Kaisers Friedrich II. Der Graf setzte die Entsendung einer Beschwerdegesandtschaft an den Papst durch, der aus allen Wolken fiel.

Aber bevor er Konrad sein Handwerk verbieten konnte, wurde dieser 1233 in der Nähe von Marburg überfallen und umgebracht. Damit war wiederum die Autorität des Papstes ernsthaft bedroht, und er stellte sich auf den Standpunkt, Konrad sei in allem rechtmäßig vorgegangen. Die Mörder sollten bestraft werden – aber über ihr Schicksal ist nichts überliefert. König Heinrich übte sich nach den vorhandenen Nachrichten in Obstruktion, denn auch er mochte der Meinung seiner deutschen Landsleute sein, daß in Konrad von Marburg die Inquisition die Grenzen des hinzunehmenden Glaubenseifers überschritten hatte. Konrads und seines Begleiters Leichen aber wurden in Marburg neben den Gebeinen der hl. Elisabeth bestattet, an der Stelle des Überfalles eine Kapelle er-richtet, auf deren Besuch ab 1283 sogar ein Ablaß gewährt wurde. Die Warnung jedoch war da: die Gläubigen würden nicht jedes Maß inquisi-torischer Willkür widerspruchslos hinnehmen.

Man muß es auch in seiner unblutigen Weise als ein rechtes „iudicium arbitrarium" bezeichnen, was der hl. Dominikus 1208 einem Katharer namens Pontius Roger auferlegte: Pontius sollte sich an drei aufeinan-derfolgenden Sonntagen bis zum Gurte entblößen, die Stadt Treville be-treten und dort, während ihn ein Priester geißelte, bis zur Kirchentür ge-hen. Er durfte kein Fleisch, keinen Käse und keine Eier zu sich nehmen, außer zu Ostern, Pfingsten und Weihnachten. Da diese Enthaltsamkeit vom Eiweiß, aus dem die unzüchtigen Gedanken herkommen, als Einge-hen auf die (im vorigen Kapitel erwähnten) Irrlehren der Katharer hätte gedeutet werden können, war Pontius Roger zum Verzehr an den drei genannten Daten sogar verpflichtet. Die Diätvorschriften gehen weiter: Zweimal im Jahr je vierzig Tage keinen Fisch, drei Tage pro Woche we-der Fisch noch Wein noch Käse, vollständiges Fasten, sofern mit Gesund-heit und Tätigkeit vereinbar. Dann die Eingriffe in die persönliche Frei-heit: Tragen von Mönchskleidern mit zwei auf der Brust aufgenähten Kreuzen. Das Kreuztragen, durchaus nicht im symbolischen Sinne, um auf Christi Leiden hinzuweisen, sondern zum Zeichen der abwertenden Aussonderung von den anderen Menschen, war eine häufig verhängte Bußart. Der Deutsche der Nachkriegszeit assoziiert hier natürlich sofort die Parallele des Judensterns – und mutatis mutandis war ja auch das Kreuztragen ebenso diskriminierend gemeint.

Weiter mit Pontius Roger: tägliches Anhören der Messe, an Festtagen auch der Vesper. Siebenmal am Tage die kanonischen Stundengebete, zehnmal das Vaterunser und zwanzigmal in der Nacht! Selbstverständ-lich Beobachtung der strengsten Keuschheit. Jeden Monat Kontrolle die-ses oktroyierten Lebenswandels durch einen Priester, bis der päpstliche Legat eine Änderung für gut hielte. So war Pontius Roger auf eine für ei-nen Laien doch gar strenge Observanz verpflichtet worden.

Die Vorbehaltsklausel der Änderung war kein leeres Wort; die Inquisi-toren konnten Bußvorschriften auch einmal kassieren, wie z. B. das Tra-gen des Ketzerkreuzes, wenn es einem Händler den Verkehr mit Kunden unmöglich machte, oder wenn es bei einem jungen Mädchen seine Hei-ratsaussichten drastisch reduzierte. Außerdem konnten sich reiche De-linquenten von bestimmten Auflagen freikaufen, und wir befürchten, daß die Inquisitoren manche Auflagen nur deshalb verhängten, um sich durch ihre Rücknahme zu bereichern. Die Geißelung wie bei Pontius Ro-ger war ebenfalls ein beliebtes Bußmittel. Oft wurden die Häretiker im Innern der Kirche plaziert, und der Priester unterbrach die Meßfeier, um sie zwischendurch vor versammelter Gemeinde zu peitschen. Eine Prozedur, die wohl als erbaulich angesehen wurde, denn König Heinrich II. von England hatte sich ihr ebenfalls öffentlich unterzogen, da der Papst seine Mitschuld am Tod des Erzbischofs Thomas Beckett vermutete (1170); auch Raimund VI., der Ketzerfürst von Toulouse, in Saint-Gilles (1209), um den Verdacht der Unterstützung der Albigenser und der Beteiligung an der Ermordung des Pierre de Castelnau von sich zu wenden. Als Steigerung war eine Geißelung durch sämtliche unhäretischen Bürger der Stadt möglich, und dabei dürften einige Ketzer umgekommen sein.

Auch Pilgerfahrten wurden als Bußübung verhängt, entweder nähere zum Heiligtum, das nur drei Tagereisen entfernt war, oder weitere, bis nach Santiago de Compostela, zum Grab der hl. Drei Könige in Köln, nach Rom – und im 13. Jahrhundert sogar bis nach Palästina. Die Fahrt ins Heilige Land wurde anfangs so häufig anbefohlen, daß die kirchlichen Behörden sogar schon eine Überfüllung des Kreuzfahrerstaates mit Ketzern konstatierten und von der Verhängung dieser Auflage zunehmend abkamen. Der Büßer mußte nach Rückkehr eine Bescheinigung des Klerus am Zielort vorweisen, daß er auch wirklich vorgesprochen und seine vorgeschriebenen Bußübungen abgeleistet hatte. Da die Landwege im hohen und im späten Mittelalter äußerst unsicher waren, konnten weite Pilgerfahrten durchaus als halbes Himmelfahrtskommando angesehen werden. (Sofern Ketzer während der Ableistung ihrer Buße in den Himmel eingelassen zu werden geeignet sind.)

Kam der Büßer unterwegs um, hatte er also zwar eine gewisse Möglichkeit für sich, vor Gott Gnade zu finden, aber noch nicht vor der Inquisition, denn er hatte seine Buße ja noch nicht zu Ende geführt. In der Tat gibt es die Äußerung eines Vertreters des Heiligen Offiziums, daß für die Inquisition nicht zähle, ob Gott dem Sünder verzeihe oder nicht; sie jedenfalls sei zu seiner Verfolgung verpflichtet. Ein Standpunkt, der vom hl. Thomas selbst abgesegnet wird, und von einer nach modernem Empfinden derart antichristlichen Denkart, daß die Begründung für ihn nicht übergangen werden kann: Gott erkenne die Herzen und könne daher die Reuevollen bei sich aufnehmen, doch die irdische Kirche habe dieses untrügliche Urteil nicht.

Hier enttäuscht uns der hl. Thomas als Rabulist: denn will sie nun über den Glauben der Inquisitionsopfer abschließend befinden oder nicht? Das Eingeständnis der menschlichen Fehlbarkeit der Richter führt nicht etwa zur Milde gegenüber den Angeklagten, sondern zur Härte auf Verdacht. Als Klartext ist bei Thomas also wohl zu lesen: wir müssen so grausam sein, um die Kirche praktisch regieren zu können. Das steht dann zwar in der „Summa Theologiae", ist aber in Wirklichkeit ein Art „Gerichtspragmatismus" der harten Sorte. Hier ist mit Händen zu greifen, wie äußere Machtausübung der Kirche moralisch schadete.

Wie schon gezeigt, galt die Pflicht zur Verfolgung sogar bis über den Tod hinaus. Wer nicht zu Ende gebüßt hatte, wurde post mortem erneut verurteilt, wobei es eine zweitrangige Frage war, ob er aus eigenem Verschulden oder infolge anderer Umstände nicht zu Ende gebüßt hatte. Ein Toter konnte sich nicht mehr wehren, daher trat automatisch eine Verschärfung seiner „Buße" ein, nämlich die Konfiskation seines Vermögens, wenn sie nicht schon zu Lebzeiten ausgesprochen worden war. Im übrigen war das Vermögen schon bei Beginn des Prozesses mit vorläufigem Beschlag belegt worden (die weltlichen Behörden waren zur Durchführung dieser Maßnahme verpflichtet). Zwar konnte hier von der reinen Lehre eingewendet werden, der verstorbene Büßer sei zum Fegefeuer zugelassen, habe folglich im Jenseits die Chance der Reinigung, womit der Rechtsgrund für die Einziehung seines Vermögens im Diesseits wegfalle. Aber diese reine Lehre wurde von der Praxis zurückgewiesen.

Jean Vidal aus Carcassonne z. B. hatte eine fünfjährige Pilgerfahrt ins Heilige Land zudiktiert bekommen und war vor ihrer Ableistung verstorben. Die Erben von Jean Vidal beschworen, daß seine Barschaft nicht mehr als 20 Livres betragen habe, und dieser Betrag wurde von ihnen unerbittlich eingefordert, wohl weil es dabei wieder einmal ums Prinzip ging. Was erneut zu dem Punkte führt, daß die Tätigkeit im Heiligen Offizium auch recht gut als Quelle der Bereicherung aufgefaßt werden konnte. Bürgschaften gegen Rückfälligkeit hatten den Vorteil, daß sie mit einer gewissen Wahrscheinlichkeit eingelöst werden mußten. Da Bürgschaften der Ersatz für lästige Bußverpflichtungen waren, stellten sie bereits eine Vergünstigung dar, die eventuell durch Bestechung erreichbar war. Auf dem Konzil von Vienne (1311) erließ Papst Clemens V. strenge Vorschriften gegen solchen Mißbrauch, aber die Beachtung in der Praxis scheint nicht gewährleistet gewesen zu sein, denn 1346 mußte der Inquisitor von Florenz sogar fluchtartig die Stadt verlassen, da die ganze Gemeinde wie ein Mann sich gegen seine korrupten Praktiken gewandt hatte. Boccaccio sagte diesem Vertreter seines Amtes nach, er habe ein ebenso scharfes Auge für die Reichen wie für die Ketzer gehabt – eine verhältnismäßig vornehme Umschreibung des Sachverhalts, der mit dem Armutsgelübde der Dominikanerordensbrüder schwerlich zu vereinbaren ist.

Als begleitende Maßnahme im Schwange war die Zerstörung der Häuser der Ketzer, ohne Berechtigung zu ihrem Wiederaufbau. Über die Ruinenstätte sprach der Priester einen Fluch aus. Das herumliegende Material wurde entweder verbrannt oder zu frommen Zwecken verwendet.

Das Verhältnis der einzelnen „Bußen" zueinander ist aus den erhaltenen Akten nicht für alle europäischen Länder einheitlich zu rekonstruieren. Die Auflagen zur Diät, zu Gebetsübungen und Pilgerfahrten wa-

ren wohl beliebig kombinier- und ausdehnbar. Da die Vermögenskonfis-
kation z. B. in Frankreich von der weltlichen Gewalt durchgeführt wurde, wird ihre Anordnung im Inquisitionsurteil teils erwähnt, teils nicht.
Jedenfalls lag hier für den König eine sehr lukrative Möglichkeit, am
Ketzerprozeß zu verdienen, und folglich für die Kirche eine Gewähr, daß
der König am Gedeihen der Inquisition interessiert blieb. Die Spekulation ist erlaubt, ob das Heilige Offizium ohne seine mannigfaltigen fina-
ziellen Anreize wirklich jahrhundertelang hätte aktiv bleiben können
oder ob es ohne diese nicht schon weit vor der Aufklärungszeit sanft entschlafen wäre.

Es bleiben die beiden strengsten Bußen zu betrachten: die Einkerke-
rung und die Überweisung an den weltlichen Arm zwecks „gehörigen
Vorgehens" (animadversio debita), also zwecks Verbrennung des Delinquenten. Nach den päpstlichen Rechtsvorschriften mußte derjenige, der
seiner Ketzerei nur aus Furcht vor dem Tode abgeschworen hatte, lebenslänglich eingesperrt werden. Er wurde aufgefordert, sich einzu-
schließen und bei Wasser und Brot Buße zu tun. Wenn er dem Gefängnis
entfloh, dann galt er als Wahnsinniger, der die Medizin für seine Seele
nicht angenommen hatte, und verfiel dem Scheiterhaufen. Denn der
Kerker galt im Verhältnis zum Feuertod als eine Gnade.

Die Verurteilten, die in strenger Haft schmachteten, mögen aber oft
bemerkt haben, daß das Leben der Güter höchstes nicht ist, zumal wenn
sie im verschärften Kerker (murus durus) saßen: in Einzelhaft, ausschließlich bei Wasser und Brot, ohne die Erlaubnis des Verkehrs mit der
Außenwelt, teilweise angekettet. Für diese Art der Buße war auch der
galgenhumoristische Ausdruck „in Frieden sitzen" gebräuchlich. Wohl
dem, der den leichten Kerker (murus largus) zugewiesen bekam, wo er
von Zeit zu Zeit seine Familie oder anderen Besuch empfangen durfte.
Bestechung des Wachpersonals mochte Erleichterung verschaffen, doch
war das Vermögen ja oftmals konfisziert, diese Linderung also schwer
realisierbar. Zudem konnte der Verkehr mit einem Ketzer leicht den Verdacht der Ketzerei gegen den Besuchenden hervorrufen. Doch war ein
mittelalterliches Gefängnis in jedem Falle ein noch unangenehmerer
Aufenthaltsort als ein modernes; wenn schon während des Verfahrens
viele in den Kerkern der Inquisition umkamen, auch in ausbrechendem
Wahnsinn und durch Selbstmord, dann wird die Lebensdauer nach An-
tritt ihrer derart radikalen Buße im Durchschnitt nicht sehr lang gewesen
sein.

Wer nun seiner Ketzerei nicht abgeschworen hatte oder nach Ab-
schwörung rückfällig geworden war, der wurde aus der Kirche ausgestoßen und dem weltlichen Arm zum Feuertode überliefert. Die Kirche sagte hierzu, zwar gewähre sie ihm weiterhin Gelegenheit zu Buße und
Reue, aber vor der Todesstrafe könne sie ihn nun nicht mehr schützen.

George Orwell hätte das „Double-thinking" genannt. Begnadigungen waren sehr selten. Das Bild der Inquisition ist untrennbar mit prasselnden Scheiterhaufen verbunden, doch ist dieses Ende des Verfahrens, wie gesagt, nur eines unter vielen möglichen, und es wurde vom Heiligen Offizium eigentlich nur in der Minderzahl der Fälle verhängt. So hat z. B. Bernard Gui in Südfrankreich innerhalb von 14 Jahren 636 Verfahren mit Verurteilungen abgeschlossen, darunter jedoch nur 40 Male zum Scheiterhaufen, hingegen 300 Male zum Kerker. Eine „Hochrechnung" auf Grund dieser einzelnen Zahlen ist natürlich problematisch (für Deutschland sind 500 Verbrennungen urkundlich nachweisbar), doch zeigen sie (abgesehen von den weiter unten zu besprechenden Hexenprozessen) immerhin, daß „Inquisition" und „Scheiterhaufen" nicht vollständig zusammengehörige Begriffe sind. Teilweise wurden Ketzer auch geköpft oder erhängt.

Während Verfahren und Strafen ansonsten häufig auf Vorbilder des römischen Rechts zurückgehen, kannte Alt-Rom die Strafe des Feuertodes noch nicht, sie ist vielmehr germanischen Ursprungs. Sie wurde z. B. nach altem seeländischem Recht für „Mordbrand", d. h. heimliche Brandstiftung, verhängt; schon vor der Völkerwanderung waren Zauberer und Hexen verbrannt worden. Man wollte damals von den Verurteilten keine Spuren hinterlassen, weil sie unrein waren. Nun kam die Absicht hinzu, um die Gebeine der Ketzer herum keine mit dem kirchlichen Reliquienkult konkurrierende Verehrung aufkommen zu lassen. Noch einen Grund weiß ein Verseschmied des 13. Jahrhunderts zu nennen: die Ketzer sollten durch das Feuer für den Teufel gar gemacht werden, damit er sie besser fressen könne.

Vor der Exekution ließ sich das Heilige Offizium manchmal Zeit, eventuell auch ein ganzes Jahr, um dem Ketzer Gelegenheit zur Reue zu geben und noch andere zu denunzieren. Selten genug war ein Aufschub deswegen nötig, weil die weltliche Gewalt sich weigerte, die „animadversio debita" auszuführen. Ja, nicht einmal ein Akteneinsichtsrecht vorher wurde zugestanden; ein Aufschub, der auf dieses Verlangen des weltlichen Armes gestützt war, konnte mit der Strafe der Exkommunikation gebrochen werden.

Dann wurde ein Festtag dazu bestimmt, um auf dem Marktplatz oder außerhalb der Stadt das Schauspiel der Verbrennung abrollen zu lassen. Wer Holz für den Scheiterhaufen beisteuerte, wurde mit Ablaßgewährung belohnt. Die Todeskandidaten wurden zum Schweigen gezwungen, um nicht durch eventuelle öffentliche Bekundungen ihrer Unschuld den Eindruck zu verwischen, den das Heilige Offizium mit der öffentlichen Verbrennung hervorrufen wollte: Abschreckung, wohlberechneten Terror. Auf einem einfachen Holzschlitten wurden sie durch die Stadt gefahren, in ein Büßergewand gehüllt, den später von der spanischen In-

Mittelalterlicher Holzschnitt, der die verschiedenen Hinrichtungsarten zeigt, die von Verbrennen, Hängen, Blenden, Aufschlitzen, Rädern, Auspeitschen bis zum Enthaupten reichen.

quisition übernommenen „sanbenito" (= Verballhornung von „saco bendito"). Dem Ketzer das Verbrennen bei lebendigem Leib zu ersparen und ihn vorher etwa zu erdrosseln, war zunächst nicht üblich (in Spanien erdrosselte man später denjenigen, bei dem kurz vor dem Tode Reue aufzukommen schien). Der Scheiterhaufen mußte hoch genug sein, damit die gaffende Menge die Todesqualen der Opfer genau beobachten konnte, ebenso der Pfahl, an den sie angebunden wurden, nachdem sie auf einer Leiter den Scheiterhaufen erstiegen hatten. Priester und Mönche umgaben den Ketzer bis zuletzt, falls er etwa doch noch widerrufen sollte. Ein Ketzer durfte nicht nach Osten, etwa gen Jerusalem, sehen; notfalls wurde er am Pfahl umgedreht. Die Schergen umgaben seinen Körper mit Holz und Stroh bis zum Hals, dann bekam der Henker ein Zeichen und entzündete mit einer Fackel den Holzstoß. Blieben von dem verkohlten Leichnam noch einige Teile ganz, wurde der Tote zerstückelt und auf einem anderen Holzstoß erneut verbrannt, bis alles zu Asche zusammengesunken und das Feuer verglommen war. Dann sammelte man die Asche und warf sie in fließendes Wasser.

Und über diesem Tableau die Worte Gregors IX., des cholerischen Alten: „Da der Heilige Stuhl sah, wie der Jude und die Madianiterin sich miteinander vereinigten (Num 25, 6 – 8, 14 – 15), da glaubte er nicht, daß er seine Hand vom Blutvergießen zurückhalten dürfte. Hätte er es nicht getan, hätte es geschienen, als ob er das Volk Israel nicht gehütet noch bei Nacht über seine Herde gewacht (Lukas 2,8), sondern als ob er sich dem tiefen Schlafe hingegeben hätte."

IV. POLITISCHE KETZER

Wir haben gesehen, daß die Albigenser in wesentlichen Punkten ihres Glaubens von dem abwichen, was die Kirche lehrte und daher als Ketzer verfolgt wurden. Diese Aussage scheint nichts neues zu bringen, doch hat sie eine Nuance. Mit dem Leugnen kirchlicher Dogmen war für einen Politiker von der Statur des Papstes Innozenz III. die Tragweite des occitanischen Problems sicherlich noch nicht erschöpft; er mußte befürchten, daß die Ketzer durch die Unterstützung der Grafen von Toulouse und des Vicomte von Carcassonne und Beziers das Land auch politisch in den Griff bekamen, und da hatte er es doch lieber, daß der „Allerchristlichste König" aus Paris sich des Landes bemächtigte. Ketzerei größeren Ausmaßes hatte neben der theologischen auch immer eine politische Komponente.

In der Dynamik dieser Regel liegt es, daß dann nicht nur Ketzer zu politischen Gegnern wurden, sondern auch politische Gegner zu Ketzern. Da man sie mit diesem Vorwurf außerhalb der Christenheit stellen, sie auf mittelalterlich zu Gesetzlosen machen konnte, lag das Verfahren nahe, sie mehr oder weniger willkürlich zu Ketzern zu stempeln. Dann war die Inquisition auch eine politische Waffe. Die Kirche schöpfte aus ihrem „depositum fidei", um ihre Gegner an die Wand zu drücken. Ein wirkungsvolleres Mittel der Propaganda und Stimmungsmache als den christlichen Glauben, ausgelegt durch den römischen Pontifex und mit der Wucht einer zentralisierten Organisation ausgebreitet und vervielfältigt durch Bischöfe und Bettelorden, das hat es nie gegeben. Wenn Ketzerei eine Wunde am Körper der Kirche ist: dadurch, daß die Päpste ab Gregor IX. fast nach Belieben überall Ketzer zu entdecken begannen, wo es ihrer Machtentfaltung nützte, haben sie um kurz- und mittelfristigen politischen Vorteils willen ihrer eigenen Kirche zusätzlich schwere Wunden geschlagen.

Von einem Hilfsmittel in der Not wurde die Inquisition zum alltäglichen Instrument. Konsequenterweise mußten die Tatbestände der Häresie erheblich ausgedehnt werden. Die Bulle „unam sanctam" Bonifaz' VIII. aus dem Jahre 1302 setzt lapidar den Schlußstein dieser Entwicklung, wenn sie verkündet: „Wir erklären, sprechen es aus und definieren es, daß es jeglichem menschlichen Wesen vollständig heilsnotwendig ist, dem römischen Pontifex zu unterstehen." Widerstand auch gegen administrative und politische Maßnahmen des Papstes ist also ebenfalls Ketzerei, gleichsam „die Sünde gegen die Hierarchie".

Bonifaz VIII. gilt als der große Übertreiber auf dem Stuhle Petri, aber die zitierte Feststellung ist mehr als eine Manifestation des Größenwahns des zum Papst gekrönten Benedetto Caetani, denn sie lag in der

Logik der damaligen kirchlichen Entwicklung. Mehr als zwanzig Jahre vor der Thronbesteigung des Benedetto Caetani lehrte Thomas von Aquin bereits, daß Häresie nicht nur gegen Glaubensartikel möglich sei, sondern auch gegen die Sätze, aus denen eine Verderbnis der Glaubensartikel gefolgert werden könne; da es aber „allein in der Macht des obersten Pontifex steht, neue Glaubenssätze aufzustellen, so wie auch alles andere, das sich auf die gesamte Kirche bezieht", kann aus einem Angriff auf die Hierarchie eben auch Ketzerei folgen, denn warum sollte diese nicht gemeint sein mit „allem andern, das sich auf die gesamte Kirche bezieht"? Wenn katholisch sein heißt, daß man die Hierarchie im Blut hat, dann mußten alle Ketzer sein, die sie nicht im Blut hatten!

Und das galt auch auf der lokalen kirchlichen Ebene: daß sich die Stedinger Bauern weigerten, dem Erzbischof von Bremen den Zehnten zu zahlen, trug ihnen die Anklage der Ketzerei ein. Sie, die knorrigen und freiheitsliebenden Küstenbewohner (weserabwärts hinter Bremen), ließen sich nicht vor ein Tribunal zitieren; Mönche, die sie an den Zehnten zu erinnern wagten, brachten sie um. Also mußte die Inquisition zu ihnen kommen, nicht mit sophistischen Dominikanern und kalligraphischen Notaren, sondern in Waffen. Denn es war die Folge der Politisierung des Ketzerbegriffes, daß die „ultima ratio" der Politik dann auch in der Ketzerbekämpfung angewendet werden mußte. So ist der Untergang der Stedinger Bauern ein lokales Vorspiel zu dem europaweiten Untergang der Hohenstaufen, der vom Papst ebenfalls im Stile eines Vernichtungskampfes gegen Ketzer geführt wurde.

Gregor IX. zögerte nicht, seine Dominikaner in Norddeutschland den Kreuzzug gegen die Stedinger predigen zu lassen. Im Winter 1229/1230 rückte Erzbischof Gebhard II. von Bremen zusammen mit seinem Bruder Hermann von Lippe und anderen Adeligen ins Feld. Die weltlichen Großen waren in diesem Fall eines Sinnes mit dem Klerus, denn beiden war die Freiheit des Bauernvolkes ein Dorn im Auge, ein Relikt aus heidnisch-sächsischen Zeiten an der Küste der Nordsee, das endlich beseitigt werden mußte. Am Weihnachtstag 1229 schlugen sich Ritter und Bauern bei klirrender Kälte auf dem Eise der Sumpflandschaft; die Niederlage der Feudalen war vollkommen. Graf Hermann selbst fiel.

Die Bauern schäumten über in ihrer Freude, ja, sie steigerten ihre Siegesfeier zu beschimpfendem Spott, indem sie aus ihrem Haufen selber einen Kaiser, einen Papst, Erzbischöfe und Bischöfe „wählten" und diese würdige Briefe verschicken ließen. Ähnlich müssen sich die ukrainischen Kosaken amüsiert haben, als der Osmanensultan ihre Unterwerfung forderte!

Natürlich saßen die Feudalen am längeren Hebel. Im März 1230 bereits wurde in Bremen eine Synode abgehalten, die die Stedinger mit dem Bann belegte. Kein Wort erwähnte sie vom Zehnten, dem „Nerv der

Dinge" auch in dieser monströsen Angelegenheit, dafür unternahm sie eine häresiologische Anstrengung, um die Stedinger zu Ketzern zu stempeln, und warf ihnen abweichende Glaubensübung vor: sie verachteten u. a. die Eucharistie. Das allerdings hätte sich die Kirche vor Ort auch vorwerfen lassen müssen, denn unvergessen war der Schimpf, den ein Priester der Frau eines Großbauern angetan hatte: sie hatte ihm zu Ostern ein Geschenk überreichen sollen, doch das bestand nur in einer mäßig wertvollen Münze. Der Priester zeigte seine Indignation, indem er der Frau in der Messe anstatt einer geweihten Hostie die Spendenmünze auf die Zunge legte! Die Frau lief nach Hause, ohne die Münze aus dem Mund zu nehmen. Ihr Mann reagierte ganz stedingerisch – er brachte den frechen Priester aus Rache um.

Weitere Anklagepunkte auf der Synode waren, daß die Bauern Zauberinnen befragten, sich zu Hause Götzenbilder aus Wachs aufstellten und sonstigen abergläubischen Unfug trieben. Aus diesen Beschuldigungen ist zu ersehen, daß die Stedinger nicht nur politisch einige Jahrhunderte hinter ihrer Zeit lebten, sondern wohl auch religiös, denn vielleicht hat die Synode diese Beschwörung altgermanischen Heidentums nicht restlos erfunden – was natürlich nichts daran ändert, daß die Hauptsache nach wie vor das Eintreiben des Zehnten war.

Papst Gregor IX. beauftragte die Bischöfe von Minden, Verden und Lübeck, erneut den Kreuzzug zu predigen. Die Ritter sollten hierfür vollständigen Ablaß erhalten, ganz so, als ob sie ins Heilige Land fahren würden. Das war eine bemerkenswerte Umlenkung der Kreuzzugsenergien ins christliche „Binnenland". An anderer Stelle sagte es Gregor ungeniert, daß das Wohl der Kirche wichtiger sei als die Befreiung des Heiligen Landes von den Ungläubigen.

Ein Kreuzzug 1233 wurde abermals zum Desaster, aber 1234 war das Ende der freien Stedinger gekommen. Landgraf Heinrich Raspe von Thüringen und Herzog Otto von Braunschweig stellten sich zum Kriegszug ein, Herzog Heinrich von Brabant brachte den Grafen von Holland und den Grafen von Kleve mit, um nur die namhaftesten anzuführen. 300 Schiffe aus Holland sorgten entlang der Küste für Nachschub. Gewaltigere Rüstungen hatte auch der Römer Drusus, Stiefsohn des Kaisers Augustus, nicht betrieben, als er 12 v. Chr. vom Niederrhein auszog, um die küstenbewohnenden Friesen und Chauken zu unterwerfen. Am 27. Mai 1234 stellten sich die Stedinger bei Altenesch zwischen Delmenhorst und Vegesack zur Schlacht und wurden von der Übermacht massakriert. Hatten die Ritter sich in den früheren Feldzügen damit vergnügt, gefangene Bauern lebendig zu verbrennen und sie damit gebührend als Ketzer zu behandeln, so erwies sich der Papst jetzt versöhnlicher. Auf den Friedhöfen sollten nicht die Toten ausgegraben werden, wie es Sitte war, um „post mortem" verbrannt zu werden; man sollte die Friedhöfe nur noch einmal neu weihen. Von angeblichen „Ketzereien" war jetzt auch nicht mehr offiziell die Rede. Der Abt von Wittewerum bei Groningen stellte vielmehr klar: „Die Hauptsache war der Mangel an Gehorsam, der nicht geringer wiegt als das Verbrechen der Götzendienerei. "

Das Beispiel des Ablasses wie für die Kriegsfahrt ins Heilige Land war, sobald es sich einmal erprobt hatte, in ganz Europa anwendbar, denn es lieferte dem Papst Soldaten gegen Kaiser Friedrich II. Die Ursachen dieses Kampfes seien hier kurz skizziert, nicht nur, damit das nun folgende große Duell der beiden mittelalterlichen Universalmächte seinen politischen Hintergrund erhält, sondern damit auch deutlich wird, daß geistliche Mittel, daß alle Verfeinerungen der Gottesgelehrsamkeit dabei nur dem einen Ziel dienten: der Machtsteigerung der Kirche. Ganz Europa sollte zum Inquisitionstribunal werden, um Friedrich II. von Hohenstaufen als Ketzer zu brandmarken, ihn mit dem Kirchenbann zu belegen und, wenn man ihn schon nicht als den höchsten Repräsentanten des „weltlichen Armes" demselben ausliefern konnte, ihn doch vom Thron zu stoßen oder gar zu ermorden.

Begonnen hatte alles in bester Eintracht. König Heinrich, Friedrichs Sohn, hatte die Affäre um Konrad von Marburg (siehe voriges Kapitel), zum Anlaß genommen, um sich auf dem Hoftag von Frankfurt (Februar 1234) gegen weitere Ketzergerichte und Kreuzzugspredigten auszusprechen. Daß er 1235 von seinem Vater abgesetzt wurde, war dem Papste also nur recht, denn damit war die Einhaltung der Ketzergesetzgebung nördlich der Alpen garantiert. Doch war König Heinrich auch deswegen in einem Kerker Apuliens verschwunden, weil man ihn der Konspiration mit den latenten Feinden des Kaisers bezichtigte, dem lombardischen Städtebund. Auf dem Hoftag von Mainz (1235) konnte Friedrich II. mit einhelliger Zustimmung der deutschen Fürsten den Reichskrieg gegen die lombardischen Städte ausrufen, und im November 1237 erfocht sein Heer bei Cortenuova südöstlich von Bergamo einen Sieg, der die Lombarden fast in die Knie zwang.

Ein größeres Unglück konnte auch den Papst nicht treffen. Denn mit einer Beschneidung der Freiheit der oberitalienischen Städte würde die Übermacht des Kaisers in Italien derart drückend werden, daß er den Papst in seinem „Patrimonium Petri" rund um Rom sich vollständig willfährig machen konnte. Die Kirche wäre auf eine Stellung der Machtlosigkeit zurückgeworfen worden, die der vor der cluniazensischen Reform entsprochen hätte: dem Kaiser jederzeit ausgeliefert, der Papst lediglich Bischof von Rom. Gregor IX. erfaßte die Situation vollkommen richtig, als er sich daraufhin in die Verhandlungen zwischen Friedrich und den geschlagenen Städten einschaltete und ein „Junktim" zwischen dem zu schließenden Frieden und seiner Zustimmung hierzu aufstellte. Friedrich erleichterte dem Papst sein Spiel des Widerstandes noch, indem er von den Städten bedingungslose Unterwerfung auf Gnade und Ungnade forderte. Und er reizte den Papst zur Weißglut, indem er den Römern den bei Cortenuova erbeuteten Fahnenwagen der Mailänder mit den volltönenden Worten übersandte: „Unsere Absichten würden von der Beachtung jedweder Vernunft Abstand nehmen, wenn wir, die der Glanz des römischen Cäsars umstrahlt, es zulassen würden, daß die Römer des Jubels um einen römischen Sieg entraten müßten." Das war in Gregors Augen unerhört: Friedrich benützte die Anknüpfung der Stadtrömer an die Antike, mit der schon Arnold von Brescia den Päpsten schwer zu schaffen gemacht hatte, um Gregor seine Hauptstadt zu entreißen!

Rom selbst sollte wieder zur kaiserlichen Zentrale werden, damit es wie der größte Teil des übrigen Ober- und Mittelitalien unter das strenge Regiment des „sizilischen Tyrannen" falle. Friedrich hatte ja Unteritalien und Sizilien bereits mit eiserner Strenge zu seiner Machtbasis ausgebaut, die unter der hierarchisch gegliederten Kontrolle allmächtiger Beamter Geld, Soldaten und militärisches Material fast schon wie am Fließband lieferte. Gregor fühlte den kaiserlichen Würgegriff und entschloß sich noch in seinem Greisenalter zum Kampf auf Leben und Tod gegen Friedrich. Am Palmsonntag 1239 sprach er während der Messe die Exkommunikation gegen den Kaiser aus: „Im Namen des allmächtigen Gottes ... bannen wir ... exkommunizieren wir ... Friedrich, den man den Kaiser nennt ... übergeben seinen Leib dem Satan..."

Am 1. Juli 1239 verschickte er vom Lateranpalast aus ein Rundschreiben an die Bischöfe und Erzbischöfe seiner Jurisdiktionsgewalt, dessen Anfang schon zeigte, daß es hier um alles oder nichts ging: „Aus dem Meere steigt die Bestie auf, voll der Namen der Blasphemie, die mit den Beinen eines Bären und dem Haupt eines Löwen einherrast und, an den übrigen Gliedern geformt wie ein Panther, ihr Maul zu Lästerungen des göttlichen Namens öffnet und es nicht unterläßt, sein Haus und die Heiligen, die in den Himmeln wohnen, mit ähnlichen wüsten Geschossen anzugreifen ..." Das war die Beschwörung eines Bildes aus der Apokalypse (Kap. 13), und die aus dem Meere herankriechende Bestie sollte der Antichrist sein, der alle politische Gewalt auf Erden bekommt und das Ende der Zeiten heraufführt. Sobald der Papst eine solche Sprache anschlug, war jede Verständigung mit dem Kaiser unmöglich geworden. Dabei ist der größte Teil des erwähnten Rundschreibens mit Vorwürfen politischer Art gegen Friedrich ausgefüllt, in denen der haßerfüllte Papst zeigt, daß er überhaupt nichts vergessen hat, was er seit 1227, dem Beginn seines Pontifikats, Friedrich vorzuwerfen jemals für nötig gehalten hatte.

Seine Anklage der Ketzerei, zwingend nach der apokalyptischen Einleitung, fällt im Gesamtzusammenhang jedoch so mager aus, daß es mit Händen zu greifen ist, wie religiöse Themen nur ein Vorwand sind, um die weltliche Übermacht des Kaisers zu brechen. Die Empfänger der Epistel bekamen da zu lesen: „…er (sc. der Kaiser) behauptet, bei der Kirche liege nicht die vom Herrn, dem heiligen Petrus und seinen Nachfolgern überlieferte Gewalt des Bindens und des Lösens." Das war Häresie, nämlich die „Sünde gegen die Hierarchie"! „…damit zeigt er folgerichtig, daß er über die übrigen orthodoxen Glaubensartikel schlecht denkt, wenn er der Kirche, auf deren Fundament der Glaube aufruht, das durch Gottes Wort zugestandene Vorrecht ihrer Gewalt zu entziehen strebt." Gehorsam gegen die Kirche ist also ein Schlüsselwort, aus dessen Vernachlässigung dann die Ketzereien Friedrichs ganz von selbst folgen: er habe behauptet, daß die Welt von drei Betrügern getäuscht worden sei, von Jesus Christus, Moses und Mohammed, wobei die beiden letzteren wenigstens noch anständig gestorben seien, Christus aber an ein Holz geheftet worden sei! Auch sage er, daß alle verrückt seien, die glaubten, daß Gott aus einer Jungfrau habe geboren werden können, wo er doch der Schöpfer der ganzen Welt sein solle, und daß Jungfrauengeburt überhaupt ein Unding sei. Denn der Mensch dürfe nur das glauben, was durch die Natur und durch den Verstand bewiesen werden könne.

Wenn Friedrich allerdings Naturwissenschaftler und Rationalist nach neuzeitlichen Begriffen gewesen sein sollte, dann ließ sich anno domini 1239 kein vernichtenderer Vorwurf als dieser gegen ihn erheben!

Diese Anklagen hallten nun in tausendfacher Wiederholung von den Kanzeln der Kirchen Europas und wurden von Dominikanern und Franziskanern überall unters Volk gebracht. Ob sie stimmten oder nicht, war angesichts des nun losbrechenden Propagandasturmes wohl schon Nebensache. Und Friedrich war mit seinem halb morgenländischen, jedenfalls exotischen und verwirrenden Auftreten auch nicht der Typ, solchen Anschuldigungen den Boden zu entziehen. Die meisten seiner Zeitgenossen verstanden seine Persönlichkeit ohnehin nicht, für sie war er ein staunenswertes Wesen in der Fülle seines Geistes, der nicht weniger umfassend war als seine Herrschaft. Solche Leute, die angegafft werden, mit denen sich der Normalverbraucher nicht identifizieren kann, waren schon immer leicht zu Ketzern zu brandmarken gewesen. Wer dem Durchschnitt der mittelalterlichen Gesellschaft nicht entsprach, der wurde eben ausgestoßen – und damals nannte man ihn „Ketzer". Gregor IX. konnte sich auf tiefsitzende Vorurteile der menschlichen Seele unbedingt verlassen, und der Kaiser hatte dagegen nicht die passsenden Waffen.

Die Sprache der kaiserlichen Kanzlei nimmt nun auch einen noch erhabeneren Tonfall an, als wollte Friedrich sich zum Trotz erst recht als Weltenkaiser hochstilisieren, dem der dumpfe Bischof von Rom mitsamt seiner ganzen abergläubischen Christenheit nicht das Wasser reichen konnte. Natürlich, mochte der Papst hierzu nicken, das ist ja typisch für

Ketzer und Kirchenspalter, daß sie sich in ihren Hochmut nur noch weiter hineinsteigern! Denn sie wollten eine neue Kirche gründen (jedenfalls nach gängiger rechtgläubiger Typologie), und da sie deswegen gegen die festetablierte alte Kirche erst einmal Boden gewinnen mußten, war jeder Akt ihrer Selbstbewahrung eo ipso als typisch ketzerisch anzusehen! Ketzer bewegten sich eben in einem Teufelskreis. Wie sollten sie auch gegen eine Institution angehen, die schon in den Zeiten Gregors IX. älter als ein Jahrtausend war!

War es aber nicht auch, als wollte Friedrich der Propaganda gegen ihn noch Nahrung geben, als er keine zwei Monate nach dem apokalyptischen Rundschreiben Gregors seine Geburtsstadt Jesi mit den Tiraden überschüttete: „Unser Bethlehem, Land und Ursprung Cäsars, bleibe unserer Brust tiefer eingewurzelt. Dabei bis du, Bethlehem, Stadt der Marken, nicht die Geringste unter den Hervorragenden unseren Geschlechtes." Hieß das nicht, eine Parodie zu verfassen auf das Matthäus-Evanglium (2,5–6): „So nämlich ist durch den Propheten geschrieben: Und du, Bethlehem, Ort aus Juda, bist keinesfalls die Geringste unter den Ersten Judas: aus dir nämlich wird der Führer hervorgehen, der mein Volk Israel regieren soll." Oder war der Kaiser größenwahnsinnig geworden? Wir Nachgeborenen mögen die Eloge auf Jesi für lediglich geschmacklos halten, im Jahre 1239 war sie zweifelsohne politisch falsch.

1241 starb Gregor IX., nach qualvoller Sedisvakanz bestieg Innozenz IV. den Papstthron, alias Sinibaldo dei Fieschi aus Genua. Es gelang dem neuen Papst, erst Friedrich über seine Kompromißbereitschaft zu täuschen und dann aus dem von kaiserlichen Truppen fast vollständig eingeschlossenen Rom über See nach Frankreich zu entkommen. Weder Ludwig IX., der Heilige, noch der König von England wollten sich in den ausbrechenden Kampf hineinziehen lassen. Der Papst blieb also in Lyon, der Stadt am westlichen Rande des Hl. Römischen Reiches, wohin Friedrichs Arm jedoch nicht mehr reichte.

In Lyon sollte im Juni 1245 ein ökumenisches Konzil zusammenkommen, um über die Häresie Friedrichs und die allfälligen Konsequenzen zu beraten. Da der Kaiser seine Söldner nicht gegen ein ökumenisches Konzil marschieren lassen konnte, solange er noch die geringste Hoffnung auf ein päpstliches Einlenken hegte, schickte er Thaddäus von Suessa nach Lyon, um sich zu verteidigen. Thaddäus von Suessa war kaiserlicher Großhofrichter und zusammen mit Petrus de Vinea Chef der kaiserlichen Kanzlei, der beste Mann, den der Kaiser zu seiner geistigen Verteidigung überhaupt aufbieten konnte. Am 28. Juni wurde das Konzil eröffnet. Nach den einleitenden Zeremonien setzte sich der Papst auf einem Hochsitz nieder, umgeben von Balduin, Kaiser von Konstantinopel, dem Grafen von Toulouse und Provence, den Patriarchen von

Konstantiopel, Aquileia und Antiochia sowie von englischen, französischen und spanischen Erzbischöfen und Kardinälen. Die Deutschen hielten in ihrer Mehrzahl zu Friedrich und waren daher nicht erschienen. Dann erklärte der Papst in seiner Eröffnungsansprache, er leide wie Christus an fünf Wunden: dem Einfall der Mongolen ins Abendland, der griechischen Ketzerei, der lombardischen Ketzerei, der Eroberung Jerusalems durch die Chorezmier und der Feindschaft des Kaisers gegen die Kirche.

Das war so ziemlich der prunkvollste Anfang eines Inquisitionstribunals, den man sich vorstellen konnte, denn hier ging es im Ernst weder um die Mongolen noch um die Chorezmier, die im Dienst des Sultans von Kairo Jerusalem im Jahre zuvor den Kreuzfahrern entrissen hatten, noch um sonst etwas: es ging allein um die Frage, ob der Kaiser als ungehorsamer Sohn der Kirche abzusetzen sei oder nicht. Über diesen Schwerpunkt waren sich alle weltlichen und geistlichen Konzilsteilnehmer klar, zumal der Papst seine Rede hierüber mit einem öffentlichen Ausbruch von Tränen unterstrich, wenn man dem Chronisten (Matthäus von Paris) glauben darf. Die Ketzerei Friedrichs bestand darin, daß er Freundschaft mit dem „heidnischen" Sultan von Kairo hielt, Sarazenen in Unteritalien ansiedelte und sich „durch den Umgang mit sarazenischen Mädchen oder vielmehr Dirnen in unsagbar schamloser Weise beflecke". Dann begann die Beweisaufnahme, angesichts der hohen Stellung des Delinquenten nicht mit irgendwelchen Zeugen, sondern durch die Vorlage von Urkunden, aus denen sich ergeben sollte, daß der Kaiser vertragliche Abmachungen mit der Kirche in vielfältiger Weise gebrochen habe.

Thaddäus von Suessa war auf dem Posten. Er legte eine Reihe von kaiserlichen Urkunden zur Widerlegung vor, aber die anwesende „Jury" folgte seinem Gedankengang nicht, weil sie aus papsttreuen Prälaten bestand und aus weltlichen Großen, die sich bestenfalls nicht eindeutig festlegen wollten. Der Kaiser ließ für politisches Wohlverhalten in Zukunft, das auch die Verpflichtung zu erneutem Kreuzzug einschloß, als Bürgen die Könige von Frankreich und England anbieten, aber Innozenz IV. lehnte ab. Es nützte Thaddäus auch nichts, daß er darauf hinwies, den Vorwurf der Ketzerei könne der Kaiser nur in Person entkräften. Denn abgesehen davon, daß dieses Vorbringen auf die Formulierung eines Rechtes des Angeklagten im Inquisitionsprozeß hinauslief, wie es im Verfahren als Präzedenzfall von der Kirche nicht anerkannt wurde, fürchtete der Papst, Friedrich werde nicht nur erscheinen, sondern ihn bei dieser Gelegenheit auch mit Heeresmacht ausheben wollen. Schon das Erscheinen des kraftvollen Verteidigers, Thaddäus von Suessa, war ja unwillkommen. Der erklärte, die Ansiedlung von Sarazenen in Unteritalien habe den legitimen Zweck, die Untertanen des Kaisers in schuldigem Gehorsam zu halten. Wenn sie im Kampfe fielen, dann würde wenigstens kein Christenblut vergossen. Und die sarazenischen Mädchen seien erstens schon alle entlassen und hätten zweitens keinesfalls der kaiserlichen Unzucht gedient, sondern der Unterhaltung durch ihre Gewandtheit und „einige andere weibliche Kunstfertigkeiten".

Thaddäus versuchte, den Verdacht auf Häresie auch dadurch zu widerlegen, daß er erklärte, der Kaiser dulde in seinem Reiche keine Wucherer. Das war ein Hieb, den die Kirche nicht parieren konnte, da sie entgegen dem damals allgemein aus der Bibel herausgelesenen Zinsverbot selber die Hand in lukrativen Geldgeschäften hatte. Immerhin wurde Thaddäus ein Aufschub von insgesamt drei Wochen gewährt, damit Friedrich doch noch in Person erscheinen könne. Das wollte Innozenz natürlich niemals, und er nützte daher den „Waffenstillstand", um die Konzilsteilnehmer im römischen Sinne zu bearbeiten. Die letzte Sitzung am 17. Juli 1245 brachte denn auch seinen vollen diplomatischen Sieg: Friedrich hatte sich durch Nichtachtung seiner Befehle der Mißachtung des Papstes schuldig gemacht, und das war „Majestätsbeleidigung", und zwar eine der unüberbietbaren Art: war die Beleidigung des weltlichen Herrschers schon nach römischem Recht eines der schwerwiegendsten Delikte gewesen, um wieviel schlimmer mußte dann die Beleidigung der göttlichen Majestät wirken, verübt an ihrem Stellvertreter auf Erden!

Der Papst verlas in der Kathedrale von Lyon die Absetzungssentenz und ließ das Ritual ablaufen, wie es Gregor IX. am Palmsonntag 1239 in Rom schon einmal vollzogen hatte: die anwesenden Prälaten hatten jeder eine brennende Kerze in der Hand. Der Papst verkündete: „...so erklären wir den besagten Fürsten, der sich des Kaisertums, der Königreiche und jeglicher Ehre und Würde so unwürdig gemacht hat, der seiner Frevel halber von Gott verworfen ist, um nicht ferner zu regieren, für einen Menschen, der von Gott in seinen Sünden verstrickt und verdammt und aller seiner Ehren und Würden vom Herrn beraubt ist, und entsetzen ihn durch unseren Urteilsspruch..." Da warfen alle die Kerzen zu Boden, daß sie verlöschten. Thaddäus von Suessa und seine Mitarbeiter aber brachen in Wehklagen aus und zitierten die Worte der Heiligen Schrift: „Das ist der Tag des Zornes, des Unglücks und des Elends". Dann verließen sie bestürzt die Kathedrale.

Der Prozeß war eben nicht zu gewinnen gewesen, und was bedeuteten die juristischen Feinheiten der persönlichen Ladung des Kaisers oder der mangelnden Teilnehmerzahl am Konzil bzw. der Voreingenommenheit der erschienenen geistlichen und weltlichen Fürsten gegen den Vernichtungswillen des Papstes! Ja, auch der Hauptpunkt konnte rechtlich ohne weiteres bestritten werden, nämlich das Recht des Papstes auf Absetzung des Kaisers. Bezüglich der Ketzerei genügte – nach des Kaisers eigener Gesetzgebung – der Verdacht, doch mußte auch dieser glaubhaft sein. Der Umgang mit den Sarazenen war dafür zu wenig, denn den hatten die Normannenkönige Unteritaliens auch gepflegt, und kein Papst hatte sie deswegen ernsthaft der Ketzerei bezichtigt. Die Atmosphäre war eben in der Mitte des 13. Jahrhunderts inquisitorisch-gehässig geworden.

Mit dem feierlichen Auslöschen der Kerzen in der Kathedrale von Lyon waren nun ohne Übertreibung in Europa die Lichter ausgegangen. Denn wenn der Kaiser ein Ketzer war, dann waren auch seine Nachkommen nicht erbberechtigt. Es lag in der Konsequenz des verdammenden Spruches von Lyon, daß das ganze Haus Hohenstaufen von der Würde des Römischen Kaisers ausgeschlossen sein sollte. Die Vollstreckung der Absetzungssentenz gelang zunächst bekanntlich nicht, da Friedrich am 13. Dezember 1250 unerwartet starb, bevor seine Sache auf den Schlachtfeldern oder in den höfischen Kanzleien Europas verloren war. Er hatte nicht mehr geglaubt, auf seine religiöse Ehre Rücksicht nehmen zu müssen und sich tatsächlich auf die Seite der Häretiker geschlagen, die ihm zudiktierte Rolle angenommen.

Dante Alighieri in seiner Eigenschaft als selbsternannte oberste moralische Instanz des hohen Mittelalters konnte daher nicht anders, als ihn ins „Inferno" zu versetzen, auch wenn er ihm als dem letzten der großen Kaiser eigentlich zu ehrendem Andenken verpflichtet gewesen wäre: Friedrich liegt unter den Ketzern in einer Unterweltslandschaft voller Särge, zusammen mit einigen seiner „Ghibellinen".

Wenn wir einseitig als Ketzer auch denjenigen definieren können, über den das Christentum keine Macht hat, dann hatte Dante recht. Denn auch wenn der Kaiser sich auf dem Sterbebett ins Büßerkleid der Zisterzienser hüllen ließ – diese Demut an der Schwelle des Todes bedeutete nicht, daß er schon zu Lebzeiten ein gehorsamer Sohn der Kirche gewesen wäre. Wenn überhaupt jemand die offizielle Kirche jemals hätte umkrempeln können, dann vielleicht er, wenn er aus dem im geistigen Sinne „totalen Krieg" mit dem Papsttum als Sieger hervorgegangen wäre. Dann wäre seine Häresie nach dem Gesetz der Zahl in Orthodoxie umgeschlagen, denn gerade die Geschichte der Inquisition lehrt, daß Gott nicht nur bei den stärkeren Bataillonen, sondern auch bei der zahlreicheren Gemeinde ist. Friedrich schrieb den Fürsten Europas nun auf einmal: „Immer war es unser Wille, die Kleriker jeglicher Religion und ganz besonders die höchstgestellten dahin zu führen, daß sie als solche weiterlebten, welche sie in der Urkirche gewesen sind, nämlich ein apostolisches Leben zu führen, indem sie die Demut des Herrn nachahmen. Solche Kirchenmänner nämlich pflegten die Engel zu betrachten, mit Wundern hervorzuleuchten, die Kranken zu pflegen, die Toten zu erwecken und sich die Könige und Fürsten durch Heiligkeit, nicht durch Waffen zu unterwerfen." Das klang, als ob Arnold von Brescia den kaiserlichen Thron bestiegen hätte! Innozenz antwortete gelassen, heutzutage bräuchte es keine Wunder mehr, da die zur Bekehrung der Ungläubigen von den ersten Christen verübt worden seien, mittlerweile aber ganz Europa christlich sei. Im übrigen sei Gott selber reich, dulde daher auch den Reichtum seiner Kirche.

Man braucht nicht gegen den Reichtum der Kirche Partei zu ergreifen, wenn man diese Argumente als fadenscheinig betrachtet, und im übrigen waren sie ohnehin nur publizistische Begleitmusik zur Hauptsache, der Vernichtung der Hohenstaufen. Es ist hier aber festzuhalten, daß das Angehen gegen den Reichtum der Kirche als Ketzerei galt und es dabei das ganze späte Mittelalter hindurch blieb.

Nach dem Tode Friedrichs II. übernahm sein ältester Sohn Konrad die Führung der hohenstaufischen Partei, auch er dem Vorwurf der Ketzerei ausgesetzt, da er in die Fußstapfen seines Vaters trat. Konrad starb bereits 1254, nach ihm usurpierte Friedrichs unehelicher Sohn Manfred das sizilische Königreich, das der Papst nach wie vor unbedingt in seine Hand bringen wollte. In ganz Italien wurden die Ghibellinen, die Parteigänger des Kaisers, zum Ziel inquisitorischen Vorgehens. Da aber das Heilige Offizium auch unter der orthodoxen Bevölkerung auf mannigfaltigen Widerstand stieß, teils offenen, teils hinhaltenden, konnte sich der Papst erst sicher fühlen, als auch Manfred in Unteritalien ausgeschaltet war (1266) und als der letzte Versuch der Hohenstaufen zur Wiedergewinnung Siziliens und Neapels unter dem jungen Kaiser Konradin, dem Enkel Friedrichs II., durch dessen Niederlage bei Tagliacozzo (1268), anschließende Gefangennahme und Hinrichtung in Neapel endete. Damit waren die Hohenstaufen von der politischen Bühne verschwunden, Karl von Anjou besaß Neapel als der Lehensmann des Papstes.

Das Ziel, um dessentwillen Gregor IX. einst den europäischen Kampf eröffnet hatte, schien erreicht, die Umklammerung des Kirchenstaates war endgültig aufgebrochen. Die Franzosen sollten sich aber als viel gefährlicher erweisen als die Deutschen. Sie hatten aus dem Fehler Friedrichs II. gelernt, der es nicht vermocht hatte, sich vom Odium der Ketzerei zu befreien, und schlugen den Papst bald mit seinen eigenen Waffen. Das war eine politische Leistung, die zum Ergebnis den Zusammenbruch der päpstlichen Vormachtstellung im Abendland hatte. Wer hätte gedacht, daß dem Papst ausgerechnet der Allerchristlichste König, der Protektor des Inquisitions-Konzils von Lyon, eine der schlimmsten politischen Niederlagen zufügen würde!

Der Gedanke, das Oberhaupt der Inquisition selbst zum Ketzer zu erklären, lag in der Luft. Schon im Jahre 1111, als diese Institution noch unbekannt war, hatte sich Papst Paschalis II. den Vorwurf der Ketzerei eingehandelt, als er im Investiturstreit den kaiserlichen Standpunkt akzeptierte, daß Bischöfe schon vor der Konsekration durch die Übergabe von

Ring und Stab vom Kaiser eingesetzt werden sollten (mithin dem Kaiser die Möglichkeit verblieb, Bischofsstühle nach seinem eigenen Gutdünken zu besetzen). Auf dem Laterankonzil im Jahre darauf wurden die entsprechenden Bullen des Papstes für nichtig erklärt, er selber damit implizite der nach Kaiser Heinrich V. benannten „heinricianischen" Ketzerei bezichtigt. Auch damals gab es also schon die „Sünde gegen die Hierarchie", diese Ausgeburt des juristischen Christentums. Friedrich II. schließlich, von Gregor IX. dem apokalyptischen Untier gleichgestellt, hatte erwidert, er selber sei der große Drache, der den ganzen Erdkreis verführe, also seinerseits der Antichrist. Das war mehr gewesen als publizistische Polemik, hatte vielmehr den Widerwillen weiter Kreise gegenüber der päpstlichen Politik artikuliert.

Sowohl unter den Franziskanern als auch unter den Dominikanern gärte es; der Mönch Arnold gar erklärte, daß ihm Christus nach vierzigtägiger Versenkung mitgeteilt habe, der Papst selbst sei der Gegner Christi und des Evangeliums. Die Kirche müsse erneuert werden, und der Kaiser habe diese Forderung als guter katholischer Christ auch gebilligt. Waren die Wanderprediger ein hervorragender Träger päpstlicher Propaganda, so verbreitete ein Teil von ihnen nun auch überall die These vom „papa haereticus". Wenn dieser Teil auch zahlenmäßig nicht ins Gewicht fiel, hier lag ein politisch-religiöses Potential, das ein weltlicher Herrscher aufgreifen und dem päpstlichen Anspruch entgegenstellen konnte, allein und autoritativ zu definieren, was Häresie sei. In Schwäbisch-Hall gar, einem der Zentren der staufischen Landesverwaltung für das Herzogtum Schwaben, fielen die verzückten Predigten des Mönches Arnold auf besonders fruchtbaren Boden. Es war wohl auch Lokalpatriotismus, wenn die Bevölkerung sich zu Prozessionen formierte, die Glocken läutete, den Papst verfluchte und sich sogar dazu verirrte, den Kaiser als „Erlöser" zu feiern. Diese Überstiegenheit zeigte, wie grundsätzlich der Kampf geworden war, und daß die Erregung des Mittelalters vom politischen Feld sofort ins religiöse umschlug, ein Konflikt ohne Hinzuziehung von Himmel und Hölle damals anscheinend unmöglich war. Auch die Politiker mußten ihre Interessen noch jahrhundertelang in religiöse Schemata pressen, sonst hätten sie die Mehrheit nicht hinter sich sammeln können; der Papst mußte also weiterhin als Ketzer gebrandmarkt werden, damit der Kampf gegen ihn Erfolg versprach. Außerdem war dies nach kanonischem Recht der einzige Fall, in dem gegen ihn ein förmliches Verfahren angestrengt werden konnte.

Nun trat dieser Gedanke unter französischen Vorzeichen auf. Seine politische Stoßkraft war unvergleichlich stärker, da nicht nur die gesammelte Macht des Königtums hinter ihr stand, sondern die öffentliche Meinung des Abendlandes dem Papst nicht mehr gehorchte, denn er hatte in dem schonungslosen Kampf gegen die Hohenstaufen seine geistliche Autorität gefährlich überspannt. Papst Bonifaz VIII. war ganz der Charakter, diese Überspannung auf die Spitze zu treiben: schroff und herrschsüchtig bis zum Größenwahn, Freund und Feind gleichermaßen verachtend, gehässig und auch in seiner Umgebung dermaßen unbeliebt, daß die falsche Nachricht von seinem Tode, wenige Tage nach seiner Wahl am 24. Dezember 1294 aufgekommen, unbändigen Jubel auslöste.

Er war dennoch gewählt worden, weil seine hervorragenden Fähigkeiten als Jurist und Administrator gerade zum damaligen Zeitpunkt an der Spitze der Kirche gebraucht wurden. Sein Vorgänger Cölestin V. war nämlich nach zweijähriger Sedisvakanz auf den Stuhl Petri gelangt, als die Kirche sich im Geflecht der Italienpolitik der Anjou derart verfangen hatte, daß ihre Unabhängigkeit auf dem Spiele stand. Dann hatte sich Cölestin, der alte Einsiedler Pietro di Murrone, zwar als frommer Mann erwiesen, der dem Ideal des „Engelspapstes" ziemlich nahegekommen war, aber er war den Geschäften so wenig gewachsen, daß er im Dezember 1294 nach wenigen Monaten Amtszeit bereits abdankte. Diesen freiwilligen Verzicht auf die Tiara hatte es in der Kirchengeschichte noch nie gegeben, das Schifflein Petri schwankte bedenklich.

Man traute Bonifaz, vormaligem umtriebigem Kardinal Benedetto Caetani, zu, daß er Cölestin durch seelischen Druck auf zynische Weise so weit getrieben habe: Caetani soll durch einen Luftkanal in das Zimmer des alten Cölestin hineingeflüstert haben, um ihm so Stimmen vom Himmel zu suggerieren, die ihm den Rücktritt anempfahlen. Die Abdankung des „Engelspapstes" war ein Schlag gegen die religiösen Schwärmer, die Franziskaner-Spiritualen (siehe Kapitel 5), die daher nicht versäumten, üble Gerüchte über Bonifaz auszustreuen. Ein übleres als das der insgeheimen Ketzerei des Papstes gab es nicht, zumal die Spiritualen damit am französischen Königshof auf geneigte Ohren trafen.

Dort residierte Philipp IV., der „Schöne", der Gegenspieler, der sich zum Ketzerrichter des „vicarius Christi" aufwarf und alle persönlichen Eigenschaften hatte, diesen schwierigsten aller Prozesse auch zu einem erfolgreichen Ende zu führen. War Bonifaz aufbrausend und beleidigend, so war Philipp undurchdringlich, ruhig, ja eiskalt. Außerdem galt er als der schönste Mann der Christenheit. Doch scheint er keinen Wert darauf gelegt zu haben, seine Erscheinung in Sympathie gegen die französische Krone umzusetzen, zumindest dem Klerus gegenüber nicht, denn der Bischof von Pamiers beschrieb ihn wenig schmeichelhaft: „Er kann die Menschen nur wortlos anstarren, und sein Blick ist schwer zu ertragen, er ist kein Mensch und kein Tier, sondern eine Statue."

Philipps Willen hatte die größere Standfestigkeit, da er sich nicht eruptiv äußerte – diese Temperamentlosigkeit hat manche sogar veranlaßt, ihn für schwach und unbedeutend und nur für einen Spielball seiner engeren Ratgeber zu halten. Das kann wohl nicht so gewesen sein, denn Philipps Ratgeber wechselten, nicht aber seine Politik: er war zutiefst durchdrungen von der Selbständigkeit des französischen Königtums, das seit 1180 (Thronbesteigung Philipps II. August) einen beständigen politischen Aufstieg erlebt hatte. Das mittelalterliche transzendentale Weltbild hatte in Paris einen entscheidenden Stoß bekommen, als dort die „Politik" des Aristoteles, von Thomas von Aquin selbst in die kirchliche Lehre eingeführt, derart interpretiert wurde, daß die Kirche als Mittlerin zwischen König und Gott überflüssig wurde: wenn der Mensch Staaten bildete, weil er – nach Aristoteles – ein zóon politikón, ein gemeinschaftsbildendes Lebewesen von Natur aus war, dann hatten auch die Könige von Frankreich ihr Herrscherrecht von Natur aus, mit anderen Worten: unmittelbar von Gott. Der König sagte es dem Papst offen: „Frankreich hat seine Könige gehabt, bevor es Priester gab." Das stimmte historisch nicht, sofern man die alten, von Cäsar unterworfenen Gallier nicht als Franzosen betrachtete, aber der Sinn der Behauptung war klar: sie sollte unterstreichen, daß die weltliche Gewalt „von Natur aus" da war, nicht aber die geistliche.

Dieses weltliche Selbstbewußtsein verband sich bei Philipp IV. mit einer tiefen Frömmigkeit, die dementsprechend nicht mehr hierarchisch dachte, weshalb der König auch notfalls über die Leiche des Papstes hinwegschritt. Französische Machtsteigerung, der allgegenwärtige Gedanke der Kapetinger-Dynastie, in der Nachfolge der Karolinger zu stehen und die Kaiserkrone des Abendlandes aus der Hand der machtlosen Deutschen übernehmen zu können, waren sehr wohl vereinbar mit dem geistlichen Bedürfnis, den Titel des „Allerchristlichsten Königs" durch den Kampf für die Reinheit der Kirche erneut zu verdienen, und wenn der Gegner auch das Oberhaupt dieser Kirche selbst war.

Welch ein Auftritt, als am 13. Juni 1303 Guillaume de Plasian im Louvre vor Bischöfen, Äbten und weltlichen Fürsten eine Anklage gegen den Papst in 29 Punkten verlas, in der dieser als das ketzerischste aller ketzerischen Ungeheuer gezeichnet wurde: er glaube nicht an die Geburt Christi aus der Jungfrau, halte Unzucht nicht für Sünde und habe sich daher mit allen einschlägigen Lastern befleckt, Sodomie inbegriffen, halte sich einen Hausteufel, bei dem er sich regelmäßig Rat hole, treibe Simonie in fürchterlichstem Maße, habe Priester zum Verrat des Beichtgeheimnisses gezwungen, habe gar seinen Vorgänger Cölestin in Haft gehalten und dort auch umgebracht. Daher sei ein allgemeines Konzil einzuberufen, an dem ein neuer, sauberer Papst gewählt werden müsse.

Was war geschehen, daß der König von Frankreich den vicarius Christi mit derartigen höchstpersönlichen Vorwürfen überhäufte, ganz außerhalb der diplomatischen Übung und in einer gehässigen Weise, wie wir sie sonst erst aus dem Kampf zwischen Friedrich II. und den Päpsten kennen? Die päpstliche und die französische Politik, die seit der Eroberung Unteritaliens durch die Anjou so eng zusammengehangen hatten, waren „in ihren Gemeinsamkeiten verbraucht", um einen modernen koalitionstechnischen Ausdruck zu verwenden. Philipp IV. hatte es aufgegeben, die Anjou bedingungslos zu unterstützen. In seinem Kampf mit England war ihm der Papst nur von sehr bedingtem Nutzen. Außerdem war Philipp ständig in Finanznot, eben wegen dieses Kampfes. Deshalb mußte er auch den Klerus besteuern. Bonifaz verbot das 1296 in der Bulle „clericis laicos" in beleidigendem Tone: „Daß die Laien Feinde des Klerus sind, bezeugt in hohem Maße das Altertum, und auch die Erfahrungen der Gegenwart lehren es deutlich", ließ er da schreiben. Schon damals stand der französische Klerus auf der Seite des Königs; Bonifaz mußte durch Nachfolgebullen von seinem anfangs eingenommenen Standpunkt abrücken.

Das Zeichen der äußeren Versöhnung zwischen Paris und Rom war, daß der 1270 verstorbene König Ludwig IX. im Jahre 1297 heiliggesprochen wurde. Doch damit war der Konflikt nur vertagt. Zum einen, weil die vom Papste aus dem Kirchenstaat vertriebene Adelsfamilie der Colonna nach Frankreich floh und dort gegen den Wüterich intrigierte; zum anderen – und das war weitaus wichtiger – weil der halsstarrige Bonifaz mit untrüglicher Sicherheit einen neuen Konfliktstoff mit Frankreich in der Affäre des Bischofs von Pamiers fand. Der Propst des Chorherrenstiftes von Pamiers war vom Papst zum dortigen Bischof erhoben worden. Das Territorium des neugeschaffenen Bistums wurde aus dem Bistum Toulouse herausgeschnitten, ohne daß der dortige Bischof unterrichtet worden wäre oder daß Philipp IV. davon etwas erfahren hätte. Und Bernard Saisset, der also Erhöhte, war als Gegner des Königs und Vertrauter des Papstes bekannt (er war ähnlich cholerisch!). Philipp faßte den Verdacht des Hochverrates und ließ Saisset aburteilen (unter anderem wegen Simonie und Häresie, schon wieder!) und vom Erzbischof in Narbonne in Haft halten (1301). Bonifaz sollte Saisset absetzen, aber er forderte im Gegenteil die unverzügliche Freilassung des Bischofs und setzte die diskriminierende und außerordentlich steuerschädigende Bulle „clericis laicos" erneut in Kraft.

Dann warf er dem König den Fehdehandschuh noch weitaus schwungvoller als 1296 vor die Füße: er berief für den 1. November 1302 den französischen Episkopat, die französischen Theologen und Juristen sowie die Kathedralkapitel nach Rom, um über die Regierungsweise des frevlerischen Königs zu Gericht zu sitzen. Aber noch nicht genug damit! Auch Philipp selbst sollte in Rom erscheinen, unter anderem, um sich wegen seiner Münzverschlechterungen in Frankreich zu verantworten.

Merkwürdigerweise erklärte der Papst sich kurz anschließend mit der Gefangenschaft des Bernard Saisset einverstanden. Damit war die Angelegenheit von ihrem konkreten Anlaß losgelöst und in die abstrakten Höhen des Weltanschauungskampfes zwischen geistlicher und weltlicher Gewalt gerückt, ganz wie es Bonifaz liebte. Dann durfte er sich nicht wundern, wenn Philipp im Vollgefühl der nationalen Macht, die einig hinter ihm stand, ihm in diese Höhen folgte und den Vorwurf der Ketzerei erhob, den einzigen, der dem Schlachtfeld der Prinzipien noch angemessen war. Und die Angelegenheit wurde zum Menetekel des mittelalterlichen Macht-Papsttums: die anberaumte Synode kam zwar zustande, da verschiedene französische Prälaten doch nach Rom zogen, ungeachtet des Verbots Philipps, aber sie faßte keine Beschlüsse.

Am 18. November 1302 veröffentlichte der Papst die berühmte Bulle „unam sanctam", in der er die Überordnung der geistlichen über die weltliche Gewalt mit schneidender Schärfe aussprach: „Wir werden durch die Aussprüche des Evangeliums belehrt (gemeint ist Lukas 22, 38 und Matthäus 26, 52), daß in der Macht der Kirche zwei Schwerter sind, das geistliche und das weltliche ... das eine für die Kirche, das andere durch die Kirche zu führen ... Daß die geistliche Gewalt jegliche weltliche sowohl an Würde als auch an Adel übertrifft, müssen wir umso klarer bekennen, je mehr die geistlichen Dinge den weltlichen überlegen sind ... Wenn also die weltliche Gewalt irrt, wird sie von der geistlichen gerichtet werden; wenn die geringere geistliche, von ihrer übergeordneten; die höchste geistliche aber kann nur von Gott, nicht von Menschen gerichtet werden, wie der Apostel (Paulus, 1. Korintherbrief 2, 15) bezeugt: der geistliche Mensch urteilt über alles, selbst aber wird er von niemanden abgeurteilt ... Wer immer also dieser von Gott so eingerichteten Gewalt widersteht, der lehnt sich auf gegen die Ordnung Gottes (Römer 13, 2) ..."

Und dann die Kreuzblume auf dem Dom der Hierarchie, wie eingangs erwähnt: „Wir erklären, sprechen es aus und definieren es, daß es jeglichem Menschen vollständig heilsnotwendig ist, dem römischen Pontifex zu unterstehen." Umfassender konnte der Papst nicht kommandieren, gebieterischer konnte die Kirche nicht mehr auftreten.

Aber die Kommandos Bonifaz' VIII. waren in die Luft geschrien, denn die Sitzung im Louvre, die ihn als Ketzer brandmarkte, folgte ein gutes halbes Jahr später, und dem Papst brach das Podium für seinen Auftritt als Weltenherrscher unter den Füßen zusammen. Seit Frühjahr 1303 befand sich Philipps engster Vertrauter in Italien, Guillaume de Nogaret, der die Kurie haßte, weil sein Großvater ein Opfer der Inquisition geworden war. Der Legat des Papstes beim König, Kardinal Johannes Monachus, erklärte es für möglich, daß sein Herr wirklich ein Ketzer sei. Bonifaz hielt sich in seiner Geburtsstadt Anagni auf, als Nogaret heranzog, unterstützt von dem rachedürstenden Colonna. Von Anagni aus produzierte der Papst weiterhin Bullen gegen Philipp, um ihn zu exkommunizieren, die Untertanen vom Treueid gegen ihn zu lösen, sich die Besetzung der französischen Pfründen allein vorzubehalten. Am 7. September 1303 drangen die Franzosen und die Colonna in Anagni ein, um den Papst auszuheben. Die Colonna wollten ihn gar umbringen, und als ihre Truppen den Papstpalast gegen Abend erstürmt hatten, da stritten sie mit Nogaret darüber, ob er zur Aburteilung nach Frankreich deportiert oder in seinen eigenen vier Wänden niedergemacht werden sollte.

Sie stritten zwei Tage lang, daher gewann die Bevölkerung von Anagni Zeit, ihre Papsttreue erneut zu entdecken. Die Orsini als eingefleischte Gegner der Colonna traten auf den Plan, und Franzosen und Colonna wurden in blutigen Straßenkämpfen aus der Stadt vertrieben. Gleichsam auf den Schultern der Orsini konnte Bonifaz wieder in Rom einziehen. Aber seine Lebenskraft war durch die demütigenden Ereignisse von Anagni gebrochen; sogar geohrfeigt soll man ihn dort haben. Ein altes Steinleiden (das seinen unleidlichen Charakter zum Teil erklären mag), tat ein übriges, und am 12. Oktober 1303 starb er im Alter von 86 Jahren. Seine Gegner sagten, er habe sich selber zerfleischt. Das ist das Bild für seine Rachegedanken, von denen er im vatikanischen Palast verfolgt worden sein muß, und für den Verfolgungswahn, der seine letzten Tage verdüsterte. Er hatte sich in sein Gemach eingeschlossen, die Nahrungsaufnahme verweigert und war beständig mit dem Kopf gegen die Wand gerannt – letzteres hatte er aber schon sein ganzes Pontifikat lang getan.

War er wirklich ein Ketzer gewesen? Dante versetzt ihn im „Inferno" in den achten Höllenkreis, in dessen einem Graben die Simonisten stecken, die mit dem Kopf voran und dem Oberkörper in Gesteinslöchern stecken, mit zappelnden Beinen und brennenden Füßen – das Feuer als eine höhnische Anspielung auf die Flamme des Heiligen Geistes, mit der sie im irdischen Leben Schindluder getrieben haben. Einer zuckt besonders gequält mit den Füßen, es ist Papst Nikolaus III. (1277-1280), der Dante nicht erkennt und daher schreit: „Bist du schon da, Bonifaz?" Dessen Platz im Inferno der Simonisten ist also schon vorbereitet. Und ein Simonist war Bonifaz wohl auch, wenn man bedenkt, wie er seine Caetani-Sippe mit Pfründen überhäuft hatte.

Außerdem hatte er sich nicht gescheut, 1298 gegen die Colonna den Kreuzzug auszurufen und ihre Hauptfeste vor den Toren Roms, Palestrina, dem Erdboden gleich zu machen, den Pflug über sie hinwegzuführen und Salz in die Furchen zu streuen. Dazu hatte er erklärt, so sei es dem antiken Karthago auch ergangen. Sein Machtwahn hatte ihn ferner dazu verleitet, in Kirchen und auf Stadttoren marmorne und silberne Standbilder von sich aufstellen zu lassen – war das nicht Verleitung zum Götzendienst? Er muß von diesem Machtwahn förmlich zerfressen gewesen sein, denn es ist glaubhaft überliefert, daß er vor Bischöfen und Kardinälen wie ein Staatsschauspieler mit wechselnder Garderobe auftrat und dazu ausrief: „Ich bin Papst, ich bin Kaiser". Genug der Einzelheiten – eine solche Persönlichkeit konnte leicht der Häresie verdächtigt werden. Dieses Druckmittel in der Hand des französischen Königs war auch nach Bonifaz' Tod noch wertvoll. Die schwachen Nachfolger des Benedetto Caetani, Benedikt XI. und Clemens V. (ab 1309 residierte Clemens endgültig im Machtbereich Philipps IV., in Avignon), wurden vom König mit der Forderung nach einem Ketzerprozeß gegen ihren Vorgänger verfolgt – auch ein Toter konnte ja noch abgeurteilt werden, seine Gebeine mußten dann ausgegraben und in alle Winde zerstreut werden. Nun, im März 1310 wurde das Verfahren eingeleitet, schleppend und zäh, und Philipp hatte am Ende gar kein Interesse mehr daran, denn ein König ist kein Großinquisitor und will mit derlei Anmutungen etwas ganz anderes durchsetzen: Philipp brauchte einen Ketzerprozeß größten Ausmaßes gegen den Templerorden, auch hier nicht wegen der Reinheit des Glaubens, sondern wegen des Geldes für seine Kassen. Wir halten die Formulierung nicht für übertrieben, daß der Papst dem König die Templer ans Messer liefern sollte und zu diesem Zweck mit dem Popanz des Bonifaz-Prozesses gefügig gemacht wurde. 1310 aber war die Verfolgung der Templer, der Ritter mit dem roten Kreuz auf weißem Mantel, schon so weit in die Wege geleitet, daß die Seele des Bonifaz endgültig im Inferno der Simonisten belassen werden konnte.

Manche meinen, Philipp sei von derart tiefgründiger Frömmigkeit gewesen, daß er sowohl Bonifaz als auch die Templerritter wirklich für Ketzer gehalten habe. Das Verfahren gegen die Templer zeugt, wenn nicht von tiefgründiger, so doch von abgründiger Frömmigkeit; es war, um mit Johannes von Haller zu reden, „der ungeheuerste Justizmord, den die Geschichte kennt, begangen vom französischen Staat, zunächst nicht gehindert, dann geduldet und schließlich gefördert vom Papst."

Im November 1305 war der Erzbischof von Bordeaux unter dem Namen Clemens V. Papst geworden. Er soll nach seiner Wahl dem französischen König die Erfüllung von sechs Forderungen zugesagt haben, von denen sich fünf auf die Regelung des Verhältnisses zwischen Kirche und Königtum bezogen, das durch das Husarenstück von Anagni in ziemliche Unordnung geraten war. Die sechste Forderung könnte sehr wohl gelautet haben, bei der Liquidierung des Templerordens mitzuwirken, und zumindest paßt das Geheimnis hierüber gut zu den Anfängen des nun zu besprechenden Justizmordes und läßt auf „crime and mystery" hoffen.

Anfang 1306 bestellte der Papst den Großmeister des Ordens, Jacques de Molay, der sich gerade in Zypern aufhielt, nach Frankreich. Er wollte seinen Rat einholen über einen Kreuzzug gegen die Sarazenen, die seit 1291 das gesamte Heilige Land wieder in ihrer Hand hatten, und ob dazu die christlichen Könige von Zypern und Armenien (das heißt: Klein-Armenien, die Landschaft Kilikien, rund um das heutige Adana in der südöstlichen Türkei) als leistungsfähige Bundesgenossen in Frage kämen. Der Großmeister wurde gebeten, in kleiner Begleitung anzureisen, aber er kam in ganz großer und mit dem gesamten Schatz der Templer im Troß.

Den königlichen Beamten müssen die Augen übergegangen sein, als sie notierten, daß zwölf Pferde zum Transport erforderlich waren. Sie sahen all diese Reichtümer in der Burg der Templer mitten in Paris, eben dem „temple", verschwinden. König Philipp empfing den Großmeister in allen Ehren, ebenso der Papst, der damals in Poitiers residierte – die Kontrolle, die der König über ihn ausübte, war so mit Händen greifbar. Der Großmeister mußte von Anschuldigungen erfahren, die ein gewisser Esquin de Floyran gegen seinen Orden erhoben hatte, damit bei König Jakob II. von Aragonien auf taube Ohren gestoßen war, sie aber später am französischen Hof zu Protokoll gegeben hatte: schändliche Sitten sollten im Orden herrschen, Götzendienst, Anspeien des Kreuzes, Homosexualität – Molay verlangte erregt vom Papst, eine Untersuchungskommission einzusetzen, die die Haltlosigkeit solcher Vorwürfe ans Licht bringen sollte, aber Clemens V. beruhigte ihn: einer Untersuchung bedürfe es nicht, denn die Vorwürfe seien ganz offensichtlich aus der Luft gegriffen.

Keiner von beiden dachte daran, daß der König ein Interesse an der Verbreitung solch übler Greuelpropaganda haben könnte. Hatte der Orden dem König nicht unlängst bei einem Aufstand der Pariser Bevölkerung Schutz im temple gewährt, und war der König nicht sehr von seiner Hilfsbereitschaft beeindruckt gewesen? Das vielleich schon, nur war das nur das äußere Bild der Affäre gewesen: es paßte wohl zu Philipps Charakter, dem Großmeister niemals zu verzeihen, daß er auf ihn angewiesen war. Der Tyrann konnte es nicht verwinden, seine Schwäche gezeigt zu haben.

Während Clemens V. und Jacques de Molay ein ergebnisloses Palaver über die Möglichkeiten eines neuen Kreuzzuges hielten, ließ Philipp eine Anklageschrift gegen den Orden ausarbeiten, die von Ungeheuerlichkeiten ebenso strotzte wie diejenige gegen Bonifaz VIII., und leitete sie, sozusagen nachdem Jacques de Molay die Gemächer des Papstes verlassen hatte, der Kurie zu. Er wußte auch, wie er den Papst zwingen konnte, diese Anklageschrift ernsthaft zu prüfen und damit seine Autorität in der nun zu inszenierenden Templerverfolgung auf die Seite des Königs zu legen: er unterbreitete die Forderung nach Prüfung zusammen mit zwei anderen Forderungen, die Clemens V. ebenfalls unangenehm sein mußten, und kalkulierte richtig, daß der Papst, um von den beiden anderen Ruhe zu haben, wenigstens die nach Prüfung der Templer-Anklage erfüllen werde. Also verlangte der König zusätzlich, Clemens sollte endlich dafür sorgen, daß anstelle des Habsburgers Albrecht Philipps

Bruder die Kaiserkrone erhalten würde – und außerdem sollte er posthum Bonifaz VIII. als Ketzer verurteilen. Clemens sträubte sich, aber auf die Dauer half ihm das gar nichts, der französische König war stärker. Sein einziger Trost bei der schließlichen Einwilligung zur Untersuchung war, daß auch Jacques de Molay sie verlangte, ganz in Entrüstung und voll der Überzeugung, daß eine Prüfung unter so erlauchter Leitung die Lächerlichkeit der Anschuldigungen aufs vorteilhafteste beweisen würde. Philipp, ganz Tyrann, erkannte daran, daß der Orden sich zum Widerstand aufraffen würde, und das könnte ihn das Königreich kosten: die Templer hatten 15 000 Mann unter Waffen und unterstanden der kirchlichen Autorität. Wenn sie gegen den König losschlügen, würde er kämpfen müssen mit geringeren Kräften gegen einen kriegsgeübten und selbstsicheren Gegner. Das ganze Abendland würde Zuschauer eines der widerwärtigsten Schauspiele sein, das überhaupt möglich war, wenn die Ritter, deren Lebensaufgabe doch der Kampf gegen die Ungläubigen war, sich zu Hause mit dem Allerchristlichsten König schlagen würden. Wie hoch Philipp die Schlagkraft des Ordens einschätzte, geht daraus hervor, daß er in früheren Jahren ernsthaft den Gedanken erwogen hatte, die Königskrone seinem Bruder zu überlassen und selbst an die Spitze der Templer zu treten, um mit ihnen und den Hospitalitern zusammen das Heilige Land zurückzuerobern. Da hatte noch die Kreuzzugsromantik seines kanonisierten Vorfahren, Ludwig IX., in seinem Kopfe gespukt, doch kam er von dieser Idee wohl nicht nur deswegen ab, weil Templer und Papst und andere europäische Fürsten sich ihr verschlossen; er erkannte die realpolitische Sinnlosigkeit eines solchen Unternehmens – wenn der Machtzuwachs der Eroberung Palästinas für den französischen König zweifelhaft war, dann taugte das Thema nur noch mehr zum propagandistischen Einsatz in der Tagespolitik. Und durch Philipps Gemüt begann daraufhin „der schneidende Luftzug der neueren Geschichte" (Leopold von Ranke) zu wehen.

Jetzt aber durfte der König mit dem Zuschlagen nicht zögern. Wir glauben, der Dramatik der Angelegenheit an dieser Stelle einen Dämpfer aufsetzen zu dürfen: vielleicht handelte er vielmehr auch jetzt, während Papst Clemens sich die Haare raufte und Jacques de Molay die erzürnte Unschuld markierte, genau nach einem vorbereiteten Plan. Sein Charakter und die Qualität seiner engsten Mitarbeiter, Guillaume des Nogaret, Pierre Dubois und Etienne de Marigny, würden ganz gut dazu passen: am Freitag, dem 13. Oktober 1307, wurden alle „Präzeptoreien" der Templer in Frankreich besetzt, die Ritter auf einen Schlag verhaftet, darunter Jacques de Molay. Wenige konnten sich durch Flucht retten. Im Temple waren es 60 Ritter, in ganz Paris 140. Nicht nur die eigentlichen Ritter, ca. 500, gingen ins Netz, auch die „Zivilbediensteten" des Ordens, Verwalter seiner ausgedehnten Güter, insgesamt knapp 5000 Menschen. Polizeitechnisch eine hervorragende Leistung! Die Templer hatten bis zuletzt nichts geahnt, die unerläßliche Geheimhaltung unter den Seneschallen des Königs hatte also mustergültig funktioniert. Die Opfer wirkten mit an dem Erfolg der Maßnahme, indem sie sich nirgends zur Wehr setzten. Sie waren eben überzeugt davon, daß die Anschuldigungen gegen sie grober Unfug waren, und ahnten nicht, daß die dem König nur zur Krücke dienen sollten, um sie zu vernichten. Sie wußten nicht, welch ein berechnendes Ungeheuer der König von Frankreich war, und hatten nicht die Phantasie, sich geistig an seine Stelle zu setzen, um so herauszufinden, daß abgesehen von der Moral alles dafür sprach, sie zum höheren Nutzen des Königreiches Frankreich zu liquidieren. Der Ausdruck „liquidieren" ist zweifelsohne dem 20. Jahrhundert zugehörig, aber die Ausrotter unserer Zeit sind auch nicht anders vorgegangen als der Nachfolger des heiligen Ludwig, und die Opfer der modernen Ausrotter waren oft genug von dem gleichen Vertrauen auf ihre Unschuld und von der gleichen politischen Ahnungslosigkeit erfüllt wie die Tempelritter des Jahres 1307.

Versuchen wir also, die Rechnung Philipps IV. bei dieser Verhaftungsaktion nach größtmöglicher Wahrscheinlichkeit nachzuzeichnen: Er brauchte Geld, und die Templer hatten mehr an Vermögen, als sie für ihre eigentliche Aufgabe, den Kampf gegen die Mohammedaner im Heiligen Land, überhaupt benötigten. Philipp brauchte immer mehr Geld, denn seine Kriege gegen England und Flandern verschlangen Unsummen. Er konnte die erforderlichen Beträge teilweise durch Münzverschlechterungen aufbringen, wofür ihn schon Bonifaz VIII. getadelt hatte. Er hatte sich bereits an der Frage der Besteuerung des Klerus mit diesem Papst entzweit. Er hatte sogar Wertgegenstände seiner Barone zwangsweise zu einem Spottpreis angekauft, sie eingeschmolzen und in geprägte Münzen verwandelt. Er hatte die Juden ihres Vermögens im ganzen Königreich beraubt, sie schließlich des Landes verwiesen und ihre Geschäfte Florentiner Bankiers übertragen, die bei dieser „Arisierung" freudig mitwirkten. Ja, der erwähnte Aufstand der Pariser Bevölkerung hatte sich gegen die wirtschaftliche Misere gerichtet, in die das Land durch die andauernden Münzverschlechterungen geraten war. Der König hatte noch keine entwickelte Wirtschaftspolitik, um aus seinen Ländereien bemerkenswerten Vorteil zu schlagen, und außerdem war er gar nicht der größte Latifundienbesitzer Frankreichs, denn die Zeiten des Absolutismus waren noch sehr fern. Der größte Landbesitzer war zunächst der Feudaladel gewesen. Dieser aber hatte einen großen Teil seines Landes im Laufe der vergangenen Zeit an die Kirche verkauft, um seine Fehdewirtschaft zu finanzieren und um sich zu den Kreuzzügen ausrüsten zu können. Auf diese Weise war ein Drittel (manche Chronisten erhöhen die Zahl sogar auf die Hälfte) Frankreichs in kirchlichen

Besitz übergegangen. Die Tempelritter hatten sich ebenfalls umfangreich auf dem Grundstücksmarkt eingekauft und verwalteten ihre Güter weitaus ökonomischer als die weltlichen Adeligen, die ja auf jegliche an Gewinn und Verlust orientierte Tätigkeit mit unsäglicher Verachtung herabsahen. Acht bis zehn Millionen Francs jährlich brachten die Besitzungen der Templer ein, während der König sich mit ungefähr einem Viertel aus seinen Ländereien zufriedengeben mußte.

Auch ins Bankgeschäft waren die Templer eingestiegen. All diese Aktivitäten im Abendland, das für sie tiefste Etappe hätte sein sollen, trugen ihnen den Verdacht ein, daß sie sich um ihre Bereicherung mehr kümmerten als um die Besiegung der Ungläubigen, und dieser Verdacht war 1307 sehr berechtigt. Der Templerorden war erschlafft. Kein Wunder, daß die beständigen Beschwörungen des hehren Zieles der Kreuzzüge zur damaligen Zeit zwar populär waren, zumal die Bevölkerung mangels Bildung das irdische Jerusalem immer noch mit dem himmlischen Jerusalem gleichsetzte, aber vollkommen vergeblich, nicht mehr als wohlfeile Phrasen der Politiker: was sollte denn Großes geschehen, wenn die Templer für einen Kreuzzug nur höchst mühsam zu interessieren waren? Und wenn ferner der König von Frankreich ernsthaft mit dem Gedanken umging, sie in vollem Ausmaße zu beerben, vorher also den Orden aufzulösen, sie gar vom Leben zum Tode zu bringen?

Noch einen weiteren Grund hatte Philipp für sein Vorgehen: seine Politik gegenüber der Kurie war langfristig darauf angelegt, deren ungeheuere Macht für Frankreich nutzbar zu machen. Dann durfte der Papst aber nicht mehr über einen Ritterorden verfügen, er hätte diesen als einen Trumpf im Spiel um seine Unabhängigkeit ansehen müssen. Für Philipp kam es also darauf an, den Papst für sich einzunehmen, denn der war der oberste Dienstherr der Templer, sozusagen ihr ganz spezieller Bischof. Der Orden genoß Steuerfreiheit und Exemtion von kirchlichen Beschränkungen, was sich auf seine Finanzlage sehr günstig auswirkte. Deshalb konnte Philipp sicher sein, den französischen Klerus, dem die privilegierte Stellung der Ordensritter natürlich ein Dorn im Auge war, auf seiner Seite zu haben.

Die Hölle (sprich: Philipps bedenkenloses Vorgehen gegen die Templer) hat also nicht nur ihre Rechte, wie Faust gegenüber Mephisto bemerkt, sie hat auch ihre Logik! Und als Vehikel dieser Logik mußte schärfstes Geschütz aufgefahren werden. Das hieß im Stile des frühen 14. Jahrhunderts: ein Inquisitionsprozeß. Obwohl die Templer als geistlicher Orden nur vom Papst abgeurteilt werden durften, nahm der König die Sache selbst in die Hand. Die Anklage gegen die Templer wurde am Tage nach der landesweiten Gefangennahme der Universität und dem hohen Klerus in Notre-Dame mitgeteilt; am Sonntag danach auch breiteren Bevölkerungsschichten in den königlichen Gärten. Sie blieb also nicht geheim, nach außen undefiniert oder nur spärlich angedeutet, wie Bernard Gui (siehe 3. Kapitel) es gepflegt hatte, sondern wurde geradezu hinausposaunt. Philipp war eben auch ein begabter Propagandist, der die öffentliche Meinung auf seine Seite bringen wollte. Die Hauptanklagepunkte waren: die Templer hatten Christus verleugnet und die Brüder beim Eintritt in den Orden gezwungen, das Kruzifix anzuspeien. Ebenso sei der Neuling bei den Eintrittsriten angehalten worden, seinen Präzeptor unzüchtigerweise auf den Nabel und „in fine dorsi" zu küssen, also auf den Hintern! Kein Wunder, daß auch die Homosexualität im Orden zugelassen worden sei, wohl angeregt durch die in dieser Hinsicht lasziveren Sitten der orientalischen Völker, mit denen die Ritter nicht nur kriegerische Berührung gehabt zu haben schienen. Dann der theologische Teil der Anklage: Anbetung eines Götzenbildes und Auslassung der Konsekrationsworte bei der Messe: „Dies ist mein Fleisch, dies ist mein Blut".

Um diese fünf Punkte drehten sich alle zukünftigen Verhöre, Geständnisse, Folterungen und Widerrufe. Philipp ließ den Dominikaner Guillaume Imbert, den Großinquisitor von Frankreich, das Verfahren einleiten, doch die folgenden Verhöre durch seine eigenen Beamten führen. Das war zweifelsohne ein Rechtsbruch, doch hatte der den Vorteil, daß dann Geständisse vorlagen, bevor der Papst reagieren konnte – und diese Geständnisse würden in der Hand des Königs schwer wiegen und zwingend sein. Ihr formal illegales Zustandekommen würde dagegen in den Hintergrund treten. In Paris allein wurden 138 Templer verhört. Die meisten bekannten die ihnen zur Last gelegten Punkte eins bis drei, die übigen leugneten alles ab. Jacques de Molay selbst erzählte freimütig und ohne alle Drohung und Folter, er habe Christus verleugnet und neben das Kreuz gespuckt, als er in den Orden aufgenommen worden sei. Aber, so fuhr er fort, die Taten des Ordens bewiesen ja zur Genüge, daß er jederzeit für Christus freudig sein Blut vergossen habe, daß hunderte von Templern in mohammedanischer Gefangenschaft umgekommen seien, weil sie Christus nicht hatten abschwören wollen.

Doch solche Feinheiten der Schuldabwägung waren den Inquisitoren grundsätzlich gleichgültig, und in diesem Falle gleich doppelt, weil es sich um einen politischen Prozeß mit dürftigem geistlichen Gewande handelte, der Ausgang also ohnehin schon feststand. Die äußere Tat galt, nicht etwa die inneren Motive – die Kreuzbespeiung und das unanständige Kußritual konnten ja auch als phantastische Riten eines Männerklubs gewertet werden, als eine Art Initiations-Blödsinn oder auch als eine symbolische Handlung, die den Neuling darauf hinweisen sollte, daß er jetzt mit Haut und Haaren dem Orden angehörte und daneben auf keine andere Autorität mehr schauen durfte. Sollte Jacques de Molay geglaubt haben, durch sein freimütiges Bekenntnis diesen Hintergrund allmählich plausibel machen zu können, dann war er rettungslos naiv. Denn nun hatten die königlichen Inquisitoren seine Geständnisse in der Hand, und der Papst konnte gar nicht anders, als darauf negativ zu reagieren.

Es waren jedoch an den Aussagen dieser ersten Welle von Verhören kriminalistische Unstimmigkeiten festzustellen: das zu bespeiende Kruzifix wurde verschieden beschrieben – einmal mit dem Körper Christi, einmal ohne; sowohl direktes Bespucken als auch Danebenspucken wurden gestanden; auch über die äußeren Umstände war kein klares Bild zu gewinnen: einmal vor dem Altar, einmal hinter dem Altar, einmal vor allen Brüdern, einmal nur vor dem Präzeptor – und so weiter. (Auch das waren Feinheiten, auf die es den Inquisitoren nicht ankam.) Den Kuß auf den Hintern gab nur ein Drittel der Opfer zu, und der Nabelkuß entzog sich richterlicher Wahrheitsfindung in verwirrender Weise.

Jacques de Molay wiederholte sein Geständnis vor einem ausgewählten Kreis hoher Staatsbeamter und einiger Professoren der Sorbonne und gab seinen gefangenen Untergebenen überall in der Provinz den Befehl, ihr Verschwiegenheitsgelöbnis zu brechen und die Wahrheit zu sagen. Dabei stellte es sich heraus, daß die eigentlich häretischen Punkte, das Verschweigen der entscheidenden Konsekrationsworte bei der Messe und die Anbetung eines Götzenbildes, nicht zu erhärten waren, ebenso die Anklage der Homosexualität. Die Initiationsriten aber standen für den König nunmehr fest, und auch der Papst hatte von ihnen gewußt, war jedoch gegen sie niemals eingeschritten. Das nun war ein Skandal, den Philipp gar nicht erst aufzubauschen brauchte! Clemens konnte nicht anders, er richtete im November 1307 eine Bulle an die Fürsten der Christenheit, in der er zugab, den Templern gegenüber nachlässig gewesen zu sein. Nun aber seien ihre Verfehlungen am Tage.

Es folgte der Versuch, die Angelegenheit an sich zu ziehen, und von Rechts wegen gehörte der Prozeß vor die Kurie. Auch die Vermögenskonfiskationen mußten von der Kurie besorgt werden. Clemens verlangte vom König die Auslieferung der Gefangenen, der König antwortete mit der Verbreitung von Pamphleten unter dem Volk, die den Papst als schlechten Christen und ihn, den König, als eifrigen Sachwalter des katholischen Glaubens darstellten. Philipp handelte auch hier getreu seiner Maxime (wohl eine Lehre aus dem Untergang der Hohenstaufen), daß er im Kampf gegen die Kurie nur siegen könne, wenn er das Volk unbedingt auf seiner Seite habe. Dann strengte er ein Gutachten der Sorbonne an, doch die Doktoren bescheinigten ihm, daß er die Templer dem Papst auszuliefern habe und von deren Vermögenskonfiskationen allemal einen kleinen Teil beanspruchen dürfe.

Auch gegen die Intellektuellen half der Rückgriff auf das „Volk": im Mai 1308 hielt der König direkt vor der Nase des in Poitiers weilenden

Papstes eine Reichsversammlung ab, nämlich in Tours. Über 700 Vertreter des Bürgertums nahmen teil. Die Versammlung verlangte fast einstimmig die Vernichtung der Templer. Der Papst wollte sich jedoch nicht überfahren lassen und wandte ein, selbst Gott habe vor der Vernichtung von Sodom durch seine Engel eine Untersuchung anstellen lassen, und die dürfe man in einer so wichtigen Angelegenheit seinem Stellvertreter auf Erden nicht verweigern.

Da verfiel Philipp auf ein Mittel, das die Geheimpolizeien aller Länder und Zeiten gerne anwenden: er sandte 72 ausgesuchte Ordensangehörige nach Poitiers und ließ sie vor dem Papst ihr Geständnis wiederholen. Nun war Clemens schachmatt, die Zeit zum Kompromiß zwischen ihm und Philipp war daher gekommen. Der König machte sich den päpstlichen Rechtsstandpunkt zu eigen, daß die Templer nur vom Papst gerichtet werden konnten, ebenso, daß die Konfiskationen für die Kirche erfolgen mußten. Die königlichen Beamten wurden von der Verfolgung der Angelegenheit zurückgezogen, die Bischöfe übernahmen die ihnen zustehenden Aufgaben des Inquisitors wieder. Die Frage, ob der Orden insgesamt als „ketzerische Organisation" zu betrachten sei, wurde an ein demnächst einzuberufendes Konzil verwiesen. Die fünf Spitzen des Ordens: der Großmeister, der Generalvisitator von Frankreich, die Großpräzeptoren von Zypern, Normandie und Aquitanien, behielt sich der Papst zur Untersuchung persönlich vor. Es war jedoch dafür Sorge getragen, daß die Vertrauensleute des Königs weiterhin den Ton angaben: der Erzbischof von Narbonne, Großsiegelbewahrer des Königs, leitete die für das Ordensland Frankreich zuständige Kommission, und unter der nunmehrigen Leitung der Bischöfe arbeiteten diejenigen Kleriker weiter, die bei der schlagartigen Verhaftung der Templer am 13. Oktober 1307 Vertrauensmänner des Königs gewesen waren. Außerdem verfügte die Kirche nicht über genügend Gefängnisse, um die insgesamt 2000 Templer verwahren zu können. Die blieben also in den königlichen Kerkern, womit sie der Einflußnahme von Philipps Handlangern nach wie vor ausgesetzt waren.

Nun schürzte sich der prozessuale Knoten: vor den bischöflichen Inquisitoren widerriefen viele Templer die Geständnisse, die sie in der ersten Stunde vor den königlichen Inquisitoren abgelegt hatten. Wenn man die Rechtmäßigkeit des ursprünglichen königlichen Verfahrens anerkannte, dann war dieser Widerruf Rückfall in die Ketzerei, mußte mithin zum Scheiterhaufen führen. Die Bischöfe fragten beim Papste an, ob sie den Widerruf als Widerruf in diesem inquisitionsrechtlichen Sinne betrachten sollten und brachten ihn damit in peinlichste Verlegenheit. Sagte er ja, dann war der Untergang der „Rückfälligen" besiegelt – sagte er nein, dann verurteilte er damit das königliche Vorgehen vom Anfang und zog sich den Zorn Philipps zu! Also gab er die bei Politikern als Ausweg sehr beliebte Antwort, die Lösung der Frage ergebe sich aus den bestehenden Gesetzen. Das heißt, die Bischöfe durften tun, was sie für richtig hielten, und auch Clemens V. war bekannt, daß der französische Klerus gern für richtig hielt, was Philipp IV. für richtig hielt. Also trieb die Entwicklung in die Katastrophe und am Papst vorbei.

Eine Verzögerung ergab sich noch daraus, daß im Jahre 1310 auf einmal viele Templer auftraten, um die Verteidigung ihrer Brüder zu übernehmen (grundsätzlich darf sich ein Ketzer ja verteidigen lassen). Das Mittel dagegen: Verhör der Verteidiger, ihre Festnagelung auf eigene Ketzerei sowie Einschüchterung aller sonstigen, die noch Lust zum Rechtsbeistand hatten, durch Hinrichtung einer genügend großen Anzahl von Widerrufenden, also „Rückfälligen". Am 11. Mai 1311 sprach ein vom Erzbischof von Sens eilig zusammengerufenes Provinzialkonzil das Todesurteil über 54 Tempelritter aus, die noch am selben Tage in Paris öffentlich verbrannt wurden. Sie erklärten noch auf dem Scheiterhaufen alle Geständnisse für falsch und begannen in den Flammen das Credo anzustimmen. Der Verteidigermut der Überlebenden sank in nichts zusammen.

Im Oktober 1311 wurde vom Papst in Vienne ein Konzil eröffnet, dessen politischer Hauptpunkt die Kassierung des Templerordens war. Clemens unterwarf sich dem Willen des Königs nach anfänglichem Widerstreben und verkündete die Aufhebung: „Da die Großmeister und die Brüder dieses Ordens von verschiedenerlei nicht so sehr abscheulichen als viel mehr, oh Schmerz, unsagbaren Schändlichkeiten, Verworfenheiten, Befleckungen und Ausschweifungen der Irrtümer und Verbrechen beschmutzt sind (die wir wegen des traurigen und besudelnden Gedenkens daran den Anwesenden verschweigen wollen), haben wir den Stand eben dieses Ordens nicht ohne Bitterkeit und Schmerz des Herzens unter Zustimmung des heiligen Konzils ... mit unerschütterlicher und ewig gültiger Bestimmung aufgehoben und unterwerfen ihn immerwährendem Verbot ..."

Das Vermögen der Templer wurde an die Johanniter übertragen, aber Philipp kam auch so zu etwas: er präsentierte den Johannitern als Rechtsnachfolgern eine Rechnung über 200 000 Pfund, angebliche Schulden der Templer an ihn, plus 60 000 Pfund Aufwendungsersatz für Gefangennahme und Foltermittel! Während Papst und Johanniter darüber noch die Hände rangen, starb Philipp IV. (1314); sein Nachfolger Philipp V. bekam schließlich zwei Drittel aller Einkünfte aus den Gütern der Templer, das restliche Drittel durften die Johanniter behalten. Die Forderung von 260 000 Pfund wurde im Vergleichswege auf 50 000 Pfund reduziert, dafür bekam der König alle noch bestehenden Außenstände und Guthaben des Ordens zugewiesen. Philipp V. akzeptierte das, „um Gottes Willen", wie es einem „Allerchristlichsten König" geziemte. Damit war dieser leidige Streit beendet.

Mit der Aufhebung auf dem Konzil von Vienne erlosch das Interesse des Königs und des Episkopats an den gefangenen „Ketzern" weitgehend. Die meisten wurden (vielleicht mit drückenden Auflagen a la Pontius Roger, siehe Kap. 3) entlassen. Die vier wichtigsten Würdenträger aber, unter ihnen Jacques de Molay, ließ der König nicht aus den Klauen, und Clemens V. war ihm auch hierin zu Willen. Seit 1307 waren sie in der Burg von Gisors, nordwestlich von Paris, eingekerkert gewesen. Philipps Sieg war nicht vollständig, die ganze Inszenierung dieses inzwischen sechsjährigen Schauprozesses hatte keinen logischen Abschluß, wenn er die Spitzen des Ordens am Leben ließ. Kurz vor Weihnachten 1313 befahl der Papst den zuständigen Kardinallegaten, das Verfahren gegen die Gefangenen von Gisors zu Ende zu führen.

Am 18. März 1314 wurden auf dem Vorplatz der Kathedrale von Notre Dame im Herzen von Paris zwei Tribünen aufgestellt: auf der einen standen gefesselt Jacques de Molay, Gottfried von Charney, Präzeptor der Normandie, Hugo von Pairaud, der Ordensoberste der Provinz Frankreich, und Gottfried von Gonnaville, Präzeptor von Guyenne und Poitou (=Aquitanien). Auf der anderen Tribüne traten die drei vom Papst beauftragten Kardinallegaten und Philipp de Marigny, Erzbischof von Sens, auf. Den Templern wurde noch einmal ihr Sündenregister als unumstößlich gefundene Wahrheit feierlich vorgelesen, dann, nach einer Pause, folgte der Urteilsspruch, wie er folgen mußte: Ewiger Kerker. Alle Anwesenden schwiegen, das umstehende Volk auch, da trat Jacques de Molay vor und redete sich mit geharnischtem Protest direkt auf den Scheiterhaufen: „Es ist wohl billig, daß ich an einem so schrecklichen Tag und in den letzten Augenblicken meines Lebens die Ungerechtigkeit der Lüge aufdecke und die Wahrheit triumphieren lasse. Ich erkläre im Angesicht des Himmels und der Erde zu meiner ewigen Schande, daß ich das größte aller Verbrechen begangen habe, weil ich, um dem Übermaß der Torturen zu entgehen und um jene, die mich quälten, zu beugen, gegen meinen Orden gezeugt habe. Jetzt aber verpflichtet mich die Wahrheit, zu erklären, daß der Orden unschuldig ist. Die Anklagen sind erlogen ..." Gottfried von Charney trat bei diesen Worten neben Jacques de Molay, um seine Zustimmung zum Ausdruck zu bringen. Die beiden anderen Templer schwiegen.

Alle wurden abgeführt, man meldete dem König, daß Jacques de Molay „rückfällig" geworden sei. Es ist schwierig, sich vorzustellen, daß Philipp IV. daraufhin einen Tobsuchtsanfall bekam; aber er befahl jedenfalls, ohne weitere Befragung der Kardinallegaten oder des Erzbischofs, den Großmeister und Gottfried de Charney noch am selben Tage zu verbrennen. Die sechsjährige Haft hatte Jacques de Molay also nicht gebrochen, noch in seiner tiefsten Demütigung hatte er einen moralischen Sieg über den König, diesen Basilisken im Louvre, davongetragen. Den politisch-juridischen Nachstellungen des Königs war er nicht gewachsen gewesen, aber seinen aufrechten Rittermut, zu dem ihn sein Ordensgelübde verpflichtete, hatte er trotz aller Demütigungen behalten.

Auf der sogenannten Judeninsel, heute dem westlichsten Punkt der Ile de la Cité, wurde über Mittag ein Holzstoß aufgerichtet, das Volk strömte zusammen, und um 6 Uhr abends wurde der Holzstoß in Brand gesteckt. Jacques de Molay entkleidete sich selber bis aufs Hemd, stieß die Henkersknechte zurück, die ihm Fesseln um die Hände legen wollten, bat noch, mit dem Gesicht zu Notre Dame gedreht zu werden, und starb nach Augenzeugenberichten so ruhig, als ob ihm die Flammen des Scheiterhaufens überhaupt keine Qual verursachen würden. König Philipp soll von einem Fenster des Louvre aus zugesehen haben. Ebenso soll Jacques des Molay in seiner letzten Stunde den König und sein ganzes Geschlecht verflucht haben – ja, als sein Körper schon verkohlt und in Asche zusammengesunken war, da soll noch seine Hand ausgestreckt erhalten geblieben sein, im Fluch erstarrt gegen den Louvre hin. Das wäre hübsch melodramatisch, ist aber leider erst spätere Erfindung.

Doch die Geschichte ging weiter, als ob Jacques des Molay in der Tat ganz kräftig geflucht hätte: am 20. April 1314 starb Papst Clemens V., angeblich von schwersten Gewissensbissen gemartert, da er wähnte, in der Hölle sei bereits ein glühender Rost für ihn, den vielfachen Simonisten, bereit. Nicht einmal ein großer Bösewicht war der Papst gewesen, wenn es stimmt, daß er im Laufe des Templerprozesses gesagt haben soll: „Wenn der Orden nicht auf dem Wege des Rechts vernichtet werden kann, dann soll er eben auf dem Wege der Zweckmäßigkeit vernichtet werden, damit unser lieber Sohn, der König von Frankreich, sich nicht ärgern muß." Sein Herr und Meister, Philipp „der Schöne", starb zur Ratlosigkeit der Ärzte bereits am 29. November 1314 in seinem Geburtsschloß Fontainebleau, erst 46 Jahre alt. Er hatte auf der Jagd einen Schlaganfall erlitten, die Stimme hatte ihm versagt, teilweise war er gelähmt gewesen. Die Familie der Capetinger rottete sich anschließend selber aus, bis 1328 niemand von ihr mehr am Leben war. Außer der Kasse stimmte nach der Liquidierung der Templer in Frankreich nichts mehr! Das Land taumelte in einen endlosen Krieg mit England, den „100jährigen Krieg", der für Generationen den Aufschwung zunichte machte, den Frankreich seit 1180, der Thronbesteigung Philipps II. August bis auf Philipp IV. genommen hatte.

Man hat seitdem viel Mühe darauf verwendet, um dahinterzukommen, ob die Templer nicht – abgesehen von den läppischen offiziellen Anklagen – „wirklich" Ketzer gewesen seien, ob sie aus dem Orient nicht gnostisches Gedankengut aufgenommen hätten, ob sie gar als Vorläufer der Freimaurer zu betrachten seien. Aber wie hätten ihre Verfolger auf solche Fragen reagiert, sofern sie überhaupt in deren geistigem Horizont lagen? Guillaume des Nogaret hätte abgewinkt, und der schöne Philipp hätte starr geblickt und wortlos den Raum verlassen, „nicht Mensch und nicht Tier". Wir haben es hier mit den Verfolgern zu tun und mit dem, was sie für verfolgungswürdig hielten, erst in zweiter Linie mit dem Tiefsinn, den ihre Opfer gepflegt haben mögen. Es ist nicht üblich, daß Verfolgungsbehörden geistesgeschichtlich Jahrhunderte überblikken. Doch zeigt sich an dem Vorwurf des Götzendienstes und der widernatürlichen Unzucht gegen die Templer ein Tatbestandsmuster, das für weitere Justizmorde wie geschaffen war und daher bei den im nächsten Jahrhundert einsetzenden vehementen Hexenverfolgungen hunderttausendfache Anwendung fand.

Konnte die Kirche noch tiefer sinken, die Inquisition noch deutlicher dem politischen Machtmißbrauch dienstbar gemacht werden? Die Kirche hatte noch einen Schatz, von dem ahnten ihre damaligen Theologen nichts, und der war noch jahrhundertelang nicht erschöpft: die Frömmigkeit des mittelalterlichen Menschen, der ohne Himmel und Hölle nicht leben konnte und der daher die Amtskirche weiter auf seinen Schultern trug, wenn sie ihn auch mit Füßen trat, einkerkerte und verbrannte.

V. GLAUBENSLOSE
UND ENTGRENZER

Normalerweise bezeichnet man als „Renaissance" den Übergang vom Mittelalter in die Neuzeit, der mit der geistigen Wiederentdeckung der Antike verbunden ist. Aber auch im Mittelalter selbst gab es schon „Renaissancen", nur bestanden sie nicht in der Rückbesinnung auf die Antike, sondern auf das Christentum, das die heidnische Antike abgelöst hatte. „Renaissance" bedeutet bekanntlich „Wiedergeburt". Sobald man fühlte, daß das Wesen des Christentums verschüttet zu werden drohte von der Tagespolitik der geistlichen und weltlichen Großen, entstanden Gruppen, die sich seine Wiederherstellung vornahmen.

Sie gingen dabei ganz aus der Legitimationsgrundlage heraus vor, auf die sich die Tagespolitiker auch immer zu berufen pflegten, und liefen gerade dadurch Gefahr, die Axt an die Wurzel der bestehenden öffentlichen Ordnung zu legen. Wenn sie sich zu einem neuen Heidentum oder einer Philosophie außerhalb des Christentums bekannt hätten, dann hätten sie niemals so gefährlich wirken können, wie durch die Behauptung, sie seien zwar auch Christen, aber eben die besseren! Eine solche „Renaissance" war der Amtskirche, die das Monopol über die Erläuterung des Christentums für sich beanspruchte, ebenso unangenehm wie das Abwandern der Geister zu Platon und Cicero – zumal die Denker der Renaissance in ihrer Zeit nicht die Breitenwirkung entfalten konnten wie im 13. Jahrhundert diejenigen, die die Wiedergeburt des Christentums betrieben. Der Glauben ist eine Sache für's Gemüt; es gibt einen gleichsam archimedischen Punkt des Gefühls, aus dem heraus man religiös und zum Christen wird. Dieser archimedische Punkt bedarf keiner besonderen formalen Bildung, denn er ist im Menschen vorhanden oder nicht. Daher konnten in dem Zeitalter, in dem das Christentum die einzig mögliche Weltanschauung darbot, die religiösen Schwärmer eine ganz erhebliche Resonanz in der Bevölkerung finden, denn sie verlangten kein Latein und kein Griechisch von ihren Anhängern, sondern nur die Bereitschaft zur Öffnung des Gemütes. Es schwärmt sich leicht mit einigen Bibelsprüchen dazu. Man hat das so ausgedrückt, daß die mittelalterlichen Menschen eine uns abhanden gekommene Fähigkeit gehabt hätten, „ihre Seelen loszulassen". Und sie waren für jeden Anlaß dazu dankbar.

Deutete das auch auf eine ungemeine Glaubensinbrunst hin, die eine feste emotionale Grundlage für die Kirche war, so hatte es doch den Nachteil, daß diese Fähigkeit sich institutionell nicht lückenlos organisieren ließ. Das Mißtrauen von Papst Innozenz III. gegenüber den Heiligen Franziskus und Dominikus ist für diese Situation charakteristisch.

Das bedachten die römischen Hierarchen genau, als sie den Glauben dogmatisch und juristisch, also mit dem Verstande durchdrangen. Glauben ist aber nicht erzwingbar, und wer ihn mit der Logik durchdringt, der sucht ihn bereits zu erzwingen. Erst recht natürlich gilt dieser Widerspruch für eine Einrichtung wie die Inquisition. Sie war ja begründet worden, um den „frei schwebenden" Glauben nicht nur durch die Logik, sondern gar durch richterliche Machtvollkommenheit zu erzwingen. Kein Wunder, daß dies vielen religiösen Gemütern als ein Abweichen von den Quellen des Glaubens vorkam.

Die Dichter und Denker der Renaissance im üblichen Sinne, welche die Antike verehrten, strebten „ad fontes", „zu den Quellen" zurück; auch die Christen hatten mitunter diesen Drang zurück zu den Ursprüngen des Glaubens. Sie fanden sie z. B. in der Bibel, in deren reinem Text, ohne die später hinzugekommenen Interpretationen der Kirchenväter und der Hierarchie. Die Kenntnis von Lesen und Schreiben sowie des Lateinischen war in breiten Bevölkerungsschichten derart gering, daß in deren Bewußtsein die Bibel gar nicht klar als Grundlage des kirchlichen Systems gesehen wurde. Die bereits erwähnten Waldenser (Kap. 2) hingegen machten das reine Bibelwort zum alleinigen Fundament ihrer gesamten Glaubenswelt und lehnten alles ab, was im „Buch der Bücher" nicht mit deutlichen Worten geschrieben war.

Leider waren sie auch der Auffassung, daß der Primat des römischen Bischofs sich nicht mit den Aussagen der Heiligen Schrift vereinbaren lasse. Noch ein Schritt weiter: „Wir glauben entschieden, daß es bei Gottvater keinen anderen Vermittler und Fürsprecher gibt als Jesus Christus". Das bedeutete die Leugnung des besonderen Charakters des Priestertums und letztlich auch der Gnadenzeichen, die es verwaltet, der Sakramente. Zwar sagten die Waldenser: „Wir glauben, daß die Sakramente Zeichen oder sichtbare Formen der unsichtbaren Gnade sind (so weit hätte auch Thomas von Aquin ihnen zugestimmt) und halten es für gut, daß die Gläubigen sie manchmal benutzen, wenn es sich machen läßt." Doch sie fuhren fort: „Aber trotzdem glauben wir, daß die Gläubigen gerettet werden können, wenn sie diese Zeichen nicht empfangen, wenn sie nicht Ort und Mittel haben, sich ihrer zu bedienen". Außerdem gebe es nur zwei Sakramtente: die Taufe und die Eucharistie. So das „Glaubensbekenntnis" der Waldenser, zurückgehend noch in die vorinquisitorische Ketzerzeit von 1120 (in seiner Echtheit, aber nicht seinem Inhalt von waldensischen Theologen heute bestritten). Allein maßgeblich sei die Urkirche, also die Kirche bis zur Zeit Kaiser Konstantins des Großen. Alle Zutaten am Lehrgebäude, die aus der Zeit nach Konstantin stammen, werden verworfen, denn die Kirche habe die Zwangsorganisation des spätrömischen Staates unzulässigerweise übernommen und sich damit von ihrer gottgewollten Einfachheit entfernt.

Angesichts dieser Lehren ist es wohl ausgeschlossen, daß die römische Kirche mit den Waldensern jemals Frieden schließen konnte, auch wenn diese sich beständig bemühten, im Verborgenen zu leben und im übrigen ihre Pflichten gegenüber dem Staat gewissenhaft erfüllten. „Wir schulden der weltlichen Gewalt Ehrung durch Unterwerfung, Gehorsam, Eifer und Zahlen der Steuern", konstatiert der erwähnte Katechismus. Dementsprechend fielen sie oft nicht auf, ja wurden als brave und sittenfeste Staatsbürger vom König von Neapel sogar zur Landkultivierung aus Frankreich nach Kalabrien eingeladen. Der regionale Klerus ignorierte sie absichtlich oder aus Unkenntnis, denn ihre Idee vom „Zurück zur Urkirche" wurde ruhig vorgetragen, und wenn sie schon ein Protest war, dann wenigstens ein leiser.

Die Waldenser brachten ihre Ablehnung der zeitgenössischen Kirchenorganisation auch dadurch zum Ausdruck, daß sie aus den Siedlungen des Flachlandes hinauf in die Bergwelt verschwanden. Sie waren hauptsächlich in Südfrankreich verbreitet, dem Nährboden der exekutierten Albigenser, von deren Dualismus zwischen Schöpfer- und Erlösergott die Waldenser jedoch nichts wissen wollten. Sie überlebten die Albigenser-Kreuzzüge, da sie dem Kaiser gaben, was des Kaisers ist, und da sie sich allmählich in die Hochalpen zurückzogen. Das Vallée de Vallouise und de Freissinières waren auf der französischen Seite ihr Hauptverbreitungsgebiet, hinter dem Col St. Martin auf italienischer Seite die Alpentäler, die über Sestriere und Perosa Argentina nach Pinerolo in der piemontesischen Ebene führen. Dort waren sie schon Kaiser Otto IV. (1208–1212) aufgefallen, Papst Innozenz IV. hatte in seiner Bulle „ad extirpanda" von 1252 auch sie unter die Ketzer gezählt, Bernard Gui (Kap. 3) war gegen sie vorgegangen.

All das hatte, wie so oft in der Geschichte der Inquisition, nicht ausgereicht, um die Sekte auszurotten. 1352 beauftragte Papst Clemens VI. den Erzbischof von Embrun, gegen die ungefähr 50 000 Waldenser in seiner Diözese und in der des Erzbischofs von Turin energische Schritte zu unternehmen. Das führte wiederum zu nichts, denn sie gaben zur Selbstverteidigung ihr zurückgezogenes Leben auf den Matten der cottischen Alpen auf, stiegen in die Täler Piemonts hinab und brachten 1375 in Susa gar einen Inquisitor um. Der Herzog von Savoyen, weltlicher Herr dieser Alpenkämme, hatte keinerlei Interesse daran, sein Land durch ein Kreuzheer verwüsten zu lassen, nur um ein paar ruhig lebende Ketzer zu vernichten.

1488 wurde der umfangreichste Versuch gemacht, den Waldensern mit Gewalt beizukommen. Pradutour sollte fallen, das Ketzernest im Val d'Angrogne, nördlich von Torre Pellice bei Pinerolo gelegen. Die Verantwortlichen mochten von einer neuen Einnahme von Montségur träumen, aber die Waldenser zwangen das Kreuzheer zum Rückzug, indem sie

Felsen zu Tal donnern ließen, die den Heerzug der Soldaten entzweirissen und einen allgemeinen ungeordneten Rückzug auslösten. Den Waldensern wurde ein Waffenstillstand eingeräumt, und bei dem blieb es, bis sie im 16. Jahrhundert mit den Protestanten festen Kontakt schlossen. Hier hatte sich also eine quasi „urkirchliche Gruppe" allen Anfeindungen zum Trotz durch die Jahrhunderte hindurch behaupten können. Das mochte die Hierarchie verschmerzen, da die Waldenser auf einige Alpentäler abseits der entscheidenden Zentren der Christenheit beschränkt blieben. Um aber den Verfolgern Gerechtigkeit widerfahren zu lassen (nicht für ihre Verfolgung, sondern für die Prinzipien, um die es dabei ging): das Bestehen allein auf dem Wort des Evangeliums und das damit gegebene Streichen der gesamten kirchlichen Entwicklung mochten für eine heimliche Gemeinschaft taugen, die keine öffentliche Verantwortung trug. Wer aber konnte es der Kirche denn ernsthaft verdenken, daß sie in die öffentliche Verantwortung eingetreten war? Eine Organisation, die das Heil der Menschheit zu besitzen behauptet, muß sich wohl auch in der Zeitlichkeit bemerkbar machen. Sie kann nicht ganz Europa als ein idyllisches Alpental mit gemeinsamen Bibellesungen nach Feierabend betrachten.

Wenn die Waldenser, wie viele andere auch, der Kirche ihre Verweltlichung im Sinne von Machtstreben und Simonie vorwarfen, dann hatten sie natürlich recht, aber dabei schütteten sie das Kind mit dem Bade aus. Denn man kann sich über den Sinn von gewachsener Tradition streiten, niemand aber kann das Prinzip der Tradition selbst verneinen. Nur ihre engen Lebensumstände hinderten die Waldenser daran, selber eine umfangreiche Tradition zu entwickeln. Das Zurückgehen der Waldenser war ahistorisch und damit wirklichkeitsfremd, denn der Mensch kann sich als ein in Zeit und Raum gebanntes Lebewesen der Historie unmöglich entziehen.

Wer sich aber ahistorisch verhält, den nennen wir einen Utopisten. Da Utopie sprachlich mit „nirgendwo" zu tun hat, kann es sowohl vorwärts- als auch rückwärtsgewandte Utopisten geben. Die Absicht ist in beiden Fällen immer die gleiche: der „Ausstieg" aus Raum und Zeit. Die Waldenser waren Utopisten des „Zurück zur Natur" der Urkirche.

Noch ein Irrtum erscheint uns hier wesentlich: glaubten sie wirklich, ein sinnstiftender bzw. vorschriftgebender Text ließe sich ganz ohne Interpretation denken? Sie hatten wohl noch nichts gehört von Kaiser Justinian, dem Gesetzgeber, der ein Kommentierungsverbot für seinen „Corpus Juris" erließ und damit schon nach wenigen Jahren erfolglos war, weil die Wirklichkeit sich nicht auf ein paar Buchseiten zusammenpressen läßt. Jedenfalls nicht eine Wirklichkeit, die die ganze Christenheit umfassen will – ein Ziel, das in dieser Formulierung die Waldenser als gläubige Christen doch wohl auch gutheißen mußten.

Wenn eingangs gesagt wurde, ein Häretiker mache sich dadurch bemerkbar, daß er einzelne Aspekte des Glaubens auf Kosten anderer über Gebühr hervorhebe, dann waren die Waldenser Häretiker in ihrer ausschließlichen Bezogenheit auf die Bibel (der Text der Heiligen Schrift war sozusagen der piemontesische Alpengipfel, auf den sie sich zurückgezogen hatten) und in ihrer Verwerfung der kirchlichen Tradition. Das allerdings menschlich verständliche Bedürfnis nach religiöser Einfachheit beseelte sie, wie auch u. a. die Hussiten. „Je näher am Himmel, desto einfacher der Glaube", sagten sie.

Aber wenn sich das Christentum aus dem Gemüt und nicht aus dem Verstand speist, wenn ferner das Gemüt einfacher denkt als der Verstand, dann ist „Einfachheit" natürlich nicht gleichbedeutend mit Häresie. Deswegen kann sie, als Hervorhebung eines Einzelgedankens aus dem Glaubenszusammenhang, sogar eine ausgesprochene Bereicherung des kirchlichen Lebens sein, nämlich wenn die Hervorhebung nicht als willkürlich erscheint. Man sieht dabei, wie schmal der Grat ist, auf dem der Rechtgläubige wandelt, beständig bedroht vom Abstürzen in die Häresie, denn wenn schon eine jahrhundertealte, an theologisches und philosophisches Denken gewöhnte Institution selbst Schwierigkeiten hat, den Weg auf diesem Grat einzuhalten, wieviel mehr noch der manchmal – geniale Einzelne.

Die Hervorhebung nun der Gottes- und Nächstenliebe durch den eigenen Lebenswandel, die das Verdienst des hl. Franz von Assisi ist, wird niemand als willkürlich ansehen können, denn sie entspricht dem moralischen Kern des Christentums vollkommen. Und doch führte sie zu einem der größten Ketzerkämpfe, die Kirche und Inquisition jemals beschäftigten, dem Streit um die persönliche Armut des Bettelmönches und später um die Frage, ob Christus und die Apostel Eigentum gehabt hätten.

Denn der Teufel sitzt nicht nur im Detail, sondern auch in der Konsequenz. Wer sich ganz der göttlichen Liebe hingibt, der muß arm sein an allem, was diese Liebe behindern könnte. Er muß auf irdische ebenso wie auf geistige Güter verzichten, die nicht an der Liebe teilhaben: also auf Besitz, möglichst auch bescheidenen, auf Bildung formaler Art (Latein, Theologie, Jurisprudenz und anderes im Stile der jeweiligen Zeit), auf die lieblosen Tätigkeiten dieser Welt, als da z. B. sind Politik und Administration – und auf den eigenen Willen, denn auch dieser hält nur zu oft von der Gottesliebe ab.

Letzteres gereichte Franz von Assisi sehr zum Heile, denn es überzeugte die Hierarchen, daß sich sein Armutsideal so umfassender Art durchaus in den bestehenden Kirchenbau integrieren ließ. Der Gehorsam gegen den Papst hinderte Franz daran, die Priesterschaft als Mittler zwischen sich und Gott für überflüssig zu erachten – obwohl sie es viel-

Darstellung der Laster der Kirche auf einem spätmittelalterlichen Holzschnitt.

leicht tatsächlich war, wenn man aus all den überlieferten Geschichten und Legenden die Größe und Tiefe seines Glaubenseifers richtig ermißt. Daher wohl wurde die Frage nicht gestellt, ob Franz nicht zu sehr dem Pantheismus zuneigte. So rührend und poetisch sein berühmter „Sonnengesang" ist – war der Heilige hier nicht auf dem besten Weg, in allen Geschöpfen Gott ebenso zu entdecken wie in sich? Er tat es nicht, da ein philosophisches System aufzustellen nicht seiner Natur entsprach und er folglich nicht mit den kirchlichen Dogmen in Konflikt kommen konnte.

Daher äußerte er sich auch nicht über all die weltlichen, dem Armutsideal sowohl im engeren (materiellen) als auch weiterer (moralischen und intellektuellen) Sinne widersprechenden Eigenheiten der Kirche – ja, er entschuldigte sie nicht einmal. Er nahm sie nicht zur Kenntnis, denn ein Politiker war er nicht. Kann man ihn deswegen auch durchaus für eine doppelt strahlende Erscheinung halten, so war damit doch klar, daß seine Prinzipien nach seinem Tode in der Hand etwas rabiaterer Ordensbrüder eine gefährliche Waffe gegen die Kirche werden konnten. Der Heilige nämlich hatte einen Orden gegründet, die Minoritenbrüder. Am 3. Oktober 1226 starb Franz, nachdem er „der Hohen Frau Armut die Treue bis zum Ende gehalten hatte", denn sogar seine Sterbekutte hatte man ihm aufnötigen müssen.

Schon zu diesem Zeitpunkt waren viele seiner Ordensbrüder nicht mehr bereit, das Gebot vollständiger Armut getreu zu befolgen. Es half nichts, daß die Legende ging, die darauf verpflichtende Ordensregel des heiligen Franz stamme von Gott selbst. Es half auch nichts, daß Franz testamentarisch bestimmt hatte, an seiner Regel dürfe nicht gedeutet werden. Schon 1230 befand Papst Gregor IX., dieses Testament könne die Nachfolger des Heiligen nicht binden, und war damit der erste, der mit allerlei Spitzfindigkeiten an dem nun einmal in die Welt getretenen Ideal vollständiger Armut vorbeizuinterpretieren versuchte. Auch Geld und Güter dürfe der Orden besitzen, befand Gregor, indem er es bei Dritten hinterlege und es nur benütze. Der Orden selber sei also nicht Eigentümer, sondern nur Nutzungsberechtigter – was nicht nur vor dem Tribunal Gottes und des heiligen Franz als ein durchsichtiger Sophismus angesehen werden dürfte. Das greifbare Zeichen für den Besitzerwerb, dem sich die Franziskaner nun hingaben, bildete der Bau der Grabeskirche des Heiligen in Assisi.

Parallel dazu wuchs aber im Orden der Unmut über seine Verweltlichung. Man nannte schließlich die Strengeren die „Spiritualen", die weltlicher Gesinnten die „Konventualen". Der Orden rieb sich innerlich auf in einem Streit, der immer dann besonders virulent wurde, wenn ein neuer Oberer zu wählen war. Diese Querelen führten vorläufig noch nicht dazu, daß die weltliche Stellung der Kirche aus der Mitte der Franziskaner heraus in Frage gestellt wurde. Doch das war nur eine Frage der

Zeit, und Zeit hatten die Spiritualen erstaunlicherweise genug. Ihr Armutsideal verband sich mit einem anderen Element, das die Kirche in die Defensive drängen konnte: der Eschatologie ganz neuer Art des Abtes Joachim de Floris (oder von Fiore) aus dem Sila-Gebirge im entlegenen Kalabrien. Die letzten Dinge, von denen die Eschatologie handelt, werden sich zu einem Zeitpunkt abspielen, den wir nach Augustinus nicht kennen (und, fährt Augustinus fort, auch nicht kennen sollen, um jeden Tag bewußt so zu leben, als wäre er der letzte und stünde bereits unmittelbar unter dem Schatten des Jüngsten Gerichts). Joachim von Fiore nun erklärte, diesen Zeitpunkt doch zu kennen und traf damit bei den enttäuschten Spiritualen auf offene Ohren. Mußten sie die gegenwärtige Kirche nicht für ganz und gar verderbt halten, da selbst die Lichtgestalt des heiligen Franz nicht vermocht hatte, sie zu den ursprünglichen Werten des Christentums zurückzuführen? Die Jahrzehnte nach dem Tode des Heiligen sahen den erneuten Vernichtungskampf zwischen Kaiser und Papst. Religiös empfängliche Gemüter mußten daraus den Schluß ziehen, daß die christliche Welt aus den Fugen und darüber hinaus unheilbar war. Es half nichts anderes als ein Zugrundegehen der verrotteten alten Welt und das Auftauchen einer besseren, neuen. Der Papst wurde nicht müde, Kaiser Friedrich II. als Antichristen und apokalyptisches Untier zu bezeichnen; der Kaiser gab ihm diese Benennung zurück. Gerade die bewußtesten Zeitgenossen bezogen hier nicht mehr hüben oder drüben Partei, sondern zogen sich angeekelt in die Welt der Prophezeiungen zurück, die Joachim von Fiore bot. Da das geschlossene Weltbild des Mittelalters in die Brüche ging, das Bedürfnis nach Glauben und Religion aber weiterbestand, wurden die Spiritualen und andere Gläubige aufnahmebereit für solche Prophezeiungen. Wiederum beobachten wir ein Aussteigen aus Raum und Zeit und ein Eingehen auf Utopien, offensichtlich als Trost und als Reaktion auf tiefe, aber vollständig enttäuschte Hoffnungen der Gegenwart.

Joachim von Fiore hatte im 12. Jahrhundert gelebt und geschrieben, 1202 war er gestorben. Seine Hauptwerke „Übereinstimmung des Neuen und Alten Testamentes", „Erklärung der Apokalypse" und „Psalterium mit den zehn Saiten" entstanden kurz vor seinem Tode. Joachim betrachtet in ihnen den Ablauf der Weltgeschichte. Er tut das natürlich ganz im Stile des Mittelalters, d. h. er sammelt nicht Fakten und sucht diese aus sich heraus oder doch aus dem menschlichen Verstande heraus zu interpretieren, sondern er nimmt als Auslegungsmaßstab die Bibel, die göttliche Offenbarung. Die irdische Geschichte muß ihren Sinn aus dem Jenseits empfangen, dieser Sinn steht fest durch die Darlegungen der Heiligen Schrift. Statik und Dynamik in der historischen Betrachtung bemessen sich nach der Bibel, bzw. herrscht letzten Endes Statik: denn Gott hat den Sinn der Geschichte bereits festgelegt, und es ist die Aufgabe des Geschichtsdenkers, ihn in den menschlichen Vorkommnissen wiederzuentdecken. So entwickelt Joachim eine erdrückende, aus der Bibel abgeleitete Zahlensymbolik, um die Weltgeschichte in seinem Sinne zu periodisieren. Die Religion hat den Vorrang vor historischer Wirklichkeit, daher scheint er uns, mit Verlaub gesagt, dabei mit der Geschichte umzugehen, wie der Wegelagerer Prokrustes mit einem armen Wanderer.

Joachims Grundgedanke ist: das Reich des Geistes, das durch das Erscheinen Christi in die Welt getreten ist, muß sichtbar werden. Der Geist muß sich zu einem neuen Zeitalter konkretisieren, eben zum „Zeitalter des Heiligen Geistes". In diesem besteht Deckungsgleichheit zwischen christlichem Gedanken und öffentlichem Leben. Als Beweis zieht Joachim die Lehre von der göttlichen Dreieinigkeit heran: so wie es ein Reich des Vaters gegeben hat, nämlich das Alte Testament, und eines des Sohnes, beginnend mit Christi Herabkunft und dauernd noch zu der Zeit, da Abt Joachim in seiner Zelle solche Gedanken niederschrieb, so wird es ein „Drittes Reich" geben müssen, das dem Heiligen Geist und dessen Herabkunft auf die Erde zugeordnet ist. Vorläufer dieses Reiches ist die Mönchskultur, die besonders auf Anregung des hl. Bernhard von Clairvaux im 12. Jahrhundert sich gewaltig entfaltet hat. Darüber hinaus wird der Mönchsstand im „Dritten Reich" der einzige sein, weil dann alle Menschen sich dem kontemplativen Leben hingeben werden, um Gottes Wunder so vollständig zu schauen, wie das ein vom Heiligen Geist erfüllter Mensch nur kann. Allerdings sind die gegenwärtigen Orden noch nicht reif, das Reich des Heiligen Geistes zu bevölkern. Vielmehr muß ein neuer Orden entstehen, zu dem auch der von Abt Joachim selbst gegründete nur als eine Vorstufe anzusehen ist. An dieser Stelle dachten die Spiritualen natürlich an sich selbst und daß Joachim den heiligen Franz implizite vorausgesehen hätte.

Das zweite Reich bestand von Christi Geburt bis zum Jahre 1200, wie Joachim in einer hier nicht näher darzustellenden Weise errechnete. Jedenfalls rechnete er, unter angeblichem Verzicht auf die Inspiration der Propheten, mit dem historischen Einmaleins, das die Bibel darbot und war daher Zeit seines Lebens davon überzeugt, ein scholastischer Systematiker eben der Art zu sein wie seine Zeitgenossen. So konnte er auch die historischen Ereignisse des Alten Testaments in Parallele setzen zu denen des Neuen Testamentes.

Da er jeder der drei Erscheinungsformen der Dreieinigkeit ein Zeitalter zuordnet, ist er genötigt, das Erscheinen des Heiligen Geistes aus dem Neuen Testament herauszuverlegen, denn die Herrschaft des Neuen Testamentes beinhaltet nach seinem Dreischritt ja noch nicht die Begründung des Reiches des Heiligen Geistes. Dieser wird vielmehr sein eigenes Evangelium erst noch verkünden. Da es darüber hinaus nichts

Höheres gibt, wird es das „ewige Evangelium" sein. Ebendas sei gemeint in Matthäus 4, 23: „Und Jesus wanderte in ganz Galiläa herum, lehrte dort in den Synagogen und predigte das Evangelium des Reiches Gottes" und in Apokalypse 14, 6: „Und ich sah einen anderen Engel, der flog über die Mitte des Himmels und hielt das ewige Evangelium in seinen Händen, um es den Bewohnern der Erde zu verkünden ..."

Joachim gewinnt seine Gewißheit aus der symbolischen Ausdeutung von Handlungsabläufen in der biblischen Erzählung, die alle einen heilsgeschichtlichen Sinn haben sollen: die Arche Noah ist Sinnbild für das Schiff der Kirche, die unversehrt durch alle Verfolgungen über den Wassern schweben wird. Dabei dachte Joachim wohl nicht an die politisierende Hierarchie, sondern an die Kirche der Auserwählten, der Kontemplativen, die vom Heiligen Geist erfüllt sind. Die Rückkehr der Juden aus der babylonischen Gefangenschaft und der Wiederaufbau des Tempels in Jerusalem bedeuten die Freiheit, die im Dritten Reich des Heiligen Geistes bestehen wird, usw. Denn das Erste Reich war das der Furcht, das Zweite das des kindlichen Gehorsams, das Dritte aber wird sein das der Freiheit in Gott.

Woran erkennt man nun, abgesehen von der Jahreszahl, das Heraufziehen des neuen Zeitalters in der Wirklichkeit? Hier bedient sich Joachim des Mythos vom Antichristen, der nach der orthodoxen Vorstellung am Ende der Zeiten auf Erden regieren wird. Auch auf dem Wege ins „Dritte Reich", der allerdings nicht zum Weltende, sondern zur irdischen Erlösung der Menschheit führt, wird ein Antichrist aufstehen, vergleichbar dem Seleukiden Antiochos, der die Juden am Ende des Ersten Reiches (= Altes Testamemt) so drangsalierte. Nach Apokalypse 17, 9 ff bedeuten die sieben Köpfe der Bestie, auf der die große Hure Babylon sitzt, sieben Könige. „Fünf sind gefallen, einer regiert im Augenblick, der siebte aber ist noch nicht aufgetreten, und sobald er kommt, wird er nur kurze Zeit an der Herrschaft bleiben dürfen." Er wird die Kirche verwüsten.

Wer das konkret sein sollte, sagte Joachim nicht, wie seine Prophetie überhaupt nicht auf das Tagesgeschehen eingeht, aber es lag nahe, daß die Spiritualen in dem siebenten König Friedrich II. von Hohenstaufen sahen – hatte ihn doch der Papst selbst als das apokalyptische Untier beschimpft.

Das ist also die negative Figur am Beginn des neuen Zeitalters. Ihr entspricht eine positive Figur, die die Menschheit ins „Dritte Reich" führen wird und die als neuer Christus anzusehen ist (er muß ja ein neues Evangelium verkünden, das „ewige Evangelium"!) Dieser „Engel, der von Sonnenaufgang aufsteigt, und das Zeichen des lebendigen Gottes trägt", wie Joachim sagt, bringt mit sich „die volle Freiheit, die christliche Religion zu erneuern und das Wort Gottes zu predigen, während der

Herr der Heerscharen bereits seine Herrschaft über die ganze Erde beginnt". Es kann auch ein Papst sein, dann ein Engelspapst. Die Spiritualen glaubten zunächst, der heilige Franz sei dieser „Engel vom Sonnenaufgang" gewesen.

Das „Dritte Reich" aber machte das Jüngste Gericht überflüssig (auch wenn Joachim diese Konsequenz nicht aussprach), da es die Menschen läuterte in seiner allumfassenden Geistkirche. Das Erlösungswerk Gottes fand auf Erden statt, für die begierig lesenden Spiritualen sogar in der Jetztzeit, und sie konnten seine Spuren feststellen, wenn sie rundum nur richtig die Augen aufmachten!

Es herrschte unter den Überzeugten also eine fiebrige Erwartungshaltung. Wo ist der Engel, der das neue Reich verkündet? Wie wird der Heilige Geist auf die Erde herabsteigen, um es zu eröffnen? Manche glaubten eine Antwort zu finden: Signora Guglielma aus Mailand († 1281), von unsicherer Herkunft, die einen Laienorden gegründet hatte, wurde von ihren eifrigen Anhängern als der Heilige Geist selber gehalten. Nach joachitischer Lehre mußte er in irgendeiner Inkarnation auftauchen, und da Gottes Sohn als Mensch auf Erden gewandelt hat, warum nicht auch der Heilige Geist? Wenn aber der göttliche Ursprung Christi und des Heiligen Geistes der gleiche war, dann auch ihre irdische Erscheinung. Daraus ergab sich die groteske Folgerung, daß das Fleisch Christi identisch sei mit dem der Signora Guglielma! Nur habe der Geist als Frau inkarniert werden müssen, um nicht hingerichtet zu werden wie einst Christus.

Guglielma hielt von alldem nichts, doch konnte sie nicht mehr verhindern, daß sie nach ihrem Tode zum Mittelpunkt eines joachitischen Kultes wurde. Schwester Manfreda vom Orden der Humiliaten sah sich als zukünftiger Papst im Reiche des Heiligen Geistes, und vornehmste Mitglieder der Mailänder Gesellschaft schlossen sich den „Guglielmiten" seelisch und mit hohen Spenden an. Bis zum Jahre 1300 brauchte die Inquisition, um diese Sekte zu entdecken. Nur vier oder fünf Guglielmiten mußten den Scheiterhaufen besteigen, unter ihnen Schwester Manfreda, die anderen kamen mit recht milden Bußen davon. Johannes XXII. verwendete später diese Episode in seinem Kampf gegen die Visconti, die Herzöge von Mailand, um sie der Unterstützung der Ketzer zu bezichtigen, denn Matteo Visconti hatte einen abgeurteilten Guglielmiten, den Adligen Francesco Garbagnate, anschließend trotzdem noch in seinem Dienst behalten.

Es hat niemals einen eindeutigeren Ketzer als Joachim von Fiore gegeben, denn sein Versuch, die göttliche Transzendenz mit Hilfe eines „Zeitalters des Heiligen Geistes" in die endliche Welt herabzuholen, ist an Häresie nicht überbietbar. Joachim beseitigt die Erlösungsbedürftigkeit des Menschen. Seine Idee vom „Dritten Reich" läuft auf die Behauptung hinaus, Christus, obwohl Sohn Gottes, sei wiederholbar, etwa durch den „Engelspapst". Er relativiert die Verbindlichkeit der Bibel, indem er ein „ewiges Evangelium" zusätzlich zu Altem und Neuem Testament ankündigt. Er streicht die ganze Lehre von den letzten Dingen praktisch durch. Er stößt damit die Fundamente des christlichen Glaubens um, nicht zu reden davon, daß er die zeitgenössische Hierarchie ganz deutlich unter den Vorbehalt des Geist-Reiches stellt und ihr nicht erlaubt, eine Kirche auf der Pilgerschaft in dieser Welt zu sein, folglich auch zu sündigen.

Es kann nicht allein damit begründet werden, daß es um 1200 noch keine Inquisition gab, daß die Kirche diesen Mann nicht nur unbehelligt ließ, sondern sogar in den Seligenkalender aufnahm und ihn niemals daraus entfernte. Das vierte Laterankonzil von 1215 erklärte ihn zwar zum Ketzer, aber wegen seiner Polemik gegen die Auffassung des Petrus Lombardus von der Dreieinigkeit. Daraus waren auf seine Zukunftsverheißungen zwar eventuell Rückschlüsse zu ziehen, aber das Konzil zog sie nicht! Die Dreieinigkeit besteht nach kirchlicher Auffassung aus drei Personen, dem Vater, dem Sohn und dem Heiligen Geist, doch sind diese drei nur Ausdrucksformen einer einzigen göttlichen Einheit. Joachim nun wird vorgeworfen, daß er die Einheit der göttlichen Personen nur für „gleichsam allen gemeinsam und nur wegen ihrer Ähnlichkeit untereinander" so ausgedrückt bezeichne, also an diese Einheit nicht glaube. Eine Folge dessen scheint es zu sein, daß er jeder göttlichen Person ein irdisches Zeitalter zuordnet; hätte er sie gleichzeitig als Einheit betrachtet, wäre vielleicht sein Drang nicht so groß gewesen, sie gesondert in den Epochen der Weltgeschichte abzuspiegeln!

Jedenfalls hätte das Konzil hier auf die Fährte seiner eigenwilligen Apokalypse-Auslegung kommen müssen. Aber es erklärt Joachim zwar posthum zum Ketzer, läßt ihn im übrigen jedoch ungeschoren mit Rücksicht auf den von ihm gegründeten Orden, „da dort eine den Regeln entsprechende Einrichtung besteht und eine heilsame Befolgung dieser Regeln". Außerdem hat sich Joachim dem Urteil der Kirche unterworfen „in einem Brief, den er mit eigener Hand schrieb, und in dem er fest bekennt, er habe denselben Glauben wie die Römische Kirche".

Das mochte hingehen, solange niemand seine Prophezeihungen ernstnahm. Aber als seit ca. 1230/40 die Franziskaner-Spiritualen zu Joachiten wurden, da erkannte die Kirche doch den „systemsprengenden" Inhalt seiner Lehren. Im Jahre 1254 erschien in Paris ein Buch des Ordensmitgliedes Gerhard von San Donnino „Einführung in das ewige Evangelium", d. h. eine Neuherausgabe der drei Hauptwerke Joachims mit einer langen Einleitung, in der Gerhard seine eigene Interpretation Joachims darlegte. Er bestimmte den Anbruch des „Zeitalters des Heiligen Geistes" auf 1260, schon in sechs Jahren nach Erscheinen des Buches also: Aus Altem und Neuem Testament sei schon 1200 das innere Leben entwichen. Die Franziskaner verkündeten bereits das „ewige Evangelium", schrieb Gerhard, und Abt Joachim, der Engel mit der scharfen Sichel, und der heilige Franziskus, der „Engel vom Sonnenaufgang", stünden an der Schwelle der neuen Zeit. Ein simonistischer Papst werde davor den Höhepunkt der Gottesferne darstellen.

Man vermutete, daß hinter dieser Schrift sogar Johann von Parma stand, der damalige franziskanische Ordensobere, und diese Kombination von Schwärmerei und Ordensmacht bedeutete allerdings für die Kirche allerhöchste Gefahr. Im Juli 1255 trat in Anagni auf Befehl Papst Alexanders IV. eine Kommission zusammen, die das Buch verurteilte, aber nach wie vor nicht ausdrücklich die Werke Joachims von Fiore. Dabei bemühte sich die Kurie, um die Sache nicht viel Aufhebens zu machen, denn gar zu bloßstellend waren die Angriffe auf die kirchliche Simonie, und außerdem war die Angelegenheit geeignet, den wichtigen Franziskanerorden zu spalten. Die Konventualen rasteten natürlich nicht, bis der des Joachitismus dringend verdächtigte Johann von Parma den Ordensvorsitz aufgab und Gerhard von Borgo San Donnino der Inquisition vorgeführt wurde. Auch jetzt verurteilte man ihn nicht mit der Begründung, er glaube an die Prophezeiungen Joachims, sondern weil er dessen Dreieinigkeitslehre unterstütze. Gerhard starb nach 18 Jahren Kerkerhaft in Ketten, bei Wasser und Brot. Johann von Parma wurde auf besondere Fürsprache hin gnadenweise in ein Kloster in der Nähe von Rieti verbannt.

Dieses Ausweichen der Inquisition vor den Prophezeiungen Joachims muß bewußt geschehen sein. Es zeigt beispielhaft, daß eine etablierte Kirche nichts so sehr fürchtet wie das Entstehen einer neuen Offenbarung. Denn es ist kein Zweifel, daß Joachim von Fiore als Prophet anzusehen ist, auch wenn er ehrlich davon überzeugt gewesen sein sollte, nur eine Interpretation der Bibel unternommen zu haben. Sein Grundgedanke, das Sichtbarwerden des Reiches des Geistes, ist eine prophetische Behauptung. Denn Prophetie ist Offenbarung Gottes, die durch ein menschliches Werkzeug geschieht, nämlich den Propheten. Genauer gesagt: im Propheten wirkt der Heilige Geist, wie er in den Männern des Alten Testaments gewirkt hat, den Elias, Isaias, Jeremiel, Ezechiel und all den anderen. Ebenso wirkt der Heilige Geist in den einzelnen Büchern des Neuen Testamentes, in den Evangelien, den Briefen der Apostel und der Apokalypse.

Kann nach dem Abschluß des neutestamentlichen Kanons noch Offenbarung stattfinden? Die Antwort auf diese Frage wird auch klären, ob Prophetie in nachbiblischen Zeiten überhaupt noch möglich ist. Bekanntlich „weht der Geist, wo er will", weshalb nicht ausgeschlossen werden darf, daß er auch noch nach der Abfassung des letzten Buches des Neuen Testamentes, der Apokalypse, tätig war. Nach katholischer Lehre ist er daher auch noch in der Tradition präsent, der Schriftauslegung, die im Laufe der christlichen Jahrhunderte gewachsen ist und ebensolche Verbindlichkeit für sich beansprucht wie die Heilige Schrift selber. Diese Tradition ist nicht identisch mit Offenbarung, da sie die schon geschehene Offenbarung nur auslegt. Wirkt der Heilige Geist in ihr also nicht offenbarend, kann dadurch doch nicht ausgeschlossen werden, daß seine Wirkung auch einmal diese Qualität haben könnte, denn wenn er weht, wo er will, dann vielleicht auch, wie er will!

Nach dem Dargelegten ist noch nicht zu verneinen, daß Joachim von Fiore ein Prophet vom Range z. B. des Isaias war. Aber abgesehen von den Kriterien, die die Kirche anlegt, um aus dem Strom von rechtgläubigen Überlieferungen die verbindliche Tradition herauszufiltern, und ohne eine endgültige Antwort auf die Frage nach biblischer Offenbarung zu geben, kann das nicht der Fall sein, da die Aussagen des Joachim über den weiteren Verlauf der Geschichte mit denen der bis zu seiner Zeit bestehenden Lehre gründlich im Widerspruch stehen. Die Kirche lehrt, daß zwei Weltalter bestehen: das vor Christi Geburt, das auf das Kommen des Erlösers hinzielte, und das nach Christi Geburt, das die Grundlagen zur Erlösung der Menschheit gelegt hat. Diese Erlösung ist also angefangen, aber noch nicht vollendet; wäre sie vollendet, dann wären die Menschen nicht mehr sündig und die Welt nicht länger unvollkommen. Erst mit der Wiederkunft Christi und dem Jüngsten Gericht wird die Unvollkommenheit ein Ende haben. Doch die Wiederkunft Christi ist identisch mit dem Ende der Weltgeschichte. Erst dieses Ende, nach dem die Diesseitigkeit beseitigt ist und sozusagen die Transzendenz herrscht, kann die Qualität des Zustandes ändern, in dem sich der Mensch gegenwärtig befindet. Joachim nun erklärt, auch in der Diesseitigkeit sei schon Vollkommenheit möglich, und läßt diesen Zustand beginnen mit einer neuen, dritten Geschichtsphase, eben dem „Dritten Reich" des Heiligen Geistes. Damit widerspricht er der von der Kirche aus der Heiligen Schrift gefolgerten Offenbarung.

Wie kann aber das eine endgültige Offenbarung sein, was einer bereits bestehenden Offenbarung widerspricht? Eine Offenbarung ist als Äußerung Gottes in die Welt hinein qualitativ nicht überbietbar; Gott desavouiert sich nicht selbst, da er vollkommen ist. Folglich war Joachim ein falscher Prophet. Daß aber seine Behauptung, er interpretiere die Heilige Schrift nur, sei also nichts anderes als einer unter den vielen biederen Scholastikern seiner Zeit, nicht zutrifft, ergibt sich auch daraus, daß er eine neue Offenbarung voraussieht, das „ewige Evangelium". Das Ahnen einer neuen Offenbarung ist aber selbst schon Offenbarung, sein Aussprechen also Prophetie! Ferner ist das wesentliche Verändern der geoffenbarten Geschichtstheologie nur selbst durch Offenbarung möglich, wenn es ein gleichwertiges Fundament haben soll. Stützt es sich aber nur auf die erwähnten Zitate (Matthäus 4, 23 und Apokalypse 14, 6), dann behauptet es, daß die Kirche bis jetzt die Bibel falsch ausgelegt habe. Das zumindest (ohne der Frage der richtigen Auslegung weiter nachzugehen) wäre jedenfalls Ketzerei gewesen, die unabhängig von den in Frage stehenden prophetischen Qualitäten Joachims vorlag.

Da aber die Kirche zu alledem peinlich berührt schwieg und die Inquisition auch – lohnt es überhaupt in unserem Zusammenhang, Joachim so breit zu besprechen? Ja, da oftmals diejenigen verurteilt wurden, die ihre Auffassungen an ihm gebildet hatten und da Joachim der Erzvater der Utopisten ist, deren Denklinien sich erst im Unendlichen vereinigten, also überhaupt nicht. Er glaubte an die Vollendungsfähigkeit des Menschen.

Sehen wir von der religiösen Grundierung seiner Lehre ab, dann fühlen wir uns an Hegel erinnert, bei dem der Geist sich stufenweise seiner selbst bewußt wird und sich damit im Laufe der Weltgeschichte befreit – das so anbrechende „Reich" ist dann allerdings nicht unbedingt das des „Heiligen" Geistes. Dies dürfte spätestens seit dem Zeitpunkt klar sein, da die Kommunisten, angeregt durch des Hegelschülers Marx Lehre vom Proletariat, das als „auserwählte" Klasse die Klassenkämpfe beenden und damit ebenfalls ein Reich des Friedens heraufführen wird, sich redlich bemühen, die von ihnen regierten Länder herunterzuwirtschaften – im Namen der heraufzuführenden menschlichen Vollendung. Der Heilige Geist des Joachim Fiore ist bei Marx auf die Erde herabgestiegen und zum erlösenden Proletariat geworden. Die Denkschemata des Kalabresen und des deutschen Juden sind die gleichen.

Die Utopisten ähneln sich alle in ihren Konsequenzen; der Glaube an die Perfektibilität des Menschen bricht bei ihnen aus, appelliert an das Gefühl, da er den kritischen Verstand außer Funktion setzt. Und da das Gefühl die Welt in ihrer Begrenztheit nicht sehen will, während es doch genötigt ist, in ihrer Begrenztheit zu handeln, stiften die Utopisten Katastrophen. Deren Opfern hilft es überhaupt nichts, daß am Anfang nur der allerbeste Wille stand. Weil die Utopisten die Bedingtheiten des menschlichen Lebens und Handelns mißachten, sind sie unfähig, ihm Anleitungen zu geben, und gar doppelt unfähig, ihm ein verbindliches Ziel zu setzen. Wobei die bittere Bemerkung erlaubt sein muß, daß noch nicht klar ist, was den Menschen insgesamt mehr Leid verursacht: wenn man die Utopisten frei gewähren läßt, oder wenn die Inquisition sie aburteilt.

Übrigens hat die Bezeichnung der joachitischen Utopie als „Drittes Reich" auch im Lichte des modernen Sprachgebrauchs ihren tieferen Sinn. Es ist nicht etwa so, daß in Joachim ein tiefreligiöser Mensch auftrat, während die Nazis nur blutrünstige Schurken waren, die Verwendung der gleichen Vokabeln bei beiden also eine Geschmacksverirrung darstellt. Denn auch die Nationalsozialisten (vorausgesetzt natürlich, daß sie an ihre eigene Lehre glaubten) waren Utopisten. Sie dachten, die „Volksgemeinschaft" sei eine mystische Sache, die einen fabelhaften inneren Frieden stiften werde. Ist das nicht der „Heilige Geist" des Joachim in säkularisiertem Gewande? Sie hielten die Begründung dieser „Volksgemeinschaft" für notwendig, um der Zerreißung der Gesellschaft durch den Klassenkampf und sonstige „zersetzende" Einflüsse ein Ende zu bereiten. Auch Joachim sah die Kirche als so verrottet an, daß sie die Gemeinschaft der Gläubigen nicht mehr führen konnte. Und die Zerreißung der damaligen Gesellschaft, das war der Kampf zwischen Kaiser und Papst. Die Nationalsozialisten schworen auf den „Führer" – Joachim brauchte auch einen Erlöser, da für ihn die Rolle Christi ja mit der Begründung des „Zweiten Reiches" ausgespielt war, und prophezeite als „Führer" einen „Engelpapst".

Beide dachten mythisch-magisch in den gleichen Etappen, mit dem gleichen Ziel. Die politische Wirklichkeit der Nationalsozialisten war totalitär. Wären die Joachiten irgendwo an die Macht gekommen, sie hätten ebenfalls totalitär zu regieren versucht, denn es hätte ja gegolten, dem Transzendenten den Weg zu bereiten. Es bleibt also festzuhalten, daß die Kommission der Kleriker, die in dem mittelitalienischen Landstädtchen Anagni im Jahre 1255 tagte, erstaunlich aktuell ist.

Die Spiritualen aber hatten von nun an die Inquisition zu fürchten, denn es bestand kein Zweifel, daß der Papst auf der Seite der Konventualen stand. Eine etwas schizophrene Situation, denn immerhin war der Franziskanerorden in seiner Gesamtheit ja vom Papst zugelassen worden. Das war jedoch nicht gleichbedeutend mit seiner Integration in die Hierarchie gewesen, und es läßt sich fragen, ob der Streit um das Armutsideal der Kirche nicht ebenso geschadet hat wie ihr die Kanonisierung des heiligen Franz genützt hat. Vielleicht wäre ohne die Begründung des Franziskanerordens die Diskussion um die rechte christliche Armut wesentlich ungefährlicher verlaufen.

Als Nachfolger des abgesetzten Johann von Parma wurde der hl. Bonaventura berufen. Dieser hatte die Armutsdiskussion vom Schicksal des Ordens weg auf eine höhere Stufe gehoben durch seine Behauptung, Christus und seine Apostel hätten keinerlei Vermögen besessen. Von dieser Auffassung war es nur noch ein kleiner Schritt zu der Folgerung, deswegen sei es unchristlich, Eigentum überhaupt zu haben.

Wenn das auch der eigene Ordensgeneral sagte, so konnten die Franziskaner doch mit dieser Lehre nicht leben, denn sie war mit der Erfüllung ihrer Aufgaben unvereinbar. Der Dominikaner Thomas von Aquin, der es sich leisten konnte, über der Kontroverse zu stehen, nahm einen ausgeglicheneren Standpunkt ein. Armut sei kein Ziel an sich, erklärte er, sondern nur Mittel zum Zweck, nämlich zur Erlangung des Heiles.

Man könne einem Orden nicht verbieten, Eigentum zu haben, solange es nicht zu umfangreich sei, denn dies ziehe ihn nicht ernsthaft von seinen religiösen Aufgaben ab. Auch Christus habe Eigentum gehabt, ebenso die Apostel nach seiner Himmelfahrt.

Trotzdem, das Testament des hl. Franz war nicht wegzudiskutieren, ja, die Spiritualen sahen es mit voller Überzeugung als eine neue göttliche Offenbarung an, an der weder Papst noch Konventualen etwas verändern durften. Da half nur noch seine Verbrennung. In der Tat wurde ein Mönch namens Nikolaus von Recanati, der sich hartnäckig auf das Testament berief, von den Inquisitoren, die natürlich der Konventualenpartei angehörten, auf den Scheiterhaufen geschickt. Man legte ihm ein Exemplar des Testamentes auf den Kopf und verbrannte es mit ihm zusammen.

Auch mit dem Gehorsam und der Keuschheit, neben der Armut die beiden anderen Ordensgelübde, nahmen es die Konventualen nicht mehr so genau. Zwei Generationen nach dem Tod seines Gründers hatten die Franziskaner jeden Schwung verloren, außer in der Verfolgung der Spiritualen.

Sie hatten aber in ganz Europa eine massenhafte Liebe zur christlichen Armut erweckt, die weit über ihren Orden hinausging. Die Vorstellung, man müsse alles Irdische von sich werfen, um sich Gott so am besten widmen zu können, war in ihrem religiösen Gehalt derart zwingend, daß sie das gläubige Abendland zutiefst aufwühlen mußte.

Das Bedürfnis nach klösterlichem Leben war auch in der Laienbevölkerung stark. Allenthalben in Europa bildeten sich an der Schwelle vom 13. zum 14. Jahrhundert freie Klostergemeinschaften, die „Beginen" oder „Begarden" (von dem alten deutschen Wort „beggan" = betteln?), die die Mittel zu ihrem Lebensunterhalt dem gelebten Armutsideal in Gestalt des Bettelns verdankten. Sie zogen durch die Straßen und riefen „Brot durch Gott!", der darauf Freigebige konnte sicher sein, ein verdienstvolles Werk getan zu haben. Da sich diese Vereinigungen spontan bildeten, waren sie der Kirche verdächtig, zumal die Klosterinsassen beschuldigt wurden, die Heilige Schrift in der Nationalsprache zu lesen. Nur war auch dieser Idealismus natürlich der Degeneration fähig. Wer auch immer seine Sache auf nichts stellen und damit das Gefühl der Freiheit empfinden wollte, wurde zum wandernden Bettelmönch, zog landauf und landab, erbettelte sich seinen bescheidenen Lebensunterhalt und betrachtete das als angenehm. Viele der damaligen Bettelmönche ließen es schließlich dabei bewenden, empfanden die Freiheit als einen Wert an sich und beschränkten ihre Beziehungen zum heiligen Franz darauf, daß sie ihm dafür dankten, daß er ihnen einen anständigen christlichen Grund für ihre bequeme Lebensweise geliefert hatte. Aus der Armut würde wahrscheinlich die Heiligung im Laufe der Zeit ganz von selber kommen und ins Himmelreich führen.

So dachte z. B. Gherardo Segarelli aus Parma, dessen Fall später höchst dramatische und gefährliche Konsequenzen annehmen sollte: Segarelli hielt ein apostolisches Leben in Armut für das beste, unabhängig vom Franziskanerorden, zumal er in diesen nicht eingelassen worden war. Er imitierte Christus buchstäblich in allem: er ließ sich beschneiden, ließ sich in Windeln wickeln und in eine Wiege legen sowie von einer Frau säugen. Dann zog er sich ein weißes Gewand an, streifte in den Straßen von Parma herum und rief die Einwohner zu Buße und Einkehr auf. Es stellten sich Anhänger ein, die sich ein Haus kauften und mit ihm zusammen von den eingehenden Almosen ganz gut lebten. Segarelli fand das sehr gemütlich, ebenso, daß seine Mitbrüder ihn „Vater" nannten, obwohl er für sie und die Organisation der „Apostelbrüder" nicht das Geringste unternahm, ganz fauler Bettelmönch. Die Päpste verboten den „Orden"; nach manchem Hin und Her wurde Segarelli im Jahre 1300 in Parma verbrannt.

Da er 1260 zum ersten Male aufgetreten war, dem ersten Jahr der Ära des Heiligen Geistes, konnte seine Gruppe geistig durchaus überleben, joachitisch, wie die Ketzerwelt damals mit Vorliebe war. Fra Dolcino, ab August 1300 der Nachfolger Segarellis, wesentlich energischer als dieser, nahm das mystisch-magische Datum zum Ausgangspunkt seiner häretischen Lehre, mit der er die Mönche, die vorher ohne viel theologische Anstrengung vor sich hingebettet hatten, zu unbedingter Gefolgschaft um sich scharte. Er erklärte, die Liebe sei nunmehr vollständig aus der Kirche abhanden gekommen, da auch das Auftreten des heiligen Franz keine Wende in ihren Praktiken gebracht habe. Segarelli habe die Liebe wiederhergestellt, und der von ihm heraufgeführte Zustand werde bestehen bis zum Jüngsten Gericht. Daher seien die „Apostelbrüder" die wahre Kirche, die den Zusammenbruch der Kirche der Macht und des Reichtums überdauern werde. Der Beschützer der wahren Kirche gegen den Antichrist etc. sei König Friedrich von Aragon und Sizilien (dort herrschte das Haus Aragon faktisch seit 1282, dem Jahr der Ermordung der Franzosen auf der Insel in der „Sizilianischen Vesper"; durch die französischen Könige von Neapel wurden die Aragonesen seit 1302 vertraglich anerkannt). Dieser war zum Zeitpunkt der Prophezeiungen des Fra Dolcino nämlich noch im Krieg mit den Anjous von Neapel, folglich auch mit dem Papst, und begünstigte daher die oppositionellen Spiritualen.

Dolcino hatte mit der Inquisition bereits Bekanntschaft gemacht und seinem prophetischen Glauben abgeschworen, bis er die „Apostelbrüder" ganz in die Hand bekam. Die Gefangennahme und den Tod Bonifaz' VIII. (1303) betrachtete er als die Erfüllung seiner Voraussage, daß die Kirche drei Jahre nach Segarellis Tod zusammenbrechen werde. Im nächsten Jahre werde Friedrich von Aragon Kaiser werden und 1305 alle bösen Prälaten hinrichten. Interimistisch sei er, Fra Dolcino, das Oberhaupt der „Apostolischen Kongregation" von insgesamt 4000 Menschen.

Die „Kongregation" missionierte im westlichen Oberitalien, auch in den Alpentälern zwischen Piemont und der Lombardei. Da die Inquisition bereits die Fährte aufgenommen hatte, entschloß sich Fra Dolcino, sein Unternehmen nicht nur prophetisch, sondern auch militärisch zu sichern. Mit 1400 Anhängern zogen die Sektierer das Tal der Sesia entlang, die Alpen aufwärts und bauten sich dort auf einem unzugänglichen Gebirgskamm Hütten, um den Winter 1304/1305 zu überstehen. Als ihre Lebensmittelvorräte zur Neige gingen, stiegen sie zum Plündern in die Dörfer des Tales hinab und zogen sich damit auch die Gegnerschaft der weltlichen Gewalt zu, nachdem sie schon eine Aufforderung der Inquisition mißachtet hatten, sofort auseinanderzugehen.

Alle in der Gemeinschaft gehorchten unbedingt Fra Dolcino. Der muß zu seinen rednerischen Gaben und seinem prophetischen Elan zusätzlich einen soliden taktischen Verstand und hohe Fähigkeit zur Menschenführung gehabt haben, da ihm seine Gemeinde bis zum bitteren Ende folgte und es den gegen ihn aufgebotenen „Kreuzheeren" sehr schwer wurde, ihn zu fangen. Man könnte Fra Dolcino ganz unbefangen als große Persönlichkeit bewundern – und Dante tat das auf seine Weise, da er ihn im 28. Gesang des „Inferno" durch Mohammed aus dem Abgrund der Hölle hervor ausdrücklich ansprechen läßt. Aber das Mißverhältnis zwischen moralischer und nun auch militärischer Herausforderung der gesamten lateinischen Christenheit und den dem Fra Dolcino tatsächlich zu Gebote stehenden Mitteln ist zu kraß, als daß man nicht gleichzeitig stutzen müßte. Vielleicht entsprach es der Hingerissenheit des Fra Dolcino durch seine eigene eschatologische Prophetie, daß er das Ende auch erleben wollte, und dieser Drang wandte sich schließlich gegen ihn selber. Es scheint ein Zusammenhang zu bestehen zwischen apokalyptischen Prophezeiungen und dem Selbstmord. Das Leben in den Grenzzonen, die in diesem Falle heißen: „Ende des Zeitalters – Antichrist - Ankunft des Hl. Geistes aus dem Jenseits" ist für den Verstand des Menschen zu schwer, es erwürgt ihn.

Bischof Rainerio von Vercelli rüstete im Herbst 1305 ein Kreuzheer aus und veranlaßte Fra Dolcino damit, seine alten Hütten im Stich zu lassen und sich höher in die Berge zurückzuziehen. Der Platz, wo sie erneut Fuß faßten, hieß „Parete calvo", also „kahle Wand", oberhalb des Dorfes Campertogno in der Nähe der Kleinstadt Varallo Sesia. Der Bürgermeister wagte sich mit einer Schar von Männern gegen die „Dolcinisten" vor, wurde aber in einen Hinterhalt gelockt und mußte sich um hohes Lösegeld freikaufen, das die Sektierer zunächst zur Beschaffung von Vorräten verwendeten, bis sie wieder zu Plündereien übergingen.

Der Winter 1305/06 war für sie dermaßen hart, daß sie die schwächeren Kameraden zurücklassen mußten und auf den Monte Rubello weiterzogen, nur noch ca. 1000 Mann stark. Der Bischof von Vercelli mußte nun ein neues Kreuzheer ausrüsten, um ihren Räubereien endlich ein Ende zu bereiten. Es gelang ihm wiederum nicht, den Notverhau der „Apostolischen Kongregation" zu erobern, obwohl Fra Dolcino fast nur mit Steinen und Knüppeln kämpfen konnte. Auch machte die Aushungerung durch Sperren des Tales keine rechten Fortschritte. Die Bischöflichen mußten Wurfmaschinen einsetzen, um die Behausungen der Ketzer zu zerstören, und Papst Clemens V. mußte für einmonatigen Dienst im Kreuzheer vollen Sündennachlaß versprechen, um die fromme Truppe bei Laune zu halten.

Dolcino baute seine Befestigungswerke aus und ließ von dort aus die Dörfer im Tal ausplündern. Besonders die Kirchen mußten unter der Wut seiner Anhänger leiden; zwischen dem Propheten und der Hierarchie bestand nun untilgbare Todfeindschaft. Da die Dolcinisten Gefangene gegen Lebensmittel auszutauschen pflegten, untersagte der Bischof diesen Handel, und das hatte zur Folge, daß von nun an alle Gefangenen umgebracht wurden.

Der Winter 1306/07 ging vorbei, ohne daß die Kreuzfahrer Erfolge aufzuweisen gehabt hätten. Die Zernierung der Bergfeste der Ketzer klappte nur unzureichend, da die Dolcinisten unter der Bevölkerung Sympathisanten hatten, die sie mit Lebensmitteln versorgten. Allerdings spärlich genug, denn sie verfielen sogar in Kannibalismus, um den Winter zu überleben. Am Gründonnerstag 1307 schließlich drangen die ausgeruhten und wohlgenährten Kreuzfahrer zum vierten Male vor. Diesmal wurden die Dolcinisten erbärmlich zusammengehauen, Fra Dolcino mit seiner „geistlichen Freundin" (auch Frauen hatten in den Bergen auf seiner Seite mitgekämpft) und sein Stellvertreter lebendig gefangengenommen. Im Kerker der Inquisition von Vercelli weigerte er sich standhaft, seinen Prophezeiungen abzuschwören, ja er verkündete sie nochmals, triumphierend inmitten der vollständigen Niederlage. Er werde zur Erde zurückkehren als „Engelpapst" und alle Ungläubigen, nicht nur die Hierarchie, sondern auch Juden und Sarazenen, bekehren! Die „geistliche Freundin" des Fra Dolcino, Margarete aus Trient, rührte die anwesenden Adligen durch ihre Schönheit so sehr, daß sie ihr ihre Hand anboten, wenn sie Fra Dolcino entsage. Aber Margarete wollte lieber sterben als dies tun und wurde daher vor den Augen des Dolcino langsam verbrannt.

Dolcino selbst mußte nicht den Scheiterhaufen besteigen, sondern wurde einen Tag lang auf einem Karren durch die Straßen von Vercelli gefahren und dabei mit glühenden Zangen allmählich zu Tode gefoltert.

Man riß ihm einen Teil des Körpers nach dem anderen ab, und er soll all seine Qualen ertragen haben, ohne überhaupt das Gesicht zu verziehen. So endete einer der fähigsten Ketzerführer, in gewisser Weise ein Opfer Joachims von Fiore, zur ganz unverhältnismäßigen Freude des Papstes und der Amtskirche, und es konnte nicht ausbleiben, daß die Einwohner des Sesia-Tales seine starke Persönlichkeit als Hagel- und Wetterdämon, Nachtmahr und Gespensterführer in den Bergen ihrer Heimat weiterleben ließen.

Aber es mußte ja nicht immer zu solch tödlichem Fanatismus kommen. Wer unter den Anhängern des hl. Franz, den formellen (also den Franziskanern) und den informellen, nicht die Geisteskraft aufbrachte, an der Geistkirche der Zukunft seine Handlungsweise auszurichten, wer darüber hinaus labil genug war, bei dem konnte das Ideal der Freiheit durch Armut zu dem der Zügellosigkeit in Armut entarten. Deshalb erlaubten sich diese Bettelmönche allerlei Ausschweifungen, übten sich in der freien Liebe und waren manchmal von einer Bande von Straßenräubern nicht mehr zu unterscheiden.

Das war eher ein Fall für die weltliche Gerichtsbarkeit und für den Galgen, aber gerade die besondere zivile Zügellosigkeit der umherstreunenden Gruppen konnte auch einen häretischen Kern enthalten. Denn wer durch Wandeln in Armut vom Heiligen Geist erfüllt wurde (die Bereitschaft, dies zu glauben, war bei den dogmatisch nicht ganz ernsthaften Bettelmönchen ziemlich ausgebildet), der konnte schlechterdings nicht sündigen. Im Zeitalter des Heiligen Geistes nach Joachim von Fiore waren die Menschen ja sündenfrei. Aber auch ohne dieses Zeitalter konnte ein Mensch, der alles nur aus Liebe tat, dabei nicht in Sünde fallen. Dabei kam es nicht mehr auf die Askese an; das ganze moralische Korsett wurde hinfällig. Auch Orgien waren dann vom Heiligen Geist abgesegnet. Die Gläubigen dieser Richtung wurden bekannt unter dem Namen „Brüder vom freien Geiste". Das sinnenfrohe antike Heidentum wurde so auf den sommerlichen Wiesen West- und Mitteleuropas mit christlicher Scheinbegründung erneuert.

Der Pariser Magister Amalrich von Bena hatte um 1200 dieser Auffassung philosophischen Ausdruck verliehen: Gott ist das innerste Wesen aller Geschöpfe, daher sind alle Geschöpfe bereits göttlich. Mit den Worten des hl. Paulus: „Gott wirkt alles in allem", also auch die Sünde: nicht der Mensch sündigt, sondern Gott in ihm. Gott selber ist unsichtbar und bedarf daher der Kreaturen, um in die Wirklichkeit zu treten, so wie man das Licht nicht sehen würde, wenn es nicht die Luft als Medium hätte.

Folter- und Hinrichtungsmethoden der Inquisitionstribunale. Abbildung aus Samuel Clarks Werk „Martyrologie" von 1651.

Daher werden alle Wesen nach ihrem körperlichen Tode zu Gott zurückgelangen.

Diese feurige Anschauung schloß allerdings zwingend mit ein, daß sämtliche Fürsorge der Kirche für die Seelen überflüssig war, von der Taufe bis zur Vorsorge gegen das Fegefeuer; auch das Jüngste Gericht verblaßte ersatzlos. 1207 mußte Magister Amalrich abschwören. Angeblich starb er noch im selben Jahr aus Gram darüber. Da in Frankreich immer wieder Jünger seiner Lehre auftraten, reagierte die Kirche mit aller Schärfe. Neben den üblichen Ketzerverbrennungen wurden die Gebeine Almarichs ausgegraben und den Hunden zum Fraß vorgeworfen, so sehr konnte die Kirche auch hassen. Die Schriften Amalrichs und die seiner Jünger wurden verboten, eine kam sogar auf den Index (zum Index siehe Kap. 7) – sie stammte von dem Goldschmied Wilhelm aus Paris, der durch einen in seine Gemeinde eingeschmuggelten Spitzel des Klerus auf frischer ketzerischer Tat ertappt worden war.

„Amalrikianismus" wurde auch den Beginen vorgeworfen, ob nun zu Recht oder zu Unrecht. Das war gleichbedeutend mit der Unterstellung sexueller Ausschweifungen – hatte doch ein gewisser Wilhelm Cornelis aus Antwerpen gelehrt, da Armut jede Sünde aufzehre, sei eine arme Hure besser als ein gerechter Reicher. Ein mißtrauischer Ehemann, dessen Frau regelmäßig hinter die Mauern eines Beginenhofes verschwand, und der ihr deswegen eines Tages dorthin nachschlich, ertappte sie auch tatsächlich in flagranti!

Die Behauptung von der Sündenlosigkeit des von Gott erfüllten Menschen war in ihrer Entgrenzung offen für weiterer häretischen Ausbau. Wenn alle Geschöpfe von Gott erfüllt waren, dann auch Luzifer, und falls er tatsächlich aus dem Himmel gefallen sein sollte, dann habe er dabei unmöglich den göttlichen Funken in sich verlieren können, müsse also einmal wieder von Gott aufgenommen werden. Das war eine theologische Arabeske, die den Häretikern den finsteren Namen „Luziferianer" einbrachte. Das klang so, als ob sie den Satan anbeteten, schwarze Messen läsen und dergleichen, und war geeignet, sie im Interesse der Rechtgläubigkeit von den Rechtgläubigen wirkungsvoll abzusondern. Konrad von Marburg (Kap. 3) hatte immer wieder mit diesen Luziferianern zu tun.

Die Gedanken über die menschliche Sündenfreiheit stellten allerdings die Lehre von der franziskanischen Armut auf den Kopf, denn der heilige Franz hatte auf strengste Askese geachtet. Das von ihm ideal aufgefaßte Bettelwesen war zum Unwesen degeneriert, und wer damals die öffentliche Ordnung liebte, dürfte wohl in vorschneller, aber bequemer Parallelität den Franziskanern und unter ihnen besonders der strengen Richtung der Spiritualen die Schuld an ihrer Gefährdung aufgeladen haben.

Unter Papst Cölestin V. (1294), dem „Engelpapst", schienen die Spiritualen aufatmen zu dürfen, denn dieser entband sie von der Gehorsamspflicht ihrem Ordensoberen gegenüber und ließ ihnen unter dem Schutz eines Kardinals Einsiedeleien zuweisen. Das waren sie zufrieden, obwohl sie an der Rechtmäßigkeit des Papstes zweifelten; sie erklärten nämlich, daß Papst Nikolaus III. im Jahre 1279 seine Legitimation verloren habe, da er in einer Bulle gegen die Offenbarung, niedergelegt im Testament des hl. Franz, verstoßen habe. Seitdem seien alle Päpste unrechtmäßig gewählt worden. Mehr noch, kein einziger Priester, kein einziger Bischof sei seitdem gültig ordiniert worden. Daher müßten sie, die Spiritualen, als die einzig wahre Kirche angesehen werden.

Das mußte sie in schärfsten Konflikt zu Bonifaz VIII. bringen, den wir als ganz und gar nicht sanftmütigen Nachfolger von Papst Cölestin V. bereits kennengelernt haben. Eine Gruppe von ihnen hatte nämlich einen Gegenpapst aus ihren Reihen wählen lassen und damit die Inquisition unfehlbar auf ihre Spuren gelockt; noch zur Regierungszeit Cölestins flohen sie vor den Nachstellungen der Konventualen, die sich um das Machtwort des Einsiedlerpapstes nicht scherten, über die Adria auf eine Insel vor der griechischen Küste. Sie konnten erst nach dem Tode von Bonifaz nach Italien zurückkehren (ab 1303), mußten aber auch dann der Inquisition einige Opfer lassen, bis sie in der Mark Ancona eine kleine Kongregation bilden konnten. Die Schismatiker-Spiritualen hatten letzten Endes die Verfolgung überlebt.

Andere Spiritualen wagten sich nicht mehr so weit vor, daß sie gleich einen Gegenpapst aufstellten, reizten aber auch den Unwillen Bonifaz' VIII., der in seinem praktischen Sinne einen mit weltlichem Eigentum belasteten Franziskanerorden vorzog. Der heute bekannteste unter ihnen ist wohl Jacopone da Todi, der Dichter des „Stabat mater" und von Spottversen auf den Papst. Er wurde unter Bonifaz von der Inquisition eingekerkert und erst nach dessen Tod entlassen. Er überlebte, indem er im Kerker Hymnen dichtete und sich mit seiner poetischen Begeisterung tröstete. So war Jacopone ungebrochen, als Bonifaz ihn eines Tages hämisch durchs Gitterfenster fragte: „Wann, glaubst du, wirst du hier wieder herauskommen?", und erwiderte: „Sobald du hier hineinkommst!"

Mit dem Tode von Bonifaz VIII. war der leidige Streit noch nicht aus der Welt, denn die Konventualen hatten im Orden allemal die Mehrheit und waren nicht gewillt, sich andauernd ihre geringere Heiligkeit vorwerfen zu lassen. Nicht einmal Papst Clemens V. (der Philipp IV. von Frankreich bei der Vernichtung des Templerordens half), konnte die Konventualen zum Friedensschluß mit ihren Ordensbrüdern veranlassen, denn sie warfen ihm diesen gegenüber eine zu versöhnliche Haltung vor.

Mit der Thronbesteigung Johanns XXII. (1316 – Kardinal Jacques Duèze aus Cahors) hatten sie ganz die Oberhand errungen. Abgesandte der Spiritualen an den Papsthof von Avignon wurden eingekerkert, da sie Ketzer seien. Mit einem Papst, der wie Jacques Duèze ein Finanzgenie war, konnten sie wohl auch nicht ins Gespräch kommen. Johann XXII. hat das Finanzsystem der Kurie ganz wesentlich ausgebaut, und es ist nicht reizlos, für den weiterschwelenden und schließlich auch in der großen Politik seine Rolle spielenden Armutsstreit die avignonesische Finanzwirtschaft zu betrachten im Kontrast zu der Frage, ob Christus Eigentum gehabt habe oder nicht.

Die Kirche brauchte viel Geld, und immer noch mehr Geld, aus den verschiedensten Gründen: wenn der Papst in Avignon residierte, fielen die Einnahmen aus dem unsicheren italienischen Kirchenstaat weg. Seit 1339 zahlte England keinen Peterspfennig mehr, da es im Krieg mit Frankreich lag und der Papst dabei auf französischer Seite stand. Das neue Hofleben in Avignon verschlang Unsummen. Der Papst residierte dort durchaus so prunkvoll wie irgendein weltlicher Potentat. Als „Richtwert" mochte er sich den Hof des französischen Königs nehmen, um dem Gastgeber an Glanz nicht nachzustehen – wenn er ihm schon politisch nachzustehen hatte. Der Papst mußte versuchen, im Kirchenstaat Ordnung zu schaffen, und das kostete Geld. Er führte schließlich einen Dauerkrieg mit Mailand, wo sich die Adelsfamilie der Visconti die Herrschaft gesichert hatte, denn er wollte in Oberitalien für seinen Neffen, den Kardinallegaten Bertrand de Poyet, ein Fürstentum begründen. Dieser Neffe kostete auch sonst noch Geld. Dazu kam noch der umfangreiche Verwaltungsapparat der Kurie in Avignon, der nicht nur Personalkosten verursachte, sondern auch illegal viel an Geld absorbierte.

Bis Avignon hatte es an kurialen Einnahmen gegeben: den Peterspfennig aus den Königreichen Polen, Ungarn und England; die regelmäßigen Abgaben von päpstlichen Lehensstaaten, Zehnte, Abgaben für Exemtionen = Befreiung von der kirchlichen Jursidiktion, die Palliengelder der Erzbischöfe, die Abgaben, die Kleriker zu leisten haben, wenn sie die Kurie aufsuchen, die Gebühren, die Bischöfe und Äbte für ihre Ernennung zu entrichten haben, die Gebühren für die Ausfertigung von Privilegien, ferner Abgaben besonderer Art für außerordentliche Zwecke, z. B. für Kreuzzüge. Wenn die Idee der Kreuzzüge auch politisch tot war, so hieß das noch lange nicht, daß das finanziell ebenso der Fall war: Johann XXII. gebrauchte sie oft genug, um Sondersteuern zu rechtfertigen. Da er aber zu Beginn seines Pontifikates schon 72 Jahre alt war, sich demnach mit der Organisation eines Kreuzzuges hätte beeilen müssen, nichtsdestoweniger aber keine Schritte in dieser Richtung unternahm, fühlte sich die Mitwelt von ihm gefoppt.

Nun kamen noch andere Geldquellen hinzu: die Reservationen, d. h. die Kurie behielt sich die Besetzung bestimmter geistlicher Ämter im Abendland kraft ihrer obersten Verfügungsgewalt vor; sie konnten auch zu General-Reservationen ausgebaut werden und umfaßten dann eine bestimmte Art von Ämtern generell. Johann XXII. verfügte, daß die General-Reservationen auf alle Stellen ausgedehnt werden sollten, an deren Erledigung die Kurie irgendwie beteiligt war. Es kostete zunächst einmal Geld, eine solche Stelle zugewiesen zu bekommen. Die Stelle selbst brachte Einnahmen. Auch diese waren nach einem Staffelsystem nach Avignon abzuführen. Es war auch mit Kosten verbunden, auf eine solche Stelle zu warten. Die Anwartschaft nannte sich „Expektanz" und konnte, – man staune! – während die zu vergebende Pfründe noch besetzt war, auch mehrfach verkauft werden.

Umgekehrt konnte ein einzelner Prälat mehrere Stellen zugewiesen bekommen, damit sich das Geschäft für ihn lohnte. Der hielt deren Ertrag hoch, indem er für die Einkünfte aus den Pfründen selber nichts arbeitete und dafür schlecht bezahlte Stellvertreter einsetzte. Man konnte als Kleriker leben, ohne ein Wort Latein zu verstehen und ohne sich in seinem Amtsbereich jemals gezeigt zu haben – wenn man Startkapital auftrieb und damit in Avignon die richtigen Herren ansprach.

Johann XXII. regelte auch das Bußwesen neu, schon ganz in dem Sinne, in dem 1517 der Ablaßprediger Tetzel den Unwillen des Wittenberger Professors der Theologie, Martin Luther, erregte: „Sobald das Geld im Kasten klingt, die Seele aus dem Fegefeuer springt". Von Mord und Blutschande konnte für fünf Groschen absolviert werden, für eine Ordination vor dem durch das kanonische Recht vorgeschriebenen Alter waren bis zu 33 Groschen fällig. Die offensichtliche Diskrepanz zwischen beiden Taxen erklärt sich daraus, daß Mord und Blutschande dem Ausübenden in der Regel weniger Gewinn bringen als die Ordination zu einem geistlichen Amte, im letzteren Fall also auch die Gebühr deutlich höher sein darf.

Johann XXII. kämpfte auch gegen die Simonie, indem er die Vergabe aller Kollegiatspfründen an sich zog mit der famosen Begründung, man müsse dabei die Simonie ausschalten. Aus jedem Bistumsbewerber wußte er das Maximum an Geld herauszuziehen, indem er den finanziellen Anfänger auf einen eher ärmeren Bischofsstuhl gelangen ließ. Die Expektanz für den nächsten Stuhl mußte der Kurie größere Einnahmen bringen, also mußte der nächste Posten schon reicher sein, bis die Erlangung eines Erzbistums dann für beide Beteiligten den größten Gewinn abwarf. Natürlich fehlte es bei dieser Wirtschaft nicht an Skandalgeschichten (obwohl die Wirtschaft selbst schon genügend Skandal war): Papst Clemens V. hinterließ seinen Verwandten eine Million Goldgulden, die für einen Kreuzzug aufgebracht worden war. Es war allerdings nicht selbstverständlich, daß die Kurie nach dem Grundsatz handelte, eine Hand wasche die andere, und daß infolgedessen die guten Geschäfte des Ämterbewerbers ebenso gefördert werden sollten wie die päpstlichen Einnahmen. Wenn nämlich mehrere Expektanzen nebeneinander verkauft wurden, dann machte im Endergebnis der Meistbietende das Rennen. Er mußte dann, um auf seine Kosten zu kommen, die Abgaben in seinem Amtsbereich erhöhen, und wenn es nicht anders möglich war, ruinierte er ihn eben dabei. Klagen über diesen verderblichen Nachhall der Geldgier der Zentrale in der Provinz durchziehen das ganze späte Mittelalter. Dabei war es klar, daß der Meistbietende nicht identisch war mit dem geistlich Würdigsten, und daß daher die Praxis der Seelsorge nur zu oft im argen lag.

Das alles war, so die amtliche Argumentation, keine Simonie, denn da dem Papst sowieso die Verfügungsgewalt über die ganze Kirche zustand, blieb das Geld dabei in einer Hand – theoretisch bereicherte sich niemand! Noch eine andere Schutzbehauptung gab es in dieser Theologie des Geldes: Christus hatte zwar gesagt: „Mein Reich ist nicht von dieser Welt", aber das mußte nur richtig ausgelegt werden, um das Treiben in Avignon nicht zu beeinträchtigen. Damit hatte Christus nicht etwa gemeint, daß die Kirche sich der Teilnahme an den weltlichen Geschäften zu enthalten habe, sondern, daß seine Lehre so erhaben sei, daß sie auf Erden doch niemals vollständig angenommen werde.

Kein Wunder, daß die Spiritualen sich mit solchen Betrachtungen nicht abspeisen ließen. Der Charakter des Papstes ließ keine andere Möglichkeit als die des harten Zusammenstoßes zwischen Hierarchie und Spiritualen zu. Johannes XXII. war energisch und konstant in seinen Zielen bis zum Starrsinn. Wenn er das Ziel verfolgte, die Einnahmequellen der Kirche zu steigern, dann duldete er darin keinen Widerspruch. Für die Spiritualen war er ein neuer Bonifaz VIII., auch wenn er im übrigen dessen Maßlosigkeit und Größenwahn nicht teilte.

Der Papst befahl dem franziskanischen Ordensprovinzial von Aquitanien, gegen die ungehorsamen Ordensbrüder in seinem Bereich vorzugehen. Die Ungehorsamen legten Berufung an den besser zu informierenden Papst ein und wurden darauf nach Avignon zitiert. Eine Gruppe italienischer Spiritualen wurde ebenfalls vorgeladen. Sie galten als gefährlicher, da sie joachitischen Ideen mehr nachhingen als die Franzosen. Es spielte sich in der ersten Audienz eine für die Spiritualen fatale, für den Betrachter aber ergötzliche Szene ab. Der Papst herrschte einen der Vorgeladenen an: „Wir wundern uns sehr, daß ihr die strenge Befolgung der Regel des heiligen Franz verlangt und doch fünf Gewänder tragt." Der Angeherrschte erwiderte: „Heiliger Vater, Ihr seid falsch unterrichtet, denn unbeschadet der Verehrung, die ich Euch schulde, ist es nicht wahr, daß ich fünf Gewänder trage!" Darauf rief der Papst: „Aha, wir lügen also!" und ließ die Erschienenen abführen.

Nachdem die Anzahl der Gewänder des unglücklichen Spiritualen festgestellt worden war, wurden die führenden Köpfe in Ketten gelegt und eingekerkert, die anderen einem Inquisitionsverfahren unterworfen. Bis auf 25 unterwarfen sich die Franziskaner, die Hartnäckigen wurden an die Inquisition in Marseille übergeben. Als allerneueste Rechtsgrundlage hatten die dort amtierenden Richter (natürlich Konventualen!) eine Bulle des Papstes aus dem Jahr 1317, in der er autoritativ bestimmt hatte: die Art der Kleidung, die Mönche tragen durften (das war ein Streitpunkt, da die französischen Spiritualen sich geweigert hatten, hierbei von der Ordensregel des heiligen Franz abzugehen), die Erlaubnis für die Kirche, Eigentum in Gestalt von Kornspeichern und Weinkellern anzusammeln, das Verbot, die Vorschriften dieser Bulle als der Regel des heiligen Franz widersprechend zu bezeichnen. Von den 25 Angeklagten blieben nur vier bei ihrer strengen, der Bulle entgegengesetzten Auffassung und wurden dafür im Mai 1318 verbrannt. Auch in diesen Urteilen wurden die joachitischen Lehren mit keinem Wort erwähnt.

An einer anscheinend recht unbedeutenden Frage wie der klösterlichen Kleiderordnung hatte Papst Johannes XXII. unmißverständlich seinen Willen gezeigt, in der Kirche disziplinarisch durchzugreifen. Kein Zweifel, er wollte den leidigen Armutsstreit ein für allemal beenden.

Die Spiritualen hatten eine Laiengefolgschaft um sich gesammelt, die „Tertiarier". (Der Name soll wohl bedeuten: die dritte Organisation nach den beiden feindlichen Teilen des Ordens, die dem heiligen Franz nachfolgt). Auch dieser mußte sich die Inquisition nun annehmen. Man erkannte den Ketzer an der Antwort auf die Frage: kann der Papst von Gelübden entbinden, zumal dem der Armut und dem der Keuschheit? Antwortete der Inquisit mit Nein, dann war er schuldig, denn Johannes XXII. wollte die Streitfrage mit Gewalt klären, mochte die Regel des heiligen Franz nun göttliche Offenbarung sein oder nicht. Das Heilige Offizium mit Sitz in Marseille, dem päpstlichen Thron so nahe, verbrannte in den nächsten Jahren Hunderte von Ketzern aus diesem Grunde. Rechnet man hinzu, daß der überwiegende Teil der Verhafteten widerrief, um nicht den Scheiterhaufen besteigen zu müssen, dann ergibt sich eine ziemliche Ausbreitung der Lehre von der radikalen Armut.

Die Arbeit der Verfolger wurde dadurch erschwert, daß die Ketzer nicht ihre Gesinnungsfreunde angeben wollten. Das verletzte das Gebot der christlichen Nächstenliebe, sagten sie, und so etwas könne niemand von ihnen verlangen. Die inquisitorische Logik war genau entgegengesetzt: gerade die Denunziation sei die wahre Nächstenliebe, erwiderte der Richter, denn wenn die Freunde vom Heiligen Offizium ergriffen würden, dann hätten sie wenigstens Gelegenheit, ihren Irrtum zu bereuen.

Eine Dame namens Naprous Boneta aus Montpellier nahm warmen Anteil an den Leiden der verfolgten Spiritualen und nahm auch deren joachitisches Gedankengut in sich auf. Schließlich hatte sie in Visionen

Aufenthalte im Himmel und Unterhaltungen mit Christus, bis dieser ihr mitteilte, ebenso wie die hl. Maria ihn, so solle sie nun den Heiligen Geist gebären. Die Inquisitoren verhafteten Naprous Boneta. Sie verteidigte sich tapfer, indem sie dem Richter heftige Vorwürfe machte: So wie Herodes die unschuldigen Kindlein ermorden ließ, so verfolge die Kirche jetzt die Spiritualen. Nicht anders sei es mit den armen Aussätzigen, von denen man in ganz Frankreich angenommen habe, daß sie die Brunnen vergifteten und die deshalb verbrannt worden seien. Die franziskanischen Brüder aber hätten sich, dem Vorbild ihres Gründerheiligen folgend, der Aussätzigen angenommen und damit ihre wahre Christenpflicht erfüllt – wenn sie auch deswegen verfolgt würden, dann sei das umso trauriger. Madame Boneta wurde verbrannt, weil sie standhaft bei ihren joachitischen Überzeugungen blieb.

Am 23. Januar 1318 verkündete Johannes XXII. in der Bulle „Gloriosam ecclesiam" die als ketzerisch anzusehenden Sätze der Spiritualen, die man seit den Zeiten Coelestins V. im Volksmund „Fraticellen" nannte: es gebe zwei Kirchen, eine im Fleische, sündhaft, überreich und verbrecherisch, deren Oberhaupt der Papst sei, und eine im Geiste, sauber, tugendhaft und von Armut getragen, der sie angehörten; die Priester besäßen keinerlei geistliche Gewalt, da diese sich aus der Kirche des Fleisches herleite und sofern die Priester in Sünde lebten; das Evangelium Christi erfülle sich allein in den Fraticellen, nicht in der Kirche. Dann folgt die Generalabrechnung, giftig im Stil und aggressiv, so daß man sich hinter diesen Sätzen ganz gut den Papst vorstellen kann: klein, mit hochrotem Gesicht, blitzenden Augen und geschwollener Zornesader seinem Sekretär diktierend oder auch zuschreiend: „Es gibt noch viele andere Dinge, die diese anmaßenden Leute gegen das verehrungswürdige Sakrament der Ehe angeblich daherplappern, vieles, was sie sich zusammenträumen über den Lauf der Zeiten und das Ende der Welt, vieles, was sie über die Ankunft des Antichristen, die nach ihrer Behauptung unmittelbar bevorsteht, mit beweinenswerter Einbildung verbreiten. Weil wir dies alles teils als ketzerisch, teils als geisteskrank, teils als zusammenphantasiert erkennen, halten wir es eher für verdammenswert zusammen mit seinen Erfindern, als daß wir es schriftlich weiterverfolgen und zurückweisen müßten..."

Die Bewegung der Spiritualen ebbte ab angesichts der unbeugsamen Entschlossenheit des Papstes. Aber es konnte nicht ausbleiben, daß er, der die Fähigkeit besaß, einen Konflikt zu meistern, ebenso imstande war, durch seine harte und unnachgiebige Natur einen neuen Konflikt hervorzurufen. Es ging um das Thema, das schon der heilige Bonaventura berührt hatte: waren Christus und die Apostel eigentumslos gewesen, sowohl jeder individuell als auch insgesamt, als Gemeinschaft? Immerhin war dies die offizielle Lehre der Franziskaner. Der Zusammenhang

Folterinstrument der Inquisition: der gespickte Hase.

mit der Ketzerei der Spiritualen lag auf der Hand, weshalb die Meinung von der Armut Christi in einem Inquisitionsprozeß 1321 in Narbonne dem Spiritualen-Angeklagten als ketzerisch vorgehalten wurde. Der Richter war ein Dominikaner.

Es bestand allerdings eine Bulle des Papstes Nikolaus III. aus dem Jahre 1279, die dieselbe Meinung wie der Angeklagte vertrat. Die Dominikaner vergewisserten sich durch Rückfrage in Avignon, daß Johannes XXII. an dieser Bulle nicht festhalten wollte, und machten auf breiter Front aus Christi Armut eine zwar naheliegende, aber so intensiv noch nicht aufgegriffene Streitfrage. Sie konnten behaupten, das Übel des gottwohlgefälligen Lebens in Armut damit theologisch an der Wurzel zu packen. Damit eröffneten sie einen neuen inquisitorischen Kriegsschauplatz. Der Argwohn will nicht weichen, daß sie dies taten, um ihren Rivalen vom Franziskanerorden zu schaden. Welch eine Aussicht, den ganzen Orden für ketzerisch erklären zu können!

Johannes XXII. erließ also eine neue Bulle, indem er die seines Vorgängers Nikolaus für offen zur Diskussion erklärte. Dann legte er die leidige Frage seinen Doktoren und Prälaten vor. Die stimmten gegen Christi Armut, ebenso der größte Teil des Klerus, denn wie sollte eine Diözese

147

sinnvoll verwaltet werden, wenn kein bischöfliches Eigentum zur Verfügung stand? Daraufhin nämlich lief die These von Christi und der Apostel Armut hinaus, da die Bischöfe Nachfolger der Apostel waren.

Der Haken an der Sache war nur, daß die Franziskaner, in dieser Frage bis jetzt von den Päpsten jederzeit unterstützt, auf einmal umdenken sollten. Ja, die ganze besondere Grundlage ihres Ordensethos war in Gefahr. Es gab Kuriale, die bezeichneten unter den drei mönchischen Gelübden die Armut als das geringste, um zum Heile zu gelangen. Damit konnte sich der Orden nicht abfinden, er hätte es ja als Entwertung der Franziskus-Legende nehmen müssen. Daher hielt er im Mai 1322 in Perugia ein Generalkapitel ab und gab eine Erklärung an die gesamte Christenheit heraus, die sich mit historischen Argumenten begnügte: die Armut Christi sei seit einem knappen Jahrhundert Kirchenlehre gewesen, noch Johannes XXII. habe sie zu Beginn seines Pontifikats gebilligt.

Der Papst reagierte mit seiner Bulle, in der er die bis jetzt bestehende Fiktion der Eigentumslosigkeit der Orden ad absurdum führte: man war davon ausgegangen, daß der Papst Eigentümer allen Ordensgutes sei und dieses dem Orden nur zum Gebrauch verliehen habe. Das sei aber unsinnig, da ein Ei oder ein Stück Käse, das zum sofortigen Verzehr von einem frommen Laien an einen Mönch gespendet wurde, unmöglich zwischen Empfang und Verzehr Eigentum des fernen Rom oder Avignon werden könne. Außerdem lade sich die Kurie so alle Vermögensprozesse auf, die um eine Ordensniederlassung irgendwo in Europa entstünden. Daher sei hinfort die römische Kirche nicht mehr als Eigentümerin des Ordensgutes anzusehen. So nahm der Papst zwar nicht zu Christi Armut Stellung, aber wies die Franziskaner auf die Unpraktikabilität ihres Ideals hin.

Dann, im November 1323, das endgültige Machtwort: aus der Heiligen Schrift ergebe sich eindeutig, daß Christus und die Apostel Eigentum besessen hätten (Johannes 4, 8; 12, 6). Die Behauptung des Gegenteils sei ketzerisch. Die Franziskaner wollten das immer noch nicht akzeptieren, und es entstand ihnen plötzlich auch ein mächtiger Bundesgenosse in dem deutschen König Ludwig aus dem Hause Wittelsbach (daher „Ludwig der Bayer" genannt). Dieser hatte sich mit dem Papst gründlich verfeindet und begünstigte daher die Franziskaner, als sie sich an ihn um Hilfe wandten.

Ludwig war im Jahre 1314 von einem Teil der Kurfürsten zum deutschen König gewählt worden. Der andere Teil unterstützte Friedrich von Österreich. Die Habsburger hatten nach dem Interregnum schon zwei Könige gestellt, Rudolf (1273–1291) und Albrecht (1298–1308). Die Kurfürsten gefielen sich darin, pro Wahl die Dynastie zu wechseln, die Habsburger meinten, stark genug zu sein, um sich trotzdem fest auf dem deutschen Thron etablieren zu können. Daher arrangierten sie sich mit dem

Wittelsbacher nicht, und es kam zum Bürgerkrieg.

Wie schon Innozenz III. im Konflikt zwischen Philipp von Hohenstaufen und dem Welfen Otto nahm nun auch Johannes XXII. für sich das „Prüfungsrecht" der Kandidaten in Anspruch, d. h. er bestritt zwar den deutschen Fürsten nicht das Recht, einen König zu wählen, doch müsse der Papst diesen vor der Kaiserkrönung noch einmal prüfen dürfen. Ferner stehe ihm im Falle einer Doppelwahl ein Stichentscheid darüber zu, welcher von den beiden Kandidaten die bessere Gewähr biete, seine späteren Kaiserpflichten angemessen zu erfüllen. Bis zur Erledigung der Doppelwahl könne er einen Reichsvikar einsetzen. 1320 bestimmte der Papst hierzu König Robert von Neapel, den Nachfahren jenes Karl von Anjou, den die Päpste nach Unteritalien gerufen hatten, um die Hohenstaufen von dort zu vertreiben. Als ob das noch nicht genug wäre, ernannte er zusätzlich noch einen Reichsvizevikar: Philipp von Valois. Da wußte der Papst wenigstens, woran er war, denn König Robert hatte sich in dem Konklave des Jahres 1314–1316, das schließlich den Kardinal Duèze auf den Stuhl Petri gewählt hatte, ganz besonders seiner angenommen.

Päpstliche Einmischungen in die Reichspolitik von dieser Art waren schon unter Innozenz III. von den Deutschen als sehr weitgehend empfunden worden. Da mittlerweile die politische Macht der Kirche infolge ihrer Demütigung durch die Franzosen gelitten hatte, waren diese Rechtsgespinste nun erst recht nicht realisierbar. Doch war Johannes XXII. nicht der Mann, einen Rechtsstandpunkt aufzugeben. Wenn er sich in Deutschland einmischte, konnte er französischer Rückendeckung sicher sein.

Außerdem wäre ein anerkannter König in Deutschland in der Lage gewesen, nach Italien zu marschieren und dort die Reichsrechte wieder herzustellen. Heinrich VII. (1308–1313), der Vorgänger der jetzigen beiden Prätendenten, hatte dies getan; wenn auch nicht mit Erfolg gesegnet, so hatte er doch viel Aufregung verursacht und die italienischen Guelfen, die Anhänger des Papstes, in große Verlegenheit gebracht. Ein weiterer Anspruch des Papstes lief darauf hinaus, während eines Interregnums das Reichsvikariat in Italien auszuüben. Das wiederum war in dem Streit Johannes' XXII. mit den Visconti von Mailand zu verwerten, ebenso für die Absicht des damaligen Königs Robert von Neapel, in Italien ein großes Guelfenreich zu errichten.

Zunächst wahrte der Papst zwischen beiden Kandidaten die Neutralität, bis er sich Friedrich von Österreich zuzuneigen schien, denn dieser hatte mit Robert ein Bündnis abgeschlossen und war daher für die italienischen Pläne der beiden Franzosen aus Avignon und Neapel der bessere Partner als Ludwig der Bayer. Da entschied sich in der Ritterschlacht von Mühldorf am Inn (September 1322) der deutsche Bürgerkrieg zugunsten des Wittelsbachers. Friedrich wurde gefangengenommen.

Ludwig setzte im März 1323 einen Generalvikar für Reichsitalien ein und unterstützte die Visconti im Kampf gegen den päpstlichen Legaten Bertrand de Poyet. Dem Ansinnen des Papstes, zwischen den Ansprüchen Friedrichs und den seinen zu richten, entzog er sich durch – in diesem Falle undiplomatisches – Schweigen. Da Johannes XXII. also sein Recht nicht hatte ausüben können, betrachtete er den deutschen Thron mangels Legitimation Ludwigs weiterhin als vakant und wollte ihn mit dem französischen König Karl („dem Schönen", ebenso wie Philipp IV.) besetzen. Durch eine Bulle vom Oktober 1323 wurden daher alle Amtshandlungen Ludwigs für nichtig erklärt, ebenso alle ihm geleisteten Lehenseide, und er aufgefordert, innerhalb von drei Monaten sein Amt niederzulegen und um die päpstliche Bestätigung nachzusuchen. Sonst sei sein Anspruch auf die Kaiserwürde Rebellion (wir können ergänzen: und Ketzerei).

Ludwig scheint zunächst gezögert zu haben, ob er den Kampf aufnehmen sollte, denn er ließ erst in Avignon nachfragen, ob der behauptete Unmut des Papstes Wirklichkeit sei. Währenddessen erfuhr er von dem Armutsstreit, der ihm die Franziskaner in die Arme trieb, und ermannte sich zu offenem Widerstand. Im Dezember 1323 verlangte er von Nürnberg aus die Einberufung eines Konzils, denn es sei seine Pflicht als Oberhaupt des Reiches, die Reinheit des Glaubens zu schützen gegenüber dem Papst, der die Ketzerei begünstige. Das war Philipp IV. abgeschaut! Im März 1324 sprach der Papst über Ludwig die Exkommunikation aus, mit letzter Androhung, sich zu unterwerfen, wenn er nicht seiner Herrschaft entsetzt werden wolle.

Im sogenannten „Protest von Sachsenhausen" (Mai 1324) nahm Ludwig auch die theologische Herausforderung an und bewies Johannes XXII., daß er ein Ketzer sei. Er handle nämlich gegen die Regel des heiligen Franz, die als göttliche Offenbarung anzusehen sei, und er bezichtige durch Kassation der Bulle Nikolaus' III. von 1279 die Kirche der Fehlbarkeit, während sie doch in ihren Glaubensentscheidungen unfehlbar sei. Denn nicht weniger als sechs Päpste hätten sich für die Armut Christi entschieden, und wenn er von deren Lehre abweiche, sei er ein Häretiker. Deswegen habe er seinen päpstlichen Thron verwirkt.

Das war die Antwort wert, Ludwig habe durch seinen Ungehorsam das Recht auf die Würde des deutschen Königs verwirkt. Fahre er fort im Amte, dann werde er auch noch sein angestammtes Herzogtum Bayern verlieren. Wer ihm folge unter den Fürsten, über dessen Territorium werde das Interdikt verhängt. Zum theologischen Teil des Streites bemerkte der Papst in einer Bulle vom November 1324, er sei keinesfalls ein Ketzer, denn die Lehre, Christus habe an den Dingen, die er tatsächlich gebrauchte, nur ein Gebrauchsrecht gehabt, nicht aber auch das Eigentum, sei als Ketzerei bereits abgeurteilt. Das könne auch nicht anders sein, da in der Bibel ausdrücklich von Christi Eigentum die Rede sei; verflüchtige man diese Aussage zur Behauptung eines Gebrauchsrechts, beschuldige man das Evangelium der Lüge, und das sei Blasphemie. Es will uns scheinen, als ob der Papst hierbei im Recht war und sein Standpunkt theologisch auch dann der richtigere war, wenn frühere Päpste das Gegenteil behauptet hatten. Da sich nunmehr diese Streitfrage mit der großen Politik verbunden hatte, kam es nur noch darauf an, daß die Gegenmeinung nicht vollständig unsinnig war. Dann nämlich war sie hinreichend geeignet, als theologischer Aufhänger zu dienen für den erneuten Machtkampf zwischen Kaiser und Papst, dem letzten Höhepunkt in dieser das ganze Mittelalter dominierenden Auseinandersetzung.

Dabei ist „Machtkampf" für die Zeit Ludwigs des Bayern wohl nicht mehr ganz der richtige Ausdruck, denn welchen Einfluß hatte Ludwig schon in Italien? Wenn schon Barbarossa eineinhalb Jahrhunderte vorher es als höchst schwierig kennenlernen mußte, die alten Reichsrechte in Italien wiederherzustellen, wie dann erst der Wittelsbacher! Denn die Kraft der oberitalienischen Kommunen war keinesfalls gebrochen, und Unteritalien war den Deutschen wieder aus der Hand geschlagen worden. Außerdem hatte Ludwig in Deutschland nur eine schwankende Machtgrundlage. Der nach der Schlacht von Mühldorf zustandegekommene Ausgleich mit Friedrich von Österreich war an dessen Person gebunden; im übrigen lauerten sowohl die Habsburger als auch die seit der Regierung Heinrichs VII. konkurrierenden Luxemburger nur auf eine gute Gelegenheit, um die Wittelsbacher wieder zu Fall zu bringen.

Der Romzug Ludwigs brachte daher auch keinen weiterreichenden Erfolg für die kaiserliche Sache. 1326 brach der König auf, nachdem der Tod des ehrgeizigen Bruders von Friedrich von Habsburg, des Herzogs Leopold, ihn der Sorge enthoben hatte, daß der Krieg in Deutschland abermals ausbrechen könnte. Im Mai 1327 wurde Ludwig in Mailand zum König von Italien gekrönt, im Januar 1328 in Rom zum Kaiser. Da Johannes XXII. als Pontifex dafür nicht in Frage kam und ein Gegenpapst noch nicht zur Hand war, verfiel Ludwig auf den Modus, sich von zwei wegen ihrer Beziehungen zu ihm gebannten Bischöfen salben zu lassen und anschließend die Kaiserkrone von Sciarra Colonna, dem Stadtpräfekten von Rom, im Namen des römischen Volkes zu empfangen.

Damit hatte sich für einen Augenblick der antipapale Gedanke durchgesetzt, der im hohen Mittelalter unter dem römischen Stadtadel entstanden war und mehr oder weniger klar an die weltliche Größe des heidnischen Rom anknüpfte. Schon Kaiser Heinrich V. hatte im Jahre 1111 vom römischen Adel das Angebot zur Krönung erhalten, um der durch die Krönung bedingten Fesselung an die Interessen des Papstes zu entgehen. Barbarossa war das gleiche Angebot gemacht worden, Friedrich II. hatte mit heidnischen Reminiszenzen gespielt (siehe Kap. 4: die Übersendung des bei Cortenuova erbeuteten Fahnenwagens der Mailänder), doch keiner dieser Kaiser hatte sich dabei so weit vorgewagt wie Ludwig nun mit dieser „Laienkrönung".

Die römischen Laien als Legitimationsspender des Deutschen, der sich als „römischer Kaiser" ansah, dienten diesem weiter dazu, den Papst aus Avignon abzusetzen. In einer Versammlung des „römischen Volkes" wurde der „Priester Jakob von Cahors, der sich Papst Johannes XXII. nennen läßt", kraft kaiserlicher Machtvollkommenheit seiner Würde für verlustig erklärt. Konsequenterweise durfte der Kaiser zusammen mit dem römischen Volk dann auch einen neuen Papst wählen. Im Mai 1328 wurde daher der Franziskaner-Spirituale Peter von Corbara unter dem Namen Nikolaus V. als Gegenpapst eingesetzt. Freund und Feind nannten ihn entweder anerkennend oder verächtlich den „Bettlerpapst". Ludwig berief sich dabei auf altes Kaiserrecht, denn schon Kaiser Otto I. habe einst Papst Johannes XII. abgesetzt.

Ludwigs Vorgänger hatten Recht gehabt, als sie mit dem „römischen Volk" und seinen aristokratischen Exponenten nur zögernd oder überhaupt nicht paktiert hatten. Denn es konnte keine Rede davon sein, daß die Bevölkerung einer Stadt in Mittelitalien eine Machtgrundlage für denjenigen bildete, der immerhin der erste Fürst des Abendlandes sein wollte. Daran änderte auch der Umstand nichts, daß der Name „Rom" so traditionsbeladen war, wie kein anderer in ganz Europa, denn seit das Christentum sich durchgesetzt und die Rom-Idee der Päpste sich der Herrschaft darüber bemächtigt hatte, war die Reminiszenz an das römische Reich allein als Legitimationsspender zu wenig. Sie konnte auch dem weitgehend obsolet gewordenen Kaiserrecht in Italien nicht mehr aufhelfen.

Dennoch gewinnen diese römischen Ereignisse ihre besondere Bedeutung daraus, daß wir hier eine Staatslehre in praktischer Anwendung sehen, die den hochgeschraubten päpstlichen Ansprüchen als eminent häretisch entgegentrat, da sie in konsequenter Weise die Oberhoheit der weltlichen Gewalt über die geistliche aussprach. Marsilius von Padua hatte sie in seinem Hauptwerk „Defensor pacis" (der Verteidiger des Friedens) formuliert, Ludwig sie seinem politischen Kampf nutzbar gemacht. Hier wurde nichts Geringeres unternommen, als die Loslösung der Fundamente der irdischen Herrschaft von ihren bisherigen transzendenten Bezügen. Wenn der Kaiser nämlich der Herr der Kirche in weltlichen Angelegenheiten war, so war er es aus welt-immanentem Recht und nicht aus besonderer sakraler Autorität.

Ein solcher Ansatzpunkt war ohne Ketzerei schon in seinen metaphysischen Grundlagen nicht denkbar. In der Tat ist die entgöttlichte Welt des Marsilius, die die rein diesseitigen Staatsreflexionen des Niccoló Machiavelli und Francesco Guicciardini vorausahnen läßt, nur aus dem Ernstnehmen des Aristoteles heraus verständlich. Die Scholastiker, an ihrer Spitze Thomas von Aquin, hatten seiner Lehre zwar zahlreiche Anregungen entnommen, aber der unchristliche „Pferdefuß" war bei Aristoteles doch unübersehbar: die Welt ist ewig und bedarf keines Schöpfers, die Seele des Menschen ist nicht unsterblich, sondern vergeht zusammen mit seinem Körper.

Der Araber Ibn Ruschd aus Cordoba, alias Averroes (✝ 1198), hatte Aristoteles sekundiert: die einzige Unsterblichkeit gebühre dem kollektiven Weltverstand, von dem die Vernunft des Einzelindividuums ausgehe und nach dem Tode zurückkehre. Die Religion der Menge allerdings komme ohne bunte Mythen nicht aus, aber die müsse man ihr auch lassen, da sie so wenigstens sittlich geläutert werde. Hinzuzufügen ist: selbst wenn diese bunten Mythen keinerlei Wahrheitsgehalt haben. Diese Lehren machten im 13. Jahrhundert in Europa die Runde.

Papst Johannes XXI. hatte im Jahre 1277 dem Bischof von Paris seine Autorität geliehen, um den Averroismus zu verdammen, der an der Sorbonne schon beängstigend Fuß gefaßt hatte. Man kann sich kein dem offiziellen mittelalterlichen Weltbild entgegengesetzteres Gedankensystem denken als das des spanischen Mauren und ermißt sehr wohl, warum gerade der mephistophelische Friedrich II. von Hohenstaufen sich um die Verbreitung der Schriften des Averroes im Abendland verdient gemacht hat: hier lag die geistige Gegenwelt zum Christentum vor. Wenn die Welt zeitlich unendlich war, dann deswegen, weil für die menschliche Vernunft eine Schöpfung aus dem Nichts nicht denkbar war. Eine solche Schöpfung mußte man glauben, aber sie konnte nicht Gegenstand eines ernsten wissenschaftlichen Studiums sein. Die Theologie erhebe ihre Lehre auf einem Untergrund von Fabeln, und das Christentum hindere ganz einfach den Fortschritt der Wissenschaft. Die Himmelskörper bewegen sich und nehmen nach einem Zyklus von 36 000 Jahren wieder dieselbe Stellung ein wie heute, und dann wird sich der ganze Weltlauf von heute wiederholen, und so fort in ewiger Wiederkehr bis in die Unendlichkeit. Wer weise ist, kümmert sich nicht um die Behauptung von jenseitigen Dingen, denn nur das ewige Diesseits existiert.

Die Averroisten behandelten das Wort, daß man Gott geben müsse, was Gottes ist und dem Kaiser, was des Kaisers ist, auf sehr originelle Weise, denn sie erklärten, zum Schein könne man die kirchlichen Riten trotzdem mitmachen. Sie erklärten sozusagen Gott zum Kaiser (und das war er in der hierarchisch-feudalen Wirklichkeit ja auch geworden) und gaben ihm großmütig das Seine. Mit dem Averroismus tritt man aus dem Dämmerschatten der Kathedralen und Dogmen mit den Reihen ihrer Heiligenfiguren und Sammlungen von Zitaten und Autoritäten in das blendende Licht des Materialismus und kühlen Denkens der Welt-Immanenz. Nur außerhalb der Christenheit hatte damals diese Lehre formuliert werden können. Ihr Appell an die Vernunft wirkte besonders unter Gebildeten und solchen, die an das Bewegen von abstrakten Ideen gewohnt waren, also unter den Akademikern der Sorbonne.

Marsilius hatte die Lehren des Averroes während seines Studienaufenthaltes an der Pariser Sorbonne kennengelernt. Da er sich anschließend erfolglos um eine Pfründe zur Sicherung seines Lebensunterhaltes bewarb – in dem Fuchsbau von Avignon kannte er sich in all den Expektanzen, Reservationen und sonstigen bankwirtschaftlichen Übungen nicht aus –, verband er Haß und Verachtung der Amtskirche mit seinem Averroismus und schrieb den „defensor pacis".

Schon der Titel zeigt, was Marsilius als die Hauptaufgabe des Herrschers betrachtet: die Sicherung des Friedens, also ein durchaus weltliches Ziel, nicht etwa die Wahrung des Glaubens oder gar den Kampf für ihn. Diese Sicherung findet durch öffentliche Zwangsgewalt statt. Der Mensch ist ein bedürftiges Lebewesen und daher auf Arbeitsteilung in der Gemeinschaft angewiesen. Die drei vornehmeren Stände hierbei sind die Priesterschaft, die Krieger und die Richter.

Man sieht, daß die Religion als ein Bedürfnis des Menschen unter vielen angesehen wird und daß von diesem Punkt aus eine Sonderstellung der Priesterschaft nicht mehr möglich ist. Zumal Marsilius dem Averroes darin folgt, daß er der Religion nur volkspädagogischen Charakter zuschreibt: wenn man auch nicht an die Auferstehung und das ewige Leben glaubt, muß man sie wenigstens erfinden, um die Menschen auf dem Pfade der Tugend zu halten. Diese Kontrolle über die Seelen ist auch deshalb notwendig, da es viele Handlungen gibt, die dem weltlichen Gesetzgeber verborgen bleiben, Gott und seinen Priestern aber nicht.

Insgesamt zeigen diese Ausführungen ein frostiges Verhältnis des Marsilius zur göttlichen Offenbarung, aber sie hätten ihm noch nicht den Vorwurf der Ketzerei eingetragen, wenn er nicht der Geistlichkeit jedes Recht abgesprochen hätte, auf weltlichem Gebiete regelnd aufzutreten. Denn wenn die Friedenssicherung Aufgabe des Staates war, dann war kein Raum mehr frei für den Klerus, sich an ihr zu beteiligen. Der Klerus konnte dann seinerseits auch nicht von der weltlichen Zwangsgewalt ausgenommen sein – Ludwig durfte den Papst ab- und nach seinem Belieben Bischöfe und Äbte einsetzen. Die Hierarchie als Imitation des weltlichen Staates hat in der Geistlichkeit nichts zu suchen, jeder Priester ist dem anderen gleich, der römische Bischof nicht ausgeschlossen. Auch unter den Aposteln hatte keiner über den anderen Gewalt; der römische Primat liegt in der besonderen politischen Rolle der Stadt Rom begründet, die jedoch in geistlicher Hinsicht bedeutungslos ist. Erst mit Konstantin dem Großen beginnt die Kirche, weltliche Macht auszuüben, aber nur deswegen, weil der Kaiser sie ihr aus seiner Machtvollkommenheit übertragen hat und jederzeit wieder zurücknehmen kann.

Oberste Autorität in der Kirche ist das Generalkonzil, das vom Kaiser einberufen werden muß. Das Konzil allein kann die kirchliche Lehre festlegen, da nur die Heilige Schrift unbestreitbare Glaubensquelle ist, alle anderen Glaubensregeln (die Tradition also) dem Konsens der Gläubigen bzw. der von ihnen zur Teilnahme am allgemeinen Konzil gewählten Abgesandten unterliegen. Der Heilige Geist bleibt nach dem Bekunden der Apostel in der Kirche insgesamt, nicht bei einem Einzelnen. Der Papst hat sich seine geistliche und weltliche Gesetzgebung nur angemaßt, ja er versucht sogar, die Kurfürsten des Heiligen Römischen Reiches ihres Wahlrechts zu berauben, wie man aus seinem Bestätigungsvorbehalt nach der Königswahl und seinem Eingriffsrecht bei Doppelwahl ersehen kann.

So wird Marsilius zum ersten Theoretiker der Überordnung des Konzils über den Papst; eine Lehre, die auf eine Art Resonanz gewinnen würde, die er nicht voraussah und um die Wende zum 15. Jahrhundert zusammen mit Schisma und hussitisch-wiclifitischer Bewegung die Kirche förmlich ins Chaos stürzte.

Johannes XXII. erkannte nach Veröffentlichung des „defensor pacis" im Jahre 1326 sofort die Gefahr für die Hierarchie, die da heraufzog, und verurteilte die Sätze des Marsilius, die sich auf die Kirchenverfassung bezogen sowie auf die Unterstellung der gesamten Kirche unter den Kaiser.

Die Wirkung des Buches in der Tagespolitik entsprach jedoch nicht der staatsphilosophischen Brisanz, die es barg. Das „römische Volk", das im „defensor pacis" zwischen den Zeilen wohl auch wieder zur Geltung kam, konnte seine deutschen Herren so wenig wie eh und je ertragen. Ludwig spürte bald, daß er seine Politik auf Treibsand gebaut hatte, denn schon kurz nach der Kaiserkrönung erhob sich in Rom ein Aufstand gegen ihn. Als er schließlich erfuhr, daß Friedrich von Habsburg in Deutschland gestorben war, blieb ihm keine andere Wahl, als über die Alpen zurückzueilen.

Die Spiritualen hatten für einen kurzen Augenblick geglaubt, unter der Herrschaft des „Bettelpapstes" würde ein goldenes Zeitalter für sie anbrechen, doch mit dem Abzug Ludwigs aus Italien war die Rolle dieses Papstes ausgespielt. Nikolaus V. floh zunächst mit Ludwig aus Rom nach Pisa unter die Obhut ghibellinisch gesinnter Adliger. Da die Pisaner sich aber nach Ludwigs Abzug mit der Kirche aussöhnen wollten, mußten sie den Gegenpapst ausliefern, auch wenn sie ihm vorher Sicherheit und Schutz zugesichert hatten. Er schwor noch in Pisa seinen franziskanischen „Irrtümern" ab und wurde dann unterwegs mit Nötigung zu nochmaligem Abschwören nach Avignon transportiert. Mit einem Strick um den Hals mußte er in einem öffentlichen Konsistorium vor dem Papst erscheinen. Er warf sich vor Johannes XXII. nieder und schwor zum dritten Male seine Ketzereien ab. Dann mußte er in einem geheimen Konsistorium zum viertenmal seine Verfehlungen bekennen und war damit hinreichend gedemütigt, um ohne Gefahr ein Zimmer im Papstpalast angewiesen zu bekommen, in dem er materiell sorgenfrei, aber unter strenger Bewachung bis zu seinem Tode im Jahre 1333 lebte.

Seine Wahl und sein Sturz hingen mit dem des Franziskanergenerals Michael von Cesena zusammen, der dem Papst noch wegen des Kapitels von Perugia (1322) verhaßt war. Der Papst ließ ihn vorladen und griff ihn wegen der damaligen Vorkommnisse an; Michael blieb auf seinem bekannten Standpunkt im Armutsstreit und wurde daher auf Ehrenwort in Avignon in Haft genommen. Das machte ihn indes nicht nachgiebiger. Als der Orden nunmehr einen neuen General zu bestimmen hatte, wählte er aus Trotz Michael von Cesena erneut. Diese Kampfansage, zusammen mit der parallel in Rom erfolgenden Wahl eines Gegenpapstes, mußte den Haß des Papstes auf Michael zu lebensgefährlichen Dimensionen steigern. Daher verschaffte sich der abgesetzte General die Möglichkeit zur Flucht aus Avignon. In Aigues-Mortes bestieg er eine Galeere aus Genua und begab sich zusammen mit Wilhelm von Ockham (= Occam), einem englischen Franziskaner, nach Italien, um sich dem Hofe Ludwigs des Bayern dort anzuschließen. Der Papst bekam den Orden trotzdem nicht in die Hand, denn auch nach der Wahl eines ihm genehmen Generals gab dieser die Behauptung von Christi Armut nicht auf.

Die Inquisition war weiterhin mit dem Aufspüren der Feinde Avignons beschäftigt, also mit den Sympathisanten Ludwigs, der Spiritualen und der Kolonie von Ketzern, die sich in München, der Residenzstadt des Kaisers, gebildet hatte. Neben Michael von Cesena und Marsilius von Padua ist dabei besonders der Fluchtgefährte des ersteren zu nennen, Wilhelm von Occam. Dieser hatte schon mit der Inquisition zu tun gehabt, als er von seinem Lehrstuhl in Oxford aus nach Avignon zitiert wurde und im Kerker verschwand, da eine päpstliche Kommission in seinen Behauptungen häretische Thesen fand. Es ging um die Frage, ob die Universalbegriffe des mittelalterlichen Denkens real seien oder nur „nominal", d. h. nur vom menschlichen Geist erfunden; Wilhelm von Occam entschied sich dafür, daß sie nur Zeichen seien und daß nur den einzelnen Dingen Realität zukommt. Es gibt nur einzelne Menschen und erst ausgehend von der Beobachtung, daß es deren mehrere gibt, kommt man zur Konstruktion des Begriffs „Menschheit". War demnach auch der Begriff „Kirche" nicht real? Wirkte die Gnade Gottes und der Heilige Geist nicht in der Institution mit dem Papst als ihrem obersten Vertreter, sondern nur individuell? Außerdem betonte Wilhelm nach Meinung der Inquisitoren zu sehr die Unbegreiflichkeit Gottes, die ihn zu dem polemisch zugespitzten Satz veranlaßte, Gott hätte, um die Menschheit zu erlösen, auch ohne weiteres eines Esels Natur annehmen können.

Solch eine Gesinnung vertrug sich gut mit den Auffassungen am Hofe Ludwigs, die die Allmacht der Amtskirche aus theologischen und aus politischen Gründen zurückwiesen. Wilhelm soll dem Kaiser zugerufen haben: „Verteidige du mich mit dem Schwert, ich will dich mit der Feder verteidigen". Er legte hauptsächlich in zwei Streitschriften "Dialog zwischen Meister und Schüler über die Amtsgewalt der Kaiser und der Päpste" und „Dialog über die Würde des Königs und des Papstes" seine Auffassung zum Verhältnis zwischen weltlicher und geistlicher Gewalt dar. Darin folgte er weitgehend Marsilius von Padua und setzte noch den besonderen Akzent, daß er dem Papst auch in geistlichen Dingen die Vollgewalt absprach, denn diese sei für ihn die Voraussetzung, sie auch in weltlichen Dingen zu verlangen.

Ludwig ließ die Ketzergemeinde zwar in München wohnen, aber da ihm der theologische Aspekt des Kampfes mit dem Papst nur von taktischer, nicht aber von grundsätzlicher Wichtigkeit war, hätte er die Franziskaner und auch Marsilius ausgeliefert, wenn ihm der Papst im Gegenzug die Rechtmäßigkeit seiner Herrschaft anerkannt hätte. Als praktisches Druckmittel, um diese Anerkennung zu erreichen, erwies sich wieder einmal die Erklärung, Christus selbst habe den Papst abgesetzt, denn der sei ein Ketzer.

Die originelle theologische Leidenschaft Johannes' XXII. trug ihm in der Tat zusätzliche Hindernisse für seine öffentliche Stellung ein. Während die Anklagen gegen Bonifaz VIII. aus politischen Gründen an den Haaren herbeigezogen waren und nur darin gründeten, daß dieser Papst ein politisch unangenehmer Zeitgenosse war, ist die Häresie des Jacques Duèze theologisch genauerer Betrachtung wert. Einmal wegen ihres Gegenstandes, zum anderen, weil hierbei das Oberhaupt der Inquisition der Ordensleute – und Johannes XXII. war ein sehr waches und bewußtes Oberhaupt – auf seinem ureigensten Feld ins Zwielicht geriet. Da tröstet nur noch der wohlfeile Spruch, daß das, was Jupiter zusteht, einem Ochsen noch lange nicht erlaubt ist.

Es ging um die Frage, wann die Seelen der Verstorbenen Gottes volle Herrlichkeit erblicken: unmittelbar nach dem Tod bzw. nachdem sie sich durch das Fegefeuer von ihren Sünden gereinigt haben oder erst mit dem Jüngsten Gericht. Die Antwort auf diese Frage war von großer Wichtigkeit für die Aufrechterhaltung der Heiligenverehrung, denn wenn die verstorbenen Heiligen ebenso wie jeder beliebige andere Christ bis zum Jüngsten Tag auf den Anblick Gottes warten mußten, dann konnten sie für die Menschen, die ihre Vermittlung vor Gottes Thron anriefen, von keinem Nutzen sein. Die Notwendigkeit, die Heiligenverehrung aufrechtzuerhalten, erforderte also die Behauptung: die Heiligen sehen

Gott bereits nach ihrem Tode.

Johannes XXII. stellte sich aber auf den entgegengesetzten Standpunkt. In der Adventszeit 1331 predigte er öffentlich, daß die Heiligen im Himmel bis zum Jüngsten Gericht lediglich die menschliche Natur Christ erkennen würden, also gerade nicht das „Antlitz Gottes", wie man sich ausdrückte. Das mißfiel dem damaligen französischen König Philipp, natürlich hauptsächlich deswegen, weil er dem Papst aus politischweltlichen Gründen zürnte und in der theologischen Frage einen willkommenen Ansatzpunkt zur Gegenaktion sah. Auch Kaiser Ludwig griff die Anschauung des Antlitzes Gottes begierig auf. Er berief auf den Rat des exilierten Michael von Cesena ein deutsches Nationalkonzil, während der französische König durch die Doktoren der Sorbonne feststellen ließ, daß die Lehre des Papstes häretisch sei. Zusammen mit König Robert von Neapel erklärte er, er würde jeden verbrennen, der diese Lehre vertrete, so sehr sei er von ihrem Gegenteil überzeugt.

Da Johann gegen die Opposition des Kaisers und zweier französischer Könige keine weiteren Machtmittel einsetzen konnte, mußte er klein beigeben. Im Dezember 1334 starb er in seinem 90. Lebensjahr, nicht ohne den Kardinälen dringend angeraten zu haben, einen würdigen Nachfolger für Ludwig den Bayern zu finden. Unmittelbar nach seinem Tode wurde eine Bulle veröffentlicht, in der er seinen Glauben daran behauptete, die Heiligen sähen Gottes Antlitz doch schon vor dem Jüngsten Gericht. Michael von Cesena bemängelte an der Bulle, daß sie kein förmliches Eingeständnis des Irrtums und keinen ausdrücklichen Widerruf enthalte. Daher sei der Papst als Ketzer ohne Buße gestorben! Benedikt XII., der Nachfolger, der sich als Inquisitor zusammen mit Bernhard Gui (Kap. 3) bereits einen Namen gemacht hatte, konnte diesen Vorwurf gegen seinen Vorgänger nicht dulden und entschied daher mit einer „auf ewig gültigen" Bulle und „auf Grund apostolischer Autorität" im Jahre 1336, daß die Verstorbenen tatsächlich der Herrlichkeit Gottes schon nach ihrem Tod, gegebenenfalls nach Durchlaufen des reinigenden Fegefeuers, ansichtig würden.

In der Frage der Armut Christi hatte Johannes XXII. also die Ansicht seiner Vorgänger nicht beibehalten, bezüglich des Anblickes Gottes nach dem Tode war er auf dem traditionellen Standpunkt verblieben, den übrigens auch die griechisch-orthodoxe Kirche einnahm. Im ersten Falle hatte er gesiegt, im zweiten war er unterlegen. Beides zeugt von seiner auch im hohen Alter ungebrochenen Willensstärke, von seinem theologischen Scharfsinn und seinem Temperament. Wenn er deswegen auch etwas unleidlich war, so kam das letztlich dem auch damals nicht unbezweifelten Ansehen der Kirche zugute.

Der Konflikt Ludwigs des Bayern mit Johannes XXII. und dessen Nachfolgern mutet im Vergleich zu den vorangegangenen Kämpfen zwischen Kaiser und Papst wie die Schlacht der Geister der Erschlagenen an, die in Heldensagen noch über den Gräbern in den Lüften weiterkämpfen. Der Papst konnte Ludwigs Stellung in Deutschland nicht erschüttern, da ihn der entschlossene Wille der Reichsfürsten, allen voran der Kurfürsten, entgegenstand. Die hatten, wenn es ihnen ihr politischer Verstand nicht schon immer gesagt haben sollte, sich sehr wohl aus dem „defensor pacis" vorlesen lassen, daß der Papst mit seinem Doppelwahl- und Bestätigungsvorbehalt ihre Stellung unterminierte. Als nach dem Tode von Johannes XXII. Papst Benedikt XII. auf besonderen französischen Wunsch hin die Aussöhnungsangebote Ludwigs immer noch nicht annahm, da trafen sich die Kurfürsten 1338 zu Rhense am Rhein und erklärten in aller Deutlichkeit, daß dem Papst keinerlei Bestätigungsrecht bei der Wahl des deutschen Königs zustehe. Das Interdikt sollte reichsweit nicht beachtet werden, die Priester sollen innerhalb von acht Tagen wieder „singen", also die Messe lesen. Nicht singenden Priestern drohte zehnjährige Verbannung. Das war ähnlich einschneidend wie die Niederlage Bonifaz' VIII. in Anagni und wie die Verschleppung der Päpste nach Frankreich. Die Nachfolger der Apostel waren im Reich machtlos geworden, und es bedurfte mehr als eines Jahrhunderts, bis sie durch das Bündnis mit Kaiser Friedrich III. dort wieder mehr Einfluß sammeln konnten.

Damit ist der Kampf zwischen Ludwig dem Bayern und (hauptsächlich) Johannes XXII. charakteristisch für die Übergangzeit, als die das Spätmittelalter angesehen wird: während in der diesseitigen Staatsidee des „defensor pacis" bereits die Neuzeit auftaucht und die Universalmächte Kaisertum und Papsttum ihrer wachsenden Machtlosigkeit innewerden müssen, bedienen sie sich doch noch der politischen Formen des Hochmittelalters, der Kaiser hierbei auch der Idee der christlichen Armut aus dem vergangenen Jahrhundert. Die politischen und religiösen Energien des Mittelalters erschöpften sich, nachdem sie alle ihnen innewohnenden Möglichkeiten in einer Art geistigem Feuerwerk entwickelt hatten.

Uns scheint auf dem religiösen Feld dabei charakteristisch zu sein, daß die vorgetragenen Lehren ab 1200 sich immer mehr entgrenzt hatten. Sie glaubten, eine Dynamik auf dem Grunde des Christentums zu finden, die die Bedingungen dieser Welt aufhebt. In dieser Hinsicht verfielen alle in diesem Kapitel dargestellten christlichen Häresien (der Averroismus mag beiseite bleiben, da er nicht mehr als Spielart des Christentums anzusehen ist) dem Utopismus, also der willkürlichen Aufhebung des Raumes und der Zeit sowie der Beschränktheit des menschlichen Geistes. Die Waldenser strichen die Tradition grundsätzlich aus, als ob man jemals ohne irgendeine Art von ihr leben könnte; die Joachiten verlegten das Himmelreich auf die Erde, ebenso die Amalrikaner und Apostel der menschlichen Sündenlosigkeit; die Spiritualen wollen nicht sehen, daß man zur Erfüllung der Verrichtungen dieser Welt irgendetwas zu Eigentum braucht und daß die Erlösung von diesem Umstand vernünftigerweise nicht abhängen muß. Alle konzentrierten sich so einseitig auf das transzendente Ziel des Christen, daß sie ihr Leben in dieser Welt darüber vergaßen. Sie befanden sich damit alle im geistigen Nirgendwo und waren also die erklärten Gegner der nach festen Dogmen vorgehenden Inquisition, ihr auf die Dauer sicherlich unterlegen, eben weil ihr Standpunkt im Unbegrenzten war und weil der freie Atem von Inspiration, Emotion und Prophetie gegen eine festgefügte Institution immer unterliegt, wenn die Institution nur Zeit genug hat.

Wir können das Auftreten des heiligen Franziskus und des Joachim von Fiore als Revolution in der Kirche betrachten, die Hierarchie und die Inquisition dagegen als statisches, beharrendes Element. Dann gilt auch für das ausgehende Hochmittelalter der Erfahrungssatz der Geschichte, daß Revolutionen in Bürokratie enden. Die Urkirche, die begeisterte Märtyrerkirche, war in die feste römische Hierarchie übergegangen. Das konnte nun nicht rückgängig gemacht werden; die Hierarchie blieb. Die katholische Kirche hatte als Organisation den Ruf „Zurück zur Natur", der ihr noch nie so oppositionell entgegengeklungen war, überstanden.

Wohlgemerkt: als Organisation, d. h. die fortwirkende Lebhaftigkeit des religiösen Gefühls, von dem sich letztlich auch die äußere Organisation nährt, konnte darunter durchaus leiden. Oder sie suchte sich außerhalb der Organisation ihre Wege auf eine Weise, die der Inquisition aus der Hand glitt.

Die „Brüder vom freien Geiste" wurden verfolgt und unterdrückt, aber bei dem Dominikaner Meister Eckehart, dessen Lehren auch in Freigeisterei der bezeichneten Art einzumünden schienen, war der Fall durchaus nicht mit den üblichen Machtmitteln der Kirche zu bewältigen. Dieser Mann war 1260 von adligem thüringischem Geschlecht (von Hochheim bei Gotha) geboren worden und hatte in seinem Orden eine steile Karriere gemacht. 1303 wurde er zum Ordensprovinzial von „Sachsen" ernannt, 1307 auch zum Stellvertreter des Provinzials der „böhmischen" Provinz. Er stand auf der Höhe des theologisch-scholastischen Wissens seiner Zeit, das er in Predigten volksnah zu vermitteln suchte und dabei verwendete für sein großes mystisches Thema: das Verhältnis der Einzelseele zu Gott, und wie sie sich mit diesem als ihrem Urgrund vereinigen kann.

Erzbischof Konrad von Virneburg, als Inhaber des Kölner Stuhles zuständiger Inquisitor und gnadenloser Verfolger der Beginen, liebte auch die Dominikaner nicht; anscheinend hat er Meister Eckehart am Hof von Avignon verklagt. 1325 wurde daraufhin ein päpstlicher Visitator bestellt, der die Ordensbrüder des „Inkulpanten" aufforderte, zu den Vorwürfen Stellung zu nehmen und eine Erklärung der Schuldlosigkeit des Meisters erhielt. Darauf setzte der Erzbischof eine eigene Untersuchungskommission ein, die aus zwei Franziskanern bestand, den „natürlichen Feinden" der Dominikaner. Erwartungsgemäß entdeckte die Kommission in Eckeharts Predigten, die von Zuhörern aufgezeichnet worden waren, ca. 100 häretische Sätze.

Eckehart erkannte diese Verfahren nicht an, denn als Dominikaner unterstand er direkt der päpstlichen, aber nicht der erzbischöflich-kölnischen Inquisition. Um aber seine Ehre zu wahren, legte er der Kommission ein Verteidigungsschreiben vor, in dem er nachwies, daß die inkriminierten Sätze durchaus rechtgläubig seien. Als sowohl der päpstliche Visitator als auch Eckehart vor die Kommission zitiert wurden, protestierten beide und beriefen sich auf den Papst. Eckehart versuchte sich wiederum auch im Inland abzusichern, indem er im Februar 1327 in der Predigerkirche in Erfurt öffentlich erklärte, daß er Abweichungen vom rechten Glauben verabscheue und sich für den Fall, daß in seinen Schriften ein Irrtum gefunden werden sollte, von vornherein zum Widerruf bereit erkläre. Das war natürlich noch kein Widerruf, allenfalls das Inaussichtstellen eines solchen. Der Papst nun nahm die Berufung Eckeharts nicht an, sondern beließ ihn weiter unter der erzbischöflichen Jursidiktion, indem er sich nur die Bestätigung von deren Spruch vorbehielt. Im selben Jahr starb Eckehart, ohne daß sein Prozeß zu Ende geführt gewesen wäre. Papst Johannes XXII. aber bestätigte den Spruch der erzbischöflichen Kommission durch eine Bulle vom März 1329 insofern, als er von den ca. 100 zur Rede stehenden Sätzen des Meisters 28 für häretisch erklärte, die Bulle dem Erzbischof zustellen ließ und ihn aufforderte, sie in seinem Sprengel feierlich zu verkünden.

Da der Papst einem Streit nie auswich und in diesem Falle auch noch theologisch gefordert war, hat der Tod Meister Eckehart wahrscheinlich vor viel Ungemach bewahrt. Aber so schlief die Angelegenheit ein, des Machtwortes aus Avignon wurde im weiteren Verlauf des Jahrhunderts in Deutschland überhaupt nicht mehr gedacht. Vielmehr beriefen sich später die Mystiker wie Heinrich Tauler und Johannes Seuse weiterhin auf die Lehre Eckeharts, ohne deswegen von der Inquisition behelligt zu werden – was darauf hinweist, daß zu jener Zeit das Heilige Offizium in Deutschland so gut wie nicht präsent war. Die päpstliche Bulle wurde gar etwas umredigiert und unter Weglassung von Eckeharts Namen als auf die Beginen gemünzt bezeichnet.

Sie ist ein Musterbeispiel dafür, wie mystische Gedankengänge, in die nachprüfbare und nicht gefühlsbedingte Form eines Dogmas gepreßt, ihrer Natur entkleidet werden und tatsächlich häretisch aussehen; ein typischer Fall sogenannter „Konsequenzenhuberei", die die Inquisition mit ihren Gegnern häufig anstellte, weshalb sie sie dann nicht verstand.

Als einzige Entschuldigung mag gelten, daß sie dem Mißverständnis von Eckeharts Lehren durch unreife Geister vorbeugen wollte, wie in der Bulle gegen ihn auch ausdrücklich betont wird. Sie warf ihm die Freigeisterei vor, daß sich Gott auch in sündhaften Taten offenbare, da der Mensch ja vollständig von Gott erfüllt sei. Dann sei jeder Mensch auch Jesus Christus gleich, Gott habe die Welt und alles schon am Anfang geschaffen. Weil nun Gott ewig sei, sei es auch die Welt, ohne Anfang und Ende, und ebenso die Seele mit ihrem göttlichen Funken. Die Menschen würden ganz in Gott verwandelt, ebenso wie in der Eucharistie Brot und Wein in Christi Fleisch und Blut verwandelt würden. Dennoch sündigen die Menschen, aber Gott hat es so gewollt, und wenn sie selber göttlich sind, dürfen sie nicht etwa ihre Sünden bereuen, sondern müßten eher bereuen, daß sie keine Sünde begangen hätten, weil sie sonst aus Gottes Willen gefallen wären. Der Unwille, eine Sünde nicht zu begehen, das sei eigentlich die wahre Reue!

Diese Folgerung ist von derartig atemberaubender Rabulistik, daß sie Meister Eckehart unmöglich gezogen haben kann, denn sie stellt die ganze Ordnung der katholischen Lehre auf den Kopf. Es mag sein, daß die stilistische Angewohnheit des Meisters, zur Verdeutlichung seiner Aussage Paradoxa zu verwenden, seine Gegner zu solchen Unterstellungen veranlaßte. Was ihn zu einem der größten Stilisten deutscher Sprache machte, das wurde in den Händen der Dogmatiker in Avignon zur Waffe gegen seine Rechtgläubigkeit.

Auch sie mußten aber wissen, daß Eckehart nicht die Gleichheit der Geschöpfe mit ihrem Schöpfer lehrte, wenn er sprach: „Sofern das Geschaffene in Gott Leben war – nicht stofflich und formal, sondern als Kraft und Geist –, insofern war es nicht ohne jedes Sein, bevor es draußen in der Schöpfung wurde, und war ein jegliches im All schon vor der Weltschöpfung nicht einfach nichts, sondern hatte eine Art von virtuellem Sein ... was ewig ist, ist nicht geworden; das Geschaffene aber ist geworden". Die Inquisition unterstellte Eckehart also, daß er zwischen Planung einer Sache und ihrer wirklichen Existenz nicht unterscheiden konnte (um es profan auszudrücken), was für einen scholastischen Gelehrten von Eckeharts anerkannten Würden eine Beleidigung war. Und sie hatte offenbar kein Verständnis für poetischen Schwung, der in Bildern spricht, wenn sie dogmatische Folgerungen zog aus seinem Ausruf: „Wir sind ein einiger Sohn, den der Vater ewiglich geboren hat aus der verborgenen Erkenntnis seines ewigen Wesens: da habe ich von Ewigkeit geruht und geschlummert in der verborgenen Erkenntnis des Vaters, innebleibend, ungesprochen".

Auch Eckehart war also ein Meister der Entgrenzung, und zwar in der Sprache wie in der inneren mystischen Schau. War er auch ein häresieverdächtiger Meister der Entfesselung wie die anderen Ketzer dieses Kapitels? Wir möchten meinen: nein. Bei ihm klingt ein Gefühl der Heimat und Geborgenheit an, aus dem sich alle Religion speist und das die Rankünen der Gedankenpolizei wesenlos hinter sich zurückläßt.

VI. DIE HUSSITEN

Der Fall Jan Hus lag vollständig klar. Hus war 1411 exkommuniziert worden. Exkommunikation ist gleichbedeutend mit dem Verdacht der Ketzerei. Dieser Verdacht erhärtete sich, da Hus der ersten Vorladung vor die Kurie keine Folge leistete. Daraufhin Verkündung des „großen Bannes" gegen ihn: der Umgang mit Hus wurde verboten, niemand durfte ihm Unterkunft gewähren oder Speise und Trank anbieten. Wo Hus erschien, dort durfte keine Messe gelesen werden, und wenn er einen Ort verließ, war sie auch drei weitere Tage nach seinem Weggehen noch untersagt. Kein christliches Begräbnis, auch keinen Platz für seinen Leichnam in der Erde. Sollte er dennoch einst begraben werden, dann ist seine Leiche zu exhumieren. Sodann hatte Hus Ungehorsam geübt gegen den Erzbischof von Prag, der mit der Vollstreckung des Bannes beauftragt war. Das war der formale Teil des bisherigen, bis zur Aburteilung vor dem Konstanzer Kozil schon fünf Jahre laufenden Verfahrens; Hus war aber auch nach materiell-theologischen Vorstellungen ein Ketzer, und noch dazu ein rückfälliger, der den Tod auf dem Scheiterhaufen verwirkt hatte. Es waren Ketzer schon bei prozessual günstigerer Lage als der seinen verbrannt worden.

Was war aus der Sicht der römischen Kurie das Häretische an den Lehren des Jan Hus? Ihm galt keine Autorität auf Erden als rechtmäßig, wenn sie in Todsünde handelte. Den ganzen hierarchischen Himmel des Mittelalters, geistlichen und auch weltlichen, warf er damit über den Haufen. „Priester, die auf welche Weise auch immer im Verbrechen leben, beflecken die ordentliche Gewalt des Priestertums, und wie ungetreue Söhne der Kirche haben sie eine dem Glauben zuwiderlaufende Auffassung über die sieben Sakramente der Kirche, über ihre Schlüsselgewalt, ihre Ämter, Willensäußerungen, Sitten, Zeremonien und heiligen Dinge, über die Verehrung der Reliquien, den Ablaß und das Ordenswesen."

Das widersprach der Lehre von der unanfechtbaren Fähigkeit des Priesters, als Heilsmittler zwischen Gott und den Menschen zu stehen, mochte er auch persönlich von schlechtem Charakter sein. Die Heiligkeit des Amtes absorbierte seine Persönlichkeit. Dieser Standpunkt hatte für sich, daß er Gott nicht ins Handwerk pfuschte: man konnte nicht immer wissen, ob der sakramentspendende Priester in Gnaden angenommen war oder nicht, denn die göttliche Gnade ist wie die menschliche ein unkalkulierbares Ding. Den Ablauf der priesterlichen Geschäfte von einer Prognose des Schicksals des betreffenden Priesters im Jenseits abhängig zu machen, das aber ging nicht an. Außerdem, sagte die kirchliche Lehre, ist Gott niemals gehindert, auch einem unwürdigen Priester die Sa-

Jan Hus, zeitgenössische Zeichnung.

kramente anzuvertrauen, denn insofern ist dieser ja nur ausführendes Werkzeug des göttlichen Heilswillens.

So weit kennen wir den Streit schon aus der Spätantike, als die Priesterfähigkeit derjenigen Christen bezweifelt worden war, die in den Verfolgungen durch die römischen Kaiser ihrem Glauben aus Schwäche abgeschworen hatten. Aber hinter diesem von Jan Hus wieder aufgegriffenen Thema stand mehr, nämlich seine ganz andere theologische Auffassung von der Kirche: zwar sah er weiterhin in Christus ihr Haupt, aber er zog daraus die Konsequenz, daß sie nur aus den Auserwählten Christi bestehe. Wer von Gott verdammt sei oder irre, gehöre ihr nicht mehr an. Die Kirche sei eine Einheit, aber nur in Deckungsgleichheit mit der Gemeinschaft der Auserwählten. Voraussetzung für diese Auffassung war, daß Gott die Menschen von Anfang an in zu Erlösende und zu Verdammende einteilte – das aber widersprach der Lehre vom freien Willen des Menschen, der sich für Gut und Böse entscheiden könne.

Und leider lehnte Jan Hus auch die historisch gewachsene Hierarchie ab, was alle seine amtlichen Gegner zusätzlich erbittern mußte: „Petrus ist nicht das Haupt der Kirche und war es auch nie", erklärte er, und „die päpstliche Würde leitet sich vom Kaiser her, und die Einsetzung des Papstes rührt aus der Macht des Kaisers her." Konsequenterweise stellt er alle kirchlichen Ämter unter den Vorbehalt der göttlichen Gnade: „Niemand kann Christi oder Petri Stellvertreter sein, wenn er Christus nicht auch in seinem Lebenswandel nachfolgt" und „Nicht schon allein deswegen, weil die zur Wahl Befugten oder deren größerer Teil sich gemäß menschlichem Herkommen auf eine Person geeinigt haben, ist diese Person schon legitim gewählt, oder der wahre und offenbare Nachfolger oder Stellvertreter des Apostels Petrus oder eines anderen Apostels im kirchlichen Amte: daher müssen wir nach den Taten des Gewählten sehen, wenn wir herausfinden wollen, ob die Wahlberechtigten gut oder schlecht entschieden haben; denn gerade dadurch, daß jemand zum Nutzen der Kirche mehr tut und verdienstvoll handelt, können wir ersehen, daß er dafür von Gott die größere Befähigung erhalten hat". Die Prädestination berechtigt zum Amte, nicht menschliches Herkommen.

Dies kann auch nicht auf die Apostel zurückgeführt werden, denn „die Apostel und treuen Priester des Herrn haben, eifrig in den zum Heil notwendigen Dingen, die Kirche regiert, bevor das Amt des Papstes überhaupt eingeführt war" und „Christus würde ohne solche monströsen Oberhäupter seine Kirche besser regieren, nämlich durch seine wahren Schüler, die über den Erdkreis ausgebreitet sind".

Wenn Hus auf diese Weise der Kirchenorganisation den Boden entzieht, muß er dafür einen anderen Kirchenbegriff finden, und er kann ihn nur finden in einer Art unsichtbarer Kirche, einer Geistkirche, die das Christentum besser bewahrt als die im Sumpf von Weltlichkeit und Politik steckengebliebene Amtskirche. „Niemand würde ohne Offenbarung von sich oder einem anderen vernünftigerweise behaupten wollen, daß er das Haupt einer besonders bezeichneten Kirche wäre, und auch der Oberpriester von Rom ist nicht das Haupt der römischen Kirche."

Das ist ein wichtiger Punkt: Hus möchte als Legitimation bestehender Sitten eine Offenbarung, in einer „Geistkirche" die einzig mögliche Rechtfertigung. Das bedeutet, daß er menschliches Tun, das sich auf die Kirche bezieht, ablehnt im Angesicht ihres Stifters Christus, der allein die Quelle der Offenbarung ist. Was sich inzwischen an Tradition angesammelt hat und geheiligt worden ist, dessen Verbindung mit der ursprünglichen Offenbarung zu akzeptieren, behält er sich vor. Maßstab muß ihm dann allein die Bibel sein. Daher ist ihm „der Gehorsam in der Kirche ein Gehorsam gemäß der zusätzlichen Erfindung der Priester dieser Kirche – an der ausdrücklichen Autorität der Heiligen Schrift vorbei!" Das ist einer der Gründe, warum Hus als ein Vorläufer der Reformation angesehen wird. Auch die Vorstellung vom Genuß des Abendmahles unter beiderlei Gestalt teilt er schon mit der Reformation. In der Urkirche, hat also Hus (nach der Auffassung der ihn verurteilenden Konzilsväter) angeblich gelehrt, sei das Sakrament der Eucharistie sowohl in Brot als auch in Wein gereicht worden, was der gegenwärtigen Übung widerspricht, in der der Priester den Genuß des konsekrierten Weines sich selber vorbehält.

In der griechischen Kirche wurde noch zu Lebzeiten des Hus die Eucharistie unter beiderlei Gestalt an die Gläubigen ausgeteilt. Die andersartige Praxis konnte nur damit begründet werden, daß auch in der Hostie allein Christus gegenwärtig sei, entgegen den Einsetzungsworten Christi beim letzten Abendmahl. Thomas von Aquin begründet dies damit, daß mit der Handhabung von Brot und Wein nach der Transsubstantiation, also nachdem sie Fleisch und Blut Christi geworden sind, große Gefahren verbunden seien. Das könne besonders leicht geschehen, wenn das Blut Christi verschüttet werde z. B. durch alte Leute, übermütige Jünglinge und unbedachte kleine Kinder, und daher genüge die Verabreichung allein des Brotes an die Gläubigen, da es den Gefahren der Befleckung nicht so ausgesetzt sei. Die Vollendung dieses Sakramentes liege nicht in seinem vollständigen Genuß durch die Gläubigen, sondern in der Konsekration, die der Priester durchführe. Dann genüge es aber auch, wenn der Priester allein es unter beiderlei Gestalt genieße, denn er handle dabei als Stellvertreter für alle Gläubigen.

Dies hielten die Böhmen für überflüssige Dialektik, denn sie sollte ja nur eine praktische Verlegenheit, die zu einem von der Bibel abweichenden Kirchenbrauch geführt hatte, theologisch überhöhen. Dementsprechend dünn war auch die Argumentation des hl. Thomas an dieser Stelle. Wenn jemand an die Verwandlung von Wein und Hostie in Fleisch und Blut Christi glaubte, dann war die Eucharistie für ihn das heiligste aller Sakramente. Und dann war es ihm nicht zuzumuten, sich nur mit einem Teilgenuß zufriedenzugeben; eine halbe Taufe oder ein Drittel einer Firmung hätten ihm ebenso befremdlich vorkommen müssen.

Die Gegner der kirchlichen Lehre sahen hier auch zu Recht eine uner-
laubte weitere Aufwertung des ohnehin schon für unangreifbar erklärten Priesteramtes. Sie sahen den Gebrauch der Eucharistie als einen weiteren Schritt der Kirche weg vom unterschiedslosen Volk der einfachen
Gläubigen hin zu einer nicht nur der Herkunft der hohen Kleriker, sondern auch ihren Gebräuchen nach elitären und aristokratischen Organisation. In der hochtheologischen Frage der Eucharistie lag also sozialer
Sprengstoff verborgen. Und für die Kirche ging es hierbei ums Prinzip:
sie fürchtete, durch die Erlaubnis zur liturgischen Änderung selbst in
diesem Punkt, über den man nun wirklich streiten konnte, einen Präzedenzfall für weitere Änderungsabsichten zu schaffen.

Auch die scharfe Stellungnahme des Jan Hus gegen das Ablaßwesen
gemahnt an die Reformation: es sei ungerecht, daß sich ein Reicher vom
Fegefeuer freikaufen könne, ein Armer aber nicht. Natürlich sei die Absolution durch den Papst ungültig, sofern dieser im Stande der Sünde
verharre und daher keine Legitimation für sein Amt habe. Das bedeutete
die Verneinung der päpstlichen Schlüsselgewalt.

Originell waren diese Argumente keinesfalls, und man würde Hus
auch nicht in die erste Reihe weltgeschichtlicher Berühmtheiten stellen,
wenn an seinem Schicksal nicht auf lange Zeit das Schicksal Böhmens
gehangen hätte. Hus hatte seine Lehre von dem Engländer John Wiclif
(1320–1384) zum größten Teil übernommen: dieser Pfarrer zu Lutter-
worth in Leicestershire, mit dem gesamten philosophisch-theologischen
Wissen seiner Zeit ausgestattet, hatte die römische Hierarchie aufs
schärfste angegriffen: „Wie Priester von heiligem Lebenswandel und
tüchtiger Kenntnis der Heiligen Schrift die Schlüssel des Himmels besitzen und Stellvertreter von Jesus Christus sind, so haben lasterhafte Priester, die die Heilige Schrift nicht kennen, aber voll Stolz und Begierde
sind, die Schlüssel der Hölle und sind die Stellvertreter Satans". Folglich,
interpretierte die kirchliche Seite, behaupte Wiclif, daß Priester im Stande der Todsünde die Sakramente nicht gültig spenden könnten. Daß Wiclif hierauf erwiderte, dies hänge von der Reinheit dessen ab, der die Sakramente empfange, wogegen der spendende Priester sich durch das
Austeilen die ewige Verdammnis zuziehe, half dem Skandal nicht ab:
auch Wiclif beeinträchtigte die Heiligkeit des Amtes, indem er aus seiner
Ausübung eine Todsünde ableitete! Auch das mußte im Interesse der Erhaltung der Hierarchie abgelehnt werden.

Hergeleitet waren diese Sätze auch bei Wiclif letztlich aus seiner Überzeugung von der bedingungslosen Prädestination des Menschen. War
der Mensch von Geburt an auf Himmel oder Hölle hin angelegt, dann
nützte alle kirchliche Organisation nichts, die dem Menschen dabei helfen wollte, das Himmelreich zu erlangen. Auch hier tauchen die Gedanken der Reformatoren schon aus der Ferne auf: Wiclif verwarf deswegen

die Anbetung der Heiligen und alle äußeren Handlungen der Frömmigkeit, die darauf abzielten, sich im Jenseits einen Schatz an Gnade zu verdienen, also alle „guten Werke".

Gekrönt wurde das Gedankengebäude von Wiclif und Hus schließlich dadurch, daß sie, zwischen weltlicher und geistlicher Gewalt keinen Unterschied machend, erklärten: „Keiner ist weltlicher Herr, keiner ist kirchlicher Würdenträger oder Bischof, solange er in Todsünde verharrt". Ein solcher Mangel an Trennung zwischen geistlicher und weltlicher Ebene zeigt uns, daß wir uns zu Beginn des 15. Jahrhunderts noch nicht aus dem Bannkreis des frühen und hohen Mittelalters gelöst haben.

Aber was Hus und Wiclif aussprachen, das dachten damals sehr viele. Man verfällt nicht auf den Gedanken, die Hierarchie durch Ernstnehmen der Prädestination ad absurdum zu führen, ohne daß dafür in der Wirklichkeit handfeste Ansatzpunkte vorliegen. Denn wenn die Idee der Vorherbestimmung von Amtspersonen ihre politische Brisanz daraus zieht, daß sich der Betrachter des Gefühls nicht erwehren kann, dieser und jener Bischof und Papst würde einst gewiß in den Höllenpfuhl stürzen, dann mußte die tägliche Praxis der Amtspersonen entsprechend sein. Die Kirche war an der Wende vom 14. zum 15. Jahrhundert ernsthaft marode. Nur hatte sie keine Lust, sich das von hierarchisch so untergeordneten Personen wie einem englischen und einem tschechischen Pfarrer ins Gesicht sagen zu lassen.

Der Niedergang, den sie damals erlitt, hatte mit der Übersiedelung der Kirche nach Frankreich begonnen, mit ihrer „babylonischen Gefangenschaft", wie Francesco Petrarca es in einem wirkungsvollen Schlagwort fomulierte. Erst wankte die Moral, dann die Einheit. Ungefähr in dem Maße, wie die Kirche ihre Finanzpolitik immer systematischer ausbaute, verlor sie an Ansehen in der Christenheit. Dazu kam die Abhängigkeit von Frankreich, die mit Händen zu greifen war, denn im 14. Jahrhundert rekrutierte sich der größte Teil des Kardinalkollegiums allmählich aus Franzosen, und es bestieg keiner den Stuhl Petri, der nicht zwischen Pyrenäen, Rhone und Somme geboren war.

Die Kardinäle hatten seit dem Papstwahlgesetz Alexanders III. von 1179 die alleinige Zuständigkeit zur Wahl des Oberhauptes der katholischen Christenheit. Schon immer repräsentierten sie, da aus allen europäischen Ländern stammend, so ungefähr die Stimme der Nationalitäten in der übernationalen Institution der Kirche. Die Kaiser hatten nie verstanden, sich dies im Interesse ihrer Politik zunutze zu machen, ganz anders die Franzosen, auch hierin die klügeren Fortsetzer der Kaiserpolitik.

Da aber die französischen Kardinäle wußten, daß ihre Sonne nicht in Avignon, sondern in Paris leuchtete, traten sie der monarchischen Spitze der Kirche mit ganz besonderem Selbstvertrauen entgegen. Innozenz VI. (1352–1362) mußte sich als erster Papst von ihnen eine „Wahlkapitulation" gefallen lassen, also eine genau definierte Beschränkung seiner Allgewalt; er war sozusagen ein konstitutioneller Papst.

Hier wurde der Boden bereitet für die Lehre, daß das Konzil, also die Kardinäle, als oberste Autorität der Christenheit über dem Papst stehe. Der Rechtslehrer Marsilius von Padua hatte es zu Beginn des 14. Jahrhunders bereits in seinem staatstheoretischen Werk „defensor pacis" vorformuliert (Kap. 5): da die Bischöfe eine dem Papst ebenbürtige ebenfalls von Christus herrührende Amtsgewalt haben, ist das „Allgemeine Konzil" die höchste kirchliche Instanz. Und es ist von der weltlichen Gewalt zu berufen – natürlich, muß man interpretieren, dann auch von der höchsten, also dem Kaiser.

Dieser Hebel, um die Kirche in die Hand zu bekommen, wurde aber von den Kaisern des 14. Jahrhunderts nicht angesetzt, weil sie zu machtlos dazu waren, Karl IV. eingeschlossen, und weil es dessen Nachfolger, seinem Sohn Wenzel, sogar an dem Willen dazu überhaupt gebrach. Auch von den Franzosen nicht, denn sie brauchten kein Konzil, um die Kirche in der Hand zu behalten.

Das war ein nur taktischer Standpunkt, gegen den dreierlei Gefahren möglich waren: der lange Krieg mit England, der die französische Politik im übrigen Europa handlungsunfähig machte, ein sich im günstigen Augenblick zur Aktion aufraffender Kaiser und – die politisch-religiöse Tradition, die verlangte, daß der Papst aus Avignon auf seinen Mutterboden zurückkehren sollte, nach Rom.

Einem modernen Betrachter mag diese Rom-Idee als die wenn auch siegreiche, so doch aber machtpolitisch durchsichtige Erfindung des Bischofs von Rom erscheinen. Für das Mittelalter aber war Rom ganz selbstverständlich der Mittelpunkt der Christenheit; nicht umsonst waren die Kaiser jahrhundertelang nach Rom gezogen, um dort ihre höchste Weihe zu empfangen. Wir haben es hier mit einer verstandesmäßig nicht auflösbaren geographischen Mystik zu tun, an der sich Frankreich nicht unbegrenzt vergehen konnte.

Der italienische Kirchenstaat war in Verfall geraten. Ab 1353 eroberte ihn der spanische Kardinal Albornoz für den Papst und in dessen Auftrag zurück. Papst Urban V. schließlich raffte sich 1367 auf, gedrängt von Francesco Petrarca, der heiligen Brigitta (damit einem beträchtlichen Teil der öffentlichen Meinung) und Kaiser Karl IV., und zog nach Rom zurück, während die französischen Kardinäle zwar mit ihm die Alpen überquerten, aber nur widerwillig.

Die Unternehmung war auch nicht von dauerhaftem Erfolg, denn nach dem Tode des Zuchtmeisters Albornoz brach im Kirchenstaat die Anarchie aus, die Italiener wollten keine französische Verwaltung im Lande und auch nicht die zügellosen bretonischen Söldner, die der Papst mitbrachte. Da schleppte sich Urban resignierend nach Avignon zurück, verfolgt von den düsteren Prophezeiungen der heiligen Brigitta, die ihm einen baldigen Tod in der Fremde voraussagte. Urban starb auch schon 1370, Brigitta 1373, Petrarca 1374 – aber das Problem blieb, Rom schrie nach seinem Papste, die breite Bevölkerung mit dem Stadtadel zusammen.

Gregor XI. (1370 - 1378) mußte es erneut anpacken. Nach dem Tode der heiligen Brigitta hatte sich Katharina Benincasa aus Siena des Problems angenommen. Auch sie galt schon zu Lebzeiten als Heilige und wandte ihre gesamte platterdings verblüffende Energie auf, um Gregor nach Rom zu holen. Mit einer Ehrengarde frommer Jungfrauen kreuzte sie in Avignon auf und brachte den Papst inmitten seiner Hofgesellschaft in derartige Verlegenheit, daß er die Rückkehr versprechen mußte. Die Kraft der unbedingten Religiosität hatte über das Taktieren der Politiker gesiegt, im Januar 1377 zog Gregor wieder in Rom ein.

Aber die Zustände waren nicht besser als vor zehn Jahren. Bevor der Papst jedoch wiederum „Fahnenflucht" begehen konnte, starb er im März 1378. Die französischen Kardinäle hätten da gerne Morgenluft gewittert, aber das „römische Volk" ließ es nicht dazu kommen und verlangte in tumultartigen Szenen, daß ein Römer oder doch zumindest ein Italiener zum Pontifex gewählt würde. Im Vatikan sollte die Wahl stattfinden, das Volk stürmte das Konklave und wollte Ergebnisse sehen. Geistesgegenwärtig warf Kardinal Orsini dem uralten Kardinal Tebaldeschi den Papstmantel um und stellte ihn vor: „Er ist der Papst! Wir haben einen Römer gewählt!"

Tebaldeschi starb jedoch sehr bald infolge der ungewöhnlichen Aufregungen, und an seine Stelle trat Bartolommeo Prignani, Erzbischof von Bari. Die Kardinäle hatten ihn schon vor der Posse mit Tebaldeschi gewählt, aber es vor dem Mob nicht zuzugeben gewagt. Nun zwang der Mob sie, an Prignani festzuhalten, denn ein Mann aus dem Königreich Neapel war zwar schlechter als ein Römer, aber immerhin noch ein Italiener.

Prignani nannte sich Urban VI. und benahm sich sehr unbedacht, als er mit unflätigen Worten verkündete, nun werde er die überfällige Reform der Kirche beginnen: weg von der Avignoneser Pfründewirtschaft, Kampf der Simonie. Das bedeutete auch ein Vorgehen gegen das selbstbewußte französische Kardinalskollegium, und das ließ sich dieses nicht bieten. Es verschwand aus der Stadt, unauffällig gefolgt auch von den noch lebenden italienischen Kardinälen, die Urbans häufige Tobsuchtsanfälle nicht schätzten, und erklärte in Fondi, an der Grenze zwischen Kirchenstaat und Königreich Neapel, die Papstwahl für ungültig, da vom Pöbel erzwungen. Man wählte den Grafen Robert von Genf als Clemens VII. zum neuen Papst, und damit hatte die Christenheit zwei geistliche Oberhäupter.

Urban erklärte alle seine Gegner für Ketzer. Da es unser Thema mit sich bringt, müssen wir bemerken, daß er hierin theologisch irrte: Clemens VII. mochte eine Spaltung der Kirche bewirkt haben und war deshalb ein Schismatiker, aber kein Ketzer. Denn nach Augustinus, dem zu widersprechen hier kein Anlaß besteht, ist Schisma, wenn einer „dasselbe glaubt und denselben Ritus hat wie die anderen, aber sich daran erfreut, von der Versammlung der Kirche abseits zu stehen. Häresie aber bedeutet ein Abweichen von den Glaubenslehren der katholischen Kirche". Schisma ist nicht Ketzerei, nur Sünde, „weil sie sich von der Einheit trennen will, die durch die Liebe bewirkt wird" (Thomas von Aquin). Daher ist zwar jeglicher Häretiker zugleich auch ein Schismatiker, aber nicht jeder Schismatiker auch immer ein Häretiker.

Ein anderer Standpunkt (aber das war nicht das Problem Urbans VI.) ließ sich gewinnen, wenn man das Konzil und nicht den Papst als Oberhaupt der Kirche erklärte. Da das Konzil vom Heiligen Geist gelenkt war, konnte Zuwiderhandeln gegen seine Beschlüsse als Ketzerei, als Sünde gegen den Heiligen Geist angesehen werden. Widerstand gegen das Konzil war dann soviel wie Widerstand gegen die Hierarchie überhaupt, also das, was wir als Ketzerei aus juristischen Gründen bereits kennen. Wenn die Superiorität des Konzils über den Papst aus der Heiligen Schrift erwiesen werden konnte, dann war ein dem Konzil ungehorsamer Papst ein Ketzer.

Folgen wir ein Stück der Argumentation des Humanisten Enea Silvio Piccolomini aus der Zeit, als er noch der konziliaren Partei angehörte: Christus sagte zu Petrus: „Du bist Petrus, und auf diesen Felsen will ich meine Kirche bauen, und die Pforten der Hölle sollen sie nicht überwältigen" (Matthäus 16, 18). Das bedeutet, daß die Kirche insgesamt nicht in Sünde fallen kann, wohl aber ein einzelner Mensch, in unserem Falle der Papst. Dementsprechend hoch steht im Heilsgeschehen die Kirche (und ihre Vertretung, das Konzil) über dem Papst. Selbst wenn der Papst als ihr Stellvertreter anerkannt würde, wäre er ihrer Heiligkeit immer noch unterworfen – kurzum: ihre Heiligkeit ist mit seiner Oberherrschaft über sie unvereinbar. Doch widersprach dem nicht das Wort Christi: „Ich werde dir die Schlüssel des Himmelreiches geben" (Matthäus 16, 9)?

Jedenfalls führte die Spielwiese der Argumente sehr schnell zum Abgrund der Politik. Ob der Papst ein Ketzer war, das bedeutete letztlich eine Machtfrage, wie schon zu Zeiten Bonifaz VIII. und Philipps des Schönen von Frankreich. Die Inquisitionsbehörden ermittelten gegen keinen Papst, denn es genügte ja, wenn sich das Konzil zu seiner „Verurteilung" durchrang, und um den Scheiterhaufen ging es auch nicht im großen Schisma. Auch der so jämmerlich abgesetzte Johann XXIII. (siehe unten) genoß seinen Lebensabend im Besitz einer ertragreichen Pfründe. Und Enea Silvio Piccolomini, der Verfechter der konziliaren Superiorität, ver-

172

brachte gar seinen Lebensabend als Papst Pius II. (1458 - 1464), nachdem er sich auf die monarchische Idee des Papsttums besonnen hatte. Kein Glaubenskampf waltete hier, sondern Politik mit ihren Winkelzügen, denn die religiöse Unzufriedenheit hatte zwar mitgeholfen, die konziliare Bewegung hervorzubringen, doch da es dabei um die Oberherrschaft ging, verflüchtigte sich der religiöse Schwung in dem ausbrechenden Streite bald.

Wir erkennen daran, daß die spätmittelalterliche Amtskirche religiös austrocknete, und haben diesen Verdacht wohl schon gefaßt, als wir sahen, wie sie die Polizeiorganisation der Inquisition hervorbrachte. Die einen herrschten, die anderen sicherten die Herrschaft in ihrem Auftrag, und es kann nicht anders sein, als daß Herren und Diener die gleiche Gesinnung der Verfolgung hatten. Die Polizei ihrerseits hat nicht die Aufgabe, ihrem Vorgesetzten neue Impulse zu bringen, sie hat ihm zu gehorchen. Zwar mußte die Inquisition die kirchlichen Lehren kennen, da sie aus ihnen ihre Straftatbestände ableitete, aber sie funktionierte auch dann zufriedenstellend, wenn sie diese Lehren nicht mehr lebte.

Von der „Einheit, die durch die Liebe bewirkt wird," war übrigens bei dem nach römischer Auffassung rechtmäßig gewählten Urban VI. überhaupt nichts zu verzeichnen. Der Papst ließ unter Ausnutzung von Zwistigkeiten innerhalb des Hauses Anjou im Königreich Neapel einrücken und ging daran, für seinen Neffen Butillo („Fäßchen") ein Fürstentum aus dem Königreich herauszuschneiden. Der Erzbischof von Salerno, Parteimann von Clemens VII., mußte den Umstand, daß er dabei im Wege stand, mit dem Ketzertod auf dem Scheiterhaufen büßen. Aber als der von Urban eingesetzte König Anzeichen von Opposition zu erkennen gab, kam der Papst persönlich nach und nistete sich in Nocera bei Salerno ein, zusammen mit den von ihm nach dem Abfall von Fondi neu kreierten Kardinälen.

Der Aufenthalt in der alten Stauferburg, unter Belauerung durch die Neapolitaner, muß in Urban Verfolgungswahn entfesselt haben, denn er ließ seine eigenen Kardinäle in die Burgzisterne werfen, foltern und verdächtigte sie der Konspiration mit seinen Gegnern. Die Folter wurde einem Piraten aus Genua anvertraut, dessen Kirchenhaß bekannt war, und brachte auch die erwünschten Geständnissse.

Die königliche Schutzmannschaft um das Schloß herum entwickelte sich zur Belagerungsarmee. Urban hatte sich selbst gründlich ausmanövriert, doch erging er sich weiterhin in oberpriesterlicher Pathetik, indem er seine Belagerer von den Burgmauern aus viermal am Tage feierlich verfluchte, und in Sadismus, indem er vor dem Folterkeller auf- und abspazierte und dazu aufreizend laut in seinem Brevier las, damit der Pirat wußte, daß sein Herr ihn überwachte und zum Eifer anspornte.

Da die Neapolitaner die Burg nur lässig belagerten, konnte Urban nach Norden entfliehen, nach Genua. Dem Bischof von Aquila waren von der Folter die Beine zerschmettert, daher ließ Urban ihn niederma-chen. Er ging nach Genua, dann nach Lucca, und vor seiner Rückkehr nach Rom ließ er die gefangenen Kardinäle umbringen – entweder durch Werfen ins Meer oder durch Stürzen in eine Grube mit ungelöschtem Kalk.

Man begreift, daß dieses Wüten den Unmut gegen die Kirche nur noch steigern mußte. Die Reformation der Kirche wurde aus vielerlei Gründen zur Forderung der Epoche, und sie hatte zu beginnen mit der Erklärung, wer nun eigentlich der rechtmäßige Papst sei. 1389 starb das Ungeheuer Urban, und Clemens VII., in Avignon residierend, hatte Chancen, auf der politischen Walstatt als Sieger zu verbleiben; er hatte sogar vorgeschla-gen, die leidige Frage des Schismas einem Konzil zu überantworten – vielleicht hätte er sogar freiwillig abgedankt. Es ist anzunehmen, daß die Franzosen gar nicht daran interessiert waren, um jeden Preis ihren Kan-didaten in Avignon zu halten, denn ein Schisma, in dem sich beide Päp-ste mehr oder weniger neutralisierten, brachte der Krone keinerlei Vor-teil, zumal der römische Papst sich gar mit Erfolg der Zwistigkeiten im Hause Anjou bedient hatte und die „Rom-Bewegung" nicht zu beseiti-gen war: England, Polen, Ungarn, Ober- und Mittelitalien hatten zu Ur-ban gestanden, Kaiser Wenzel hatte geschwankt, für Paris konnte diese Aufteilung ganz Europas keinen Nutzen bringen.

Aber es ging nichts vorwärts, weder als nach dem Tode Urbans die Kardinäle der römischen Obödienz den Neapolitaner Tomacelli wählten (Bonifaz IX., 1389–1404), noch als 1394 nach dem Tode von Clemens VII. ein spanischer Kardinal als Benedikt XIII. sofort von den avignonesi-schen Kardinälen „nachgeschoben" wurde. Der Spanier hatte sich die Wahl durch die Zusage erschlichen, daß er abdanken wolle, wenn auch der Neapolitaner abdanke, aber nach der Inthronisierung interpretierte er sich selber um und wollte Bonifaz IX. „via discussionis" zur einseitigen Abdankung bringen. Das verdroß die Römer und auch die Franzosen, doch konnten letztere sich selber nicht dazu durchringen, ihren Papst fal-len zu lassen, obwohl sie ihn zeitweilig mit diesen Hintergedanken sogar in Avignon belagert hatten.

Als Benedikt XIII. auch noch in Verhandlungen mit den Römern trat, die nicht ernstgemeint sein konnten, da seine Gesandten nur ungenü-gende Vollmachten hatten, wählten die 1404 nach dem Tode ihres Boni-faz IX. abermals einen eigenen Papst, Innozenz VII., der nur bis 1406 re-gierte und daher auch nichts ausrichten konnte. Das Trauerspiel mußte sich noch steigern, als dessen Nachfolger Gregor XII. zwar mit Benedikt verhandeln wollte, dann aber aus allerlei politischen Gründen, für die die Gläubigen überhaupt kein Verständnis mehr zeigten, von diesem Vorhaben Abstand nahm.

Die Kardinalskollegien beider Pontifices setzten daraufhin über den Kopf ihrer Herren hinweg ein allgemeines Konzil nach Pisa (1409) an, das die Einheit der Kirche wiederherstellen sollte. So haben die Päpste durch falsches Taktieren sich selbst ihrer monarchischen Machtfülle beraubt. Die ganze Hierarchie litt unter der Spaltung: wer von beiden Päpsten hatte denn nun wirklich die Gewalt, auf Erden zu binden und zu lösen? Mußte man die kirchlichen Abgaben etwa an beide zahlen? Nach kanonischem Recht lagen die Dinge klar: schismatische Päpste verlieren die Gewalt der Jurisdiktion, aber nicht die sakramentale Gewalt, denn die ist unzerstörbar und also auch nicht durch die Sünde des Schismas verlierbar. Sie dürfen aber die sakramentale Gewalt nicht ausüben, da diese zusammen mit der Jurisdiktion in der Einheit der Kirche verwurzelt ist. „Wenn sie sie aber trotzdem ausüben, dann hat sie doch ihre volle Wirkung – weil hierbei der Mensch lediglich als Werkzeug Gottes tätig wird" (Thomas von Aquin). Der Verlust der Jurisdiktion war schwerwiegend genug – wenn man nur genau wußte, wer der rechtmäßige Papst war. Weder den Gläubigen noch dem Klerus konnte für diese Bestimmung das Machtwort des Landesfürsten genügen. Cuius regio, eius oboedientia – das paßte nicht in das mittelalterliche Einheitsdenken.

Die Weltordung stimmte in ebenso erschreckendem Ausmaße nicht mehr wie zur Zeit der Kämpfe zwischen Kaiser und Papst im Hochmittelalter. Wo war noch die Universalität der Christenheit, wenn sie ein doppelköpfiges Oberhaupt hatte, wenn Christus als Herr der Kirche zwei Stellvertreter hatte, die im Kampf gegeneinander seine Organisation paralysierten? Hier konnte nur noch der Bruch des kanonischen Rechtes helfen, d. h. die Eigenmächtigkeit der Kardinäle, die in Pisa tagten. Aber sie verschlimmerten die Situation so, daß sie schon lächerlich wurde. Sie setzten sowohl Benedikt XIII. als auch Gregor XII. ab und den Erzbischof von Mailand als Alexander V. ein – ohne diesem allgemeine Obödienz verschaffen zu können. Spanien, Portugal und Schottland gehorchten Benedikt. Rom, Neapel, Oberitalien und der deutsche König Ruprecht von Wittelsbach (Kurfürst von der Pfalz) Gregor und Frankreich und England standen zu Alexander, dem dritten in der Runde. Man konnte es religiösen Gemütern nicht verargen, wenn sie da wieder einmal den Weltuntergang vor Augen sahen.

Die Situation zementierte sich, als Alexander sich des Kirchenstaates bemächtigen konnte und Kardinal Baldassare Cossa 1410, nach Alexanders Tod, als Johannes XXIII. sein schismatisches Pontifikat antrat. Nun wurde Johannes aber vom König aus Ungarn aus dem Kirchenstaat vertrieben (die politischen Intrigen, die dahinter standen, wollen wir übergehen) und mußte sich daher in die Arme des deutschen Königs Sigmund von Luxemburg werfen, der ihm eine Bulle abtrotzte, in der der Papst ein allgemeines Konzil für den 1. November 1414 nach Konstanz berief. Dort sollte die „causa unionis et reformationis" verbindlich gelöst werden. Hätte Johannes XXIII. sich nicht hilflos in Bologna aufgehalten, seiner römischen Machtbasis beraubt, wäre es nie soweit gekommen.

Sigmund aber triumphierte: er hatte das beherrschende Thema der kirchlichen Einheit unter seine Kontrolle bekommen, denn ein Papst hatte ihm die Einberufung eines Konzils konzedieren müssen, noch dazu auf Reichsboden. Das Kaisertum schien auf dem besten Wege, nach beständigem Niedergang wieder eine führende Rolle im Abendland zu übernehmen. Nicht umsonst lebt der agile Kaiser Sigmund, dessen übrige Pläne etwas unübersichtlich anmuten und das ganze Europa umfaßten, in der Geschichte hauptsächlich als der Initiator des Konstanzer Konzils weiter, denn damit hat er der krisengeschüttelten Christenheit bis zur Reformation ein Jahrhundert später die Einheit zurückgegeben. Einen ganz „unkirchlichen" Ansprechpartner hatte er in Johannes XXIII. dafür gefunden, der eher ein gerissener Machtpolitiker als ein Seelenhirte war, ein condottiere, der gegen Neapel ins Feld zog, ein Jongleur kurialer Finanzgeschäfte, der nach Konstanz in der Hoffnung ging, sich dort durchzusetzen und „causa unionis" mit „meine eigene Angelegenheit" übersetzte.

Benedikt XIII. war weiterhin so starrsinnig, daß er von dem Konzil nichts hielt, und in Perpignan residierend schmollte, obwohl ihm seine Kardinäle bereits davongelaufen waren. Ein hartes Stück Arbeit lag vor Sigmund, und er lud auch die Koryphäen der Wissenschaft sowie die Fürsten nach Konstanz – das sah nach einer unerhörten Versammlung des ganzen Abendlandes aus, auf der es ganz und gar nicht monarchisch und hierarchisch zugehen mußte und auf der die Theorie von der Überordnung des Konzils über den Papst gefährliche Triumphe feiern konnte.

Auch die „causa fidei" stand dort zur Debatte, d. h. die Abrechnung mit allen, die den desolaten Zustand der Kirche in den Erschöpfungen des großen Schismas zum nur allzu berechtigten Anlaß der Kritik genommen hatten und als deren gefährlichster Jan Hus galt. Sein Werdegang und mit ihm die häretische Entwicklung, die Böhmen in den letzten Jahrzehnten genommen hatte, werden nur verständlich vor dem Hintergrund dieser Zeit, die aus den Fugen geraten war. Und wenn seine Richter auch viel zu hierarchisch (und viel zu politisch) dachten, um ihm wegen ihrer eigenen Verfehlungen mildernde Umstände zuzubilligen, so wirkten die chaotischen Zeitläufte doch schon auf seine Vorstellungswelt ein, als er bewußt zu denken begann.

Denn seiner späteren Wirkung hatten in Böhmen schon manche vorgearbeitet. Da war der österreichische Augustinerchorherr Konrad Waldhauser gewesen, von Kaiser Karl IV. nach Böhmen geholt und bis zur Vertrauensstellung von dessen Beichtvater aufgestiegen: er predigte unter kaiserlicher Protektion in Prag und auch in der Provinz, geißelte die

Sitten des Klerus und der Bürgerschaft, die es beide an demutsvollem Christentum fehlen ließen. Die Dominikaner im Lande wollten das nicht dulden, denn Waldhauser hatte durchaus Erfolg und machte ihnen damit das Predigtmonopol, das sie gerne ausgeübt hätten, streitig. Sie verklagten ihn in Rom, aber die Protektion des Kaisers reichte aus, um ihn dort nicht in der Gewalt der Inquisition enden zu lassen.

Man mag es an dieser Stelle merkwürdig finden, daß Waldhauser nicht im eigenen Land verklagt werden konnte. Warum dieser Umweg über Rom? Das ist nicht nur damit zu erklären, daß in Böhmen die Inquisition gegen Karl IV. machtlos war, sondern es folgt daraus, daß es dort sozusagen gar kein Heiliges Offizium gab. Das Anwachsen der ketzerischen Bewegung in einem der Herzlande des Kaiserreiches ist ein beredtes Zeichen dafür, daß die Inquisition so allmächtig, wie sie nach ihrem Selbstverständnis hätte sein mögen, in Wirklichkeit durchaus nicht war. Seit dem 13. Jahrhundert gab es dort Waldenser-Gemeinden, die niemals unterdrückt werden konnten. Kein Wunder, da ein Personal an hierfür ausgebildeten Dominikanern nicht bestand, folglich auf die Bischöfe zurückgegriffen werden mußte. Die aber konnten vom fernen Sitz des zuständigen Erzbischofs, des von Mainz, nicht überwacht werden und zeigten wenig Eifer, sich an die einschlägigen Reichs- und Kirchengesetze zu halten. König Przemysl Ottokar II. hatte 1257 von Papst Alexander IV. zwei Inquisitoren erbeten und auch erhalten, doch deren Wirkung war keinesfalls nachhaltig, denn 1301 mußte eine Prager Synode feststellen, daß die Ketzerei sich weiter ausbreitete. Johannes XXII. mit seiner administrativen Energie richtete vom fernen Avignon aus trotz Vermahnung König Johanns von Böhmen (des Vaters Karls IV.) und Bestellung einiger Inquisitoren nichts aus. Wenn der Bischof von Prag nicht wollte, dann war der Papst machtlos.

Eine straffere Durchführung der Verordnung hätte man ab 1344 erwarten können, da ab diesem Jahre Prag von Mainz unabhängig wurde und einen eigenen Erzbischof bekam. Die zielbewußte Hausmachtpolitik des Kaisers bewirkte, daß die Inquisition in Böhmen weiterhin Sache der Bischöfe blieb, also des zu höheren Würden gelangten Pragers, und damit er einen zweiten Suffragan (nach dem Bischof von Olmütz) hatte, ab 1344 des von Leitomischl. 1381 aber mußte Erzbischof Johann sich wiederum vor seinen Amtskollegen aus Regensburg, Bamberg und Meißen darüber beschweren, daß Waldenser und „Sarabiten" (waren das Begarden?) immer noch ihr Unwesen im Lande trieben.

Die einzelnen dogmatischen Abweichungen all dieser böhmischen Ketzer sind für uns nicht mehr zuverlässig rekonstruierbar, doch kommt es für deren kirchenpolitische Bedeutsamkeit darauf eigentlich auch nicht an. Schon bei Konrad Waldhauser war die Hauptsache die Kritik am weltlichen Treiben der Kirche gewesen. Ihre Autorität galt nicht viel im Lande. Die prunkvollen Kirchenbauten in Prag aus der Zeit Karls IV. können darüber nicht hinwegtäuschen. Das alles war nur Kulisse und Kunsthandwerk, wurde von weiten Teilen der Bevölkerung, auch wenn sie sich nicht direkt mit den Ketzergemeinden identifizierten, als Veräußerlichung der christlichen Frömmigkeit angesehen. „Devotio moderna" hieß das neue Schlagwort, hinter dem die Überzeugung stand, daß der Wert christlichen Lebens in erneuter Verinnerlichung gesucht werden müßte. Jedermann in Europa dachte so, auch jenseits von Böhmerwald und Erzgebirge. Die bekannteste Frucht der „devotio moderna" ist das um 1380 entstandene Buch des Thomas von Kempen am Niederrhein geworden: „Von der Nachfolge Christi". Es hat auch Luther noch begeistert.

Die Zeichen der Zeit standen wieder einmal auf Sturm gegen die Hierarchie. Jan Militsch aus Kremsier in Mähren warf alle seine glanzvollen und einträglichen Pfründen von sich, entflammt von der Predigt des Konrad Waldhauser, und predigte das Erscheinen des Antichrist: zwischen 1365 und 1367 werde er auftreten, und dann sei das Weltende nahe. Militschs Wortgewalt beschwor die Visionen des Abtes Joachim von Fiore aufs neue, noch dazu von der Kanzel der Teynkirche aus, der größten Kirche der Prager Altstadt. Peinlicherweise bezeichnete er Karl IV. als den Antichrist, wohl abgestoßen von dessen nüchtern-kaufmännischer Regierungsweise, die dem Idealbild eines christlichen Kaisers wenig entsprechen mochte. Aber weder der Kaiser noch der Papst konnten sich dazu aufraffen, Jan Militsch für gefährlich zu halten, obwohl er nach Avignon vor die Inquisition geladen wurde und die Dominikaner nicht versäumten, ihn bei Kaiser und Papst anzuklagen.

Jan Militsch fuhr fort zu wirken. Er bekehrte die Dirnen Prags und stellte ihnen eine Häuserreihe zur Verfügung, in der sie in einer Art freiwilliger Klostergemeinschaft leben konnten. Das nannte er dann „Neu-Jerusalem". Nach seinem Tod 1374 in Avignon – soeben war er dort von der Anklage der Ketzerei freigesprochen worden – löste „Neu-Jerusalem" sich allerdings wieder auf.

Ihm folgte als Matador der antikurialen Religiosität Matej von Janov. Waldhauser und Militsch seien wie die Propheten Henoch und Elias gewesen, verkündete er, denn diese hätten das Kommen des Messias im Alten Testament angekündigt. Welchen Messias erwartete Matej von Janov? Ein Schleier von Endzeiterwartung begann sich über das böhmische Land zu legen. Vor dem Blick des begeisterten Propheten Matej wurde das „goldene Prag" fahl, und mit der Dynamik und Hartnäckigkeit, die den böhmischen Predigern eigen war und die tief ins Volk wirkte, erwachte das Volk Böhmens zu neuem Selbstbewußtsein.

Matej wandte sich leidenschaftlich gegen die übertriebenen Begriffsspielereien der Scholastik und erklärte unbefangen, mit Aristoteles, einem der geistigen Ziehväter des großen Thomas von Aquin, könne es nicht so weit her sein, da er als ungläubiger Heide nunmehr in der Hölle sitze. Die Vereinfachung der Glaubenswahrheiten, das Abrücken vom Betrieb der theologischen Fakultäten war sein Anliegen, mit dem er sich in die Front der „devotio moderna" einreihte. Natürlich erreichte er damit die breiten Schichten des Volkes weitaus besser als all die Professoren, und in einfacher und eindringlicher Sprache lieferte er seinen Beitrag zur Erschütterung der Hierarchie: Joachim von Fiore wurde dem Volk ein Begriff, dessen Prophezeiungen von der endzeitlichen Kirche des Heiligen Geistes öffneten den Horizont über den kleinlichen Hader von Rom und Avignon hinaus. Wer diese Lehre, vorgetragen von einem der großen Prediger der Zeit, in sich aufsog, der war auf Lebenszeit unzufrieden mit der Hierarchie, der wurde reif zu dem Schritt, sich von ihr loszusagen.

Wie immer bei utopistischen Erwartungen verband sich dabei die vorwärtsgewandte mit der rückwärtsblickenden Utopie: der Heilige Geist sollte herabsteigen, nachdem sich die Kirche geläutert hatte, ihre historisch gewachsenen Irrtümer über Bord geworfen und sich auf die edle, weil einfache Urkirche Christi und der Apostel zurückbesonnen hatte. Selbstverständlich predigte Jan Militsch also auch die Verachtung aller äußerlichen Kirchenstrukturen, beginnend bei der himmelschreienden Simonie, fortfahrend über die Heiligenverehrung, die Wallfahrten und das Reliquienwesen und endend beim Anspruch des Papstes, von Petrus die Schlüsselgewalt übertragen bekommen zu haben. „Kirche", das war für Jan Militsch nicht die äußere Organisation, sondern bereits in Vorwegnahme der endzeitlichen Kirche die Gemeinschaft aller Gläubigen, ungeachtet ihrer lateinischen oder griechischen Observanz. Hier kommt ein untheologisches Moment ins Spiel, denn Matej von Janov beobachtete, daß die meisten Slawen in der griechisch-orthodoxen Kirche vereint waren, und wenn er als Tscheche keine gleichsam weltliche Hinneigung zu den Serben, Russen und Bulgaren gefühlt hätte, dann hätter er seine Opposition gegen das Papsttum nicht auch mit diesem Argument angereichert.

Die Kritik an Rom bekam eine national-tschechische Färbung. Das bedeutete in Böhmen, wo die Tschechen mit den Deutschen seit Jahrhunderten zusammenleben mußten, eine Kehrtwendung gegen das Deutschtum. Religion und Erwachen des tschechischen Nationalismus gingen eine untrennbare Verbindung ein. Hinter der „devotio moderna" begannen handfeste politische Interessen aufzuscheinen. Schon Jan Militsch hatte nicht nur lateinisch gepredigt, sondern auch tschechisch, allerdings ebenso deutsch, und es wäre gewiß eine Vereinfachung, wenn wir die schließlich „hussitische" Bewegung als schlichtweg antideutsch darstellen wollten. Das ließe auch ihr religiöser Gehalt nicht zu, doch war

genug Spannung zwischen beiden Völkern angewachsen, um die anti-
hierarchische Bewegung gerade in Böhmen – sagen wir, national kräftig
zu grundieren.

Auch die Formulierung der theologischen Argumente kam dieser Tendenz entgegen. Matej von Janov verlangte, die Eucharistie sollte häufiger zelebriert werden. Das lief auf eine größere Teilhabe der Mehrheit im
Lande an den geistlichen Zeremonien hinaus – die Mehrheit aber war
tschechisch. Er deutete das Erfordernis des Laienkelches an, also des Ge-
nusses der Eucharistie unter beiderlei Gestalt – wir haben bereits gesehen, wie diese Forderung die Sonderstellung des Priesters gefährden
und damit egalitär wirken mußte. Angesichts der Besetzung der hohen
Verwaltungsposten im Lande mit Deutschen war aber jede egalitäre Absicht eng mit einer nationaltschechischen verbunden. Die Vereinfachung der Lehre, dargestellt an der Degradierung des Aristoteles zum
Heiden außerhalb des ewigen Heiles, bewirkte eine „Demokratisie-
rung" des theologischen Denkens, sofern es nämlich von den Kanzeln
und akademischen Hörsälen unter das Volk heruntersteigen durfte – das
„Volk" aber war mehrheitlich tschechisch. Diese Egalisierungstenden-
zen bedeuteten auf die Dauer nicht nur einen Angriff auf die gesellschaftlich führende Rolle des Adels (auch des tschechischen, wohlgemerkt), sondern auch der Deutschen. Dabei trat zum nationalen Argument das soziale hinzu. Hinter der demontierten hierarchischen und
dogmatischen Fassade tauchten politische Probleme auf, die uns bereits
neuzeitlich anmuten, ja die auf dem Boden Böhmens sogar durch die
brutale Zäsur des Jahres 1945 nicht völlig beseitigt worden sind.

„Den Deutschen will ich setzen euch in Pelz, / der soll euch kneipen,
bis euch Schmerz und Ärger / aus eurer Dumpfheit wecken, und ihr aus-
schlagt / wie ein gesporntes Pferd" rief König Přemysl Ottokar II. dem
Bürgermeister von Prag zu, wenn wir Grillparzer in seinem Trauerspiel
„König Ottokars Glück und Ende" glauben wollen. In der Tat hatte Ottokar die deutsche Einwanderung nach Böhmen, die schon um die Wende
vom 12. zum 13. Jahrhundert eingesetzt hatte, ganz entscheidend gefördert. Die Deutschen wanderten in die Städte ein, siedelten auf dem flachen Lande und übernahmen die Bergwerke des Landes in Mies, Iglau
und auch die Silbergruben von Kuttenberg. Wo sie in den Städten siedelten, brachten sie deutsches Stadtrecht mit, das den Kommunen mit königlicher Genehmigung umfangreiche Freiheiten einräumte. Dies war
ein Anreiz für die umsiedelnden Bauern, in die Städte abzuwandern, und
deren Gewerbefleiß hob den Lebensstandard des bis dahin fast ausschließlich agrarischen Landes gewaltig. Um die Mitte des 14. Jahrhunderts konnte ein Chronist bereits feststellen, daß „in fast allen Städten
des Reiches (gemeint ist das Königreich Böhmen) und bei Hofe in dieser
Zeit die deutsche Sprache gebräuchlicher ist als die böhmische". Die

Deutschen waren im Durchschnitt wohlhabender und einflußreicher als die Tschechen.

Das unter Karl IV. blühende Königreich war sich indessen seines nationalen Konfliktpotentials noch nicht bewußt. Kampf gegen die Hierarchie war ein die Nationen übergreifendes Thema. Konrad Waldhauser war Deutscher gewesen, das Sinnbild des Laienkelchs eine deutsche Erfindung – es mußten noch einige Etappen durchlaufen werden, um die hussitische Revolution zum Ausbruch kommen zu lassen. Kurz zusammengefaßt: der König als die oberste weltliche Macht, der Erzbischof von Prag als die oberste geistliche Macht und die Universität als wissenschaftliche Autorität in Glaubensfragen mußten ausgeschaltet werden bzw. auf die Linie der Reformer einschwenken, dazu sich das Prager Bürgertum und die ländliche Bevölkerung radikalisieren, dann erst waren alle Dämme der bestehenden Ordnung gebrochen.

Der Bauernsohn Jan Hus aus Husinetz bei Prachatitz, wahrscheinlich 1369 geboren, hätte es sich, als er als Student um das Jahr 1386 in Prag einzog, nicht träumen lassen, daß er einst zur Symbolfigur der kommenden Revolution werden würde. Zunächst zeichnete er sich unter seinen Kommilitonen nicht aus. Er bekannte später, daß er das Studium schnell hinter sich bringen wollte, um als Priester ein angenehmes Leben führen zu können, geehrt und ohne materielle Sorgen. 1396 erlangte er als höchsten akademischen Grad den des Magisters der „freien Künste", dann setzte er das Theologiestudium als die Krönung der damaligen akademischen Ausbildung darauf. Er begann Vorlesungen an der Universität zu halten und tritt uns in den erhaltenen Quellen als häufiger „Doktorvater" anderer Studenten entgegen, ohne selbst jemals den Doktorhut erlangt zu haben.

Im Jahre 1400 wird er zum Priester geweiht und beginnt in der Kirche St. Michael zu predigen. 1402 wechselt er an die „Bethlehemkapelle" über. Das war eine Stiftung eines reichen Deutschen und eines reichen Tschechen, die von den Predigten des Jan Militsch und Matej von Janov religiös aufgerüttelt worden waren und die „Betlemská" gegründet hatten, damit in ihr ausschließlich tschechisch gepredigt werde. Hus wird zu diesem Zeitpunkt als recht beliebt in seinem Prager Freundeskreis und auch bei seinen akademischen Zunftgenossen geschildert, umgänglich und freundlich zu jedem, mit einem ausgeprägten Sinn für Freundschaft und Gemeinschaft.

Nun fiel auch sein außerordentliches Talent zur Predigt auf, verbunden mit einer gewissen Hartnäckigkeit und einem bemerkenswerten „Sexualhaß", was für seine Tätigkeit auf der Kanzel in einer spätmittelalterlichen Großstadt mit ihren freien, vom Luxus verdorbenen Sitten nicht von Nachteil war. Es gab im damaligen Prag geistig beweglichere als ihn, z.B. seinen bärtigen Kommilitonen Hieronymus, der die Schriften

Wiclifs selbst in Oxford studiert hatte und Hus an intellektuellem Übermut, aber eben nicht an Sittenstrenge übertraf.

Hus predigte so zündend, daß Erzbischof Zybnek von Hasenburg ihn 1403 zum Synodalprediger ernannte. Da er dies aber in seiner unbändigen moralistischen Weise zu schonungslosen Angriffen gegen die versammelte höhere Geistlichkeit ausnützte und dabei gar manchen wunden Punkt berührte, mußte ihn Zybnek 1407 dieser Stelle wieder entheben.

Während seiner unermüdlichen Tätigkeit auf der Kanzel begann er die Lehren des Erzketzers Wiclif zu studieren. Dessen Traktate waren damals in Böhmen weit verbreitet, da Anna, die Schwester des regierenden Königs Wenzel von Böhmen, König Richard II. von England geheiratet hatte und dementsprechend die Kontakte zwischen beiden Ländern für kurze Zeit so lebhaft geworden waren, daß sie auch den Transport häretischer Contrebande mitumfaßten. Hus nahm die Lehren Wiclifs derart begierig in sich auf, daß er in seinen späteren Schriften bis in die einzelnen Formulierungen hinein die Worte des Engländers schlicht wiederholte.

Solche Studien waren schon im ersten Jahrzehnt des neuen Jahrhunderts gefährlich, denn bereits 1403 hatte die Universität Prag 45 der Sätze Wiclifs als ketzerisch verdammt. Eine Synode von 1405 verurteilte einen Lehrsatz Wiclifs, der als besonders häretisch angesehen wurde und besagte, daß bei der Transsubstantiation Brot und Wein einerseits Leib und Blut Christi würden, andererseits aber ihre ursprüngliche materielle Beschaffenheit beibehielten. Es bliebe ein „Erdenrest" in der Hostie zurück, und daher nannte man dies die „Remanenzlehre". Wer immer als „Wiclifit" bezeichnet wurde, dem sagte man auch den Glauben an die Remanenzlehre nach. Obwohl Hus sich zu solcher Spekulation nie verstiegen hatte, mußte er sich den Vorwurf des „Remanentismus" später auf dem Konzil von Konstanz doch gefallen lassen.

Dem König Wenzel und auch seiner Gemahlin, der bayerischen Prinzessin Sophie, gefiel nicht übel, wie Hus mit dem Klerus ins Gericht ging, denn sie mochten seine antikirchliche Oppositionsrolle angesichts der beiden schismatischen Päpste, zwischen denen nun Wenzel zu lavieren hatte, um die deutsche Königskrone wieder zu gewinnen, für eventuell nützlich ansehen. Wenn Wenzel schon in seiner Zeit als deutscher König (bis 1400, die Kurfürsten hatten ihn wegen Unfähigkeit abgesetzt) die Aufgabe der Kirchenreform nicht in die Hand genommen hatte, so nicht aus hierarchischer Bigotterie, und sein Tolerieren des wütenden Predigers in der „Betlemská" konnte ihn gar bei dem mit dem Klerus unzufriedenen Volke beliebter machen. Dies hatte er umso nötiger, da er den Adel Böhmens haßte, der ihn schon zweimal gefangengenommen hatte.

Entsinnen wir uns, daß Kaiser Maximilian I., als er von den Ungelegenheiten hörte, die ein gewisser Martin Luther aus Wittenberg der Kurie verursachte, listig meinte, man solle das „Mönchlein" wohl hüten. Denn eine ketzerische Bewegung kann auch dazu benutzt werden, um den Heiligen Stuhl in politisch erwünschte Schwierigkeiten zu bringen. Nun, der Maximilian nachfolgende Kaiser Karl V. hatte dann die Macht und die Energie dazu, aber Wenzel von Böhmen keines von beiden.

Die hohe Politik trat auch in das Leben des Sittenpredigers Jan Hus, als 1408 sich die beiden Päpste Benedikt XIII. und Gregor XII. stritten und Wenzel die Herren Stephan von Paletsch und Stanislaus von Znaim (letzterer ein ehemaliger Lehrer von Hus) im Rahmen einer Gesandtschaft ans Kardinalskollegium schickte, das beiden Pontifices die Gefolgschaft aufgesagt hatte. Da sie aber von dem päpstlichen Legaten Baldassare Cossa als Ketzereiverdächtige eingesperrt wurden und erst nach langer und martervoller Haft wieder freikamen, taten diese im Anschluß daran alles, um sich als Rechtgläubige zu profilieren, und fielen ab von der Gefolgschaft des Jan Hus.

Ferner faßte Wenzel einen Zorn gegen die Prager Universität, weil diese ihn bei seiner Kirchenpolitik nur unzureichend unterstützte, und er trat daher einem Plan näher, der diese Körperschaft in die Hände der Tschechen, also letztlich der Häretiker liefern mußte: bei Abstimmungen waren bisher immer vier Nationen, darunter die bayerische, sächsische und „polnische" (letztere von Deutschen durchsetzt) angetreten. Die vierte, die böhmische, konnte daher jederzeit überstimmt werden. Hus schlug nun vor, entsprechend der Verfassung der Pariser Universität, der würdigsten im ganzen Abendland, den Einheimischen drei Stimmen zu geben. Damit wären die Deutschen ausgeschlossen. Wenzel zögerte erst, dann unterzeichnete er 1409 das sogenannte „Kuttenberger Dekret", in dem er dieser Lösung zustimmte. Da nunmehr die deutschen Studenten und Professoren in die Minderheit gedrängt waren, wanderten sie erzürnt aus und gründeten im selben Jahr in Leipzig eine neue Universität. Sie sorgten auch dafür, daß überall, wohin sie kamen, die Böhmen als Ketzer verschrien wurden, und trugen damit nicht unwesentlich dazu bei, die lateinische Christenheit allmählich in Harnisch gegen die Vorgänge in Böhmen zu bringen.

Die erste Barriere war damit gefallen: die Wissenschaft wurde wiclifitisch. 1411 trat Erzbischof Zbynek zurück, der die Schriften Wiclifs in Massen hatte verbrennen lassen, sein Nachfolger war ein kraftloser Greis und trat 1413 ebenfalls zurück. Der Nachfolger jedoch, Konrad von Vechta, schlug sich auf die Seite der Wiclifiten bzw., wie man allmählich sagen kann, der Hussiten. Nun war die zweite Barriere gefallen. 1410 war der Ketzerprozeß auf Geheiß von Papst Johannes XXIII. gegen Hus eröffnet worden, der 1411 zur Exkommunikation führte. Aber Hus predigte weiter, und auf niemanden im Land, der zu ihm stand, machten die Verfluchungen, die da über die Alpen herauftönten, nennenswerten

Eindruck; seine Anhänger standen zu ihm.

Ein leidiger Ablaßhandel, im Falle Luthers der Katalysator seiner Rebellion, sorgte auch hier für weitere Zuspitzung der Lage. Der Condottiere-Papst Johannes XXIII. brauchte Geld für seinen „Kreuzzug" gegen König Ladislaus von Neapel und schrieb daher auch für Böhmen einen Ablaß aus, an dem sich natürlich die Geister schieden. Die Deutschen waren zwar aus der Universität ausgeschieden, aber Stephan von Paletsch, damaliger Dekan der theologischen Fakultät, verteidigte auf einmal den Ablaß. Hus disputierte und predigte dagegen, diesmal ganz besonders zündend, worauf eine fanatisierte Menge unter Mitwirkung des bärtigen Hieronymus die päpstlichen Ablaßbullen auf dem Pranger der Stadt Prag verbrannte.

Da raffte sich Wenzel zu einer anscheinenden Inkonsequenz auf, indem er bei Todesstrafe jedes Auftreten gegen den Ablaß und seine Verkünder verbot. Wir können seinen Schritt aber so verstehen, daß er Hus nur duldete, soweit ihm dieser die Sympathien der tschechischen Bevölkerung sicherte. Dem übergeordnet war aber Wenzels Interesse, an Johannes XXIII. festzuhalten, um sich von ihm in der Wiedererlangung der deutschen Königskrone unterstützen zu lassen.

Drei junge Handwerker, die die Ablaßprediger bei deren Veranstaltungen unterbrochen hatten, wurden enthauptet, obwohl Hus sich für sie eingesetzt hatte. Nun hatte das „neue Prag" seine ersten Märtyrer, und Johannes XXIII. mußte mit der ganzen Strenge des kanonischen Rechts reagieren: Befehl, die Bethlehemskapelle zu zerstören, für Hus die „große Exkommunikation", die für ganz Prag das Einstellen des Gottesdienstes und der Spendung der Sakramente bedeutet hätte, nur hielt sich die Hus-Gemeinde – unter ihr immer noch die Königin Sophie – nicht daran. Trotzdem war es für Hus nun besser, zeitweilig unterzutauchen, indem er sich aufs Land begab, auf die Ziegenburg in Südböhmen. Wenn Wenzel auf den Condottiere-Papst setzte, dann war allerdings sein Leben in Gefahr.

Im südböhmischen Exil schrieb Hus seinen Traktat „de ecclesia", in dem er seine antiklerikale Haltung niederlegte und dessen Sätze später den Konzilsvätern von Konstanz die exakte Handhabe gaben, ihn als Häretiker zu verdammen. Auch als „Junker Jörg auf der Wartburg" betätigte er sich, indem er die Bibel ins Tschechische übersetzte, eine für seine Volkssprache ähnlich bahnbrechende Tat wie Luthers Bibelübersetzung für das Deutsche.

Wenzel war nun gegen Johannes XXIII. eingestellt, da dieser in seiner Bedrängnis im Dezember 1413 Sigmunds Angebot annehmen mußte, das von der Christenheit heiß ersehnte Konzil miteinzuberufen. Der Papst, der mit Sigmund paktierte, kam nun nicht mehr als Unterstützung für die Rückkehr Wenzels an die Macht in Frage. Ein Unwetter schien sich über Hus zusammenzuziehen, denn Sigmund und der Papst waren übereingekommen, Hus als Ketzer zu behandeln, und das bedeutete, daß ihn nur noch der Widerruf all seiner Lehren vor dem Scheiterhaufen bewahren konnte – vorausgesetzt, daß er nach Konstanz ging.

Sollte er es wagen, wo ihm doch die dortige glanzvolle Versammlung wie die Höhle des Löwen vorkommen mußte? An Wenzel hatte er jedenfalls keinen Halt mehr, denn dem konnte sein Bruder Sigmund, die Autorität Johannes' XXIII. hinter sich, mit einem Kreuzzug drohen. Da würden sich die beiden Luxemburger doch lieber untereinander einigen, bevor es so weit kam, wenn erforderlich, auch auf Kosten des Jan Hus. Also empfahl der königliche Rat dem Prediger, sich nach Konstanz zu begeben. Hus mußte dieser Empfehlung folgen, einmal, weil sie seinem kämpferischen Temperament entsprach (er pflegte es durch seinen Wahlspruch: „die Wahrheit siegt" auszudrücken), zum anderen, da sie gefahrlos schien: Sigmund hatte ihm „freies Geleit" zugesichert.

Hus verließ Prag am 14. Oktober 1414, bevor er den königlichen Begleitbrief in der Hand hielt. Er hatte drei große Predigten im Sinne, mit denen er die Doktoren, Prälaten und Fürsten des Abendlandes von der Richtigkeit, zumindest Häresiefreiheit seiner Ansichten zu überzeugen gedachte. In der Tasche trug er ein Schreiben des Erzbischofs Konrad von Vechta, in dem ihm dieser bescheinigte, daß er sich zwar von der Exkommunikation lösen müsse, im übrigen aber schuldlos sei.

Am 3. November 1414 zog Hus in Konstanz ein, als zwar schon Johannes XXIII., aber weder die Päpste Benedikt XIII. und Gregor XII. nebst ihren Kardinälen noch auch sein königlicher Schutzherr anwesend waren. Dafür waren einige seiner böhmischen Gegner gekommen, unter ihnen Stephan von Paletsch. Dazu noch ein gewisser Michael aus Deutsch-Brod, dessen Lebenswandel nicht fleckenlos war: erst hatte er von König Wenzel eine Menge Geldes erhalten, um einige stillgelegte Goldminen bei Iglau erneut in Schwung zu bringen, war dann aber recht bald unter Veruntreuung der königlichen Gelder nach Rom gezogen, um sich dort den Titel eines päpstlichen „procurator de causis fidei" zu kaufen. Seitdem hieß er „Michael de causis". Sigmund kam immer noch nicht, da er in Aachen mit seiner Königskrönung beschäftigt war.

Die Kardinäle des Papstes forderten von Hus, er solle zum Verhör vor ihnen erscheinen, doch er berief sich auf Sigmunds Geleitbrief, nach dem er nicht zum Opfer eines Inquisitionsprozesses werden durfte. Nur vor dem ganzen Konzil wollte er frei seine Ansichten darlegen. Die Kardinäle, vor denen Hus schließlich dennoch erschienen war, wollten den Geleitbrief gar nicht sehen, da sie ohnehin entschlossen waren, ihn zu mißachten: Hus wurde unter Bewachung festgehalten, bis die Nacht hereinbrach. Dann verkündeten Stephan von Paletsch und Michael de causis ihm frohlockend, daß er gefangen sei. Nach einigem Hin und Her sperrte man ihn in den Kerker des Dominikanerklosters, zugig am Bodensee gelegen (es war Anfang Dezember!), direkt neben die Latrine. Hus verfiel in heftiges Fieber, die päpstlichen Ärzte nahmen sich seiner an, er wurde in eine Klosterzelle verlegt, denn Papst Johannes konnte kein Interesse daran haben, vor Sigmund als der Mörder seines Schützlings dazustehen.

Als Sigmund schließlich am 25. Dezember 1414 in Konstanz eintraf, verlangte er unter der Drohung, ansonsten das Konzil zu verlassen, die sofortige Freilassung des Hus. Das war nun eine Machtfrage: die Kardinäle erklärten Sigmund, wenn Hus nicht im Kerker bleibe, dann würden sie ihrerseits das Konzil verlassen. Keine von beiden Parteien aber konnte ernsthaft die Versammlung sabotieren, auf der die Hoffnungen des ganzen lateinischen Europa ruhten. Sigmund hatte die schlechteren Nerven und erklärte daher am 1. Januar 1415, das Konzil könne natürlich gegen alle vorgehen, die im Ruch der Ketzerei stünden. Dafür mußte er sich schrille Töne aus dem böhmischen Königreich seines Bruders gefallen lassen, und auch Hus erklärte, er sei verraten worden.

Eine Chance schien sich für ihn aber erst wieder zu ergeben, als Johannes XXIII., der bemerkte, daß das Konzil ihn auch für abgesetzt erklären könnte, sich im März 1415 aus Konstanz davonstahl und damit als „Chef der Anklage" ausfiel. Inzwischen war Hus nach Gottlieben gebracht worden, auf die Burg des Bischofs von Konstanz, und dorthin wurde Anfang Juni auch der inzwischen wieder eingefangene Papst gebracht. Er hatte seine Abdankungsurkunde bereits unterschrieben. Nunmehr war auch der Ex-Papst Objekt eines Inquisitionsprozesses, in dem er seine sämtlichen simonistischen Taten zugab und infolgedessen nach einigen Jahren Haft entlassen und von dem neuen Papst Martin V. gar mit einer standesgemäßen Pfründe abgefunden wurde.

Hus fiel nun in die Hände des Kardinalskollegiums, das – zumindest nach den Beteuerungen des Ex-Papstes – Hus bereits ohne Willen Johannes' XXIII. festgesetzt hatte und nunmehr seine Machtvollkommenheit über die zur Einheit zurückzuführende Kirche auf Kosten des böhmischen Ketzers demonstrierte. Die letzte Chance für Hus war dahin. Noch während der allgemeinen Verwirrung über die Flucht des Papstes war die Kommission, die den Prozeß gegen Hus zu Ende führen sollte, neu besetzt worden. Am 4. Mai 1415 wurden, gleichsam als notwendiger Vorspann, die Lehren des Wiclif im Namen des Konzils (nicht des Papstes!) verdammt. Die Freunde des Hus, allen voran der Ritter Johann von Chlum, forderten die Kardinäle auf, das Verfahren nun endlich zum Abschluß zu bringen, woraus der Schluß zu ziehen ist, daß sie mit einem Freispruch für Hus rechneten. Da König Sigmund im Sommer nach Spanien reisen wollte, um den dort residierenden Benedikt XIII. zur Abdankung zu bewegen, war in der Tat Eile geboten, denn der König verlangte, insofern den Wünschen Hus' nachgebend, eine öffentliche Sitzung des ganzen Konzils, auf der dieser sich verantworten sollte. Das war in Inquisitionsverfahren nicht üblich, mußte aber bei den häretischen Böhmen als „fair play" angesehen werden und war daher politisch opportun. Dem Willen zur Wahrheitsfindung entsprang diese Absicht nämlich nicht, da die Stimmen der Konzilsväter, Hus sei ein gefährlicher Ketzer, der auf jeden Fall unschädlich gemacht werden müsse, schon seit Monaten unüberhörbar waren, da Paletsch und Michael de causis nicht ruhten und rasteten, um Hus anzuklagen, und da Sigmund, wenn er schon einmal sein Versprechen des freien Geleits gebrochen hatte, an einem Schutz des Böhmen auch nicht weiter interessiert war.

Die Kirche konnte den König sogar belehren, daß er sich seines Bruches des freien Geleits nicht zu schämen brauchte. Denn gegen einen Ketzer gelten keine rechtlichen Verpflichtungen der weltlichen Seite, er wird gewissermaßen auch juristisch exkommuniziert. Wenn selbst die Lehensverpflichtung zwischen Kaiser und Reichsfürst null und nichtig ist, sobald einer von beiden Vertragspartnern ein Ketzer ist, wie dann erst der Geleitbrief eines Souveräns, ausgestellt für einen Privatmann! Wer Gott nicht die Treue hält, dem muß man sie unter den Menschen auch nicht halten. Doch Sigmund fühlte selber deutlich, daß es trotz dieser kanonistischen Logik eine mißliche Sache für ihn war, wenn eine von ihm nun einmal ergriffene Maßnahme plötzlich ohne sein Zutun null und nichtig sein sollte. Es wird nämlich berichtet, daß er errötete, als Hus ihn am Morgen seiner Hinrichtung an das Vertrauen erinnerte, das er in sein königliches Wort gesetzt hatte. Immerhin, die Auffassung von Treubruch und Verrat war damals nicht so selbstverständlich mit Sigmunds Handeln verknüpft, wie wir das aus unserer heutigen Perspektive sehen mögen.

Am 5., 7. und 8. Juni 1415 stand Hus vor dem Konzil. Die Vorsitzenden der Untersuchungskommission waren zwei Franzosen, Kardinal Pierre d'Ailly, Bischof von Cambrai, und Jean Charlier de Gerson, Kanzler der Sorbonne, zwei der hervorragendsten Theologen ihrer Zeit, Gerson ein Schüler d'Aillys. Doch diese beiden Koryphäen konnten keinen disziplinierten Ablauf des ersten Sitzungstages garantieren. Hus wurden seine Schriften auszugsweise vorgelegt, er wurde gefragt, ob er dies geschrieben habe. Er bejahte und fuhr fort: „Man weise mir nach, daß Irrtümer oder Fehler darin sind. Dann will ich sie verbessern". Das war für das Tribunal eine zu kecke Sprache, und daher wurde Hus niedergeschrien. Der Tumult nahm solche Formen an, daß d'Ailly die Sitzung vertagte.

Am 7. Juni war auch König Sigmund anwesend, denn als intelligenter spätmittelalterlicher Herrscher nahm er gern an theologischen Disputen teil, wenn er nicht gerade auf Reisen war, Pläne schmiedete oder sich dem schönen Geschlecht widmete. Die Doktoren warfen Hus vor, daß er ein Anhänger der wiclifschen Remanenzlehre sei, was dieser entschieden und auch zu Recht bestritt. D'Ailly glaubte dem Ketzer aber nichts, aus dem scholastischen Grunde, weil er doch ein „Realist" war. Das war in der mittelalterlichen Philosophie die Gegenschule zu den „Nominalisten". Angelpunkt ist die Frage, ob die Allgemeinbegriffe des Denkens Wirklichkeit sind oder nur ein sprachlicher Ausdruck, ein „nomen" (siehe auch Wilhelm von Occam in Kap. 5). Wenn nun die Allgemeinbegriffe oder Universalien Realität sind, dann durfte doch bei der Konsekration der Hostie das Brot auch tatsächlich Brot bleiben. Auf seine Fortexistenz kam es dem Realisten nicht an, denn sie wurde unerheblich angesichts der Verwandlung in Christi Leib. Wenn das auch konsequent gedacht war, Hus hatte nicht so konsequent gedacht, denn für ihn war die Transsubstantiation ein Mysterium und daher nicht mit dem Verstand aufschlüsselbar.

Diese Einzelheit ist jedoch charakteristisch für die Art und Weise der Konzilsväter, mit Hus umzuspringen: sie erlaubten ihm nicht, seine Sätze zu interpretieren, unterstellten ihm gar Sätze, die er nie gelehrt hatte, um ihn unschädlich zu machen. Es nützte ihm nichts, daß er im März 1415 im Kerker eine Abhandlung schrieb, in der er die kirchliche Auffassung zur Transsubstantiation ausdrücklich vertrat. Die eingangs erwähnten Zitate sind einer Zusammenstellung von Lehrsätzen des Hus durch das Konzil entnommen, von denen es ihm unterstellte, daß er sie vertrete, sind aber nicht etwa in allen Punkten die authentische Auffassung des Hus selbst. Das machte für ihn natürlich einen erheblichen Unterschied, nicht aber für die Ketzerpolitiker, die, da sie Wiclif zu treffen versäumt hatten, sich nun wenigstens an Hus schadlos halten wollten.

Ein juristischer Aufhänger für ein solches Vorgehen fand sich in den Regeln des Inquisitionsverfahrens. Es mußten nur genügend Zeugen auftreten, um Hus einer häretischen Ansicht zu bezichtigen, das galt dann als Beweis. Zwar bestand auch die Regel, daß Todfeinde als Zeugen untauglich waren, und die Konzilsväter trachteten Hus von Anfang an nach dem Leben – aber wer hätte die Behauptung wagen können, die gewiegtesten Theologen des Abendlandes wären untaugliche Zeugen eines Inquisitionsverfahrens? Hus tat auch nichts, um zu taktieren. Johann von Chlum verdarb es noch mit Sigmund, als er leidenschaftlich erklärte, Hus sei freiwillig nach Konstanz gekommen, und niemand hätte ihn dazu zwingen können. Das stimmte, aber Sigmund mußte unter dieser Behauptung zusammenzucken, denn sie bescheinigte ihm in aller Öffentlichkeit seine Machtlosigkeit im Königreich Böhmen! Und Jean Charlier de Gerson verprellte Hus mit der Bemerkung, dieser sei sein Feind, daher als Zeuge unmöglich und falls er, Hus, nicht am Leben bleibe, werde Gott für ihn am Jüngsten Tage dem Gerson Antwort geben. Das verträgt keine Institution, daß man ihre Autorität unter den Vorbehalt höherer Mächte stellt!

Sigmund wollte unter die Verhandlung einen Schlußstrich ziehen, indem er Hus aufforderte, sich dem Spruch des Konzils bedingungslos zu unterwerfen. Dieser antwortete, indem er sich für die Zusicherung freien Geleits bedankte – wie peinlich das Sigmund sein mußte, bedachte er nicht. Dann räumte er ein, er wolle sich unterwerfen, wenn er eines besseren belehrt worden sei. Das war Heldenmut, doch ersichtlich vergeblich. Bei all der Hartnäckigkeit, die Hus zeigte, mußte er doch immer den Scheiterhaufen vor Augen haben, mußte er daran denken, daß die Gans (= „husa" auf tschechisch) in Konstanz gebraten werden würde, wie ein sadistisches Wortspiel besagte, das damals im Schwange war. Doch er war bereit, um seiner Wahrheit willen auch diese letzte Konsequenz auf sich zu nehmen.

Da konnte auch die nächste Sitzung nichts ändern, in der es um die Ekklesiologie ging, mit ihren verheerenden Aussagen über die fehlende Legitimation der zeitgenössichen Kirche. Auch Sigmund bekam sein Teil ab mit dem Satz: „Auch ein König, der in Todsünde lebt, ist kein König!" Er erwiderte darauf in ruhiger Würde: „Kein Mensch lebt ohne Sünde" und charakterisierte damit, trotz aller Verworfenheit der bestehenden Ordnung, sehr deutlich die Fragwürdigkeit der von Hus ersehnten anderen Ordnung, in ihrer klerikalen Hälfte der „Geistkirche".

Das Thema hatte damals einen besonderen realen Hintergrund: das Konzil mußte sich auch mit der Lehre von der Rechtfertigung des Tyrannenmordes beschäftigen. Jean Petit von der Sorbonne hatte nämlich gelehrt, daß ein im Zustand der Todsünde lebender Herrscher getötet werden dürfe und damit den Mord gerechtfertigt, den Johann, Herzog von Burgund, an Ludwig, Herzog von Orleans, im Jahre 1407 befohlen hatte. An der Frage, an die Hus mühelos anknüpfen konnte, hingen die Interessen französischer Außen- und Innenpolitik. Sigmund mochte bei dem Stichwort vom Tyrannenmord an die Gefühle der aufsässigen Böhmen gegen sein Haus Luxemburg denken. Das Konzil tat seine feudal-hierarchische Pflicht, indem es die Lehre des Jean Petit als häretisch verdammte. Es erklärte sie für nicht nur politisch, sondern auch moralisch bedeutsam, „zu Betrug, Täuschung, Lüge, Verrat, Meineid den Weg öffnend" und daher zu seiner geistlichen Zuständigkeit gehörend.

Sigmund ersuchte Hus, zu widerrufen, die Prälaten schlossen sich an. Hus widerrief nicht, auch dann nicht, als ein polnischer Bischof ihm die Artikel des kanonischen Rechts zitierte, in denen die wohlbekannten Folgen seiner Hartnäckigkeit festgelegt waren. Dann wurde er abgeführt. Der Schauprozeß – denn das „fair play" der öffentlichen Verhandlung war durch deren rüden Verlauf mehr als ausgeglichen worden – war zu Ende. Es gab keine andere Lösung als vollständigen Widerruf oder Verweigerung des Widerrufs; das Konzil war eine Macht, die nicht mit sich diskutieren ließ, jedenfalls nicht von diesem böhmischen Magister.

Hatte er etwa je das Gegenteil geglaubt? Sein Auftreten war so kämpferisch gewesen, daß man fast annehmen kann, er wäre nach Konstanz mit der festen Absicht gegangen, sich dort die Märtyrerkrone zu erwerben. In seinen Briefen an die Getreuen spricht er aber ausdrücklich von den Anfechtungen, denen sein Geist während der leidensvollen Zeit im Kerker ausgesetzt gewesen war: „Wißt, ich hatte viel zu kämpfen mit den Träumen, um ihnen nicht nachzuhängen...alle Gefängnisse, wohin ich geführt werden sollte und wie, zeigten sich mir vorher...öfters erschienen mir viele Schlangen mit Köpfen auch auf den Schwänzen, aber keine konnte mich beißen, und noch vieles andere...Das schreibe ich nicht, weil ich mich für einen Propheten hielte und mich überheben wollte, sondern, um euch zu sagen, daß ich Anfechtungen an Leib und Seele hatte..."

Plötzlich aber war das Konzil anscheinend nicht mehr darauf aus, Hus in den Tod zu schicken, wenn es auch die Diskussion mit ihm nicht ernsthaft aufnahm. Eine Widerrufsformel wurde ihm vorgelegt, die eigentlich gar keine war, denn nach ihrer Formulierung stellte sie nur eine Unterwerfung unter die Konzilsautorität dar – bedeutete aber nicht, daß Hus sich von seinen Lehren distanzieren sollte. Das war jedoch zu fein gesponnen für das Gewissen des Jan Hus. Er weigerte sich, dasjenige, was er für wahr hielt, nicht auch öffentlich zu vertreten, und auch der Hinweis darauf, daß er die Verantwortung für wahr und falsch vor Gott den Konzilsvätern überlassen könne, beeindruckte ihn nicht in der Geradlinigkeit seiner Gesinnung. Matej von Janov hatte die Feinheiten der Scholastik verachtet und war mit dem Vorwurf der Spitzfindigkeit sehr schnell bei der Hand gewesen: ein Vereinfacher, wie sie oft den geistigen Boden für Revolutionen bereiten. In Hus trug diese Vereinfachung nun ihre Früchte, sie machte ihn immun gegen die Teilnahme an den juristisch-taktischen Winkelzügen, die ihm da angesonnen wurden.

Da schritt das Konzil zu einer in der Geschichte der Inquisitionsverfahren ganz außergewöhnlichen Konzession: am 5. Juli 1415 bot man ihm an, er müsse nur die Glaubenssätze, deren Vertretung er durch Zeugen „überführt" worden war, ablehnen – man unterstellte sich selbst also, daß die Zeugen falsch ausgesagt haben könnten. Er müßte nur diejenigen abschwören, die man ihm aus seinen Schriften nachgewiesen habe. Auch das beeindruckte Hus nicht mehr. Es ging ihm um alles oder nichts, und wir müssen bemerken, daß er dem Konzil in seiner moralischen Standfestigkeit die gleiche Auffassung aufzwang. Er hatte es immer gerne belehren wollen, daher ja auch seine Predigten vorbereitet, die vor der Vollversammlung der Würdenträger und Doktoren zu halten gewesen wären. Nun konnte er es wenigstens darüber belehren, daß er den

Tod der Schande seines Widerrufs vorziehe.

Sein Feind Stephan Paletsch erschien im Kerker, und die beiden rede-
ten anscheinend zwar mit Bitterkeit, aber doch noch sachlich miteinander. Hus fragte ihn, was er tun würde, wenn er abschwören sollte, was er
nie behauptet habe, und Paletsch konnte darauf nur erwidern, daß das
eine schwere Sache sei. Hus schrieb seinen letzten Brief „in Erwartung
des Todesurteils, im Kerker, in Ketten, die ich – das hoffe ich – für Gottes
Gesetz erdulde". Er handelte aber so, als ob er es nicht nur hoffte, sondern genau wüßte. Seine bescheidenen persönlichen Angelegenheiten
hatte er schon geordnet.

Am nächsten Tag, dem 6. Juli, wurde im Dom von Konstanz das Hoch-
amt gefeiert unter der Teilnahme aller Honoratioren des Konzils, König
Sigmunds, des hohen Adels und der hohen Geistlichkeit. Nach der Messe durfte Hus, der Exkommunizierte, die Kirche betreten, und die Artikel, in denen er für schuldig befunden worden war, wurden ihm vorgelesen. Sein Protest gegen einzelne Punkte wurde nicht zur Kenntnis genommen. Dann verlas man das Urteil gegen ihn, verbunden mit dem Befehl, seine Bücher zu verbrennen, ihn der Priesterwürde zu entkleiden
und ihn dem weltlichen Arm zu übergeben. Ein Priestergewand zog man
ihm über, um es ihm anschließend wieder symbolisch auszuziehen, immer wieder mit der Aufforderung zum Widerruf. Doch was ließ sich da an
Neuem erwarten? Hus wiederholte seinen Standpunkt, daß er nicht widerrufen könne, was er nicht behauptet habe.

Nach der Abnahme des Priestergewandes wurde ein Kreuz in sein
Haar geschnitten und ihm eine hohe Papiermütze aufgesetzt, bemalt mit
Teufelsgestalten und Höllenflammen und mit der Aufschrift „Haeresiar-
cha" – Erzketzer. Dann die Übergabe an den weltlichen Arm: Sigmund
befahl dem Pfalzgrafen Ludwig, Hus zu ergreifen und mit ihm zu verfahren, wie es sich mit einem Ketzer gezieme. Der Pfalzgraf wiederum
wandte sich an den kaiserlichen Vogt von Konstanz: „Vogt, nehmt ihn,
als ob er von uns beiden gerichtet wäre, und verbrennt ihn als einen Ketzer".

Nun wurde Hus durch die Stadt auf die Hinrichtungsstätte geführt, eine Wiese in der Nähe des Rheins. Auf dem Weg dorthin mußte er vor dem
bischöflichen Palast mit ansehen, wie seine Bücher verbrannt wurden.
Vor dem Scheiterhaufen fiel er auf die Knie, um zu beten. Gewohnheits-
gemäß trat ein Kaplan an ihn heran, um seine Beichte zu hören, eventuell
auch den bis zum Anstecken des Scheiterhaufens noch möglichen Widerruf entgegenzunehmen. Hus blieb standhaft. Nichts in seinem Verhalten zeugte von Todesangst.

Er wurde an den Pfahl gebunden, sein Hals mit einer rostigen Kette
festgeschlossen, und zwei Karren Reisig und Stroh wurden um ihn herum aufgehäuft. Der Reichsmarschall von Pappenheim sprengte heran,

um Hus im Namen des Königs zum letzten Mal zum Widerruf aufzufordern. Als Hus sich erneut weigerte und zu einer Rede ansetzen wollte, klatschte der Reichsmarschall in die Hände, und der mit einer brennenden Fackel bereitstehende Henker legte Feuer an den Scheiterhaufen. Hus begann lateinische Hymnen zu singen. Bei den Worten „Du, der du geboren bist von der Jungfrau" schlug ihm der Wind die Flammen und den Rauch ins Gesicht und er verstummte. Aber die Freunde, die auf dem Platz standen, konnten noch eine halbe Minute lang sehen, wie er die Lippen bewegte und wie er sich schließlich noch am Pfahle bewegte.

Es war eine dritte Holzfuhre notwendig, um den verkohlten Leichnam endgültig zu Asche niederzubrennen, auch der Mantel, den Hus einem der Henkersknechte geschenkt hatte, mußte auf Befehl des Pfalzgrafen mitverbrannt werden. Die Absicht der Inquisition, von ihren Opfern auch nicht das geringste Stäubchen auf Erden übrigzulassen, wurde von den böhmischen Reliquienjägern umgangen: obwohl die Mär ging, der Richtplatz sei genau an der Stelle gewesen, an der ein Kardinal sein verendetes Maultier verscharrt hatte, gruben sie zum Andenken ringsum die Erde aus, wenn sie nach Konstanz wallfahrteten.

War Hus zu Recht hingerichtet worden? Diese Frage kann man moralisch und theologisch abzuhandeln versuchen, und nicht nur die tschechischen Wallfahrer hätten an der Gerechtigkeit der Prozedur gezweifelt. Einer der Konzilsväter selbst, Petrus von Versailles, vermerkte zornig, hätte Hus sich nur eines Advokaten bedienen dürfen, dann wäre er wohl freigekommen!

Wenn daran stimmte, daß auch Konzilsteilnehmer selbst zu der These neigten, sündige Priester könnten keine Sakramente spenden, Hus also nichts anderes sagte als Zeitgenossen, die für gut katholisch galten, so muß doch erneut festgehalten werden: die Kirche wollte sich nicht von dem böhmischen Magister belehren lassen. Daher war sein Verfahren der Form nach zwar ein inquisitorisch-theologisches, aber dem Zweck nach ein politisches. In politischen Prozessen spielt es keine Rolle, ob die Richter insgeheim dem Angeklagten recht geben. Gerade in dem Wörtchen „insgeheim" steckt die ganze politische Spannweite des Falles Hus.

Petrus von Versailles schoß aber auch theologisch über das Ziel hinaus. Denn wenn Hus nur die Bibel und ausgewählte Kirchenväter als Glaubensquelle gelten lassen wollte, dann war eben das die Häresie, die ihm die Hierarchie nicht verzeihen konnte. Dabei kam es nicht einmal auf das alle Gemüter bewegende Thema an, ob nun das Konzil die oberste Autorität der Christenheit war oder der Papst, denn Hus sprach mit seiner Auffassung beiden die Legitimität ab. Und es war unter diesem Aspekt zwar unfair, aber im Ergebnis gleichgültig, wieviele der Lehren, die ihm in die Schuhe geschoben wurden, er tatsächlich vertreten hatte.

Konzil von Konstanz: Jan Hus wird sein Priestergewand ausgezogen und mit der Ketzermütze auf dem Haupt zum Scheiterhaufen geführt.

Eine juristische Erwägung sollte schließlich nicht vergessen werden: war das Konzil berechtigt, Hus abzuurteilen? Es war ja zusammengetreten, ohne vom Papst hierzu einberufen worden zu sein. Faßt man deshalb seine Konstituierung als kirchenrechtlich ungültig auf, dann hätte es Hus ohne Berechtigung verbrannt. Erst der ab 1417 amtierende Papst Martin V. hätte das Verfahren nachträglich legitimieren können. Dann aber kann es nach kanonischem Recht wieder aufgenommen werden, und zwar ohne zeitliche Begrenzung! Das wäre nicht nur eine Spitzfindigkeit, sondern für das tschechische Nationalgefühl auch heute noch ein wichtiger Aspekt.

Auch Hieronymus, einer der eifrigsten Schüler des Hus, ein glänzender Disputant und weitgereister Gelehrter, fiel dem Konzil zum Opfer. Er hatte es zwar vor der Hinrichtung seines Meisters verlassen, aber in Bayern griff man ihn wieder auf. All seine Schlagfertigkeit half ihm nichts, er mußte widerrufen und tat es auch. Doch dann widerrief er seinen Widerruf und mußte am 30. Mai 1416 den Scheiterhaufen an derselben Stelle wie Hus besteigen. Poggio Bracciolini, humanistisch gebildet, päpstlicher Sekretär und Augenzeuge all dieser Vorgänge, konnte ihm, ebenso wie Hus, seinen Respekt nicht versagen: „Hier starb ein Mann aus der Schule der Philosophen". Hieronymus hatte sich die „Ketzerkrone" selbst aufs Haupt gesetzt mit den Worten „Als Jesus Christus, unser Gott, für mich starb, trug er eine Dornenkrone. Stattdessen trage ich diese hier freudigen Herzens um seinetwillen". Und als ihm der Henker angeboten hatte, das Feuer hinter ihm anzuzünden, damit er es nicht sehe, da hatte er die klassische Antwort gegeben: „Zünde es an, wo ich es sehen kann. Hätte ich es gefürchtet, so würde ich nicht hier sein".

Es hätte des mannhaften Verhaltens der beiden „Erzketzer" nicht bedurft, um aus ihrem Tod ein Fanal zu machen. Das Konzil erfuhr sehr bald, daß mit diesen Exekutionen die große Frage, ob Böhmen im Schoße der katholischen Kirche bleiben würde, keinesfalls gelöst war. Denn Hus war ja nicht der Anführer seiner Böhmen gewesen, sondern nur ihre Symbolgestalt. Jetzt war er gar noch zum Märtyrer geworden. Solche Gestalten können die Geschicke ihres Volkes in der praktischen Politik gar nicht lenken, sie sind aber umso wirksamer im Ungefähren, das dem politischen Handeln zugrunde liegt, im Prinzip, hier des Widerstandes gegen die katholische Kirche und die etablierte weltliche Macht, und eben dadurch unsterblich, daß sie nur die Personifizierung dieses Prinzips sind.

Sowohl das Konzil als auch Sigmund, und Wenzel erst recht, waren machtlos, der häretischen Stimmung in Böhmen entgegenzuwirken. Noch im Juli 1415 hatte das Konzil die Böhmen aufgefordert, durch energische Verfolgung der Ketzerei die gute Meinung von der Rechtgläubigkeit des Landes zu bestärken, die die versammelten Väter angeblich pflegten. Die Reaktion bestand nur in der Resolution einer daraufhin empört zusammengetretenen Versammlung von fast 500 böhmischen Adeligen, die Husens Rechtgläubigkeit erklärte und sich bitter beklagte über das Unrecht, das ihm in Konstanz geschehen sei. Jeder, der Hus für einen Ketzer erkläre, sei selber einer, und man behalte sich vor, ihn vor einem zukünftigen Papst anzuklagen. Dies war ab November 1417 Kardinal Otto Colonna, nun Martin V., mit dem zwar das ab 1378 bestehende Schisma beendet wurde, also die „causa unionis". Aber die Lösung der „causa fidei", die Beseitigung der Ketzerei in Böhmen, konnte man von diesem Papst nicht erwarten, hatte er doch früher als Kardinal das Inquisitionsverfahren gegen Hus bis zu dessen Exkommunizierung geführt.

Der überaus eifrige Bischof Johann von Leitomischl wurde zum Inquisitor für Böhmen ernannt, der alle Ketzer vor seinen Bischofsstuhl vorladen durfte, gedeckt durch einen Schutzbrief König Wenzels. Wer aber nicht erschien, das waren die Ketzer. Der Nachfolger des Johann, Patriarch Johann von Konstantiopel, wurde ermächtigt, alle Ketzer vor das Gericht der römischen Kurie zu zitieren. Auch das nützte nichts, denn man konnte nicht ein ganzes Land vorladen. Hus war freiwillig gekommen, seine Anhänger überschritten den Böhmerwald nicht. Sigmund redete Wenzel ins Gewissen, ohne etwas auszurichten, und auch die Drohung mit einem Kreuzzug fruchtete nichts.

Immerhin löste Wenzel 1417 die Universität auf, denn all ihre scholastisch-philosophische Gelehrsamkeit diente schon seit 1409 nur noch der Widerspenstigkeit. Der König mochte mittlerweile das Kuttenberger Edikt und insgesamt seine Mitschuld daran, daß es soweit gekommen war, bitter bereuen. Das Heilige Offizium hatte keine Waffen. Die einzige Möglichkeit des Einschreitens war aber doch die, zu der sich einst Innozenz III. gegen die Albigenser hatte durchringen müssen: offener Kampf, Einmarsch eines „Kreuzheeres".

Allerdings war die hussitische Bewegung kein Monolith: die einen nahmen die Frage des Abendmahles unter beiderlei Gestalt auf und wären zufrieden gewesen, wenn ihnen die Kirche diesen Ritus zugestanden hätte: das waren die „Utraquisten" oder auch „Calixtiner". Doch bestand daneben eine viel radikalere Bewegung, die nichts geringeres im Sinne hatte, als einen theologischen und auch einen politisch-sozialen Kahlschlag, die „Taboriten". Sie versammelten sich auf einem Berg in Mittelböhmen, den sie entsprechend dem Berg der Verklärung Christi in Palästina „Tabor" nannten. Schon sprachen sie davon, König Wenzel abzusetzen und einen taboritischen Landedelmann an seine Stelle zu setzen, und Wenzel Koranda, einer ihrer führenden Prediger, konnte sie nur mit der zutreffenden Erwägung davon abhalten, daß Wenzel ein schwacher Herrscher sei und sie daher unter ihm tun und lassen könnten, was sie wollten. Sollte dieser doch sogar einem der militanten Adligen, Jan

Žižka von Trocnov, geraten haben, alles zu tun, um die Ehre Böhmens, die im Abendland durch den Verdacht der Ketzerei so schwer beleidigt worden war, wiederherzustellen!

Nun, die Taboriten taten alles, um diesen Verdacht zu rechtfertigen. Sie lehnten die Lehre vom Fegefeuer ab, die Verehrung von Reliquien, Heiligen und der Jungfrau Maria, darüber hinaus sämtliche traditionelle Liturgie. Auch Laien durften nach ihrer Auffassung taufen, wozu keine Kirche erforderlich war und kein Taufbecken: eine in Seen und fließenden Gewässern gespendete Taufe sei ebenso gültig. Zehntausende trafen sich auf dem Berg Tabor, bauten ihre Zelte auf, ergingen sich in Predigt, Andacht und Austeilung der Eucharistie in beiderlei Gestalt. Das war der Trotz des Jan Hus auf Massenbasis, aber dazu kam noch etwas, was über die kontrollierte Gedankenwelt des Hus hinausging und die Taboriten unfähig zu irgenwelchen Kompromissen machte: die eschatologischen Erwartungen, die sie hegten und die sie mit dem unerschütterlichen Glauben an ihre Verpflichtung erfüllten, das Gottesreich auf Erden in Böhmen aufzurichten.

Zuerst mochten sie noch die Rückkunft Christi erwarten, und das war zwar Eschatologie, aber noch ohne politischen Zündstoff. Doch als sich die Situation in den Jahren 1419/1420 entscheidend zuspitzte, da faßte der Gedanke Fuß, auch das Wirken der Menschen habe aktiv auf die zu erwartende Endzeit hinzuzielen. Dieses Wirken jedoch war untrennbar von Gewaltanwendung.

Marxistische Historiker, die nach 1948 in der Tschechoslowakei das geschichtliche Erbe in die Hand bekamen, erklären diese Radikalisierung mit der Verarmung der bäuerlichen Massen. Sie wittern eben überall Vorläufer der bolschewistischen Oktoberrevolution. Wenn auch die Lage des Landmannes im späten Mittelalter immer bedrückender wurde, weil die Grundherren ihnen immer höhere Lasten aufbürdeten (die feudalen Grundherren mußten der Gefahr der Verarmung entgegensteuern, die sie mit der Verbreitung der Geldwirtschaft zu bedrohen begann), ist hier doch Reserve angebracht: die Hinunterdrückung zur Leibeigenschaft setzte erst im späteren 15. Jahrhundert ein, unter der Herrschaft der Utraquisten. Die Situation war also nicht so sozialrevolutionär zugespitzt, daß den Bauern aus materiellen Gründen keine andere Wahl blieb, als Taboriten zu werden. Das ist leninistische Vereinfachung. Weil die hussitische Bewegung auch eine religiöse war, ist sie weder ausschließlich nationalistisch zu verstehen noch ausschließlich sozial.

Begonnen hatte die entscheidende Eskalation damit, daß Wenzel sich zu spät aufraffte, um den Ketzern entgegenzutreten. Er glaubte die Kreuzzugsdrohungen seines Bruders Sigmund dadurch aus der Welt schaffen zu können, daß er alle Prager Kirchen bis auf drei den Hussiten entzog. Außerdem suchte er seinen Hof von hussitischen Sympathisanten zu säubern und die Prager Bürger, die sich die Wegnahme ihrer Kirchen nicht gefallen lassen wollten, zu entwaffnen. Doch sein Befehl, alles Kriegsmaterial auf dem Vyšehrad zu deponieren, veranlaßte den Žižka, eine bewaffnete Abteilung aus den Bürgern aufzustellen und sie dem König mit der heuchlerischen Bitte zu präsentieren, er solle ihm die Feinde angeben, gegen die diese Truppe zu führen sei. Wenzel verließ daraufhin Prag, denn offensichtlich war seine Autorität dem Volkszorn nicht mehr gewachsen. Der entlaufene Mönch Jan Želivský begann Brandpredigten zu halten und erklärte in der vereinfachenden Manier, die die Hussiten und besonders die Taboriten so schätzten, die Frage nach dem gerechten Krieg für eine von den vielen scholastischen Spitzfindigkeiten, die überflüssig seien.

Die Radikalen trafen sich außerhalb Prags auf ihren Taborbergen, von denen es eine ganze Anzahl gab, und bildeten dort auf ihre Art schon so etwas wie eine faktische Gegenregierung. Wenzel hatte keinerlei Kontrolle über Böhmen mehr, als unter der Mitwirkung des Jan Želivský am 30. Juli 1419 das Faß endgültig zum Überlaufen kam: die Stephanskirche, die nun wieder den Katholiken gehören sollte, wurde von einer fanatisierten „Prozession" auf seine Anregung gestürmt, dann zogen die Menschen zum Rathaus der Prager Neustadt, wo besorgte Ratsherren amtierten, von Wenzel erst vor kurzem eingesetzt. Želivský ließ von ihnen die Freilassung einiger Gefangener fordern, und die Ratsherren lehnten das in turbulenter Verhandlung ab, vom Ratssaal herab den Leuten auf der Straße zurufend. Sie hatten von der Kleinseiter Burg militärischen Schutz angefordert und wollten Zeit gewinnen, doch die Menge brach die Türen des Rathauses auf, stürmte in das Zimmer und warf die Ratsherren auf die Straße hinunter. Die einen stürzten sich zu Tode, die anderen wurden vom Mob niedergemacht. Das war der erste der drei „Prager Fensterstürze".

Die Schutzmannschaft zog sich darauf zurück, die Hussiten bildeten eine Bürgermiliz, deren Hauptleute das Kommando in der Stadt übernahmen. Dann wurde ein neuer Magistrat für die Prager Neustadt gewählt, natürlich von hussitischer couleur, der sich politisch mit den Ratsherren der Altstadt verstand, denn auch die waren in ihrer Mehrheit hussitisch gesinnt. Als König Wenzel das erfuhr, bekam er einen seiner fürchterlichen Tobsuchtsanfälle, der sein letzter wurde. Angeblich unter Gebrüll verschied er, während die Hussiten die Kirchen in Prag demolierten, um die Einfachheit des Urchristentums wiederherzustellen.

Nun war Sigmund der legitime Herr des Landes. Aber er war fern, ihn hielt in Ungarn eine Unternehmung gegen die Türken fest. Königin Sophie, die Witwe Wenzels, war in Prag mittlerweile vollständig machtlos. Jan Žižka kam in die Stadt, zerstörte Kirchen und Klöster und verbrannte bei dieser Gelegenheit viele Mönche gleich mit. Auch im Lande kam es zu den ersten schlimmen Gewalttaten. Während Königin Sophie das als Ketzernest berüchtigte Pilsen belagern ließ, schlugen die Deutschen in der Bergwerkstadt Kuttenberg gegen die Hussiten los. Sie wurden verbrannt, geköpft oder in einen stillgelegten Bergwerksschacht vor den Toren der Stadt gestürzt. Sigmund eilte aus Ungarn herbei, und obwohl ihn die Böhmen als einen Deutschen und den Verräter an Jan Hus nicht mochten, entzog sich der Adel des Landes nicht seinem Vorschlag, eine allgemeine Versammlung einzuberufen und deren Ergebnisse der römischen Kurie zu unterbreiten.

Der Adel dachte eben, bei der bekannten notorischen Machtlosigkeit des Königs würde er ihm schon die gewünschten Konzessionen entreißen können: Religionsfreiheit, Beschneidung der weltlichen Herrschaft des Erzbischofs von Prag und des Bischofs von Leitomischl, Zulassung der päpstlichen Bullen nur nach Genehmigung durch den vom Adel zu besetzenden Kronrat, Verbot, einen Böhmen außerhalb des Landes vor ein geistliches Gericht zu ziehen. Letzteres hatte schon Wenzel verfügt, um sich seine Untertanen zu verpflichten. Bei Wenzel war das freiwillige Anbiederung gewesen, bei Sigmund würde man es neu verlangen müssen, und ohne Eingehen auf die Wünsche des Adels würde Sigmund seine Herrschaft in Böhmen nicht befestigen dürfen. Der Adel war im Lande schon immer stark gewesen. Jetzt aber stellte er sich hinter die Forderungen der religiösen Radikalen, weshalb ein Regieren gegen ihn vollständig unmöglich wurde.

Weihnachten 1419 huldigten die böhmischen Stände Sigmund in Brünn, auf seinen Befehl wurden die in Prag errichteten Barrikaden niedergerissen. Aber Žižka und die Seinen konnten aus den folgenden Maßnahmen des Königs schnell entnehmen, daß er die Hussiten nie und nimmer im Lande dulden würde, weshalb sein diplomatischer Vorschlag keinerlei Aussicht auf Realisierung hatte. Mit Doppelzüngigkeit konnte er jedoch den Tschechen nicht mehr beikommen; Žižka ließ den Tabor zur Festung ausbauen.

Daß die ganze Situation nur der berühmten Stille vor dem Sturm glich, zeigte sich recht bald. Sigmund stand ganz auf der Seite der katholischen Kirche und selbstverständlich auch auf der Seite der Obrigkeit. Wenn er auch über wenig Macht zu gebieten hatte, anbiedern wie sein Bruder Wenzel würde er sich gewiß nicht. Er hatte den päpstlichen Legaten bei sich, den Bischof von Lucena, und ließ von ihm im März 1420 endgültig den Kreuzzug verkünden.

Die Radikalen hatten unterdessen in Prag den Vyšehrad besetzt und zur Festung ausgebaut. Aus dem Lande strömte ihnen Verstärkung in die Stadt zu. Žižka gewann sein erstes Gefecht gegen die Söldner des königlichen Burggrafen und bedrängte diesen im Straßenkampf so sehr, daß er sich ganz auf die Kleinseite beschränken mußte und nur durch einen Waffenstillstand gerettet werden konnte, den die gemäßigten Elemente aushandelten. Žižka mißfiel diese diplomatische Haltung, er verließ Prag mit den Seinen und zog sich nach Pilsen zurück.

Die Taboriten waren nunmehr, nicht zuletzt unter der Einwirkung Žižkas, entschlossen, das Gottesreich auf Erden herbeizuführen. Wenn Christus nicht vom Himmel herabkam, dann mußte man es in Stellvertretung errichten. Das ausbleibende Jüngste Gericht wurde ersetzt durch den Kampf der Taboriten. Dieser Kampf war gleichbedeutend mit dem Gericht. Die Kämpfer Žižkas waren die Engel des Herrn, die das apokalyptische Schwert führten, „Gottes Krieger", wie sie sich in ihrer Kampfeshymne selber nannten. Die Taboriten setzten auf die Gewalt und konnten daher nur durch Gewalt gebrochen werden.

Der Feind, das waren hauptsächlich die Deutschen, auch wenn hinter diesen ganz Europa stand. Žižka sagte es offen in seiner Kriegsordnung, daß er nicht nur die Wahrheit des göttlichen Gesetzes wiederherstellen, sondern auch die böhmische und slawische Nation befreien wolle. Bei Hus war dieser scharfe Ton noch merklich gedämpfter gewesen. Ein guter Deutscher sei ihm lieber als ein schlechter Böhme, hatte er gesagt. Die Deutschen saßen in den Städten und wollten nicht radikal werden. Sie hatten mittlerweile etwas zu verlieren, die bäuerlichen Hussiten aber nichts, die hatten es auf einen Zustand der gesellschaftlichen Gleichheit abgesehen. Das Reich Gottes auf Erden sollte auch sozial so einfach wie möglich strukturiert sein.

Nicht zu Unrecht sind die Forderungen der Radikalen mit den Schlagworten der Französischen Revolution „Freiheit, Gleichheit, Brüderlichkeit" gleichgesetzt worden, nur hatten sie hier zeitgemäß einen etwas anderen Inhalt: Freiheit war die Unabhängigkeit von Rom, Gleichheit die Entmachtung von Adel und deutschem Bürgertum, Brüderlichkeit die Grundhaltung der Taboriten untereinander.

Žižka war zwar der unbestrittene Führer, aber er trug keine militärischen Rangabzeichen, ebenso, wie es in der chinesischen „Volksbefreiungsarmee" noch lange Zeit nach deren Sieg im Bürgerkrieg üblich war. Solche Prinzipien waren für das 15. Jahrhundert mehr als unerhört, sie untergruben sämtliche obrigkeitliche Autorität, wie der päpstliche Legat mit Entsetzen bemerkte. Für die Gegner der Hussiten ging es um nichts Geringeres als „die Rettung der menschlichen Gesellschaft".

Schon begannen sich hussitische Regungen auch außerhalb des böhmischen Kessels zu zeigen. Ein Deutscher gar, Nikolaus von Dresden, hatte alle die Forderungen der „Bewegung" auch im deutschen Sprachraum bekannt gemacht und war dafür 1417 verbrannt worden. Die sozialrevolutionäre Haltung der taboritischen Bauern fand überall dort im Reich Anklang, wo das einfache Volk mit seiner feudal-klerikalen Obrigkeit unzufrieden war. In Breslau, in Straßburg, Mainz, Lüttich, Köln,

Würzburg, Bamberg und Wien brachen Tumulte aus, sogar im feinen Ordensritterstaat an der Ostsee wurden hussitische Lehren von der Kanzel verbreitet. In Breslau hatten die Zünfte einen Aufstand gegen das Patriziat unternommen und 23 der ergriffenen Anführer wurden hingerichtet, ein Prager Kaufmann, der in seiner Unvorsichtigkeit Hus als unschuldig bezeichnet hatte, verbrannt.

Sigmund brachte ein Kreuzheer zusammen, bestehend aus Rittern und Söldnern, hauptsächlich aus Deutschland. Es soll sich sehr undiszipliniert benommen haben, da der päpstliche Legat ihm von vornherein, wie es üblich war, vollen Sündennachlaß für seine Taten während des Kreuzzuges gespendet hatte.

Auf die Kunde von den Kriegsvorbereitungen Sigmunds schwuren sich gemäßigte Utraquisten und radikale Taboriten in Prag gegenseitig einen Eid, gegen den König zusammenzustehen. Sie beschlossen als Grundlage oder besser als „kleinstes gemeinschaftliches Vielfaches" ihrer Ketzerei die vier Prager Artikel: Freie Predigt, Eucharistie in beiderlei Gestalt, Abschaffung des weltlichen Besitzes des Klerus, Abschaffung bzw. Bestrafung aller „Todsünden". Unter Todsünde verstanden sie „Unkeuschheit mit freien Frauen, Völlerei, Buhlerei, Trunksucht, Diebstahl, Mord, Meineid, Wucher, Streit, Zwietracht". Bezeichnenderweise steht dabei die Unkeuschheit an erster Stelle, denn schon Hus hatte sich nicht genug damit tun können, die Unzucht allerorten anzuprangern. Die hussitische Revolution sollte puritanische Züge tragen! Die Taboriten verhielten sich auch im Kriege danach und ebenso danach, daß Mord bei ihrem Todsündenkatalog ziemlich weit hinten rangierte. Priester und Katholiken brachten sie ohne Skrupel und zu Tausenden um, besonders auch außerhalb der Kampfhandlungen, aber Vergewaltigungen sind von ihren Kriegszügen nicht überliefert.

Sigmunds Angriff hatte die zerstrittenen Böhmen vorläufig zusammengeschweißt. In der Aufteilung in Gemäßigte und Radikale lag aber eine Möglichkeit, sie zu spalten, und sie sollte auf die Dauer nicht ungenutzt bleiben. Der König marschierte auf Prag und begann, die Stadt zu belagern. Doch seine Truppen waren dazu zu schwach, obwohl Hradschin und Vyšehrad in ihrer Hand waren. Sie raubten, mordeten und vergewaltigten rings im Lande. Besonders hatten es ihnen die wertvollen Schätze der Kirchen angetan, obgleich sie doch die Streiter der Rechtgläubigkeit waren. Die Begründung für ihre Räubereien war zynisch: nicht um schnöde Bereicherung gehe es ihnen dabei, sondern um die Rettung der heiligen Gegenstände vor dem Zugriff der Ketzer!

Während Žižka die Stadt befestigte, die deutschen Patrizier und Kaufleute verjagte, durch die Straßen Ketten spannen ließ, überlegte sich das Kreuzheer, wie es angreifen sollte. Angeblich sollen 100 000 Mann die Stadt umlagert haben, aber das ist wohl eine Übertreibung der Zeitge-

Der Hussitenführer Jan Žižka.

nossen bzw. Miteinbeziehung auch der letzten Marketenderin beim
Troß. Denn im Lager des Kreuzheeres ging es gar nicht puritanisch zu.
Die militärische Trägheit brachte Reibereien im Lager hervor. Die Deutschen warfen Sigmund vor, in Wirklichkeit wolle er ja mit dem böhmischen Adel paktieren, und unternahmen einen Sturm auf die Stadt, der
jedoch mißlang. Die Böhmen wiederum versuchten, dem König zu suggerieren, er könne auf friedlichem Wege das Land besser in den Griff bekommen. Jede Gunst, die er den Böhmen erwies, erweckte die Eifersucht

der Deutschen. Als sich dann noch abzeichnete, daß die Umgebung Prags infolge der hemmungslosen Plündereien das Kreuzheer allmählich nicht mehr ernähren konnte, bahnte sich der endgültige Mißerfolg des Unternehmens an. Zwar hatte sich Sigmund auf dem Hradschin zum König krönen lassen, doch brachte ihn dieser sakrale Akt in der Unterwerfung des größeren Teiles seiner Hauptstadt nicht weiter. Als er nach einem mißlungenen Sturm auf den Vyšehrad abzog, mußte er die Geldforderungen der Söldner und Ritter mit Plünderungen des Hradschin und mit Verpfändungen seiner Schlösser befriedigen. Die Krönungsinsignien des Heiligen Römischen Reiches ließ er vorsichtshalber in sein Königreich Ungarn abtransportieren.

Währenddessen hatte Ulrich von Rosenberg, einer der führenden Magnaten Südböhmens, vergeblich die neuen Befestigungen auf dem Berg Tabor berannt. Konnte man sich vor Prag noch auf die Uneinigkeit unter den Kreuzfahrern als Grund für die Schlappe ausreden, so war das im Falle Tabor nicht mehr möglich. Die Taboriten hatten dort erneut einem Ritterheer bewiesen, daß es eine Festung nicht stürmen kann, wenn sie nur ohne Wanken verteidigt wird. Sigmund verharmloste seinen Mißerfolg, als er sich nun nach Kuttenberg zurückzog, aber die militärische Fachwelt konnte sich nicht verhehlen, daß diese Ketzer auch auf dem Schlachtfeld sich zu ernstzunehmenden Gegnern mauserten.

Kaum waren die Kreuzfahrer abgezogen, brach Žižka von Prag auf, um das Land unter seine Kontrolle zu bringen. Der Ruf des Terrors eilte seinen Fahnen voran; wo er Widerstand fand, verbrannte Žižka ganze Ortschaften mit Mann und Maus, um Rache zu nehmen für Jan Hus und Hieronymus. Die Rosenbergs unterwarfen sich ihm, und damit fiel ganz Südböhmen in seine Hand. Kuttenberg, wo 1419 so schwere Ausschreitungen gegen die Hussiten stattgefunden hatten, wurde besetzt, hier allerdings ohne das Blutbad, das die Deutschen befürchtet hatten.

Damit war aber die Initiative immer noch in der Hand Sigmunds. Er marschierte abermals auf Prag, um mit seinen eigenen Truppen aus Mähren, ohne die nach Hause gezogenen Kreuzfahrer, den Vyšehrad zu entsetzen. Die Besatzung hatte bereits einen Waffenstillstand mit den Hussiten abgeschlossen und griff daher nicht in den Kampf ein, den Sigmund mit unterlegenen Kräften aufnahm; er mußte daher dem Bürgeraufgebot aus Prag das Schlachtfeld überlassen (1. November 1420). Ein Ritterheer war der Bürgermiliz unterlegen – das war im Mittelalter noch nicht dagewesen. Es sollten jedoch noch viele Niederlagen der Kreuzfahrer in und um Böhmen folgen, bis die hussitische Revolution als das erkannt wurde, was sie zusätzlich auch war: eine militärische Revolution.

Nun schrieb Sigmund einen Reichstag aus, zu dem er dann, unzuverlässig wie meist, nicht erschien, auf dem aber die rheinischen Kurfürsten unter Mitwirkung des päpstlichen Legaten ein Reichsbündnis gegen die Hussiten zustandebrachten. In der Tat ging die böhmische Sache das ganze Reich an, denn hier machte eines seiner reichsten Länder den Versuch, sich von seiner Organisation loszulösen. Eigentlich wollte Böhmen aus dem verfaßten Verband der abendländischen Christenheit ausscheren. Zwischen den Endzeitkriegern Žižkas und einem Reichsfürsten war keine Verständigung möglich. Sigmunds luxemburgisches Hausinteresse allein hätte die Fürsten nicht dazu bringen können, zum Schwert zu greifen.

Im Jahre 1421 waren sie noch „idealistisch" genug, es für die Einheit des Reiches und der katholischen Christenheit zu ziehen. Denn wenn das Reich auch schon in einen Flickenteppich gleichsam souveräner Klein- und Kleinststaaten auseinandergefallen war, so bestand es doch weiter in der Idee, und eben diese Idee traten die Hussiten mit Füßen. Daher kam in Sigmunds Abwesenheit ein gewaltiges Heer zusammen, das von der Gottwohlgefälligkeit seines Feldzuges überzeugt war. Doch bei Saaz im Egertal konnte es nicht einmal die Nachricht aushalten, daß die Hussiten im Anmarsch seien. Nach einer erfolglosen Belagerung der Stadt flohen die eben noch zutiefst von ihrer heilsnotwendigen Mission überzeugten Kreuzfahrer Hals über Kopf nach Westen zurück. Wer sich fangen ließ, mit dem wurde kurzer Prozeß gemacht.

Das war eine Katastrophe und eine Schande, doch ist zu berücksichtigen, daß sich das katholische Reich in der Überfülle seiner Hilfsmittel weitaus mehr solcher Katastrophen leisten konnte als die Hussiten, die immer wieder ums nackte Überleben zu kämpfen hatten. Eine junge revolutionäre Macht fällt durch eine einzige Niederlage, eine alte, etablierte und – trotz allem – unerschütterlich legitimierte überdauert auch eine Serie von zehn mißlungenen Feldzügen. Nun, die Kreuzfahrer taten auch alles, um diese politisch-militärische „Vorgabe" auszuschöpfen. Die Ineffizienz der damaligen Reichsverfassung, nach der eine ausreichende Mobilisierung nicht möglich war, unterstützte sie dabei.

1422 erneuter Einfall in Böhmen: man scharmützelte um die von Karl IV. südlich von Prag angelegte Burg Karlstein, das war alles. 1423 hatten die Kreuzfahrer Europas keine Lust, abermals davonzulaufen, und Žižka nutzte das Jahr daher zu einem kurzen Einfall in Sigmunds Königreich Ungarn.

Im Jahr darauf starb der unheimliche Taborit. Einäugig hatte er im revolutionären Prag des Jahres 1419 das Kommando übernommen, dann hatte ihn ein Pfeilschuß auch noch des anderen Auges beraubt. Die Politik überließ er anderen, ebenso das Ansammeln von Reichtümern aus dem Krieg heraus. Das war damals aufsehenerregend, denn nicht nur die Adligen plünderten gerne, was das Zeug hielt, sondern der Krieg war überhaupt zum Geschäft gemacht worden durch die Söldnerhaufen, die sich immer häufiger unter die Ritterheere mischten. Mit dem damit verbundenen Aufstieg des Fußvolkes kam ein neuer Berufsstand zu zweifelhaften Ehren, die Condottieri. Die kämpften überhaupt nur noch um Geld. Einer von ihen, Pippo Spano, eine europäische Autorität der Kriegsbranche, mußte sich von den Horden Žižkas schlagen lassen.

Worin lag das Erfolgsgeheimnis dieser selbsternannten Gottesstreiter? Zum einen in der unbedingten Disziplin, die sie hielten, und die sich aus ihrem Sendungsbewußtsein herleitete, verbunden mit gnadenlosem Drill. Žižka hielt überhaupt nichts von den höfischen Feinheiten der ritterlichen Kriegführung, die den Kampf als letztes Mittel der Politik zu einem Gesellschaftsspiel gemacht hatten, mit festen Regeln, um die Verluste innerhalb der Ritterschaft auf ein Minimum zu begrenzen. Kein „Hinwerfen des Fehdehandschuhs", kein Zweikampf ausgewählter Herren vor versammelter Front – wessen Anführer unterlegen war, der fühlte sich besiegt und ging achselzuckend nach Hause. Keine Verhaltensvorschriften für den Nahkampf und die chevalereske Schonung auch des im Zweikampf Unterlegenen. Žižka machte den Krieg brutaler, damit vom militärischen Standpunkt aus effektiver. Seine Bauern waren mit den Waffen des Landes ausgerüstet, mit Dreschflegeln und Morgensternen, eisenspitzenbespickten Kugeln, die an hölzernen Latten wie die Dreschflegel geschwenkt wurden. Derlei Mordwerkzeuge waren tief unter der Würde der Ritter, aber umso wirkungsvoller. Die Tschechen sind noch heute stolz auf den damaligen Großeinsatz mit Morgensternen, denn auf einem Plakat zur Feier der 550jährigen Wiederkehr des Ausbaues von Tabor zur Festung nimmt ein solches Gerät den optisch beherrschenden Platz ein.

Nichtsdestoweniger, auch wenn die fast schon hilflosen Aktionen der Kreuzritter gegen die Hussiten ein deutlicher Hinweis auf den damaligen Niedergang des Rittertums sind – es war eine gewagte Sache, mit Bauern gegen die gepanzerten Herren vorzugehen. Ein Ritterheer im Angriff konnte immer noch einen Bauernhaufen niederreiten, auch wenn er diszipliniert und fanatisch war. Žižka mußte in seinem taktischen Kalkül also der Defensive einen herausragenden Platz einräumen, eben um den Angriff des Ritterheeres parieren zu können. Die Taboriten mußten die Angst vor den Eisenmännern verlieren. Daher verfiel Žižka (er natürlich nicht als erster) auf den Einsatz von Wagenburgen: starke Planwagen, die gepanzert und mit Ketten zusammengeschlossen waren. Hinter denen, womöglich auf einer Anhöhe aufgestellt, warteten die Taboriten das Heranstürmen der feindlichen Kavallerie ab. Die Ritter waren vom Angriff bergauf natürlich schon etwas erschöpft, bevor sie überhaupt an den Gegner kamen. In der Wagenburg stellten die Hussiten die Kanonen der damaligen Zeit auf, großkalibrige und kurzrohrige, ziemlich klobige „haufnice" (davon das Wort „Haubitze"). Deren Treffgenauigkeit darf man sich nicht allzu hoch vorstellen, aber jedenfalls „war die moralische Wirkung eine ungeheure", wie man so sagt. Bevor die Geschütztechnik genauer wurde, wirkte bei der Artillerie hauptsächlich der laute Knall auf den Gegner, eine infernalische Angelegenheit, die man auf den Schlachtfeldern Europas bis ins 14. Jahrhundert hinein noch nicht gehabt hatte. Zwischen und aus den Planwagen heraus feuerten die Hussiten mit Pfeilen und Steinen, Schleudern, Wurfgeschossen, bis das angreifende Heer zu wanken anfing.

Es war nun die Leistung des Feldherrn, den Punkt abzuwarten, an dem die Kreuzfahrer genau soweit erschüttert waren, daß sie ein Gegenangriff vollständig über den Haufen werfen konnte. Dann drangen die Hussiten aus den wenigen Zwischenräumen zwischen den Wagen heraus hervor und trieben mit ihren Dreschflegeln und Morgensternen den Gegner den Berg hinunter. Stellte sich daraufhin bei ihm Panik ein, war der Sieg vollkommen. Die Wagenburgen hatten auch den Vorteil, daß sie Frau und Kind aufnehmen konnten, denn die Hussiten zogen durch die Lande, als wären sie auf einer Völkerwanderung begriffen. Enea Silvio Piccolomini erklärte den Erfolg einer solchen skizzierten Hussitenschlacht geradewegs damit, daß sich die Ritter vor den Wagenburgen mit ihren Sporen in den Kleidern verhedderten, die Weib und Kind dort auf die Wiese gebreitet hatten, eine taktische Betrachtung, in der wir ihm nicht folgen müssen.

Mit dem Tod Žižkas war noch gar nichts entschieden. In einer Anekdote wird das damit sinnbildlich zum Ausdruck gebracht, daß die Haut des toten Žižka über eine Kriegstrommel gespannt wurde und die Hussiten weiterhin zum Kampfe rief. Die Anhänger Žižkas blieben beisammen und nannten sich von nun an die „Waisen", die anderen Taboriten fanden in Prokop dem Kahlen ihren neuen Führer. Prokop war Priester gewesen und stammte aus einer angesehenen Prager Familie. Sein Vater war Tscheche, seine Mutter eine deutsche Patriziertochter. Einerseits war er überzeugter Taborit, andererseits aber infolge seiner Weltläufigkeit mit größerem Verständnis für die große Politik begabt, als es Žižka gewesen war. Er wußte genau, was ihm ein Blick auch auf eine unzuverlässig-mittelalterliche Europakarte sofort sagen konnte: Böhmen selber war im ganzen Kontinent nichts als eine große Wagenburg, die aus der Verteidigung nicht herauskommen würde. All die Vorstöße, die unter seinem Oberkommando in den folgenden Jahren über die Grenzen des Landes hinausführen sollten, nach Mähren, Bayern, Franken, Sachsen, Schlesien, Österreich, gar bis in die Mark Brandenburg und an die Weichselmündung, waren bestenfalls vorgeschobene Verteidigung, ohne feste Erfolge und schließlich reine Plünderungszüge.

Denn es konnte nicht ausbleiben, daß die eschatologische Disziplin der taboritischen Heerhaufen im Laufe so vieler Kriegsjahre auch einmal ins

Wanken kam, zumal auch in den hussitischen Armeen allerlei Söldner Aufnahme fanden, ohne Unterschied der Nation. Und keiner der hussitischen Siege im Ausland brachte die Bewegung einer politischen Lösung nahe, die nur so hätte aussehen können, daß irgendein Kompromiß mit dem katholischen Europa gefunden wurde. Da half es wenig, daß die Hussiten auswärts teilweise auf Sympathien stießen, denn die ernteten sie nicht beim hohen Klerus und nicht bei den Feudalherren, also nicht bei den Mächtigen, sondern beim „kleinen Mann". Damit waren diese Sympathien nur eine andere Art einer Angriffsform, im großen Zusammenhang jedoch eine Verteidigungsform zusätzlich. Es war eine weitverbreitete Stimmung damals in Deutschland, daß der Habgier des Klerus gesteuert werden müsse; sie reichte bis ins Bürgertum hinein. Prokop konnte daraus keinen politischen Vorteil ziehen, diese Stimmung war zu amorph.

Haben wir die Inquisition nicht fähig gesehen, der hussitischen Revolution entgegenzutreten, war ihre Autorität in Böhmen schon Jahrzehnte vor der Verbrennung des Hus herzlich gering, so hatte sie doch die Situation in Deutschland weitgehend und energisch unter Kontrolle. Die Sympathisanten der Hussiten hatten keine Chance. Das war kein Wunder, da in Deutschland keine nationalen Aversionen verstärkend zum Laienkelch, zur Predigt vom Anbruch der Endzeit usw. hinzutreten konnten. Ob die entsprechenden Ketzer genau die Lehren des Hus oder hierbei wiclifitische oder waldensische Überzeugungen mit vertraten, machte keinen Unterschied. Das (weiter unten zu besprechende) Konzil von Basel, das mit den Hussiten Frieden schloß, bedeutete für die „Hussiten" außerhalb Böhmens keine Entlastung. Der Frieden galt nur für die Länder, in denen die Ketzer die Politik bestimmten. Vorläufig war aber noch niemand bereit, mit den Hussiten ernsthaft zu verhandeln. Prokop hatte es im Winter 1429/1430 versucht, als er unter gewaltigen Verheerungen über Sachsen in Franken eingefallen war. Er bot dem Markgrafen von Bayreuth eine Konferenz in Nürnberg an „im guten von den Sachen zu reden, ob man sie im guten unterweisen könnte, zu kommen wieder in Einigkeit der heiligen Christenheit". Zu diesem Treffen sollten gelehrte Leute aus ganz Europa zusammenkommen, und es sollte da wohl über die vier Prager Artikel verhandelt werden. Was der Einzelstreiter Hus in Konstanz immer verlangt hatte, das wollte nun Prokop der Kahle (bzw. „der Große", wie ihn seine Bewunderer nannten) an der Spitze seiner siegreichen Scharen durchsetzen. Zwar war nicht zu verkennen, daß die Hussiten nicht aus dem Felde zu schlagen waren und es mit dem Ärgernis ihrer Kriegszüge irgendwie ein Ende nehmen mußte, doch widersprach dieses angestrebte Religionsgespräch vollständig der Linie der päpstlichen Politik. Der Markgraf sah sich sofort dem Verdacht ausgesetzt, die Ketzer zu begünstigen, und mußte sich damit verteidigen, daß er sie durch Eingehen auf ihr Verlangen doch eigentlich nur aus seinem geschundenen Lande habe hinauskomplimentieren wollen. Auch König Sigmund war dagegen, er setzte auf einen neuen Kreuzzug.

Dieser kam auch für das folgende Jahr zustande (1431), unter geistlicher Leitung des Kardinals Cesarini und militärischem Kommando Friedrichs, des Markgrafen und Kurfürsten von Brandenburg. In der Nähe von Taus im Böhmerwald hörten die Ritter von weitem den eindrucksvollen, düsteren und grimmigste Entschlossenheit verkündenden Kampfchoral der Hussiten, dazu das Poltern der näherrollenden Züge der Wagenburg (die wurden vor Schlachtbeginn exakt im Kreis aufgestellt). Markgraf Friedrich soll da als erster das Weite gesucht haben, und die Panik wurde wieder einmal allgemein. Kardinal Cesarini geriet in Streit mit den Kreuzfahrern, die Söldner begannen, kurz vor dem Davonlaufen den eigenen Troß zu plündern, viele kletterten in ihrer Angst auf die Bäume der umliegenden Wälder, wo sie allesamt heruntergeholt und erschlagen wurden. Kardinal Cesarini hatte sich in Sicherheit zu bringen gewußt, er war sich das als Vorsitzender des soeben in Basel zusammentretenden Konzils schuldig.

Als er in der Stadt am Rhein einritt, konnte er an der Kirchentür ein Plakat der Hussiten lesen: „Fürchtet nicht den Zorn eurer Priester! Nehmt ihnen, was euch gehört, die Besitzungen, die ihnen nicht gebühren... wir fürchten den Kampf nicht, wenn ihr ihn weiterführen wollt, Gott wird uns nicht verlassen. Wir verteidigen uns nur..." Diese unbesiegbare Stellung der Ketzer, verbunden mit den persönlichen Eindrücken vom „Schlachtfeld" von Taus, stimmte Cesarini nachdenklich und friedensgeneigt. Das Konzil von Konstanz hatte die hussitische Frage nicht lösen können, ja hatte sie durch die Verbrennung von Hus und Hieronymus noch viel virulenter gemacht. Es sollte dem Konzil von Basel nun aufgegeben werden, mit den Ketzern irgendwie ins Reine zu kommen.

„Irgendwie" bedeutete: durch Verhandlungen, denn vernichtet werden konnten sie nicht mehr. Hätte man sie einem inneren Fäulnisprozeß überlassen sollen? Für den waren keine Anzeichen vorhanden, denn die Uneinigkeit zwischen Utraquisten und Taboriten hatte die Böhmen nicht gehindert, sogar zum Angriff vorzugehen. Ein Abwarten hätte Krieg auf weitere Jahrzehnte bedeutet, etwa bis alle Schauplätze so verheert waren wie am Ende des 30jährigen Krieges, der sich damit selber auffraß.

Die Ergebnisse, die das Konzil von Konstanz bezüglich der großen Kirchenreform nicht gehabt hatte, lassen in der Tat sein Vorgehen gegen Hus als einziges greifbares historisches Ergebnis bestehen – mit der Einschränkung, daß sich die Konzilsväter beim Auseinandergehen 1418 darauf einigten, in fünf Jahren wieder zusammenzutreten, um den von ihnen gewählten Papst Martin V. zu kontrollieren. Der Papst mußte sich das gefallen lassen, und 1423 trat man erst in Pavia, dann in Siena wieder zusammen. Es hagelte von dort rügende Worte gegen die Inquisitoren und Bischöfe, die der hussitischen Ketzerei nicht tatkräftig genug entgegenträten. Außerdem wurde ein Handelsboykott über Böhmen verhängt. Jeder, der diesen mißachtete, sollte selber der Ketzerei schuldig sein. Daß diese Blockade im Endergebnis nichts half, hatte Cesarini bei Taus soeben gesehen. Man einigte sich in Siena (März 1424) darauf, daß zu wenig Prälaten beisammen seien, um die Reform der Kirche erfolgversprechend in Angriff nehmen zu können, und darauf, daß in nunmehr sieben Jahren, entsprechend den schon in Konstanz gefaßten Beschlüssen, das nächste Konzil stattfinden solle, diesmal in Basel.

Martin V., mit dem Hornberger Schießen von Siena sehr zufrieden, tat nichts, um diese Versammlung vorzubereiten. Die Situation aber war die, daß das Konzil wahrscheinlich auch ohne seinen Willen zusammengetreten wäre, weshalb er Kardinal Cesarini nach dessen Ernennung zum Legaten des Hussitenkreuzzuges auch noch mit der Eröffnung des neuen Konzils beauftragte. Am 15. Oktober 1431 (Martin V. war inzwischen gestorben, sein Nachfolger wurde Eugen IV.) lud das Konzil die Hussiten zum Religionsgespräch nach Basel und stellte ihnen einen Geleitbrief aus.

Eugen IV. löste das Konzil im Dezember 1431 auf und wollte sein eigenes auf 18 Monate später in Bologna anberaumen. Doch reizte er damit die konziliare Partei auf's äußerste, ebenso Cesarini, den er irrtümlich für seinen Vertrauensmann gehalten hatte, und außerdem konnte er ein Konzil unmöglich sabotieren, das soeben eine derart wichtige Friedensmission auf sich genommen hatte.

Der Streit zwischen Kardinälen und Papsttum, an dem auch Sigmund teilnahm, einmal für das Konzil, einmal für den Papst, muß hier nicht näher betrachtet werden. Erwähnt sei nur, daß Sigmund bei seiner Schaukelpolitik sich darum bemühte, mit beiden Parteien im Gespräch zu bleiben, vielleicht sogar als Schiedsrichter zwischen ihnen auftreten zu können und so auch sein Wort bei den Verhandlungen mit den Hussiten in die Wagschale zu werfen. Er wollte eine „Neuauflage von Konstanz" erleben, mit der aktuellen Modifikation des Gewaltverzichts gegenüber den Ketzern.

Angesichts der Einladung aus Basel zerbröckelte die hussitische Einheitsfront noch nicht. Die Böhmen wollten jetzt aber ganz genau wissen, ob das freie Geleit ernst gemeint war, was man ihnen nicht verdenken kann. Zu dem Geleitbrief des Konzils verlangten und bekamen sie noch einen von Sigmund und der Stadt Eger. Damit nicht genug: auch die Stadt Basel, der Pfalzgraf bei Rhein und der Herzog von Bayern mußten einen ausstellen, der Herzog sich verpflichten, die Gesandten heil nach Basel und zurückzuführen sowie sie auf dem Konzil mit bewaffneter Hand zu schützen. Außerdem mußten die Fürsten die Geleitbriefe des

Königs und des Konzils garantieren und zur Sicherheit ihre Würde und ihre Länder verpfänden. Die Hussiten hätten eine solche Überversicherung niemals erhalten, wenn sie nicht so siegreich im Felde gestanden wären. Aber für die Einhaltung des freien Geleits sprach jetzt wohl auch die übergeordnete Erwägung, zum Frieden zu kommen.

Im Dezember 1432 zogen die hussitischen Delegierten in Basel ein. Sowohl Prokop als auch die „Waisen" des Žižka als auch Vertreter der Utraquisten waren darunter, auch Adlige, denen der Frieden besonders am Herzen lag, nachdem das Land in vielen Teilen verwüstet war und man daran denken mußte, was in Zukunft sein würde: keine Taboritenherrschaft, sondern ein ausgeglichenes Regime, womöglich Sigmund oder andere Luxemburger als Könige.

Grundlage der hussitischen Verhandlung waren die vier Prager Artikel, auf die sich das gemäßigte und das radikale Lager einigen konnten. Die Atmosphäre war teils freimütig bis zur Beleidigung, teils gespannt, aber niemals vergaßen beide Parteien, daß sie Frieden miteinander schließen wollten. Man hatte aus dem diplomatischen Kahlschlag, wie er in Konstanz auf Kosten zweier isolierter böhmischer Theologen stattgefunden hatte, gelernt.

Prokop erwies sich als ein Mann von Welt, der sich aufs Verhandeln verstand. Das Gleichnis vom Hochzeitsmahl (siehe Kap. 1), mit dessen „compelle intrare" die Inquisition ihr Wirken unter anderem begründete, führte er an und verweilte genüßlich auf dem Schlußsatz „Ich sage euch aber, daß niemand von jenen Männern, die eingeladen worden sind, mein Mahl verkosten wird". Damit meinte er wohl die Konzilsväter, aber, wie gesagt, der Friede ging über alles, weshalb die Väter sich entschlossen, zu lachen und trotzdem weiterzudebattieren. Nach dreimonatiger Verhandlung ging die hussitische Delegation mit einer Abordnung des Konzils zusammen nach Prag zurück, und dort wurde am 26. November 1433 der Friede geschlossen. Die katholische Kirche erkannte die vier Prager Artikel an, die von nun an "Prager Kompaktaten" hießen.

Diesem zunächst erhebend erscheinenden Ergebnis haftete jedoch ein Fehler an, der auch modernen Verträgen nicht fremd ist: die Auslegung der Kompaktaten konnte bei deren allgemeiner Formulierung sowohl zwischen Kirche und Hussiten als auch zwischen Utraquisten und Taboriten sehr wohl strittig sein. Da hatte die politische Not wohl wieder einmal ein Stück Papier hervorgebracht, das rein zum Materialwert zu nehmen war – denn schon im nächsten Jahr rief das Konzil zum Kreuzzug gegen die Hussiten auf!

Hatte sich etwas verändert? Hatte das Konzil gar die Hussiten zu spalten versucht und meinte stillschweigend, die Gemäßigten unter den Böhmen hätten den Kreuzzug gegen die Radikalen zu unternehmen? Denn als die kirchlichen Vertreter im Januar 1434 aus Prag abgereist waren, da hatten sie bereits erleben müssen, daß die Taboriten ihren Konsens zu den Kompaktaten zurückgenommen hatten. Zwar gab es auch noch Auslegungsstreitigkeiten zwischen den Utraquisten und der Kirche, etwa über die Frage, ob die Eucharistie unter beiderlei Gestalt auch kleinen Kindern gereicht werden durfte, aber die Utraquisten konnten den Kreuzzugsaufruf doch als Aufforderung der Kirche an ihre eigene Partei lesen, sich über die Taboriten herzumachen. Denn die wollten nicht einmal einen König im Lande dulden, während die Utraquisten schon zu Beginn der 20er Jahre zwar Sigmund abgelehnt, doch an der Institution des Königtums festgehalten hatten, indem sie in Krakau sondierten, ob sich dort ein Jagiellonenprinz für den Thron des heiligen Wenzel finden lasse.

Die Utraquisten hatten an der Stadt Pilsen einen starken Stützpunkt. Prokop mußte neu beginnen, was Žižka eigentlich schon abgeschlossen hatte, nämlich die Eroberung des gesamten böhmischen Landes. Auf Prag konnten die Taboriten bereits nicht mehr rechnen, denn dort hatten die Utraquisten die Überhand. Die Autorität des großen Heerführers war im Lager vor Pilsen nicht mehr unangefochten, seine meuternden Soldaten setzten ihn sogar einige Tage in Haft. Er ging nach Prag zurück, wo die Utraquisten die Neustadt stürmten. Damit war auch das Lager vor Pilsen unhaltbar geworden, Prokop als Oberbefehlshaber von den Taboriten wieder eingesetzt, wich in den Osten Böhmens aus.

Am 30. Mai 1434 fand dort bei Lipan (bzw. Böhmisch Brod) die letzte Schlacht der Radikalen statt. Sie wurden von den Utraquisten nach hartnäckigem Kampf, der bis in die Morgenstunden des folgenden Tages dauerte, niedergerungen, Überlebende als Ketzer verbrannt. 13 000 Taboriten sollen gefallen sein, Prokop war darunter.

Von ihrem Glauben blieb wenig, denn die Utraquisten schwangen sich zu ihren Verfolgern auf und brachen 1452 auch Tabor, ihre letzte Feste und einstige Waffenschmiede. Sigmund ließ sich 1436 noch einmal zum böhmischen König krönen, was natürlich nicht ohne die Bestätigung der Prager Kompaktaten möglich war; 1437 starb er. Daß die Taboriten als politische Kraft mit der Schlacht von Lipan, dem „nationalen Harakiri", ausgelöscht waren, zeigte sich in den unruhigen Zeitläuften nach dem Tode Sigmunds. Das politische Vakuum, das der frühe Tod Albrechts II. (1439) und die Unfähigkeit Friedrichs III. von Habsburg (1440—1493), sein böhmisches Erbe zu wahren, im Lande hervorriefen, verhalf ihnen zu keinem „come back". Vielmehr herrschte der utraquistische Adel. Als 1457 der legitime Erbe der böhmischen Krone, Ladislaus Postumus, unerwartet früh verstarb, wählten die Böhmen den utraquistischen Georg Podiebrad zum König. Der Papst wurde nicht müde, ihn als „Ketzer" zu bezeichnen, aber die Zeit der Kreuzzüge gegen das Königreich war vorbei. Die Utraquisten waren ja auch wirklich klerikal umgängliche Leute. Thomas Müntzer, der fanatische Anhänger Luthers, der seinen Meister mißverstand und daher als Endzeitprophet und Bauernführer 1525 vom siegreichen Adel hingerichtet wurde, war sogar aus Prag als Unruhestifter ausgewiesen worden, als er 1521 dort verkündet hatte: „Ich, der ich in Prag mit dem nacheifernswerten und berühmten Athleten Christi, dem Jan Hus, wohltönende Trompeten mit neuem Sange erfüllen will..."

Die Taboriten blühten in der Umwandlung in „böhmische" bzw. „mährische Brüder" ab der Mitte des 15. Jahrhunderts im Verborgenen. Um 1500 soll ihre Gemeinde immerhin 200 000 Mitglieder mit einer eigenen Hierarchie gehabt haben. Sie überstanden sogar die habsburgische Gegenreformation nach der Schlacht am Weißen Berg (1620) und betätigten sich im 19. Jahrhundert in Übersee als Missionare. Den taboritischen Kriegseifer hatten sie inzwischen aufgegeben, ja sie waren geradezu zu Aposteln der Sanftmut geworden. Als einen ihrer Vorläufer aus der Zeit der hussitischen Revolution verehrten sie Peter Chelcický (alias den Kleinadligen Peter Záhorka), der damit zu einem weiteren Zeugen dafür wird, daß der Ausdruck „Hussiten" nur der Sammelname für eine im übrigen sehr bunte Gemengelage von religiösen Lehren ist: Chelcický hatte sich wegen seiner pazifistischen Grundeinstellung und weil er die Gewaltanwendung zur Reformation der Kirche als satanischen Hochmut verwarf, schon bald von den Taboriten getrennt und eine eigene Sekte gegründet. „Kampf" war für ihn nur ein Begriff auf der Ebene des Geistes gewesen. Er hatte den Taboriten sogar das Recht abgesprochen, ihn selber zu verteidigen!

Als Ergebnis blieb, daß Böhmen nun knapp zwei Jahrhunderte lang ein Fremdkörper, der erste dauernde, in der kirchlichen Organisation Europas war. Und zwar ein isolierter, bis Luthers Reformation im 16. Jahrhundert den größeren Teil Deutschlands von der Herrschaft der katholischen Kirche trennte, dann aber durch die erwähnte Schlacht am Weißen Berg wieder zurückgeführt in die unbedingte römische Obödienz. Die Isolation allerdings hatten dem böhmischen Adel und zeitweilig Podiebrad, seinem Exponenten, gleichgültig sein können, solange er innerhalb des Reiches trotzdem noch bündnisfähig war und solange er (ab 1471) durch seinen jagiellonischen Herrscher mit Polen, damals einem der mächtigsten Staaten Europas, verbunden blieb.

Das Deutschtum hatte sich im großen und ganzen durch die hussitischen Kriegsstürme hindurch unangefochten behaupten können, nur war sein Anteil in den Städten etwas zurückgegangen. Es war ja auch eine ganze Anzahl von Deutschen in Böhmen in hussitischem Sinne tätig gewesen. Erzbischof Konrad von Vechta hatte 1421 die vier Prager Artikel ausdrücklich akzeptiert; ein gewisser Nikolaus Zipser hatte 1431 in Krakau mit katholischen polnischen Theologen diskutiert; Ulrich von

Znaim hatte zur hussitischen Gesandtschaft für das Konzil von Basel gezählt. Der tschechische Nationalismus der damaligen Zeit war noch nicht autonom, noch nicht die „Ersatzreligion" wie im 19. und 20. Jahrhundert. Er stand noch unter dem Vorbehalt der christlichen Staatengemeinschaft, in die er sich eingefügt fühlte, auch wenn dieser harmonische Grundsatz von Kriegsgetümmel begleitet war. Daran änderte auch das eschatologische Denken der Taboriten nichts, denn es verstieg sich im allgemeinen nicht zu der Auffassung, daß die Tschechen das auserwählte Volk Gottes seien, sonst hätten sie Ulrich von Znaim nicht mit nach Basel ziehen lassen. Freilich gab es auch „tschechische Messianisten" im besonderen, für die der Krieg nicht nur Wettstreit unter Christen, sondern Verkündung der besonderen messianischen Qualitäten ihres Volkes war. Aber das war kein hussitisches Prinzip schlechthin. Wir müssen uns daher mit der Feststellung begnügen, daß die Bewegung der Hussiten zu vielgesichtig war, um einen kompromißlosen Trennungsstrich zwischen den Tschechen und ihren deutschen Nachbarn zu ziehen.

Einen Ausrottungskrieg haben die beiden Nationalitäten trotz allen Hasses, der doch auch zwischen ihnen ausbrach, also nicht gegeneinander geführt. Stärkere Ansätze dazu blieben unserem 20. Jahrhundert vorbehalten. Dieser Ausblick ist nicht willkürlich, da Hus und die Hussiten für die Psychologie des deutsch-tschechischen Verhältnisses auch heute noch von nicht zu unterschätzender Aktualität sind. Um die blutigen Vorkommnisse von vor über 500 Jahren weht paradoxerweise ein Hauch von Zeitgeschichte.

VII. SPANISCHE INQUISITION UND GEGENREFORMATION

Wie ein Raubvogel sitzt er da, der Kardinal-Inquisitor Don Fernando Niño de Guevara, auf dem bekannten Gemälde von El Greco. Seine Linke umklammert die Armlehne des Stuhles tatsächlich wie eine Geierkralle, und dann erst seine Augen! Die Brille mit dickem schwarzem Rand unterstreicht deren Wirkung noch so, daß der Betrachter überzeugt ist: vor diesem Blick bleibt nichts verborgen, er dringt in die tiefsten Tiefen der Seele.

Dann noch der Großinquisitor aus Schillers „Don Carlos", der zwar blind ist ganz im Gegensatz zu Kardinal Niño de Guevara, aber seine unheimliche Wirkung auf die Bühne gerade daraus herleitet. König Philipp II., immerhin der Gebieter des spanischen Weltreiches, erscheint neben dem Herrscherwillen dieses blinden Greises wie ein Zwerg. Der Großinquisitor beginnt den Dialog ganz überlegen und von oben herab. Natürlich wußte er von den liberalen Umtrieben (jawohl, liberalen: so anachronistisch war Schiller, der Historiker, wenn es ihm dramaturgisch ins Konzept paßte) des Marquis Posa schon längst: „Das Seil, an dem er flatterte, war lang, doch unzerreißbar". Die Kontrolle der Inquisition muß demnach total sein, und der König weiß das nicht einmal! „Darf einer Gnade finden, mit welchem Rechte wurden Hunderttausend geopfert?" fragt der Blinde – die Zahl der Opfer der spanischen Inquisition dürfte damit fabulös übertrieben sein. Aber da die Szene nun einmal kolossalisch angelegt ist, darf auch die offene Drohung der geistlichen gegenüber der weltlichen Gewalt nicht fehlen: „Stünd ich nicht jetzt vor Ihnen – beim lebendgen Gott! Sie wären morgen so vor mir gestanden!"

Die gleiche Szene wird in Verdis Oper „Don Carlos" vom Librettisten effektvoll übersteigert, d. h. der Großinquisitor steht dem König noch herrischer gegenüber und spricht die Allmacht der Kirche noch rücksichtsloser aus: „Du willst mit deiner schwachen Hand das heilige Joch zerbrechen, das über den römischen Erdkreis ausgebreitet ist? Kehre zu deiner Pflicht zurück!" Und wie der Kardinal schon auf die Bühne geschlurft gekommen ist! Durch die stereotypen Baßfiguren des Orchesters wird das mühevolle Schleichen des gebrechlichen alten Mannes verwandelt in die zähen Schlangenbewegungen eines Reptils, das sich tükkisch und eiskalt an sein Opfer heranschiebt, um es zu verschlingen. Das alles in lastendem f-moll, der seit Beethovens „Egmont-Ouverture" klassischen Tonart der Unterdrückung, „der Verwesung lieber als der Freiheit". Und unentrinnbar ist auch der König der Rechtgläubigen umstrickt: „So muß also der Thron immer dem Altare weichen!" ruft Philipp gequält aus – aber sicherheitshalber erst, nachdem der Großinquisitor

Hinrichtung von auf das Rad gebundenen Juden. Anonymer Holzschnitt aus dem 15. Jahrhundert.

langsam und bedrückend davongeschlurft ist.

Die starke theatralische Wirkung, die von beiden Auftritten ausgeht, muß im Interesse der historischen Wahrheit leider korrigiert werden: erstens hat es nie einen liberalen Marquis Posa gegeben, und zweitens war es einfach undenkbar, daß die Inquisition den König von Spanien derart in der Hand hatte, daß er als ein unerfahrener Bittsteller sich bei ihr Rat geholt hätte.

Drittens – aber das nur in Parenthese – war der historische Don Carlos, ältester Sohn Philipps und daher Infant (Thronfolger) von Spanien, kein Fall für die Inquisition und den unüberbietbaren Zynismus von Schillers Großinquisitor: „die ewige Gerechtigkeit zu sühnen, starb an dem Holze Gottes Sohn", vermißt der sich zu sagen, denn das soll heißen, daß durch Christi Erlösungstat am Kreuz alle Verbrechen abgegolten sind, auch die Ermordung des Sohnes durch den Vater oder gar: selbst Gott hat am Kreuz seinen Sohn umgebracht! Don Carlos war geisteskrank wie seine Urgroßmutter, Johanna von Kastilien, die Mutter Kaiser Karls V. Er hatte wirre Pläne gehabt, aus Spanien zu entfliehen, die mit Ketzerei sehr wenig, aber mit seinem unglücklich-unbeherrschten Temperament sehr viel zu tun hatten, war daher von seinem Vater in den Alcazar von Madrid eingesperrt worden und dort im Juli 1568 unter ungeklärten Umständen gestorben. Philipp hätte der Inquisition niemals erlaubt, sich seines Sohnes anzunehmen, denn dann hätte er ihr Macht über die ureigensten Familienangelegenheiten des Hauses Habsburg gegeben. Dazu bestand keinerlei Veranlassung, denn die spanische Inquisition war als Werkzeug des Königs ins Leben gerufen worden und stand unter genauester königlicher Kontrolle.

In der Tat sehen wir in ihr, nachdem wir eine päpstliche und eine bischöfliche Inquisition kennengelernt haben, nunmehr ein „Heiliges Offizium", das so heilig nun auch wieder nicht ist, denn es hängt vollständig von der spanischen Krone ab. Durch die Heirat der Prinzessin Isabella von Kastilien mit dem Prinzen Ferdinand von Aragon im Jahre 1469, schließlich auch durch beider Thronbesteigung 1474 bzw. 1479 waren die beiden größten Reiche der Iberischen Halbinsel vereinigt worden. Ferdinand und Isabella erbten eine gewisse Geringschätzung des Papsttums aus der bisherigen spanischen Tradition heraus. Die „Reconquista", die Wiedereroberung der Halbinsel durch die verbliebenen christlichen Herrscher gegen die Mohammedaner, die seit dem 8. Jahrhundert den größten Teil Spaniens in ihre Gewalt gebracht hatten, war ein ewiger Kreuzzug ganz aus eigener Kraft gewesen, zu dem das ferne Rom sehr wenig hatte beitragen können. Dementsprechend hatten die Könige Kastiliens sich stets erfolgreich gewehrt, die kanonischen Gesetze der römischen Kirche auf sich anwenden zu lassen. In Kastilien hat es nie eine Inquisition gegeben; in Aragon allerdings seit 1238, doch sie war im

Laufe der Zeit friedlich entschlafen. Papst Sixtus IV. hatte unmittelbar nach dem Regierungsbeginn Isabellas in Kastilien versucht, einen päpstlichen Legaten dort als Inquisitor zu etablieren, doch die Königin hatte abgewinkt.

1477/78 nun hielt sie sich in Sevilla auf. Diese andalusische Stadt hatte eine starke jüdische Minderheit; ebenfalls lebten dort viele Juden, die nach dem Abzug der Mohammedaner im 13. Jahrhundert den christlichen Glauben angenommen hatten und von den Spaniern „conversos" genannt wurden. Deren Glaubenseifer war nicht über jeden Zweifel erhaben, und man beschuldigte sie, insgeheim noch den jüdischen Riten ihrer Vorfahren anzuhängen. Alonso de Hojeda, Dominikanerprior in Sevilla, versuchte, die Königin zu überzeugen, daß gegen die „conversos" allein mit den Mitteln der Inquisition wirkungsvoll vorgegangen werden könne, doch auch diesmal winkte die Königin ab.

Als Isabella die Stadt verlassen hatte, gab Hojeda jedoch nicht auf, sondern belieferte den Hof mit Beweisen darüber, daß die conversos geheime nächtliche Zusammenkünfte hielten und dabei den christlichen Glauben verhöhnten. Das könne auch staatspolitisch nicht ohne Bedeutung sein, zumal viele conversos in hohen Staatsämtern säßen und es die Aufgabe der spanischen Könige nach der fast vollständigen Niederringung der Mauren (Granada hielt sich als relativ unabhängiges mohammedanisches Reich noch bis 1492) sein müsse, das Land einheitlich in der christlichen Religion zu festigen. Nun horchte Isabella doch auf und setzte eine Kommission ein, der auch Hojeda angehörte und die auch tatsächlich zu dem Ergebnis kam, die Ketzerei habe in Sevilla schreckenerregende Ausmaße angenommen. Auch Thomas de Torquemada, Dominikanerprior von Segovia und Beichtvater der Königin, stimmte diesem Befund zu.

Also beantragten Ferdinand und Isabella beim Papst eine Bulle, die ihnen die Errichtung einer Inquisitionsbehörde in Kastilien genehmigen sollte. Allerdings beinhaltete ihr Antrag den Wunsch, das Heilige Offizium unter staatlicher Kontrolle einrichten zu dürfen, und daher antwortete der Papst nicht sogleich. Er konnte sich jedoch dem Argument, daß sowohl die getauften Juden als auch die getauften Mohammedaner in Spanien ein großes Reservoir an Ketzern bildeten, nicht verschließen, daher gestattete er unter dem Datum des 1. November 1478: die Königin von Kastilien dürfe drei Bischöfe oder sonst geeignete Männer, die theologisch und kirchenrechtlich gebildet seien, zu Inquisitoren ernennen, ebenso sie ver- und absetzen. Ausdrücklich wird diesen Personen die bis dato in Kastilien bischöfliche Aufgabe der Ketzerverfolgung übertragen.

Die Güter verfolgter Ketzer wurden natürlich eingezogen. Es bestand zwischen Isabella und dem Heiligen Stuhl Einigkeit darüber, daß die Güter an die Krone zu fallen hätten, womit ihr eine immense Möglichkeit der Bereicherung erschlossen war. Dafür trug die Krone die Kosten für den Personal- und Sachaufwand der Inquisition, versuchte anschließend aber beständig und nicht ohne Erfolg, diese Ausgaben auf die Kirche abzuwälzen.

Mit dem römischen Machtwort war die Behörde jedoch noch nicht ins Leben gerufen. Anscheinend gab es bei Hofe eine einflußreiche Partei, die dies wenigstens aufzuschieben trachtete, und daraus sind Rückschlüsse darauf zu ziehen, daß die Behauptung Hojedas, conversos säßen in höchsten Staatsämtern, durchaus der Wahrheit entsprach. Daher wurden erst zwei Jahre später (September 1480) in Medina del Campo die ersten Inquisitoren eingesetzt. Die drei Richter begaben sich sofort nach Sevilla, wo sie den Adel der umliegenden Landgüter ohne Umschweife zur Mitarbeit bei der Aufspürung von Ketzern verpflichteten und auf diese Weise sehr bald reiche Ernte halten konnten.

Viele conversos flohen aus der Stadt, es sollen mehr als 4000 Familien gewesen sein. Andere wiederum rafften sich zum Widerstand auf. Die conversos gehörten mit zu den reichsten Bürgern der Stadt und waren nicht unbeliebt in Sevilla, während die neuartige Inquisition dem christlichen Volk zwar nicht direkt zuwider war, aber auch keine begeisterte Unterstützung fand. Ein Komplott, die Inquisition mit bewaffneter Hand niederzuschlagen, wurde verraten, die Beteiligten und andere conversos wurden sofort verhaftet.

Am 6. Februar 1481 fand in Sevilla das erste „auto da fe" auf spanischem Boden statt, das „Glaubensschauspiel", wie man dort die öffentlichen Verbrennungen nannte. Sechs conversos, Männer und Frauen, wurden verbrannt, einige Tage später, mitten in einer großen Pestepidemie, drei weitere.

Mit den einmaligen Schauspielen war es aber nicht genug; noch viel nachdrücklicher mußte sich die Präsenz des Heiligen Offiziums einprägen, wenn ein gleichsam dauernder Scheiterhaufen aufgerichtet wurde, an dem die Untertanen jeden Tag vorbeigehen mußten und dem sie dabei ihre Reverenz erwiesen – wie dem berühmten Hut des Landvogtes Geßler, nur viel wirkungsvoller: nicht nur mit der äußerlichen Geste der Verbeugung, sondern innerlich, in ihrer Gesinnung. Dies Monument war eine Art „Brandstuhl" (quemadero), dessen Material von dem auf ihm zu entzündenden Feuer nicht angegriffen wurde. Die vier Beine des „quemadero" waren mit Prophetenfiguren geschmückt, die ein reicher Bürger von Sevilla stiftete. Das nützte ihm aber nichts: er wurde überführt, heimlich judaistische Riten zu praktizieren, und über seinen eigenen Statuen verbrannt.

Das Bewußtsein der Spanier wurde vom Heiligen Offizium nicht weniger angesprochen als ihr sprichwörtliches Ehrgefühl: eine Verletzung der Ehre durch Kirchenstrafen mußte im Lande der Hidalgos und Granden besonders ausgeklügelt ausfallen. So betonte man vor allem die Bußauflage, die schon im ausgehenden Mittelalter in Gebrauch gewesen war, das öffentliche Tragen eines mit zwei Kreuzen vorn und hinten unübersehbar gezeichneten Schandkleides, des „Sanbenito" (von „saco bendito" = gesegneter Sack"). Ein süßlicher Theologe (Luis de Paramo) erklärte dazu, dies Kleid imitiere die Hülle aus wilden Fellen, die sich Adam und Eva nach der Vertreibung aus dem Paradies umgelegt hatten, als sie ihrer Nacktheit zum ersten Male mit dem Gefühl der Scham ansichtig geworden waren. Derselbe Theologe behauptete übrigens in diesem Zusammenhang auch, ohne daß seine Feder stockte, daß Gott der erste Inquisitor gewesen sei, als er nämlich Adam nach dem Sündenfall zitierte: „Adam, wo bist du?" (Genesis 3,9).

Je nach Schwere des Vergehens mußte der Sanbenito lebenslang oder maximal zwei Jahre oder nur zur Erbauung der zuschauenden Gläubigen am Tage des auto da fe getragen werden. Im ersten Fall waren auf dem Sanbenito zwei Streifen anzubringen, und der Rückfall eines Zweigestreiften führte zum Scheiterhaufen; in den anderen Fällen war mit dem auto da fe noch nicht alles vorbei, denn das Schandkleid wurde in der Kirche des Ortes für immer aufgehängt und zeugte auch den Kindern des Ketzers gegenüber noch von der Schande ihrer Eltern. Die Vollzähligkeit der makabren Exponate wurde strengstens überwacht, auf ihnen Name, Geschlecht, Ketzerei und Strafe des Schuldigen vermerkt und erneut aufgeschrieben, wenn sie unleserlich geworden waren. Daß der ästhetische Eindruck manches Kirchenraumes darunter litt, störte überhaupt nicht. Gegen diese beständige Diffamierung half nur die Nachlässigkeit der inquisitorischen Visitatoren, die durch die spanischen Provinzen zogen und an anhand eingehender Listen die aufgehängten Sanbenitos nachprüften; selbst der Papst konnte da nichts ausrichten, denn als Pius IV. (1559—1565) von einer Pfarrei einmal um die Erlaubnis angegangen wurde, die Schandkleider zu entfernen, da erteilte er diese nur unter dem Vorbehalt der Erlaubnis der Inquisition und entwertete durch diese Korrektheit seine eigene Großzügigkeit.

Immerhin waren die Inquisitoren nicht so gehässig wie manche Mitbürger der Opfer: während es nämlich niemals Vorschrift war, durch beigefügte Bildnisse die Identifikation der Ketzer, etwa bei Namensgleichheit mit anderen Bürgern, jederzeit zu gewährleisten, besorgten die Nachbarn dies häufig. Ein Zeichen dafür, daß zwischen der spanischen Bevölkerung und ihrem Heiligen Offizium kein tiefer Graben klaffte — sonst hätte es wohl auch nicht jahrhundertelang so unbekümmert zu Werke gehen können.

Das breite Volk hatte auch deshalb zunächst keinen Anlaß, die neue Behörde für etwas Ungeheuerliches zu halten, denn meistens bestiegen Angehörige der reichen Bürgerschicht den Scheiterhaufen. Bis November 1481 hatten in Sevilla 298 Menschen den Flammentod erlitten, und 79 waren zu lebenslänglichem Gefängnis verurteilt worden. Die reiche Ausbeute in einer einzigen Stadt legte den Gedanken nahe, daß das ganze Königreich Kastilien von Ketzern verseucht sein müsse. Daher mußte Papst Sixtus IV. noch einmal angegangen werden, um die Schaffung weiterer Gerichtshöfe zu sanktionieren. Durch Breve vom 11. Februar 1482 ernannte er sieben vom Königspaar vorgeschlagene Dominikaner zu Inquisitoren, darunter Thomas de Torquemada. In Cordoba, Ciudad Real (späterer Sitz in Toledo), Avila, Jaén, Medina del Campo, Segovia, Sigüenza und Valladolid erhoben sich nun Tribunale, derer sich ein gewisser Blutrausch bemächtigte. Bis 1490 kamen in Sevilla noch über 400 conversos um, in Ciudad Real wurden von 1483−1485 52 Personen verbrannt, bis das Tribunal nach Toledo umzog.

Die alte Regel, daß im Inquisitionsprozeß alle als Zeugen tauglich sind, wurde hier um eine neue praktische Variante bereichert: nach einer Bulle des Papstes Nikolaus V. von 1447 war es Juden verboten, vor Gericht gegen Christen Zeugnis abzulegen. Nichtsdestoweniger verfiel das Tribunal von Toledo auf das Mittel, die Rabbiner der einzelnen jüdischen Gemeinden zu befragen, was sie an belastendem Material bei Christen vorzutragen hätten, und die Rabbiner folgten in den meisten Fällen, teils aus Angst, teils aus Neid gegenüber den ehemaligen Glaubensgenossen, die nach der Taufe in der christlichen Gesellschaft arriviert waren und nun auf die jüdischen Kreise, aus denen sie stammten, mit Verachtung herabblickten. Ertappte man einen Juden allerdings bei einer haßerfüllten Falschaussage, dann wurde er gesteinigt. Auch arbeitete das Heilige Offizium mit der organisierten Unterwelt Spaniens zusammen, um an Informationen heranzukommen. Das war damals die „Gardunia", hierarchisch gegliedert und intern, wie bei Verbrecherorganisationen üblich, mit einem ebenso harten Ehrenkodex ausgerüstet wie die offizielle Gesellschaft. Der Hofnarr der Königin Isabella soll gar der heimliche Chef der „Gardunia" gewesen sein.

1483 entschlossen sich die Monarchen, den Staatsrat für die Königreiche Kastilien und Aragon um eine Stelle für Angelegenheiten der Inquisition zu erweitern. So entstand der „Consejo de la Suprema y General Inquisición" (Suprema). Erster Großinquisitor (dieser Titel bestand aber anfangs noch nicht) wurde Torquemada. Im Oktober 1483 wurde dieser auch als Inquisitor für Aragonien, Valencia und Katalonien bestätigt, also auch für das gesamte Königreich Aragon.

Ferdinand hatte schon ein Jahr vorher in Barcelona, Zaragoza und Valencia Tribunale eingesetzt, doch der Papst hatte zunächst versucht, wenigstens in diesem Königreich seinen Einfluß zu wahren, und daher Ferdinand entrüstet davon in Kenntnis gesetzt, daß die Tribunale mehr auf Bereicherung als auf Behütung des Glaubens aus seien und daher den übelsten Verleumdern bereitwillig Glauben schenkten. In Sevilla und Cordoba wird es nicht anders zugegangen sein, doch war für Sixtus IV. dort an Positionen nichts mehr zu holen. Wenigstens verlangte der Papst nunmehr von Ferdinand, daß die Bischöfe oder deren Beauftragte mit den Inquisitoren zusammenarbeiten dürften, daß die Namen der Zeugen den Beschuldigten genannt werden sollten, daß die Beschuldigten einen Verteidiger bemühen dürften und daß schließlich eine Berufungsmöglichkeit an den Heiligen Stuhl vorgesehen werden sollte. Doch das waren nur noch Rückzugsgefechte der päpstlichen Autorität, denn Ferdinand erklärte dem Heiligen Vater unverblümt, er solle die Regelung dieser Angelegenheit ihm überlassen. Eilig zog der Paspt seine Bulle zurück, um dem Eindruck vorzubeugen, er unterstütze Ketzer.

Damit war das Bestreben der Kurie, die spanische Inquisition nicht ganz aus ihrer Konrolle gleiten zu lassen, jedoch noch nicht beendet. Streit entzündete sich an der Frage, ob der Papst die vom Großinquisitor ernannten Richter wieder absetzen und ob er andere Großinquisitoren neben dem nun einmal eingesetzten Torquemada ernennen durfte, die hierarchisch auf der gleichen Stufe standen wie er. Hierbei hatte die Krone den längeren Atem: im Jahre 1518 setzte König Karl von Spanien, späterer Kaiser Karl V., seinen Lehrer, Kardinal Hadrian von Utrecht, zum alleinigen Großinquisitor für das ganze Reich ein, und seitdem blieb das die maßgebliche Organisationsform.

Immerhin, Torquemada, der 1498 starb, war wegen dieses beständig versuchten Hineinregierens aus Rom im Lande nicht allmächtig. Soweit sein Machtbereich aber ging, herrschte er mit eiserner Hand. Als das Tribunal von Medina del Campo ihn um Bestätigung einiger Freisprüche anging, befahl er eine Neuaufnahme der entsprechenden Prozesse unter Anwendung der Folter. Das hätte den Richtern in Medina ein Fingerzeig dafür sein können, daß er Verurteilungen wünschte, aber bis auf zwei Fälle sprachen sie Angeklagte erneut frei. Daraufhin rief Torquemada aus, er hätte alle verbrannt, ließ die Freigesprochenen zum dritten Mal verhaften und nun endgültig zum Flammentod verurteilen. Dieses Ereignis machte unter den Richtern die Runde und hat zweifelsohne ihre Bereitschaft zu Freisprüchen aufs schwerste beeinträchtigt.

Obwohl der Inquisition nicht die technischen Machtmittel eines modernen Staates mit ideologisch gefärbter absoluter Herrschaft zur Verfügung standen, wurde ihr Wirken doch als drückend genug empfunden. Sogar die Altchristen, die über den Verdacht judaistischer Ketzerei erhaben waren, leisteten ihr manchen Widerstand, wenn auch erfolglos. 1484 schloß der Magistrat von Teruel den Inquisitoren, die aus Zaragoza angereist kamen, die Tore. Darauf verfielen die Stadtväter der Exkommunikation, die ganze Stadt dem Kirchenbann. Ja, die Inquisition erklärte aus der Fülle ihrer Machtvollkommenheit heraus, die bei Bedarf

Ketzerin im Sanbenito und mit der Ketzermütze auf dem Haupt. Zeitgenössische Darstellung.

221

anscheinend auch weltliche Angelegenheiten mitumfaßte, daß der Magistrat abgesetzt und seine Ämter durch König Ferdinand neu zu besetzen seien. Ferdinand befahl daraufhin allen aragonesischen Beamten, das Heilige Offizium mit Waffengewalt zu unterstützen, um ihm in Teruel zu dem schuldigen Respekt zu verhelfen, doch das nützte nichts. Der König mußte reguläre Truppen einsetzen, bis die Stadt sich schließlich unterwarf.

Die conversos Aragoniens entschlossen sich nun zu einer Verzweiflungstat: sie wollten einen Inquisitor ermorden, obwohl eine solche Aktion, wie leicht vorauszusehen war, noch eine viel härtere Repression im Lande hervorrufen mußte. Niemand geringerer als der Schatzmeister der königlichen Privatschatulle und der Schatzmeister des Königreiches Aragon verschworen sich, den Inquisitor von Zaragoza umzubringen, Pedro Arbués.

Dieser war gewarnt worden, daß sein Leben in Gefahr sei, deshalb trug er ein Panzerhemd unter seinem Gewand und eine stählerne Kappe auf dem Kopf. So geschützt begab er sich in der Nacht zum 16. September 1485 in die Kathedrale von Zaragoza, um dort vor dem Hochaltar zu beten. Seinen Hals hatte er jedoch nicht gesichert: dort traf ihn von hinten der Dolch der von den Schatzmeistern gedungenen Mörder, die sich, von allen unbemerkt, durch die Sakristei in den Kirchenraum geschlichen hatten. Arbués fuhr hoch und wankte zum Chor hinüber, die Mörder stachen noch einmal zu, in den Arm und unterhalb des Panzerhemdes; der Inquisitor brach zusammen, und während die Domherren heraneilten, machten sich die Mörder aus dem Staube. Nach einem Tag der Agonie starb Arbués.

Bald ging das Gerücht, daß er ein Heiliger gewesen sein müsse, denn viele Wunder wurden ihm jetzt zugeschrieben. Aber da er eher ein politisch bedeutsamer Heiliger war, nämlich der Märtyrer einer königlichen Organisation zur Überwachung des Glaubenslebens, die in Rom sehr mißtrauisch beobachtet wurde, beeilte sich die Kurie nicht mit der Heiligsprechung. Erst 1867 wurde Pedro Arbués kanonisiert, nachdem er in Spanien auf Weisung der Inquisition schon in den Jahren davor als Heiliger verehrt worden war.

Daß das Volk der neuen Organisation nicht feindlich gegenüberstand, erwies sich wieder daran, daß es in tumultuarischen Szenen die Bestrafung der Schuldigen verlangte. Die Mörder wurden gefaßt und an den autos da fe im nächsten Jahr geköpft, gevierteilt und verbrannt. Die conversos, die direkt und indirekt mit der Bluttat zu tun gehabt hatten, wurden noch jahrelang verfolgt, der Schatzmeister des Königreichs Aragon zu lebenslangem Gefängnis verurteilt. Die Folge war eine vollständige Ausschaltung ihres Einflusses in Aragonien und damit ein Erlöschen des offenen und versteckten Widerstandes gegen die Inquisition in diesem

Teil der Halbinsel. Damit hatte Ferdinands Königsmacht unwiderruflich gesiegt; die Inquisition war der Abschluß der Zentralisierung, die anstatt der überkommenen feudalen Gewalten aus dem Mittelalter und der Autonomierechte der Städte ganz Aragonien in ihren Griff bekommen hatte.

Der König scheint die Ermordung des Arbués noch dazu ausgenutzt zu haben, die Befugnisse des Heiligen Offiziums auszudehnen: es durfte nach päpstlichem, von Ferdinand angeregtem Machtspruch nun alle auswärtigen Fürsten und Behörden ersuchen, flüchtige Ketzer an sich auszuliefern. Damit umspannte zumindest auf dem Papier die spanische Inquisition ganz Europa!

Das bekam zuerst das Königreich Navarra zu spüren, dessen Stadt Tudela einige der in den Inquisitorenmord verwickelten „Ketzer" beherbergt hatte. Ferdinand drohte gar mit Krieg, als die Stadt auf Anforderung niemanden auslieferte. Die Ketzer flohen weiter, Ferdinand ließ seine Truppen in das wehrlose kleine Land nicht einrücken, aber der Rat der Stadt wurde vor das Tribunal von Zaragoza zitiert und mußte öffentlich Buße tun. Rechnet man dazu, daß die Inquisition auch die Häfen der Halbinsel und die Grenzen Kastiliens und Aragons überwachte, dann ermißt man, daß es üblicherweise unmöglich war, ihrer Wachsamkeit zu entkommen.

Das war insgesamt doch eine straffere Organisation als anderswo. Nachdem Spanien seit Gregor IX. jahrhundertelang nur die bischöfliche Ketzerverfolgung gekannt hatte, während in Frankreich, Deutschland und Italien das Heilige Offizium weitaus wirkungsvoller gearbeitet hat, drängt sich die Frage auf: warum dies alles? Ist die plötzliche Entdeckung, getaufte Juden „judaisierten" heimlich weiter, eine hinreichende Rechtfertigung für den Aufbau eines derartigen neuen Verwaltungsapparates? Das kann wohl nicht sein, allerdings beinhaltet der Hinweis auf die conversos doch schon einen wesentlichen Grund für die Etablierung der spanischen Inquisition: sie war ein Ergebnis des spanischen Antisemitismus.

Judenfeindschaft hat es auf der Pyrenäenhalbinsel schon länger gegeben, und zwar auch von christlicher Seite aus. Nachdem die Christen, allen voran der König von Kastilien, im 13. Jahrhundert den politischen Islam bis in die Sierra Nevada rund um Granada zusammengedrängt hatten, waren sie zur fraglos überwiegenden Glaubensgruppe geworden. Damit fiel der quantitative Grund weg, gegen die Juden Toleranz zu üben. Die Vereinheitlichung der politischen Landkarte unter christlichem Kommando ließ das Bedürfnis nach Vereinheitlichung der konfessionellen Landkarte entstehen. Man sagt den Spaniern nach, ihr Nationalcharakter habe sich in den Jahrhunderten der „reconquista" gebildet. Dann müßte in ihm ein beständiges Kampfgefühl lebendig sein, das sich nach Erledigung des äußeren Feindes einen inneren Feind suchte, nach Beendigung des Ritter- und Kanonenkrieges den Krieg der Weltanschauungen.

Die Juden waren nach wie vor diejenigen, die Christus ans Kreuz geschlagen hatten, also war es unzumutbar, daß sie gleiche Rechte wie Christen haben durften. „Ihr Antlitz soll Schande verkünden und sie sollen die Erkenntnis Christi suchen", hatte Papst Innozenz III. gedonnert, denn der Herr selbst habe ihnen prophezeit, daß sein Blut über sie und ihre Kinder kommen werde. Sie verübten angeblich beschimpfenden Unfug mit christlichen Symbolen, schändeten Hostien und schlachteten kleine Christenkinder für ihre finsteren rituellen Opfer. Trotzdem, auch sie hatten in den Schlachten gegen die Mauren dem König von Kastilien gedient, und viele von ihnen waren gesellschaftlich emporgekommen, hauptsächlich durch Geldgeschäfte. Das Mittelalter leitete aus der Bibel ein absolutes Verbot der Zinsnahme ab. Wenn ein Christ gegen Zinsen Geld auslieh, dann war das Ketzerei. Aber ein Jude war nicht ein Getaufter; für ihn galt das Zinsverbot daher nicht, und die Juden Spaniens bemächtigten sich auf diese Weise eines riesigen Teiles des christlichen Geldmarktes. Damit zogen sie Haß auf sich, einmal, weil sie über die liquiden Mittel verfügten, die die kapitalarmen Christen so dringend benötigten, zum anderen, weil sie oft genug Wucherzinsen verlangten. Der Reichtum, den sie zwischendurch zur Schau stellten, tat sein übriges, um Mißgunst hervorzurufen.

1328 fand im Königreich Navarra auf Anstiftung eines Franziskanermönches das erste große Judenpogrom auf der Halbinsel statt, dem Tausende zum Opfer fielen. Martinez, Verweser des Erzbistums Sevilla, predigte 1391 in dieser Stadt die Verfolgung, angeblich die Geschäfte des Königs besorgend, der ganz in der Hand jüdischer Geldverleiher sei. Die ganze Judenstadt (juderia) wurde damals ausgerottet, sofern sich die Hebräer nicht zur Zwangstaufe bereit fanden. Von Sevilla aus ergriff die Raserei ganz Kastilien, die Opfer gingen in die Zehntausende, auch in Valencia richteten die Christen ein Blutbad an. Sehr viele Juden ließen sich taufen, um dem Gemetzel zu entgehen, so viele, daß in den Kirchen das Salböl ausgegangen sein soll (aber durch ein Wunder wieder ergänzt wurde). Das folgende 15. Jahrhundert brachte keine Entspannung der Atmosphäre. Es kam für die Neugetauften der Name „marrano" auf, was „Schwein" bedeutet oder auch von „marrar" = verfehlen abgeleitet werden kann.

Man kann sich nur zu gut vorstellen, daß die Neugetauften einem Glauben, der ihnen unter solch mörderischen Umständen aufgezwungen worden war, recht kühl gegenüberstanden. Aber die marranos oder conversos arrivierten: sie heirateten in die Kreise der spanischen Aristokratie ein und wurden noch einflußreicher, als sie es durch ihre Geldge-

Mit einer Hand an Pfähle genagelte Ketzer vor der Hinrichtung.

schäfte vorher schon gewesen waren, was wiederum auf eine gewisse
Mäßigung im Antisemitismus schließen lassen könnte. Aber die Altchristen vergaßen ihnen ihre jüdische Herkunft selbst nach Generationen
noch nicht, weil sie sich durch diese agile Minderheit in ihrer beherrschenden Stellung im Staate immer mehr bedroht fühlten. Im Jahre 1412
bestimmte eine königliche Verordnung, daß Juden und Mohammedaner
Unterscheidungszeichen tragen sollten (wer dächte da nicht an den berüchtigten Judenstern?), den Wohnsitz nicht wechseln dürften, von Be-

225

amtenstellen und bestimmten Berufen ausgeschlossen seien usw. Das widerum führte zu noch mehr unfreiwilligen Taufen und damit zu noch mehr conversos, die sich fieberhaft aus der gedrückten Lage, die sie am eigenen Leib erfahren hatten, hochzuarbeiten suchten.

Für die hartnäckigen Antisemiten wurde die Lage allmählich trostlos: drei Sekretäre der katholischen Majestäten, ungefähr die Hälfte aller Posten am Hofe Aragoniens, waren conversos, König Ferdinand selbst fand in der Linie seiner mütterlichen Abstammung Juden vor. Auch die Kirche sah conversos an höchster Stelle: Kardinal Juan de Torquemada, der Onkel des ersten Großinquisitors, gar Thomas de Torquemada selbst, sein Nachfolger Diego Deza, der Erzbischof von Talavera, mindestens vier weitere Bischöfe, hatten einen teilweise unarischen Stammbaum. Hier ging es allmählich um die Macht im Königreich, zumal jede große Adelsfamilie mindestens einen converso ihr eigen nannte. Man könnte meinen, ein converso in der soundsovielten Generation wäre auch für Antisemiten schließlich ein akzeptabler Christ, aber dem war aus dem erwähnten hochpolitischen Grund nicht so.

Zweifelsohne aber kommt abseits von den immerhin noch erklärbaren Interessen in der Innenpolitik hier bereits ein nur gefühlsbedingter Rassismus zum Vorschein von nicht anderer Gesinnung, als wir ihn im 20. Jahrhundert laufend beobachten. Die Inquisition sollte also dazu dienen, die Personalstrukturen im Reiche umzukrempeln, und genau diese Aufgabe hat sie dann auch erfüllt.

An der Schwelle der Neuzeit bekannte Spanien sich entschlossen zur Intoleranz. Das war eine Weichenstellung, die das Land für die nächsten Jahrhunderte prägen sollte. Heraufgeführt hat sie letztlich der Egoismus der katholischen Majestäten Ferdinand und Isabella, die diese Intoleranz dem politischen Zweck dienstbar machten, Spanien in ihrer Hand straff zu vereinigen.

Es verwundert daher nicht, daß die Inquisition Aufgaben hatte, die über die der Reinhaltung des Glaubens weit hinausgingen. Ausgangspunkt hierfür ist der schon in der Verordnung von 1412 verwertete Gedanke, daß Juden keine Beamten werden dürfen. Nächste Folgerung: dann unterfielen conversos diesem Verbot auch, denn ihre Glaubensreinheit konnte in Zweifel gezogen werden (eine vereinfachende Logik, die sich den Hang des Gesetzgebers zur Generalisierung, der zu allen Zeiten besteht, zielbewußt zunutze macht!). Warum waren diese Zweifel erlaubt? Wegen ihrer jüdischen Abstammung; ihr Blut war „unrein". Hinter der Religion taucht der Rassismus auf. Die Inquisition hatte also als notwendige Vorfrage für die Beurteilung, ob jemand der Ketzerei verdächtig sei, zu klären, ob sein Blut rein sei, also sage und schreibe Ahnenforschung zu betreiben! Was für Möglichkeiten der Einschüchterung und Terrorisierung unliebsamer Diener der Krone ihr damit gegeben waren, welch einen Sumpf an Intrigen diese Bevollmächtigung zur Folge haben mußte, leuchtet ohne weiteres ein.

Die Päpste wurden auf das Prinzip verpflichtet, daß zwischen Altchristen und conversos ein unauslöschbarer Unterschied bestehe. Lag keine „Limpieza de sangre" (Reinheit des Blutes) vor, dann durfte der Betreffende nicht in ein christliches Kloster eintreten. Thomas de Vio, auch als Kardinal Kajetan bekannt, hielt dem das klassische Argument entgegen, daß Christus und die Apostel selbst Juden gewesen seien. In der Folgezeit blieb es aber doch bei dieser Regelung, da die Päpste den Standpunkt Kajetans nicht teilten. So weit ging der spanische Antisemitismus, daß auch das Auftreten Luthers in Deutschland auf jüdische bzw. conversische Umtriebe zurückgeführt wurde! Jedenfalls mußte Karl V. diese Behauptung in einer seriös gemeinten Denkschrift lesen, die sich für die Absicht einsetzte, conversos nicht in die Klöster einzulassen.

Bis zum Massaker von 1391 gingen die Ahnenforscher zurück: wer zu diesem Zeitpunkt noch nicht Christ gewesen war, der hatte es nachher auch nicht werden können. Das obligate Untersuchungsgeheimnis, das für den Inquisitionsprozeß charakteristisch war, bewirkte dabei in der Praxis, daß entsprechende Ahnennachweise oft mit recht leichter Hand geführt wurden, und man sich auch dann nicht um die Auswertung von Urkunden kümmerte, wenn welche vorhanden waren. Auch die spanischen Ritterorden, aus dem Kampf mit den Mauren hervorgegangen, an ihrer Spitze der von Calatrava, achteten peinlichst auf die „limpieza" ihrer neu aufzunehmenden Mitglieder.

Die spanische Politik entsprach dieser Judenfeindschaft. Nachdem Ferdinand und Isabella das maurische Königreich Granada nach zehnjährigem Krieg niedergeworfen hatten und am 1. Januar 1492 in seiner Hauptstadt eingezogen waren, standen sie vor dem – mittlerweile selbstgeschaffenen – Problem, was sie mit all der Judenschaft anfangen sollten, die ihnen da zugefallen war. Die jüdischen Finanziers des Königs suchten die Vertreibung durch das Anerbieten einer hohen, von den Juden des Reiches aufzutreibenden Geldsumme abzuwenden, aber Torquemada soll mit seinem Rücktritt gedroht haben, wenn der König ihnen willfahre. So erging am 30. März 1492 ein Edikt, das der gesamten spanischen Judenschaft eine Frist bis zum 31. Juli des Jahres setzte, binnen der sie sich zu entscheiden hatten: entweder Taufe oder Auszug aus Spanien. Angeblich sollen sich 50 000 haben taufen lassen, mehrere Hunderttausende (die Zahlen schwanken beträchtlich) wählten die Ausreise.

Wobei „Ausreise" ein euphemistischer Begriff ist: zwar durften die Juden ihre Habe verkaufen und das so eingelöste Geld mitnehmen, sofern es weder Gold noch Silber enthielt, aber diese Geschäfte waren im Druck der Zeit nur recht unbefriedigend abzuwickeln. Es standen zu wenig Schiffe zur Verfügung. Wer vom Lande loskam, fiel oft türkischen Piraten in die Hände (gegenüber Spanien lagen die „Barbaresken"-Staaten Algier und Tunis, damals ausgesprochene Seeräubernester). Der Verlust an Kapital und an wirtschaftlichen Fähigkeiten, den Spanien durch diese größte Judenvertreibung der Geschichte (ausgenommen das 20. Jahrhundert) erlitt, war ungeheuer, aber offensichtlich einkalkuliert. Isabella hatte das schon einige Jahre zuvor ausgedrückt, als aus den Städten Andalusiens Tausende von conversos vor der Inquisition geflohen waren: die Reinheit ihrer Länder gehe ihr über alles, das erfordere der Dienst an Gott.

Teilweise fanden die Ausgewanderten eine neue Heimstatt im Nachbarstaat Portugal, und König Johann ließ sich seine Gastfreundschaft teuer bezahlen. 1497 zwang König Manuel die Juden zur Taufe. Damit hatte auch Portugal sein converso-Problem. Blutiger Auftakt war das Massaker von Lissabon 1506, als ein converso dort Zweifel daran äußerte, ob ein als wunderwirkend verehrtes Kruzifix tatsächlich Wunder wirkte. Der Mann wurde sofort auf der Straße erschlagen, die Dominikaner hielten an allen Orten Hetzpredigten, wobei sie das in Frage stehende Kruzifix über der Menge schwenkten. Die solchermaßen fanatisierten Christen fielen über Juden und Neugetaufte her und ermordeten in dreitägigem Wüten Tausende.

König Manuel glaubte anschließend auch seinerseits nicht, ohne Inquisition auskommen zu können, und ging den Papst um Erlaubnis hierfür an. Aber sowohl seine Schwunglosigkeit in dieser Angelegenheit als auch das Geldbedürfnis der Kurie zogen die Sache bis ins Jahr 1531 hinein: Rom ließ sich sowohl vom König als auch von den verschreckten conversos systematisch bestechen, um beide hinzuhalten und aus der Angelegenheit so viel Geld wie möglich zu ziehen. Der neue König Johann erkannte das wohl und warf es dem Papst deutlich vor, worauf die zuständigen Kardinäle sich mit der ebenso deutlichen Bemerkung zu entschuldigen versuchten, die Inquisitoren seien doch Teufelsdiener und ihr Prozeß sei eine Rechtsverweigerung.

Die finanzielle Seite spielte weiterhin zwischen beiden Höfen die wichtigste Rolle, und wenn es je einen zynischen Kuhhandel gegeben hat, dann war es dieser. Papst Clemens VII. erlaubte, daß alle der Ketzerei Angeschuldigten sich vor dem päpstlichen Nuntius rechtfertigen durften, und auch diese Bestimmung erwies sich als sehr einträglich, denn sie erlaubte es der Kurie weiterhin, von beiden interessierten Parteien Geld zu nehmen. Außerdem war Portugal an Machtfülle nicht mit seinem Nachbarn Spanien zu vergleichen, daher konnte es sich die Kurie erlauben, den Nuntius an der Nase des Königs vorbeioperieren zu lassen. Die conversos versprachen die Zahlung von 30 000 Dukaten an den seit 1534 amtierenden Papst Paul III., wenn er in Portugal die Inquisition nach spanischem Muster verböte, das ordentliche Strafrecht für ihr Verfahren vorschreibe und sie den Bischöfen überlasse. Aber die schließliche Zahlungsunfähigkeit der conversos, verbunden mit der sanften Nachhilfe Karls V. in Rom zugunsten seines portugiesischen Amtsgenossen, führte ab 1536 dann doch zur Einführung des spanischen Musters, nur mit einigen prozessualen Abwandlungen, deren wichtigste die Berufungsmöglichkeit nach Rom war.

Hierbei ereignete sich eine große kirchengeschichtliche Peinlichkeit: 1539 tauchte in Lissabon ein päpstlicher Legat auf, der alle nötigen diplomatischen und kanonischen Beglaubigungsschreiben bei sich trug und auch mit all dem Pomp auftrat, der seinem hohen Rang gebührte. Er war aber ein Betrüger, seine Urkunden samt und sonders raffinierte Fälschungen. Das Geld für seine Vorspiegelungen in Portugal hatte er sich durch Vorspiegelungen gegenüber vermögenden Adeligen in Spanien verschafft. Der König fragte ihn verwundert, warum der Papst ihm die Ankunft seines Legaten nicht vorher angekündigt habe, wie es üblich sei, und der Hochstapler erwiderte, die Einrichtung der Inquisition in Portugal gestatte eben keinen formalistischen Aufschub, um wieviel größer sei die Ehre für den König, wenn der Legat selber ihm die Ankündigung seines Kommens überbringe! An derlei glitzernden Argumenten erkennt man Hochstapler, aber leider meistens erst im Nachhinein: der Betrüger durfte einen Großinquisitor einsetzen, verbrannte zunächst etwa 200 Menschen und setzte sein Geschäft mit schwungvollen Konfiskationen fort.

Er saß jedoch auf einer Zeitbombe, denn der König zog unterdessen in Rom Erkundigungen ein. Der Marques von Villanova aus Spanien, der dem Pseudo-Legaten Geld geliehen hatte, kam hinter die Wahrheit, rüstete eine Schlägertruppe von 50 Mann aus und ließ den Betrüger fangen, als er gerade in der Nähe der spanischen Grenze amtierte. Der Papst nun erklärte den Gefangenen für vollständig unautorisiert, bestätigte aber alle seine Amtshandlungen, und weder sein noch des Königs Erröten über diesen historischen Bluff änderte etwas an der nun endgültigen Einführung der Inquisition in Portugal. Der Hochstapler, nach damaligen Gesetzen sicherlich mehrfach des Todes schuldig, kam im Vergleich glimpflich davon mit Peitschenhieben und 10 Jahren Galeerenstrafe.

1540 fand das erste auto da fe in Portugal statt. Ein dem spanischen vergleichbarer Eifer gegen die conversos kam aber nicht so recht auf, denn bis 1580 wurden insgesamt nur 169 Angeklagte verbrannt, bis zu dem Zeitpunkt, da die Spanier im Lande einrückten und Philipp II. sich die portugiesische Königskrone aufsetzte. Nun wies die Statistik bis 1600, also in der Hälfte des oben angegebenen Zeitraumes, 161 Hingerichtete auf, die mithin etwa doppelte Anzahl. Und die Richter jenseits des Guadiana hatten mit einem neuen Problem zu kämpfen, einem selbstgeschaffenen wie so vielen des Heiligen Offiziums: conversos waren aus Portugal nach Spanien geflohen und begannen dort die Gefängnisse zu füllen. Doch kam ihnen nun die Ausdörrung der spanischen Staatsfinanzen zu Hilfe, denn gegen 1 860 000 Dukaten plus reichlichen Schmiergeldern an die Minister des Königs verstand sich die Krone dazu, den aus Portugal stammenden conversos beim Papst einen Generalpardon zu erwirken. Diese Summe hielt bis 1628, als der portugiesische Klerus seinen Gewissensbissen wegen der Unterwanderung der christlichen Religion durch hartnäckige Befolger des mosaischen Gesetzes wiederum lauten Ausdruck gab. Nun waren 80 000 Dukaten für den Hof Philipps IV. von Spanien nötig, um die Erlaubnis zu erwirken, nach Spanien umsiedeln zu dürfen. Viele conversos wanderten aber vorsichtshalber lieber nach Frankreich, England und in die Niederlande aus.

Abermals waren die wirtschaftlichen Folgen katastrophal, sofern es bei dem 1626 wieder einmal eingetretenen Staatsbankrott darauf überhaupt noch ankam. Der allmächtige Günstling Philipps IV., Graf Olivarez, sah dies ein und wollte sogar die in die muselmanischen Staaten ausgewanderten Juden wieder nach Spanien zurückholen. Aber hier regierte Don Quijote, der Ritter von der traurigen Gestalt, die Herzen der anderen Minister und des Volkes, und sicherlich hat auch diese ökonomisch vernünftige und religiös verhaßte Idee den Sturz des Olivarez im Jahre 1643 mit herbeigeführt. Zu allem Unglück verstärkte sich in Portugal nach dessen wiedergewonnener Unabhängigkeit (1640) die Jagd nach den conversos, wodurch sie als Geschäftspartner für viele spanische Kaufleute ausfielen bzw. sie in ihren finanziellen Zusammenbruch hineinzogen. Es ist auch unter diesen Umständen nicht zu verwundern, daß in jenen Jahren Spaniens Vormacht in Europa zusammenbrach, und die Inquisition hatte durch ihre Massenkonfiskationen ihr Scherflein dazu beigetragen.

Die Eroberung von Granada (1492) stellte auch noch eine zweite Minderheitsfrage in Spanien in den Vordergrund: was sollte mit den zurückgebliebenen Mauren geschehen? Zunächst wurden sie ausdrücklich geduldet, wie es in früheren Zeiten üblich gewesen war, als die spanischen Könige den maurischen Herrschern einen Landstrich nach dem anderen entrissen hatten. Auf die Dauer aber war das Problem der Zwangstaufe auch hier unausweichlich. Dabei spielte jedoch der Glaubensfanatismus nur eine beschränkte Rolle, da die spanischen Herrscher die Mauren („moriscos") als „fünfte Kolonne" des Islam auf ihrem eigenen Territorium fürchteten.

Auch wenn dies in der Wirklichkeit übertrieben war, so war der Gedanke einer generellen Prävention doch nicht ganz von der Hand zu weisen. Die Türken hatten das östliche Mittelmeerbecken fast vollständig erobert. Sie griffen aus nach dem unter spanischer Herrschaft stehenden Unteritalien und Sizilien, berannten Malta, machten sich die Seeräuber-

Darstellung eines auto da fe an der Biscaya im Jahre 1507.

häuptlinge von Algier und Tunis zu Vasallen. Drei Viertel der Mittel-
meer-Küsten waren also in islamischer Hand. Daher wiederholte Isabella 1502 in Kastilien für die moriscos die Alternative: Taufe oder Verlassen des Landes, 1526 erließ Karl V. für Aragon die gleiche Anordnung.

Das ging nicht ohne offenen Kampf ab, denn viele moriscos, die in der
Region Valencia hauptsächlich auf dem Lande lebten, verweigerten den
Taufzwang, ohne auswandern zu wollen. Sie flohen in die Berge von

Espadan, und Karl V. konnte sie dort zuerst nicht ausheben, weil sich die lokalen christlichen Grundherren dazu nicht hergeben wollten, gegen ihre eigenen Untergebenen Krieg zu führen. Karl mußte 3000 Söldner aus Deutschland heranführen, um der moriscos schließlich Herr zu werden.

Die neuen Bekehrten liebten verständlicherweise den christlichen Glauben auch nicht mehr als die ehemaligen Juden: Zusätzlich zu ihrer Unlust, sich im christlichen Glauben unterweisen zu lassen, kam noch der völlige Mangel an kirchlichen Versuchen, sie ernsthaft zu katechisieren. Oder hätten sie eine Religion lieben sollen, die sich mit der Inquisition schmückte? Es gab spanische Kirchenmänner, die deshalb für die moriscos Verständnis hatten, aber ihre Meinung war niemals die amtliche. Während noch in der Aufmerksamkeit der Tribunale die conversos den ersten Platz einnahmen, wurden zunehmend auch moriscos mitverbrannt. Nur zu leicht konnten sie in den Verdacht der Ketzerei kommen, wobei man unbekümmert eine äußerliche Angewohnheit zum Indiz einer Verworfenheit nahm, die auch vor den christlichen Dogmen nicht haltmachte: Wer sich des Weines und des Schweinefleisches enthielt, der galt als Ketzer, und seine Einwendung, er vertrage beides nicht, als klägliche Schutzbehauptung. Eine Frau, die sich die Fingernägel mit Henna einschmierte, war eine Ketzerin; wer das Geflügel schlachtete, indem er ihm den Hals durchschnitt, war ein Ketzer; wer Fleisch von gefallenen Tieren nicht essen wollte, war auch einer; ja, um der Angelegenheit eine Tendenz zum Galgenhumor hin zu geben: wer sich besonders reinlich hielt, war auch ein Ketzer, denn vielleicht befolgte er damit die Einflüsterungen des Teufels, niedergelegt im Koran, die vor dem Gebet rituelle Waschungen vorschrieben!

Mit anderen Worten: Spanien erwies sich als weitgehend unfähig, die moriscos zu assimilieren. Nicht so sehr in Alt- und Neu-Kastilien, wo sie verstreut lebten und daher leichter in der christlichen Bevölkerung aufgehen konnten, als dort, wo sie die Mehrzahl der Bevölkerung ausmachten: auf dem Gebiet ihres ehemaligen Königreichs Granada. Im Jahre 1565 bekam die Furcht der Spanier, die moriscos wären allesamt Spione des osmanischen Sultans, der Barbaresken-Piraten und des Scherifs von Marokko, neue Nahrung. Auf der Folterbank der Inquisition gestand ein morisco, daß über Lyon Informationen über die spanische Küstenwacht im Mittelmeer an den Sultan weitergegeben würden und daß eine türkische Invasion südlich Valencia geplant sei, sobald erst Malta gefallen wäre. Auf dieser Insel gäbe es schon eine Menge moriscos als Kundschafter, die an Istanbul militärische Einzelheiten über die Burg der Malteser-Ordensritter weiterleiteten.

Dieser nachrichtendienstliche Ertrag eines geistlichen Gerichts war vielleicht so bedeutend nicht, wie er auf den ersten Blick aussah, aber da die moriscos schon jahrzehntelang suspekt waren, eskalierte die Entwicklung nun zusätzlich. Erzbischof Guerrero von Granada (nomen est omen: „guerrero" heißt „Krieger") wandte sich mit anderen Bischöfen an König Philipp II. (1556—1598), um von ihm energische Schritte zu dem Zwecke einzuleiten, die moriscos zu wirklichen Christen zu machen. „Je mehr tote Mauren, umso weniger Feinde", wurde Philipp gesagt, und das zeigt, daß die Spanier mehr als zwei Generationen nach der Eroberung von Granada ihren Kreuzzugsgeist noch nicht abgelegt hatten. Die Inquisition war dabei eine Fortführung des Krieges mit anderen Mitteln.

Am 1. Januar 1567 wurde von dem neu ernannten Inquisitor Pedro de Deza von Granada ein Edikt verkündet, das eine Kampfansage an die moriscos war: innerhalb von drei Jahren hatte der Gebrauch des Arabischen in Wort und Schrift eingestellt zu werden, nach einem Jahr war das Tragen maurischer Gewänder in Seide, nach zwei auch das wollener Gewänder einzustellen, die Fingernägel durften nicht mehr mit Henna gefärbt werden, maurische Gesänge auch religiös indifferenten Inhalts waren am Freitag und am Sonntag verboten, an beiden Tagen hatten in den Häusern der moriscos die Türen offen zu stehen, maurische Namen waren untersagt, öffentliche und private Badeeinrichtungen mußten zerstört werden, neue durfte niemand mehr bauen.

Mit diesen Vorschriften über Äußerlichkeiten, die da auf die moriscos niederprasselten, sollte das Weiterleben des islamischen Glaubens bekämpft werden. Die betroffenen Einwohner beschlossen, lieber zu den Waffen zu greifen, als dem tyrannischen Edikt Folge zu leisten. Deza, der als bekannter Scharfmacher in Granada eingesetzt worden war, hatte das kommen sehen, auch der Generalkapitän der Provinz, Graf Mondejar. Aber vielleicht suchte der König nur einen Anlaß zu schaffen, um die moriscos ausrotten zu können.

Die verhandelten zunächst: ihre Bräuche seien mit der christlichen Religion durchaus nicht unvereinbar, und wenn ihre wirtschaftlichen Aktivitäten für das Königreich ausfielen, dann werde der Schaden immens sein. Deza antwortete Francisco Nuñez Muley, dem Sprecher der moriscos, kühl und ganz im Sinne der verblichenen Königin Isabella: „Der König bewertet die Religion höher als seine Einnahmen".

Das Wort des Schillerschen Großinquisitors ist hier nicht weit: „Vor dem Glauben gilt keine Stimme der Natur" – vor der politischen Unsicherheit, wie skizziert, allerdings auch nicht.

Da die Verhandlungen ergebnislos blieben, brach der Aufstand der moriscos am 23. Dezember 1568 los. Ungefähr 150 000 moriscos fanden sich unter der Führung von Fernando de Valor zusammen, der sich seiner Abkunft von den ehemaligen Kalifen von Cordoba rühmte. Er wurde unter einem Olivenbaum mit dem alten arabischen Namen Ibn Omaya (da die Kalifen von Cordoba aus der ersten Kalifendynastie der Omayaden abstammten) zum König von Granada proklamiert. Die moriscos waren schlecht bewaffnet, aber tapfer, und obwohl ihre Hoffnungen auf einen parallelen Aufstand der moriscos in Valencia und auf Unterstützung aus Nordafrika sich zerschlugen, hatten die Christen große Schwierigkeiten, des Aufstandes Herr zu werden. Generalkapitän Mondejar kratzte an Truppen zusammen, was er auftreiben konnte, und rückte aus Granada in die Alpjarras, die Gebirgsregion zwischen Sierra Nevada und Mittelmeer. Noch im Winter 1568/69 schlug er die moriscos dort, ohne den Krieg damit beenden zu können, denn der König bestätigte den Waffenstillstand nicht, den er mit den Rebellen geschlossen hatte.

Der Krieg artete zur „guerrilla" aus, mit kompromißlosem Haß auf beiden Seiten, den besonders Priester fühlen mußten, wenn sie in einen Hinterhalt der moriscos gerieten. Die besten spanischen Truppen standen damals in den Niederlanden unter dem Kommando des Herzogs von Alba. Don Juan d'Austria, der uneheliche Sohn Karls V., übernahm das Oberkommando und mußte seine Armee mit Einheiten aus Unteritalien und aus Katalonien auffüllen. Die Stadt Granada und die umliegenden Ebenen wurden durch Zwangsumsiedlung nach Norden morisco-frei gemacht, wodurch die guerrilleros in den Bergen ihren Rückhalt in der Bevölkerung verloren. Don Juan ließ systematisch die Küste überwachen, um den Kriegern Rückzugsmöglichkeiten und das Wenige an Unterstützung abzuschneiden, was sie von jenseits des Meeres bekommen konnten. Sie hatten sich nämlich darauf verlegt, Christen zu fangen und diese an arabische Sklavenhändler zu verkaufen, um mit dem Erlös Piraten aus den Barbaresken-Staaten zu mieten. Die Höhlen, in denen die moriscos Unterschlupf fanden, wurden ausgeräuchert.

Im Laufe des Jahres 1570 kapitulierten die Rebellen, eine Abteilung nach der anderen. Der Nachfolger des ermordeten Ibn Omaya, Ibn Abu, wurde in einer Höhle bei Berchules von seinen eigenen Anhängern erstochen. Was noch an moriscos im Lande lebte, wurde nach Kastilien, Galicien und Leon geschickt, wobei die Spanier keine Rücksicht darauf nahmen, ob die Betreffenden Rebellen waren oder nicht. In ihren neuen Siedlungsgebieten unterstanden sie nach wie vor dem Edikt von 1567. Ein christlicher Chronist bemerkt, daß nun zwar die Christen in Granada von ihrer Angst erlöst seien, daß aber nun dort, wo vorher Leben und reger Wandel geherrscht hatte, Öde und Traurigkeit weile.

Doch damit war das morisco-Problem keinesfalls gelöst, sondern nur gleichmäßig auf ganz Spanien verteilt. 1588 noch hörte man bei Hofe: „Wir müssen alle moriscos für unsere erklärten Feinde halten, sowohl die, die schon immer in Kastilien gewohnt haben, als auch diejenigen, die unlängst von Granada aus verteilt worden sind. Sie sind ebenso maurisch wie die Mauren in Afrika!" Auch die Inquisition wurde ihrer immer noch nicht Herr, die Klagen über eine weitere Anhänglichkeit an den islamischen Glauben rissen nicht ab. Miguel de Cervantes bemerkt in einer seiner „exemplarischen Novellen": „Es wäre ein Wunder, unter so vielen Menschen überhaupt nur einen zu finden, der aufrichtig dem heiligen christlichen Glauben zugetan ist".

König Philipp ließ sich raten, alle auswanderungswilligen und verstockt anti-christlichen moriscos auf Boote zu setzen, die defekt waren, und sie in Richtung Afrika in See stechen zu lassen. Sie sollten unterwegs umkommen, um nicht die Anzahl der Feinde der christlichen Religion zu vermehren. Daraus wurde nur deshalb nichts, weil man damals alle Schiffe für den Kampf gegen die Niederländer brauchte. Oder sollte man die Männer erst kastrieren und dann die ganzen Familien nach Neufundland vor der kanadischen Küste verschicken, um sie dort im rauhen Klima zugrundegehen zu lassen, wie der Bischof von Segovia vorschlug?

Im Jahre 1609 schließlich wußte man, was zu tun war. Die unversöhnlichen unter den moriscos wurden angewiesen, innerhalb von drei Tagen nach Verkündung des Austreibungsediktes zu dem Hafen ihrer Einschiffung abzureisen. Sie durften mitnehmen, was sie auf dem Rücken tragen konnten, und würden dann nach Afrika verschifft werden. Und die moriscos gingen nunmehr gern, um endlich wieder unter Mohammedanern leben zu können. Die Zahl der Vertriebenen ist nicht mehr genau ermittelbar, Schätzungen schwanken zwischen 300 000 und 3 000 000.

Damit war das Problem für die Inquisition so gut wie erledigt. Wenn nach 1609 noch Fälle von Neigungen zum Islam in ihren Akten auftauchten, dann handelte es sich um Mohammedaner, die von den Spaniern gefangengenommen worden waren und nach gesetzlicher Vorschrift getauft werden mußten, oder umgekehrt um Christen, die auf Reisen zwangsislamisiert worden waren und nach ihrer Rückkehr sich dessen zu teilnahmsvoll erinnerten. Die konnte man nicht mehr als moriscos im Sinne der Verfolgungen bis 1609 bezeichnen.

Angesichts der Opfer, die die politische Idee der spanischen Einheit unter den Minderheiten der conversos und moriscos verschlungen hatte, mußte für die Inquisition eine Überlegung umso peinlicher sein: wenn eine Zwangstaufe keine gültige Taufe war, dann war das Heilige Offizium für die Verfolgung von „Judaisierenden" und „Islamisierenden" niemals zuständig gewesen, denn die Betreffenden waren dann keine Christen geworden, sondern Juden und Mohammedaner geblieben! Das Problem lautete, ob zur Taufe eines Erwachsenen Zwang ausgeübt werden durfte oder ob sie seinem freien Willen zu überlassen war.

Man konnte mit Thomas von Aquin der Meinung sein, daß der freie Wille des zu Taufenden unbedingt erforderlich sei, denn der Mensch trete durch die Taufe in ein neues Leben in Christus ein, wobei es ihn des vergangenen Lebens reuen müsse, Reue ohne freien Willen aber wertlos sei. Zum Eintritt in das neue Leben benötige er konsequenterweise dann auch seinen freien Willen. Da ferner die Taufe ein Gegenmittel gegen die Begehung von Sünden sei, die aus dem Willen des Menschen herrührten, müsse auch dieses Gegenmittel seinem Willen entsprechen. Es hätte die Dominikaner-Inquisitoren als Ordensbrüder des heiligen Thomas geziert, wenn sie seiner Meinung gefolgt wären, doch stand bei dieser Frage die entgegenlaufende kirchliche Praxis in einem entscheidenden Punkt zur Debatte, und daher mußte der freie Wille irgendwie für unbeachtlich erklärt werden.

Zumal in Spanien war hierbei Tradition zu verzeichnen: schon ein Konzil von Toledo aus der Westgotenzeit (415—711 in Spanien) hatte die Zwangstaufe für falsch, aber in ihrer Wirkung dennoch für unauslöschlich erklärt. Papst Bonifaz VIII. mißachtete die elementarste Psychologie, als er Todesangst nicht mit Zwang gleichsetzte — er verstand unter Zwang wohl nur äußere körperliche Gewaltanwendung. Denn auch Todesangst hindere den Menschen nicht daran, Entschlüsse zu fassen. Wenn er also, um dem Tod zu entgehen, der Taufe zustimme, dann entspreche sie seinem Willen! Diese höchst formale Auffassung des Willens entsprach der formalen Interpretation des Begriffes „Zwang". Mit ihr konte man die Gültigkeit der Taufe stets bejahen, und damit war für die Inquisition die gewünschte Lösung der Frage gefunden.

Der Satz, daß man mit der Inquisition zusammenarbeiten müsse, und sei es auch nur deshalb, um von ihr nicht verschlungen zu werden, galt um die Wende vom 15. zum 16. Jahrhundert noch nicht. Folgender skandalöser Fall ist dafür exemplarisch: Diego Rodriguez Lucero, ab 1499 Inquisitor in Cordoba, der in Konflikt mit der Bürgerschaft der Stadt geriet, suchte systematisch nach Verdachtsmomenten bei den Reicheren, um deren Vermögen beschlagnahmen und für sich verwenden zu können. Dieses Treiben wurde gedeckt durch den Sekretär König Ferdinands für Inquisitionsangelegenheiten und gleichzeitigen Sekretär in der „Suprema", Juan Róiz de Calcena. Es war nicht anders: Lucero konnte sich nur bereichern, wenn er dem Scheiterhaufen Opfer zuführte, und daher erfand er eine weitverzweigte Verschwörung, die die Absicht hatte, das „Reich Juda" in Spanien wieder aufzurichten. Die entsprechenden Aussagen erzielte er damit, daß er Gefangene in jüdischen Riten unterrichten ließ, die dann vor dem Tribunal programmgemäß genau beschrieben wurden und jedem Ahnungslosen, der Luceros Akten zum ersten Mal in die Hand bekam, die schauerliche Wahrheit über die Judaisten-Verschwörung suggerierten. Es gebe 25 jüdische Prophetinnen, die durch Spanien zögen, um das Reich Juda vorzubereiten, 50 weitere Honoratioren der Stadt dienten ihnen als Missionare.

Auch Altchristen gerieten auf diese Weise in Luceros Verleumdungsmaschine. Ein Baccalaureus wurde überführt, jüdisches Gedankengut in seinen Predigten verbreitet zu haben. Lucero stellte fest, wer ihm dabei zugehört hatte, und ließ von diesen Leuten in einem einzigen auto da fe 107 verbrennen! Dann machte er sich an Hernando de Talvera, immerhin den Erzbischof von Granada, einen untadeligen Greis, von dem man nicht weiß, aus welchem Grund Luceros Zorn auf ihn gefallen sein sollte. Dieser ließ eine Frau unter dem Verdacht, eine der 25 jüdischen Prophetinnen zu sein, so lange foltern, bis sie aussagte: Talavera habe sich mit anderen, Klerikern und Laien, zusammengetan, um als Prediger und Verkünder des kommenden jüdischen Messias durch Spanien zu ziehen. König Ferdinand selbst wurde von Lucero „gewarnt", damit dieser beim Papst beantragen konnte, den Erzbischof der Inquisition zu unterstellen – was üblicherweise nicht der Fall war.

Papst Julius II. (1503–1513) erteilte die erbetene Erlaubnis, aber Ferdinand behielt sie bei sich, und der damalige Großinquisitor Deza hat sie angeblich niemals gesehen. Der König wollte sich anscheinend gegen Talavera nicht exponieren, denn das war eine Angelegenheit im Reich Kastilien, und nachdem Königin Isabella 1504 gestorben war, stand das Schicksal der Inquisition dort noch nicht fest. Denn nun übernahmen Philipp, der Sohn Kaiser Maximilians I. und der Maria von Burgund, zusammen mit Johanna, der Tochter König Ferdinands, die Herrschaft in Kastilien.

In Cordoba benützte man den Regierungswechsel, um Lucero all der Willkür und Grausamkeit anzuklagen, deren er tatsächlich schuldig war. König Philipp I. hatte zu Beginn seiner Regierungszeit die Tätigkeit der Inquisition ausgesetzt. Noch dazu beauftragte er zwei Laien, die Vorwürfte gegen Lucero zu prüfen. Deza sah, daß der Wind dem Heiligen Offizium ins Gesicht wehte, und ließ Lucero fallen. Der Papst bestätigte die Absetzung Luceros, dieser wollte noch schnell ein großes auto da fe anrichten, bevor er sein Tribunal aufgeben mußte, aber der König untersagte ihm dies.

Da griff das Schicksal zugunsten der Inquisition ein: Philipp I. starb plötzlich (1506) und damit bestieg seine Gemahlin Johanna den Thron, bekannt als „Johanna die Wahnsinnige". Sie war zum Regieren untauglich, hatte hysterische Ausfallerscheinungen und kam mit der Realität so wenig zurecht, daß sie Zeit ihres noch sehr langen Lebens nicht an Philipps Tod glaubte, ja angeblich seinen Leichnam in einem Sarg auf Reisen mit sich führen ließ. Lucida intervalla hatte sie manchmal auch, doch gingen die Ereignisse vollständig über sie hinweg.

Lucero dachte nun nicht mehr daran, zurückzutreten, auch Deza stützte ihn wieder. Die Bürger von Cordoba griffen daher zur Selbsthilfe, brachen in den Alcazar ein, den Sitz der Inquisition, und befreiten die Gefangenen, während Lucero sich durch Flucht in Sicherheit bringen konnte. Aber Ferdinand und Papst Julius II. stellten sich hinter Deza und Lucero, letzterer durfte auf seinen Richterstuhl zurückkehren.

Nun zögerte er nicht, das Verfahren gegen Talavera zu eröffnen. Der Papst, der das Recht behalten hatte, den Schlußentscheid im Falle des Erzbischofs zu geben, widersetzte sich seiner Verurteilung, doch Talavera war wenige Tage, bevor ihm der endgültige Freispruch aus Rom hatte mitgeteilt werden können, verstorben. Damit wurde seinerseits Lucero wieder zu einem Fall, der Richter gleichzeitig der zu Richtende. Die conversos, die Feinde der Inquisition, waren nach wie vor nicht ohne Einfluß und die Minderjährigkeit des nunmehr in Frage kommenden Herrschers, Karl V., des Sohnes der Johanna, die für regierungsunfähig erklärt worden war, bot ihnen einen willkommenen Spielraum, um das Heilige Offizium zu bekämpfen.

Die Frage, die auf den Fall Lucero nunmehr von außen einwirkte, war: sollte Ferdinand von Aragon vorläufig die Regentschaft für Karl in Spanien ausüben oder dessen Großvater väterlicherseits, Kaiser Maximilian? Beide Parteien umschmeichelten die conversos. Schließlich machte Ferdinand das Rennen. Sein Parteigänger war Kardinal Ximénez de Cisneros, der nun Deza als Großinquisitor ablösen durfte. Damit war Luceros Stellung endgültig unhaltbar geworden, und er wurde verhaftet. Das einzige, was ihn noch retten konnte, war der Umstand, daß auch manche Mitglieder der „Suprema" in sein Treiben verwickelt waren und daß viele aus seinen Konfiskationen Vorteil gezogen hatten, allen voran Calcena.

Kardinal Ximénez konnte es nicht verhindern, daß ein von Lucero Verurteilter, der sein Vermögen dabei verloren hatte, von dem neuen Inquisitor von Cordoba erneut abgeurteilt wurde, damit Calcena im Besitz einer einträglichen Bodenrente bleiben konnte, die Lucero ihm aus dem konfiszierten Vermögen verkauft hatte! Auch der König nahm es mit der Wiedereinsetzung der ungerecht Verurteilen in ihre Vermögensrechte nicht so genau.

Es konnte daher kein Zweifel bestehen, daß der Fall Lucero keinesfalls zu einer Generalabrechnung mit der Inquisition benutzt werden durfte; das Interesse des Königs an dieser Einrichtung bestand unvermindert weiter. Lucero selbst wurde zwar wegen seiner Verbrechen vor Gericht gestellt, und das war einem spanischen Inquisitor noch nie widerfahren – aber der König wies den Verteidiger persönlich an, für Luceros Freisprechung zu sorgen! Belastungszeugen waren nur wenige aufzutreiben, da Lucero sie seinerzeit verbrannt oder zur Flucht getrieben hatte, daher kam er mit dem Verlust seiner Richterstelle davon. Im übrigen wurde ihm kein Haar gekrümmt! Ximénez mißfiel all dies, aber er war gegen den König machtlos.

Ferdinand starb 1516, nicht ohne seinen Nachfolger Karl testamentarisch auf die Seele zu binden, die Inquisition aufrecht zu erhalten. Bevor Karl aus den Niederlanden herbeigeeilt war, wurde Calcena entlassen –

Zur Erreichung von Geständnissen dachte sich die Inquisition immer grausamere Foltermethoden aus. Beim „Befragen durch Wasser" mußte der auf eine Bank geschnallte Verdächtige große Mengen Wasser trinken, was zu furchtbaren Schmerzen führte.

er kam aber nach dem Tode von Ximénez als Sekretär für das Heilige Offizium von Aragon und dann auch der Suprema wiederum zu Ehren. Zunächst wurde die Suprema für Gesamtspanien jedoch aufgelöst und in einen kastilischen und aragonischen Teil zerlegt.

Karl war in seiner Jugend eventuell noch gegen die Inquisition in ihrer gegenwärtigen Form zu beeinflussen, bevor er aus Erfahrung imstande war, sich ein eigenes Urteil zu bilden. Man mußte den Scharfmachern bei Hofe zuvorkommen und rechtzeitig das Ohr des jungen Monarchen gewinnen. Jean de Sauvage, Kanzler des Königs, schlug vor: Verhaftete sollten Besucher empfangen dürfen, das Recht auf einen Verteidiger erhalten und die Namen ihrer Belastungszeugen mitgeteilt bekommen. Solange sie nicht abgeurteilt seien, sollten sie weiter an Messen und am Empfang der Sakramente teilnehmen dürfen. Das klang schon fast nach dem modernen Grundsatz, daß ein Angeklagter solange als unschuldig anzusehen ist, als er noch nicht abgeurteilt wurde. Die zu lebenslanger Haft Verurteilten sollten ausreichend verköstigt werden – es waren einige also schon Hungers gestorben! Die Folter sollte zurückhaltend angewendet werden, ihre bis jetzt bekannten Mittel sollten nicht vermehrt werden.

Karl war auf den Rat seines Großinquisitors jedoch zu keinerlei Änderung bereit. Den cortes (= den Ständen) von Aragon versprach er zwar im Mai 1518, gegen Zahlung einer bestimmten Summe Geldes deren Katalog mit Reformwünschen zu berücksichtigen, doch anschließend wies er seinen Gesandten beim Papst an, um die Kassierung dieses Katalogs zu bitten und ihn von dem Eid zu entbinden, den er auf seine Beachtung geschworen hatte. Gegen Ende seiner Regierungszeit war nach manchen Petitionen und Verhandlungen dann doch alles beim alten geblieben und die Inquisition wirklich zum „heiligen" Offizium geworden – sofern sie nämlich nun sakrosankt war. Die Opposition gegen sie hatte nie das ganze Land umfaßt, sondern nur einzelne Teile der Bevölkerung, die Minderheiten waren, wie z. B. die conversos. Rechnet man dazu, daß die einzige politische Größe im Lande, die ihren Gegnern genügend Plattform bilden konnte, die Stände, unter Karl V. endgültig entmachtet wurde, dann ergibt sich der Triumph der Inquisition von selbst.

Warum hätte Karl V. sie auch abschaffen sollen? Ihre Existenz entsprach seiner Denkweise, wie er sie im Testament seines Großvaters Ferdinand ausgesprochen fand: "... befehlen wir dem Fürsten, unserem Enkel, daß er sich eifrig in der Verteidigung und Verherrlichung des katholischen Glaubens zeige ... und aus ganzer Kraft für die Zerstörung der Ketzerei in unseren Reichen und Herrschaften sorge ..."

Karl war ab 1516 König von Spanien, ab 1519 deutscher König und erwählter römischer Kaiser, ab 1530 auch tatsächlich römischer Kaiser. Nach mittelalterlicher Auffassung war der Kaiser der Herr der Christenheit, deren Glauben er gegen die Ungläubigen zu verteidigen und im Innern seines Reiches rein zu erhalten hatte als Schirmvogt der Kirche. Dieses Weltbild hat nie mit der Wirklichkeit übereingestimmt, und erst recht nicht am Ende des 15. Jahrhunderts. England und Frankreich waren vollständig unabhängig, die Kaisermacht in Italien war schon fast nicht einmal mehr ein Schatten, Ungarn und Polen gingen ihre eigenen Wege, Skandinavien war so frei wie eh und je, und in Deutschland stand dem Kaiser der entschlossene Wille der weltlichen Reichsfürsten, besonders der Kurfürsten, entgegen, ihm nichts an realer Macht außerhalb des Territoriums seines Hauses zu gönnen. An diesem Zustand hatten auch die Habsburger nichts ändern können, denn die Quasi-Erblichkeit der Kaiserwürde in ihrem Hause seit Albrecht II. (1438/39) hatte ihnen in der deutschen Innenpolitik zunächst noch nichts weiter eingebracht.

Doch das schien 1477 anders zu werden, als Erzherzog Maximilian die Erbin der burgundischen Ländermasse heiratete, Maria, die Tochter des im Kampf gefallenen Herzogs Karl des Kühnen. Beider Sohn Philipp heiratete die Tochter Ferdinands von Aragon, wodurch auch die Länder Aragon und Kastilien mit in die Anhäufung von Territorien einbezogen wurden. Der junge, politisch sensible Karl V., Erbe dieses riesigen Komplexes, wie ihn ein europäischer Monarch vor ihm noch nie besessen hatte, mußte sich sagen, daß er zum Hegemon des Kontinents berufen war. Wenn aber die Kaiserkrone auch zu seinen Titeln gehörte, warum sollte er nicht den Ansprüchen, die seit undenklichen Jahrhunderten hinter ihrem Besitz standen, mit seiner modernen Übermacht endgültig zum Siege verhelfen? So setzte Karl V. es sich zum Ziel, Weltenherrscher zu werden. War seine politische Grundidee im Mittelalter verwurzelt (weshalb die Historiker ihn als ein retardierendes Element am Beginn der Neuzeit bezeichnen), umfaßte sie auch die Wahrung des Glaubens. Der Glauben ist ebenso wie die Kaiserherrschaft in seiner Idee eine Einheit, die Abweichung ausschließt bzw. sie zur Häresie erklärt.

Betrachten wir Europa in dieser Hinsicht im folgenden aus dem Blickwinkel des Hofes von Madrid oder auch der römischen Kurie: beide standen nicht immer gut miteinander, eben weil die spanischen Könige nicht nur mittelalterlichen Einheitsidealen huldigten, sondern auch darin schon ganz „modern" dachten, daß sie kirchlichen Einfluß und staatliche Machtausübung sehr säuberlich zu trennen wußten. Und das Einheitsideal zur Verfügung so selbstbewußter Herrscher mußte schließlich auch zu deren Übergewicht in Europa führen, von einem Ausmaß, daß die weltlichen Ambitionen der Päpste darunter geradezu erstickt wurden. Die Wahrung der Glaubenseinheit aber hatten beide zum Ziele.

Diese war durch den Mönch und Professor der Theologie aus Wittenberg, Martin Luther, ab 1517 mit wachsendem Erfolg in Frage gestellt worden. Als sich Karl V. 1530 zum Reichstag in Augsburg begab, um mit den Lutheranern ernsthaft zu verhandeln, hatten sich schon mehrere deutsche Fürsten zu deren Auffassung vom Christentum bekannt, und es sah fast so aus, als könnten diese Lutheraner nicht mehr in den Schoß der katholischen Kirche zurückgeführt werden.

Nun, es wäre wohl zuviel von der Inquisition verlangt gewesen, vom

Anschlag der 95 Thesen zum Ablaßhandel an der Tür der Schloßkirche von Wittenberg an zu erkennen, was sich hieraus an weitreichenden Konsequenzen ergeben würde. Auch Luther selber dachte vorläufig noch nicht daran, sich von der Papstkirche loszusagen. Sein Landesherr, Kurfürst Friedrich „der Weise" von Sachsen, faßte Luthers Opposition gegen die herrschenden Ablaßpraktiken noch nicht als Glaubensabfall auf, und auch noch nicht als Politikum. Ein Jahr nach dem Thesenanschlag, auf dem Reichstag von Augsburg (1518), bat er den päpstlichen Legaten Kajetan, sich des rebellischen Mönches in vermittelnder Absicht anzunehmen. Kajetan hatte hierzu keinen speziellen Auftrag von der römischen Kurie erhalten, auch in Rom war man also noch gelassen, doch war sein Gespräch mit Luther trotzdem noch allgemein, im Rahmen seiner Handlungsvollmacht zu sehen. Luther soll vor dem Kardinal sogar in Unterwerfung auf die Knie gefallen sein. Aber er war auch eine Art Genie der Opposition; im Gespräch mit Kajetan setzte er diesem doch immerhin so zu, daß der Kardinal sich keinen anderen Rat mehr wußte, als ihn zum Widerruf aufzufordern. Öffentlich bezeichnete er den Sachsen als einen Ketzer und drohte, in Rom werde man auf diese Angelegenheit ein wachsames Auge haben.

Es waren noch manche Diskussionen mehr oder weniger glücklicher Regieführung notwendig, um Luther der Papstkirche offen abspenstig zu machen. Im Jahre 1519 diskutierte er in Leipzig mit dem unverdächtig kirchentreuen Theologen Eck unter anderem über die höchst dornenvolle Frage, ob das Papsttum von Gott eingesetzt oder Menschenwerk sei. Luther neigte zu letzterer Ansicht. Und ausgerechnet in der Stadt, deren Universität 1409 von erklärten Gegnern des Jan Hus gegründet worden war, behauptete Luther: unter den von dem Konstanzer Konzil verurteilten Artikeln des Hus seien einige durchaus grundchristliche. Ob also ein Konzil irren könne, fragte Eck provokant zurück, und Luther erwiderte, daß die Irrtumsfreiheit eines Konzils nicht zu beweisen sei. „Wenn ihr glaubt, daß ein rechtmäßig versammeltes Konzilium irren könne, so seid ihr mir wie ein Heide und Zöllner", sagte Eck in würdiger Entrüstung, und Luther war forthin ein Häretiker am hierarchischen Gedanken.

Der nächste Schritt zur Abspaltung wurde von Rom aus getan. Eck eilte in die Kurie, im Juni 1520 erging die Bulle, die Luther als Ketzer verdammte. 41 seiner Sätze wurden als irrig bezeichnet. Sie betrafen die mangelnde göttliche Legitimation des päpstlichen Amtes, die lutherische Auffassung von der Buße, die Unmöglichkeit, die Existenz des Fegefeuers aus der Heiligen Schrift zu beweisen – wie Luther überhaupt, wenn er den Päpsten und den Konzilien verbindliche Autorität absprach, umso mehr auf die Glaubensquelle der Bibel zurückgreifen mußte, darin den Waldensern ähnlich. Und auch der Satz findet sich als häretisch angeführt: „Es ist gegen den Willen des Heiligen Geistes, daß die Ketzer verbrannt werden". Wenn Luther nicht binnen 60 Tagen widerrufe, dann müsse er als hartnäckiger Ketzer und verdorrter Ast vom Baum der Christenheit abgehauen werden.

Eck wurde zur Exekution der Bulle nach Deutschland zurückgesandt. In seiner Universitätsstadt Ingolstadt wurden Luthers Schriften konfisziert, in Mainz bereits verbrannt. Luther seinerseits, sicher in Wittenberg, dem Zugriff auch des zuständigen Inquisitor-Bischofs von Brandenburg nicht erreichbar, holte noch weiter aus, als Genie der Opposition mit nunmehr immer weiterreichenden Konsequenzen. In seiner Schrift „Von der babylonischen Gefangenschaft der Kirche" schob er Thomas von Aquin und dessen Lehre von den sieben Sakramenten mit dem Argument zur Seite, dessen Syllogismen und Deduktionen seien mit der Heiligen Schrift nicht vereinbar, die Siebenzahl der Sakramente folge nicht einmal aus der päpstlichen Tradition. Mit anderen Worten: er zog die Verführungen des germanischen Gemüts denen der romanischen Logik vor. Durch ihn prallte das Denken und Empfinden des Nordens mit dem Mittelmeerraum zusammen. Wenn auch nur eine von beiden Parteien den Kampf konsequent betrieb, dann war eine Aussöhnung nicht denkbar.

In der Schrift „Von der Freiheit eines Christenmenschen" bezeichnete Luther einen wahren Christen als von der Hierarchie frei und nur Gott unterworfen. Daß er damit eher die innere seelische Freiheit meinte (und deswegen dem Drang der Bauern nach Abschüttelung ihrer weltlichen Bedrücker im Jahre 1525 grimmigst entgegentrat), änderte nichts an dem Graben, den er damit zwischen sich und Rom zog. Die Kirche wollte den ganzen Menschen beherrschen, seinen weltlichen und geistlichen Teil, und die Argumente für beide Teile unterstützten einander. „Ein Christenmensch ist ein dienstbarer Knecht aller Ding und jedermann untertan", stand bei Luther zwar zu lesen, aber die Päpstlichen wußten, warum sie solche Sätze dem Feuer übergaben. Denn natürlich konnte nun auch Luther nicht umhin, analog zu der innerlichen Freiheit des Christenmenschen ihn von bestehender äußerlicher kirchlicher Obrigkeit für unabhängiger zu erklären, als das die römische Kirche jemals akzeptiert hätte. Damit näherte er sich zumindest in den Augen der Kurie an die (unter anderem) hussitische Grundidee von der „Geistkirche" an. Wenn die Heilige Schrift von der Kirche rede, meine sie nie die Hierarchie, sondern nur die Versammlung der Christgläubigen.

Die katholische Kirche behaupte, die wesentlichen Eigenschaften der Kirche seien vier: Einheit, Heiligkeit, Katholizität, Apostolizität. Er aber halte dagegen: ihre einzige ewige und untrügliche Eigenschaft sei immer nur das Wort Gottes gewesen!

Es herrschte schon Waffengleichheit zwischen Wittenberg und Rom. Luther hatte in Deutschland wachsende Zustimmung für sich, daher konnte auch er zu Literatur-Verbrennungen schreiten. Am 10. Dezember 1520 zog er mit seinem akademischen Anhang vor das Elstertor in Wittenberg, ließ einen Holzstoß zusammentragen und ihn anzünden. Dann warf er die päpstliche Bulle zusammen mit einigen Dekretalen ins Feuer mit den Worten: „Weil du den Heiligen des Herrn betrübt hast, so verzehre dich das ewige Feuer!" Am nächsten Tag sprach er aus, was wegen der Lage in Deutschland eine weitaus ernsthaftere Kampfansage war als die Verwünschungen der Albigenser, Waldenser, Joachiten, Hussiten und anderer gegen die Kurie: „Hoch vonnöten wäre es, daß der Papst, das ist der Römische Stuhl samt allen seinen Lehren und Greueln, verbrannt würde". Und anschließend erklärte er, kraft der ihm allein schon mit der Taufe verliehenen Gewalt exkommuniziere er den Papst und die Kardinäle, die an der soeben verbrannten Bulle mitgewirkt hätten.

Die Inquisition hatte jahrhundertelang Haß auf sich geladen, doch das nicht mit Erfolg kompensieren können. Gegen Luther und seine deutschen Anhänger war sie machtlos. Ja, sie mußte sich hier auf eine dauernde Feindschaft gefaßt machen, denn die politischen Umstände begünstigten einen Kreuzzug gegen die Ketzer keinesfalls. Wir stutzen: hätte es nicht Karls V. mittelalterlichem Selbstverständnis als Verteidiger des Glaubens nach innen entsprochen, hier mit aller Macht einzugreifen? Nein, der Protestantismus konnte unausrottbare Wurzeln fassen, weil der Kaiser anderweitig zu beschäftigt war und weil er zu politisch dachte, d. h. auch als deutscher König war er spanischer König geblieben und daher dem römischen Stuhl gegenüber von unbefangenem Selbstbewußtsein. Er würde nicht zu einem Kreuzzug zu gewinnen sein, denn wenn er der Verteidiger des Glaubens nach innen sein wollte, dann konnte er den Spieß auch umdrehen: eine Reform der Kirche, angesichts der von Luther aufgegriffenen Mißbräuche ebenso aktuell wie zur Zeit des Konstanzer Konzils und seines Amtsvorgängers Sigmund, war dann vielleicht die bessere Aufgabe für ihn. Das Oppositionspotential der Lutheraner war ein Druckmittel gegen den Papst, eine fällige Reform in Angriff zu nehmen, zumal es auch auf der weltlichen Ebene eingesetzt werden konnte, um ihm ein Gegengewicht gegen seine Verbindung mit den Franzosen und anderen Feinden des Kaisers entgegenzuhalten. Nicht zu vergessen die militärische Bedeutung der deutschen protestantischen Fürsten gegen die Türken, den fürchterlichen Feind der Christenheit. In Spanien mochte die Inquisition die Zügel fest anziehen, in Deutschland war das nicht einmal erwünscht.

Wir müssen es uns hier versagen, die Ära der Reformation in Deutschland genauer darzustellen, obwohl eine Geschichte der Inquisition eigentlich als ebenso gewichtigen Teil eine Geschichte der Bewegungen einschließen sollte, die sie jeweils als häretisch bekämpfte. Denn nach

Augustinus ist ein wahrer Ketzer niemals ein unbedeutender Mensch, ja die Einrichtung des Heiligen Offiziums ist gleichsam eine Huldigung an das Gewicht, das ihm beizumessen ist.

Eilen wir weiter zum Reichstag von Augsburg 1530. Es war dort des Kaisers ausdrücklicher Wunsch, mit den Protestanten zu einem Glaubenskompromiß zu kommen, und als dieser nicht zustande kam und man in Rom nunmehr zu scharfem Vorgehen neigte, da wiegelte Karl V. ab. Innerhalb eines Jahres nach dem Auseinandergehen des Reichstages sollte ein allgemeines Konzil zusammentreten, um die Glaubenseinheit zu beraten, und nicht nur sie: auch die Reform der römischen Kirche selbst sollte auf diesem Konzil in Angriff genommen werden. Es ist keine Übertreibung, wenn man das Bild des Teufels und seiner Angst vor dem Weihwasser bemüht, um den Schauder zu beschreiben, den damals die Kurie vor dem Gedanken an die Versammlung eines allgemeinen Konzils ergriff. Unvereinbar mit diesem gegensätzlichen Willen des Kaisers und des Papstes war demnach ein inquisitorisches Eingreifen gegen die Protestanten. Hätte der Kaiser die spanische Inquisition in Deutschland einführen sollen? Dafür fehlte ihm neben dem Willen auch die Macht. So ausgreifend die Ideen Karls V. auch gewesen sein mögen, eben wegen der Bedingtheit ihrer Verwirklichung durch die gesamteuropäische Politik mußte er mit den deutschen Protestanten vorsichtig umgehen, denn Karl V. wollte zwar kühn sein („Höher hinaus!" lautete sein frohgemuter Wahlspruch), aber er war kein blindwütiger Phantast.

Folgerichtig konnte er die Protestanten erst dann unter seine Botmäßigkeit zwingen, als ihm seine zwei größten Feinde, die Franzosen und die Osmanen, eine Verschnaufpause gönnten. 1546/47 ergriff er die Gelegenheit, um die Wortführer der Protestanten, Landgraf Philipp von Hessen und Kurfürst Johann Friedrich von Sachsen, mit Krieg zu überziehen, zu schlagen und gefangenzunehmen. Noch nie seit dem Honigmond Barbarossas mit Heinrich dem Löwen zu Beginn der Regierung dieses Stauferkaisers oder seit der Niederwerfung des Welfen am Ende von Barbarossas Amtszeit, hatte ein römischer Kaiser eine solche Machtfülle in seiner Hand vereinigt wie Karl V. in jenen Jahren.

Wollte er aber die Protestanten als politische Opposition ausschalten – und sofort nach seinem Sieg ging er mit zunächst diplomatischen Mitteln daran -, so war es nun konsequent, daß er auch ihren Glaubensabfall rückgängig machen wollte. Den protestantischen Ständen wurde nahegelegt, die Hierarchie der katholischen Kirche wieder zu akzeptieren. Ja, in einem unbeherrschten Augenblick soll der Kaiser gar mit dem Vorgehen der Inquisition gedroht haben.

Aber der Widerstand der Deutschen war durch die Niederwerfung des Hessen und des Sachsen doch noch nicht gebrochen. Während der Kaiser bereits erleben mußte, daß die Deutschen nicht akzeptierten, daß sein Sohn Philipp nach Karls V. Abtreten von der politischen Bühne Herrscher Spaniens und gleichzeitig römischer Kaiser werden sollte, sagte sich sein eigenes Geschöpf von ihm los, Moritz von Sachsen, den er zur Kurwürde anstelle des gefangenen Johann Friedrich befördert hatte. Der Kaiser floh vor dessen Truppen nach Tirol, er warf die Sisyphusarbeit hin, die er sich zu Beginn seiner Herrschaft selbst auferlegt hatte, und willigte in den Augsburger Religionsfrieden von 1555.

Der Frieden stipulierte Waffenstillstand zwischen den beiden Konfessionen, und es wurde das protestantische Bekenntnis als dem katholischen gleichrangig anerkannt. Das sollte auch für den Fall gelten, daß Einigungsversuche, auf die man nach wie vor nicht verzichten wollte, zu keinem Erfolge führten. Die Bestrafung der jeweils Andersgläubigen wurde verboten, auch ihr Übertritt zum anderen Glauben durfte nicht erzwungen werden. Dafür durften sie aber vom Landesherrn ausgewiesen werden, es blieb ihnen die „beweinenswerte Wohltat der Auswanderung", wie man sich ausdrückte. Dieser zumindest als Kompromiß brauchbare Friede schloß die Calvinisten noch nicht ein. Erst im Westfälischen Frieden 1648 wurde ihnen Gleichberechtigung mit den Lutheranern zuteil.

Während jedoch der alte Kaiser nach seiner Abdankung im Jahre 1556 fern der Politik im Kloster von San Yuste ausruhte, begannen der katholischen Kirche neue Kräfte zuzuwachsen, die den Protestantismus allmählich in die Verteidigung drängten. Es war doch noch ein Konzil zusammengetreten, wenn auch ohne protestantische Beteiligung, wie manche in der ersten Hälfte des 16. Jahrhunderts noch gehofft haben mochten, 1563 schloß es in Trient seine Sitzungen ab. Es hat die katholische Dogmatik bis ins 19. Jahrhundert hinein abschließend festgeschrieben, und das war auch in dem Sinne gemeint gewesen, der Inquisition klare Richtlinien in die Hand zu geben.

Vielleicht wurde das Verfahren des Heiligen Offiziums dadurch etwas kontrollierter, nach modernen Begriffen „rechtsstaatlicher", denn je eindeutiger die Straftatbestände, desto weniger willkürlich die Anklage. Zumindest als Faustregel könnte man dies gelten lassen.

In Trient wurde auch der berüchtigte „Index der verbotenen Bücher" begründet, dessen Nichtbeachtung ohne weiteres die Exkommunikation nach sich zog. Selbstverständlich verboten waren die Schriften aller „Häresiarchen", also hauptsächlich Luthers und Calvins. Selbst die Bibel durfte nur noch mit Vorsicht genossen werden: nicht autorisierte Ausgaben des Alten Testaments waren nur „gelehrten und frommen Männern nach dem Urteil eines Bischofs" zugänglich zu machen, und auch dann nur als erklärende Ergänzung zur Vulgata! Das Neue Testament durfte, abgesehen vom Vulgata-Text, nur zu dessen Erläuterung verwendet werden und dann nur unter Wegstreichung der Stellen durch eine theo-

Anstelle des Verbrennens der Verurteilten auf dem Scheiterhaufen war auch die Hinrichtung im „brûloir", einer Art Backofen, möglich. Die Verurteilten wurden dabei zu Tode geröstet.

logisch-katholische Universitätsfakultät oder die Inquisition selbst, und nur für die Personen, die auch das Alte Testament in einer Nicht-Vulgata-Ausgabe benutzen durften.

Das war ein durchziseliertes, in Kasuistik genau erfaßtes Bibellese-Gesetz, das sich dadurch die Krone aufsetzte, daß die Lesung der Bibel in der jeweiligen Volkssprache grundsätzlich verboten war (auch wenn die einschlägige Formulierung dies nicht in diesen Worten ausdrückte), „da durch Erfahrung offenbar ist, daß wegen der Unbesonnenheit der Menschen daraus mehr Schaden als Nutzen entsteht." Es sollte vom zuständigen Bischof oder Inquisitor unter Hinzuziehung des Pfarrers oder Beichtvaters abhängen, ob ausgewählte Personen, „die daraus keinen Schaden, sondern einen Zuwachs an Glauben und Frömmigkeit gewinnen können", die Bibellesung in der Volkssprache eventuell doch einzuräumen sei.

Außerdem waren – bis auf die antiken Autoren – „laszive oder obszöne" Bücher verboten sowie die Werke, „deren grundsätzlicher Gegenstand zwar gut ist, in denen aber trotzdem irgendetwas Bedenkliches enthalten ist, das nach Ketzerei oder Unfrömmigkeit, Anmaßung von Übersinnlichem oder Aberglauben aussieht..." Das war einerseits eine ideale Gummiformel, um alle mißliebigen Druckwerke indizieren zu können, und sie sticht ja in der Formulierung auch deutlich von den genau umrissenen Vorschriften für die Bibellesung ab – das eine wollte man effektiv unterbinden, sich beim anderen alle Möglichkeiten offen lassen. Andererseits wurden die „abergläubischen" Bücher näher definiert als „astrologisch", und in diesem einen Punkt möchten wir den Index des Konzils von Trient in der Tat für heilsam halten. Im übrigen ist mit den erwähnten Regelungen der Geist der Gegenreformation klar geworden, sofern er die Inquisition betraf.

1540 wurde durch eine päpstliche Bulle die „Gesellschaft Jesu" ins Leben gerufen, die Gründung des Ignatius von Loyola. Dieser hatte sein Leben im Baskenland als Soldat begonnen, war bei der Verteidigung der Stadt Pamplona gegen die Franzosen verwundet worden und hatte in der dadurch aufgezwungenen Muße der Genesung sich mit geistlichen Gedanken erfüllt. Da er mit Leib und Seele Soldat gewesen war, kamen seine militärischen Vorstellungen von unbedingtem Gehorsam auch dem Orden zugute, den er der Billigung des Papstes unterwarf, und nicht zuletzt deswegen sind die Jesuiten auf dem Schlachtfeld des Geistes als eine der wirkungsvollsten und geschlossensten Truppen aller Zeiten aufgetreten.

Aber Ignatius begann seine geistliche Entwicklung in Spanien, er ging jahrelang mit dem Gedanken um, etwas Neues zu stiften, und da er als Kriegsmann die Theologie nicht gelernt hatte, verwundert es uns nicht, daß er mit der Inquisition in Konflikt kam, die auf diese Weise die Laufbahn eines der größten Kämpfer für den römischen Katholizismus fast frühzeitig beendet hätte. Nicht nur, daß unkontrollierbare Schwärmer sich an seine Fersen hefteten, er vertrat auch Ideen von der allgemeinen Beichte, die bedenklich waren: wer nur einen Teil seiner Sünden beichte, dürfe keine Absolution erhalten. Wichtig sei das „innere Gebet", also losgelöst von allem äußeren liturgischen Prunk. Das mochte einigen Glaubensrichtern zu sehr lutherisch klingen, tendierend zur Aufgabe der äußeren Formen des römischen Kultus und gemahnend an die Rechtfertigung des Menschen allein aus Gottes Gnade („sola fide"), einem der Hauptpunkte Luthers. Doch die strengen Richter befanden angesichts seines sozusagen unbedingten Willens zum unbedingten Gehorsam gegenüber dem Papst, den der Ex-Offizier so überzeugend darlegte, daß er lediglich aus Unkenntnis der wahren Fundamente der geistlichen Wissenschaft derlei Reden führte, und erlegten ihm nur auf, erst einmal vier Jahre Theologie zu studieren. Auf diese Weise förderten sie seine Karriere sogar.

Die Jesuiten, die den intellektuellen Gegenangriff gegen den Protestantismus einleiteten, bedurften aber noch der Flankierung durch eine Neubegründung auch der Inquisition, denn auch für die notleidende katholische Kirche galt, daß der Geist durch die Gewalt unterstütz werden muß, wenn der Angriff sachgerecht geführt werden soll. Ob die Päpste nun ein Konzil fürchteten, verhinderten, zuließen oder – wie es dann in Trient tatsächlich geschah – sogar in ihrem Sinne lenkten, gerade jetzt war für ihre Selbstbehauptung die Inquisition unerläßlich. Und zwar eine eigene, unabhängig von Spanien operierende, deren Arm auch dorthin reichte, wo dem Kaiser der Zugriff versagt war.

Kardinal Caraffa, einer der entschlossensten Vertreter der katholischen Kirche, schlug Papst Paul III. (1543–1549) vor, nach spanischem Muster an die Stelle der obsolet gewordenen dominikanischen Inquisition ein zentrales Glaubenstribunal in Rom zu errichten. Der Papst war aus begreiflicher Konkurrenz zur spanischen Inquisition sofort dazu bereit, hatte er doch den Glaubensrichtern auf der iberischen Halbinsel bescheinigt, sie hätten mit dem christlichen Glauben gar nichts zu tun, die Männer, derer sich der König zu diesem Geschäft bediene, seien von übelstem Ruf, und Spanien sehne sich danach, von ihnen befreit zu werden. Ignatius von Loyola stimmte dem Plan Caraffas energisch zu, denn obwohl die Jesuiten ihre Aufgabe nicht im geistlichen Richtertum sahen, hatten sie für alle Maßnahmen Verständnis, die darauf hinzielten, die Disziplin im Glaubensleben zu stärken. Der Papst ernannte darauf 1542 sechs Kardinäle, darunter auch Caraffa, zu Kommissaren des apostolischen Stuhles, allgemeinen und allgemeinsten Inquisitoren in Glaubenssachen diesseits und jenseits der Berge. Geistliche Gerichtshöfe sollten neben ihnen in ihren Angelegenheiten keine prozessualen Handlungen durchführen dürfen. Strafen durften sie selbst, die Begnadigungen blieben der Kurie vorbehalten. Caraffa griff in die eigene Tasche, um in Rom ohne Aufschub Gebäude, Kerker, Foltergeräte etc. anzuschaffen. Die Prinzipien, die er für seine Amtstätigkeit selbst aufstellte, atmen die äußerste Strenge und Entschlossenheit: „In Sachen des Glaubens darf man nicht einen Augenblick warten, sondern muß auf den mindesten Verdacht mit äußerster Strenge zu Werke gehen" – „keine Rücksicht auf irgendeinen Fürsten oder Prälaten, so hoch er auch immer stehe" – „Gegenüber Ketzern und besonders Calvinisten keinerlei Toleranz!"

An diesen Grundsätzen des Kardinals Caraffa ist lediglich neu die Erwähnung der Calvinisten, aber ihr Geist ist der bekannte Gregors IX. und Innozenz' IV. aus dem 13. Jahrhundert. Es wurde nur eingeschärft, den Zwangsapparat wieder ernsthaft einzusetzen. Wie auch anders? Denn während es der höchste Ruhm der weltlichen Richterschaft ist, das Recht, das sie anzuwenden hat, mit Sorgfalt und Bedacht auch einmal weiterzuentwickeln, würde die geistliche Richterschaft sich der Ketzerei schuldig machen, die sie gerade auslöschen soll, wenn sie es unternähme, die Entwicklung der kirchlichen Dogmen beeinflussen zu wollen.

In den Strafen kam allerdings eine Neuheit hinzu, übernommen von den Spaniern: die Verurteilung zum Ruderdienst auf der Galeere. Angeblich soll diese Strafe sogar die am meisten verhängte gewesen sein. Nicht so jedoch im spanischen Bereich, denn dem Interesse der königlichen Flotte an billigen Rudersklaven stand das Hemmnis gegenüber, daß viele der Verurteilten zu solch hartem und oftmals grausamen Dienst körperlich überhaupt nicht in der Lage waren. Auch bestand die Komplikation, daß die Galeerenstrafe für schlimmer angesehen wurde als der Tod auf dem Scheiterhaufen. Ferdinand von Aragon, den wir als vollständig herzlosen Rechner bereits kennengelernt haben, befand daher, daß die Angst vor der Galeere viele in ihrer Verstocktheit festhalten könne und daß dann der häufigere Gebrauch des Scheiterhaufens den König einer Quelle für Ruderer berauben könne. Da sei es doch noch kostengünstiger, diese Strafe zurückhaltend zu verhängen und in Gottes Namen mehr Kerker zu bauen! Dies wiederum mußte in Relation gesehen werden zu den Einnahmen, die der Inquisition und damit dem König aus der Berechtigung zuwuchsen, die verhängte Galeerenstrafe gegen Zahlung einer hinreichenden Summe zu erlassen.

Naturgemäß war Italien das Hauptbetätigungsfeld der frisch belebten Inquisition. Die Akademien von Modena und Neapel wurden aufgelöst und jede Art unwillkommener Literatur unterdrückt. 1543 bestimmte Caraffa, daß kein Buch mehr ohne die Erlaubnis der Inquisition gedruckt werden dürfe, sei es neu oder nur eine Neuauflage. Daraus entstand der „Index der verbotenen Bücher". Ganze Wagenladungen von Druckschriften wanderten auf den Scheiterhaufen, manche Werke verschwanden dadurch vollständig.

Papst Gregor XIII. verkündete 1572 bei seinem Amtsantritt einen allgemeinen Ablaß, in den Ketzerei und das Lesen verbotener Bücher ausdrücklich nicht miteingeschlossen waren, denn die Absolution gelte nur für das Gewissen, nicht aber das Gerichtsverfahren. Das war ganz in der Tradition des Gedankens, daß Verzeihung Gottes Angelegenheit, aber nicht die der Inquisition sei. Als Papst Alexander VII. im Jahre 1655 zur römischen Jubelfeier, dem alle 25 Jahre stattfindenden Fest mit „Jubiläumsablaß", auch den Ketzern Ablaß gewährte, wurde der Geschäftsträger der spanischen Inquisition eigens bei ihm vorstellig und verlangte ein förmliches Versprechen, so weitgehende Zugeständnisse nicht mehr zu wiederholen (es wurde aber nichts daraus).

Im Herzogtum Mailand und im Königreich Neapel, beide unter spanischer Herrschaft, hatte die spanische Inquisition noch nicht amtiert, hier griff also Caraffa zu. Es blieb der Diplomatie der medicäischen Großherzöge von Toskana und der venezianischen Regierung vorbehalten, durch die Schaffung des Amtes eines Legaten beim Heiligen Offizium dessen Wirken zu beeinflussen. Des Handels wegen schonten die Venezianer die protestantischen deutschen Kaufleute in der Lagunenstadt; eigene Bürger fuhren sie zur Exekution auf zwei Barken ins Meer hinaus. Die Verurteilten wurden gefesselt auf ein Brett gesetzt, das zwischen die Boote gelegt war, dann ruderten diese auseinander und ließen die Unglücklichen in die Adria versinken.

Die italienische Regierung ließ es sich nicht entgehen, nachdem sie 1870 die Reste des Kirchenstaates dem neuen Königreich Italien einverleibt hatte, auf dem Campo dei Fiori im Herzen der ewigen Stadt dem Philosophen Giordano Bruno ein Denkmal zu setzen, der dort im Jahre 1600 nach siebenjähriger Haft als hartnäckiger Ketzer verbrannt worden war.

Die Prozeßakten ergeben nur, daß er die Jungfrau Maria gelästert und an der Dreieinigkeit gezweifelt habe, aber da war sicherlich mehr im Spiel, nämlich der Vorwurf des Pantheismus: Gott verwirklicht sich nach Bruno vollständig in der Welt, er ist eins mit der Schöpfung, jeder Teil der Welt ist ein Teil Gottes und umgekehrt. Der Pantheismus ist dichterischen Gemütern schon immer entgegengekommen, und so formuliert Giordano Bruno geradezu trunken: „Wir suchen Gott in dem unveränderlichen, unbeugsamen Naturgesetz, in der ehrfurchtsvollen Stimmung eines nach diesem Gesetz sich richtenden Gemütes, wir suchen ihn im Glanz der Sonne, in der Schönheit der Dinge, die aus dem Schoße dieser unserer Mutter Erde hervorgehen, in dem wahren Abglanz seines Wesens, dem Anblick unzähliger Gestirne, die am unermeßlichen Saume des einen Himmels leuchten, leben, fühlen, denken und dem Allgütigen,

All-Einen und Höchsten lobsingen.

Dann, ganz konsequent, die Ewigkeit der Welt: wenn Gott identisch mit der Welt ist, Gott aber ewig ist, dann auch die Welt, und unendlich ist sie dazu. Nur in einer unendlichen Welt kann Gott sich so grenzenlos entfalten, wie es ihm geziemt. Bruno macht sich auf, wie Kopernikus in das Weltall vorzustoßen, und wie bei allen Pantheisten schrumpfen bei ihm dabei die Lehren von Erbsünde, Erlösung, Jungfrauengeburt, Jüngstem Gericht und den drei Erscheinungsformen Gottes in nichts zusammen. Als man ihm auf dem Scheiterhaufen das Kruzifix vorhielt, wandte er sich verächtlich ab.

Auch moderne Astronomie klingt bei ihm schon an: die Planeten sind in mehrere Sonnensysteme gegliedert (das geht sogar über Kopernikus hinaus, der es bei einem Sonnensystem bewenden ließ) und laufen nicht auf Sphären, wie das Mittelalter noch glaubte, sondern bewegen sich aus eigener Kraft frei im Raum.

Es ist nicht klar, ob die Inquisitoren Giordano Bruno auf diesen Gedankenbahnen folgen konnten oder ob sie es überhaupt wollten, wenn auch nur aus dienstlicher Verpflichtung heraus. Aber Italien blieb beim rechten Glauben, und der Neubegründer der Inquisition, Kardinal Caraffa, war im Jahr des Augsburger Religionsfriedens unter dem Namen Paul IV. auf den Stuhl Petri gestiegen. Auch im Andrang anderer Regierungsgeschäfte versäumte er nie, allwöchentlich am Donnerstag an den Hauptsitzungen der Inquisition teilzunehmen, mußte sich aber gerade in diesem Gremium von einem Kardinal sagen lassen: „Heiliger Vater, wir müssen die Reform der Kirche bei uns selber anfangen lassen!" Noch auf dem Totenbett legte er den Kardinälen die Inquisition ans Herz. Sie überlebte ihn auch, anders als seine Politik, in der er zum letzten Male mit französischer Hilfe versucht hatte, die Spanier aus Italien zu vertreiben. Sixtus V., einer seiner Nachfolger, setzte 1588 im Rahmen einer allgemeinen Verwaltungsreform der Kurie die Inquisition mit der Anzahl von nunmehr 12 Kardinälen als erste der Kurienkongregationen fest. Rom schloß sich an die zuverlässige katholische Großmacht Spanien an, und anderwärts an die katholisch gebliebenen Fürsten wie den Kaiser und den Herzog von Bayern. Der päpstliche Nuntius in Trient erklärte rundheraus und in einem Atemzug, dem König von Spanien liege ebenso viel am erfolgreichen Abschluß des Konzils wie dem Papste und „...der Gehorsam, den der König findet, seine ganze Regierung, hängen von der Inquisition ab. Würde diese ihr Ansehen verlieren, so würden sogleich Empörungen erfolgen".

Also folgt das Heilige Offizium der Politik, und wir haben damit wiederum die typisch spanische Mischung von weltlicher und geistlicher Gewalt vor uns, wie sie die Kriege gegen die Mauren fortgeführt hat durch den Kampf mit Schwert und Scheiterhaufen gegen die conversos und die moriscos: in den katholischen Territorien Deutschlands der Gegenreformationszeit aber wurde den Glaubensrichtern ihre Arbeit von den Fürsten abgenommen, und zwar auf eine wirkungsvollere Weise als durch auto da fes. Herzog Albrecht V. von Bayern zum Beispiel nützte die Bestimmung des Augsburger Religionsfriedens, daß ein Territorium nicht gemischten Glaubens sein dürfe, sondern der Konfession des Landesherrn zu folgen habe („cuius regio, eius religio"), dazu aus, um eine Art administrative Rekatholisierung durchzuführen. Dazu bediente er sich nicht der Dominikaner, also nicht der Träger der Inquisition, sondern der Jesuiten, die der Reinheit des Glaubens durch Lehre und methodische Überzeugung sicher sein konnten. Wer ein Staatsamt in Bayern anstrebte, mußte sich eidlich zur Bekennung des katholischen Glaubens verpflichten, ebenso, wer in des Herzogs Universität Professor werden wollte.

Die Formel des nach Kanon 1406 des Codex Juris Canonici abzuleistenden Eides möge dabei zur Verdeutlichung der geistlichen Verteidigungslinie dienen, die die katholische Kirche errichtete und deren Überschreitung für sie Häresie bedeutete: unter anderem wurde der Schwörende verpflichtet, die kirchlichen und apostolischen Traditionen zu respektieren sowie die Auslegung der Heiligen Schrift allein der Kirche zu überlassen. Die Siebenzahl der Sakramente zusammen mit dem Ritus ihrer Zelebrierung und Verabreichung, ihre Gnadenwirksamkeit sowie die Unwiederholbarkeit von Taufe, Firmung und Priesterweihe mußten bestätigt werden; ebenso die in Trient entwickelte Rechtfertigungslehre gegen Luthers Theorie hiervon; die vollständige Transsubstantiation von Brot und Wein in der Eucharistiefeier sowie die Anwesenheit Christi auch nur in dem Brot, das der Priester den Gläubigen reicht, die Existenz der Lebenden auf die Seelen im Fegefeuer; die Wirkmächtigkeit der Heiligen, die „zusammen mit Christus regieren" und der von der Kirche gewährten Ablässe, den Gehorsam einzig der römischen Kirche und dem Papst gegenüber wegen deren ungebrochener apostolischer Tradition, also auch den ordnungsgemäß zustandegekommenen Konzilsbeschlüssen gegenüber, wobei das eben vergangene von Trient natürlich das wichtigste war.

Wer sich weigerte, sich in diesem Sinne festzulegen, wurde nicht angestellt oder entlassen. Ein Magistrat, der Protestanten in seinem Zuständigkeitsbereich duldete, wurde hart bestraft. Auch hier ging es nicht ohne direkte Gewaltsamkeit gegen die Einwohner.Protestanten aus allen bayerischen Gauen mußten ihre Habe verkaufen und das Land verlassen. Ein solches systematisches Vorgehen, verbunden mit der pädagogischen Regsamkeit der Jesuiten, die allerorten effiziente Schulen gründeten und damit die Geister der jüngeren Generation auf den Katholizismus erneut festlegten, war erfolgreicher als das Dreinfahren mit

Feuer und Schwert, und hatte ferner den Vorteil, daß so der Augsburger Religionsfrieden gewahrt blieb und trotzdem die katholische Kirche wieder vordrang.

Angesichts des massenhaften Abfalls der europäischen Christen von Rom im Protestantismus war dies auch das einzige Verfahren, das der Kurie überhaupt Erfolg versprechen konnte, jedenfalls begrenzten. Früher war es um die Einheit der gesamten Christenheit gegangen und die Inquisition hatte mit ihren Methoden dazu mitgeholfen, nun ging es nur noch um die Rückgewinnung beispielsweise des Münsterlandes oder des Eichsfeldes.

Anders die ausgreifende spanische Politik unter der Führung des in Glaubensdingen unbeugsamen Philipp II. Hatte der Papst da nicht eher die Zeichen der Zeit erkannt als der düstere Herrscher im Klosterpalast des Escorial? Jedenfalls hat das spanische Weltreich die Zeiten bis heute nicht überdauert, die päpstliche Hierarchie aber doch (in Deutschland in den Grenzen, die sie auch heute noch einschließen). Deutschland ist bis zum 30jährigen Krieg eine Oase inquisitorischen Friedens, während in Westeuropa, dem direkten Einflußgebiet der spanischen Macht, die Glaubensrichter den Schlachthaufen folgen und ihr Geschäft nicht weniger gründlich versehen als diese.

Übrigens: einige Jahre lang litt auch England unter der katholischen Reaktion. 1553 war dort Maria, die Tochter Heinrichs VIII., des berüchtigten Blaubart, aus seiner Ehe mit Katharina von Aragon, zur Regentschaft gelangt. Maria hatte sich in ihrer ungestümen Gemütsart zum Ziel gesetzt, die Loslösung ihres Vaters von der katholischen Kirche und Begründung einer eigenständigen „anglikanischen" Kirche rückgängig zu machen. Sie wollte sich rächen für die Schande, die ihrer Mutter durch die von Heinrich 1533 durchgesetzte Scheidung widerfahren war und die die unrühmliche Ursache für die Scheidung Heinrichs von Rom gewesen war. Das war Inquisition aus psychologischen Gründen, fast 300 Menschen fielen ihr zum Opfer. Maria, die aus dieser Verfolgungswelle den Beinamen „die Blutige" davontrug, mußte am Ende ihrer Regierung (1558) jedoch erkennen, daß der Protestantismus im Lande schon zu fest Wurzeln gefaßt hatte, um im Feuer der Scheiterhaufen erstickt werden zu können: seine Einführung erwies sich in England als mehr denn eine Laune ihres unmoralischen Vaters.

Zurück nach Spanien: 1523 war in Mallorca der erste Lutheraner verbrannt worden, Gonsalvo aus Murcia. Die Spanier reagierten hier wahrscheinlich überschnell, denn woher sollte Gonsalvo zu einem so frühen Zeitpunkt die Schriften Luthers schon gekannt haben? Oder war er ein „Erasmist", ein Anhänger des Erasmus von Rotterdam, der nicht nur die Mißbräuche der Hierarchie geißelte, sondern auch unorthodoxe Ansichten über die Beichte und die Verehrung von Heiligenbildern geäußert hatte? In der Logik der spanischen Richter wurde Erasmus schließlich mit Luther gleichgesetzt, und das, obwohl Karl V. den niederländischen Humanisten bewunderte.

Erasmus hatte sich in der Frage, ob der Mensch einen freien Willen habe, eindeutig von Luthers Prädestinationslehre distanziert. Der Erzbischof von Toledo und der Großinquisitor waren Anhänger des Erasmus, aber die Mönche verziehen ihm seine Kritik an den Zuständen nicht, die in ihren Klöstern herrschten. Als der Großinquisitor aus einem „nicht-erasmischen" Grunde seines Amtes enthoben war, brach aber diese Bastion spanischer Liberalität zusammen. Der Sekretär des Erzbischofs wurde zugleich des Luthertums und des Erasmismus angeklagt, was zu seiner Begründung das Undenkbare vorausgesetzt hätte, daß dem Sekretär die Intelligenz ermangelte, zwischen freiem Willen und Prädestination zu unterscheiden!

Diese Gleichung „Erasmus ist gleich Luther" muß nicht auf Berechnung zurückzuführen sein, sie kann auch von der Ahnungslosigkeit der Richter auch über grundlegende dogmatische Unterscheidungen herrühren, denn wie die Opfer nicht immer ihren Thomas von Aquin parat hatten, so auch ihre Verfolger: eine gewisse Unschärfe des Denkens spielt in der Geschichte inquisitorischer Prozesse eine wichtige Rolle, die zu der Schwere des Vorwurfes und der möglichen Konsequenzen in einem gefährlichen Verhältnis steht.

Hatten früher auch Spanier an der Kirche unverhüllt Kritik geübt, so war das nun nicht mehr möglich. Und wenn man auch keine klaren Vorstellungen von Luther und seinen Lehren hatte – Wittenberg war von Kastilien ja auch wirklich sehr weit entfernt –, so versäumte man doch nicht, den Deutschen mit Schmähungen zu überschütten, die im folgenden Jahrhundert Pedro Calderon de la Barca, ganz frommer Sohn der Kirche, von der Bühne herab in die Worte faßte: „der freche Kirchenschänder Luther, die deutsche Bestie!" Aber der Protestantismus hat in Spanien nie richtig Wurzeln gefaßt, die meisten Lutheraner wiederriefen und mußten nicht dem Feuer übergeben werden. Mehr als drei Viertel der zwischen 1523 und 1640 „Überführten" waren Ausländer.

Immer wieder kamen Hugenotten, protestantisch angehauchte Italiener und Engländer oder einfach auch Katholiken ins Land, deren Glaubensleben der Inquisition befleckt vorkam. Auch hier ging die Reinheit der Religion den Spaniern über wirtschaftliche Erwägungen des Außenhandels. Kamen Protestanten als Matrosen in spanische Häfen, so wurden sie festgehalten. Englische Matrosen konnten dem Feuertod auf den Kanarischen Inseln nur durch Übertritt zum katholischen Glauben entgehen. Ladungen aus „ketzerischen" Ländern wurden mit Eifer beschlagnahmt. Büttel der Inquisition kamen an Bord, um die Fracht nach unkatholischen Büchern zu durchsuchen. 1604 wurde in Palermo ein

Die Inquisition in der Karikatur: links „Spion der Inquisition", rechts „der Inquisitor".

englisches Getreideschiff angehalten, und das Heilige Offizium fand den
Willen der Matrosen, trotz des Anlaufens von Palermo protestantisch zu
bleiben, sehr ungehörig. Sie wurden verhaftet, der Vizekönig von Neapel konnte nichts für sie unternehmen. Das war, auch ohne allgemein
verbindliche Regeln des Völkerrechts, die noch nicht bestanden, ein
starkes Stück, denn die Glaubenshüter fanden sich nur dazu bereit, die
Engländer gegen Bürgschaft weiter segeln zu lassen, daß sie sich nach
Spanien begäben und sich dort dem Großinquisitor stellten. Es wird auch
von Engländern berichtet, die zur Glaubensunterweisung in spanische
Klöster gesteckt wurden, dort entflohen, wieder eingefangen wurden
und in anderen Klöstern zehn Jahre umsonst arbeiten mußten. So leistete
die Inquisition ihren Beitrag zu einer Fremdenfeindlichkeit in Spanien
aus religiösen Gründen, die zwar der Wahrung des Glaubens förderlich
war, aber dem spanischen Namen im Ausland sehr geschadet haben
muß.

Dieses Eingreifen des Heiligen Offiziums in nicht-religiöse Angelegenheiten wurde gefördert durch das Vertrauen, das es bei den Königen

256

genoß und besonders bei Philipp II. Als die Katalanen ihm in einer fiskalischen Frage, der Besteuerung der weltlichen Güter von Pfarreien, Schwierigkeiten machten, trug ihnen das den Vorwurf der Ketzerei ein. Philipp verlangte daher, daß die Stände als ganze die Inquisition um Verzeihung bitten sollten, und ihre nicht nur entrüstete, sondern auch angesichts der Verbindung zwischen Steuerrecht und Glaubensreinheit verwunderte Ablehnung veranlaßte ihn, die Gesandten der Stände gefangennehmen zu lassen. Vielleicht hatten sie auch Verbindung mit den französischen Hugenotten, wodurch die Sache noch mehr nach Ketzerei zu riechen begann.

Aber wenn Philipp II. auch sehr zum Mißtrauen neigte, so war er doch nicht unbelehrbar. Er schrieb den Katalanen nach einigen Monaten, daß die Anklagen gegen sie falsch seien, wohl auch, nachdem er zu der Überzeugung gelangt war, daß zwischen ihnen und den französischen Hugenotten keine Verbindung bestand, und setzte die eingekerkerten Gesandten wieder auf freien Fuß.

Ernster stand es schon mit dem Aufstand der Niederländer, dem Krebsgeschwür der spanischen Außenpolitik, das diese so lange behinderte, bis die Übermacht in Europa dahin war. Eine Inquisition nach spanischem Vorbild gab es dort noch nicht, denn die niederländischen Provinzen der Habsburger waren bis 1555 nicht von Madrid aus regiert worden, sondern vom Kaiser direkt. Das änderte sich, als Karl V. sich entschloß, die Herrschaft über seine Reiche so aufzuteilen, daß sein Bruder Ferdinand nur die österreichischen Lande, Böhmen, Mähren und Schlesien übernahm, sein Sohn Philipp aber alles andere, also Spanien, Unteritalien, Mailand, die Franche Comté und die Niederlande. Wollte Philipp die finsteren Tribunale auch in Brüssel und Amsterdam einführen? Jedenfalls behaupteten es die Niederländer unverdrossen und unterschlugen dabei, daß sie schon vor Philipps Regierungsantritt ein Heiliges Offizium besessen hatten, das nach des Königs eigenen Worten „gnadenloser war als das unsrige".

Denn es kannte im Unterschied zu den anderen Tribunalen im katholischen Europa nicht die Vorschrift, reumütige Ketzer zumindest am Leben zu lassen. Philipp hatte also keine Veranlassung, selbst bei extremem Blutdurst seine Tätigkeit als ungenügend zu empfinden. Sein Vater Karl V. hatte auf die Zustimmung der Niederländer rechnen dürfen, als er die Wiedertäufer verfolgen ließ (die in der deutschen Reformationsgeschichte besonders 1535 in Münster hervorgetreten sind), denn deren Lehren von der Gütergemeinschaft waren auch den reichen Kaufleuten an Niederrhein und Schelde ein Greuel.

Der Verdacht besteht, daß das Thema „Inquisition" dazu herhalten mußte, um die wahren Gründe der niederländischen Opposition religiös und menschenfreundlich zu verbrämen. Die aber bestanden in den spanischen Eingriffen in das Selbstverwaltungsrecht dieser Provinzen sowie in der harten Besteuerung, die der König ihnen auferlegen wollte, denn ihre wirtschaftliche Blüte war unter den ganzen Erblanden einmalig. Hier ließ sich für die Krone Profit ziehen wie sonst nur aus den Gold- und Silbergruben Amerikas, die seit Anfang des Jahrhunderts von Spanien ausgebeutet wurden. Aber das protestantische „Feindbild" im Zeitalter der Glaubenskriege brauchte die Inquisition als eines der wichtigsten Versatzstücke, zumal ein Spanier selber, der ihr entronnen war, in einem weitverbreiteten Werk damals (1567) ihr alle möglichen Grausamkeiten und Perversionen andichtete. Die Inquisitoren brachten Leute auf den Scheiterhaufen, aber sie waren doch nicht solche Sadisten oder verklemmten Lüstlinge, wie es die aufständischen Niederländer angeblich wußten.

Und man darf die Horrorerzählung von Edgar Allan Poe über das Todespendel der entmenschten Glaubensrichter, vor dem den Delinquenten nur der deus ex machina des französischen Einmarsches rettet, beileibe nicht für eine Geschichtsquelle halten.

In den ersten Regierungsjahren Philipps waren eine Menge Calvinisten aus Frankreich in die Niederlande eingewandert, und da deren Proselyteneifer weitaus wirkungsvoller war als derjenige der Lutheraner oder Wiedertäufer, ermahnte der König 1565 die niederländischen Inquisitoren, die bestehenden Ketzergesetze rigoros anzuwenden. Seine Halbschwester Margarete von Parma, Regentin der Niederlande, vertrat eine tolerantere Linie, aber Philipp setzte sich über sie hinweg. Dazu kam noch, daß er die Jesuiten ins Land ließ und daß er vierzehn neue Bistümer gründete, um die Gegenreformation und die Kirchenreform auch dort voranzubringen, um durch die königlichen Hoheitsrechte gegenüber bischöflicher Verwaltung dem Adel Einfluß zu entziehen und um die Anzahl seiner Gefolgsleute in der ständischen Vertretung dieser Provinzen, den „Generalständen", zu erhöhen.

Die Deutschen hätten das als „viehische spanische Servitut" bezeichnet, und die Niederländer dachten nicht anders. Sowohl der hohe als auch der niedere Adel des Landes konnte seine schrittweise politische Entmachtung nicht akzeptieren, zumal es ihm wirtschaftlich schlecht ging. Mancher wurde aus diesen weltlichen Gründen zum Calvinisten. Da auch das niedere Volk 1566 unter einer Hungerkatastrophe zu leiden hatte, waren die Elemente beisammen, die antispanische und antikatholische Stimmung im August dieses Jahres explodieren zu lassen. Kirchen und Klöster wurden verwüstet, die Bilderstürmer schwangen ihre Äxte, Margarete von Parma war machtlos.

Daher befahl Philipp im Dezember 1566 dem bewährtesten seiner Heerführer, dem Herzog von Alba, in Italien ein Heer zusammenzuziehen. Es marschierte über die Alpen und langte im August 1567 in Brüssel an. Alba wurde der neue Statthalter. Er gründete sofort einen „Rat gegen die Wirren", den die Einheimischen als „Blutrat" bezeichneten und der auch die Reinheit der Religion wiederherstellen sollte. Im September 1567 wurden zwei Exponenten des rebellischen Adels, die Grafen Egmont und Hoorne, in Albas Hauptquartier gelockt und dort gefangengenommen. Der klügste Kopf der Niederlande, Wilhelm von Oranien, rettete sich rechtzeitig außer Landes und machte 1568 mit deutschen Söldnern einen Einfall in die Niederlande. Zur Abschreckung ließ Alba daraufhin Egmont und Hoorne auf dem Marktplatz von Brüssel hinrichten, den Oranier schlug er mit Waffengewalt über die Grenze zurück.

Während seiner Amtszeit bis 1573 ließ der „Blutrat" 1105 Menschen hinrichten oder verbannen. Da gab es für beide Parteien kein Zurück mehr. Aber Albas hartes Regiment brach die Niederländer nicht, sondern erbitterte sie nur noch mehr. Unter den Einfällen von holländischen Piraten fielen die Nordprovinzen in die Hand der Rebellen. Wo die Calvinisten dort Fuß fassen konnten, setzten sie ihren Glauben notfalls auch mit blutigem Terror durch. Es gelang Alba nicht mehr, Holland und Zeeland zurückzugewinnen und das ganze Land zu befrieden. 1573 trat er zurück, mit dem Gefühl, seiner Karriere den Todesstoß gegeben zu haben und seinem „Nachfolger", Don Luis de Requesens und Don Juan d'Austria, mittlerweile strahlender Sieger der Seeschlacht von Lepanto gegen die Türken, ging es nach kurzen Jahren ebenso.

Die Niederlande wurden zu einer Falle für die Spanier, und auch hier wieder machte sich ihr Prinzip, den Glauben über die Wohlfahrt der Völker zu stellen, nicht bezahlt. Alba hatte es traditionell so beschworen: „Es ist weitaus besser, durch Krieg ein Königreich für Gott und den König zu retten, das verarmt und sogar ruiniert ist, als es ohne Krieg ganz zu erhalten, wenn das nur dem Teufel zugute kommt und seinen Schülern, den Ketzern." So konnte die Inquisition zur Erhaltung dieser Provinzen für Spanien nicht dienen.

Auf den Schlachtfeldern und in der Politik der protestantischen Mächte, die den nördlichen Niederlanden zu Hilfe eilten, wurde deren Losreißung von Spanien besiegelt. Als ein Glaubenskrieg will uns dies letztlich aber nur in beschränktem Umfang erscheinen, denn die Verfolgung wegen Hochverrats war dem König dabei mindestens ebenso wichtig gewesen als die wegen Ketzerei; auch katholische Adelige waren ihres Lebens nicht mehr sicher gewesen, wenn sie Philipps Machtanspruch entgegentraten. 1609 mußte Spanien einen Waffenstillstand mit den Aufständischen schließen und erkannte sie damit nicht vor seinem Stolz, aber praktisch als gleichberechtigte ausländische Macht an.

Der 30jährige Krieg war auch Spaniens Krieg, es hatte aber hierbei nur die Absicht, durch Miteingreifen im Gebiet des Heiligen Römischen Reiches seine Stellung in den südlichen Niederlanden, dem heutigen Belgien, zu befestigen, also keine expansiven Pläne. Trotz des versuchten Zugriffes auf das Veltlin und der Festsetzung spanischer Truppen in der Rheinpfalz war seine Politik also letztlich defensiv angelegt. König Philipp IV. brachte sie daher auf die Formel: „die Pfalz ist die beste Garantie für unseren dauernden Besitz der Niederlande und Italiens" – als bis jetzt fehlendes Verbindungsstück nämlich zwischen den den deutschen Habsburgern gehörenden „Vorlanden" am Oberrhein und dem spanischen Herzogtum Luxemburg. Eine Ausdehnung der Inquisition auf die zeitweilig durch die kaiserlichen Waffen unterworfenen Protestanten und Calvinisten war also nicht beabsichtigt.

Kaiser Ferdinand II. selbst, ganz im gegenreformatorischen Sinne vorgehend, zwangskatholisierte Böhmen nach dem Sieg Herzog Maximilians von Bayern in der Schlacht am Weißen Berge (1620) sehr wirkungsvoll, aber mit quasi über-inquisitorischen Mitteln: wer den katholischen Glauben nicht annahm, wurde des Landes verwiesen oder bei besonderer Widersetzlichkeit hingerichtet, so wie es der Kaiser vor seiner Thronbesteigung (1619) als Erzherzog der Steiermark bereits gehalten hatte. Da bedurfte es keines zeitraubenden und jeweils individuellen Gerichtsverfahrens, um Ketzerei festzustellen!

Nachdem der Kaiser durch die Niederlage der Dänen schließlich Herr in ganz Deutschland geworden war, ähnlich Karl V. nach dessen Sieg über Philipp von Hessen und Johann Friedrich von Sachsen, konnte er zwar die Glaubensspaltung auch nicht mehr rückgängig machen, aber er schuf sich ein Mittel zur Rekatholisierung weiter Landstriche durch das sogenannte „Restitutionsedikt" von 1629. Darin wurde behauptet, alle Stifte, Klöster und geistlichen Herrschaften, die die Protestanten seit dem Augsburger Religionsfrieden von 1555 eingezogen hätten, seien den Katholiken zurückzugeben, da im Sinne des Religionsfriedens unrechtmäßig erworben. Unter den in Frage stehenden Kirchengütern befanden sich immerhin die Erzbistümer Magdeburg und Bremen, die Angelegenheit war also für die Protestanten mehr als schmerzhaft. In Augsburg ließ der Kaiser mit der Exekution seines Ediktes den Anfang machen: die Stadt wurde gezwungen, unter die Gerichtsbarkeit ihres Bischofs zurückzukehren. Sechs protestantische Kirchen mußten schließen.

Aus all dieser Stifterei von Unfrieden wurde nichts, denn bekanntlich landete schon ein paar Jahre später Gustav Adolf an der pommerschen Küste und drängte dem Kaiser den Krieg mit Schweden auf, den dieser, wie im Westfälischen Frieden akzeptiert, letztlich verlor. Parallel ging die Niederlage der Spanier gegen Frankreich, besiegelt durch den „Pyrenäenfrieden" von 1659. Als König Philipp IV. im Jahre 1665 melancholisch und enttäuscht starb, war auch der Abfall Portugals nicht mehr rückgängig zu machen, Spanien war wirtschaftlich in Agonie versunken.

Auch im trüben Kapitel des spanischen Niederganges ging es nicht ganz ohne die Teilnahme der Inquisition ab – womit deren Einwirkung auf Wirtschaft und Außenpolitik des Landes allerdings nicht aufgebauscht werden soll. Zu Beginn des 17. Jahrhunderts verhaftete sie den Jesuiten Juan de Mariana, weil er wiederholte Male die alle Maße überschreitende Ausgabenfreudigkeit Philipps III. kritisiert und 1609 sogar eine Abhandlung veröffentlicht hatte, in der er des Königs fortlaufende Münzverschlechterung angeprangert und sie als eine heimliche Besteuerung charakterisiert hatte. Die Einziehung der echten Silbermünzen zugunsten minderwertigerer Kupferlegierungen war unter seiner Regierung bisher schon dreimal angeordnet worden, mit der Konsequenz von Inflation und zusätzlicher Staatsverschuldung, denn die Krone mußte ihre Verpflichtungen im Ausland und die militärischen Ausgaben nach wie vor in Silber begleichen. Der ketzerische Punkt an der Kritik dieser Zustände wurde interessanterweise darin gesehen, daß Mariana das skandalöse Finanzgebaren Philipps III. beim Namen nannte und daß er die erwähnte Abhandlung im Ausland, nämlich in Deutschland, herausgebracht hatte. Er wurde zwar wieder freigelassen, denn gar zu peinlich waren seine Enthüllungen, aber sein Buch kam auf den Index.

Die spanischen Minister waren nicht so blind, um in diesem Fall nicht doch eine unzulässige Ausdehnung inquisitorischer Zuständigkeit zu sehen. Der Graf von Oropesa unter der Regierung von Philipps IV. Nachfolger, Karls II. (1665–1700), setzte eine Kommission ein, die am Heiligen Offizium nicht nur seine wild wuchernden Kompetenzen (auch Jagdscheine hatte es einmal zu erteilen versucht!), sondern auch seine Straflosigkeit für sämtliche falschen und ungerechten Entscheidungen rügte. Es sollten keine Exkommunikationen mehr aus weltlichen Gründen verhängt werden; für ungerechte Urteilssprüche sei Berufung zu den weltlichen Gerichten vorzusehen, die Bereicherungspraktiken der Glaubensrichter müßten genau erforscht werden.

Solche Neuerungslust, wenn auch vernünftig, mißachtete die innenpolitische Macht, die die Inquisition nach wie vor hatte und die durch den außenpolitischen Verfall in keiner Weise gelitten hatte. Daher stürzte Graf Oropesa aus dem naheliegenden Grunde, weil auch er für den ab 1689 mit dem Frankreich Ludwigs XIV. ausgebrochenen Krieg kein Geld beschaffen konnte. Er hatte sich zu weit vorgewagt, allerdings wie alle anderen frommen Spanier auch die Einrichtung der Inquisition grundsätzlich niemals in Frage gestellt. Das taten auch die Bourbonenkönige nicht, die ab 1700 das Land regierten.

Solange die Inquisition über die „limpieza de sangre" zu wachen hatte, war sie eins mit der Aristokratie und der Verwaltung, die, wie eingangs beschrieben, aus dieser „limpieza" ihren politischen Vorteil zog. Daraus folgt, daß der König nicht mehr die volle Obergewalt über das

Heilige Offizium hatte, wie es von seinen Begründern vorgesehen war, und daß es sich zu einer Art Staat im Staate gemausert hatte, nur mit der Modifizierung, daß es nicht als einzige Institution der Krone selbstbewußt gegenüberstand. Die Bourbonen taten sogar das Ihre, um die Abschließung Spaniens vom Ausland noch zu fördern, wenn Philipp V., der erste Bourbonen-Herrscher südlich der Pyrenäen, sich die Fernhaltung der Ketzerei des Jansenismus (siehe Kap. 9) besonders angelegen sein ließ.

Dieser Zustand konnte sich erst dadurch ändern, daß die beherrschende Stellung des „blutreinen" Adels zusammenbrach, nicht zuletzt wegen der fortdauernden Wirtschaftsmisere Spaniens, die den Besitz von Latifundien entwertete, und daß die Ideen der europäischen Aufklärung im Lande Fuß faßten. Doch mit dieser Vorschau betreten wir bereits den Boden eines neuen Zeitalters, das in Spanien nur mit großer Verzögerung Eingang fand und mit noch größerer in den oberflächlich hispanisierten und europäisierten Territorien des Reiches in Amerika.

Wenn Spaniens amerikanischer Besitz, aufgeteilt in Vizekönigreiche, infolge des Abwürgens sämtlicher vorhandener indianischer Eigenstaatlichkeit (Azteken und Inkas!) ein unbehindertes Feld für den spanischen Staatsaufbau bot, dann konnte dort auch die Inquisition ganz schalten und walten, als ob sie im Mutterland wäre, und brauchte nicht vor italienischen Empfindlichkeiten und niederländischer Eigenständigkeit zurückweichen. 1570 wurde in Lima, der Hauptstadt des Vizekönigreichs Peru, das erste Tribunal gegründet, es folgte 1571 das in Mexiko, der Hauptstadt von Neu-Spanien (= Mexiko, südliche Gebiete der heutigen USA, Mittelamerika ausschließlich Panama), und 1610 das Tribunal in Cartagena de Indias (an der karibischen Küste Kolumbiens).

Auch hier ging es um die fixe Idee vom alten Kontinent, die Verfolgung der eingewanderten conversos, und das war die Hauptbeschäftigung des Heiligen Offiziums, zumal die einheimischen Indios den christlichen Glauben in rührend eifriger Weise annahmen und es sinnlos war, ihre anfängerhaften theologischen Verfehlungen mit Scheiterhaufen, Galeerendienst und Sanbenito zu bestrafen.

Der Dominikaner Bartolomé de Las Casas wagte es um die Mitte des 16. Jahrhunderts, in einem Bericht die Ausrottungspolitik der eingewanderten Spanier gegen die einheimischen Spanier anzuprangern. Mit diesem Völkermord hatte die Inquisition nichts zu tun gehabt, denn zu dieser Anfangszeit der Kolonisierung war sie noch gar nicht im Lande gewesen; aber im 17. Jahrhundert wurde der Bericht des Las Casas von Spaniens Feinden propagandistisch weidlich ausgeschlachtet. Das rief den Nationalstolz auf den Plan, den die Glaubensrichter dadurch befriedigten, daß sie den „knappen Bericht über die Zerstörung der indianischen Länder" (Brevisima ralación de la destruición de las Indias) auf den Index

Als Gnadenakt der Inquisition galt das Erdrosseln vor dem Verbrennen. Es wurde jedoch nur vermögenden Personen gewährt.

der verbotenen Bücher setzte, mit der famosen Begründung: „...denn selbst wenn er wahr wäre, hätte es doch genügt, bei seiner katholischen Majestät dieserhalb vorstellig zu werden, anstatt sie in der Welt auszuposaunen und damit den Feinden Spaniens und den Ketzern Angriffsmöglichkeiten zu geben." Womit wieder einmal klar wird, daß die Inquisition sich nicht nur zu Gedanken der kirchlichen, sondern auch der Staatsräson verpflichtet hielt.

Von liberalen Geistern wird häufig betont, die spanische Inquisition sei schuld gewesen an der geistigen Ausdörrung des Landes, die es, um einen historischen Fixpunkt zu nennen, gegen Europa zur Zeit der Französischen Revolution als unfruchtbar, öde und weit zurückgefallen erscheinen ließ. Die Beschreibung des spanischen Zustandes stimmt, aber rührt er wirklich von der Inquisition allein her – die angeführte Behauptung läßt an ihre Alleinschuld denken?

Dem widerspricht zunächst, daß sie als Prinzip von keiner einzigen Geistesgröße Spaniens angegriffen wurde, und da das über Jahrhunderte so war, kann es nicht allein auf die Angst vor ihr zurückzuführen sein. Das gängige Sprichwort: „Über den König und die heilige Inquisition – kein Wort!" ist bemerkenswert zahm, grundsätzliche Kritik kann nicht hineininterpretiert werden. Offensichtlich hielten die Spanier die Reinheit des Glaubens bzw. was sie darunter verstanden, für eine sehr wichtige und nicht zu diskutierende Sache.

In der Tat hat die Inquisition das spanische Geistesleben mit ihrer Anwesenheit umschattet. Die heilige Theresa von Avila wurde von ihr als suspekte Herumtreiberin angesehen und in ein Kloster gesperrt, da sie sich unter dem Deckmantel der Religion Ausschweifungen erlaube. Manche meinten, man sollte sie strafweise nach Westindien verschikken. 1575 gründete sie in Sevilla das Kloster der Barfüßigen Karmeliterinnen und wurde prompt verdächtigt, dort die Irrlehren der Illuministen zu lehren, einer als ketzerisch verfolgten Gruppe, die die natürliche Sündenfreiheit des Menschen als Geschöpf Gottes und die Verachtung der äußeren Werke des Glaubens zugunsten der anzustrebenden inneren Erleuchtung lehrte. Früher hätte man dies dem Einfluß Amalrichs von Bena zugeschrieben, nun aber galten solche Lehren als Näherung an das Luthertum mit seinem Beharren auf der Erlösung allein durch den Glauben. Ja, auch als Theresa bereits heiliggesprochen war, wurde ihr Werk „Erfassen der göttlichen Liebe" (Concepciones del amor divino) auf den Index gesetzt und nicht mehr abgesetzt. Denn Spanien war in diesen geistlichen Dingen unabhängig von Rom, und man konnte den Gläubigen nicht genug einschärfen, wie schmal die Scheidegrenze zwischen Heiligkeit und Ketzerei war.

Die moderne experimentelle Naturwissenschaft hatte ebenfalls zu leiden, obwohl die Werke des Kopernikus niemals auf den Index gesetzt wurden und obwohl Galilei nach Spanien fliehen wollte, als die Inquisition in Italien auf ihn aufmerksam geworden war. Im 18. Jahrhundert klagte ein Wissenschaftler: „Während das Ausland Fortschritte macht in Physik, Anatomie, Botanik, Geographie und Naturkunde, schlagen wir einander die Schädel ein und erfüllen unsere Hörsäle mit Gebrüll über die Frage, ob das Sein etwas Eindeutiges oder eine Analogie von etwas anderem ist" – scholastische Spitzfindigkeit auf offener Szene und das immer noch im Zeitalter der Aufklärung!

Aber die bei Kopernikus und Galilei gemachten Einschränkungen weisen darauf hin, daß man der Inquisition hier manches, aber nicht alles anlasten kann. Auch der Verfall der humanistischen Bildung kann nicht auf ein Ersäufen der antiken Klassiker in verordneter Rechtgläubigkeit zurückzuführen sein, denn Aristoteles und Augustinus in der Originalsprache hätten selbst dem Heiligen Offizium als studierenswerte Autoren erscheinen müssen, da doch Thomas von Aquin dem Aristoteles Wesentliches verdankte. Es ist auf dem Gebiet der Geistesgeschichte mindestens ebenso suspekt wie auf dem der politischen Geschichte, irgendwelche Wirkungen auf eine alleinige Ursache zurückzuführen. Auch für die Information über die Inquisition und ihre spanische Spielart gilt daher das Wort Lessings: „Nicht Kinder nur speist man mit Märchen ab".

Die Schönen Künste wurden erst recht überwacht, und zweifelsohne war die Produktion von Büchern ein Risiko, das wegen Kleinigkeiten in der Darstellung von heiligen oder religiösen Symbolen zum Ruin führen konnte. Es ist allerdings zu weitgehend, mit dem Historiker Henry Charles Lea zu folgern: „Die geistige Blüte, die im 16. Jahrhundert der spanischen Literatur und Bildung den ersten Rang in Europa anzuweisen schien, mußte verdorren und verderben...", und außerdem ist es unlogisch: denn in eben diesem 16. Jahrhundert blühte gleichzeitig auch die Inquisition, und es wäre in ihrer Macht gewesen, gar nicht erst solch großartige Literatur aufkommen zu lassen. Dennoch wirkten Cervantes, Lope de Vega, Tirso de Molina und Calderón und gingen in die Weltliteratur ein. Wenn ihnen auch die Vorsicht eingab, mitunter am Ende eines Werkes zu erklären, sofern es etwas gegen den Heiligen Glauben enthalte, sollte das als nicht gesagt gelten, so tut das doch der Qualität des Werkes keinerlei Abbruch.

Bigotte Leute nehmen manchmal Anstoß an dem Umstand, daß es ein Theater überhaupt gibt, in Spanien aber war das Theater unter den Augen der Inquisition sogar eine nationale Leidenschaft, ja mehr als das: es wurden Schauspiele mit allegorisch-geistlichem Inhalt gepflegt, die „autos sacramentales". Jeder, der Calderóns „Großes Welttheater", das berühmteste Stück der Gattung, einmal genossen hat, wird bemerken, daß seine künstlerische Wirkung dadurch keine Einbuße erleidet, daß sie innerhalb der geistigen Grenzen der Orthodoxie erzielt wird. Wenn nach Calderóns Tod nichts Gleichwertiges mehr auf die Bretter kam, dann wäre die Behauptung, daran sei die Erstickung durch die Inquisition schuld, nur dann richtig, wenn in Deutschland nach Goethes Tod kein zweiter seines Ranges auftrat deshalb, weil die reaktionäre Polizei der Metternichzeit es nicht gestattete. Die Fruchtbarkeit des menschlichen Geistes ist begrenzt, das christliche Dogma auch in unnachgiebiger Auslegung weit genug, um den Schönen Künsten nicht das Lebenslicht ausblasen zu müssen, und letztlich war auch die spanische Inquisition keine solch totalitäre Einrichtung, wie die bebrillten Augen des von El Greco gemalten Kardinal-Inquisitors suggerieren könnten.

Die Inquisition war nicht einfach die Beherrscherin Spaniens, sie war selbst ein Teil des spanischen Geistes.

VIII. DIE HEXEN

Erda weiß es besser: „Weiche, Wotan, weiche! Flieh' des Ringes Fluch!
Rettungslos dunklem Verderben weiht dich sein Gewinn". Wotan
staunt: „Wer bis du, mahnendes Weib?" – „Wie alles war, weiß ich. Wie
alles wird, wie alles sein wird, seh' ich all'. Der ew'gen Welt Urwala, Erda, mahnt deinen Mut." So singt sie, heraufgestiegen aus dem Abgrund
der Welt.

Um die Nicht-Wagnerianer unter den Lesern nicht mit weiteren Zitaten aus der eigenwilligen Diktion des Bayreuther Meisters ungeduldig
zu machen: hier taucht die Erdgöttin der germanischen Mythologie auf,
die tiefe Weisheit hat über den Verlauf der Welt, darin dem willkürlichen
Machtpolitiker (und Mann) Wotan überlegen, die Mutter der drei Nor-
nen, der Schicksalsgöttinnen (auch die also auch weiblich!), von denen
die Edda weiß: „Lose lenkten sie, Leben koren sie Menschenkindern,
Männergeschick". Diese Worte stehen in dem Einleitungsgedicht der
Erda, der „Völuspa", schwungvoll verdeutscht als der „Seherin Gesicht", in der die Völva (alias Wala, siehe oben) Wotan einen zusammen-
hängenden Bericht über Weltentstehung und Weltende gibt. Die Völva
redet von gleich zu gleich mit dem Gott, weiß sie doch, daß er mit der
Welt zusammen untergehen wird.

Welch eine Hochachtung müssen die Germanen vor dem weiblichen
Geschlecht gehabt haben, da sie ihm tieferes Wissen zutrauten als dem
männlichen! Dementsprechend berichtet schon Tacitus in seiner „Ger-
mania" sowie in den „Historien", daß weissagende Frauen bei ihnen wie
Göttinnen verehrt wurden. Sie treten auch manchmal als das eigentlich
„stärkere Geschlecht" auf, etwa wenn eine Art Völva dem römischen
Feldherren Drusus auf dessen Vormarsch zur Elbe entgegentritt und ihm
beschwörend zuruft: „Kehre um, unersättlicher Römer!" – worauf der
das wirklich tut, obwohl sich die Krieger der Gegend ringsum in den un-
durchdringlichen Wäldern versteckt halten und vorsichtshalber erst einmal die Gelegenheit zur Guerrilla-Kriegführung abwarten.

Natürlich können die Frauen auch einmal Unholdinnen sein, und dann
kann man sie bereits als „Hexen" bezeichnen – sofern sie nämlich die
übernatürliche Kraft besitzen, das Wetter nach Belieben zu ändern: Als
im Jahre 987 Jarl Hakon von Trondheim, der interimistische Verwalter
des Königreichs Norwegen, gegen die räuberischen Joms-Wikinger seine Drachenschiffe aufbieten mußte und mit ihrer Streitmacht im Hjörun-
ga-Fjord zusammenprallte, da drohte sich die Schlacht zu seinen Ungun-
sten zu wenden, denn ein Hagelwetter war losgebrochen, das den Seinen die Schloßen ins Gesicht trieb und sie am Kämpfen hinderte. Der Jarl

wandte sich im Getümmel an eine Wetterhexe, daß sie den Wind wende und den Wikingern den Hagel zublase. Die Hexe verlangte dafür ein Menschenopfer, niemanden geringeren als den Sohn des Jarl. Hakon zögerte nicht, das Opfer auszuführen, und sofort drehte sich der Hagelsturm, die Wikinger wurden vollständig geschlagen.

Wahrscheinlich war diese Hexe ein Weib aus der Sippe der Riesen, der Feinde der Götter. Da aber die Germanen die Welt nicht in Gut und Böse einteilten und diese Einteilung auch nicht zum Angelpunkt ihrer religiösen Spekulation machten, bedeutete Feindschaft mit den Göttern nicht das, was die Feindschaft des gefallenen Luzifer gegenüber Gott in der christlichen Lehre war. Die Riesen konnten wohl boshaft sein, aber nicht unrettbar böse. Manchmal waren sie einfach nur dumm und beschränkt. Und die Hexen waren nicht nur staatspolitisch segensvoll wirksam, wie die des Jarl Hakon, sondern trieben mancherlei Unfug, z. B. wenn sie jemanden mit dem Schlafdorn stachen, so daß er in unbegrenzten Schlaf verfiel (man denke an Dornröschen, das sich mit einer Spindel sticht!), aber ihre Zauberei war eben ein Teil der Welt, in der Wotan selbst der oberste Zauberer war. Die Menschen hatten das entweder hinzunehmen oder sich zu wappnen, indem sie selbst die Zauberei erlernten, etwa mit Hilfe der Runenstäbe: „Runen sollst du finden und rötliche Stäbe, gar stolze Stäbe, gar starke Stäbe, die gerötet der Redeherr und gewirkt Waltmächte und geritzt der Raterfürst. Dann zeigt sich's recht, wenn du nach Runen fragst, den raterentsproßnen, wie sie wirkten Waltmächte und sie zog der Zauberherr" heißt es in den „Runenlehren" der Edda. Hexerei und Zauberei treten als etwas der Welt Immanentes auf, das seine Bedeutung in sich trägt und nicht negativ transzendiert wird.

Es ist ein weiter Weg aus dem alten Germanien mit seiner Hochachtung der Frau und seiner Selbstverständlichkeit der Zauberei bis zu den Hexenprozessen des ausgehenden Mittelalters und der beginnenden Neuzeit. Hier mußten im Laufe der Jahrhunderte Kultureinflüsse hinzutreten, die schließlich das kulturgeschichtliche Endprodukt ergaben: maßlose Dämonisierung und Verteufelung der Frau sowie Anschluß des Zauberwesens an Luzifer, den Widersacher Gottes.

Von indischen und altpersischen Hexenvorstellungen wollen wir absehen, nur erwähnen, daß die Religion Zarathustras mit ihrer radikalen Einteilung der Welt in Licht und Finsternis , die Geister des Guten (Ahuramazda) und des Bösen (Ahriman) christlichen Ideen vorgearbeitet hat. Die Gallier kannten bereits Dämonen (Drusii), die sich mit Menschen begatteten und damit einer zwielichtigen Zaubererzunft beiderlei Geschlechts zum Entstehen verhalfen. Nach einer altjüdischen Legende war der böse Geist Lilith die erste Frau Adams, mit der er die Dämonen zeugte, die sich seitdem als unübersehbares und groteskes Heer zwischen Gott und die Menschen stellten. Kein Wunder, daß Faust und Mephisto Lilith im Harzgebirge, Gegend von Schierke und Elend, auf der nordischen Walpurgisnacht antreffen.

Die Juden gingen bei den Ägyptern in die dämonologische Schule und entlehnten bei ihnen die bösen Hexen, die zu beschwören verboten war – an deren Existenz man also glaubte. König Saul hatte alle Schwarzkünstler und Wahrsager aus dem Lande vertrieben, nachdem Samuel gestorben war, der Richter über Israel, dem Saul seine Einsetzung als König verdankte. Da fielen die Philister wieder in Israel ein, und Saul zog ihnen entgegen. Als er aber von seinem Lager am Berg Gilboa aus das Heer der Philister sah, wurde er sehr ängstlich und befragte den Herrn, ob ihm der Sieg gehören werde, aber der Herr gab ihm kein Zeichen. Die Offiziere des Königs empfahlen ihm, sich in das nahe En-Dor zu begeben, dort wohne eine Zauberin, die ihm vielleicht weiterhelfen könne. Saul verkleidete sich und ging in Begleitung von zwei Soldaten zur Nachtzeit zu der Hexe. „Sage mir die Zukunft voraus", befahl er ihr, „und hole mir die Seele von den Toten zurück, die ich dir angeben werde". – „Wie das?" fragte die Hexe mißtrauisch, „König Saul hat doch alle Zauberer und Nekromaten aus dem Lande verbannt". Saul mußte ihr erst schwören, daß ihr nichts geschehen werde, dann befahl er weiter: „Rufe mir Samuel herauf!" Da erkannte die Hexe, daß der König selbst zu ihr gekommen war, er aber fragte weiter: „Wen siehst du also?" Das Weib antwortete ihm: „Ich sehe ein übermenschliches Wesen, das aus der Erde aufsteigt". Und Saul fragte wieder: „Wie sieht es aus?" Sie antwortete: „Wie ein alter Mann. Er ist in einen Mantel gehüllt". Saul begriff, daß das Samuel war, und warf sich mit dem Gesicht zur Erde nieder, aber Samuel fragte ihn: „Warum hast du mich gestört, indem du mich heraufkommen ließest?" Saul erwiderte: „Ich bin in großer Angst. Die Philister ziehen gegen mich zu Felde, Gott hat sich von mir abgewandt und hat mir nicht antworten wollen, weder durch Propheten noch durch Träume: da habe ich dich heraufrufen lassen, damit du mir sagst, was ich tun soll". Und Samuel sprach zu ihm: „Was nützt es dir, wenn du mich befragst, nachdem der Herr sich von dir abgewandt hat und sich deines Rivalen angenommen hat..."

Wohlgemerkt: dieser Bericht aus dem Alten Testament erwähnt nicht, auf welche Weise die Hexe Samuel beschworen hat. Das hätte ja für die frommen Leser eine Einführung in die Praktiken der Nekromantie bedeutet und hatte daher zu unterbleiben.

Wir müssen uns also nach einer anderen Quelle des Dämonenglaubens umsehen und finden sie auch gut tausend Jahre später im Epos des römischen Dichters Lukan über den Bürgerkrieg zwischen Cäsar und Pompeius. Die Situation ist ähnlich: Cäsar ist in Thessalien eingefallen, wo ihn Pompeius mit dem republikanischen Hauptheer erwartet. Sextus, der Sohn des Pompeius, quält sich in Gedanken an die bevorstehende

Entscheidungsschlacht. Daher will er, wie das bei schwachen Charakteren vorkommen mag, den Ausgang der Schlacht vorauswissen. Er verschmäht dabei die ausgetretenen Pfade, die die antike Religion zu solchen Zwecken anbot: „Nicht den Dreifuß von Delos befragt er (also Appolon), nicht in der Höhle der Pythia fragt er um Rat, noch was die Eiche von Dodona im Erze Jupiters tönt, die durch die ersten Früchte ernährt, oder wer aus einer Leber das Schicksal erkennen kann, wer den Vogelflug deutet, wer die Blitze des Himmels beobachtet und nach assyrischer Regel die Gestirne befragt – oder wenn es sonst noch eine verschwiegene, aber erlaubte Kunst gibt..."

Nein, Sextus befragt die fürchterlichste aller thessalischen Hexen, Erichtho, daß sie ihm weissage durch einen von den Toten auferweckten Leichnam. Erichtho ist noch viel wildere Praktiken gewöhnt, diese Aufforderung kann sie also nicht schrecken (während die Hexe von En-Dor Saul darauf hingewiesen hatte, daß sie unter Lebensgefahr arbeite). Wohnte sie doch in Gräbern, nachdem sie Leichen aus ihnen hinausgeworfen hatte, fing Blitze ein, erpreßte die Götter mit ihren Beschwörungen, begrub Leute lebendig und fledderte Leichen, indem sie ihnen die Augen auskratzte und ihre Nägel abnagte, biß die Gehängten aus ihrer Schlinge am Galgen heraus oder riß die Gekreuzigten vom Holz herunter, um sie aufzufressen, mit Vorliebe, wenn sie schon stark verwest waren...

Aber wir wollten Erichtho bei der Totenbeschwörung beobachten: erst löschte sie den Mond und die Sterne aus (Sextus Pompeius war natürlich im Schutze der Nacht zu ihr geschlichen), dann segelte sie, in eine schwarze Wolke gehüllt, über die Gefilde Thessaliens, um eine passende Leiche zu finden. Die Wölfe und die aasfressenden Geier stoben vor ihr davon, die Hexe wühlte in den herumliegenden Leichnamen, kratzte die Lunge heraus und horchte in sie hinein, denn die Lungenflügel gaben bedeutungsvolle Töne von sich. Schließlich fand sie eine Leiche, rammte einen Haken in sie und schleifte sie über Klippen und Felsgründe, daß es jämmerlich anzuschauen war, bis zu ihrer Höhle, wo Sextus und seine Begleiter nicht anders konnten als zu erbleichen und zu erstarren.

Dann machte sich die Hexe ans Werk: sie füllte den Leichnam mit neuem Blut, das sie aus frischen Wunden gewonnen hatte, entzog dem Kadaver seinen Eiter und lud ihn mit Mondschleim neu auf. Den reicherte sie an mit Tollwutgeifer wasserscheuer Hunde, der Blase eines Luchses,

---

König Saul befragt die Hexe von En-Dor über den Ausgang der Schlacht gegen die Philister.
Samuel wird von den Toten zurückgeholt und erscheint als Geist.

dem von Schlangenfleisch genährten Hirschmark, Drachenaugen, Schlangenhäuten und der Asche des in Ägypten verbrannten Phönix. Dann sprach sie ihre beschwörende Formel mit Hundegebell, Wolfsgeheul, Käuzchenschrei, Tigerfauchen, Schlangenzischen, Wälderraunen und Gewitterdonner. Die Eumeniden rief sie an, das Ur-Chaos, die von Zeus in den Abgrund geschleuderten Titanen, den Styx, den schwarzen Fluß der Unterwelt, bei dem sogar die Götter sich zu schwören scheuen, Hekate, die Fürstin aller nächtlichen Künste der Antike, die Parzen, um den Lebensfaden des Toten neu anzuknüpfen, und Charon, um den Toten wieder zurückzurudern über den Fluß Lethe. Sie beschwor sie bei allen Menschen, die sie schon gefressen hatte und die sie bereits den Unterirdischen zum Opfer gebracht hatte (wobei sie sie auf ihrem Altar mit dem noch warmen Hirn abgewaschen hatte!), und bei den trefflichen Diensten, die ihnen der wahnwitzige Bürgerkrieg leistete, den Toten wieder ins Leben zurückzurufen.

Doch der Geist des Toten stand neben dem von seinen Wunden zerfetzten Körper und wollte aus Ekel nicht wieder in ihn hineintreten. Erichtho bekam Schaum vor den Mund, peitschte den Leichnam mit einer lebenden Schlange und brüllte eine neue Beschwörung durch die Ritzen der Erde in die Unterwelt hinab – bis ihr der zögernde Geist gehorchte und in seinem Körper wieder Wohnung nahm, um der Hexe Antwort zu geben über den Ausgang der bevorstehenden Schlacht zwischen Cäsar und Pompeius.

Die alten Römer hatten demnach schon detaillierte Vorstellungen über das Hexenwesen. Auch männliche Zauberer gab es bereits, die sich mit Vorliebe in Wölfe verwandelten und damit zum Vorbild der späteren Werwölfe wurden. Am Hofe Kaiser Neros, wo das Ausüben von Gräßlichkeiten und aller Art von Unfug zum Sport der Höflinge wurde, um den blasierten und unreifen Tyrannen bei Laune zu halten, und zu dem auch Lukan Zugang hatte, wurde eifrig gehext. Ob Lukans Erichtho nur eine literarische Ausschmückung abgeben soll oder ob der Dichter an derlei Spuk geglaubt hat, müssen wir dahingestellt sein lassen. Aber die Hexerei im alten Rom ist unübersehbar angesichts des religiösen Synkretismus, den sich die Herren der Welt gönnten und der natürlich dazu führte, daß sie auch allen Nacht- und Aberglauben fremder Völker, hauptsächlich des Orients, bei sich einziehen ließen.

Gar Tacitus, einer der bekanntesten Autoren, der daher in besonderem Maße verantwortlich ist für unser Bild vom alten Rom, wie es auch unter Nicht-Wissenschaftlern weiterlebt, kann sich in seinen „Annalen" des Hinweises auf Hexerei nicht enthalten: Kaiser Tiberius, von ihm als Charakterschurke durch und durch gezeichnet, will Germanicus Cäsar aus dem Weg räumen, schickt ihn daher nach Syrien, und wir sollen zwischen den Zeilen lesen, daß sein dortiger Unterfeldherr Piso für die nunmehrige Exekution zuständig ist. Germanicus stirbt verdächtig schnell, aber entweder haben die Beteiligten ihr Geheimnis gewahrt oder Germanicus ist wirklich erkrankt, denn Tacitus verfällt auf ganz besondere Gründe für seinen Tod: Zauberei! Der große Historiker mit dem Hang zur Psychologie will eine Tragödie kolorieren und läßt daher aus dem Boden und aus den Wänden des Hauses des Germanicus Leichenteile und Bleiteller mit eingeritzten Zaubersprüchen zutage fördern, die den Schluß nahelegen, daß hier wieder einmal Hexerei im Spiel war.

Schon 184 v. Chr., in der republikanischen Zeit, als Rom sich allmählich dem Orient zu öffnen begann, hatte der Prätor Lucius Naevius angeblich 2000 Zauberer zur Strecke gebracht. Vielleicht waren das aber eher Jünger der etruskischen Magie, denn auch Etrurien hatte den Glauben an Wesen der Unterwelt, die man beschwören konnte und denen sogar Menschenopfer dargebracht wurden. Wer bei der Zauberei ertappt wurde, der verfiel dem Tode durch Verbrennen – dies also keine Erfindung der christlichen Inquisition. Die Römer, die die Juden sonst eher für ein höchst abstoßendes Volk hielten, folgten darin mit peinlicher Genauigkeit dem Gebot des Pentateuch, wo geschrieben steht (Leviticus 20,27): „Wer auch immer, sei er Mann oder Frau, die Totenbeschwörung oder die Wahrsagekunst ausübt, der werde getötet..." oder: „Du sollst die Zauberer nicht leben lassen!" (Exodus 22,17).

Je älter das Römische Reich wurde, desto mehr grassierte der Hexenwahn in seinen Provinzen. Es mag dieser Glaube das Symptom einer alternden Kultur sein, die ihrer selbst unsicher wird und den Abgrund, auf den sie sich zutreiben fühlt, mit allerlei Dämonen ausfüllt, um in ihrer Ratlosigkeit sich wenigstens an Abstrusitäten zu klammern, die dem blinden und vernichtenden Treiben der Welt eine Erklärung und eine Ordnung geben können. Lukan hat das wohl gefühlt und legt es seiner Erichtho in den Mund: „Sobald die Reihe der Ursachen vom ersten Urbeginn der Welt an herabsteigt und alle Schicksalsläufe schlimm gehen, ...dann, das gestehen wir thessalischen Hexen, ist Fortuna stärker als wir". Es ist alles unverständlich, also nach menschlichem Ermessen sinnlos, und der ganze Hokuspokus dient nur dazu, am Rande einzugreifen – etwa die Zukunft vorauszusagen, ein paar Ernten zu verderben und Tränke für Liebe und Haß zu mischen, aber zu sonst nichts.

Hexenglauben als Ausdruck von Angst und Ratlosigkeit! Daß Kaiser Caligula auf blutrünstige Art und Weise wahnsinnig wird, ist eben der Hexerei seiner Frau Caesonia zuzuschreiben! Daß Kaiser Commodus das Reich schindet, rührt eben davon her, daß seine Mutter Faustina, anstatt mit dem Gladiator zu schlafen, den sie begehrte, in seinem Blute badete, und das mit Zustimmung ihres Mannes, des Philosophenkaisers Mark Aurel. Es wäre ja auch zu traurig, wenn man das Versagen der Kaiser nicht auf die Hexerei schieben könnte.

Der Boden war also mehr als bereitet für ein Weiterleben des Hexenglaubens im Mittelalter. Weder die germanischen Stämme, die das Römische Reich allmählich beerbten, noch die neu entstehende christliche Kirche hatte dagegen einen wirksamen Abwehrstoff. Kein Wunder, da der neue Glaube sich genötigt sah, zum Beweis seiner Überlegenheit Zauberwettkämpfe mit den Vertretern der alten Religionen anzustellen. Schon Moses hatte ja am Hofe des Pharao zaubern müssen: er war dabei auf die Variante verfallen, seinen Stock in eine Schlange zu verwandeln (und die ägyptischen Priester hatten ihn ausgelacht, weil dieses Kunststück etwas ganz gewöhnliches sei, berichtet der Talmud). Der landläufige Ausdruck „Hokuspokus" für Zauberei leitet sich ja von den lateinischen Worten des Priesters bei der Wandlung ab: „hoc est corpus meum", spricht er zur Konsekration der Hostie. Daß aber die vom Priester hochgehaltene Oblate durch diese Worte zum Leib Christi wird, konnte das nicht als Zauberei gesehen werden? Was bedeutet schon dem spätmittelalterlichen Landmann oder biederen Städter der theologische Fachausdruck „Transsubstantiation".

Und hätte er wohl den Unterschied begriffen, den die Theologen zwischen Wunder des Glaubens und höllischer Zauberei machten, wenn – sagen wir – die Verwandlung des Wassers in Wein auf der Hochzeit zu Kana dasselbe Erscheinungsbild hatte wie eine beliebige Hexerei, von der die Inquisitionsakten wimmeln? Hier galt es nämlich zu unterscheiden: die Wunder Christi, die in den Evangelien überliefert werden, waren nicht Selbstzweck – etwa die Versorgung der Hochzeitsgesellschaft von Kana mit Wein –, sondern wiesen auf Christi transzendente Natur hin. Die Wunder der Heiligen geschehen ebenfalls durch Gott bzw. durch Christus und weisen auf etwas Transzendentes schlechthin. Der Mensch ist dabei nur ausführendes Werkzeug. Gott allein ist fähig, Wunder zu wirken, da er die Welt aus dem Nichts erschaffen hat und folglich von Naturgesetzen nicht abhängig ist. Die Durchbrechung der Naturgesetze kann einem Wunder eigentümlich sein, ist aber nicht notwendig, da Gott über der Natur steht und nicht als ihr Gegenspieler angesehen werden darf (wenn er die Naturgesetze „durchbrechen" würde, dann wären sie ihm gleichwertig, was der Allmacht Gottes widerspräche).

Die gefallenen Engel oder gar die Hexen können also keine Wunder wirken, sie sind ebenso auf den Kausalablauf der Natur angewiesen wie die Menschen insgesamt. Ihre „Wunder" scheinen nur solche, in Wirklichkeit sind sie Täuschung. Außerdem haben ihre Taten natürlich nicht den Sinn, auf Transzendentes hinzuweisen, und damit nicht den pädagogischen oder, um es theologisch auszudrücken, den anagogischen Zweck wahrer Wunder, die Menschen im Glauben zu festigen. Wenn aber ein Gläubiger über ein konkretes Ereignis im Zweifel ist, ob es sich um ein Wunder handelt oder nicht, dann tröste er sich mit den Feststellungen des ersten Vatikanischen Konzils (1870) hierzu: „Obwohl ein Katholik gebunden ist, das Prinzip (gemeint ist: die Existenz von Wundern) als eine Glaubenstatsache anzunehmen, muß der Wundercharakter jedes einzelnen Ereignisses der Einsicht überlassen bleiben. Es besteht daher außer für die in der Heiligen Schrift erwähnten Wunder für kein einzelnes Wunder Glaubensgebot." Wunder, auch wenn die Kirche sie akzeptiert, erwachsen also nicht zu dogmatischer Kraft. Deshalb kann z. B. der Nichtglauben an die Stigmatisierung des heiligen Franz von Assisi keine Häresie begründen, denn die Beurteilung dieses Faktum ist „der Einsicht überlassen".

Der Dämonenglauben nun hat zur Voraussetzung, daß die mythischen Wesen der Nichtchristen als durchaus real angesehen wurden – nur degradierte sie das Christentum eben zu Teufeln und Dämonen. Augustinus lieferte bereits eine ausgearbeitete Dämonologie. Dämonen haben einen Körper aus Luft, besitzen daher eine ungemeine Sinnesschärfe und können sich weitaus schneller als Menschen bewegen. Sie leben länger als Menschen und sind daher aus langer Erfahrung gut mit den Tricks vertraut, mit denen sie diesen schaden können. Die Menschen bemerken die Gewitztheit der Dämonen, erkennen ihre Überlegenheit an und verehren sie daher als Götter. Der Luftkörper hat den Vorteil, daß die Dämonen ohne Wissen der Menschen in deren Körper eindringen können, wo sie dann natürlich Krankheiten erregen, die Gedanken verpesten und nach Lust und Laune Liebe und Haß hervorrufen.

Der heilige Bernhard von Clairvaux weilte einst in Pavia, wo ihm eine bejammernswerte Frau vorgestellt wurde, in die ein Teufel gefahren war. Dieser sprach aus dem Munde der Frau die Worte: „Dieser Mensch, der da Schnittlauch und Kohl zu seiner Speise hat, soll mich nicht aus meinem Weiblein vertreiben!" Da schickte Bernhard die Frau zur Kirche des seligen Syrus, doch der selige Syrus wollte sie lieber seinem Gaste überlassen und sandte sie daher zu Bernhard zurück. Da begann der Teufel erneut durch ihren Mund zu plappern und sagte: „Weder der dumme Syrus noch der dumme Bernhard werden mich vertreiben können!" Darauf antwortete der Mann Gottes: „Nein, weder Syrus noch Bernhard werden dich vertreiben können, wohl aber der Herr Jesus Christus". Sobald er das gesagt hatte, sprach der nichtsnutzige Geist: „Oh, wie gern würde ich aus diesem Weiblein entweichen, da es mir in ihm nunmehr übel ergeht! Wie gern würde ich das tun! Aber ich kann es nicht, denn der große Herr will es nicht." Da fragte ihn der Heilige: „Und wer ist das, dieser große Herr?" Und der Teufel antwortete: „Jesus von Nazareth". Darauf der Mann Gottes: „Hast du den schon einmal gesehen?" Die Antwort war: „Ja, ja". – „Und wo hast du ihn gesehen?" – „Im Glanze seines Ruhmes." Und der Heilige fragte weiter: „Bist du auch im Glanze dieses Ruhmes verweilt?" – „Ja, ich bin" – „Und wie bist du daraus herausgefallen?" – „Viele waren wir, und zusammen mit Luzifer sind wir herausgefallen." Dies alles aber sprach der Teufel mit betrübter Stimme aus dem Munde des Weibleins, so daß es alle hören konnten. Der Mann Gottes fragte ihn: „Möchtest du nicht in jenen Ruhmesglanz zurückkehren?" Da lachte der Teufel laut auf, daß es merkwürdig anzuhören war, und sagte: „Dazu ist es wahrlich recht spät!" Da betete Bernhard, und der Teufel entwich aus der Frau. Als nichtsdestoweniger der Teufel wiederum in sie fuhr, ließ Bernhard ein Schild um ihren Hals hängen, auf dem zu lesen stand: „Im Namen unseres Herrn Jesus Christus befehle ich dir, o Teufel, daß du diese Frau nicht wiederum anzurühren unternehmest". Dies half endgültig. Bei dieser Gelegenheit darf man den Teufel nicht nur als versierten Bauchredner abtun, denn er war ja in die Frau tatsächlich hineingeschlüpft! Und zwar hielt er sich, wie das in solchen Fällen üblich ist, in ihrem Mastdarm auf.

Man kann die Dämonen also aus den Menschen herausbeschwören oder herausprügeln, wobei sie, wenn man den mittelalterlichen Malern glauben darf, eventuell sichtbar werden. Der Teufel z. B. schlüpft dann als ein weißes Mäuslein aus dem Mund. Wenn Kirke die Gefährten des Odysseus in Schweine verwandelt hat, ist das nach Augustinus durchaus glaubwürdig. Es gibt ja in Italien auch Gastwirtinnen, die ihre Gäste in Zugtiere verwandeln, sie für ihre Arbeit einspannen und anschließend wieder in menschliche Gestalt zurückführen, wahrhaft dämonische Gastwirtinnen! Augustin tröstet aber: „Je größer die Gewalt über die irdische Welt ist, die wir den Dämonen verliehen sehen, umso fester laßt uns an dem Erlöser halten, durch den wir uns aus dieser Tiefe nach oben erheben sollen." Mit anderen Worten: wir müssen den Himmel erstreben, und wenn wir darüber die Erde auch dem Teufel überlassen müßten!

Da Zauberei Dämonenkunst ist, darf sie durch einen wahren Christen nicht ausgeübt werden. Wo aber ist der Unterschied zwischen Magie und „reinem" Christentum, wenn Gregor von Tours im 6. Jahrhundert folgendes erzählt: er lag krank darnieder, und alle ärztliche Kunst wollte nichts fruchten. Da sandte er einen seiner Diakone aus, um etwas Staub vom nahen Grabe des heiligen Martin, des großen Wundertäters, zu holen. Mit diesem Staub nun wurde ein Trank bereitet, und siehe – drei Stunden nach der Einnahme dieser „Medizin" erhob sich Gregor geheilt von seinem Lager. Oder wenn Gregor die Wunder des heiligen Martin beschreibt, 99 schon zusammen hat und zur Abrundung noch ein hundertstes in seinem Kopf sucht – da spürt er einen Schmerz in der linken Schläfe, ein Anschwellen der Adern und Tränenausbrüche. Linderung brachte die Berührung der Schläfe mit dem Vorhang vor dem Grab des Heiligen. Nach drei Tagen brennt ihm die rechte Schläfe, wiederum hilft der Vorhang. Ja, Gregor faßt nun den halbwegs naturwissenschaftlichen

Eine Hexe bringt dem Teufel, der als Bock erschienen ist, menschliches Blut als Opfer dar.
Radierung von Francisco de Goya.

Gedanken, sein Blutandrang könnte von einer Übermenge Blut in seinem Körper herrühren und will sich daher zur Ader lassen. Dies aber war
eine Einflüsterung des Teufels, denn sofort ist der Schmerz wieder da,
kaum daß der unreine Gedanke in Gregors Kopf aufgetaucht ist.
   Als die Berührung mit dem Vorhang, gepaart mit Reue, ihn in Kürze

wiederherstellt, zieht Gregor die Nutzanwendung daraus, daß die Medizin ein Unfug und „himmlischer Arznei" unbedingt der Vorrang zu geben sei. Medizin bedeutet Einmischen in das Walten Gottes, während der Glauben das Wirken Gottes demütig anzunehmen sucht und auf diese Weise viel wirkungsvoller Gesundheit und Harmonie in der Natur wiederherstellt. Bei beschwichtigender Auslegung könnte man allerdings behaupten, nicht die Berührung des Vorhanges vor dem Grab des heiligen Martin habe Gregor von Tours geheilt, sondern seine Reue darüber, dem Heiligen noch ein hundertstes Wunder zuschreiben zu wollen, obwohl 99 schon mehr als genug sind und bei solch heiligen Dingen ästhetische Überlegungen sündhaften Hochmut bedeuten. Aber im Falle des Staubtrankes verfängt diese Auslegung nicht mehr.

Auch die Christen waren in magischen Vorstellungen befangen. Wenn der anfangs erwähnte Simon der Magier auch Petrus Unrecht getan haben mag, als er ihn für einen „Zauberer" hielt, im großen historischen Rahmen hatte er schon recht. Denn ein Glauben, so rein er auch zunächst sein mag, kann nicht umhin, auf dem Wege seiner Verbreitung die Gedanken der früheren „Ungläubigen" auch in wesentlichen Elementen in sich aufzunehmen, und er kann dies umso weniger umgehen, je mehr er sich ausbreitet. Da half es für das Bewußtsein der Christen auch nicht viel, daß in der „reinen Lehre" Gott den Dämonen immer übergeordnet blieb. Den Alltag beherrschten die Dämonen, so daß man hinter ihrem Gewimmel Gott nicht mehr erkennen konnte – ja, in der Vorstellung des Alltags bediente sich Gott des gleichen Mittels wie die Dämonen, der Zauberei! Papst Gregor der Große (590–604) riet den christlichen Missionaren, bei ihren Bekehrungsversuchen psychologisch geschickt vorzugehen. Sie sollten die Riten der alten Götter mit christlichen Inhalten allmählich füllen, um den Heiden nicht den Schock des Radikal-Neuen zu bereiten, sondern sie sachte auf den Weg des Christentums führen. Sie sollten gleichsam den alten Götzen den Kopf abschlagen und einen Christuskopf an seine Stelle setzen. Es scheint aber, als ob bei Religionen die Formen mitunter ebenso bedeutungsvoll sind wie ihr Inhalt, und so konnte es nicht ausbleiben, daß der einfühlsame Rat des Papstes Gregor in der Praxis darauf hinauslief, einen Kompromiß mit dem alten Heidenglauben zu schließen – eine Konsequenz, der ins Auge zu blicken sich jeder Kirchenfürst und Theologe natürlich standhaft weigerte.

So wurde das ganze Mittelalter hindurch weitergezaubert. Es ist nicht verwunderlich, daß das damalige geschlossene Weltbild den Wunsch aufkommen ließ, es auch schriftlich in ein System zu fassen, in eine „summa", die es vollständig, enzyklopädisch, lexikalisch, kompendienhaft darstellte. Das berühmteste Beispiel hierfür ist die „summa theologiae" des Thomas von Aquin. Aber da der heilige Thomas zu Hexerei und Zauberei nur wenig Grundsätzliches sagte, blieb das Bedürfnis eines Kompendiums auf diesem Gebiete unbefriedigt, bis zum Jahre 1487. Da erschien der „Malleus Maleficarum", der „Hexenhammer", verfaßt von Heinrich Institoris (auf deutsch: Krämer) und Jakob Sprenger, beides bestallte Inquisitoren zur Aufspürung der ketzerischen Verworfenheit. Dieses Buch ist dermaßen wichtig und einflußreich geworden, daß wir nicht umhin können, es an dieser Stelle gründlich vorzustellen und auch in seinen Einzelheiten einer genauen Erläuterung zu unterziehen.

Also: Ist die Behauptung, es gäbe Hexen, so gut katholisch, daß die hartnäckige Verteidigung des Gegenteils durchaus für ketzerisch gelten muß?

Die Verfasser bedienen sich bei der Erörterung des kunstvollen scholastischen Disputationsstiles, wie er auch die „summa theologiae" des Thomas von Aquin bestimmt: eine Frage wird aufgeworfen, dann wird sie in einem einseitigen Sinne, also entweder nur bejahend oder nur verneinend, mit einigen Argumenten beantwortet. Diese Antwort ist aber nur scheinbar, denn mit einem Gegenargument wird nunmehr gezeigt, daß eine tiefere Erörterung notwendig ist. Diese folgt dann, mündet in eine klare Antwort auf die Eingangsfrage, und am Ende werden die einseitigen Argumente des Anfanges Stück für Stück widerlegt. Die Autoren wollen darauf hinaus, daß es Hexen gibt. Also behaupten sie erst das Gegenteil: die Macht der Dämonen ist unvereinbar mit der Macht Gottes. Die Macht Gottes ist stärker als die des Teufels, also können auch die Geschöpfe und Werke Gottes nicht durch die Werke des Teufels verändert werden. Auch handeln die Dämonen nur scheinbar, nur durch künstliche Mittel. Dann aber können sie auch keine echten Wirkungen wie Gesundheit und Krankheit hervorrufen. Vielmehr müssen diese Wirkungen andere Ursachen haben, unabhängig von Dämonen und Hexen. Dem kann jedoch nicht so sein, da doch Thomas von Aquin sagt, die Behauptung, es gebe auf Erden keine Zauberei, sei ketzerisch. Denn die Bibel sagt, daß die Dämonen Macht haben über die Körperwelt und die Einbildung der Menschen, wenn es von Gott zugelassen wird. Das ist ein entscheidender Punkt: Gott ist zwar stärker als die Hexen, aber er erlaubt ihre Hexerei. Sie dürfen nur soviel tun, als sie ihre von Gott gesetzten Grenzen nicht überschreiten.

Deshalb reagierte der heilige Franz von Assisi, als ihn die Teufel überfielen, heiter und gelassen: tut mit meinem Körper ruhig alles, sagte er, was Gott euch erlaubt. Da waren die Teufel so verdattert, daß sie von ihrem quälerischen Vorhaben abließen. Der heilige Antonius als Eremit in der ägyptischen Wüste war wahrscheinlich nicht so unerschütterlich in diesem Glaubenssatz verankert, denn als ihn einmal die Dämonen überfielen und ihn mit Zähnen, Hörnern und Krallen zerfleischten, da brach ein plötzlicher Glanz aus, der die Dämonen sofort in die Flucht schlug.

Antonius, der von seinen vielen Wunden mit einem Schlage geheilt war, erkannte, daß Christus ihn so gerettet hatte und nun anwesend war und fragte ihn vorwurfsvoll: „Wo warst du, guter Jesus, wo warst du? Warum bist du nicht von Anfang an hier gewesen, um mir zu helfen und meine Wunden zu heilen?" Der Herr antwortete ihm: „Antonius, ich war dauernd hier, doch ich wollte erst deinen Kampf mit den Dämonen sehen. Jetzt aber, da du mannhaft gekämpft hast, will ich dich auf dem ganzen Erdkreis berühmt machen." Dies lehrt uns, daß die Versuchung durch die Dämonen nicht nur äußerlicher, sondern auch innerlicher Art ist. Der Mensch muß seinen freien Willen zum Guten anstrengen, ungeachtet der Tatsache, daß Gott stärker ist als die Dämonen. Warum aber quälen die Dämonen den Menschen? Sie haben eine Freude daran, die aber die einzige ist, die ihnen verbleibt, weil sie an ihrer ewigen Verdammnis nichts ändern kann. Also eine höchst verklemmte Freude, die den Schmerz über die Verdammnis nur für Augenblicke lindert.

Zurück zum Ausgangspunkt: für die Existenz der Dämonen spricht die Autorität der Heiligen, von denen wir Augustinus schon kennengelernt haben. Zu verurteilen ist die Auffassung, der Glaube an Hexen und Dämonen sei bloß eingebildet, denn das widerspricht der Lehre, daß Luzifer und seine Schar aus dem Himmel gestoßen und Dämonen geworden sind. Da diese aber Engel waren, mithin mit größerer Stärke als die Menschen begabt, und sie diese Stärke durch ihren Höllensturz nicht verloren haben, vielmehr nun im Bösen auf Erden anwenden, ist es klar, daß sie und ihre Handlungen kein bloßer Schein sind. Hierdurch erklärt sich auch, warum Augustinus ihnen einen Leib aus Luft zuerkennt, denn dieser ist trefflicher als der hinfällige Leib der Menschen und entspricht daher besser der Natur der Engel, die in der Vollendung zwischen den Menschen und Gott stehen.

Aber auch die heiligen Konzilien, die unmittelbar vom Heiligen Geist geleitet werden, haben einigen ihrer Sätze die Existenz der Dämonen zugrundegelegt, weshalb von ihrer Auffassung abzuweichen Ketzerei sein muß. So bestraft das Konzil von Braga (563) diejenigen mit der Exkommunikation, die behaupten, der Teufel habe nur deswegen, weil er in dieser Welt einige Geschöpfe geschaffen hat, auch die Macht, Blitz und Donner, Stürme, Dürreperioden und dergleichen Naturerscheinungen mehr hervorzurufen. Denn damit würde man dem Teufel schon fast eine ebenso große Macht zuschreiben wie Gott. Von dieser Auffassung aber ist es nur ein kleiner Schritt zu der erwähnten (Kap. 2) manichäischen Auffassung, daß der Teufel nicht seinen Ursprung in Gottes Schöpfung habe, sondern eine eigene, aus dem ursprünglichen Chaos aufgetauchte Kraft sei, der „Demiurg", der dann auch die Welt hätte erschaffen können. Warum aber hätte das Konzil von Braga diese Lehren über den Teufel verdammen sollen, wenn glaubensschwache Gemüter nicht aus dem

280

Umstand, daß er einige Geschöpfe geschaffen hat, so weitgehende Folgerungen gezogen hätten?

Hier ist auch der Ort, die Zukunftsschau anhand der Astrologie als Ketzerei zu brandmarken, eben weil die Astrologen glauben, daß die Sterne das Schicksal der Menschen bestimmten, nicht aber Gott. Cecco von Ascoli (um 1300) ging darin sogar so weit, das Horoskop Christi aufzustellen: bei seiner Geburt stand die Waage im zehnten Grad, deshalb mußte er gekreuzigt werden. Die Geburt fand in einem Stall statt, da der Steinbock im Erdwinkel stand. Christus war arm, weil der Skorpion im zweiten Grade war. Merkur aber stand in der neunten Abteilung des Himmels und verlieh Christus folglich tiefe Weisheit! Solche Konstruktionen rochen nach Ketzerei, und es war nur glücklichen Zufällen zu verdanken, daß Cecco von Ascoli nicht verbrannt wurde.

Deshalb hatte das Konzil von Braga verfügt: „Exkommuniziert soll sein, wer glaubt, daß die Seelen und Körper der Menschen durch schicksalbringende Sterne nach deren Willen gelenkt werden." Zwar ist hier auch ein vermittelnde Meinung denkbar: die Menschen hingen von den Sternen ab, aber die Sterne seien nur der Ausdruck von Gottes Wille. Vorschub leitet dieser Ansicht der Dichter Grillparzer, wenn er in seinem historischen Drama „Ein Bruderzwist in Habsburg" die Hauptfigur, Kaiser Rudolf II., sagen läßt: „Ich glaub' an Gott und nicht an jene Sterne, – doch jene Sterne, auch sie sind von Gott". Dies ist jedoch abzulehnen, nicht nur, weil es lediglich den verständlichen Wunsch des Dichters ausdrückt, den Kaiser vom Odium des Aberglaubens zu entlasten, sondern weil diese Auffassung nicht berücksichtigt, daß der Lauf der Sterne, sofern er das Schicksal des Menschen bestimmt, diesem nicht mehr den von Gott verliehenen freien Willen läßt. Ferner geht es grundsätzlich nicht an, toten Himmelskörpern in der göttlichen Hierarchie des Weltbaues eine wichtigere Stellung zuzuordnen als den Menschen. Denn für diese hat Christus sein Erlösungswerk begonnen, nicht aber für jene!

Wer aber dem Konzil von Braga eine verminderte Autorität zugestehen wollte, etwa daß es schon zu weit in der Vergangenheit liegt, der mag die kirchliche Bestätigung der Existenz des Zauberwesens aus der Bulle von Papst Innozenz VIII. vom 5. Dezember 1484 entnehmen, die, amtlich nach ihren Anfangsworten „summis desiderantes" zitiert, auch unter dem Namen „Hexenbulle" bekannt ist. Der Papst führt darin aus: „es ist uns nicht ohne Verdruß zu Ohren gekommen, daß in etlichen Gebieten (Deutschlands) ziemlich viele Personen beiderlei Geschlechts, des eigenen Heils vergessend und vom katholischen Glauben abweichend, mit männlichen und weiblichen Dämonen mißbräuchlich Verkehr pflegen; desgleichen, daß sie mit ihren Zaubersprüchen, Beschwörungsformeln und Verwünschungen sowie mit anderen gottlosen, abergläubischen und weissagerischen Ausschweifungen Untaten und Vergehen bewirken und verursachen." Das war die erste Bulle, die durch Druck verbreitet werden konnte, und man sieht daraus sehr deutlich, daß Druckwerke nicht nur der Aufklärung, sondern auch der Verdummung ihrer Leser dienen können.

Wem aber die Autorität weder der Kirchenväter noch der Konzilien noch des Papstes genügt, der höre auf den Beschluß der theologischen Fakultät einer der ehrwürdigsten Universitäten der Christenheit, der Pariser Sorbonne, aus dem Jahre 1398: nach diesem muß an die Wirklichkeit der Hexenkünste und dämonischen Machenschaften unbedingt geglaubt werden, wenn auch mit der Ausnahme, daß diese Zauberkünste niemals dazu führen können, sich dem göttlichen Wesen mehr als andere Menschen zu nähern, obwohl das viele Zauberer zur Verteidigung ihrer Tätigkeit behaupten.

Daß die Zauberei nicht auf eins der beiden menschlichen Geschlechter beschränkt ist, leuchtet ein. Jedoch tritt sie unter Frauen weitaus häufiger als unter Männern auf, so daß der Sinnspruch entstand, einen Ketzer zu verbrennen sei ebensoviel wie zehn Hexen zum Scheiterhaufen zu führen. Diese Geneigtheit besonders des weiblichen Geschlechts zu den Schändlichkeiten der Zauberei bedarf besonderer Begründung, zumal die Aufdeckung dieses Punktes sinnreichen Predigtstoff zur Auferbauung derjenigen Weiber bieten kann, die noch nicht ins Laster verfallen sind.

Zunächst das Zeugnis der Heiligen Schrift (Prediger 25): „Es ist kein schlimmeres Haupt über dem Zorne des Weibes. Mit einem Löwen oder Drachen zusammen zu sein wird nicht mehr frommen, als zu wohnen bei einem nichtsnutzigen Weibe." Dann der Kirchenvater Chrysostomus: „Es frommt nicht, zu heiraten. Was ist das Weib anders als die Feindin der Freundschaft, eine unentrinnbare Strafe, ein notwendiges Übel, eine natürliche Versuchung, ein erwünschtes Unglück, eine häusliche Gefahr, ein ergötzlicher Schade, ein Mangel der Natur, mit schöner Farbe gemalt?" Auch sind die Weiber leichtgläubiger als die Männer und daher den Fallstricken der Dämonen fast hilflos ausgeliefert, denn sie sind wegen der „Flüssigkeit ihrer Komplexion" leicht zu beeinflussen. Ihre Zunge ist schlüpfrig, und ihre Kraft ist gering. Deshalb gehen ihnen die Zaubersprüche leicht über die Lippen, und sie nützen verbotene Kunst, um sich heimlich zu rächen. Erwähnen wir auch, daß der Name „Eva", wie aus der Genesis bekannt, im Neuen Testament in „Ave" umgewandelt wurde, denn das bedeutet, daß der Segen Marias geeignet ist, das Böse vom Weibe hinwegzunehmen.

Die hohe Stellung der Gottesgebärerin in der christlichen Religion kann aber nicht die Erfahrungsregel verdrängen, daß das Weib minderen Verstandes ist als der Mann, denn es ist weitaus fleischlicher gesinnt als dieser. Schon die Erschaffung aus der krummen Rippe Adams zeigt

Eine Hexe buhlt mit dem Teufel. Ausschnitt aus einem Kupferstich von Albrecht Dürer.

dies an. Wenn nun gar die Gebärmutter des Weibes im Körper nach oben rutscht und auf Herz und Lunge drückt, wie es besonders bei Hexen geschieht, dann wird es so toll davon, daß seine Verstandeskräfte überhaupt nichts mehr vermögen. Infolge seiner geistigen Haltlosigkeit wechselt das Weib auch schneller von Haß zu Liebe und umgekehrt und kann daher, wiederum vorbehaltlich des Beispieles der heiligen Maria, auch keine Festigkeit im Glauben aufbringen. Dies erhellt sich schon aus der Analyse seines lateinischen Namens: femina, der sich zusammensetzt aus „fe" (= Glauben) und „mina" (= „minus", weniger)! Alles geschieht bei den Weibern aus unersättlicher fleischlicher Begierde, ihr Herz ist ein Netz, ihr Gesicht ein heißer Wind und die Stimme das Zischen der Schlange (sagte der gynophobe heilige Bernhard), ihre Arme sind Fesseln, mit denen sie behexen, was sie festhalten wollen mit der Hilfe des Teufels, mit dem sie sich zu schaffen machen eben wegen ihrer unersättlichen fleischlichen Begierde!

Damit, sprachen Sprenger – Institoris, „ist dem Verständigen hinreichende Klarheit geworden".

Es folgt die Untersuchung der Frage, welche Weiber vorzüglich Hexen sind.

Das sind diejenigen, in denen Ungläubigkeit, Ehrgeiz und Üppigkeit nisten, also Ehebrecherinnen, Huren und Konkubinen. Sie verlegen ihre Hexerei dann entsprechend auf die Störungen des Sexuallebens, wie es in der erwähnten „Hexenbulle" von Papst Innozenz VIII. näher ausgeführt wird: sie entflammen nach Belieben in den Herzen der Menschen außergewöhnliche Liebe sowie fleischliche Begehrlichkeit. Sie hemmen die Zeugungskraft und entfernen sogar die hierfür erforderlichen Glieder. Sprenger – Institoris berichten, daß die Hexen dazu ohne weiteres imstande wären, denn wenn sie ganze Menschen töten können, dann sind sie auch imstande, ein einzelnes Glied – hier also das sogenannte „männliche" – abzuzwacken. Es habe eine Hexe gegeben, die habe sich einen ganzen Stall von männlichen Gliedern gehalten und diese wie Hühnchen mit Körnern gefüttert. Eine andere wiederum habe ihre Jagdtrophäen in einem Nest aufbewahrt, und eines Tages kam ein Mann zu ihr, der sie um die Rückgabe seines Gliedes bat. „Schau' in das Nest dort auf dem Baum", erwiderte die Hexe, „und suche dir dort eines heraus." Als er mit einem zurückkam, nahm sie es ihm aber weg: „Das gebührt dir nicht, denn es ist zu groß für dich und gehört einem Weltgeistlichen."

Haben die Hexen die Zeugungskraft nicht gehemmt, hexen sie eine Frühgeburt herbei oder opfern die neugeborenen Kinder den Teufeln. Daß der Teufel über den Beischlaf der Menschen mehr Gewalt bekommen hat von Gott als über andere Lebensbereiche, erklärt sich daraus, daß durch den Zeugungsakt dem neu entstehenden Menschen die Schuld der Erbsünde vermittelt wird. Zwar ist nun die Ehe, die der gottgewollten Vermehrung des Menschengeschlechts dient, von Gott eingesetzt, doch erlaubt er mitunter den Dämonen, sich in ihren Ablauf einzumischen und die Gatten zur Erfüllung ihrer Fortpflanzungspflicht untauglich zu machen. Auch wenn zwei über die Maßen ineinander verliebt sind, muß man Hexenwerk dahinter vermuten, da übergroße Verliebtheit leicht dazu führt, den Glauben zu vergessen!

Wir haben nun an Beispielen aus der Intimsphäre (das ist zugegebenermaßen ein unmittelalterlicher Ausdruck) gesehen, wie massiv sich die Hexen in das menschliche Leben einmischen, und welch großen Schaden sie den Menschen zufügen können. Hierbei könnte nun gefragt werden, ob das nicht eher eine Angelegenheit für die weltlichen Gerichte wäre, sofern nämlich ein Schaden entsteht oder jemand zu Tode kommt. Dies ist nach der Auffassung, die sich bis zur Abfassung des „Hexenhammers" durchgesetzt hatte, falsch, denn jede Zauberei ist gleichzeitig Ketzerei. Sie setzt nämlich einen Pakt mit dem Teufel voraus, und in diesem Pakt liegt das Häretische. Ausgangspunkt ist Lukas 4,5 f: Als Jesus 40 Tage in der Wüste weilte und fastete, versuchte ihn der Teufel: er zeigte ihm in einem einzigen Augenblick alle Reiche der Erde und sagte ihm: „Ich gebe dir diese ganze Macht und all ihren Ruhm. Wenn du dich vor mir niederwirfst, wird all dies dir gehören." Der vorgeschlagene Vertrag also lautete: übermenschliche Macht gegen Unterwerfung. Wer immer zaubern will, kann dies nur durch einen Pakt mit dem Teufel, da die Zauberei menschliche Kraft übersteigt. Vorbild aus dem frühen Mittelalter für diese Vorstellung ist die Geschichte von Theophilus, der in Zilizien als Verwalter des Bischofs von Adana amtierte und von dessen Nachfolger entlassen wurde. Daher bat Theophilus einen jüdischen Zauberer um Rat, wie er die begehrte Stelle wiedererlangen könnte. Der Zauberer beschwor einen Teufel, dem Theophilus seine Seele verschrieb, dem Christentum absagte und dafür schon am nächsten Tag seinen Posten zurückbekam. Aber die Gewissensbisse peinigten ihn so sehr, daß er zur Madonna um Befreiung aus diesem Pakt flehte. Diese erhörte ihn auch und legte ihm in der Nacht, als er schlief, den – offensichtlich schriftlichen – Vertrag mit dem Teufel auf die Brust, so daß er ihn zerreißen konnte.

Zum Teufelspakt können noch zusätzliche Ketzereien kommen: wenn die Hexe neugeborene Kinder tötet, noch bevor sie getauft sind, dann werden die Kinder dem ewigen Heilsplan Gottes entzogen, da sie ohne Aufnahme in die kirchliche Gemeinschaft gestorben sind. Dieses Töten war für die Hexen höchst wichtig und wurde ihnen vom Teufel besonders eingeschärft, ja er schlug sie auch, wenn sie zu wenig Kinder umgebracht hatten. Denn Kinder, die ohne Taufe, in der Erbsünde verstrickt, starben, vergrößerten die Zahl der Verdammten am Jüngsten Tag. Bevor aber nicht eine Mindestzahl von Auserwählten beisammen war (neunmal soviel wie die Teufel), konnte der Jüngste Tag nicht anbrechen. Daher bedeutete das Töten von neugeborenen Kindern ein Hinausschieben des Jüngsten Gerichtes!

Demzufolge waren Hebammen der Ketzerei besonders verdächtig. Eine Hebamme gestand, 40 Kinder getötet zu haben, indem sie ihnen sofort nach der Geburt eine Nadel in die Fontanellen stieß. Eine andere wurde gefaßt, als sie auf dem Weg zum Fluß, wo sie einen Kinderleichnam hineinwerfen wollte, ein Ärmchen fallen ließ.

Wollte die Hexe durch Verfertigung von Wachsfiguren, die sie durchstach oder verstümmelte, denjenigen, dem die Wachsfigur gleichen sollte, verletzen oder töten, dann war auch dies Ketzerei: nicht wegen der magischen Vorstellungen, die diesem Zauber zugrundelagen, sondern weil die Wachsfigur erst getauft werden mußte, um tatsächlich einen Menschen darzustellen. Das aber verriet eine ketzerische Auffassung vom Sakrament der Taufe. Klar lag der Fall bei der Benützung von Hostien, mit denen die Zukunft ergründet werden sollte: nicht der Wille, in die Zukunft zu schauen, war die Ketzerei, sondern der Mißbrauch der Eucharistie.

Derlei Ansichten waren in der Kirche erst ganz allmählich „hoffähig" geworden und, so „typisch mittelalterlich" sie uns zunächst vorkommen mögen, erst am Ende des Mittelalters zur Anerkennung gelangt. Der „Hexenhammer" wäre in den Jahrhunderten der Ottonen, Salier und Staufer noch nicht denkbar gewesen. Zauberei galt zunächst als Relikt aus der Heidenzeit und wurde mit Exkommunikation bestraft, das war aber auch schon alles. Daß mit Anklagen wegen Hexerei Mißbrauch getrieben werden konnte, war der Kirche bewußt. Der Kanon „episcopi" (so benannt nach dem einleitenden Wort), eine Rechtsquelle der frühmittelalterlichen Kirche, überliefert vom Abt Regino von Prüm am Ende des 9. Jahrhunderts, hält die ganze Hexerei noch für Hirngespinst: „Wer nämlich wird nicht im Schlaf und in nächtlichen Visionen aus sich herausgeführt und sieht dann nicht vieles, das er im Wachen nie gesehen hatte? Wer ist so dumm und stumpf, daß er glaubt, das alles ereigne sich auch körperlich, was nur in seinem Geiste vor sich geht? Da doch der Prophet Ezechiel den Herrn nur im Geiste, nicht aber auch körperlich gesehen hat und der Apostel Johannes das göttliche Zeichen der Apokalypse im Geiste und nicht tatsächlich gesehen und gehört hat?" Gregor VII. forderte im 11. Jahrhundert den König von Dänemark auf, die Unwetter und Seuchen, die sein Land heimsuchten, ja nicht hexenden Frauen zuzuschreiben und viele Unschuldige hinzurichten.

Auch die Einrichtung der ständigen Inquisition brachte noch nicht die Ausdehnung der Ketzerverfolgung auf die Zauberei mit sich, obwohl doch Behörden dazu neigen, ihre Unentbehrlichkeit durch immer neue selbstgefundene Aufgaben zu unterstreichen! Hexerei war eben, anders als Albigenser, Waldenser, Fraticellen etc., keine Gefahr für den Bestand der Kirche, mochte das Volk auch abergläubisch sein und finsteren Wahnvorstellungen anhängen. Wer zaubert, gründet wenigstens keine kirchenfeindliche Sekte. Die hohen Kleriker waren erhaben über den verklemmten Unfug, wie er vom „Hexenhammer" geboten wurde. Hexer und Hexen galten als Leute meist inkompetenter Intelligenz.

Hexe beim Entfesseln eines Sturmes. Holzschnitt aus der „Historia de Gentibus Septentrionalibus" von Olaus Magnus aus dem Jahre 1555.

Aber das waren nur ganz allgemeine Gesichtspunkte. Stieg der Hexenglaube im Volk, dann mußte die Inquisition auf ihn reagieren, da sie schon einmal die Kontrolle über das Denken der Christenheit übernommen hatte. Das dumme Volk konnte zwischen dem übernatürlichen Wirken von Gottes Gnade und Zauberei von Teufels Gnaden nicht genügend unterscheiden, daher hatte schon Papst Alexander III. im Jahre 1181 das Recht der Heiligsprechung ausschließlich der Kurie vorbehalten müssen mit der Begründung, sonst würden am Ende noch Zauberer zu Heiligen gemacht. In der Bulle „ad exstirpanda" (1252, siehe Kap. 2) erkannte Papst Innozenz IV. an, daß Zauberei vor die weltlichen Gerichte gehöre (wenn sie Schaden an Personen oder Sachen anrichtet), und befahl daher den weltlichen Fürsten, die Ketzer ebenso zu bannen, also aus der weltlichen Rechtsgemeinschaft auszuschließen, als ob sie Zauberer wären. Das war noch keine Gleichsetzung beider, sondern nahm nur Bezug auf die weltliche Gesetzgebung für Zauberer. 1257 nun wurde Papst Alexander IV. vom Heiligen Offizium gefragt, ob auch die Zauberei unter seine Zuständigkeit falle. Alexander bezeichnete in seiner Antwort Zauberei als Nebensache, die nur dann zu verfolgen sei, sofern sie auch eine Ketzerei enthalte. Hier war den klerikalen Juristen eine delikate Frage aufgegeben worden, die sie vor dem Aufkommen der Gleichung Zauberei = Ketzerei (siehe oben) von Fall zu Fall zu entscheiden hatten, und die sie nach dem Prinzip entschieden, „im Zweifel liegt Ketzerei vor." Es fand also eine allmähliche Kompetenzerweiterung statt, die politisch nicht hätte sein müssen und daher einige Generationen brauchte, um sich zu verfestigen.

1316 trat Papst Johannes XXII. sein Pontifikat an. Da er an Magie und Zauberei zwanghaft glaubte, konnte die geistige Gesamtlage der Christenheit nur noch schlimmer werden. Er hatte anscheinend den Kanon „episcopi" nicht gelesen. Sein Aufstieg zum Papst war nicht ohne Ungerechtigkeit gewesen, daher hatte er eine kräftige Verfolgungsangst und setzte die in Geisterglauben um. Auf der Folter mußte ein Barbier gestehen, eine Wachsfigur geformt zu haben, in der Absicht, den Papst durch sie zu töten und deshalb Teufel gerufen zu haben; überhaupt könne er, der Barbier, Dämonen in einen Ring einschließen und so die Zukunft erfahren. Das genügte für seine Hinrichtung. An die christlichen Fürsten des Orients versandte Johannes XXII. Mahnschreiben, um ihnen die Vernichtung der Zauberei ans Herz zu legen, denn er vermutete den Ursprung der Zauberei im geheimnisumwobenen Morgenlande. Er bildete sich ein, daß die Seuche der Magie in der Christenheit immer mehr überhand nehme, befahl die Verbrennung aller zauberischen Bücher und ermächtigte die Inquisition, gegen Zauberer ebenso vorzugehen wie gegen Ketzer. Das ließ sich hören; weniger vorteilhaft war, daß Johannes XXII. schließlich in eine Art Kontrollwahn verfiel und den Inquisitoren daher einerseits befahl, alle schwebenden Verfahren bezüglich Zauberei so schnell wie möglich abzuschließen und die Akten dann versiegelt an seine Residenz nach Avignon zu schicken; andererseits aber, keine neuen Verfahren mehr einzuleiten. Vielleicht wollte er die Fälle von Zauberei in der Zuständigkeit zentralisieren und an seinen Hof ziehen? Er konnte dieses sein Lieblingsthema nicht mehr weiterverfolgen, denn 1334 starb er.

Doch damit war es nicht in den Hintergrund gedrängt. Verschiedene „causes célèbres" der folgenden Jahrzehnte, in die hohe Persönlichkeiten an den Fürstenhöfen verwickelt waren, zeugten von der Vorliebe des 14. Jahrhunderts für ein bunt gefächertes Zauberwesen. König Wenzel, der mißratene Sohn Karls IV., von Gottes Gnaden und nicht durch eigenen Verdienst Kaiser des Heiligen Römischen Reiches, hatte vom Herzog von Bayern einen Hofzauberer namens Zyto geschenkt bekommen, der in seiner Zunft sehr tüchtig war: ein Kollege zauberte vor dem Kaiser, und Zyto sah ihm gemütlich zu. Dann verschlang er den Kollegen bis auf seine Stiefel, die er sofort wieder ausspie, denn sie waren schmutzig. Den ganzen Kerl spuckte er anschließend in ein Wasserglas, dem der Gefoppte triefend entstieg. Wenn der Kaiser, der ein großer Feierer vor dem Herrn war, Gäste hatte, bat Zyto sie, zum Fenster hinauszuschauen, hexte ihnen Hirschgeweihe an die Stirn, so daß sie sich nicht mehr zurückziehen konnten, und futterte währenddessen weg, was sie auf der Tafel hatten stehen lassen. Der Kaiser, mittlerweile, wie bei ihm durchaus üblich, schon voll des süßen Weines, muß dazu maßlos gelacht haben, daß es durch die nächtlichen Gänge der Prager Burg hallte, und noch mehr, als er eines Tages erfuhr, daß Zyto vom Teufel geholt worden war.

Wenn der Kaiser selbst derart mit dem Entsetzen Scherz trieb – welche wilden Phantasmen müssen dann erst die Gemüter des nichtaristokratischen Volkes geritten haben! Die Atmosphäre wurde immer schwüler, immer bereiter zur Aufnahme des wirrsten Hexenwahns. Die große Pest um die Mitte des Jahrhunderts förderte diese Welle nur noch, da man die Epidemie auch den bösartigen Zaubereien der Juden zuschrieb. Papst Eugen IV. leistete Innozenz VIII. wichtige Vorarbeit, indem er in zwei Bullen von 1437 und von 1445 die Inquisitoren zu eifrigster Verfolgung der Zauberei anhielt, wozu er ein summarisches Verfahren für erforderlich erklärte. Der dämonologische Hintergrund dieser Bullen ist schon fast vollständig derjenige, wie er im „Hexenhammer" gegen Ende des Jahrhunderts auftaucht.

Regino von Prüm und seine zitierten nüchternen Worte waren inzwischen weginterpretiert worden. Dies hatte 1458 der französische Inquisitor Jacquier durch die Theorie besorgt, die Hexen von damals und die des 15. Jahrhunderts seien von ganz verschiedenem Schlage. Es sei um 1400 eine neue Sekte von Hexen entstanden, und die sei zur wirklichen Durchführung von Zaubereien befähigt. Dafür spreche die Erfahrung, die er in seiner Praxis gesammelt habe. Sprenger – Institoris können nicht anders, als ihm in diesem heiklen Punkt zu sekundieren: einerseits könne die Hexe auch nur geistig mit dem Teufel Orgien treiben, ohne aus ihrem Ehebett aufzustehen: sie lege sich auf die linke Seite, rufe den Teufel an, gebe daraufhin einen weißen Rauch von sich und sehe in diesem den Hexensabbat (dämonologischer Fachausdruck; siehe weiter unten!). Andererseits habe sie aber auch die Fähigkeit, das Ehebett zu verlassen, ohne daß ihr Mann es bemerke, ein Hilfsteufel nehme während ihrer Abwesenheit eben ihre Gestalt an. Also ist die Hexe nicht an zwei Orten zugleich: das können nach Thomas von Aquin ja nicht einmal die Engel (logisch: denn sie sind der unendlichen Natur Gottes nicht teilhaftig). Da wir nun also wissen, daß das Abendland von einer neuen „Sekte" heimgesucht wird, die mit dem Teufel in direktem Vertragsverhältnis steht und eo ipso beabsichtigt, das ganze Abendland dem Bösen auszuliefern, wollen wir den kriminellen bzw. häretischen Werdegang, wie ihn ein solches Sektenmitglied, vulgo Hexe, aufweist, einmal beispielhaft betrachten:

Am Anfang steht der Pakt mit dem Teufel. Dieser, der im Alten Testament und auch in den Evangelien ein ziemlich kümmerliches Leben geführt hatte, war in der mittelalterlichen Theologie immer mehr aufgewertet worden, bis man ihn im 15. Jahrhundert schließlich hinter allen Ecken hervorlugen sah und sich daran gewöhnte, ihn als ungeheuerlichen Gast im alltäglichen Leben zu akzeptieren. Das Wort „Teufel" ist nicht deutsch, sondern leitet sich von dem griechischen „diabolus" = „Verleumder" her, womit seine Stellung zu Gottes Schöpfung umrissen werden soll: er ist mit anderen Worten, „der Geist, der stets verneint". Daneben hat er noch eine Reihe weiterer Namen: „Beelzebub", d. h. „der Herr der Fliegen", denn die Fliegen galten in ihren Schwärmen als ein Abbild des fliegenden Dämonenheeres. Daher hatte der Hl. Bernhard, als eines der von ihm gegründeten Klöster unter einer großen Fliegenplage litt, verkündet: „Die exkommuniziere ich alle!" – und am nächsten Morgen lagen alle Fliegen tot herum. Der Teufel heißt auch „Belial", auf hebräisch: „der Verderber", oder „Satanas", auf hebräisch „der Widersacher". Da er ursprünglich der Lichtengel Luzifer war, der bei seinem Sturz im Anbeginn der Zeiten viele andere Engel mit sich in die Tiefe gezogen hat, befehligt er eine ganze Armee von Unterteufeln, über deren Anzahl allerdings die Meinungen der Autoritäten ziemlich auseinandergingen. Nur soviel stand fest: es war ein Zehntel der himmlischen Heerscharen. Luther, der die Judenschaft in unmittelbarer Nachbarschaft Luzifers ansiedelte, warf ihr vor: „Sie beten an 216000 Teufel". Aber es muß noch weitaus mehr gegeben haben, denn in Ingolstadt lebte im Jahre 1584 eine einzelne Jungfrau, die war allein von 12652 Teufeln besessen.

Um den Vertragspartner der Hexe noch genauer kennenzulernen, müssen wir nun fragen, wie er aussah. Er erschien teils in Tier-, teils in Menschengestalt. Als Tier war er besonders gern ein schwarzer Kater, was die Gegner der Katharer im 13. Jahrhundert dazu veranlaßt hatte, deren Namen von „Kater" herzuleiten. Aber er konnte auch als Pferd, Hund, Bär, Affe, Kröte, Rabe, Frosch oder Geier erscheinen. Über die Erscheinungsform als Schlange, aus der Genesis wohlbekannt, erreichen wir den Drachen, beide Tiere auch auslegbar als die altgermanische Midgardschlange, die Tochter der Riesen, die ihren Leib um die ganze Erde geringelt hat, und als den leichenfressenden Drachen Nidhögg aus der „Völuspa", sowie ganz allgemein als das bösartige mythische Gewürm. Die Schlange ist böse, weil sie auf der Erde entlangkriecht und deshalb mit den unreinen, unchristlichen magischen Kräften der Erde in enger Verbindung steht. Kein Wunder, daß Hexen, die von Dämonen beschlafen werden, auch Schlangen zur Welt bringen können.

Als Menschen standen dem Teufel alle nur denkbaren Gestalten zu Gebote, vom häßlichen fleischlosen Alten, der eiskalt anzufühlen war,

Hexe buhlt mit dem Teufel.
Spätmittelalterlicher Holz-
schnitt.

bis zum schönen Jüngling und schneidigen Landsknecht, etwa wenn es
darum ging, eine junge Hexe zu verführen und dadurch zum „Vertragsabschluß" zu bringen. Ein Inquisitionsprotokoll von 1698 beschreibt ihn
„in einem bunten Sammetrock von weißen, roten und schwarzen Streif-
lein, mit grauen Strümpfen, schwarzem, an beiden Seiten aufgeschlage-
nen Hut mit einem großen seidenen Band". Oft, aber nicht immer, hat er
einen Bocksfuß und muß daher hinken, wenn er nicht gar einen zottigen
Bocksschwanz trägt. Der Teufel als Bock (manchmal nur mit drei Füßen),
das ist eine Spur der Dämonisierung, die die Kirche den altheidnischen
Gottheiten zuteil werden ließ, denn der Bock war das dem Donar heilige
Opfertier. Deshalb gibt es auch Sagen, in denen der Teufel nicht selbst
Bock ist, sondern einen Bock als Opfer verlangt. Außerdem hinkt er, seit
er vom Himmel herabgefallen ist! Seine Gestalt ist – darauf weist der
Bocksfuß hin – auch als zwischen Mensch und Tier vermischt vorstellbar,
etwa wie ein Faun oder Satyr, die antiken Waldgeister, die musikalisch

sind und ihre Menschlichkeit auch dadurch unter Beweis stellen, daß sie hinter hübschen Nymphen her sind. Nach der Bulle „vox in Roma" von Papst Gregor IX. aus dem Jahre 1233 ist er oberhalb der Hüften glänzender und strahlender als die Sonne, unterhalb rauh wie ein Kater. Da er oftmals als Baumeister auftritt (ein Beispiel für viele: bei der Steinernen Brücke in Regensburg) und seine Hölle als „rußig" bezeichnet wird, liegen in seiner Gestalt auch Anklänge an den griechischen Hephaistos vor, der ebenfalls kunstfertig war und von Zeus aus dem Olymp herausgeworfen wurde. Auch Wieland der Schmied, der hinkte und konstruierte, fallen uns ein und mit ihm die Riesen, die Wotans Burg Walhall bauten.

Der Teufel ist also ein Konglomerat aus allen möglichen religiösen Vorstellungswelten, und bevor er sich als „böses Prinzip" in die Abstraktion verflüchtigte, feierte er im Zeitalter der Hexen ausgelassene Orgien auch in der Volksphantasie. Manchmal trat der Satan auch als Lattichblatt auf, denn als eine Nonne es sich einmal aus dem Klostergarten gepflückt und verzehrt hatte, da fuhr er in sie und gab ihr sündhafte Raserei ein, bis der heilige Equitius ihn zwang, wiederum zur Hölle zu fahren. Zur Vervollständigung sei noch erwähnt, daß auch ein Weib der Teufel selbst sein kann, wie wir aus Wilhelm Buschs Bildergeschichte vom heiligen Antonius von Padua wissen und auch von Sprenger − Institoris. In solchen Fällen hilft geweihtes Salz.

Kurz und gut, da der Teufel nächst Gott der stärkste auf der Welt und der Meister des gesamten Hexenspiels ist, mußten wir ihn so ausführlich vorstellen.

Wie hat nun eine Hexe auszusehen? Das glaubt jeder zu wissen, der das Märchen „Hänsel und Gretel" kennt: alt, gebückt, mit vernachlässigter Kleidung, wie sie eine Kätnerin im abgelegenen Walde tragen mag, Hakennase, Warze darauf, kurzsichtige Augen, die rot sind und triefen − also ein Ausbund der Häßlichkeit. Doch diese Alte ist schon ein besonderer Typus ihrer Gattung, nach dem Prinzip größtmöglicher Abstoßung erfunden. Wenn das Böse so auftritt wie bei „Hänsel und Gretel", dann erkennt man es sofort. So dumm ist aber auch der Teufel nicht, daß er seine Truppe schon von weitem erkennen läßt (Exkurs: warum sind wir so schnell mit dem Ausdruck „dummer Teufel" bei der Hand? Weil die germanischen Riesen als dumm galten und der Teufel Charakterzüge von ihnen geborgt hat, siehe oben!). Daher können alle möglichen weiblichen Wesen Hexen sein: die kleinen Mädchen, wenn sie von der bösen Hebamme nicht schon bei der Geburt gemeuchelt, sondern dem Teufel verschrieben worden sind, woraus folgt, daß auch schon eine Achtjährige höllischen Zauber verüben kann; Jungfrauen, die nur noch den Menschen jungfräulich erscheinen, obwohl sie in Buhlschaft mit dem Teufel leben, denn der Teufel versteht die Kunst, sie als unberührt zu präsentieren; Ehefrauen, denen ihre Männer niemals zutrauen würden, daß sie es mit der Unterwelt haben, da sie nachweisbar jede Nacht im Ehebett geschlafen haben. Aber auch das ist nichts als Blendwerk, denn wenn der Ehemann sich seinem Weibe nahen wollte, dann hatte die Hexe hierfür einen Hilfsteufel, der ihre Stelle vertrat. Oder sie zauberte einen Scheinleib ins Bett, der alle täuschte, solange sie ihn nicht berührten. Wer aber nähertrat und die „Schlafende" rütteln wollte, der erkannte, daß nur ein Besenstiel dalag oder ein Haufen Stroh, von menschlicher Haut überzogen.

Es ist aber trotzdem möglich, sie zu erkennen: oft haben sie noch eine dritte Brustwarze, um den Teufel säugen zu können, der ihnen zur Unterstützung beigegeben ist, oder das Ungeheuer, das sie einem Teufel geboren haben. Jedenfalls aber haben sie irgendwo am Körper ein sogenanntes „Hexenmal". Dies ist ein beliebiges Zeichen, das ihnen der Teufel zum Beweis ihres Bundes aufgedrückt hat, und man erkennt es daran, daß die Betreffende an dieser Stelle vollständig schmerzunempfindlich ist. Man muß sie nur überall mit langen Nadeln stechen, um es herauszufinden. Ein jedes Muttermal kann ein Hexenzeichen sein. Oder der Teufel nimmt ein Geldstück und zeichnet damit in den Stern des linken Auges eine Kröte ein, doch hat dieses Zeichen den Nachteil, daß es nur andere Teufelsbündler sehen können.

Auch dürfen die Hexen den Namen Christi und Mariä nicht mehr nennen. Um auch einmal einen männlichen „Zunftgenossen" zu erwähnen: ein Hirtenjunge hatte dem Teufel gelobt, das Johannesevangelium nicht mehr herzusagen. Er konnte sich der Hölle nur dadurch wieder entziehen, daß er es eines Tages pfiff! (Der Exkurs sei erlaubt, daß das an Richard Strauß erinnert, der Hugo von Hofmannsthal schrieb, er komponiere den Rosenkavalier „mit Haut und Haaren".)

Um systematisch fortzufahren, müssen wir nunmehr fragen, durch welche Mittel der Teufel die Hexen zum Vertragsabschluß bringt. Hierbei ist einmal auf die Befriedigung der Lust zu verweisen, die er besonders jungen Hexen verspricht, zum anderen auf die Stillung aller anderen bösen Triebe, die die Menschen überkommen können. Darunter zählt der Wille, dem Nächsten zu schaden, und ganz besonders die Habgier: wer eine Münze aufnimmt, die sich verdoppelt, sobald er sie ausgegeben hat, der hüte sich, denn hat sie erst einmal den Wert eines Talers erreicht, steht ihm der Besuch des Bösen ins Haus. Der Teufel verspricht auch Wohlstand und Reichtum im Überfluß, aber unter den abgeurteilten Hexen war keine einzige, der der Teufelspakt wirklich derlei eingebracht hätte. Dies erklärt sich daraus, daß der Teufel ein „Schalk" ist, wie eine überführte Hexe zu Protokoll brachte, d. h. ein Betrüger, der grundsätzlich nicht mehr ausgibt als er unbedingt muß, und der oft nur durch seine zauberischen Fähigkeiten wertlosen Plunder glänzend erscheinen

Hexe trägt ihren Haus-
teufel auf den Schul-
tern. Ausschnitt aus ei-
nem Holzschnitt von
Hans Burgkmair, um
1512.

läßt. In vielen Märchen und Sagen drückt er den Hexen ein Goldstück in die Hand, aber nach einiger Zeit erweist es sich als Kot und Unrat. Auch macht er sich die Traurigkeit mancher Mädchen zunutze, die von ihrem Liebhaber verlassen worden sind, und befähigt sie dann natürlich zum Impotenzzauber. So ging es der Geliebten eines Grafen, der sie verließ, ein adeliges Fräulein heiratete, aber drei Jahre lang nicht imstande war, die Ehe zu vollziehen. Da traf er eines Tages seine „Verflossene", und im Gespräch verheimlichte er sein eheliches Unglück. Die wurde ganz traurig, als er ihr vorlog, ihm seien inzwischen drei Knaben geboren worden, und sagte: „Verflucht sei die Vettel, die mir versprach, Euch verhexen zu wollen! Im Brunnen eures Schloßhofes liegt nämlich ein Topf, der ist mit allerlei Hexenmitteln gefüllt und soll bewirken, daß Ihr impotent seid!" Der Graf, nach Hause zurückgekehrt, ließ den Topf aus dem Brunnen emporheben und verbrennen. Danach war er wieder vollständig hergestellt.

Manchmal – aber das sind die seltenen Fälle – sucht ein Teufel ein Weib nur auf, um seine Lust an ihm zu kühlen. Um ihn dann wieder abzuschütteln, bedarf es ganz besonderer Vorkehrungen, die wir aus einer Legende um den heiligen Bernhard erfahren. Mit Interesse werden wir dabei vermerken, daß auch ein Heiliger nicht ohne sexuelle Attribute auszukommen scheint: In Aquitanien lebte eine Frau, die schon sechs Jahre lang von einem Dämon heimgesucht wurde, der sie mit seiner unersättlichen Begierde quälte. Als der heilige Bernhard in jene Gegend kam, drohte ihr der Dämon ganz fürchterlich, sich nicht an den Gottesmann zu wenden; sie tat es aber doch und flehte ihn um Hilfe an. Bernhard sagte ihr: „Nimm diesen meinen Stab, leg ihn in dein Bett, und dann soll der Dämon zeigen, was er noch kann." Da konnte der Dämon aber nur noch schreckliche Rachedrohungen gegen die Frau ausstoßen und verschwinden. Und St. Bernhard rief daraufhin eine Menge von Leuten zusammen, ließ Kerzen anzünden, verfluchte den Dämon feierlich und verbot ihm, jemals wieder die Kammer dieser Frau zu betreten. So befreite er sie und zog, von allen beglückwünscht, von dannen.

Nun kommt es also zum Vertragsabschluß. Der kann mündlich oder schriftlich erfolgen, eine feste Form ist dabei nicht vorgeschrieben. Schriftlichkeit setzte sich allerdings durch, je mehr die römischen Rechtsregeln auch nördlich der Alpen Fuß faßten, je schriftlicher also der gesamte Rechtsverkehr wurde. Auch weitere Modalitäten sind zur metaphysischen Rechtswirksamkeit des Paktes nicht unbedingt erforderlich, etwa, daß er mit Blut geschrieben sein muß oder daß sein Wirksamwerden von der aufschiebenden Bedingung abhängig gemacht wird, daß einer der beiden Kontrahenten erst einmal eine handfeste Gräßlichkeit begeht o. ä.

Der Vertragsinhalt ist klar: die Hexe soll wachen, daß das Böse in der

Welt Macht gewinne, und wird darin vom Teufel nach Kräften unterstützt. Dafür gehört ihm ihre Seele als Vorgriff auf das Jüngste Gericht.
Ferner ist sie berechtigt, aber auch verpflichtet, am Hexensabbat teilzunehmen.

Dieses höchste Fest der Hexenheit findet vorzugsweise in der Walpurgisnacht statt, der Nacht des 1. Mai. Das Datum ist noch aus der Heidenzeit her heilig, es kommen aber auch christliche Feste für den Hexensabbat infrage, nämlich Ostern und Pfingsten, denn der Teufel will auf diese
Weise das Heilsgeschehen pervertieren. Orte zum Feiern gibt es sehr
viele; in germanischen Ländern sind es oft die Plätze, an denen in heidnischen Zeiten Opfer dargebracht wurden oder wo Gericht gehalten wurde: die Hexen treffen sich daher oft an der Richtstätte und tanzen um den
Galgen. Der Spielmann, zu dessen Musik sie tanzen, sitzt im Geäst eines
Baumes, der ehemals für heilig gegolten haben mag. Der Versammlungsort der italienischen Hexen ist daher unter anderem ein Eichbaum
bei Benevent, ein Heiligtum der Langobarden, die es mit ihrem offiziellen Christentum wohl nicht so genau genommen haben.

Meistens aber versammeln sich die Hexen auf Bergeshöhen, in Italien
auf dem Monte Tonale bei Brescia, in Frankreich auf dem Puy de Dôme
im massif central, dem tatsächlich gespenstisch aussehenen Vulkanberg
inmitten einer wahren Mondlandschaft, in England (wo der Hexenwahn
bei weitem nicht so verbreitet war wie auf dem Kontinent) auf den walisi-
schen Bergen. In Deutschland ist der berühmteste Versammlungsort der
Brocken oder Blocksberg im Harz, auf den auch Faust und Mephisto reiten. Dann der Huyberg bei Halberstadt, der Hörselberg bei Eisenach, in
dem Frau Venus, einst der Inbegriff der Schönheit, nunmehr zum Dämon
geworden, auf ihre Freier lauert und konsequenterweise versinken muß,
wenn Tannhäuser ihr zuruft: „Mein Heil ruht in Maria!" Der Inselberg
bei Schmalkalden, der Bechtelsberg beim hessischen Ottrau, der Köter-
berg bei Corvey, der Weckingsstein bei Minden, der ganze Schwarz-
wald, der Kandel im Breisgau, der Heuberg bei Balingen, der Kreiden-
berg bei Würzburg, der Staffelstein bei Bamberg ... „nun ist die Luft von
solchem Spuk so voll, daß niemand weiß, wie er ihn meiden soll".

Denn die Hexen fahren dorthin nicht im Wagen und gehen auch nicht
zu Fuß, sondern sie reiten durch die Luft. Oft auf einem Besen oder einer
Ofengabel, vielleicht auch auf einem Zaunpfahl, jedenfalls aber auf einem phallischen Symbol, denn sie sind ja in der Hoffnung auf eine Orgie
aufgebrochen. Mit dem Zaunpfahl hängt möglicherweise das Wort „Hexe" zusammen, denn seine althochdeutsche Form „hagazussa" gemahnt
an „hag" = Zaun. Der Zaunpfahl ist aber nicht nur als Phallus zu sehen,
sondern auch als ein Zeichen der Emanzipation, denn da der Zaun ums
Haus die Einschließung der Frau in ihren vier Wänden bedeutet, natürlich durch den männlichen Haustyrannen, der über sie so gehässig denkt

Hexen in Tiergestalt beim Flug auf der Ofengabel. Spätmittelalterlicher Holzschnitt.

wie Sprenger – Institoris, bedeutet seine Zerbrechung einen Akt der weiblichen Befreiung! Der Hexensabbat, verstanden auch als eine Orgie der Gedanken, die die Gesellschaft der Frau verbietet! Schon die Göttin Freia ritt auf einem Eber, dessen Borsten glühten, nächtlich durch die

Luft, und ihre weniger populäre Schwester Hyndla auf einem Wolf nach Walhall. Erwähnen wir noch Wotans heiliges achtbeiniges Roß, auf dem er schneller als für Menschen vorstellbar den Himmel durchmißt, dann sehen wir auch hier wieder, daß der Hexenritt eine der honorigen heidnischen Vorstellungen ist, die erst durch das Christentum in Perversion umgebogen worden ist. Die Hexe braucht nämlich nicht unbedingt einen Quasi-Phallus oder eine emanzipatorische Zaunlatte, ein Schwarzer Kater oder ein Bock tun es auch, vielleicht Teufel in Tiergestalt, die der Hexe dienen. Bei Grimmelshausen taucht gar eine Ofenbank als mögliches Luftschiff auf – das ist nur noch grotesk und weder volkskundlich noch tiefenpsychologisch deutbar. Auch das Gräßliche hat hierbei seinen Platz, denn das Zaumzeug für die Böcke oder Kater gewinnt man von einem Toten, dem man die Haut vom Rücken und vom Kopf abzieht. Der Rücken wird der Zügel, die Kopfhaut das Kopfgeschirr, und das Zungenbein dient als Kandare.

Die Befähigung zum Fliegen verschafft die „Hexensalbe", ein abenteuerliches Gemisch und eine Parodie auf die (wiederum schon altgermanisch vorhandenen) botanischen und medizinischen Kenntnisse und Künste der „Kräuterhexe". Zur Herstellung dieser hochwichtigen Salbe gibt es verschiedene Rezepte: Knochenfett neugeborener Kinder, die vor der Taufe umgebracht worden sind, gemischt mit Nachtschattengewächsen, Schierling, Bilsenkraut etc. Oder auch: man füttere eine Kröte mit einer Hostie und verbrenne die Kröte dann. Die Asche mische man mit dem Blut eines ungetauften Kindes, verschiedenen Kräutern und dem Knochenmehl eines Gehenkten bzw. Lungenstücken eines toten Juden oder der zerstoßenen Zunge eines Tataren. Diese Mixturen enthalten neben den magischen Beigaben Giftpflanzen, die eine narkotisierende Wirkung ausüben, nur wenn man sie auf die Stirnhaut streicht. Der Volkskundler Will-Erich Peuckert hat nach einem Rezept von 1568 mit solcher „Hexensalbe" einen Selbstversuch unternommen und daraufhin die prächtigsten Halluzinationen vom Hexensabbat gehabt – woraus man schließen kann, daß auch manche der „Hexen" das zu Protokoll gegeben haben, was sie in ihrem Rausch zu sehen und zu erleben meinten, ohne nachträglich zwischen Traum und Wirklichkeit unterscheiden zu können.

Die Hexe reibt sich mit ihrer Salbe unter den Achseln ein und spricht: „Oben hinaus und nirgends an!" und fort geht es mit dem Reittier oder der Ofengabel, durch den Schornstein, Ritzen in der Wand oder durchs Schlüsselloch, also immer auf einem Weg, auf dem ein normaler Mensch niemals das Haus verläßt. Es hilft ihr beim Fliegen sehr, daß sie ein besonders geringes Körpergewicht hat. Daher kann man eine Hexe beim Wiegen erkennen, und in manchen Städten Deutschlands sind „Hexenwaagen" ausgestellt, die demjenigen, der ihre Dienste in Anspruch nimmt, ein Zertifikat über sein Gewicht ausstellen. Kann er das vor der Inquisition vorweisen, ist es als ein gewichtiges Indiz seiner Schuldlosigkeit zu betrachten.

Alle fliegenden Unholdinnen treffen sich auf dem vorbestimmten Platz. Stören wir uns nicht daran, daß außer den geständigen Hexen noch nie jemand an einem Hexensabbat teilgenommen hat und die Zeugnisse darüber folglich nicht nachprüfbar sind. Es ist nicht einmal sicher, ob in früheren Jahrhunderten abergläubische Weiber tatsächlich zusammenkamen und sich gemeinsam in ihr Brimborium hineinsteigerten; doch ist zu unterstellen, daß, wenn ein ahnungsloser Wandersmann des Nachts wirklich einmal an einer Teufelsorgie vorbeikam, er nicht mehr Zeugnis geben konnte, weil er die Rache der Hexen nicht überlebte. So ging es im Jahre 1450 dem Inquisitor von Como, dem Podestá von Concorezzo und dem Notar von Fossato, als sie sich zum Hexentanzplatz bei Mendrisio begaben: der Teufel bemerkte sie wohl, ließ aber weiterfeiern, und als die drei Herren sich beeindruckt auf den Heimweg machten, da hetzte er

Darstellung des berüchtigten „obszönen Kusses" auf den Hintern des Teufels im „Compendium Maleficarum".

ihnen seine Dämonen hinterher. Die Menschen wurden derart zusammengeschlagen, daß sie zwei Wochen später starben.

Der Teufel präsidiert der Versammlung in Bocksgestalt, mit einem strahlenden Horn auf der Stirn, das den Platz erleuchtet. Alle erschienenen Hexen müssen ihm huldigen, indem sie ihm den Hintern küssen und dies durch ein Ablassen von Winden quittiert bekommen. Das ist die Perversion des christlichen Bruderkusses sowie des Wortes vom „Atem Gottes". Ganz im Sinne der Perversion geht es dann mit der „Schwarzen Messe" weiter, wobei Satan in einem schwarzen Rock eine schwarze Rübenscheibe als Hostie nimmt, immer mit dem Rücken zum Altar. Die Konsekration geschieht, wenn der Teufel die Rübe hochhält und alle Hexen schreien: „Meister, hilf uns!" Vor der Einnahme der Hostie und des Meßweins (der Teufel ist also ein utraquisitischer Ketzer!) müssen die Hexen ihre Sünden beichten, und das bedeutet in der spiegelverkehrten Welt des Hexensabbats, daß sie ihre Missetaten erzählen müssen. Dabei gilt das Unterlassen von Sünden, die man hätte begehen können, als Sünde. Saumselige Hexen werden ausgepeitscht und müssen Besserung geloben, dann bekommen sie die Absolution. Natürlich ist die Unterwelt nicht auf unblutige Meßopfer festgelegt, daher können auch Tiere geschlachtet werden, die jedoch vollständig schwarzes Fell haben müssen. Manchmal wird der Teufel selbst auf dem Altar verbrannt, damit die Hexen aus seiner Asche zauberische Essenzen zubereiten können, und manchmal fordert der Teufel in seiner Predigt die Hexen auf, sich ihrer Verbrechen zu berühmen, was nicht nur auf dem Blocksberg auf die derart Ausgezeichneten eine ungemein anfeuernde Wirkung hat.

Nach der Messe folgt das Festmahl, zwar mit kostbarem Geschirr kunstvoll hergerichtet, aber eigentlich ein Hohn auf die Gastronomie: als Wein gibt es geronnenes Blut, das aus den umstehenden Bäumen fließt, und zum Essen übelriechendes Zeug, das auch dem hungrigsten Gaumen Ekel verursachen muß. Andere Zusammenkünfte wiederum hatten ein passables Menü, aber es sättigte nicht. Oder das Salz fehlte – irgendetwas stimmte mit dem Hexenmahl in allen Varianten nicht, weshalb wir zum nächsten Punkt der Tagesordnung weitereilen: der feierlichen Inpflichtnahme von neuen Hexen, die zum erstenmal an dem Sabbat teilnahmen. Die Neuen sind geblendet worden, um nicht kopfscheu zu werden, und sehen daher anstelle des stinkenden Bockes Satan als glänzenden Fürsten der Unterwelt, reich gekleidet wie ein weltlicher Potentat,

---

Darstellung des Hexensabbats auf dem Blocksberg aus dem Jahre 1669. In der Mitte sitzt der Teufel in Bocksgestalt und wird von einer Hexe auf sein Hinterteil geküßt.

Blocks-Bergs
Verrichtung.

dem sie nun vorgestellt werden, empfohlen von altgedienten Hexen. Tritt der Teufel der Bewerbung näher, dann verlangt er von der Novizin, daß sie Christus und die „dicke Frau" (das ist die heilige Maria) verleugnet, die Sakramente verachtet und eine rituelle Handlung begeht, die seinen Teufelspakt bekräftigt – etwa, indem die Novizin einige Eisenspäne von einer Kirchenglocke in die Hand gedrückt bekommt, diese ins Meer wirft und dazu spricht: „So wenig diese Späne wieder zur Glocke kommen, ebensowenig ich zu Gott und seinen Heiligen". Dann dreht sich der Teufel um, und die Novizin erkennt ihn als Bock und huldigt ihm wie die anderen zu Beginn.

Das war der offizielle Teil, und nun folgt die Orgie: der Teufel löscht sein leuchtendes Horn aus, und in der ausbrechenden Finsternis ziehen sich alle nackt aus, während eine infernalische, kakophonische Musik ausbricht. In den Bäumen sitzen Teufel als Spielleute, die blasen auf hohlen Katzenschwänzen und geigen auf Pferdeschädeln, auch Nattern, Vipern und Blindschleichen sind als Blasinstrumente üblich, Kuhgerippe als Harfen, Hilfsteufel, die durch die Nase trompeten und so weiter. Der Tanz ist dem Orchester kongenial, immer um den Teufel herum, der in der Mitte steht, in den verwickeltsten Figuren, so, daß man eine Hexe auch daran erkennen kann, wie außerordentlich geschickt sie in der Tanzkunst ist. Tanzen aber ist der Kirche zumindest etwas Bedenkliches, da es die Sinne entfesselt, und so auch hier: nach den ersten unanständigen Pantomimen beginnt die allgemeine Kopulierung unter Teilnahme der Hilfsteufel. Sind mehr Damen als Herren anwesend oder umgekehrt, kann auch gleichgeschlechtliche Unzucht getrieben werden.

Die Teufel helfen sowohl in männlicher Eigenschaft als „incubus" als auch in weiblicher als „succubus". Das ist verwunderlich, da sie als Dämonen doch eigentlich nur aus Luft bestehen. Aber trotzdem können sie durch allerlei Gaukelwerk vortäuschen, Menschen aus Fleisch und Blut zu sein. Sie schaffen es z. B., Worte zu formen, indem sie die Luft raffiniert zusammenpressen und dann nach einem bestimmten System wieder auslassen.

Weitere Schwierigkeiten gibt es mit der Beschaffung des Samens, da wir mit Sprenger – Institoris annehmen müssen, daß die Dämonen mit den Hexen Kinder zeugen können. Ein incubus kann sich zum succubus verwandeln und so von einem incubus den Samen empfangen, den er dann an die Hexe weitergibt. Nur: woher hat ihn der helfende incubus? Da Thomas von Aquin und Augustinus darauf beharren, daß der incubus ihn hat, er ihn aber seiner luftigen Natur nach nicht haben kann, bleibt nur die Lösung: er hat ihn von einem Menschen, mit dem er als succubus zusammen war! Der Dämon hat hierbei keinerlei Lust und treibt die Unzucht nur, um die Menschen zu beflecken.

Auf diese Weise gebären die Weiber merkwürdige Wechselbälge, wie eine Hexe, die einen Hausteufel namens Hannes hatte, den brauchte sie nur zu rufen, und schon kam er und war ihr zu Willen. Sie gebar einen „schwarzen rauhen Windwurm" (so das Protokoll von 1698), den verbrannte sie zu Pulver, und ihr Hausteufel lehrte sie, damit Vieh zu verzaubern. Eine andere Hexe genas einer „grausamen Schlange". Das war selbst ihr zuviel, weshalb sie das Vieh im Misthaufen verscharrte. Doch der Teufel peitschte und schlug sie solange, bis sie die Schlange wieder ausgrub und ihr täglich wie einem kleinen Kind Milch vorsetzte. Sobald sie die Schlange anrührte, wurden ihre Hände aussätzig und blieben es, bis sie auf dem Scheiterhaufen endete.

Die Orgie übrigens, der Höhepunkt des Hexensabbats, dauerte bis zum ersten Hahnenschrei. Die Novizinnen durften noch nicht mitmachen, sondern bekamen einen weißen Stecken in die Hand gedrückt und mußten etwas abseits Schweine, Kröten, Molche oder anderes unreine Getier hüten. Hatten sie das gut getan, durften sie sich im Handstand hinstellen und der Teufel rammte ihnen eine Kerze ein, damit sie der Szene die passende gebrochene Beleuchtung gaben.

Das also war das non-plus-ultra des Hexenlebens: die Unzucht mit dem Teufel, als Belohnung für den vielfältigen Schadenszauber, den sie eingeschärft bekamen. Die kleinen Kinder brachten sie nicht nur um, sondern fraßen sie auch auf, und der Hausteufel hielt mit dabei. Sonstige Morde verübten sie in vielerlei Variationen, wobei ihnen die schon erwähnten Wachsfigürchen hilfreich waren.

Johannes XXII. hatte vor solchen Wachsfiguren gezittert, denn er war nicht so glaubensstark wie König Philipp VI. von Frankreich. Dem zeigte man einmal ein Wachsbild, dessen Schmelzen den Tod des Königs bedeuten sollte. Da nahm es Philipp, warf es selber ins Feuer und sagte hochgemut: „Nun wollen wir sehen, wer mächtiger ist: der Teufel, um mich zu verderben, oder Gott, um mich zu erhalten!"

Da die Hexen den bösen Blick hatten, der besonders aus den roten und triefenden Augen der Märchenhexen hervorbrach, genügte es, an einer übelwollenden Hexe vorbeizugehen, und schon war man von Krankheit befallen, etwa dem berühmten „Hexenschuß". Die Unholdinnen verwandelten sich in Tiere, um die Menschen anzufallen, wie es einem Jäger im Jahre 1588 in der Auvergne erging, der im Walde von einem Wolf angefallen wurde, diesem eine Klaue abhaute und sie zum Herzog brachte. Es erwies sich, daß an der Klaue ein Ring steckte, der der Herzo-

B. Berg

Michael Herr Inuent.

gin gehörte. Und gleichzeitig fiel auf, daß die Herzogin bei Tisch einen Arm in ihrem Kleid versteckte – denn ihr fehlte eine Hand. Das genügte, die Herzogin wurde verbrannt, da sie sich als Werwolf betätigt hatte.

Entsprechend den heidnischen Wurzeln der Hexenvorstellung war die Beeinflussung des Wetters von besonderer Wichtigkeit. Im 9. Jahrhundert blühte um Lyon herum der Glaube an das ferne Land Magonia, von dem her auf Wolken Luftschiffe herankämen. Aus den Wolken fahre der Hagel hernieder, der die Ernten vernichte, und in den Luftschiffen säßen Zauberer, die von den Einwohnern des Landes Magonien ausgesandt seien, um die zerstörte Ernte abzutransportieren. Dagegen wurde auch gezaubert, und die anti-magonischen Magier ließen sich mit einem Teil der so geretteten Ernte bezahlen und lebten nicht schlecht dabei. Eines Tages fielen Zauberer aus einem magonischen Luftschiff und wären sofort von der erregten Menge gesteinigt worden, wenn der heilige Agobard, damals Erzbischof von Lyon, nicht eingegriffen hätte.

Auch aus dem Grabe heraus war Schadenszauber noch möglich. Nach Sprenger – Institoris wütete in einer Stadt die Pest, als er auf einer Dienstreise dorthin kam. Institoris hörte gleichzeitig, daß der Leichnam einer erst vor kurzem begrabenen Frau angefangen habe, sein Leichenhemd zu verschlingen, und daß die Pest erst aufhören würde, bis das ganze Leichenhemd aufgezehrt sei. Daraufhin ließ Institoris das Grab öffnen und der Bürgermeister schlug dem Leichnam mit dem Schwert den Kopf ab. Die Tote war eine Hexe gewesen, wie die Nachforschungen von Institoris ergaben.

Auch der Blitz konnte von Hexen herbeigezaubert werden, und so gab es für jeden witterungsbedingten Schaden auf befriedigende Weise einen Verantwortlichen. Das Verfahren war ja auch zu einfach: man mußte dem Teufel oder einem seiner Unterdämonen nur eine Handvoll Wasser übergeben, der warf es in die Luft, und schon sammelten sich Regenwolken, ging ein Hagel nieder und richtete unermeßlichen Schaden an.

Auf diese Weise waren Hexenkünste auch maßgeblich am Niedergang der spanischen Weltmacht beteiligt, denn man schrieb den Untergang der Armada 1588 auf ihrer Fahrt nach England und um England herum zauberischen Wettermanipulationen zu.

Der militärische Wert der Teufelsweiber war aber insgesamt gering. Zwar liegt ein Versuch König Gustavs I. von Schweden aus dem Jahre 1561 vor, mit Hilfe von vier Hexen den dänischen Anmarsch in Verwirrung zu bringen, aber diese Desinformationskampagne im Stile der Zeit hatte keinen nachweislichen Einfluß auf den Kriegsausgang. Hexen waren auch regulären Kämpfern nur punktuell, taktisch genau umrissen und unter besonderen Umständen vorzuziehen; Wunderwaffen waren sie hingegen schon gar keine.

Entscheidend im Kriege und überhaupt blieb die Mitwirkung des

Menschen, ohne den die bösen Dämonen ihren Schaden nicht zufügen konnten. Diese Vorstellung beruht auf der Lehre vom freien Willen des Menschen, der allein über Wohl und Wehe auf der Welt entscheidet, und ist so absurd nicht – hat aber damals niemanden vor dem Scheiterhaufen bewahrt. Kann man denn als frommer Katholik gar nichts unternehmen gegen das Hexenwesen? Doch, denn die Macht des Bösen ist beschränkt. So können die Hexen ihren Zauber nicht an heiligen Plätzen ausüben, wenn sie auch, schon des heuchlerischen Scheines wegen, eifrig die Kirche besuchen. Hierbei müssen die Gläubigen bei der Entgegennahme der geweihten Hostie vor dem Altar sorgfältig nach rechts und nach links schauen, denn Hexen erkennt man daran, daß sie die Hostie im Munde nicht zergehen lassen, sondern sie unter der Zunge aufbewahren. So tragen sie diese nach Hause, kochen sie in die Hexensalbe ein oder verwenden sie sonst für ihren teuflischen Hausrat. Oftmals hilft das Schlagen des Kreuzes, wie es z. B. einer unbescholtenen Jungfrau half, die von einer Hexe an die Dämonen verkuppelt werden sollte: sie wurde von dieser in ihre Wohnung eingeladen, da dort einige angenehme junge Herren saßen, die sie gern sprechen wollten: die Jungfrau schlug auf der Hausstiege das Kreuz und konnte anschließend überhaupt niemanden in der Hexenwohnung erblicken, was die Kupplerin gewaltig erzürnte.

Auf keinen Fall darf man sich seinerseits durch Zauber zu schützen versuchen, etwa indem man die angehexte Krankheit auf einen anderen weiterhext. Denn das ist „schwarze Magie" und unerlaubt, im Gegensatz zur erlaubten „weißen Magie". Zauberische Künste sind an sich nämlich strenggenommen weder gut noch böse, vielmehr werden sie dies erst durch die Quelle, aus der sie stammen. Daher verdammt Thomas von Aquin die Magie nur insoweit, als sie vom Teufel gelehrt wird. Sofern sie jedoch von einem guten Engel kommt, ist gegen sie nichts einzuwenden. Allerdings hat der römische Papst Nikolaus (es wird in der Quelle, dem „Hexenhammer", nicht mitgeteilt, welcher gemeint ist) einmal hierfür einen Dispens erteilt: ein deutscher Bischof, der sein guter Freund war, verliebte sich in Rom in eine junge Dame, die hoffte, seinen Reichtum sofort zu erben, und hexte ihm ein tödliches Fieber an. Als der Bischof mit der Krankheit rang, wurde eine Alte zu ihm vorgelassen, die ihm erklärte, daß er einer Hexe zum Opfer gefallen sei, und sich erbötig machte, das Fieber zu der verursachenden Hexe zurückzuschicken, daß die daran sterbe. Das war natürlich unreine Gesellschaft, in die sich der Bischof da begab, deshalb ließ er den Fall dem Papst vortragen mit der Frage, wie er sich verhalten solle. Der Papst fand, daß der Tod einer Hexe ein geringeres Übel sei als der Tod eines Bischofs und erlaubte die magische Transaktion. Der Bischof erfuhr nun, daß zum selben Zeitpunkt, als er vom Fieber wiederhergestellt war, seine Geliebte todkrank geworden war, eilte zu ihr und fand sie vollständig verwandelt. Sie fluchte ihn gräßlich an und empfahl ihre Seele allen Teufeln, zu denen sie dann auch bald niederfuhr.

Aber Vorsicht: „Daß das Privilegium eines einzelnen kein allgemeines Gesetz bildet, beweist die Dispensation des Papstes in diesem Falle nicht, daß derlei allen freistehe..." Eine weitere Variante ist, daß eine Hexe den bösen Zauber einer anderen Hexe durch ihren eigenen aus der Welt schafft, wie wir im Falle der Luftschiffe aus Magonia gesehen haben. Wem eine Krankheit angehext worden ist, der halte flüssiges Blei über den Sitz der Krankheit, dann wird er deren Ursache im Blei erkennen. Es gibt auch abergläubische Mittel, die keine Hexerei sind und daher moralisch gefestigten Leuten durchaus empfohlen werden können: einer behexten Kuh, die man zur Ruhe bringen will, stülpe man an einem heiligen Tage eines Mannes Hose oder sonst etwas Unreines über die Hörner und treibe sie aus dem Stall. Sie wird dann stracks zur Hexenwohnung laufen und solange ihre Hörner mit Gebrüll gegen die Tür stoßen, bis die Hexe den Teufel, der in der Kuh steckt und die Hose nicht aushalten kann, zur Ruhe bringen muß.

Das beste Gegenmittel aber bietet die Kirche an: Reue und Zerknirschung, sofern der Verhexte durch eigene Schuld in seinen Zustand geraten ist, Gebete, das Kreuzzeichen. Bei den Gebeten ist möglichst darauf zu achten, daß sie dem liturgischen Kanon entsprechen, wenn nicht, daß sie keine unreinen Worte und Namen enthalten, auch keine unbekannten, denn die könnten unrein sein. Auch hilft das Mittragen von Reliquien oder das Umhängen des Evangeliums, wobei es aber nicht auf den äußeren Akt des Umhängens ankommen darf, sondern daß der Umhängende auf die Heilkraft der darin enthaltenen Botschaft vertraut. Wer nicht lesen kann oder sonst keine Kenntnisse von der Heiligen Schrift hat, dem nützt ein solches Verfahren gar nichts; er könnte ebenso gut ein abergläubisches Amulett am Halse tragen.

Kommt der Teufel von außen, dann nützt die Besprengung mit Weihwasser, wirkt er von innen, dann ist das beste ein Exorzismus, d. h. eine kirchliche Teufelsbeschwörung, enthalten in dem heute noch gültigen „Rituale Romanum", das die verbindlichen Formen der kirchlichen Kulthandlungen enthält. Exorzismus wird bereits bei der Taufe ausgeübt, wenn der Priester spricht: „Ich treibe dich aus, unreiner Geist". Dem Exorzisten werden zunächst im „Rituale Romanum" Ratschläge erteilt, wie er an seine Aufgabe praktisch herangehen soll: er solle niemanden leichtfertig für besessen halten, sondern auf die Symptome achten, als da seien: unerklärbares Verstehen einer fremden Sprache, Wissen um Entferntes oder Geheimes, ungewöhnliche Körperkräfte u.s.w. Eine Teufelsbeschwörung beginnt mit den Worten: „Ich befehle dir, wer auch immer du seist, unreiner Geist, und allen deinen Genossen, daß du mir deinen Namen nennst, den Tag und die Stunde deines Austritts angebest mit einem äußeren Zeichen ..." Ein Exorzismus allein nützt nicht, der Priester soll den Exorzisanden nach dem ersten Spruch fragen, ob er leiblich oder seelisch etwas verspüre, dabei aber immer im Auge behalten, daß der Teufel in allerlei Kniffen sehr wohl bewandert ist, daher oft nur vortäuscht, daß er verschwunden sei, u. ä. Ja, der Teufel, den der heilige Bernhard in Pavia ausgetrieben hat, dürfte recht naiv gewesen sein im Verhältnis zu denjenigen, mit denen ein Exorzist auch heute noch zu rechnen hat. Der Priester soll dem Teufel befehlen, nur auf die gestellten Fragen zu antworten, darf ihm nicht glauben, wenn er behauptet, er sei die Seele eines Heiligen oder ein guter Engel, soll ihm aber unbedingt genaue Fragen zum Sachverhalt stellen: Zahl und Namen der innewohnenden bösen Geister, Ursache und Zeitpunkt des Einfahrens in den unglücklichen Besessenen u.s.w. „Scherze, Gelächter und Albernheiten des Teufels hindere der Exorzist oder verachte sie und ermahne die Umstehenden, deren Zahl gering sein soll, daß sie auf solche Dinge nicht achten." Der Priester muß aufpassen, auf welche Worte seiner Bannformel der Teufel besonders allergisch reagiert. Falls sich plötzlich Schwellungen am Körper des Besessenen zeigen, besprenge er sie mit Weihwasser und mache dort das Kreuzzeichen darüber. Eine solche Austreibung kann, wenn sie erfolgreich sein soll, viele Stunden dauern und fordert vom Exorzisten und vom Exorzisanden schweißtreibende Arbeit! Es kann sein, daß der Teufel während der Prozedur zu toben beginnt, dann muß der Besessene festgehalten werden, oder daß der Exorzisand die magischen Instrumente erbricht, durch die er in der Verhexung festgehalten worden ist!

So wirft das „Rituale Romanum" auch heute noch mit dem Tintenfaß nach dem Teufel, wie einst Luther es auf der Wartburg getan haben soll.

Die von den Hexen angehäuften Schändlichkeiten ließen es geraten erscheinen, das Inquisitionsverfahren gegen sie noch brutaler zu gestalten als gegen die anderen Ketzer. Ewiger Kerker oder Buße mit irgendwelchen Auflagen als Urteil waren viel zu milde, der Prozeß konnte daher nur einen Ausgang haben: Tod auf dem Scheiterhaufen, sofern die Delinquentin für schuldig befunden wurde. Die Nuance, daß überführte, aber bußfertige Hexen nur zu lebenslangem Kerker, nicht aber zum Tode zu verurteilen seien, fiel nach Empfehlung des „Hexenhammers" weg.

Die Folter wurde so ziemlich ohne jede Rücksicht angewendet. Sie spielte bei der Selbstbestätigung des Aberglaubens eine wesentliche Rolle, denn ohne „peinliche Befragung" hätten viele Frauen nicht die stereotypen Vorstellungen von Teufelspakt und Hexensabbat wiederholt, die das Gericht von ihnen erwartete. Nicht daß das Rechtsdenken der Zeit auch hätte differenzierter denken können: in der „Peinlichen

Gerichtsordnung", dem strafrechtlichen Reichsgesetz Karls V. von 1532 ist die Anwendung der Folter von einschränkenden Voraussetzungen abhängig gemacht: ob man, zusätzlich zum vorgetragenen Tatverdacht, der betreffenden Person so etwas zutrauen könnte – das hängt ausdrücklich nicht vom Ermessen des Richters ab, sondern von der Meinung von „unparteilichen, redlichen Leuten"; ob man in der verdächtigen Person ein Motiv zu der angeblichen Missetat entdecken könnte (die alte kriminalistische Frage „cui bono?"); ob der Verdächtige „einer Missetat halb flüchtig wird" u.s.w. Aber wenn man bedenkt, daß auch „unparteiliche redliche Leute" vom Hexenglauben befallen waren und die Frage „cui bono" mit dem hexenhammerischen Hinweis auf die sattsam bekannte Verworfenheit des weiblichen Geschlechts vom Tisch gewischt werden konnte, dann sieht man, daß die Atmosphäre der Zeit nicht geeignet war, Erkenntnisse prozessualer Vernunft in die Wirklichkeit umzusetzen.

Da die Angeklagten höchst gefährlich waren, nämlich der verlängerte Arm des Satans, war man ihnen gegenüber nicht zu der allergeringsten Anständigkeit verpflichtet. Zwar können Hexen im allgemeinen der Obrigkeit nichts anhaben, und daher ist der Inquisitor gegen sie gefeit, wenn er nur keine unrechten Gedanken während des Verfahrens hegt. Aber infolge ihrer Zaubermacht genügt es, wenn sie den Richter bei der ersten Vorführung anschauen, um ihn für sich einzunehmen. Sie sind daher so in den Gerichtssaal zu führen, daß ihr erster Blick nicht den Inquisitor trifft. Besser vielleicht noch, sie hineinzutragen, damit sie nicht aus der Berührung mit dem Boden neue Kraft gewinnen, weshalb auch die Verhaftung durch plötzliches Hochheben geschehen sollte.

Da es nicht überliefert ist, daß eine Hexe jemals Gerichtspersonen gegenüber ihre Zauberkraft betätigt habe, etwa indem sie unerklärlich aus dem Kerker verschwand oder den Inquisitor mit Tod oder Krankheit schlug, müssen wir folgern, daß ihre Kraft aus dem Teufelspakt verlorengeht, sobald sie im Verfahren steht. Allerdings ist es vorgekommen, daß eine „Einzuäschernde" (so drückt es der „Hexenhammer" aus) noch vom Scheiterhaufen aus dem anwesenden Inquisitor ins Gesicht spuckte, worauf er wenige Tage später starb. Auf jeden Fall sollte der Inquisitor also am Palmsonntag geweihtes Salz und geweihte Kräuter mit sich tragen, eingewickelt in geweihtes Wachs, denn dies wird von der Kirche empfohlen.

Die Befragung der Hexe ist eine sehr schwierige Angelegenheit, da ihr der Teufel die Kunst der Verschwiegenheit mitgegeben hat (was allerdings den Satz modifiziert, daß ihre Hexenkraft mit der Verhaftung dahin ist.) Diese wird noch gesteigert durch die Unempfindlichkeit gegen Schmerzen auf der Folter, ebenfalls eine Eigenschaft teuflischer Herkunft. Aber getrost: manche Hexen sind noch nicht lange in Satans Diensten und stehen noch in Probezeit, während der er sie, wenn es ihm be-

Wetterhexen rufen ein Hagelunwetter hervor. Holzschnitt des 15. Jahrhunderts.

liebt, fallen lassen kann. Und dann gibt er ihnen ein, ihre Verschwiegenheit zu brechen und ein Geständnis abzulegen. Hierbei ist anzumerken, daß das erwähnte „Hexenmal" ein Indiz für das Vorliegen einer Hexe auf Probe ist, denn wenn sie schon hinreichend eingeteufelt wäre, hätte es ihr Herr und Meister nicht mehr nötig, sie so unübersehbar zu brandmarken. Ein solches Mal kann als Beweis der Hexerei betrachtet werden und ist daher unbedingt aufzuspüren. Damit es die Delinquentin auch nicht unter Haaren verstecken kann, ist sie vollständig zu rasieren und in Gegenwart des Inquisitors erschöpfend zu untersuchen. Hierbei kann man auch Amulette und andere geheime Hexenmittel aufspüren.

Ein untrügliches Zeichen von Hexerei ist auch, daß die Betreffende nicht weinen kann. Man spreche sie also feierlich an: „Ich beschwöre dich bei den bitteren Tränen, die Jesus Christus, unser Heiland und Herr, am Kreuze zum Heile der Welt vergossen hat, und bei den brennenden Tränen der glorreichsten Jungfrau, seiner Mutter, die sie über seine Wunden in der Abendstunde hat fließen lassen, und bei den Tränen aller

Heiligen, von deren Augen Gott jetzt jede Träne abgewischt hat: weine, wenn du unschuldig bist!" Es ist ein Erfahrungssatz, daß sie nicht weinen werden, sofern sie schuldig sind! Allerdings kann der Teufel seiner Helferin auch geheuchelte Tränen einflößen, und dann wäre ein Fehlurteil in Gestalt eines Freispruches unvermeidlich!

Doch das geistliche Arsenal zu ihrer Überführung ist damit noch nicht erschöpft. Toll werden die Teufelsweiber, wenn man ihnen geweihtes Wachs in der Länge des Leibes Christi auf den Leib gürtet oder die sieben letzten Worte Christi am Kreuz auf einen Zettel schreibt und ihnen um den Hals hängt.

Weigern sich manche zu gestehen, weil sie den dann fälligen Tod fürchten, kann man ihnen das Davonkommen mit dem Leben versprechen. Das stimmt zwar nicht, denn auf das Geständnis des Teufelspaktes steht ja die Todesstrafe, aber man behelfe sich dadurch, daß man dann die verdammende Sentenz durch einen anderen Inquisitor verlesen läßt.

Die Wasserprobe ist aus dem frühen Mittelalter hervorzuholen und erneut anzuwenden (welch ein enormer Rückschritt im Prozeßdenken!). Manche Delinquentinnen verteidigen sich, indem sie an ein anderes Gottesurteil appellieren: das Tragen eines glühenden Eisens über eine bestimmte Strecke, ohne sich Brandwunden an den Händen zuzuziehen. Grundsätzlich sind zwar im Inquisitionsprozeß Gottesurteile verboten, aber auch dämonologische Gründe sprechen gegen die Zulassung einer solchen Probe. Der Teufel kann nämlich seine Dienerinnen jederzeit gegen glühendes Eisen feien, denn er kann, dem Betrachter nicht sichtbar, einen isolierenden Gegenstand zwischen die Hand und das Eisen schieben. Deswegen ist eine solche Forderung schon fast ein Schuldeingeständnis der Hexe. In der Grafschaft Fürstenberg nämlich hat einst ein übles Weib, für dessen Hexenschaft schon viele Anzeichen sprachen, im Prozeß von dem unerfahrenen Grafen die Eisenprobe zugestanden bekommen. Das Weib sollte das Eisen nur drei Schritte tragen, aber trug es sechs Schritte weit, ohne sich zu verletzten und machte sich erbötig, es noch weiter zu tragen. Derart verhöhnte die Hexe das Verfahren und wurde auch anschließend wieder in Freiheit gesetzt, „nicht ohne durchaus dem Glauben der Lande ein Ärgernis zu sein", wie der „Hexenhammer" grollend hinzufügt.

Und an all diesen Unsinn, von dem hier eine kleine Sumpfblütenlese steht, hat Europa ungefähr drei Jahrhunderte lang geglaubt? Immerhin war der Hexenglaube im Verhältnis zur Antike und auch zur germanischen Barbarenzeit ein deutlicher geistiger Rückschritt, und aller inzwischen aufgekommene scholastische Scharfsinn diente hier dazu, alte Weiblein beim Sammeln von Unrat zwecks Verhexung des Viehs und den Unanständigkeiten, auf die ein rachsüchtiger gefallener Engel so im Laufe der Äonen kommen mochte, nachzuspionieren. Es haben erlauchteste Geister daran geglaubt! Papst Leo X. (1513–1521), der große Mäzen, dessen Hof in Rom einer der Mittelpunkte des Renaissance-Lebens war, steht ganz in der Tradition seiner Vorgänger (Gregor IX., Eugen IV., Innozenz VIII.), wenn er mit den Venezianern im Streit liegt über die Hexen und Zauberer aus dem Val Carmonica, nördlich von Brescia gelegen (70 Hexen waren dort schon verbrannt und tausende verdächtig), und sich von der Signoria sagen lassen muß, daß die Leute aus dem Val Camonica eigentlich einfache und unwissende Menschen seien, denen gute Prediger weitaus mehr nottäten als Inquisitoren. Der Humanist Pico della Mirandola war nicht derart humanistisch, um nicht auch hexengläubig zu sein.

Die Reformatoren, allen voran Luther, waren im Punkte Hexerei und Hexen um nichts toleranter oder aufgeklärter als die römisch-katholische Kirche. Luther hatte panische Angst vor dem Teufel und stellte sich ihn als leibhaftig auf Erden wandelnd vor. Dieser Glaube war geradezu ein unverzichtbarer Teil seiner Weltsicht: der Mensch war ein höchst unvollkommenes Wesen, in einem dunklen Abgrund fern von Gott sein Leben hinbringend und Anfechtungen mannigfaltigster Art ausgesetzt, denen er so leicht unterlag. War da von Gottes Gerechtigkeit zu erwarten, daß sie den Menschen überhaupt zu sich emporheben würde? Warum sollte sie, wenn sie nur gerecht war und nicht durch die unerforschliche Gnade Gottes gemildert wurde? In dieser qualvollen Situation nahm der Abgrund der Welt für Luther eben zeitbedingt die Gestalt des Teufels an: wer inbrünstig Erlösung will, muß ebenso stark die Gefahr der Verdammnis fürchten. Nur muß derjenige, der sich den Teufel vorstellt wie Mephisto auf dem Theater, Gott für einen gütigen Honoratioren mit langem Bart halten wie im „Prolog im Himmel". Letzteres kann Luthers Sinn nicht gewesen sein.

Bei dem großen Juristen und Staatsrichter Jean Bodin jedoch müssen wir derartigen fast schon existenzialistischen Tiefsinn nicht vermuten: 1576 veröffentlichte er sein Werk „Sechs Bücher über die Republik", einen Meilenstein auf dem Weg des europäischen Staatsdenkens von den Glaubenskriegen weg ins Zeitalter des Absolutismus hinein, und 1580 folgte nach die „Daemonomania", also die Raserei der Hexen mit den Dämonen, aber eigentlich die Raserei des Jean Bodin in Bezug auf die Dämonen. Kannte der Kronanwalt des Königs von Frankreich und Lehrer des Römischen Rechts an der Universität Toulouse doch 50 verschiedene Arten, einen „magischen Knoten" zu knüpfen, der Impotenz verursachte. Den Wert der Frau taxierte er todernst als 1:50 zugunsten des Mannes, woraus die Folgerung zu ziehen war, daß die Frau eine Mittelstellung zwischen Mensch und Tier einnahm. Zeitgenössische Theologen disputierten, ob die Frau überhaupt der Erlösung teilhaftig werden könne. Das war eine heikle Frage, die auch die islamischen Schriftgelehrten im Vorderen Orient umtrieb, und zwar in der islamgerechten Fassung, ob eine Frau ins Paradies des Propheten eingehen könne.

Johann Fischart, ebenfalls weltlicher Jurist und in der Literaturgeschichte eher bekannt als der geniale Übersetzer bzw. Nachdichter von Rabelais' „Gargantua und Pantagruel", hatte nichts Eiligeres zu tun, als Bodins Opus schon 1581 ins Deutsche übersetzt vorzulegen. Michel de Montaigne, der feinsinnige Skeptiker, konnte sich zu einem „Nein" zum Hexenwahn nicht durchringen und schrieb sibyllinisch: „Eine Sache so rundweg für falsch und unmöglich zu erklären, ist gleichbedeutend mit der Anmaßung, man kenne die Grenzen und Schranken des göttlichen Willens und die der menschlichen Natur." Der Herr de Montaigne hielt sich bei diesem Thema also lieber zurück. Auch bei dem klugen Erasmus von Rotterdam finden wir kein Wort gegen den Hexenwahn – schwieg er aus Furcht vor den Folgen für seine persönliche Bequemlichkeit, die ihm sehr am Herzen gelegen haben soll?

Die Reihe der berühmten Hexengläubigen ließe sich noch beliebig fortsetzen; auch der kursächsische Jurist Benedict Carpzov (1595–1666), der wegen seiner systematischen Durchdringung des bis dahin aufgehäuften Strafrechtsstoffes als der Begründer der deutschen Strafrechtswissenschaft gefeiert wird, hat tausende von „Hexen" dingfest gemacht, da er auch deren einschlägige Tatbestände wohl zu systematisieren wußte. Hexerei ist nach Carpzov ein „Ausnahmeverbrechen", das nur noch mit Majestätsverbrechen, Hochverrat, Straßenraub und Falschmünzerei zu vergleichen ist, es verdient dreifach verschärfte Folter, also den peinvollsten Grad, und fünffach den Tod.

Es war demnach ein Massenwahn, der bis ins 18. Jahrhundert hinein andauerte, weil er sich beständig selbst bestätigte. Zwar waren nach der bereits erwähnten „Peinlichen Gerichtsordnung" Karls V. Suggestivfragen, die die Antwort dem Befragten gleichsam in den Mund legten, verboten. Das Rechtsdenken der Zeit war also nicht bar jeglicher Psychologie, die auch ein moderner Mensch akzeptiert. Aber in der Praxis fragten die Inquisitionsrichter doch einen Katalog von sehr suggestiven dämonologischen Punkten ab: „Bist du auf dem Hexensabbat gewesen?" – „Hast du dem Satan gehuldigt?" etc., die gar keine andere Antwort zuließen, die von dem gängigen Aberglauben abwich. Geistigen Moden widersteht man in der Öffentlichkeit nicht (wenn aber Hexerei geistige Mode ist und man ihr doch widersteht, dann wird leider auch dieser Widerstand als Hexerei ausgelegt!). So kamen immer dieselben „Geständnisse" zustande. Was aber in so und so viel Verfahren übereinstimmend ans Licht trat, das mußte doch wahr sein! Außerdem die Autorität der „Kirche", der Konzilien, der Kirchenväter und die gleichlautenden Überzeugungen gewichtiger weltlicher Personen – bevor man zugab, daß man persönlich Zweifel hegte, versteckte man sich besser hinter die Autoriäten. Das war sicherer und schützte vor der katastrophalen Schlußfolgerung, daß der größte Teil der öffentlichen Gewalt des Abendlandes von Wahnvorstellungen besessen war und seine Ordnungsgewalt auf ganz und gar unfaßbare Weise beständig mißbrauchte.

Die erste nachweisbare Hexe bestieg 1275 in Toulouse den Scheiterhaufen. Später wurden im französischen Sprachraum die Unholdinnen aus der romanischen Schweiz besonders bekannt. Man nannte die Hexerei daher „vauderie" (oder stammt dieser Ausdruck von der Bezeichnung „Waldenser", dem großzügigen Sammelbegriff für Ketzerisches?). Daraus wurde in der Karibik der Name „vaudou" für allerlei Zauberkünste. 1782 wurde im Schweizer Kanton Glaurs die letzte ihrer Zunft verbrannt, da sie ein Kind derart verzaubert hatte, daß es Draht erbrach. Bis dahin ist den Hexenprozessen ungefähr *eine Million* Frauen zum Opfer gefallen. Die Verfolgungen waren nicht gleichbleibend stark, sonst wären sie noch blutiger gewesen. Sie schwollen epidemieförmig an und nahmen dann wieder ab, weshalb die Lokalhistoriker gewisse „Stoßzeiten" ausmachen können. So wurden in dem einen Jahr 1659 in Bamberg 600 Frauen verbrannt (das war der große „Hexenbrand"), 1603—1605 in Fulda 250, 1636 in Siegburg 200 u.s.w.

Eine wichtige Rolle spielte auch hier die Geldgier mancher Inquisitoren, die pro Hexe ein Kopfgeld bekamen, und so, mit robuster Brutalität im Gemüt und dem „Hexenhammer" im Kopf, ein Vermögen ansammeln konnten. Matthew Hopkins, eine im normalen Leben verkrachte Existenz, trieb 1645 im England des Bürgerkrieges zwischen dem Parlament und König Karl I. sein Unwesen und kassierte 20 Shilling pro Hexe. Grundlage seiner Tätigkeit war die „Teufelslehre" aus dem Jahre 1597, die unter den zahlreichen hexenwissenschaftlichen Werken der Zeit dadurch hervorragte, daß sie einen leibhaftigen König zum Verfasser hatte: Jakob Stuart von Schottland, der nach dem Tode von Königin Elisabeth I. im Jahre 1603 auch König von England wurde. Hopkins nannte sich „Generalhexenfinder" und zog von Ort zu Ort. Zuerst wandte er die Wasserprobe reihenweise an, dann in aller Öffentlichkeit die Suche nach dem Hexenmal. Er glaubte nicht einmal selber an seine mit bombastischen Tiraden verkündete Tätigkeit des Aufspürens, denn er stach die Frauen mit den Nadeln nicht wirklich, sondern ließ die Nadelspitze in den ausgehöhlten Griff des Instrumentes zurückgleiten. Hopkins war wohl geltungssüchtig und wollte sich mit seinen beschränkten geistigen Mitteln einen Namen machen. Bis man ihm dann das Handwerk legte, hatte er innerhalb von 14 Monaten ungefähr 800 Frauen umgebracht.

Einen seiner Nachfolger, Spezialisten im Nadelstechen und daher „Pikker" genannt, der auf diese Weise die Gerichte belieferte, hingen die Schotten schließlich auf, weil sie ihn für einen Mörder hielten. Das war 1649, nachdem die Stuarts dort schon abgewirtschaftet hatten. Eine Spur

Der berüchtigte englische Hexenjäger Matthew Hopkins mit zwei Hexen und ihrem Getier: Jarmara, dem beinlosen Spaniel, Vinegartom, dem ochsenköpfigen Jagdhund, u. a. Holzschnitt von 1647.

hat aber der zeitgemäße Aberglaube Jakobs I. vielleicht in der Weltliteratur hinterlassen: die Hexen in Shakespeares „Macbeth", denn man kann in ihrem Galimathias Anspielungen auf einen Fall entdecken, den Jakob vor 1603 in Schottland verhandelt hatte und der zur Entstehungszeit des „Macbeth" auch in England wahrscheinlich gut bekannt war.

Aber weil wir gerade das Gebiet der schönen Künste streifen: haben all die wohligen Bewunderer der mittelalterlichen Städte mit ihren Fachwerkbauten, Butzenscheiben und winkeligen Gäßchen auch schon einmal daran gedacht, daß in genau dieser romantischen Atmosphäre der Hexenglaube wucherte und seine Metastasen hatte? Das Klima hinter den blitzenden Butzenscheiben und auf den von Unrat strotzenden Straßen muß sehr dumpf, unbeweglich, lastend und drückend gewesen sein, bot also die besten Voraussetzungen, um stumpfsinnigen Aberglauben zu fördern. Da sollte erst einmal einer wagen, für voraussetzungslose Vernunft zu plädieren, wenn er anschließend aus seiner Zunft herausflog oder wenn er nicht gar die Stadt verlassen mußte – ganz zu schweigen vom schwerwiegenden Verdacht der Ketzerei, der sich dann auf ihn legte! Welch einem Konfirmitätsdruck, auch in puncto Blödsinn, mußte der Bürger dieser verwinkelten Gäßchen nicht ausgesetzt gewesen sein!

Und den Ausflug in die schönen Künste mit einer dritten Erwägung abzuschließen: in solch einer dumpfen Atmosphäre wuchs die Gewalt, die sich ihre Schauspiele in den Hexenverbrennungen schaffte, aus der Unterdrückung individueller Freiheit heraus. Deshalb ist es durchaus passend, wenn die Johannisnacht vor dem Hause von Hans Sachs im 2. Akt der „Meistersinger" in eine Prügelszene ausartet. Dies hat psychologisch viel für sich und geht nicht nur auf Wagners künstlerisches Bedürfnis zurück, als Aktstück ein kräftiges Ausrufezeichen zu setzen. Hinter den Kulissen lauern da die Hexen, wenn Hans Sachs auch zu einer wesentlich menschenfreundlicheren Deutung neigt: „Ein Glühwurm fand sein Weibchen nicht, der hat den Schaden angericht'". Der historische Hans Sachs stand dem Hexenwahn in der Tat sehr skeptisch gegenüber: „Des Teufels Eh' und Reiterei ist nur Gespenst und Fantasei... So du im Glauben Gott erkennst, so kann dir schaden kein Gespenst!" dichtete er, aber die letzte Hexe in seiner Heimatstadt Nürnberg wurde erst 1749 hingerichtet, 173 Jahre nach seinem Tode.

Auch sonst wurden immer wieder Stimmen gegen „des Teufels Eh' und Reiterei" laut, wie denn in Europa die gerade herrschende Meinung niemals auch die einzige artikulierte Meinung war. Schon Sprenger und Institoris hatten in ihrer Inquisitionspraxis genügend Schwierigkeiten gehabt. Die Universität Köln segnete ihren „Hexenhammer" auf Anfrage nicht ab, weshalb die beiden das Gutachten der Alma Mater fröhlich fälschten, es in dieser Form den Ausgaben des „Hexenhammer" voranstellten und so für sich Werbung machten. In Tirol ließ das Gericht gar die von Institoris angeklagten Hexen frei, und der Bischof von Brixen befahl dem Hexenjäger, das Land zu verlassen und in sein Kloster zurückzugehen.

In Italien konnte das Verfolgungswesen nicht so recht Fuß fassen, weil die Republik Venedig traditionell auf gespanntem Fuß mit dem Papst stand: die spanische Inquisition sorgte in ihrem Zuständigkeitsbereich ebenfalls dafür, daß die Hexenverfolgungen nicht überhand nahmen, weshalb Jean Bodin klagte, daß es im Königreich Neapel mittlerweile 100 000 frei umherlaufende Hexer und Hexen gebe. Der „Generalhexenfinder" in England war dort keine typische Erscheinung; die letzte englische Hexe bestieg schon 1684 den Scheiterhaufen. In den von Spanien unabhängig gewordenen Niederlanden gab es ab ca. 1600 keinen Hexenprozeß mit tödlichem Ausgang mehr. In Norwegen starben nur 25 Menschen in den Flammen. Schweden fand nach zögerndem Beginn (König Gustav Adolf war an Verfolgungen großen Stils nicht interessiert, seine Tochter Christine verbot 1649 die Fortführung laufender Prozesse und gebot die Entlassung aller inhaftierten Zauberinnen) in der 2. Hälfte des 17. Jahrhunderts den Anschluß an die in Deutschland ungebrochene Hexenjagd.

Auch in Frankreich dauerten die Prozesse noch bis ins 18. Jahrhundert an, doch nach dem Zeugnis des Jesuitenpaters Friedrich von Spee lag Deutschland mit dieser Henkerei an der Spitze im Abendland: „Dies Rösten, Sengen und Brennen hat in unserem lieben Vaterland so überhandgenommen, daß wir der deutschen Ehre im Ausland in nicht geringem Maße Abbruch getan haben." Andere Jesuiten waren dieser Meinung nicht, etwa Martinus Antonius Delrio, um 1600 Vizekanzler und Generalstaatsanwalt von Brabant, der Provinz in den noch spanisch gebliebenen Niederlanden, dessen Handbuch „Untersuchungen über Zauberei" den Hexenrichtern zum wichtigen Arbeitsmittel wurde, auch den protestantischen. Delrio war unversöhnlich, denn „der Teufel ist in die Ketzer gefahren wie früher in die Götzenbilder", jede Hexe war eine wandelnde Freya, Frau Holda oder Venus!

Aber genug des Massenwahnes, lichten wir die historische Szene etwas durch die Gestalt des erwähnten Friedrich von Spee auf. 1631 gab er seine Schrift „Cautio Criminalis", frei zu übersetzen als „Warnungsschrift über Hexenprozesse" heraus, ohne seine Ordensoberen dafür um Erlaubnis gebeten zu haben. Spee wußte, wovon er schrieb, denn er hatte als Beichtvater verurteilter Hexen im Rheinland hinreichend praktische Erfahrung gesammelt. Sein niederschmetterndes Resümee: „Persönlich kann ich unter Eid bezeugen, daß ich bis jetzt noch keine verurteilte Hexe zum Scheiterhaufen begleitet habe, von der ich unter Berücksichtigung aller Gesichtspunkte hätte sagen können, daß sie wirklich schuldig sei." Er zerpflückt das Verfahren der Hexenprozesse in allen

Einzelheiten und läßt bei dieser Gelegenheit weder an weltlicher noch an geistlicher Obrigkeit ein gutes Haar. Dabei entsteht ihm in seinem gerechten Zorn ein schwungvolles Pamphlet unter den Händen, dessen Hiebe treffsicher sitzen, etwa wenn es zum Mißbrauch der Folter heißt: „Kein deutscher Edelmann würde es ertragen können, daß man seinen Jagdhund so zerfleischte!" Oder wenn er die Herumschiebung der Verantwortung auch schon im damaligen Staatsapparat aufs Korn nimmt: „Der Fürst meint, da werden meine Beamten zusehen, und die Beamten sagen, da wird unser Fürst schon zusehen. Was ist das für ein Teufelskreis? ...denn wo die Beamten zusehen sollten und der Fürst zusehen sollte, da sieht gar keiner zu!" Das sind auch außerhalb des Themas der Hexenjägerei goldene Worte. Die Lawine der einschlägigen Prozesse hat ihren Ursprung in der Servilität gegenüber den Fürsten, die selber hysterisch sind und denen die Hofschranzen daher Erfolge liefern wollen, denn „wollte man der Obrigkeit hierin widerstreben, ... so würde dies vor allem bei uns Deutschen sehr übel gedeutet werden, da fast jeder Mann, auch die Geistlichen, alles für recht und gut halten, was den Fürsten und der Herrschaft gefällt." Das ist eine stets aktuelle Beschwörung des Untertanengeistes (den es immer und überall gibt und von dem nur die gesichtsblinden Doktrinäre glauben, daß er mit dem Jahre 1945 bei uns einen entscheidenden Stoß empfangen habe).

Es war schon höchst verwunderlich, daß Spees Kampfschrift damals gedruckt wurde. Besonders interessiert es uns natürlich, ob Spee bei aller Verfahrenstechnik auch die materielle Grundlage des Verfahrens in Frage stellte, den Glauben an Teufelspakt, Teufelsbuhlschaft und Schadenszauber. Da finden sich interessante Formulierungen, wie z. B. „Nun aber, da ich die Tätigkeit der Gerichte näher betrachte, sehe ich mich nach und nach dahin gebracht, zu zweifeln, ob es überhaupt welche (sc. Hexen) gibt." Und er will zu dem Thema noch etwas „für eine künftige Abhandlung aufsparen." Diese Abhandlung aber hat Friedrich von Spee nie geschrieben. Für den Jesuitenorden war er nun nicht mehr tragbar; ein Ausschluß aus dem Orden erfolgte allerdings nicht, denn dazu war der Fall mit zu weitreichenden Konsequenzen befrachtet. Friedrich von Spee wurde nur zwangsversetzt und starb 1635 in Trier eines „neutralen" Todes, nämlich an der Pest, als er als Seelsorger pestkranke französische Kriegsgefangene betreute.

Der Klarstellung halber sei hier erwähnt, daß Spee deswegen so gegen die Fürsten vom Leder zieht, weil im Heiligen Römischen Reich die Hexenverfolgung nicht Sache der geistlichen, sondern der weltlichen Gerichte war. Der Hexenglauben ist auf dem Boden der christlichen Dogmatik entstanden, aber die weltlichen Verantwortlichen pflegten ihn nicht weniger inbrünstig als die Kirche.

Wenn ihn aber die Fürsten pflegten, dann war hier ein Einfallstor für seine Zurückdrängung, nämlich die Korrektur seiner prozessualen Entartungen durch die führenden weltlichen Juristen des beginnenden Aufklärungszeitalters. Der berühmteste darunter ist der Leipziger Professor Christian Thomasius (1655 - 1728). Der Angelpunkt im Prozeßverfahren war die Folter. Als Thomasius nachwies, daß die gehässige Form des Hexenprozesses nicht etwa altüberlieferter Herkunft sei, sondern erst seit ca. 1500 im Schwange war, hatte er den Horizont bereits nachhaltig gereinigt. Es war nicht die Aufgabe der Juristen, den Tatbestand der Hexerei obsolet werden zu lassen; das besorgte die Philosophie der Aufklärung, deren Einwirkung auf die Herrschaft der Kirche über die Geister Europas im nächsten Kapitel untersucht werden soll. 1714 verbot König Friedrich Wilhelm I. von Preußen weitere Hexenprozesse; im nächsten Jahrzehnt fand das letzte Verfahren dieser Art im Königreich statt und endete damit, daß man die Delinquentin, die sich selbst des Umganges mit dem Teufel bezichtigte, für geisteskrank erklärte und lebenslänglich ins Spandauer Spinnhaus einlieferte. Mit der Abschaffung der Folter durch Friedrich den Großen (1740) war der Spuk offiziell vorbei, wenn auch noch nicht ganz in den preußischen Hirnen.

In Österreich befahl Maria Theresia im selben Jahre, dem ihrer Thronbesteigung, daß alle Anklagen auf Hexerei der kaiserlichen Regierung zur Entscheidung vorzulegen seien. Das brach diesen Anklagen regelmäßig das Genick, und 1766 befand die Kaiserin in der „Landesordnung, wie es mit den Hexenprozessen zu halten sei", daß „während Unserer Regierung bisher kein wahrer Zauberer, Hexenmeister oder Hexe entdeckt worden, sondern derlei Prozesse allemal auf eine boshafte Betrügerei ... hinausgeloffen seien ..." Nichtsdestoweniger sei die Regierung nach wie vor bemüht, „die Unternehmung zauberischer Handlungen auszurotten." Erst der Sohn Maria Theresias, Kaiser Joseph II., strich 1787 alle auf Zauberei etc. bezüglichen Straftatbestände aus den Gesetzen der Erblande. Auch hier wird sich in den finsteren Ecken der weiten Monarchie noch mancher Aberglauben lange gehalten haben, und die dunklen transsylvanischen Wälder, slowakischen Wildnisse oder auch abgelegenen Alpenländer boten dazu ja auch die passende Kulisse.

Heute noch ist es eine Beleidigung, wenn man eine Dame als „Hexe" bezeichnet, selbst wenn man das nicht im Sinne eines Teufelspaktes der betreffenden, sondern in reichlich säkularisiertem Sinne meint, wie wir die vom Landgericht Mannheim mitgeteilte Rechtsprechung aus dem Jahre 1978 (siehe Neue Juristische Wochenschrift 1979, Seite 505) ergänzen möchten. Im übrigen haben Umfragen (die letzte 1973) ergeben, daß 2 % aller Bundesbürger immer noch an Hexen glauben und weitere 9 % Hexerei für möglich halten. Ja, „sachverständigen Schätzungen zufolge gibt es in Süddeutschland kein Dorf ohne als Hexen verrufene Frauen", führt das Gericht weiter aus.

Nur merkwürdig bei alledem, daß für ein männliches Wesen der Ausdruck „Hexer" eher Anerkennung bedeuten soll. Auch als die Geschichten vom Teufelspakt blühten, durften die Männer in der Magie alles, die Frauen hingegen gar nichts. Niemand wäre auf die Idee gekommen, den Doktor Johannes Faustus, der den Teufel seinen Schwager nannte und später Johann Wolfgang von Goethe zu seinem Sänger bekam, vor ein Tribunal zu zerren. Oder den genialen Goldschmied und Rodomontierer Benvenuto Cellini, der nachts im römischen Kolosseum beim höllischen Liebeszauber mithexte und dabei ebensoviele Teufel sah, als das Kolosseum Zuschauer fassen konnte. Erst recht durften die Männer in allerhöchsten Positionen alles, dort, wo sie bei etwas Begabung schon in die Weltgeschichte hineinragen: hatte nicht Papst Silvester II. (999 - 1003) die Tiara einst nur seiner Zauberei zu verdanken gehabt? Ins moderne Idiom übersetzt: Gerbert von Aurillac, von Kaiser Otto III. in jener Zeit zur päpstlichen Würde befördert, hatte derartig umfangreiche mathematisch - naturwissenschaftliche Kenntnisse, daß sie in sein Zeitalter nicht mehr hineinpaßten. War Faust ein Abenteurer, Cellini ein Angeber, so war Gerbert von Aurillac ein Wissenschaftler. Aber alle drei wurden zu bewunderungswürdigen Zauberern erklärt.

Die Gleichberechtigung war und ist also noch nicht vollständig durchgesetzt, auch nicht in den Schimpfwörtern. Allerdings könnte die Bezeichnung „Paragraphenreiter", mit der sich Juristen oft konfrontiert sehen, hier eine gewisse Annäherung bedeuten – sofern nämlich mit der Unterstellung, jemand reite auf Paragraphen, eine Assoziation zum nächtlichen Hexenflug hergestellt werden sollte.

Europa hatte also ca. drei Jahrhunderte lang seinen Hexensabbat gehabt, wenn er auch nicht in der Fahrt auf der Ofengabel zum Blocksberg bestanden hatte, sondern in den Massenverbrennungen unschuldiger Frauen. Dies ist etwas Einmaliges, das in keinen anderen Zeiten und Ländern, die je an Hexen glaubten, vorkam. Gibt es hierfür eine Erklärung, außerhalb der einschlägigen Lehren der damaligen Theologie, und abgesehen von den psychologischen Gesetzen des Massenwahns – wie können die Elemente dieses Wahns entstanden sein? Wenn weiter oben der Aberglauben der Spätantike aus Angst und Unsicherheit erklärt wurde und Luthers Glauben an den leibhaftigen Teufel aus der Angst, vor Gottes Gerechtigkeit zu versagen, dann muß auch dem Hexenglauben Angst zugrunde gelegen haben. Doch wovor? Vor dem Übergang aus einem Zeitalter in das andere, aus dem festgefügten Haus des Glaubens im Mittelalter unter den freien Himmel der neuzeitlichen Vernunft. Auch wenn wir mittlerweile aus diesem freien Himmel einiges an Gewittern haben überstehen müssen, scheint uns doch für die hier in Frage stehende Zeit zwischen 1450 und 1750 dies ein zwar noch sehr allgemeiner, aber nicht falscher Ansatzpunkt zu sein. Nur dürfen wir mit dem Begriff „Mittelalter" dabei nicht allzu pedantisch umgehen, die genauere Frage, was hierfür als unverzichtbares Charakteristikum anzugeben sei, würde ohnehin Verlegenheiten heraufbeschwören und soll daher dahingestellt bleiben.

Für die Zwecke der Inquisition, deren Denkweise im Hexenwahn gipfelt, bekommt das festgefügte kirchliche Weltbild schon im 12. Jahrhundert Risse. Besser gesagt: damals hatte die Kirche zum ersten Mal den Anspruch auf vollständige Freiheit von der weltlichen Gewalt (in mörderischer Konsquenz: auf absolute Herrschaft) aufgestellt, nachdem sie vorher in der Praxis mit ihr vermischt gewesen war. Dieser Anspruch schloß den auf vollständige Herrschaft über die Gemüter mit ein, und dabei wurde der Kirche bewußt, daß sie die Gemüter *nicht* so beherrschte, wie es für sie als Verwalterin des wahren Heils konsequent sein mußte. Das kirchliche Weltbild war also eigentlich niemals „festgefügt" gewesen, nur das Bewußtsein der Kirche von sich selbst, ihre Selbsterkenntnis hatte sich vertieft. Es konnte nicht ausbleiben, nachdem die Cluniazenser die Kirche aus der Verbindung mit der weltlichen Gewalt herausreformiert hatten, daß die „Welt" sich an der „Kirche" rächte, indem sie sich ihr entfremdete. Das Wachsen der Albigenser-Bewegung war dafür das erste Anzeichen.

Auch ökonomische Ursachen spielten eine Rolle: die Kirche war durch ihren Grundbesitz wesentlich eine Feudalmacht, ab 1100 aber wurde deren agrarische Wirtschaftsform durch den aufkommenden Handel herausgefordert. Der Handel förderte das Entstehen von städtischen Zentren, die Städte unterlagen der kirchlichen Autorität nicht fraglos: freisinnigeres, eben „ketzerisches" Denken machte sich breit, die Kirche fühlte, daß ihre Kontrolle über die Gemüter wankte. Also neigte sie dazu, die ungehorsamen Schäfchen zu verketzern. Das war der Sockel der europaweiten Verfolgung, und dazu kam nun noch ein emanzipatorisches Element: die Hochschätzung der Frau in der höfischen Kultur des hohen Mittelalters vertrug sich nicht mit dem patriarchalischen Charakter der Kirche. Gott hatte damals wirklich einen Bart! Hier liegt ein Ansatzpunkt zur Verteufelung der Frau, ebenso wie in dem Widerstand der städtischen und unfeudalen Geister ein Grund dafür gefunden werden kann, überall auf Erden das kirchenfeindliche Werk Satans wirksam zu sehen. Seit der Einrichtung der Inquisition war kollektiver Verfolgungswahn möglich; wie geistig anspruchslos der sein konnte, zeigte sich bereits in den Albigenserkriegen, als die südfranzösischen „Manichäer" zusammen mit den Waldensern auf ein- und denselben Scheiterhaufen geschickt wurden.

Die Zeiten wurden zudem immer rationaler, das Ritterideal war poetischer Plunder, der der politischen Wirklichkeit zu keinem Zeitpunkt ent-

Ein erſchröckliche geſchicht/ſo zu Derneburg in der Graff-
ſchafft Reinſtepn/am Hartz gelegen/von dreyen Zauberin/vnnd zwapen
Waßen/Jn erßlichen tagen des Monats Octobris Jm 1 5 5 5. Jare ergangen iſt.

Abbildung aus einem Flugblatt aus dem Jahre 1555 über eine Hexenverbrennung.

sprochen hatte, und ein wesentlicher Faktor der gegen die Ritterroman-
tik gerichteten Rationalität war das aufkommende Bürgertum mit seinem durchorganisierten und zielstrebigen Wirtschaftsleben. Das nun
wieder, sagen die Emanzipationstheoretiker, bedingte einen Triebver-
zicht, und dieser führte zu einer ambivalenten Haltung der Frau gegenüber: einerseits wurde sie in höfischer Mine sublim angebetet, andererseits als gefährlich irrationales Element verdächtigt. Oder: einerseits
wurde sie zur hl. Maria hochstilisiert, andererseits eben zur triebhaften
Hexe.

Schon den Albigensern hatte die Kirche sexuelle Orgien vorgeworfen.
Die Albigenser mögen schon deshalb keine Unschuldsengel gewesen
sein, weil sie den Körper für nichtig hielten und konsequenterweise sich
dann auch dessen „Befleckung" erlauben konnten. Das ist die Dialektik
des „es ist ja sowieso egal, also kann ich es ruhig tun!", doch war hier ein
Potential an sexualpathologischen Argumenten, das die zölibatäre Kirche nicht aufgab. Immer wieder ist bemerkt worden, von welcher defti-

323

gen Sinnlichkeit die mittelalterlichen Vorstellungen auch von religiösen Dingen waren. Und in der Tat: wer sich mit solcher Inbrunst in die Beschreibung von Höllenqualen verliert wie Dante im „Inferno" und viele andere unbedeutendere Zeitgenossen auch, der hat die richtigen Voraussetzungen, um sich den Hexensabbat einzubilden. Sollte dieses „Inferno"-Denken am zölibatären Klerus ohne seelische Spuren vorbeigegangen sein? Er *sollte* ja nur leben wie die Engel, aber er *war* sicherlich keine Gemeinschaft von Engeln!

Dazu der Glaube an den Schadenszauber: noch Thomas von Aquin hatte gemeint, mit ein paar Gebeten könne man jeden Schadenszauber abwenden, da die Weltordnung göttlich durchdrungen war. Einem Anhänger der Hohenstaufen hätte er das schon zu seinen Lebzeiten nicht klarmachen können, aber im späten Mittelalter galt seine Prämisse ganz offensichtlich nicht mehr: die gottgewollte Standesordnung verfiel, das Rittertum verkam, auch moralisch, das Kaisertum war nur noch mehr ein – wenn auch goldener – Schatten seiner selbst, das Papsttum verhedderte sich in peinlichste Schismen, und die aufkommenden Territorialherren – der mächtigste unter ihnen der König von Frankreich – konnten mit ihren rationalen Staatsmaschinen die „Nestwärme" von ehedem, die Geborgenheit in einer möglicherweise drückenden, aber gottgewollten Ordnung nicht mehr vermitteln. Auch falls es diese „Nestwärme" nur in der Einbildung gegeben haben sollte, auch wenn der Riß in der Weltordnung nichts war als der Beginn des selbständigen politischen Denkens weiterer Kreise der Bevölkerung als ehedem – für die Stimmung in der Christenheit war das gleichgültig. In einer zerrissenen Welt aber glaubt man eher an okkulte Künste, weil sie etwas sind, was man sich als wirkend vorstellt, aber nicht verstehen kann, genauso wie die wirren Zeitenläufe. Die dunklen Dämonen regieren in der Phantasie, weil das Dunkel in der Wirklichkeit regiert.

Magie, die Beschwörung der Dämonen, ist ja nichts anderes als der Versuch, die unverständliche Welt durch die Macht des Geistes zu beherrschen (nur daß dabei keine rationalen Mittel angewendet werden). Insofern handelt auch der Magier aus Angst. Der Beobachter des Magiers hingegen bemerkt, daß das Böse in der Welt ist, und er bemerkt es in den unsicheren Zeiten des Überganges besonders. Er kann es nicht fassen, obwohl es allgegenwärtig ist, aber er muß es irgendwie doch fassen, um als Mensch mit dem Gefühl dieses Alptraums des Bösen überhaupt leben zu können. Er personalisiert es in der Gestalt des Teufels und der Hexen. Beide, die Magier und die Inquisitoren, sollten eigentlich all ihre Kräfte anstrengen, um mit der sie umgebenden und bedrohenden Wirklichkeit fertigzuwerden, aber sie sehen nur verzerrt durch das Prisma des zeitgemäßen, auch für viele starke Geister unwiderstehlichen Aberglaubens: daher fallen die Inquisitoren über die Hexen her.

Beide hatten sie Angst: die Kirche vor den unbotmäßigen Laien, die Laien vor dem unverständlichen Lauf der Welt. Gott hatte sich für beide verhüllt. Und daher einigten sich beide, indem die Laien ihren alten, nie vergessenen Aberglauben auskramten, denn das durften sie nun, und die Kirche ihn mit ihrer Theologie garnierte. Die Angst aber blieb, deshalb brauchten sie anstatt einer Problemlösung einen Sündenbock. Da ein Sündenbock ein magisches Wesen ist und kein politisches, soziales oder ökonomisches, darf es mit der möglichen Problemlösung nichts zu tun haben. Also schlug man auf die Frauen ein, weil sie ein „Feindbild" abgaben, das ebenso allgemein war wie die Ängste ihrer männlichen Verfolger. Außerdem waren sie wehrlos und als Sündenbock leicht verfügbar. Es wurden ja die ärmeren verbrannt, die alten Bäuerinnen, Herumtreiberinnen und sonstige „Unterprivilegierte". Die Damen von Stand mußten schon in besondere Intrigen hineingeraten, um auf den Scheiterhaufen zu kommen. Die erwähnte Herzogin, die als Werwölfin ertappt worden war und das mit dem Tode büßen mußte, war (sofern an dieser Geschichte überhaupt ein Körnchen Wahrheit ist) entweder eine Ausnahme oder ihrem Gatten aus anderen Gründen, die wir nicht wissen, zur Last geworden.

Klar liegt hier der Fall der Agnes Bernauer: sie war eine Baderstochter aus Augsburg, von deren lieblicher Schönheit die Volkslieder und auch die zeitgenössischen Chronisten berichten, und dem Sohn des regierenden Herzogs von Bayern-München Ende 1432 oder Anfang 1433 heimlich angetraut worden. Der Vater, Herzog Ernst, konnte nicht dulden, was da sein Sohn, Thronfolger Albrecht, angerichtet hatte. Die Kinder aus einer Ehe des Wittelsbachers mit der Baderstochter würden nicht als legitim anerkannt werden, Albrecht würde bei Aufrechterhaltung der Ehe auf den Herzogsthron verzichten müssen, und Nachfolgekriege mit den Vettern von Ingolstadt und Landshut würden dann ins Haus stehen. Also mußte die Bernauerin verschwinden. Erst lockte man Albrecht von Straubing weg, um Agnes im dortigen Schloß verhaften zu können. Herzog Ernst ließ wahrscheinlich ein summarisches Gerichtsverfahren gegen sie anstrengen, in dem sie wegen Bestrickung seines Sohnes sehr wohl wegen Zauberei verurteilt worden sein mag, dann ertränkte man sie (12. Oktober 1435) – oder sie kam bei der Wasserprobe um, die sie als Hexe bestehen mußte.

Also war sie eine „politische" Hexe, doch abgesehen von ihrem Fall dürften viele Frauen, die mit Badern zu tun hatten, auf den Scheiterhaufen geschickt worden sein. Denn die mittelalterlichen Badestuben dienten nicht nur der Reinigung des Körpers, sondern in Verbindung damit der verfänglichsten Kurzweil. Kamen die Ehefrauen nun auf den Gedanken, daß ihr Mann bei seinem Besuch der Badestuben in höchster moralischer Gefahr schwebte, dann genügte ihre Eifersucht, und sie denunzierten dem Inquisitor das dort arbeitende weibliche Personal, daß es Liebeszauber übe. Aber nach den (spärlichen) Nachrichten, die wir über Agnes Bernauer besitzen, paßt sie in eine derart zweideutige Atmosphäre trotz ihrer Herkunft gar nicht hinein.

Noch viel weniger die letzte der „Hexen", der wir uns nun zuwenden wollen und die mit der Bernauerin gemeinsam hat, daß sie auch eine „politische" war, wenn auch von unvergleichlich größerer Bedeutung: Jeanne d'Arc, die „Jungfrau von Orleans". Sobald die mit den Engländern verbündeten Burgunder diese französische Wunderwaffe gefangen hatten, war deren Schicksal besiegelt. Die hohen englischen Kommandeure, Kleriker und Verwaltungsbeamten hatten sicherlich nur den einen Gedanken, wie vornehm, gekünstelt, lateinisch oder sonstwie sie ihn auch umschreiben mochten: Jeanne d'Arc muß sterben. Neben dem eindeutigen politischen Kalkül war da wohl auch noch das Grauen, das diese Erscheinung verbreitete: ein minderjähriges Landmädchen, das sich anschickte, den endlosen Krieg zwischen England und Frankreich durch eigene Initiative auf den Schlachtfeldern zu entscheiden – das faßte niemand, der damals Politik betrieb und die Welt zu verstehen glaubte. Jeanne d'Arc mußte weg, damit der blinde Fleck im Weltbild der Politiker getilgt wurde.

Aber da Jeanne schon für größte Aufmerksamkeit gesorgt hatte, mußte der Prozeß gegen sie wohlüberlegt organisiert sein. So ungestüm die Engländer auch auf die Beseitigung der Jeanne d'Arc drängten, so sehr mußten sie doch auf die kirchlichen Instanzen Rücksicht nehmen, das war bei einer Anklage wegen Ketzerei unumgänglich. Eine andere Anklage war überhaupt nicht denkbar, denn für ihr Eintreten für Karl VII. allein konnte man Jeanne nicht hinrichten. Es mußte also darauf hinaus, daß der hl. Michael, dessen Erscheinung sie gehabt haben wollte, ein incubus war. Daher fragte man sie, ob er nackt gewesen sei, als er sie aufgesucht habe, ob er sich warm oder kalt angefühlt habe und ob er sie am Oberleib oder am Unterleib umarmt habe. Jeanne schaffte es trotz ihrer fehlenden Vorbildung, solchen Fallstricken auszuweichen, etwa indem sie die Inquisitoren fragte: „Glaubt ihr denn, daß der Herr nichts habe, um seine Engel zu bekleiden?" Es war also auf der Grundlage von Hexerei kein Urteil gegen sie zu zimmern, zumal sie nicht gefoltert wurde. So weit war der Hexenwahn im damaligen Jahre 1431 noch nicht.

Man schickte von Rouen aus, wo der Prozeß stattfand, schriftlich ein Schreiben mit 12 Anklagepunkten an die Sorbonne, um von dort bestätigt zu erhalten, daß Jeanne eine Ketzerin sei. Die Sorbonne zweifelte, ob diese 12 Punkte die Äußerungen Jeannes wahrheitsgemäß enthielten, wie sie sie in den bisherigen Verhören vor der englisch gesteuerten Inquisition in Rouen zu Protokoll gegeben hatte. Derlei Unsauberkeiten wurden dem Heiligen Offizium also von namhaften Theologen und Juristen zugetraut, obwohl Paris im englischen Einflußbereich lag und die Doktoren wissen mußten, daß es sich hier um einen politischen Prozeß handelte.

Dabei waren auch so die Anklagepunkte meist lächerlich: da z. B. Jeanne Männerkleider trug und ihr Haar kurz geschoren hielt, befand das Inquisitionsgericht: „Du verurteilst dich selbst, indem du die Kleider deines Geschlechtes nicht tragen willst und den Sitten der Heiden und Sarazenen folgst." Daß sie in Beaurevoir vom Turm ihres Gefängnisses sprang, da sie, damals noch in der Gefangenschaft der Burgunder, den Engländern nicht in die Hände fallen wollte, schmeckte nach der Sünde des Selbstmordes. Endlich, endlich ein „theologisches Verbrechen", mochten die Inquisitoren dabei gedacht haben.

Ein Punkt der der Sorbonne übersandten Zusammenfassung aber zeigt die ganze Fragwürdigkeit von Jeannes religiöser Vorstellungswelt unserer Auffassung nach tatsächlich: die Jungfrau hatte erklärt, die hl. Katharina und die hl. Margarete hätten zu ihr ebenfalls gesprochen, so wie der hl. Michael, aber auf französisch und nicht auf englisch, weil sie nicht zur englischen Partei gehörten! Zwar sagte Jeanne anschließend, sie wisse nichts von Gottes Liebe oder Haß für die Engländer oder was er mit ihren Seelen vorhabe, und schwächte damit ihre vorhergehende Aussage ab. Doch scheint dies auf die Suggestivfrage „Haßt Gott die Engländer?" zurückzuführen zu sein, die Jeanne unmöglich bejahen konnte, ohne als Ketzerin dazustehen, die Gott negative Gefühle unterstellte.

Aber abgesehen von den Seelen der Engländer: der liebe Gott war also an der Befreiung Frankreichs von den Engländern interessiert. Und das darf im Lichte des 20. Jahrhunderts als ein verblüffendes Ergebnis bezeichnet werden. Da Johanna 1920 heiliggesprochen wurde, war sie wohl nicht nur eine politische Ketzerin, sondern auch eine politische Heilige (und folglich der Akt der Heiligsprechung ein politischer Akt?). Darin bewährt sich noch nach ihrem Tode die Zwittereigenschaft, die sie zu ihren Lebzeiten so unbegreiflich machte. Nach der Meinung des zeitgenössischen amerikanischen Biologen Robert Greenblatt wäre sie in Wirklichkeit ein Mann gewesen mit dem sehr seltenen Leiden des „Testikel-Feminismus", d. h. mit weiblichen Geschlechtsmerkmalen, jedoch nicht vollständig entwickelten.

Dadurch wird ihre Gestalt aber auch nicht faßbarer und bleibt weiterhin interessanter als all die Teufelsweiblein mit ihren teils unsittlichen, teils bösartigen Absichten auf dem Wege vom Mittelalter in die Neuzeit.

Eine Hexe wird auf einem Esel sitzend zur Richtstätte geführt. Radierung von Francisco de Goya.

IX. Bis zur Moderne

Da Gott der Herr den Menschen nach seinem Ebenbild geschaffen hatte, konnte es nicht anders sein, als daß er auch die Erde dem Menschen unterworfen, gar ihm anbefohlen hatte, sie sich untertan zu machen. Also mußte auch die Wohnung des Menschen, diese unsere Erde, im Mittelpunkt der Schöpfung stehen: sie war die Mitte des Weltalls, um sie kreisten die Sonne und die anderen bekannten Sterne, und die waren an Sphärenkugeln festgehalten, damit sie nicht aus ihrer vorbestimmten Bahn fielen und die ewige göttliche Ordnung auf diese Weise störten. Wie hätte auch Gott seinen eigenen Sohn auf gerade diese Erde zur Erlösung der sündigen Menschen senden können, wenn sie nicht das Zentrum der Schöpfung war?

Daß dieser Heilslehre nicht unbedingt die naturwissenschaftlich festzustellende Struktur des Weltalls entsprechen mußte, erkannte die Kirche des Mittelalters nicht. Damit riß erneut eine Kluft auf, die schon einmal im hohen Mittelalter mit äußerster Anstrengung wieder geschlossen worden war: die zwischen Glauben und Wissen. Es ist nicht ausgemacht, ob zwischen beiden Bereichen unbedingt ein Widerspruch bestehen muß. Kardinal Baronius sagte zur Zeit der Gegenreformation: „Der Heilige Geist wollte uns lehren, in den Himmel einzugehen, nicht, wie die Himmel gehen." Das konnte man einmal als gegen Kopernikus gerichtet ansehen, dessen Streben nach Erkenntnis des „Gehens der Himmel" damit als sündhaft abqualifiziert war, aber es war auch noch eine andere Deutung möglich: den Heiligen Geist interessiert das „Gehen des Himmels" nicht ebenso wie das Heil der Menschen – ein Gedanke, der religiös viel für sich hat, denn er weist darauf hin, daß die seelischen Bedürfnisse des Menschen und die Erkenntnisse von Mathematik und Naturwissenschaft nicht notwendig voneinander abhängen.

Doch die Kirche dachte in den Kategorien des Entweder - Oder und setzte im Jahre 1616 das Werk des Kopernikus „de revolutionibus orbium coelestium" auf den Index: „... daß die Sonne das Zentrum der Welt sei... ist albern, absurd, theologisch falsch und ketzerisch, weil der Heiligen Schrift ausdrücklich entgegen."

Warum? Die Begründung braucht uns nicht einmal die römische Inquisition zu liefern, der Genfer Jean Calvin kann es ebenso. Psalm 93,2 verkündet: „Von Anbeginn steht Dein Stuhl fest" – und dem Heiligen Geist, dem Inspirator der Psalmen, sei wohl mehr zu glauben als Herrn Kopernikus! Auch Luther hatte den Domherrn von Frauenburg als einen Narren abgetan. Auf der Grundlage der skizzierten kirchlichen Denkweise war es erstaunlich, daß die Inquisition diesen erst 1616 indizierte, wo doch das grundlegende Werk des Kopernikus bereits 1542 erschienen war. Das ist dadurch erklärlich, daß es seitdem in Vergessenheit geraten war und erst in den letzten Jahren der Diskussion wieder eine Rolle zu spielen begonnen hatte.

Die Naturwissenschaften waren noch nicht so emanzipiert, daß sie nicht auch ihrerseits die Theologie zu beeinflussen gesucht hätten: das mittelalterliche Bedürfnis nach dem einheitlichen Weltbild lebte auch noch in dem genialen Physiker und Astronomen Galileo Galilei weiter: 1611 glaubte er, sich gegen die Prediger verteidigen zu müssen, die seine Bestätigung des kopernikanischen Weltbildes von der Kanzel aus angriffen. Er lehrte damals in Florenz, der Hauptstadt des Großherzogtums Toskana, und die Jesuiten, die dort recht einflußreich waren, hatten bereits Front gegen ihn gemacht. Der Kurienkardinal und Inquisitor Bellarmin war auf ihn aktenkundig aufmerksam geworden. Galilei bestritt die Autorität des Aristoteles in Fragen der Naturwissenschaft, und das war fast so gewagt, als ob er einen kanonischen Kirchenvater angegriffen hätte. 1613 schrieb er Pater Castelli, der durch seine Empfehlungen Professor der Mathematik in Pisa geworden war, einen Brief „über das Hineintragen der Heiligen Schrift in naturwissenschaftliche Diskussionen", indem er zwischen beiden Bereichen Harmonie herzustellen trachtete: die Naturwissenschaft sei nichts als die Erfüllung der Gebote Gottes, deren Vorgegebensein in der Offenbarung des Evangeliums er nicht leugne.

Dieser Brief fiel natürlich der Inquisition in die Hände. Pater Caccini, ein Florentiner Dominikaner, sagte in Rom heimlich aus, Galilei lehre die Bewegung der Erde um die Sonne und die Unbeweglichkeit der Sonne, worauf der Papst selbst anordnete, die Gewährsleute Caccinis in Florenz zu vernehmen. Galilei erfuhr hiervon aber nur gerüchteweise, wie es der Heimlichkeit des Verfahrens entsprach. Noch war Kopernikus nicht auf dem Index, ein Karmelitermönch Foscarini erklärte sich zugunsten des Frauenburgers. Sollte Galilei sich da nicht sagen, daß keine Gefahr für ihn bestünde? Aber Kardinal Bellarmin antwortete Foscarini, in den Sprüchen Salomons (Ecclesiastes 1,5) stehe: „die Sonne geht auf und unter und an ihren Ort zurück"; das Auge bestätige diesen Satz, das Auge könne sich nicht täuschen. In Rom würde man also Galileis Behauptungen nicht dulden, auch wenn das Untersuchungsverfahren nicht straff zum Ziele steuerte, denn angeblich ketzerische Behauptungen des Professors, die Bellarmin in Florenz unter den Informanten Caccinis aufdeckte, erwiesen sich als Behauptungen aus den Disputationen des Thomas von Aquin.

Im Dezember 1615 ging Galilei nach Rom, allen Ernstes, um für das kopernikanische System eine Lanze zu brechen. Kardinal Orsini lieh ihm arglos sein offenes Ohr, Galilei wiegte sich in Sicherheit, aber er verstand sich mehr auf Himmelsbewegungen als auf die ungeometrisch-verschlungenen Pfade der Inquisition, denn Orsini war ohne Einfluß, zudem war der Beweis für die Erdumdrehung, den Galilei ihm vorlegte, wissenschaftlich falsch. Orsini sprach bei Papst Paul V. für seinen Schützling, aber der Pontifex hieß ihn zu schweigen und die Sache dem Heiligen Offizium zu überlassen. Dann folgte die Indizierung des Kopernikus, verbunden mit der Verdammung Foscarinis und der „Zensur über die Behauptungen des Mathematikers Galilei." Kardinal Bellarmin lud Galilei vor und ermahnte ihn, seine Meinungen aufzugeben, und dieser erklärte tatsächlich seine Unterwerfung. Er hatte sich überschätzt, als er freiwillig nach Rom gegangen war. Bellarmin stellte ihm sogar für seine Rückkehr nach Florenz ein „Unbedenklichkeitszeugnis" aus.

Der Professor jedoch litt innerlich sehr daran, daß er nun wieder ein gehorsamer Sohn der römischen Kirche war. 1623 bestieg Matteo Barberini als Urban VIII. den päpstlichen Thron, ein Bewunderer Galileis, der sich ihm zunächst sehr huldvoll erwies: sechsmal gewährte er ihm Audienz und beschenkte ihn unter anderem mit einer Pension für seinen Sohn Vincenzio. Urban sagte, er betrachte die Lehren des Kopernikus nicht als ketzerisch, sondern nur als bedenklich; außerdem könnten sie ja doch nicht wissenschaftlich bewiesen werden. Galileis Gewissen als Forscher und sein Übermut wurden in dieser fast freundschaftlichen Atmosphäre wieder geweckt, und er verfaßte seinen „dialogo dei due massimi sistemi del mondo" (Dialog über die beiden größten Weltsysteme), in dem er den auch theologisch relevanten Satz aufstellte, daß die wissenschaftliche Erkenntnis die menschliche Vernunft der göttlichen teilhaftig mache. Dann eilte er mit seinem Werk nach Rom (1630) und teilte dem Papst mit, er habe darin die Richtigkeit des kopernikanischen Systems bewiesen. Da dieser Beweis 1616 noch nicht bestanden habe, habe die Kirche damals nicht in Unkenntnis gehandelt, als sie es verwarf. Das bedeutete doch wohl auch, daß sie es nunmehr nicht länger verwerfen könne, und war für die Inquisition natürlich eine Zumutung. Aber Urban VIII. war der Herr des Heiligen Offiziums und der Schutzpatron Galileis; er setzte daher nur durch, daß Galilei in Einleitung und Schlußwort die Allwissenheit der Kirche unverklausuliert anerkannte, im übrigen durfte das Werk nach geringen Modifikationen in Rom in Druck gehen.

Im Februar 1632 erschien es – und im August desselben Jahres bereits erging das Verbot der römischen Inquisition, den Druck fortzusetzen; die Exemplare auf dem Markt sollten eingezogen werden. Am 1. Oktober 1632 teilte der Inquisitor von Florenz dem inzwischen zurückgekehrten Galilei mit, er habe sich binnen eines Monats in Rom vor dem dortigen Heiligen Offizium einzufinden. Galilei verwies auf sein hohes Alter (er war inzwischen 70), auf die Pest und die Quarantäne in Florenz, aber der Papst ließ verlauten, notfalls würde man ihn in Ketten nach Rom schaffen, seine häufigen Krankheitszustände könnten als Grund für einen

Aufschub nicht anerkannt werden. Im Februar 1633 schließlich kam er nach Rom und wurde bis zum ersten Verhör im April unter Hausarrest gehalten.

Was konnte man ihm vorwerfen? Daß er seinen „dialogo" mit höchster päpstlicher Genehmigung zum Druck gegeben hatte, wohl kaum. Also benutzten die Inquisitoren den Verstoß gegen ein angeblich im Prozeß von 1616 ausgesprochenes Verbot, sich zum kopernikanischen System zu bekennen, als Angelpunkt des Verfahrens. Auch das war merkwürdig genug, denn Galilei konnte sich dieses Verbots nicht entsinnen, und Kardinal Bellarmin, möglicher Entlastungszeuge, war 1621 gestorben. Hatten die Richter die Akten verfälscht, indem sie dieses Verbot von 1616 nachträglich hinzufügten? Das zu erkennen, war Galilei nicht in der Lage, da ihm, wie im Glaubensverfahren üblich, keinerlei Einsicht in die belastenden Akten gewährt wurde.

Ferner war überhaupt der Entschluß Urbans VIII. unverständlich, der seinen einstigen Schützling plötzlich fallengelassen hatte – ohne daß Galilei seine Gunst mißbraucht hatte, um ketzerische Äußerungen zu riskieren! Also war der Papst aus irgenwelchen übergeordneten Erwägungen, die der Angeklagte höchstens erraten konnte, von Gegnern Galileis umgestimmt worden. Der Forscher erklärte, sein „dialogo" sei in Wirklichkeit die Widerlegung des Kopernikus, aber die Inquisitoren gingen darauf nicht ein.

Im Hausarrest, der dem ersten Verhör folgte, erkrankte Galilei. Im zweiten Verhör versprach er, den „dialogo" so zu überarbeiten, daß daraus klar hervorgehe, daß er die Lehre des Kopernikus von der Erdbewegung ablehne; die nächsten Termine brachten sein Angebot, sich ganz zu unterwerfen und das Erdbild des Ptolomäus zu akzeptieren, wie es bis jetzt gelehrt worden war; aber die Richter beharrten auf dem Punkt, daß er im „dialogo" die gegenteilige Meinung vertrete. Vermutlich hat man ihm daraufhin die Folterkammer gezeigt; daß ein Hinweis darauf in den Inquisitionsakten fehlt, ist kein Beweis des Gegenteils, denn wer seinen Gegner mit Folter brechen will, pflegt dies nicht unbedingt protokollarisch festzuhalten – hier hat die Aktenkundigkeit des Verfahrens, die es für spätere Zeiten möglichst genau festhalten soll, ihre Grenzen. Außerdem besteht eine Notiz, angefertigt fünf Tage vor dem letzten Verhör, daß der Papst befohlen habe, Galilei „de intentione" zu befragen, unter Androhung der Tortur, als ob er sie ertragen solle, und alsdann ihn... abschwören zu lassen. "

So mußte Galilei im Dominikanerkloster Santa Maria Sopra Minerva vor 7 Kardinal-Inquisitoren niederknien, die Bibel berühren und dabei schwören: „Ich schwöre ab, verwünsche und verfluche mit redlichem Herzen und nicht erheucheltem Glauben alle diese Irrtümer und Ketzereien, sowie überhaupt jeden anderen Irrtum und jede Meinung, welche der Heiligen katholischen und römisch-apostolischen Kirche entgegen ist..." Dann das Urteil, immerhin von drei Kardinälen nicht unterschrieben: Kerkerhaft auf unbestimmte Zeit, drei Jahre lang je einmal wöchentlich Rezitieren der Bußpsalmen. Vom Kerker der Inquisition wurde er nach drei Tagen in die Villa Medici überstellt, dann nach Siena in den Palast des dortigen Erzbischofs Piccolomini. Von dort schickte er den „dialogo" zum Druck heimlich ins Ausland, denn in Italien stand er nun natürlich auf dem Index. Ende 1633 durfte er in seine Villa bei Florenz zurückkehren.

Dort wurde er beständig offen von der Inquisition observiert: doch ebendort schrieb er das Werk, das als sein wissenschaftlich bedeutendstes angesehen wird, die „discorsi", in denen er die Physik des Aristoteles endgültig entthronte. Da die Inquisition in ihrem Machtbereich das Verbot durchgesetzt hatte, irgendetwas von Galilei zum Druck anzunehmen, mußte Galilei sie ins protestantische Holland schmuggeln lassen, durch Vermittlung eines venezianischen Dominikanerpaters. 1642 starb er in seiner Villa, immer noch observiert von der Inquisition. „Und sie bewegt sich doch" – diesen Ausspruch hat ihm die Nachwelt zugeschrieben.

Da sein Prozeß als der typische Fall einer Knebelung des forschenden Geistes der Moderne durch „Ignoranten im Purpur" (Hermann Kesten) in die Geschichte eingegangen ist, kann man, um die Betrachtung darüber zu entzerren, sich fragen, ob er denn nicht vermeidbar gewesen wäre. Immerhin war ja Kopernikus erst über 70 Jahre nach seinem Tode auf den Index gesetzt worden, hatte Urban VIII. zunächst eine hohe Meinung von Galilei und vor dessen Verfahren erklärt, unter seinem Pontifikat wäre dem Werk von Kopernikus eine Indizierung niemals widerfahren. Es wird behauptet, die Jesuiten hätten den Papst gegen Galilei aufgehetzt, da dieser in seinem „dialogo" Gedanken aus den Unterhaltungen mit Urban VIII. mit der Tendenz verwendet habe, des Papstes theologische Argumentation zu naturwissenschaftlichen Fragen lächerlich zu machen.

Dann ist da noch das Wort Johannes Keplers, des Protestanten, Astronomen und Zeitgenossen, das dem ungeschickten Vorstoß Galileis seinerseits auf theologisches Gebiet die Schuld an seiner Verurteilung gibt: „... weil es durch die Schroffheit einiger Leute, welche Fragen der Sternforschung an unrechter Stelle und in unpassender Weise behandeln, dahingekommen ist, daß das Leben des Buches des Kopernikus, das fast 80 Jahre unbehelligt blieb, schließlich untersagt wurde ..." Wäre daraus zu schließen, daß die Kirche, wenn sie nicht auf ihrem ureigensten Gebiet herausgefordert worden wäre, das kopernikanische System akzeptiert hätte? Zumal der Gedanke Galileis, auch die Naturgesetze seien Gottes Gesetze, auf Versöhnungsmöglichkeiten zwischen Kirche und Naturwissenschaft schließen lassen könnte?

Aber gerade die Möglichkeit, experimentell die Naturgesetze zu erkennen, würde dann ja bedeuten, daß die menschliche Vernunft göttliche Gesetze durchschaute, und dann könnte die göttliche Offenbarung für überflüssig erklärt werden. Darauf lief Galileis Behauptung hinaus, die Erkenntnis der wissenschaftlichen Vernunft mache der göttlichen Vernunft teilhaftig. Es ging also um mehr als um das Verständnis „geozentrischer" Aussagen der Bibel im richtigen Sinne – die hätten sich uminterpretieren lassen. Es ging um die Entthronung der Offenbarung – und folglich ihrer Hüterin, der Kirche – durch die Naturwissenschaft, denn wenn auch die göttliche Vernunft sich in mathematischen Sätzen ausdrückt, ist sie nicht mehr unerforschlich.

Galilei sagte es offen: „Wir gehen mittels schrittweiser Erörterung weiter von Schluß zu Schluß, während Gott durch bloße Anschauung begreift... diese Übergänge, zu welchen unser Geist Zeit braucht, die er schrittweise vollführt, durchläuft der göttliche Intellekt dem Lichte gleich in einem Augenblicke ..." Populärer ausgedrückt: Gott begreift schneller als der Mensch, aber inhaltlich nicht besser! Dem hielt Urban VIII. entgegen – und in der Tat war er ganz und gar kein „Ignorant in Purpur" (oder mit Tiara), sondern auf der Höhe der Diskussion -, das Wesen der Offenbarung bestehe darin, daß sie Licht in ein Dunkel bringe, das der Mensch sonst nicht aufhellen könnte. Die Gesetze Gottes seien ihm also notwendigerweise verborgen, solange er keinen Hinweis auf sie erhalte durch die Offenbarung. Der Himmel öffnet sich nur nach Gottes Willen, der als wahrhaft unerforschlicher Ratschluß zu verehren ist, denn wenn jemals unter den Theologen Einigkeit darüber bestand, daß der Mensch über Gott nichts Wirkliches aussagen könne, dann galt das auch für den mathematischen Zugriff Galileis.

Dem Professor war daher auch vom Papst aufgegeben worden, eine Schlußklausel zu seinem „dialogo" zu setzen, die die göttliche Allmacht in dem Sinne betonte, daß Gott als Herr des Universums auch ganz anders hätte verfahren können, als es den von Galilei gefundenen Naturgesetzen entsprach. Damit nun wäre dessen ganzes naturwissenschaftliches Selbstbewußtsein in sich zusammengefallen, sein Pathos der Erkenntnis abermals an den Geboten der Theologie relativiert, Physik und Astronomie als Magd der Theologie festgenagelt worden. Es ist schwer vorstellbar, daß hier ein Konflikt der Geister auf die Dauer zu vermeiden war, unabhängig von der taktischen Geschicklichkeit der Beteiligten.

Galilei war auch schon auf dem Weg, die Religion noch schlimmer zu behandeln, als wenn er das Postulat von Gottes unerforschlichem Ratschluß nicht hätte gelten lassen wollen: sie wurde ihm gleichgültig, denn die Gleichsetzung von Naturgesetzen und göttlichen Gesetzen hatte schon bei ihm die Tendenz, letztere überflüssig zu machen. „Entweder wollen wir spekulativ versuchen, das wahre und innere Wesen der natürlichen Substanzen zu durchdringen oder wir wollen uns mit der Kenntnis einiger ihrer Erscheinungen begnügen. In das Wesen einzudringen, halte ich ebenso für ein unmögliches Unterfangen wie eine leere Mühe, und zwar bei den nächsten elementaren wie bei den entferntesten himmlischen Substanzen ... Solche Erkenntnis zu erlangen, ist für den Zustand der Seligkeit aufgespart und nicht vorher möglich." Das ist der Abschied nicht nur vom geozentrischen, sondern auch vom theozentrischen Weltbild.

Vielleicht waren die Kardinalinquisitoren die Ketzer und nicht Galilei, denn an seinen naturwissenschaftlichen Erkentnissen ließ sich nun einmal nicht rütteln, und auch nicht daran, daß er sie über Gottes Schöpfung gewonnen hatte. Wenn man nun auch die Existenz der Schöpfung als eine Offenbarung betrachtete, dann waren die Kardinäle Ketzer, wenn sie sie nicht wahrnehmen wollten. Blieb nur das Problem, daß dann die Offenbarung der Natur mit derjenigen des Wortlautes der Heiligen Schrift nicht übereinstimmte.

Oder waren die von Galilei erkannten Naturgesetze gar keine Offenbarung, sofern zu deren Definition nämlich gehört, daß sie etwas eröffnet, was der menschliche Geist aus sich heraus niemals erkennen kann? Dann wiesen die „discorsi" und der „dialogo" zwar in den Weltraum hinein, aber nicht mit der Geste der Unendlichkeit, die dem Menschen unmöglich ist, während erst aus dieser Unendlichkeit heraus die Offenbarung in die überschaubare Welt der Naturwissenschaft hineinbricht. Dann hätte sich Urban VIII. umsonst bemüht!

Im übrigen ist das naturwissenschaftliche Selbstbewußtsein Galileis im 20. Jahrhundert nicht mehr aufrechtzuerhalten. Die Untersuchung warum, würde den Rahmen dieser Darstellung sprengen. Damit ist gesagt, daß die geistige Frontstellung des Jahres 1633 nicht mehr die heutige ist, und wenn deswegen nicht schon die Theologie Urbans VIII. Recht behalten hat, so ist die Physik Galileis dennoch in Bedrängnis gekommen. Und: 1633 war die Inquisition weit mehr als eine heimtückische, mit Aktenintrigen finassierende Polizeibehörde, sie war tatsächlich ein adäquater weltanschaulicher Gegner. Hier wurde das religiöse mit dem naturwissenschaftlichen Weltbild konfrontiert. Alte Begriffe, aus der Religion wohlvertraut, wie z.B. „Himmel", bekamen plötzlich neue Deutungen. Sie wurden gegeneinander gestellt, obwohl die verschiedenen Zielrichtungen von Religion und Naturwissenschaft auch zugelassen hätten, sie ohne Konflikt nebeneinander zu stellen. Doch das erkannten damals weder Galilei noch der Papst.

Der Fall Galilei war auch wichtiger als der Fall Giordano Bruno, selbst wenn Bruno gern als Blutzeuge der Freiheit der modernen Wissenschaft in Anspruch genommen wird. Denn der unstete, poetisch-pathetische Dominikaner war nicht für das Weltbild des Kopernikus gestorben, sondern für die philosophischen Folgerungen, die er daraus eilig gezogen hatte: Wenn trotz der Drehung der Erde um die Sonne sich der Standpunkt der Fixsterne für den irdischen Beobachter nicht verändert, meinte Bruno, dann weise das auf deren „unendliche" Entfernung und damit auf die Unendlichkeit der Welt. So war er zum Pantheismus gekommen, eine Folgerung, die gerade nicht den Geist der modernen Naturwissenschaft atmet. Galilei hätte sich aber auf dem Gang über den Campo dei fiori in Rom trotzdem sagen können, daß es seine Gefahren habe, sich mit dem Weltbild des Kopernikus einzulassen, und hätte aus Brunos Verbrennung schließen können, daß er die Höhle des Löwen, sprich die römische Inquisition, lieber nicht aufsuchen sollte, und schon gar nicht freiwillig.

Zurück zu den Problemen des Mittelalters (das soll nur eine notdürftige zeitliche Fixierung sein, keine Abwertung)! War schon Luthers Ansatzpunkt, die Frage der Rechtfertigung vor Gott durch den Glauben, nicht eben in Einklang zu bringen gewesen mit dem frischen weltlichen Wind im Zeitalter der Entdeckungen und ersten Weltumsegelung, so stimmte es auch nicht zu Galileis Belauschen der Gesetze des Universums, wenn Bischof Jansenius von Ypern (+ 1638) ein Buch mit dem Titel „Augustinus" hinterließ, in dem er die Gnadenlehre dieses Kirchenvaters interpretierte: Der Mensch ist zu Erlösung und Verdammnis prädestiniert, d.h. der Erlösung nur durch Gottes Gnade fähig, da ihn die Erbsünde in seinem freien Willen zur Wahl des Guten unheilbar geschädigt hat. Also ist Gottes Gnade „unwiderstehlich", die „Zuarbeit" des freien Willens zu ihr unbeachtlich. Der Mensch muß vollständig makellos sein, um der Gnade überhaupt teilhaftig werden zu können. Die Reue, oft formelmäßig in der Beichte ausgedrückt, muß aus tiefstem Herzen kommen, sonst ist sie nicht geeignet, den Menschen von Sünden freizumachen.

Letzterer Punkt könnte theologisch feiner ausgesponnen werden (und die Anhänger des Jansenius, die „Jansenisten", waren Fortsetzer ihres Meisters bis zu dem Punkte, daß sie unter sich durchaus nicht immer in allen Punkten einig waren), aber er hatte auch größte kirchenpolitische Bedeutung: zum einen mußte der Papst befürchten, durch ein Aufleben der Rechtfertigungs-Diskussion in seiner eigenen Kirche dem Protestantismus den Boden zu bereiten und den Fixpunkt, den darin das Konzil von Trient mit angestrengtester Autorität gesetzt hatte, wieder ins Schwanken zu bringen.

Zum anderen beinhaltete die Forderung nach „radikaler" Reue ohne Bedingungen einen schweren Angriff auf die wirkungsvollste Kampftruppe der römisch-katholischen Kirche, die Jesuiten. Deren Stellungnahme zu diesem Thema sei unter dem Stichwort des Probabilismus zusammengefaßt: der Mensch, der sich vor Gott für sein Tun rechtfertigen will, so lehrten diese, weiß oft auch bei redlichster persönlicher Anstrengung nicht, ob diese Handlungsweise die richtigere gewesen sei oder jene. Moraltheologie mag auch für den Fachmann ein steiniges Feld sein, wie dann erst für den Laien – das führt fast dazu, daß er überhaupt nicht weiß, was er beichten soll, denn er weiß nicht, ob sein Handeln in konkreter Situation wirklich eine Sünde gewesen ist. War sie es dann doch, wie er sich von seinem Beichtvater belehren läßt, trifft ihn dann Schuld oder ist er nicht einfach überfordert gewesen? Nach jesuitischer Auffassung darf man so handeln, wie man es im Augenblick für vernünftig ansieht. Spricht ein plausibler Grund für meine Handlungsweise, dann begehe ich keine Sünde, wenn ich ihm folge, denn ich hielt mich nach Wahrscheinlichkeit (nach Probabilität, da das Phänomen natürlich eine lateinische Formulierung erheischt!) für gerechtfertigt. Der Abstand zwischen Wahrscheinlichkeit und Sicherheit geht auf Kosten meiner persönlichen Unzulänglichkeit, doch die ist nicht gleichzusetzen mit meiner Schuld!

Wütend erwiderten darauf die Jansenisten: solche Überlegungen förderten die religiöse Laxheit, denn mit „plausiblen Gründen" mache man sich die Sache zu einfach, zumal die Jesuiten dem Sünder noch mehr entgegenkämen, indem sie beim Konflikt entgegengesetzter „plausibler Gründe" es für hinreichend erklärten, wenn man dem schwächeren von beiden folge! Natürlich waren solche Grundsätze den Jesuiten höchst förderlich bei ihrem täglichen, auch politisch bedeutsamen Geschäft als Beichtväter vieler Fürstlichkeiten und einflußreicher Leute. Wer politisch handeln will, kann kein moralischer Rigorist sein, und die ausgefeilte Kasuistik der Jesuiten mochte verbergen, daß sie über den Erfordernissen der Verbreiterung des kirchlichen Einflusses und der Lenkung der öffentlichen Angelegenheiten, soweit sie in ihrer Macht stand, das christliche Gewissen zu kurz kommen ließen.

Die Jansenisten suchten ferner Verbündete, wo sie sie fanden, um gegen Rom einen stabileren Standpunkt zu haben; auch sie mußten also von der Höhe der „unwiderstehlichen Gnade" in die Niederungen der Kirchenpolitik hinabsteigen, was sie der Inquisition natürlich nicht angenehmer machte. So gingen sie ein Bündnis mit dem „Gallikanismus" ein, dem kirchenpolitischen Ausdruck des Selbstbewußtseins Ludwigs XIV. Streiten ließ sich zwischen Rom und Versailles leicht, da die Päpste zwar schon im 15. Jahrhundert („Pragmatische Sanktion" von Bourges 1438) Vorrechte der Krone Frankreichs anerkannt hatten bezüglich der Besetzung von Bischofsstühlen und der Besteuerung kirchlichen Vermögens, aber gerade über diese Punkte immer wieder mit den Kronjuristen aneinandergeraten waren. Ludwig XIV. ließ seine Vorrechte auch theologisch untermauern und behaupten, dem Papst stehe weder direkt noch indirekt ein Verfügungsrecht über weltliche Dinge zu, und in geistlichen

Dokument des Hexen- und Teufelsglaubens von 1683. Oben links: der Teufel als Trommler;
oben rechts: Hexen mit dem ganz in Schwarz gekleideten Teufel; mitte links: eine fliegende
Hexe; mitte rechts: der Teufel weiht eine Novizin; unten links: ein verhexter Mann fliegt
durch die Luft; unten rechts: ein Engel schützt eine Schlafende vor dem Einfluß von Hexen.
Kupferstich von W. Faithorne in: Joseph Glanvill, Sadducismus Triumphatus.

338

Dingen hänge er von der Zustimmung eines Allgemeinen Konzils ab. Diese Lehre wurde 1682 durch die vier gallikanischen Artikel amtlich, die bis jetzt von dem seine Rechtgläubigkeit betonenden Sonnenkönig verfolgten Jansenisten schlossen sich an.

Rom reagierte abgestuft: von der Materie her hätte man im Gallikanismus auch Ketzerei feststellen können, aber Papst Alexander VIII. (1689–1691) hielt das Heilige Offizium für schwächer als den französischen König, zumal dieser den Klerus des Landes ebenso fest in der Hand hatte wie einst Philipp IV., und sein Bündnis mit den Jansenisten verriet, daß er auch auf diesem Gebiet den Kampf nicht scheute und Munition zur Verfügung hatte. Der Papst befand also lediglich, daß die gallikanischen Artikel nichtig seien und niemand auf sie verpflichtet werden könne, und drückte das in einer lateinischen Wortkaskade aus, hinter deren stilistischer Eleganz der Heilige Stuhl für Nichteingeweihte die politische Substanz seiner Bullen zu verstecken pflegt.

Die Jansenisten nahm Alexander VIII. genauer aufs Korn: in einem Dekret des Heiligen Offiziums vom Dezember 1690 ließ er feststellen, daß man dem Probabilismus in der Form, daß der „plausibelste Grund" gewählt werde (also der weniger plausible entgegen der jesuitischen Praxis nicht gewählt werden durfte, wie aus einem Dekret der Inquisition von 1680 exakt hervorgeht), anhängen dürfe.

Damit war die Atmosphäre für die anschließende Verdammung jansenistischer Lehren vorgegeben, deren moralische Unbedingtheit aus folgenden inkriminierten Sätzen beispielhaft hervorgeht: „Derjenige sündigt, der die Sünde nur wegen ihrer Schändlichkeit und Nichtübereinstimmung mit der Natur haßt, ohne dabei daran zu denken, daß sie auch eine Beleidigung Gottes ist" – „Alles ist Sünde, was nicht aus dem übernatürlichen christlichen Glauben getan wird, der durch die Liebe wirkt", d. h. in negativer Formulierung: die Furcht vor der ewigen Verdammnis und die Hoffnung auf Erlösung genügen nicht, um Gott wohlgefällig zu handeln.

Dann gleichsam die zusammenfassende Konsequenz: „Der Mensch muß in seinem ganzen Leben Buße tun dafür, daß er mit der Erbsünde behaftet ist" (in dem Sinne etwa, daß dies seine Hauptbeschäftigung zu sein hätte!). Solche Sätze seien unbedacht, skandalös, schief formuliert, ungerecht, der Häresie nahe und auf Häresie aufbauend, irrtümlich, schismatisch und in diesen Bezügen häretisch.

Allerdings hatte der Jansenismus, so sehr sich die Kirche ihm auch geistig stellen mußte, keinen Massenabfall von Gläubigen zur Folge, seine Anhänger waren keine bedrohlichen Schismatiker wie Hus und Luther. Daran änderte auch die Tatsache nichts, daß mit diesem römischen Machtwort der Streit noch nicht ausgestanden war und Papst Clemens XI. (1700–1721) in der Bulle „Unigenitus Dei Filius" von 1713 sich noch einmal die Mühe machen mußte, insgesamt 101 jansenistische Lehrsätze zu verdammen. Der alte Ludwig XIV., durch den ungünstigen Ausgang des spanischen Erbfolgekrieges mittlerweile im Keime seines Ehrgeizes gebrochen und begierig, nicht im Streit mit der Kirche aus dem Leben zu scheiden, hatte sich von den Jansenisten abgewandt und sogar ihre Verurteilung in Rom gefordert. Disziplinarmaßnahmen taten ein übriges, um das Thema von der inquisitorischen Tagesordnung zu nehmen: die Nonnen des Pariser Klosters Port Royal, eine der Heimstätten jansenistischer Gedanken, wurden exkommuniziert, das Kloster abgerissen, und der Erzbischof von Paris, ihr hoher Verteidiger in der Hierarchie, unterwarf sich Rom vor seinem Tode 1729.

Die Rigoristen hatten wieder einmal eine Schlacht gegen die katholische Kirche verloren, die ihr Hirtenamt dadurch am besten auszuüben glaubt, daß sie in Lehre und Praxis der menschlichen Schwäche entgegenkommt. Und wer die dahinter stehende Überzeugung, daß die Wahrheit sich eben nicht in Einseitigkeiten, sondern in der Gesamtheit der menschlichen Existenz im Angesicht Gottes ausdrücke, nicht teilt, der muß doch zugeben, daß die Kirche sich auf diese Weise ihr Überleben während zweier Jahrtausende gesichert hat.

Jansenismus und Gallikanismus nehmen in der Kirchengeschichte einen weitaus größeren Raum ein als in der allgemeinen Geschichte, und das nicht nur wegen der besonderen hierarchischen und theologischen Wertigkeit dieser Themen, sondern auch, weil sie für den Fortgang der europäischen Angelegenheiten nur untergeordnete Bedeutung haben. Die Kirche trat mit den Staaten in das Zeitalter der Aufklärung ein, in dem sie an den Rand gedrängt wurde. Galilei, sein „dialogo" und seine „discorsi" hatten den Anfang gemacht mit der Abwendung des Geistes von der Religion, Aufklärung und Vernunft hießen die Schlagwörter des 18. Jahrhunderts. Wenn Immanuel Kant Aufklärung als das Hervortreten des Geistes aus seiner selbstverschuldeten Unmündigkeit definiert, so ist darin der antireligiöse und antikirchliche Akzent unüberhörbar.

Man mag einwenden, die Aufklärung sei nicht begriffsnotwendig anti-transzendent gewesen und zum Beleg die damaligen Fundierungsversuche der menschlichen Moral in der „Natur" anführen. Das war nämlich eine andere als die mathematische Galileis und Newtons, und trotz der Wege, die die Vernunft zu ihr einzuschlagen versuchte, ein ebensolches metaphysisches Postulat wie der christliche Gott. Aber die „Natur" war eben nicht identisch mit dem Gott des Alten und Neuen Testamentes, und daher ging der Transzendentalismus der „Natur" an der Kirche vorbei, entwickelte sich in Opposition zu ihr.

Die Freimaurerei kam auf, auch sie ohne Metaphysik nicht denkbar: denn wenn sie ein „höchstes Wesen" verehrte, zu dem alle anständigen Menschen aufzuschauen hatten, dann war das auch etwas Übervernünftiges, ja es erforderte sogar einen eigenen Kultus, der in Konkurrenz zum römisch-katholischen stand. Daß das der Versuch der Aufrichtung einer universalen Gegenkirche war, entging den Päpsten nicht. Die Freimaurer umgaben ihren Orden mit tiefstem Geheimnis, so daß Papst Clemens XII. (1730 - 1740) in seinem apostolischen Rundschreiben „In eminenti apostolus specula" sie zwar als „Liberi Muratori" oder „Francs Massons" verdammte, aber dabei bemerkenswert wenig über ihr Tun erzählte oder für erwiesen genug hielt, um es niederzuschreiben.

Doch der Schwerpunkt ihrer Häresie war klar: sie waren Deisten, d. h. sie glaubten an einen Gott, der die Welt erschaffen hat, doch sie glaubten nicht daran, daß er weiter die Welt lenke. Damit wurde das Dogma von der Gottheit Christi und der Erlösung der Menschheit durch ihn hinfällig. Wenn nun Gott die Welt nicht regierte, dann mußte der Mensch ganz allein zur Erkenntnis seines Heiles kommen und war kraft seiner Vernunft dazu auch fähig – bzw. es kam auf das religiöse Heil herkömmlicher Art gar nicht mehr an.

Das mittelalterliche Feudalsystem bestand noch weiter, aber das mittelalterliche, wesentlich kirchliche Weltbild war nun dahin. Die Kirche hatte keine Macht, das zu verhindern. Sie mußte sich sogar dazu bereit erklären, auf Drängen Portugals, Spaniens, Neapels und Frankreichs im Jahre 1773 den Jesuitenorden zu verbieten. Der Ordensgeneral wurde in der Engelsburg gefangengesetzt, Papst Clemens XIV. unter dem Druck französischer und neapolitanischer Truppen auf den Kirchenstaat zu dieser Handlungsweise gezwungen. War er dabei einfach schwach oder hatte er die Souveränität, sich mit Lukas 9, 24 f. zu trösten? „Wer seine Seele meinetwegen verloren hat, der wird sie retten. Was nütze es nämlich dem Menschen, wenn er die ganze Welt gewänne, aber sich selber dabei verliert?"

Die Kirche wäre wahrscheinlich im allgemeinen Bewußtsein noch weiter abgerutscht, hätten nicht die Abstrusitäten der Hexenverfolgungen bis ins 18. Jahrhundert hinein ihre Präsenz noch etwas verstärkt. Aber damit lieferte sie letztlich nur ihren Gegnern zusätzliche Argumente. Es war, als ob die geistige Kraft von ihr gewichen wäre, die sie im Mittelalter befähigt hatte, auch die stärksten weltanschaulichen Stürme unangefochten zu überstehen. Der Aufschwung durch das Konzil von Trient und der gegenreformatorische Elan waren schon lange verbraucht und verschwunden.

Die Inquisition konnte unter diesen Umständen nur noch wenig zu bestellen haben, ja sogar vollständig sanktionslos angegriffen werden. Sie ist „wie man weiß, eine bewunderungswürdige und ganz und gar christliche Erfindung, um den Papst und die Mönche mächtiger zu machen und ein ganzes Königreich zur Heuchelei zu bringen", definierte sie Voltaire in seinem „Philosophischen Wörterbuch", nachdem er ihre Ketzerschnüffelei schon in „Candide oder der Optimismus" lächerlich gemacht hatte.

Da findet sich der unschuldige Candide mit seinem hochphilosophischen Lehrer Pangloß in Lissabon wieder, und „ein kleiner schwarzer Mensch, Vertrauter der Inquisition", fragt Pangloß: „Offensichtlich glauben Monsieur nicht an die Erbsünde; denn wenn alles in der Welt zum Besten bestellt ist, gibt es ja weder Sündenfall noch Bestrafung dafür!" „Ich bitte Eure Exzellenz untertänigst um Verzeihung", antwortet Pangloß..., „denn der Fall des Menschen und seine Verdammung traten notwendigerweise in die beste der möglichen Welten ein." Da fragte der Vertraute der Inquisition: „Monsieur glauben also nicht an die Willensfreiheit?" – „Eure Exzellenz werden mir verzeihen", sagte Pangloß, „die Willensfreiheit kann zusammen mit der absoluten Notwendigkeit existieren; denn wir waren notwendigerweise frei; denn der determinierte Willen schließlich..."

Dahinter steckt natürlich die Auseinandersetzung Voltaires mit der Lehre von Leibniz, aber indem Voltaire Leibniz mit Hohn überschüttet, macht er auch aus dem verfänglichen Gespräch mit dem Schnüffler eine Komödie. Wenn schon die absolutistische Staatsgewalt sich zu der Haltung aufraffte, daß man Monsieur Voltaire nicht verhaftet, dann konnte sich die Inquisition das erst recht nicht erlauben.

Leopold von Ranke sagt, die öffentliche Ordnung beruhe auf zwei Momenten: dem sicheren Bestehen der herrschenden Gewalten und auf der Billigung durch die Allgemeinheit. Letzteres nun entfiel für die Kirche und auch die Inquisition; das Heilige Offizium war nur noch der Schatten seiner selbst. Und sogar Ersteres, das „sichere Bestehen", war nicht mehr garantiert: in Spanien, dem glaubenseifrigsten aller Länder, war der Umstand, daß seit 1713 dort die Bourbonen regierten, die in ihrer Familienchronik einiges über den Gallikanismus nachlesen konnten, für die Inquisition sehr nachteilig geworden. 1759 kam dort Karl III. an die Regierung, seine Minister waren antikirchlich eingestellt und nur dadurch zu zügeln, daß sie auf die in der traditionellen spanischen Gesellschaft fest verwurzelten Überzeugungen oder auch politisch bedingten Vorurteile Rücksicht zu nehmen hatten. Die Zuständigkeit zur Ausübung der Zensur und zur Aburteilung der Bigamie zog der Hof an sich, in seinem Selbstbewußtsein darin dem Beispiel Ferdinands von Aragon und Isabellas von Kastilien folgend. Ein Minister schlug Karl III. die Abschaffung der Inquisition vor, doch der König erwiderte gelassen: „Die Spanier wollen sie und mich stört sie wenig."

Nicht so gelassen war Kaiser Joseph II. (1765–1790), als er nach dem Tode seiner Mutter Maria Theresia (1780) daranging, in Österreich seine Ideen von der Unterordnung der Kirche unter den Staat durchzusetzen. Die Wurzel seines Denkens war, daß der Staat in religiösen Dingen tolerant zu sein habe, und diese Forderung war aus den Katastrophen der Kriege heraus, die im Namen der Konfessionen geführt worden waren, verständlich. Das hatte im Absolutismus Ludwigs XIV. (bis zu dessen Edikt von Fontainebleau 1685, das das Toleranzedikt von Nantes 1598 aufhob) und dem „aufgeklärten Absolutismus" Friedrichs des Großen bereits Tradition. Die Kirche konnte sich zwar der menschenfreundlichen Tendenz, die in dem Toleranzgedanken lag, nicht verschließen (wenn Religion das Geheimnis ehrt, dann muß sie auch den dulden, der es nicht erfaßt, denn um so geheimnisvoller ist es, wenn es nicht alle erfassen), doch widerstritt diese ihrer eigenen Tendenz, sich als die Hüterin der einzigen und ewigen Wahrheit zu betrachten. Sie war nicht bereit, die weltanschauliche Neutralität des Staates anzunehmen, solange sie sich zusammen mit dem Staat trotz aller Ausdünnung des religiösen Lebens als für die öffentliche Ordnung verantwortlich fühlte. Sie dachte darin noch ebenso mittelalterlich wie die Aristokratie, die sich von ihren überkommenen feudalen Vorrechten nicht lösen wollte. Doch die Aristokratie dachte auch staatskirchlich und antikurialistisch, gerade in den katholischen Ländern.

Die andere Wurzel von Josephs Denkweise war, daß er die katholische Kirche, die geistliche Hauptmacht, mit der er zu tun hatte, als eine Ansammlung von machtlüsternen Obskuranten ansah, die dem Wohl des Volkes mit ihrem Aberglauben im Weg standen und daher an die straffen Zügel des Staates genommen werden mußten. „Niemand darf mehr wegen seines Glaubens verfolgt oder gezwungen werden, sich zur Staatsreligion zu bekennen, wenn das gegen seine Überzeugung ist", schrieb der Kaiser. 1781 erging das Toleranzedikt, das Lutheraner, Calvinisten, Griechisch-Orthodoxe und Juden in Österreich rechtlich den Katholiken gleichstellte. Das konnte nur dem Heiligen Offizium mißfallen, da es für den Satz, man solle sogar seine Feinde lieben – warum also nicht auch Protestanten und Juden? – niemals Verständnis aufgebracht hatte.

Der Index, die Erbschaft des Konzils von Trient, war unter Maria Theresia aufgehoben worden, es war also ein Verbot verboten worden. Joseph ließ dafür ein neues Zensurgesetz ausarbeiten. Er befreite die Untertanen eigentlich nur deshalb von der Inquisition, um ihnen seine eigene auferlegen zu können, und das galt besonders von dem Klerus, dessen Mitglieder ganz fraglos ebenfalls seine Untertanen waren. Bücher, die von „Wundern, Erscheinungen, Offenbarungen und ähnlichen Dingen handeln, die den einfachen Mann zum Aberglauben verführten, bei den Gebildeten Abscheu erregten und schließlich dem Nichtkatholiken Anlaß geben würden, solche Schwächen dem katholischen Glauben selbst anzulasten", wurden verboten.

Wir vermerken dabei, daß es Joseph anscheinend um einen „vernünftigen" katholischen Glauben im Stile der Aufklärungszeit ging. Er wollte also durchaus dem Umstand Rechnung tragen, daß die überwiegende Mehrheit seiner Untertanen katholisch war, aber er wollte ihren Blick von Rom weglenken, um selber bestimmen zu können, was er für ketzerisch hielt. Also dekretierte er, daß keinerlei päpstliche Anweisung in Österreich ohne seine Zustimmung veröffentlicht werden durfte, verwarf zwei päpstliche Bullen, die Häresien verdammt hatten, und befahl nach einer weitgehenden Umgestaltung der Diözesangrenzen in seinem Reich, daß jeder neuernannte Bischof den Treueid auf die Regierung zu leisten habe. Papst Pius VI. eilte 1782 über die Alpen – zum ersten Mal seit dem Konzil von Konstanz begab sich ein Papst in den deutschsprachigen Raum! –, um zu retten, was zu retten war, aber Joseph ging keinen Millimeter von seinen Neuerungen ab, und erst recht kümmerte er sich nicht um die Einwendungen des Reichsklerus, dessen weltliches Oberhaupt er ja war. So erschlug der aufgeklärte Absolutismus in Österreich die Inquisition.

Joseph reglementierte in einer Flut von hastigen Verordnungen alle möglichen wichtigen und unwichtigen Bereiche des religiösen Lebens. Doch die Bevölkerung wollte keinen aufgeklärten Katholizismus, sondern den bunten und festesfrohen, den sie seit undenklichen Zeiten gewohnt war, und freute sich daher ganz ununtertänig über den plötzlichen Tod des Reformkaisers und beging ihre ausgiebigen Wallfahrten nicht mehr nur am Fronleichnamstag, wie es der Schulmeister in der Hofburg angeordnet hatte, sondern das ganze Jahr hindurch. Seine staatskirchenrechtlichen Bestimmungen jedoch, die den Klerus an Wien anbanden und nicht an Rom, wurden erst durch das Konkordat von 1855 aufgehoben.

Die kirchenpolitischen Zusammenbrüche der Aufklärungszeit, der beständige Niedergang der Hierachie, der Machtverfall der Inquisition, die Unmöglichkeit, außerhalb des Klerus und der Orden überhaupt noch den „Ketzern" steuern zu können, all das sollte noch überboten werden durch das Chaos, in das die französische Revolution den alten Kontinent stürzte. Es mutet fast gespenstisch an, wenn während des schon zwei Jahre tobenden Krieges zwischen der revolutionären Republik und den konservativen Mächten Österreich und Preußen (also 1794) Papst Pius VI. noch die Zeit findet, in einer sehr umfangreichen Bulle sich in 85 Einzelpunkten mit den „Irrlehren der Synode von Pistoia" auseinanderzusetzen, die ihm jansenistischer und gallikanischer Häresie verdächtig war – gleichzeitig wollte Frankreich das Papsttum überhaupt vernichten.

1798 rückten die Truppen der Republik in Rom ein, um den Kirchenstaat dem System von Klientelstaaten anzugleichen, das Bonaparte 1796/97 nach seinem Sieg über die Österreicher in Oberitalien aufgerichtet hatte. General Berthier, späterer Generalstabschef Napoleons, drang in den Vatikan ein, wo Pius VI., vollständig machtlos, darum bat, man möge ihn in Rom sterben lassen, immerhin sei er schon über 80 Jahre alt. „Sterben können Sie überall!" erwiderte der französische Offizier. Das Wohnzimmer des Papstes wurde vor seinen Augen ausgeplündert, den Ring, den er an seiner Hand trug, riß man ihm vom Finger. Man verschleppte ihn nach Valence, wo er im August 1799 starb. Vor der Engelsburg stellten die Franzosen eine Statue der Freiheitsgöttin auf, die die Tiara mit Füßen tritt. Und auf eben dieser Engelsburg, auf der Papst Gregor der Große einst den Erzengel Michael erblickt hatte, flatterte die blau-weiß-rote Trikolore der Atheisten!

Solch rauhen Zeiten für die Kirche war nicht einmal mehr das geheime Verfahren der Inquisition zur Verteidigung angemessen, denn es war immerhin noch zivil gewesen, hier half nur noch der Kampf mit der Waffe in der Hand. Abermals brach der Glaubenskrieg aus – wenn man der nicht unbegründeten und nur scheinbar paradoxen Meinung folgt, auch die Jakobiner hätten eine Religion begründet, nämlich die der Vergottung des zentralistischen und säkularisierten Staates. Zum Verteidiger des Glaubens erhob sich mitten im Königreich Neapel das Volk, geführt von Kardinal Ruffo, einem nicht ganz gut beleumundeten Kirchenfürsten, dessen Skandale ihn zum Verlassen der päpstlichen Hauptstadt getrieben hatten. Er war unternehmungslustig, cholerisch, militärisch begabt und ging auf königliches Geheiß nach Kalabrien, woher seine Familie stammte, um zum Kreuzzug gegen die gottlosen Franzosen aufzurufen.

Es gab auf seinem Weg durch diese Fußpartie des italienischen Stiefels die rührendsten Auftritte, die Legende kam auf, daß Ruffo der Papst in Verkleidung sei, und daß ein Engel dem Kardinal verkündet habe, er werde mit dem Predigerkreuz in der Hand die Franzosen aus Rom hinaustreiben. Wer für den heiligen Glauben, den Thron der Bourbonen und den Altar der römischen Kirche falle, werde ins Himmelreich eingehen. Die Königin Maria Carolina von Neapel, die ihrer Mutter Maria Theresia an Energie nicht nachstand, stickte für die wackeren Kalabresen eigenhändig eine Fahne mit einem goldenen Kruzifix, und Hoch und Niedrig, Adlige und Bauern, strömten um Kardinal Ruffo zusammen. Sie nannten sich „Sanfedisten", da sie für den „Heiligen Glauben" = „Santa Fede" zu Felde zogen. Einer ihrer Verbündeten war der Straßenräuber Michele Pezza alias Fra Diavolo, und auch sonst war Ruffo nicht zimperlich in der Auswahl seiner Kreuzfahrer. Fazit: der Glauben lebte noch, wenn auch von reichlich unwürdigen Gesellen vertreten.

Die Franzosen waren in Neapel einmarschiert und hatten das Königreich in ihrer antikisierenden Phantasie zur „parthenopäischen Republik" umgetauft. Ruffo rückte mit seinem Haufen, der nun auch von Russen und Türken unterstützt wurde – der Sultan war mit den Feinden Frankreichs ein Bündnis eingegangen – vor die Hauptstadt. Seine „Truppen" wüteten nach leichter Eroberung fürchterlich in der Stadt. Die Zahl der Opfer, die im Chaos umgebracht oder kurz später systematisch auf die Guillotine geschickt wurden, soll 30 000 betragen haben.

Anschließend mußten die Franzosen auch wieder aus Rom weichen, der „sanfedistische" Geist begann im Schutz neapolitanischer Bajonette auch dort zu regieren. Man erinnert sich dabei der Oper „Tosca", die in eben dieser Zeit in Rom spielt, und des Auftretens des Baßbariton-Böse-wichtes, des Polizeichefs Scarpia im ersten Akt: bigott, brutal und böse gleichzeitig. Zieht man dabei ab, daß das Sujet zunächst von Franzosen auf die Bühne gebracht wurde, bleibt immer noch der fatale Eindruck, daß hier die Religion mit Mitteln verteidigt wurde, die um nichts besser waren als der jakobinische Terror.

Die Sanfedisten hatten gegen Aufklärung und Gleichheit an ihrem angestammten Glauben festhalten wollen; ebensolcher Wille schlug den Franzosen in Spanien entgegen, als sie 1808 dort unter Napoleon selbst einmarschierten. Die Inquisition amtierte noch. Am 4. Dezember 1808 hob Napoleon sie durch Dekret als unvereinbar mit der staatlichen Souveränität auf. Da man Napoleon nicht unterstellen kann, daß er ihren besonderen Charakter als staatlich gelenkte Institution, wie von ihren Gründern beabsichtigt, nicht erkannt habe, ist diese Begründung ein Hinweis darauf, daß sie tatsächlich vom Königshaus unabhängig geworden war. Sämtliche Prozeßakten in den Archiven der „Suprema" mit Ausnahme königlicher Verordnungen und Resolutionen sowie päpstlicher Bullen wurden auf Befehl des französischen Kaisers verbrannt. Den Spaniern mißfiel das alles.

Die Truppen Napoleons brachen überall im Lande die Kerker auf und wurden durch den Anblick der ausgemergelten und halbtoten Gestalten, die ihnen da entgegenwankten, in ihrer Auffassung vom teuflischen Charakter der Inquisition nur bestärkt. Die Priester, die dem Heiligen Offizium Zuträgerdienste geleistet hatten, organisierten überall im Lande den Aufstand gegen die französische Invasion, so sehr war die Inquisition ein integrierender Teil des spanischen Nationalstolzes geworden. Wo die Macht der Marschälle Napoleons nicht hinreichte, wurde weiter amtiert, wenn auch nur um des Prinzips willen, denn die Verfahren waren nicht zahlreich.

Als die Franzosen in Sevilla einrückten, flohen die Richter nach Ceuta an der gegenüberliegenden Küste Afrikas; in Valencia richteten sie bis 1811, bis zur Besetzung der Stadt durch Marschall Suchet. In Santiago de Compostella bejubelte der Polizeipräfekt die Abschaffung der Inquisition, und das brachte ihm, dem Professor der Rechte, nach dem Abzug der Franzosen den Verlust seines Lehrstuhles an der Universität ein.

Aber auch die Spanier waren nicht unempfänglich gegen den antiklerikalen Wind, der da über die Pyrenäen geweht kam. Im Schutze der

In der Aufklärungszeit wurden vor allem auch die grausamen Praktiken des Inquisitions-
verhörs angeprangert. Die Darstellung zeigt das Erpressen eines Geständnisses von einem
auf das Rad gebundenen Angeklagten.

Engländer traten in Cadiz an der Atlantikküste die Cortes zusammen,
diesmal als verfassungsgebende Versammlung, als „constituante" nach
dem französischen Vorbild von 1789. 1812 war eine Verfassung ausgearbeitet, die Pressefreiheit vorsah. Angesichts des Willens eines großen
Teiles der Cortes, die Inquisition neu zu beleben, bedeutete das von
vorneherein deren Einschränkung. Das Argument tauchte auf, die Pro-
zeßmethoden des Offiziums seien verfassungswidrig, ja die Existenz des
Offiziums selber sei es auch schon. Allerdings war man sich einig,
daß die katholische Religion die einzige im Staate sein müßte, und auch
der Antisemitismus der verfassungsgebenden Väter war kräftig. Die
Liberalen nahmen den Willen, die katholische Religion zu erhalten, gerade zum Anlaß, um zu behaupten, dieses Ziel ließe sich ohne Inquisition

viel besser verwirklichen. Schließlich sei die Kirche bis ins 13. Jahrhundert ohne sie ausgekommen, in Spanien hätte noch länger die bischöfliche Autorität in Ketzerverfahren genügt. Am 22. Februar 1813 endlich erklärte man die Inquisition per Dekret als mit der Verfassung unvereinbar.

Das wiederum war unvereinbar mit der Meinung der Mehrheit des spanischen Volkes und auch des Königs Ferdinand VII., der nach seiner Rückkehr im März 1814 die Verfassung beiseitewarf und die Inquisition erneut einführte. Aber durch den Krieg gegen die Franzosen war die ganze Organisation des Amtes heillos durcheinandergeraten, ihr beträchtliches Vermögen an den Staat gefallen, und auch der reaktionäre Ferdinand kam nicht dazu, es ihr zurückzuerstatten: seine eigenen Beamten hintertrieben die Rückkehr zum status quo ante, falls er überhaupt noch wiederherzustellen gewesen wäre. Der König selbst erschien in den Sitzungen der „Suprema", und ein Amt konnte man nur erhalten, wenn man seinen Stammbaum vorlegte.

Trotz aller reaktionärer Gesinnung war aber nichts mehr auszurichten. Milde Spruchpraxis und Gnadenedikte z. B. für Freimaurer führten zu keiner Steigerung des Ansehens und der Wirksamkeit, sondern nur zu der zutreffenden Folgerung der Machtlosigkeit der Institution. Die Gehälter ihrer Mitglieder konnten nicht mehr gezahlt werden, es fehlte allerorten an den nötigsten Hilfsmitteln. 1820 brach eine Rebellion im Lande aus, um die Verfassung von 1812 doch noch durchzusetzen. Sofort schaffte Ferdinand die Inquisition wieder ab, um dem Aufruhr den Wind aus den Segeln zu nehmen. Die Franzosen, diesmal königstreu und nach Wiedereinsetzung der Bourbonen (1814/1815) legitimistisch gesinnt, marschierten ein, um den ebenso legitimen Ferdinand wieder einzusetzen.

Der König, der als außerordentlich boshaft, heimtückisch und grausam, als ein borniert reaktionärer Wüterich geschildert wird, benützte den Sieg der Franzosen jedoch nicht dazu, um etwas zugunsten der dahinsiechenden Inquisition zu unternehmen. Der letzte Ketzer, ein Lehrer und Deist, der anstatt „Ave Maria" zu seinen Schülern „Gelobt sei Gott" gesagt hatte, wurde 1826 in Valencia hingerichtet – nicht verbrannt, sondern erhängt, und nicht durch die Inquisition, sondern durch den Erzbischof. Am 15. Juli 1834 hob Königin Christine, unmittelbare Nachfolgerin Ferdinands VII., die Inquisition durch Dekret auf. Ihr Vermögen sollte zur Deckung der Staatsschulden verwendet werden. Die Interessierten widersprachen nicht, auch das Volk erhob sich keine Stimme, vielleicht, weil diese Maßnahme nicht von fremden Eindringlingen oktroyiert worden war. Die Konflikte Spaniens in den anschließenden Generationen hatten mit dem Heiligen Offizium nichts mehr zu tun.

In Portugal hatte sie König Johann VI. (1818 - 1826) bereits aufgehoben. Sie war dort schon im 18. Jahrhundert unter der Einwirkung des energischen und aufklärerischen Ministers Pombal bekämpft worden: er hatte ihr das Recht zur Aburteilung, Hinrichtung und Veranstaltung von auto da fes entzogen.

Nach Napoleons Niederlage wurde dem Papst von den siegreichen Mächten der Kirchenstaat in genau dem Umfang zurückgegeben, den er vor der Revolution gehabt hatte. Pius VII. (1800 - 1823) nützte seine Stellung als der „legitimste aller Monarchen", um die darniederliegende Kirche in ihrem Neuaufbau ganz auf Rom zu zentrieren. Die historische Stunde Null war für diesen Zweck geradezu einmalig, und insofern hatten die Verfolgungen durch die französische Revolution und Napoleon auch ihren Vorteil gehabt. Das Heilige Offizium zog nach seiner Neukonstituierung 1814 wieder in seinen Palast neben der Petersbasilika ein, den ihm Sixtus V. (1585 - 1590) hatte bauen lassen. Ihm wurde die Ehre zuteil, durch Pius IX. als „erhebendes Schauspiel sozialer Vollkommenheit" gefeiert zu werden.

Parallel zu der administrativen Zentralisierung, die den betroffenen Staaten unheimlich war und als „Ultramontanismus" zum Gespenst werden konnte, da unvereinbar mit dem staatlichen Selbstverständnis von eigengesetzlicher Souveränität, lief die theologische Zentralisierung: im Jahre 1870, in dem der Papst unwiderruflich seinen Kirchenstaat an die italienische Einheitsbewegung verlor, ließ er auf dem Ersten Vatikanischen Konzil das Dogma von seiner Unfehlbarkeit verkünden: „Wir lehren, getreu in den Spuren der Tradition vom Anbeginn des christlichen Glaubens an wandelnd, zum Ruhme Gottes unseres Erlösers, zur Erhöhung der katholischen Religion und zum Heile der christlichen Völker, mit der Zustimmung des heiligen Konziliums und bestimmen, daß ein von Gott geoffenbartes Dogma sei: der römische Pontifex, wenn er „ex cathedra" spricht, das heißt, wenn er in Wahrnehmung seines Amtes als Hirte und Lehrer aller Christen entsprechend seiner obersten Apostolischen Autorität eine von der gesamten Kirche zu beachtende Lehre über den Glauben oder die Sitten definiert, hat durch den göttlichen Beistand, der ihm in dem heiligen Petrus versprochen worden ist, die Kraft derjenigen Unfehlbarkeit, wie sie der göttliche Erlöser für seine Kirche bei der Festlegung der Lehre über den Glauben oder die Sitten gesichert haben wollte; und daher sind derartige Lehren des römischen Pontifex aus sich selbst heraus, nicht erst durch die Zustimmung der Kirche, unwiderruflich." Dies ergebe sich aus den Worten Christi zu Petrus (Lukas 22,32): „Ich habe für dich gebetet, daß dein Glaube nicht wankend werde: und du, wenn du dich bekehrt hast, stärke deine Brüder."

Der Papst beanspruchte also den Satz, daß die Kirche als ganze nicht aus der Wahrheit herausfallen kann, für sein Amt. Seitdem gelten sowohl Papst als auch ökumenisches Konzil als unfehlbar, denn ein Konzil ist die

Versammlung der Bischöfe, die an der apostolischen Tradition und damit an der Unfehlbarkeit des Lehramtes ebenfalls teilhaben. Die juristischen Ketzer des Mittelalters, die die Hierarchie nicht als gottgegeben anerkannt hatten, würden von nun an als eindeutig theologische Ketzer aufzutreten haben, denn der Unfehlbarkeitsanspruch des Papstes war in die Gestalt einer Offenbarung gekleidet worden, war zu einem Glaubensschatz erklärt worden, den die Kirche nach fast zwei Jahrtausenden entdeckt hatte.

Die unter der Sammelbezeichnung „Altkatholiken" bekannten Gläubigen erklärten ihre Ablehnung des Unfehlbarkeitsdogmas; zweifellos hat es dazu beigetragen, in dem „Kulturkampf" zwischen der Kirche und dem neubegründeten, von dem protestantischen Preußen beherrschten Deutschen Reich die Atmosphäre zusätzlich zu vergiften. Und es hat die unproduktive Wirkung gehabt, selbst unter kirchentreuen Katholiken „Ketzer" in Menge hervorzurufen.

Doch die Kirche fuhr weiter auf ihrem Triumphwagen, obwohl sie über den modernen Zeitgeist unmöglich triumphieren konnte, entschlossen, säkularistischen Anfeindungen die Stirn zu bieten. Ihr Triumphalismus war wie das laute Singen nachts im Walde. Pius IX. (1846 - 1878), dessen persönliches Werk die Verkündung der Infallibilität gewesen war, hatte 1864 in einem „Syllabus" all die Meinungen als verdammungswürdig zusammengestellt, die die moderne Zeit kennzeichneten: Rationalismus, Sozialismus, Kommunismus, unchristlichen Nationalismus, das Staatskirchentum, die autonome Moral, den Liberalismus mit seiner Kultur- und Pressefreiheit – die Zeit hatte sich in für die Kirche erschreckender Weise von der christlichen Religion wegentwickelt. Dem Papst stand dagegen kein wirkungsvolles Heiliges Offizium zur Verfügung, zumal es im Überschwang der italienischen Einigung auf Kosten des Kirchenstaates 1859 in allen Territorien des Königreichs Italien, also auch den dem Papst entrissenen, aufgehoben worden war. Nur noch innerkirchlich konnte er die gewünschte Disziplin aufrechterhalten und flüchtete sich am Ende des „Syllabus" in die bedingungslose Absage an die Moderne: „Der römische Papst kann und darf sich mit dem Fortschritt, dem Liberalismus und der modernen Zivilisation nicht versöhnen."

Darin folgten dem Papsttum die beweglicheren der Katholiken nicht. Sie wollten der Kirche ihr einstiges geistiges Ansehen wiedergeben durch Einbeziehung der autonomen Vernunft in den Glauben. Sie kamen dabei zu Lehren, für die sich die Amtskirche keinesfalls bedankte: Verstand und Offenbarung seien gleichwertig; was aus dem Verstand heraus nicht erwiesen werden kann, ist deswegen noch nicht durch die Offenbarung erwiesen; Religion ist die Systematisierung innerer Bedürfnisse des Menschen, die aus dem Unterbewußtsein stammen; alle Dinge sind im Fluß, folglich kann es keine festen Dogmen geben.

Man sieht, der Gedanke der Evolution machte auch vor den Kirchentüren nicht halt. Papst Pius X. (1903 - 1914) wandte sich 1907 in der Enzyklika „Pascendi dominici gregis" gegen diesen „Modernismus" ganz entschieden, ja schon die Etikettierung als „Modernismus" in römischem Munde zeugt von Aversion: er sei das „Sammelbecken aller Häresien".

Der Würzburger Professor Hermann Schell, einer der Bannerträger der so auftretenden Modernisten, hielt den Triumphator in Rom für einen Tyrannen der Weltanschauung, dessen religiöse Kommandos den Geist in der Kirche abtöteten, wenn sie nicht ihres Inhalts wegen, sondern nur deshalb befolgt würden, weil sie Kommandos seien. „Die Religion ist nicht um der Kirche willen da, sondern die Kirche ist zur Verwirklichung der Religion bestimmt... die weltliche-juristische Handhabung der geistlichen Güter widerstrebt dem Wesen der Religion", schrieb er. Gegen Ende seines Lebens unterwarf er sich der Kirche jedoch.

Wie sich die Bilder gleichen: das hätten die Häresiarchen des Mittelalters auch schon gesagt, doch nun war die Lage für die Kirche ungleich prekärer, da der Zeitgeist über sie hinwegging. Die Gefahr war nicht von der Hand zu weisen, daß die römisch-katholische Kirche auf die Bedeutung einer Sekte herabsank, und es war keine andere Rettung möglich, als daß sie sich der Moderne öffnete. Eine Konsequenz, die das Heilige Offizium nicht ziehen wollte. Es betrachtete sich als die wichtigste Behörde unter all den päpstlichen Kongregationen, und wenn die katholische Kirche gegenüber der geistigen Vielfalt der modernen Welt sich als „Bollwerk" (Kardinal Ottaviani) empfand, dann war das Heilige Offizium das „Bollwerk des Bollwerks".

Als 1958 Papst Johannes XXIII. sein Pontifikat antrat, sah es so aus, als ob die katholische Kirche doch in Bewegung kommen würde. Interessant ist hierbei, wie sich das Heilige Offizium verhielt, und doppelt interessant, weil es in dem 2. Vatikanischen Konzil, das der Papst einberief, natürlich kraft seiner Amtsgewalt und auch kraft seines Selbstverständnisses ein gewichtiges Wort mitzureden hatte.

Der Papst hatte im Januar 1959 vor den Kurienkardinälen erklärt, daß das Konzil den Zweck haben sollte, die Einheit der getrennten Christen zu fördern und eine seelsorgerische Erneuerung der katholischen Kirche in Angriff zu nehmen. Hinter diesen dürren Worten verbarg sich eines der größten Reformvorhaben, das die Kirche jemals an sich selber vorgenommen hat. Nach des konservativen Pius XII. (1939-1958) Tode rief ein weltweiter Chor von Klerikern und kirchlich engagierten Laien nach einem „aggiornamento", einer Anpassung der katholischen Kirche an die Erfordernisse des Tages. Die einschlägige Wunschliste war nach Umfang und Qualität überwältigend: an der Spitze stand der Wunsch, die Einheit der Christenheit wiederherzustellen, bei ganz Eiligen also die Aufhebung der Unterschiede zwischen Katholiken, Protestanten, Reformierten, Griechisch-Orthodoxen und den anderen christlichen Glaubensgruppen. Dem ökumenischen Gedanken, dem die katholische Kirche bis dato reserviert gegenübergestanden hatte, sollte Eingang in ihre Hierarchie verschafft werden.

Die Konsequenz war, daß alte römische Zöpfe abgeschnitten werden sollten, nicht nur, weil man das an sich begrüßte und den Triumphalismus satt hatte, sondern auch um die Unterschiede zu den anderen christlichen Konfessionen einzuebnen. Daher sollte die Liturgie gründlich erneuert werden mit dem Hauptakzent, das herrschende Latein zu entthronen und durch die jeweilige Volkssprache zu ersetzen. Die Laien sollten ein stärkeres Mitspracherecht in der Kirche erhalten, um den Charakter eines abgeschlossenen klerikalen Apparates aufzulockern. Der besondere Charakter des Diakonats war zu erneuern. Den Bischöfen sollte gegenüber der Zentrale, der Kurie, mehr Bewegungsfreiheit verschafft werden, die Bischofskonferenzen aufgewertet, die Kurie selbst administrativ reformiert werden.

Geburtenregelung, Mischehe, Konvertitentaufe, Religionsfreiheit, mehr Freiheit der theologischen Diskussion in unentschiedenen Fragen des Glaubens, Reform des guten alten Index der verbotenen Bücher (auch eine ersatzlose Streichung hätte da noch als „Reform" bezeichnet werden können) – kurz, die Initiative Johannes' XXIII. hatte unabweisbar all die Stimmen auf den Plan gerufen, die der Meinung waren, die katholische Kirche habe einen immensen Nachholbedarf an Modernisierung.

Es war nicht alles neu, was da vorgetragen wurde. Z. B. schon Papst Leo XIII. (1878 - 1903) hatte Ideen zur christlichen Laienpolitik entwickelt, um von dem von seinen Vorgängern verkündeten zwanghaften Bündnis zwischen Thron und Altar Abstand zu gewinnen. Doch nun wurden die aufgezählten Forderungen in der nicht unbegründeten Hoffnung, einen geneigten Papst zu finden, mit größtem Nachdruck erhoben.

Ein derart fortschrittliches Programm stieß auf den Widerstand der Konservativen, zu denen auch das Heilige Offizium unter der Leitung von Kardinal Ottaviani gehörte. Die Kurienkardinäle hatten bereits die spontane Ankündigung des Konzils durch den Papst im Januar 1959 lediglich „mit ehrfürchtigem Schweigen" aufgenommen, mit anderen Worten: sie witterten da allerlei Unrat, der der Tradition schädlich war. Sie mochten den Dämon des Modernismus zurückgekehrt glauben, diesmal überlebensgroß, da er nun auch die Forderung nach institutionellen Reformen erhob.

Symptomatisch für die Reserve, mit der die Konservativen dem nach Verlautbarung des Papstes allerdings unvermeidlichen Konzil entgegenblickten, war ihre Stellung zur ökumenischen Bewegung, also zur Frage der Einheit der christlichen Kirchen. Vielleicht kam die durch dieses Konzil in Bewegung? Es bestand ein „Weltrat der Kirchen", dem sich die katholische Kirche beharrlich nicht anschloß. Vor einer Tagung dieses ökumenischen Weltrates, 1948 in Amsterdam, hatte das Heilige Offizium ein „Monitum" publiziert, in dem es seine Schäfchen warnte: ohne Erlaubnis des Heiligen Stuhls dürfe an Religionsgesprächen mit Nicht-Katholiken nicht teilgenommen werden! Dies sah denn doch zu sehr nach Gängelung des Kirchenvolkes aus, und das Heilige Offizium fühlte sich im folgenden Jahr zu einer ausführlicheren, um nicht zu sagen gewundeneren Darlegung seines Standpunktes gedrängt: die Vereinigung der christlichen Kirchen sei sicherlich eine Pflicht der Kirche. Gespräche seien daher nach vorheriger Billigung durch die Bischöfe erlaubt; falls aber nun wirklich ein Gespräch geführt werde, dann solle man nicht den Eindruck aufkommen lassen, die Wahrheit brauche eine gemeinsame Anstrengung.

Und was tun, wenn die Bischöfe nicht gegen den wirklichen oder in amtlichem Gehorsam vermuteten Willen Roms ihre Erlaubnis geben wollten? Und wenn die Gespräche schließlich daran scheiterten, daß die katholischen Partner eine „gemeinsame Anstrengung" in Richtung Wahrheit nicht anerkennen wollten, weil sie ja Vertreter der „allein seligmachenden" Kirche waren? Sowohl „Monitum" als auch nachträgliche Erklärung machten ökumenische Gespräche praktisch unmöglich bzw. wertlos, und das mit Absicht.

Als die niederländischen Bischöfe zu Weihnachten 1960 einen gemeinsamen Hirtenbrief veröffentlichten, der reformerische Gedanken enthielt und – ein Politikum! – die erste bischöfliche Stellungnahme zugunsten der „Progressiven" war, verbot Kardinal Ottaviani die Verbreitung dieses Briefes in italienischer Sprache. Die katholische Marienlehre war eins der Themen, mit denen die anderen christlichen Konfessionen besonders verschreckt werden konnten; wenn man sie in den Vordergrund zu schieben suchte, mußte dadurch der gute Wille der katholischen Kirche zum Ökumenismus zweifelhaft werden. Monsignore Parente vom Heiligen Offizium forderte im Dezember 1960 in einer Ansprache die Definierung der „Mittlerschaft Mariens", wie er sich ausdrückte, nämlich der Mittlerschaft der Erlösung durch die Geburt Christi. Monsignore Parente war nicht irgendwer, sondern seines Zeichens „Assessor" dieser kurialen Behörde. Darunter darf man sich keinen kleinen Gerichtsassessor zum Vergleich vorstellen, sondern nach dem Kardinal-Präfekten, der im Auftrag des Papstes das Offizium leitet, den wichtigsten Mann, obliegt ihm doch die Oberaufsicht über die Abwicklung der schwebenden Verfahren, so daß man ihn als „technischen Leiter des Verfahrens" bezeichnen könnte.

In der Vorbereitungsphase des Konzils (es wurde erst am 11. 10. 1962 offiziell eröffnet) beteiligte sich das Heilige Offizium auch mit Mahnschreiben (Fachausdruck: „Monita") an der Debatte zwischen Neuerern und Traditionalisten, die nun natürlich in besonders gedrängter, für Kirchenpolitiker schon als „dramatisch" zu bezeichnender Weise geführt wurde. Ein „Monitum" wies auf die „historische und objektive Wahrheit" der Bibel eigens hin, ein weiteres vom 30. 6. 1962 (mit Begründung im „Osservatore Romano" vom gleichen Tag) warnte vor den theologischen Gefahren bzw. der Ketzerei, zu der die Gedanken des Jesuiten Teilhard de Chardin (hier nur der Name; näheres weiter unten) führen könnten.

Aber so ähnlich wie das Heilige Offizium dachten auch die anderen Ämter der Kurie. Die Verwaltungsspitze der katholischen Kirche war überwiegend traditionalistisch eingestellt. Die Kurie befürchtete wie jeder andere Beamtenapparat der Welt in vergleichbarer Lage auch, das Konzil könnte ihre bisherigen Machtvollkommenheiten beschneiden. Der „Osservatore Romano", der als Sprachrohr nicht nur der Kurie, sondern auch ihres Herrn, des Papstes, gelten muß, veröffentlichte Artikel in ihrem Sinne, in denen die Gedanken an eine Reform des Beamtenapparates zurückgewiesen wurden. Ein Gradmesser der politischen Einstellung war die Frage, ob die kirchliche Liturgie vom traditionellen Latein auf die jeweilige Volkssprache umgestellt werden sollte. Nun erging im Februar 1962 eine Apostolische Konstitution, also eine päpstliche Verlautbarung zugunsten des Latein als Amts- und Wissenschaftssprache. Das hatte eigentlich nichts mit liturgischen Texten zu tun, konnte aber doch als atmosphärisch bedeutsam angesehen werden.

Stand der Papst etwa auf der Seite der Kurie? Einerseits war er sicherlich auf ihre Dienste angewiesen, wie jeder politische Führer wesentlich davon abhängt, daß die Verwirklichung seiner Direktiven in der Hand eines loyalen Beamtenapparates liegt, und mußte ihr daher weitgehend entgegenkommen, auch institutionell: die Mitglieder und Vorsitzenden der einzelnen Beratungskörperschaften, der Konzilskommissionen, waren zum großen Teil führende Beamte der kurialen Ämter.

Kardinal Ottaviani war Vorsitzender der theologischen Kommission und legte einen Entschließungsentwurf „Quellen der Offenbarung" vor. Die meisten Bischöfe widersprachen seinem Konzept als zu steril, als altem Wein in alten Schläuchen. Ottaviani konterte, der Papst selber habe seinen Entwurf gutgeheißen. Ein Angriff gegen ihn sei daher gleichzeitig ein Angriff auf Johannes XXIII. Das war taktisch gezielt, denn in der Eröffnungsrede hatte der Papst mit den Worten, man solle „lieber vom Heilmittel der Barmherzigkeit als von der Strenge Gebrauch machen" und mit anderen Formulierungen allen Hellhörigen bedeutet, daß er eher auf der Seite der Reformer stehe. Er sollte nun in Ottavianis Diskussion wieder auf die Partei der Traditionalisten verpflichtet werden. Das Heilige Offizium sah auch mit großem Mißtrauen den auf diesem Konzil gepflegten Brauch, sich der Unterstützung von Nicht-Amtsträgern zur theologischen Argumentation zu versichern; Ottaviani äußerte sich ungehalten darüber, daß der Deutsche Karl Rahner einen Alternativentwurf zum Thema „Quellen der Offenbarung" ausgearbeitet hatte. Er formulierte sogar, einen Text des Heiligen Offiziums könne das Konzil einfach nicht ablehnen.

Dies jedoch entsprach dem Selbstbewußtsein der Konzilsväter keinesfalls. In der Tat hatte Ottavianis Vorgehen seine Stütze nur in der kurialen Tradition, seine Behörde als die wichtigste anzusehen, doch nicht im geltenden Kirchenrecht. Seine Autorität war nicht so stark wie der Anspruch auf sie vorgetragen wurde, da die versammelten Bischöfe die kurialen Entwürfe nicht automatisch zu billigen, sondern offen zu beraten hatten. Sie wollten also nicht nur zur Akklamation nach Rom gereist sein.

Acht Kardinäle forderten eine vollständige Zurückweisung von Ottavianis Entwurf. Das war über das Ziel hinausgeschossen, denn die Zustimmung des Papstes lag nun einmal vor. Also ein Kompromißvorschlag: der Entwurf sollte neu beraten werden, und zwar in einer gemischten Kommission. Als zweiter Vorsitzender war neben Ottaviani der Chef des Sekretariates zur Förderung der Einheit der Christen, Kardinal Bea, vorgesehen, und der galt als ein Neuerer und Gegner des Heiligen Offiziums und der „Interessengruppe" der Kurie auf diesem Konzil überhaupt. Soeben hatte er in einer Rede gefordert, Ottavianis Entwurf gänzlich von der Tagesordnung abzusetzen. Was sich da anbahnte, konnte man ohne Übertreibung einen Machtkampf nennen!

Die Frage: Absetzung des Entwurfes oder Weiterbehandlung wurde dem Konzilsplenum vorgelegt. Von 2209 Stimmberechtigten stimmten 1368 für die Absetzung. Das war nicht die von der Geschäftsordnung verlangte Zwei-Drittel-Mehrheit für solche Fälle, aber Ottaviani hatte damit trotzdem nicht gesiegt. Der Papst mußte eingreifen: er überwies den Entwurf tatsächlich an die vorgeschlagene gemischte Kommission – ein deutliches Zeichen an das Heilige Offizium, daß es in Johannes XXIII. keinen Förderer seiner Allmacht zum Vorgesetzten hatte.

Der Papst starb während des Konzils am 3. Juni 1963. Paul VI., der eilig gewählte Nachfolger (Giovanni Battista Montini, Erzbischof von Mailand), war es auch nicht. Das erwies sich an einem Entwurf zum Selbstverständnis der Kirche, dem „Kirchenschema". Ein Teil davon behandelte die Stellung der Bischöfe im Verhältnis zu Rom, ein die ganze Kirchengeschichte durchziehendes Thema von äußerster Sensibilität. Bis zum 2. Vatikanum hatte hier der zentralistische Gedanke vorgeherrscht: auch wenn die Bischöfe ihr Lehramt ebenfalls von Christus und den Aposteln ableiten, in der kirchenpolitischen Praxis blieben sie Rom streng untergeordnet. Wenn sie das noch fraglos akzeptiert hätten, dann hätten sie nicht schon Ottavianis Schema zu den „Quellen" der Offenbarung" angegriffen; nun brach der Kampf wieder aus.

Kardinal Frings, damaliger Erzbischof von Köln, stand auf und hielt eine programmatische Rede, in der er die Kurienverwaltung und besonders das Heilige Offizium scharf angriff: es müsse auch in der Kirche eine eindeutige Trennung zwischen Jurisdiktion und Verwaltung durchgeführt werden; erstere stehe allein dem Papst und den Bischöfen zu und nur letztere der Kurie. Insofern sei sie zu reformieren! Dies gelte auch für das Heilige Offizium. Das Verfahren dieser Behörde sei schon lange nicht mehr zeitgemäß, vielmehr schädlich für die Kirche und ein Ärgernis für die Christen. Ottaviani bezeichnete dies erregt als eine „Schmähung" des Heiligen Offiziums; seiner Kommission stehe es zu, in Fragen des Glaubens und der Sittenlehre zu entscheiden. Er beharrte auf der Überordnung der Kurie, in praxi also seiner eigenen Behörde, über das Konzil.

Über diesen Prinzipienstreit kam es schließlich nach einem Machtwort des Papstes zu einer Umstrukturierung der beratenden Kommissionen: sie erhielten anstatt 25 Mitgliedern nunmehr 30 aus der Mitte der Konzilsversammlung, womit die Neuerer die Möglichkeit gewannen, den Traditionalisten zusätzliche Stimmen entgegenzusetzen.

Dann noch der Entwurf über die Religionsfreiheit. Hier mußte das Heilige Offizium ganz besonders tangiert sein, hier war sein „Wächteramt" direkt angesprochen, und zwar durch die Tendenzen von Liberalisierung und Toleranz. Das Konzil kam unter Zeitdruck, was sich für die Traditionalisten vorteilhaft auswirkte, denn durch Vorziehung anderer Entwürfe konnte man hier die Diskussion vor dem Plenum überhaupt verhindern. Die Neuerer aber waren begreiflicherweise gerade an der „Religionsfreiheit" interessiert. Als sie erfuhren, daß der Generalsekretär des Konzils, Kardinal Felici, diesen Entwurf überhaupt von der Tagesordnung absetzen wollte, da er für seinen Geschmack in der Vordiskussion zu gut weggekommen war, hatten sie nicht übel Lust, in eine Art Verweigerung einzutreten: Ablehnung und Zurückweisung aller anderen vorgelegten Entwürfe von minderer Wichtigkeit so lange, bis die „Religionsfreiheit" wieder behandelt wurde! Das Thema wurde in der dritten Sitzungsperiode nach manchen Aktivitäten der Traditionalisten hinter den Kulissen des Plenums (ultima ratio: Bitte an den Papst, es „aus Gewissensgründen" abzusetzen) doch wieder vorgenommen.

Es verwundert uns mittlerweile nicht, daß auch dabei wieder Tricks der Geschäftsordung eine wichtige Rolle spielten. Drei Tage vor Ende der Session wurde der Textentwurf erneut ausgeteilt, mit den Überarbeitungen, die er in der vorangegangenen Diskussion bereits erfahren hatte. Eine Grundsatzabstimmung sollte noch vor Sessionsende anberaumt werden. Konsequenz: ein Antrag, die Abstimmung zu verschieben. Gegenvorschlag: Abstimmung des Plenums über diese Abstimmung. Appellation an das Konzilstribunal, in diesem Fall die oberste Instanz für

Geschäftsordnungsfragen. Das Tribunal beschließt die Vertagung der Grundsatzabstimmung. Gegenaktion der amerikanischen Bischöfe: Unterschriftensammlung zugunsten der Durchführung der Abstimmung. Wäre die Abstimmung verschoben worden, so wäre das für die Traditionalisten zumindest ein Zeitgewinn gewesen. Der Papst, dem die Unterschriftensammlung mit Petition vorgelegt wurde, befand, daß es bei der Entscheidung des Konzilstribunals bleiben sollte: der Entwurf zur Religionsfreiheit war damit wieder nicht unter Dach und Fach. Doch der Triumph der Traditionalisten war zwecklos, denn in der folgenden vierten Sitzungsperiode ging der Entwurf doch durch, fast ohne Reibungen.

Das Dokument drückt zwar die Verpflichtung des Menschen aus, trotz seiner Gewissensfreiheit der göttlich geoffenbarten Wahrheit anzuhängen. Es faßt damit die „Gewissensfreiheit" als den Freiraum auf, den die weltlichen Gesetze zu schaffen haben, damit in ihm der Mensch seinem Glauben leben kann – die Gewissensfreiheit gilt also nicht innerkirchlich und kann daher nicht als „Ketzerfreiheit" interpretiert werden. Eine andere Interpretation war von der Kirche auch nicht zu erwarten, doch fürchtete Ottaviani wohl die „Langzeitwirkung" von Passagen des Dokumentes wie ..." die Wahrheit erhebt nicht Anspruch als kraft der Wahrheit selbst, die sanft und zugleich stark den Geist durchdringt ... "

Treten wir aus dem Geschäftsordnungs- und Antragsgetümmel im Innern des Petersdomes, wo die Konzilväter versammelt sind, hinaus in die Weite des Petersplatzes und ziehen wir Bilanz: Ottaviani und die Seinen hatten auf dem Konzil eine Niederlage erlitten. Zwar war keiner der Prälaten willens, das Heilige Offizium aufzulösen; einen solchen „Radikalismus" mochte sich höchstens ein Teil der öffentlichen Meinung gestatten. Die Repräsentanten der katholischen Kirche hätten das nicht als Kurienreform, sondern als Kurienzertrümmerung betrachtet. In der Kirche hatte sich aber doch ein Geist der inneren Freiheit geregt, der auf dem Konzil seine ersten weithin sichtbaren politischen Erfolge errang und auch in Zukunft immer auf dieses Ergebnis hinweisen wird.

Er ist geboren aus der Erkenntnis, daß der Würde des Christentums die Freiheit seiner Bekenner mehr entspricht als die unbedingte Unterwerfung unter die zentralistische römische Monarchie: Damit bekam die Kirche einen Berührungspunkt zu dem Zentralwert der modernen säkularistischen westlichen Demokratien, der Würde des Menschen. Was dort in den Verfassungen ohne christlichen Bezug verankert war, das sollte auch unter religiösen Vorzeichen gelten. Gleichzeitig erkannte die Kirche darin einen Hauptunterscheidungspunkt zum unversöhnlichsten Gegner, den sie seit der französischen Revolution gefunden hat, dem atheistischen Kommunismus und dessen menschenverachtender Regierungspraxis. Es ist auch dieser neu belebte Wert christlicher Freiheit, der den aus Polen stammenden Papst Johannes Paul II. veranlaßt, weltweit die Beachtung der Menschenrechte zu einer kirchlichen Forderung zu machen und sich für das gegenwärtige Schicksal seiner polnischen Landsleute besonders zu engagieren.

Diese geistige Strömung konnte auch für das Heilige Offizium nicht ohne Konsequenzen bleiben. Die Worte von Kardinal Frings über die Unzeitgemäßheit seines Verfahrens, die öfters vorgetragenen Forderungen nach dessen Revision verhallten nicht ungehört. Im Konzilsdekret „über die Hirtenaufgabe der Bischöfe in der Kirche" war der Wunsch nach einer Kurienreform generell formuliert worden: „Die Väter des Heiligen Konzils wünschen, daß diese Behörden ... eine neue Ordnung erhalten, die den Erfordernissen der Zeit, der Gegenden und der Riten stärker angepaßt ist, besonders was ihre Zahl, Bezeichnung, Zuständigkeit, Verfahrensweise und die Koordinierung ihrer Arbeit angeht."

Papst Paul VI. machte sich diese Forderung zu eigen. Kurz vor dem Ende des Konzils am 7. 12. 1965 forderte er in einer „persönlichen Entschließung" (das ist die versuchte Übersetzung des kurialen Fachterminus „motu proprio") mit den Anfangsworten „Integrae servandae" eine Neugestaltung der Prozedur. Leitgedanke war, daß die Verfahrensordnung der Inquisition ein Teil des öffentlichen Rechts der Kirche sein müsse, daß also mehr Durchsichtigkeit darin zu herrschen habe. Zu diesem Zweck seien einer eventuellen Verurteilung Klauseln vorzuschalten, die eine offenere Diskussion des jeweiligen Falles als bisher ermöglichen: Konsultierung der zuständigen Bischöfe und der Fachgelehrten. Der Autor einer inkriminierten Schrift muß zu den gegen ihn erhobenen Vorwürfen Stellung nehmen können, sein Vorgesetzter gehört werden. Dazu muß ihm genau mitgeteilt werden, welche Punkte man ihm konkret vorwirft. Das Heilige Offizium hat den allgemeinen kanonischen Prozeßregeln zu folgen, wie sie im Codex Juris Canonici, canones 1552–2194 niedergelegt sind. Bisher hatte als rechtliche Grundlage nur canon 274 des Codex Juris Canonici bestanden. Als Verfahrensregel ist dem nichts anderes zu entnehmen, als was er in seinem Unterparagraphen 4 zum Indizierungsverfahren zwecks Bücherverbotes (seit 1917 ebenfalls Aufgabe der Inquisitionsbehörde) ausführt: „je nachdem, welcher Weg sachdienlicher erscheint" (qua opportuniore licebit via) – wenn das kein prozessualer Blanko-Scheck war!

Das Heilige Offizium wurde umbenannt in „congregatio pro doctrina fidei" (Kongregation für die Glaubenslehre) und sollte eine eigene Geschäftsordnung veröffentlichen. Dies geschah am 15. 1. 1971 mit päpstlicher Approbation durch die „nova agendi ratio in doctrinarum examine" (Neue Geschäftsordnung zur Überprüfung von Glaubenslehren in 18 Punkten). Es werden nicht Persönlichkeiten beurteilt, sondern nur deren dokumentarisch genau erfaßbare Meinungen. Einen „häretischen Lebenswandel" gibt es demnach nicht mehr – wie etwa den der verfolgten

„marranos" einst in Spanien. Kritik an kirchlichen Zuständen allein würde auch nicht genügen, wenn sie nicht gleichzeitig eine Lehrmeinung enthält. Dem Recht eines Autors auf Selbstdarstellung und detaillierte Verteidigung wird in gewissem Umfang Rechnung getragen, doch bleibt die Möglichkeit, in einem „außerordentlichen Verfahren" auch über ihn hinweg zu entscheiden, nämlich „wenn eine Lehrmeinung klar und sicher einen Glaubensirrtum enthält und zugleich aus der Verbreitung dieses Irrtums unmittelbarer Schaden für die Gläubigen droht oder schon entstanden ist". Ein Verteidiger des Autors wird eingeführt unter dem Titel „relator pro auctore" („Berichterstatter anstelle des Autors"), und diese Bezeichnung verrät, daß er nicht mehr auftreten darf, sobald der Autor selber vernommen wird – er hat also eine deutlich schwächere Stellung als der Verteidiger in einem Strafverfahren. Zudem besteht für den Autor keine Möglichkeit, auf seine Auswahl Einfluß zu nehmen. (Siehe zu dem neuen Verfahren genauer weiter unten das Schreiben Kardinal Šepers an Küng). Es gibt viele Geister, denen die „Liberalität" dieser Verfahrensordnung zu gering ist, und sie bleibt auch hinter den Absichten zurück, die auf dem Konzil zur Sprache gekommen sind.

Neben der Kurie bleiben auch die Bischöfe weiterhin für inquisitorische Verfahren zuständig: die Deutsche Bischofskonferenz hat sich mit Wirkung vom 1. Februar 1973 eine Ordnung ihres „Lehrbeanstandungsverfahrens" gegeben, das in Fällen eingeleitet wird, die Rom noch nicht an sich gezogen hat. Diese Ordnung muß allerdings nicht verbindlich angewendet werden; sie soll nach der amtlichen Vorbemerkung für die Bischöfe nur eine Hilfe sein, und dementsprechend muß ein betroffener Autor das Ergebnis eines Lehrbeanstandungsverfahrens auch nicht anerkennen. Es kann sich zum „Rekurs" an die römische Glaubenskongregation wenden. Die Entscheidung in Deutschland wird maßgeblich (nicht ausschließlich) von einer „Glaubenskommission" vorbereitet, während eine „Bischofskommission" das Schlußwort spricht.

Schon im Jahre 1966 hatte Kardinal Ottaviani verkündet, das Verzeichnis des „Index der verbotenen Bücher" werde nicht neu herausgebracht werden. Das bedeutet allerdings nicht, daß der nach Moraltheologie und Kirchenrecht vorauszusetzende Ideal-Katholik nun ohne weiteres alles mögliche lesen dürfte, denn nach canon 1399 des Codex Juris Canonici sind Bücher mit gewissen dort aufgezählten Merkmalen „ipso iure", also „automatisch" verboten. Zu ihrer Lektüre ist kirchlicher Dispens erforderlich; wird er nicht eingeholt, ist das eine Sünde, die – je nach Verworfenheit der Lektüre – auch mit der Exkommunikation geahndet werden kann. Die katholische Kirche hat also noch nicht auf ihre Autorität verzichtet, Bücher zu verbieten.

Überhaupt: die Welt dreht sich langsamer, als den Neuerern auf dem Konzil lieb sein kann. Es hatte allgemeines Aufsehen erregt, als ein Entwurf gleich in der ersten Sitzungsperiode und im ersten Anlauf durchgebracht worden war: der über die Liturgie (Anfangsworte: „Sacrosanctum Concilium"). Er forderte eine Erneuerung der Liturgie im Sinne tätiger Mitwirkung der Laien und ordnete daher u. a. an, dem Gebrauch der Muttersprache in ihr einen weiteren Raum zuzubilligen; auffällig in den Formulierungen dieses Entwurfes war die Betonung der Gemeinsamkeit der Meßfeier, gestützt auf den Charakter der Kirche als „Sakrament der Einheit". Dieser Punkt schaffte den Traditionalisten Mißbehagen, und ihr weithin bekannter Sprecher wurde Marcel Lefebvre, Alt-Erzbischof von Dakar. Seine Opposition gegen die liturgischen Änderungen gipfelte in der Forderung, das Meßformular Pius' V. aus der Zeit der Gegenreformation für das allein verbindliche zu erklären. Und das zeigt erneut, daß die äußeren Formen der Kirche identisch sind mit dem Geist, der dahinter steht, denn der Rückgriff Lefebvres auf die lateinische Messe Pius' V. ist symptomatisch dafür, daß ihm der neue Geist des 2. Vatikanischen Konzils insgesamt zuwider ist.

Als französischer Priester formulierte er seine Opposition passenderweise in dem Satz, auf diesem Konzil hätten die Prinzipien der gottlosen französischen Revolution „Freiheit, Gleichheit und Brüderlichkeit", Eingang in die katholische Kirche gefunden: das Dekret über die religiöse Freiheit bedeute liberté im Sinne Robespierres, „ein Begriff, dessen sich der Teufel gerne bedient". Das Prinzip von der Kollegialität der Bischöfe mit dem Papst, niedergelegt in der dogmatischen Konstitution über die Kirche „lumen gentium", entspreche der égalité und sei „die Destruktion personaler Autorität. Demokratie ist die Destruktion der Autorität Gottes ..." Das Dekret über den Ökumenismus und die „Erklärung über das Verhältnis der Kirche zu den nichtchristlichen Religionen" atme „fraternité". „Man hat die Häretiker, die Protestanten, Brüder genannt". Lefebvre will von dieser Bezeichnung nichts wissen. „Das gleiche gilt für den Ökumenismus; das ist die Brüderlichkeit mit den Kommunisten".

In Lefebvres Haltung steckt auch politisches Potential, da er ultrarechten französischen Kreisen nahesteht, die die „große Revolution" für den bedauerlichsten Unfall ihrer Geschichte halten und dem Anti-Demokratismus, verbunden mit Antisemitismus und Royalismus, huldigen und erzürnt darüber sind, daß die katholische Kirche als Hort hierarchischer Ordnung auf dem 2. Vaticanum versagt habe.

Lefebvre hat sich durch Weihung von Priestern entgegen dem ausdrücklichen kirchenrechtlichen Verbot des Papstes in Richtung Schisma weiterbewegt. In seiner Auffassung der Messe bzw. Eucharistiefeier könnte neben dem antidemokratischen Impetus auch Häresie zum Vorschein kommen, und dann wird er nicht nur zum politischen Problem, sondern auch zu einem Fall für die Glaubenskongregation. Dabei steht im Mittelpunkt Lefebvres Befürchtung, daß durch die Zulassung der

Muttersprache in den Konsekrationsworten der dogmatische Inhalt ver-
wässert wird. Die Mitglieder der Kongregation sind zu diesem Thema
wie sonst auch jedoch zu vollständigem Schweigen bei der Strafe der Exkommunikation durch den Papst verpflichtet, wofür die Lenker politischer und administrativer Prozesse weltweit professionelles Verständnis
aufbringen werden. Daher kann über den Fall Lefebvre nichts Sachdien-
liches weiter berichtet werden, unabhängig von den höchst komplizier-
ten Problemen der Theologie der Eucharistiefeier, denen hier nicht
nachzugehen ist.

Die Glaubenskongregation umgibt sich mit Geheimnis, wie es ihrer
Arbeit ja auch förderlich ist. Man weiß jedoch, daß über jeden Kardinal
eine Personalakte von Amts wegen angelegt ist, die erst dann vernichtet
wird, wenn er zum Papst gewählt worden ist. Es wäre überhaupt ein
plausibles Arbeitsprinzip für eine Institution, die wissen will, was eine
Reihe von Leuten denkt, wenn über alle, die im Sinne der katholischen
Religion zum öffentlichen Auftreten berufen sind, bei ihr ganz grundsätzlich ein „Dossier" angelegt wäre. Ab einem gewissen hierarchischen
Grad etwa, also dem des Bischofs, da er des Lehramtes teilhaftig ist, oder
für einen Theologen, der als Wissenschaftler an einer katholisch-theologischen Fakultät auftritt, ab Übernahme des Lehrstuhles bzw. schon früher, um rechtzeitig zu wissen, wem man da die Studenten anvertraut.
Sonstige „Dossiers" werden dann je nach Bedarf angelegt.

Wenn das Konzil einen ersten Schritt in Neuland darstellte, dann
konnte es neben der Ablehnung durch Traditionalisten wie Lefebvre
auch der dazu direkt entgegengesetzten Konsequenz nicht entgehen,
daß die Fortschrittler es für zu wenig neuerungsträchtig hielten. Der Ökumenismus, die Öffnung der katholischen Kirche gegenüber den anderen christlichen Kirchen, war eins ihrer wichtigsten Themen. Es lag auf
der Hand, daß besonders ein katholisches Dogma die Fortentwicklung
des Ökumenismus ganz besonders hemmen mußte: das von der Unfehlbarkeit des Papstes in formellen Erklärungen über Angelegenheiten des
Glaubens und der Sitten. Von evangelischer Seite war schon während
des Konzils zu hören gewesen, solange die Infallibilität bleibe, sei nicht
auszuschließen, daß die Kirche „eine totalitaristische Größe" sei. Das
Konzil selber hatte an der Infallibilität nicht gerüttelt. Die Lehre des
1. Vaticanums „über Einrichtung, Dauer, Gewalt und Sinn des dem Bischof von Rom zukommenden heiligen Primates sowie über dessen un-
fehlbares Lehramt legt die Heilige Synode abermals allen Gläubigen fest
zu glauben vor", hatte es da geheißen.

Daß hier die „Zeichen der Zeit" nicht erkannt worden seien, meinte
der Professor an der katholisch-theologische Fakultät der Universität Tübingen, Dr. Hans Küng. Er geriet nicht nur darüber in Konflikt mit dem
Heiligen Stuhl und der Glaubenskongregation, sondern auch mit seinen

Auffassungen über das Wesen Christi (wesensgleich mit Gottvater oder nicht? – ein Hauptpunkt der Lehre von der Dreieinigkeit), die Eucharistie, die Marienlehre und die Priesterweihe; beschränken wir uns hier im wesentlichen auf die Darstellung der Diskussion über die aufsehenerregendste Frage, die der Infallibilität. Küng hatte sich an das Thema in seinem Buch „die Kirche" (1967) herangearbeitet. Die Glaubenskongregation teilte ihm darauf 1968 mit, sie prüfe sein Werk und bitte ihn zu einem Kolloquium nach Rom.

Küng erwiderte, der kurzfristig angesetzte Termin hierzu sei eine Zumutung. Zwar begrüße er den Umstand, daß er überhaupt vorgeladen werde, um sich rechtfertigen zu können, stelle aber folgende Bedingungen: freie Einsicht in die ihn betreffende Akte, konkrete Bezeichnung der ihm zur Last gelegten Punkte; schriftliche Mitteilung der Gesprächspartner, um sicher zu gehen, daß eine Unterhaltung unter Fachleuten geführt werden könne. Die letzte Bedingung wurde schließlich von der Glaubenskongregation erfüllt. Die Eröffnung der Gesprächsthemen stellte man in Aussicht, aber sie erfolgte nicht, weshalb Küng zunächst nicht nach Rom reiste.

Im Mai 1971 schließlich schrieb ihm die Glaubenskongregation, seine Ausführungen in „die Kirche" könnten zu der Schlußfolgerung verleiten, die katholische Kirche sei nicht die einzige Kirche Christi, sondern nur die hauptsächliche, neben der aber weitere Kirchen stünden, die sich der Nachfolgeschaft Christi und der Apostel ebenfalls erfreuten. Das 2. Vaticanum aber habe befunden, sie sei die einzige; der Satz eines Konzilsdokuments: „das schließt nicht aus, daß außerhalb ihres Gefüges vielfältige Elemente der Heiligung und der Wahrheit zu finden sind", bedeute nicht das Gegenteil, da diesen „Elementen" eben der Kirchencharakter abgehe.

Das ist mehr als eine begriffliche Spitzfindigkeit, wie in der Theologie überhaupt die einzelnen Teile der Lehre so notwendig miteinander verbunden sind, daß bei Wegfall des einen auch der andere berührt ist, gar das ganze Gebäude zusammenbrechen kann. Denn wenn die katholische Kirche sich nicht als die einzige legitime Nachfolgerin Christi und der Apostel versteht, dann ist es auch um die Unfehlbarkeit des Papstes schlecht bestellt: sie kann nämlich nur aus Christi Legitimation kommen, und wäre die auch anderswo vorhanden, könnten andere Oberhäupter christlicher Gemeinden dem Papst den gleichen Anspruch auf Unfehlbarkeit entgegensetzen und damit ihm widersprechende Lehren für verbindlich erklären – die ganze Einmaligkeit, die so notwendig zum Infallibilitätsdogma dazugehört, wäre dahin.

Küng erwiderte auf die Beanstandungen der Glaubenskongregation, die übrigens nicht meinte, er habe so wie dargelegt argumentiert, sondern er könnte nur so verstanden werden (das Besondere des Verfahrens liegt hier tatsächlich im Konjunktiv!), in der Frage der „Kirchlichkeit" der nichtkatholischen „Kirchen" habe er nur eine Klärung anregen wollen; seine Interpretation stütze sich im übrigen auf Konzilskreise. Damit war die Angelegenheit vorläufig erledigt, nicht nur wegen der Schwierigkeit der anstehenden Frage und ihrer Konsequenz für die hochpolitische Frage der Unfehlbarkeit, sondern auch, weil Küng sich auf hohe Prälaten der theologischen Kommission des 2. Vaticanums berufen konnte.

Die Atmosphäre dieses ersten Gefechts Küngs mit der Glaubenskongregation war nicht gut gewesen. Man hatte in Rom aus den eingegangenen Schriftsätzen des Professors unmißverständlich entnehmen müssen, daß er die Prozedur der Kongregation nicht akzeptierte, und zwar im gleichen Sinne wie Kardinal Frings auf dem Konzil: sie sei mit den unter zivilisierten Völkern üblichen Grundsätzen nicht vereinbar. Außerdem war die von Papst Paul VI. befohlene Neuordnung des Verfahrens bis 15. 1. 1971 noch nicht erlassen; sollte sich die Kongregation inzwischen von Küng festlegen lassen, zumal dessen Forderungen erkennen ließen, daß er nur unter seinen höchsteigenen Bedingungen gesprächsbereit war? Das hätte auch eine andere Behörde als die Nachfolgeorganisation der Inquisition nicht hingenommen!

Und es ging wohl auch noch um mehr. Küng verstand sich als Vorreiter einer über das 2. Vaticanum hinausgehenden Öffnung der Kirche, wenn er Kardinal Šeper, dem Präfekten der Kongregation, unverblümt schrieb: „allzu kleine Schritte und das langsame Tempo der nachkonziliaren Erneuerung stellen nicht nur meine Geduld angesichts der Not so vieler Menschen auf eine harte Probe. Dafür bitte ich, wenn auch nicht um Zustimmung, so doch um ein wenig Verständnis." Als ob er geglaubt hätte, die Kurie lasse ohne Not so „frontal" mit sich reden! Sein kämpferischer Elan war stärker als sein taktisches Geschick.

So ging es auch weiter. 1970 veröffentlichte Küng sein Buch „Unfehlbar? Eine Anfrage", noch dazu ohne die vorgeschriebene kirchliche Druckerlaubnis, aus der eigenen Überzeugung heraus, sein Buch sei gut katholisch. Er wußte, daß die Kirche seine Überzeugung nicht teilen würde, denn er erklärte darin, daß ..." die authentische Verkündigung und Erklärung der christlichen Botschaft niemandem reserviert ist", auch nicht dem Papst und den Bischöfen. Die Kirche bleibe grundsätzlich in der Wahrheit, aber deswegen seien Irrtümer im einzelnen doch möglich. Das entwertete natürlich das Infallibilitätsdogma, das „Irrtümer im einzelnen" nicht zugeben konnte, denn wenn es auf eine Person konzentriert ist, dann hat der Unterschied zwischen Wahrheit im allgemeinen und Irrtum im besonderen keinen Sinn mehr. Schwarz kann nicht mehr schwarz sein, wenn es auch einmal weiß sein darf!

Küng antwortete wiederum mit Einwendungen gegen das Verfahren –

die nunmehr veröffentlichte „ratio agendi" der Glaubenskongregation befriedigte ihn also nicht, wobei er allerdings mit seiner Meinung nicht allein blieb. 1969 lag dem Vatikan eine „Erklärung für die Freiheit der Theologie" vor, unterschrieben von 1360 Theologen, die auf die zu verkündende „ratio agendi" in dem Sinne einwirken sollte, den ihr Titel bezeichnet. Nach einer Mitteilung Küngs an Kardinal Šeper wurde sie aber zu wenig für die Ausarbeitung beachtet. Küng klagte erneut, er habe keine Akteneinsicht bekommen, seinen Verteidiger nicht frei wählen dürfen, keine Appellationsmöglichkeit, die Fristen wurden ihm von der Glaubenskongregation vorgeschrieben.

Zur Sache bemerkte er, daß die Frage grundlegend sei, ob man den Beweis dafür führen könne, daß theologische Sätze unfehlbar sein könnten. Selbst der große Theologe Rahner habe aber diesen Beweis nicht führen können. Es genüge nicht, daß die Glaubenskongregation auf den Behauptungen verharre, die die beiden vatikanischen Konzilien hierzu aufstellten. Dann formulierte er wieder kirchenpolitisch Grundsätzliches: „Roms Verlust an Glaubwürdigkeit seit dem Vaticanum II ist dramatisch und dürfte größtenteils in der dortigen Situation begründet sein." Das konnte auch so verstanden werden: „Die Glaubenskongregation mit ihrem mittelalterlichen Verfahren gegen mich ist wesentlich schuld daran, daß Rom an Glaubwürdigkeit verliert."

Danach war zweierlei möglich: Küng begab sich zum weiteren klärenden Kolloquium nach Rom oder er stimmte der numehr von der Glaubenskongregation ausgearbeiteten Deklaration „Mysterium Ecclesiae" (24. Juni 1973) zu. Darin war verkündet worden, daß die Kirche tatsächlich unfehlbar ist, Irrtümer also nicht möglich sind, und daß unfehlbare Sätze in der Theologie folglich denkbar sind. Zuständig zur Verkündung dieser Sätze seien allein der Papst und die Bischöfe. Diese vertikale Organisation der Hierarchie zeige sich auch im Priesteramt, das nur durch das Sakrament der Priesterweihe erlangt werden könne und dem allein die gültige Eucharistiefeier obliege. Küng erklärte darauf am 5. Juli 1973 öffentlich: „Die Glaubenskongregation ist unfähig, zu den heute weltweit in der katholischen Theologie und in der Ökumene diskutierten Fragen nach Kirche, Amt und Unfehlbarkeit einen weiterführenden Beitrag zu leisten. Dabei tritt die eine und selbe römische Behörde erneut zugleich als Richterin und Anklägerin auf ..."

Das entfremdete ihm die Deutsche Bischofskonferenz endgültig. Sie stellte sich vor die Glaubenskongregation, nachdem sie, ebenso wie die italienischen und französischen Bischöfe, bereits 1971 festgestellt hatte, das Leugnen der Möglichkeit, unfehlbare Sätze aufzustellen, greife an die Substanz der katholischen Religion. In der Tat: wenn sie eine Offenbarungsreligion ist, wie kann sie dann zweifeln an der Gewißheit von Sätzen, die sie als von Gott geoffenbart annimmt? Sie könnte ebenso gut behaupten, Gott sei ein Lügner. Küng wiederholte in seiner Antwort die Beschwerden über das Verfahren und bat um Begründung der Deklaration, nicht um bloße Behauptung. Eine gleichzeitig gegen ihn gerichtete Pressekampagne weise er zurück, als einzelner Theologe dem mächtigen Apparat des Vatikan gegenüberstehend. Dann wies er auf die „Erklärung für die Freiheit der Theologie" hin, die sich gegen „jegliche Art von noch so subtiler Inquisition" gewandt hatte.

Kardinal Šeper antwortete ihm, er solle mit seinen Klagen über das Verfahren nicht vom zentralen Punkt, der Lehrmeinung, ablenken, und nicht den Fehler machen, es mit dem Strafverfahren in einem Kriminalfall zu verwechseln. Daher dürfe (sinngemäß) auch nicht Akteneinsicht genommen werden im Verfahren zur Prüfung von Lehrfragen, da keine Anklage erarbeitet werde. Verfahrensgegenstand sei vielmehr das Werk des Autors. (Der Autor klagt sich sozusagen selber an, wenn man Šepers Terminologie nicht folgen will.) Die Kongregation habe folglich auch keine vorgefaßte Meinung, die dem Autor verheimlicht werde; ihre Meinung sei vielmehr identisch mit der vom Papst nach dem Ende der Untersuchung gebilligten Entscheidung (und vor der Entscheidung hatte sie gar keine Meinung, vielleicht nicht doch schon eine unumstößliche?). Der Autor dürfe sich selbst verteidigen, ausschließlich im vorbereitenden Verfahren werde ihm der „relator pro auctore" zugeteilt, der dabei auf „dialektische Weise behilflich" sei (ohne den jeweiligen Autoren nahe zu treten: also auch ein „advocatus diaboli", der aber nicht nur Verteidigungsargumente vorbringen, sondern der Wahrheitsfindung insgesamt dienen soll). Das Kolloquium dürfe nicht mit einer freien akademischen Diskussion verwechselt werden, sondern diene nur der Darstellung und Klärung der Meinung des Autors. Es sei ferner nicht verbindlich vorgeschrieben. Insgesamt diene die Kongregation dem Lehramt und nicht der Wissenschaft. Es sei keineswegs ein unfairer Eingriff in ein schwebendes Verfahren, wenn die Kongregation, wie durch die Deklaration „Mysterium Ecclesiae" geschehen, die kirchliche Auffassung schon vor der Abhaltung eines Kolloquiums veröffentliche. Dazu nämlich sei sie verpflichtet, um die Klarheit des kirchlichen Lehramtes aufrechtzuerhalten angesichts der Bedeutung der strittigen Fragen. Außerdem habe Küng seinerseits durch viele Pressemitteilungen in die Öffentlichkeit zu wirken gesucht.

Dann die Gretchenfragen: „Erkennen Sie über sich noch eine Lehrautorität in der Kirche an?" und: „Nehmen Sie den dogmatischen Charakter des 1. Vatikanischen Konzils an?" Die erste dieser Fragen stellte bald darauf Kardinal Höffner in anderer Form: „Kraft welcher Autorität tragen Sie Ihre Meinungen vor?" Unbekümmert erwiderte Küng: „Kraft der Autorität des Wortes Gottes, dem ich als Theologe zu dienen habe".

Bei dieser Sachlage ließ sich an eine Entspannung des Verhältnisses

Befragungspraktiken der Inquisition: das Aufhängen an den nach hinten gebundenen Armen, die dadurch ausgekugelt wurden.

zwischen Küng und seiner Kirche eben nicht denken, auch wenn er Kardinal Šeper antwortete, er könne nicht ausschließen, seine Auffassungen in Übereinstimmung mit der kirchlichen Lehre zu bringen, und auch wenn die Kongregation das Verfahren daraufhin vorläufig einstellte (15. Februar 1975).

Denn Küng kämpfte weiter: er versuchte Kardinal Döpfner, den damaligen Vorsitzenden der Deutschen Bischofskonferenz, für sich zu gewinnen, was fehlschlug. Bei einem Besuch bei Kardinal Šeper in Rom gewann er den Eindruck, daß die Glaubenskongregation eine Wiederaufnahme des Verfahrens für zu riskant halte. Das machte seinem Optimismus alle Ehre, denn er vergaß darüber, was er von der Möglichkeit seiner Übereinstimmung mit der Lehre geäußert hatte, und daß der Kardinal auf die Realisierung eben dieser Möglichkeit nach wie vor wartete. Aber nicht nur, daß er seine Lage derart verkannte, er dachte allen Ernstes,

„daß die Kongregation ihre Verfahrensordnung von Grund auf revidiert und es in anderen Verfahren nicht mehr so weit kommen läßt. "

Die Glaubenskommission der Deutschen Bischofskonferenz nahm sich seines Buches „Christ sein" und der darin enthaltenen christologischen Problematik an; Küng blieb bei allen seinen dortigen Aussagen bzw. hatte das ganze Jahr 1977 über Terminschwierigkeiten für seine Stellungnahme, bis die Bischöfe in einem „Wort der deutschen Bischöfe an die in der Glaubensverkündung Stehenden" letztere vor seinem Buch warnten. Die Vermutung sei gewagt, daß Küng, als die Bischofskonferenz mit seinem Schreiben von Ende Februar 1977, in dem er sachlich auf seine christologischen Ansichten einging, „nicht zufrieden" war, den Dingen praktisch ihren Lauf ließ. Laut Pressemitteilung, die er nach der Warnung sehr schnell herausgab, bedauerte er, daß die Glaubenskommission nicht sein neues Buch zu diesem Thema abgewartet hätte, das Anfang 1978 erscheinen sollte. Er redete nicht mehr mit der Bischofskonferenz, sondern sprach sich im Nachwort zu der 1978 von Walter Jens herausgegebenen Dokumentation „Um nichts als die Wahrheit – Deutsche Bischofskonferenz contra Hans Küng" aus, was ihm den Vorwurf Kardinal Höffners einbrachte, er bediene sich einer „selbstherrlichen Sprache und schulmeisterlichen Tonart".

Ein weiteres taktisches Meisterstück Küngs war, daß er dieses Nachwort, in dem er der Bischofskonferenz einen theologisch beschränkten Horizont attestiert hatte, als „Appell zur Verständigung" bezeichnete und den für ihn zuständigen Bischof von Rottenburg bat, es jedem zuzuschicken, der auch das „Wort der deutschen Bischöfe an die in der Glaubensverkündigung Stehenden" erhalten würde. Der Bischof lehnte ab, wie schon Kardinal Döpfner es abgelehnt hatte, nach der vorläufigen Einstellung des Verfahrens durch Rom auf Küngs Meinung einzuschwenken.

Und dann zeigte es sich, daß die römische Glaubenskongregation keinesfalls vor einer Wiederaufnahme des Verfahrens zurückschreckte, als Küng die Stimme zur Unfehlbarkeitsdogmatik erneut erhob. Der Professor schrieb ein Vorwort zum Buch von August Bernhard Hasler „Wie der Papst unfehlbar wurde", und die Tendenz von Buch und Vorwort war dieselbe: das Infallibilitätsdogma sollte beseitigt werden. Küng meinte, seine Durchhaltung koste zuviele Opfer. Abgesehen von „Theologensäuberungen" einen „ständigen Konflikt mit der Geschichte und mit der modernen Welt ... das Verbot der Empfängnisverhütung ist nur ein besonders eklatantes Beispiel für alles das, was den Gewissen der Menschen ... als faktisch unfehlbare Lehre aufgebürdet wurde". Küng meint mit „faktisch unfehlbar" wohl, der Papst habe eine Aura der Unfehlbarkeit um sich, die seinen Worten auch dann besondere Autorität sichert, wenn er nicht „ex cathedra" spricht. Er könne aber auch ohne diese

„funktionieren" und habe das ja auch bis 1870 getan.

An den Bischof von Rottenburg schrieb Küng gemütlich: „Mit meinem Geleitwort soll kein neuer Unfehlbarkeitsstreit provoziert werden". Doch dem Bischof schwante Übles: „Ich nehme an, daß ein unerquickliches Nachspiel unvermeidbar ist und sich große Schwierigkeiten ergeben werden".

Diese kamen auch in Gestalt der „Erklärung der Kongregation für die Glaubenslehre über einige Hauptpunkte der theologischen Lehre von Professor Dr. Hans Küng" vom 15. Dezember 1979. Da Küng der kirchlichen Auffassung vom Lehramt sich seit 1975 in keiner Weise genähert habe und auch in anderen Punkten eine mit der kirchlichen Lehre nicht übereinstimmende Meinung vertrete, „kann er weder als katholischer Theologe gelten noch als solcher lehren".

Diese von Papst Johannes Paul II. gebilligte Entscheidung galt als ernstliche Beanstandung von Küngs Lehrtätigkeit im Sinne des Konkordats zwischen dem Heiligen Stuhl und dem Deutschen Reich (Rechtsnachfolger: das Land Baden-Württemberg). In einem solchen Fall war der Lehrstuhl Küngs im Einvernehmen zwischen Kirche und Staat neu zu besetzen. Die kirchliche Lehrbefugnis (missio canonica) wurde ihm entzogen. Küngs Reaktion drei Tage später vor der Presse: „Ich schäme mich meiner Kirche, daß noch im 20. Jahrhundert geheime Inquisitionsverfahren durchgeführt werden."

Zu allem Überfluß kam dabei noch eine konkordatsrechtliche Frage ins Spiel: die Entziehung der „missio canonica" war eine Sache, die Mitgliedschaft Küngs in der Fakultät eine andere, denn katholisch-theologische Fakultäten haben gewissermaßen einen kirchlich-staatlichen Doppelcharakter. War Küng, da gleichzeitig Mitglied auch des „weltlichen" Teiles der Fakultät, von dieser zu entfernen, war also die „missio canonica" hinreichend, um ihm auch die „weltliche" Mitgliedschaft zu entziehen, da ja mit dem Entzug der „missio canonica" eigentlich der Doppelcharakter seiner Stellung aufgehoben war? Dann wäre der Staat verpflichtet, einen Eingriff der Glaubenskongregation in seinen Rechtskreis zu akzeptieren, denn deren Verdikt über Küng müßte beim zuständigen Bischof den kirchenrechtlichen Entzug der „missio canonica" zur Folge haben, und dies dann automatisch den Verlust in der auch vom Staat getragenen Fakultät. Der Staat ist derlei kirchlichen Eingriffen in seine Rechtssphäre gegenüber empfindlich; er sieht seine Auffassung von strikter weltanschaulicher Neutralität und der daraus folgenden Freiheit von Forschung und Lehre in Gefahr, und daher gibt es Angriffe auf den erwähnten Doppelcharakter der Fakultät.

Aber man wollte wegen Küng kein Ungemach heraufbeschwören. Man einigte sich lieber darauf, den Professor an der Tübinger Hochschule zu belassen. Sein Lehrstuhl wurde aus der katholisch-theologischen

Fakultät ausgegliedert und dem Senat der Universität direkt unterstellt. Küng verlor das Recht, prüfungswichtige Vorlesungen zu halten und an akademischen Verwaltungsakten beteiligt zu werden: an Prüfungsabnahmen und der Mitwirkung bei Berufungen, Promotionen und Habilitationen durfte er nicht mitentscheiden, sondern nur mitberaten. Dem Doppelcharakter der Fakultät wurde damit Rechnung getragen, ohne daß Küng die Universität hätte verlassen müssen.

Damit hatte er wieder einmal, wenn nun auch ohne seinen Willen, seine Fähigkeit bewiesen, sich querzulegen. Immer wieder hatte er betont, daß er in der Kirche bleiben wolle (aber um Exkommunikation war es ja auch nie gegangen), und daß es ihm „um nichts als die Wahrheit" ging. Er muß wohl geglaubt haben, mit dieser „Wahrheit" einen kirchenpolitischen Sturm entfesseln zu können, denn seine Angriffe auf das Verfahren der Glaubenskongregation und seine Darlegungen zur Situation der Kirche nach dem 2. Vaticanum zeugen von solchem Ehrgeiz. Auch sein Verhalten der Presse gegenüber war auf Wirkung kalkuliert, seine Schreiben haben einen unüberhörbaren kämpferischen Ton, und dies umso deutlicher, je mehr sie betonen, daß man endlich zu einem Ausgleich kommen sollte. Denn diese Appelle stehen jeweils am Ende harter und kompromißloser Aussagen.

Küng wußte nicht, wieviel sich die Hierarchie bieten lassen würde. Sie warf ihm immer wieder vor, er sei zu hartnäckig. In der Tat wollte er auf ihre Verhandlungsangebote nicht eingehen, denn sie wären doch nur darauf hinausgelaufen, daß er seinen Meinungen abschwören sollte. Er durchschaute, daß sie keine Kompromißvorschläge waren, sondern mit seiner Unterwerfung enden sollten. Die Hierarchie gedachte keinen Deut von der Autorität ihres Lehramtes abzugehen, auch wenn sie in der Taktik langmütig war. Am Ende hatte Küng immerhin so viel öffentliche Aufmerksamkeit für sich, daß er seine Auffassungen nicht mehr ändern wollte, wobei der Wissenschaftler und der Kämpfer in ihm eine Einheit bildeten. Aber er fand keine tauglichen Verbündeten gegen die Hierarchie, die mit allen Vertretern gegen ihn zusammenstand. Damit war sein kirchenpolitisches Spiel verloren, er selber isoliert. „Hans Küng ist letztlich über seinen Sendungsanspruch gestolpert", urteilte Karl Lehmann, Theologieprofessor in Freiburg.

Und wie sollte die katholische Kirche auch auf ihr Unfehlbarkeitsdogma verzichten? Es ist eine extreme Position, die sie da seit 1870 vertritt, aber eben diese Position kann sie ohne vollständigen Gesichtsverlust unmöglich räumen. Sie muß zu dem Dogma stehen, und wenn es ihr intern auch noch so viel Kopfzerbrechen bereiten sollte. Wer sich so weit vorgewagt hat, muß seine Stellung halten, weil er sonst zusammenbricht – eine taktische Binsenwahrheit, doch wie auch andere taktische Binsenwahrheiten von Küng verkannt. Er meinte, die Geschichte werde erweisen, ob er Recht behalten werde, und natürlich akzeptierte die Kirche dieses Kriterium nicht, ebenso, wie sie das Unfehlbarkeitsdogma sicherlich nicht unter Gesichtspunkten der Taktik betrachtet wissen will. Auch die Dogmen der Kirche bewegen sich – allerdings nur mit der Geschwindigkeit der Fixsterne am sichtbaren Himmel.

Die Lehre von der Infallibilität wird wohl noch weiterhin für das Auftreten von Ketzern sorgen. Die kirchlichen Lehren zur Sexualmoral und zum priesterlichen Zölibat sind ebenfalls nicht unangefochten. Überhaupt könnte die mit dem 2. Vaticanum aufgebrochene Reformbewegung der Kirche unter konservativen Päpsten, zu denen auch Johannes Paul II. gezählt wird, manches Ungemach bereiten. Denkbar ist dabei allerdings auch, daß die Glaubenskongregation um so differenzierter vorgeht, um so langzeitiger und mehr mit vorläufigen Einstellungen wie im Falle Küng operiert, um das Konfliktpotential nicht unnötig anzureichern.

Und ein dauerndes Problem hat die Kirche nach wie vor, unabhängig von ihren gegenwärtigen internen Tendenzen und zeitloser als die soeben angedeuteten: das gequälte Verhältnis zur modernen Naturwissenschaft, das seit dem Fall Galilei nicht nur die besten, sondern sogar die oberflächlichen Geister beschäftigt. Kardinal König (Wien) hat inzwischen das kirchliche Vorgehen gegen Galilei als erneut überdenkenswert bezeichnet, doch die Kirche fand sich durch den französischen Jesuitenpater Teilhard de Chardin erneut herausgefordert.

Teilhard ist 1955 gestorben und mit dem Heiligen Offizium nicht in Konflikt gekommen. Nur seine Ordensoberen hatten ihm befohlen, keine philosophischen und theologischen Manuskripte mehr zu veröffentlichen, und er hatte gehorcht. Wahrscheinlich allein deshalb tauchte sein Name nicht auf dem Index der verbotenen Bücher auf. Nach dem „Monitum" des Heiligen Offiziums vom 30. 6. 1962 hatte Kardinal Casaroli 1981 den 100. Geburtstag Teilhards zum Anlaß genommen, ihn in einem Brief vom 12. Mai an den Erzbischof von Paris mit pastoralem Pathos zu ehren: habe er doch durch seine Lehre gleichsam im voraus Antwort gegeben auf den Appell Johannes Pauls II. „Habt keine Angst! Öffnet, ja reißt die Tore weit auf für Christus!" Ob der Papst damit allerdings ein Lob des französischen Jesuiten verbunden wissen wollte, konnte man sich fragen. Am 11. Juli 1981 stellte der Vatikan dann auch klar, daß nach Konsultierung Casarolis und des Kardinalpräfekten der Glaubenskongregation feststehe: die Kirche bleibe weiterhin kritisch gegenüber Teilhard, das Monitum vom Juni 1962 sei nach wie vor nicht als überholt anzusehen.

Die Lehre Teilhards wird auch für sie von besonderem Interesse sein, da sie das häretische Potential aufzeigt, das in der Konfrontation der christlichen Lehre mit einer Grundidee der modernen Naturwissenschaft liegt: derjenigen der Evolution. Wenn das Leben auf unserem Planeten sich stufenweise entwickelt hat von der Amöbe bis zum homo sapiens, was ist dann von dem Wahrheitsgehalt des Schöpfungsberichtes im 1. Buch Mosis zu denken? Gott hat Adam nicht auf einmal erschaffen, sondern an ihm durch Jahrtausende von Jahren, vielleicht Jahrmillionen hindurch gearbeitet. Klassischer Gegeneinwand der Kirche: der Kern des biblischen Schöpfungsberichtes liege darin, daß er Gott die Welt ohne materielle Vorbereitung erschaffen läßt, daß er die Schöpfung aus dem Nichts lehrt. Die literarische Einkleidung dieses Kerns entspreche dem altorientalischen Geschmack zur Zeit der Abfassung der Genesis. Das ist ein Thema, das nicht die katholische Kirche allein beschäftigt. Man denke nur an den Streit im US-Bundesstaat Arkansas um das Gesetz Nr. 590, das die Evolutionslehre Darwins im schulischen Biologieunterricht nicht ohne den Schöpfungsbericht der Genesis zu lehren vorschreibt!

Teilhard nun, wissenschaftlicher Paläontologe von hohen Gnaden, blieb nicht bei den Fakten stehen, sondern versuchte sie mit der christlichen Offenbarung zu verbinden. Also behauptete er, Evolution und Offenbarung schlössen sich in keiner Weise aus, sondern ergänzten sich sogar. Er konnte beide nur dann verbinden, wenn er auch die Offenbarung als der Evolution fähig hinstellte – und daß damit das Verständnis von der Unverrückbarkeit der christlichen Dogmen in Gefahr kommt, versteht sich von selbst.

Der Mensch sei das Ergebnis der Lenkung der naturwissenschaftlichen Prozesse durch Gott. Die Schöpfung entwickle sich erst in der Evolution; Gottes Kraft sei schon zu deren Beginn (in der „Kosmogenese") dagewesen, wie es der Erschaffung der Welt, also auch der Gesetze der Evolution, aus dem Nichts ebenfalls eigentümlich sein müsse. Die Evolution begünstige die „Orthogenese", d.h. die Höherentwicklung der Arten bis zum Menschen. Entwicklung sei kein Zufall, insofern könne den Erkenntnissen der Genetik nicht gefolgt werden, sondern das Sichtbarwerden einer „inhärenten Präferenz", also des Willens Gottes. Die Entwicklung des Menschen ist wissenschaftlich noch nicht vollständig faßbar. Teilhard füllt dieses „Weiß des Ursprungs", wie er sich ausdrückt, mit der Denkfigur der Orthogenese aus. Je höher ein Wesen entwickelt sei, desto mehr Möglichkeiten dynamischer Entwicklung habe es auch. Deshalb sei auch der Mensch als bisherige Krone der Schöpfung (als Ergebnis der „Anthropogense") fähig gewesen, die Offenbarung zu empfangen. Er befinde sich in der Sphäre des Nachdenken-Könnens, der „Noo-Sphäre".

Die Welt müsse sich aber darüber hinaus noch weiterentwickeln. Teilhard veranschaulicht seinen Entwicklungsgedanken mit den Längengraden auf dem Globus, die ihren Ausgangspunkt von der Zone des Südpols nehmen und immer weiter bis zum Äquator auseinandergehen. Das versinnbildliche die Differenzierung der Schöpfung bis zum Menschen und dessen Differenzierung in einzelne Rassen hin. Zukünftig nun würden die Entwicklungen der Schöpfung wieder zusammentendieren, bis sie sich wie die Längengrade in der Zone des Nordpols vereinigten. Der Mensch nämlich sei auch in seiner Noosphäre weiter entwicklungsfähig. Mit ungeheurem (oder schon ungeheuerlichem?) Optimismus verkündet Teilhard, daß die Geschichte entgegen allen Weltuntergangsspekulationen einen positiven Endpunkt haben müsse. Dies folgt für ihn bereits daraus, daß er ihr Verständnis als Heilsgeschichte nicht aufgeben kann und will. Er nennt dieses positive Ende den „Zielpunkt Omega".

Der Mensch werde in der gesellschaftlichen Form der Zukunft, der Sozialisierung, alle Probleme meistern, die ihn heute bedrängten: die Manipulation der Fortpflanzungsprozesse werde in moralisch einwandfreier Form ausgeübt werden, denn sie werde der Tradierung der geradezu höchsten Einsichten dienen und das bisherige unvollkommene menschliche System der Überlieferung von Generation zu Generation mit seiner wirkungsvollen Funktionsweise ablösen. Das schäbige Machtdenken werde verschwinden, die Theologie werde zu ungeahnten Erkenntnissen kommen, und in dieser Konvergenz aller Gegensätze werde Christus als der Herr und Vollender der Geschichte erneut erscheinen, als die Inkarnation des „Zielpunktes Omega". Denn das fürsorgliche Prinzip der Orthogenese werde dem Menschen eine „Christogenese" verschaffen, die sein Bewußtsein und seine Fähigkeiten über die heutigen hinaus weiterentwickle.

Wer hier an Joachim von Fiore und sein Zeitalter des Heiligen Geistes denkt, geht wohl nicht fehl, nur mit der Modifikation, daß die „Christogenese" eine allmähliche Entwicklung und nicht einen fertigen Zustand meint. Folglich kann Teilhard auch nicht wie Joachim von Fiore einen genauen Zeitpunkt der „Christogenese" angeben, sondern stellt die Erreichung des optimalen Endzustandes in weite Ferne: etwa 1 Million Jahre würden bis dahin verstreichen. Die wissenschaftlichen Erkenntnisse der modernen Zeit wiesen darauf hin, daß der Zustand der „Anthropogenese", der seit dem Auftreten der ersten Menschen bis jetzt gedauert habe, allmählich qualitativ abgelöst werde.

Eine grandiose Schau, zweifelsohne, und eine prophetische dazu, weshalb auch die Wissenschaft Teilhard als einen Ketzer an ihren Grundsätzen betrachtet. Teilhard versucht, grundsätzlich eine „globale Vision des Universums zu geben, worin Materie und Geist, Körper und Seele, Natur und Übernatur, Wissenschaft und Glauben ihre Einheit in Christus finden" (Kardinal Felten). Er will den Betriebsunfall mit Galilei geistig reparieren. Obwohl dies von edelsten Absichten zeugt, bleibt natürlich die Frage offen, ob ihm das auch wirklich gelungen ist und ob er damit nicht das Prinzip der Katholizität, aus der verwirrenden Fülle des Daseins eine höhere Einheit zu gewinnen, überanstrengt hat: Was bedeutet es schon konkret, wenn er uns eine Perspektive von 1 Million Jahren vorwärts aufzeigt? Diese prophetische Lyrik muß notwendigerweise so allgemein geraten, daß ihre Aussagekraft verblaßt. Damit ist gleichzeitig gesagt, daß seine Gedanken zwar weiterhin aktuell bleiben werden, aber daß sie auch so hoch über unsere Köpfe hinwegziehen, daß die Glaubenskongregation das Dossier Teilhard de Chardin getrost wegschließen kann, solange es nicht durch besondere Umstände aktualisiert wird.

Übergehen wir die detaillierten Vorwürfe, die der „Osservatore Romano" vom 30. 6./1. 7. 1962 erhebt und gleichzeitig mit dem Hinweis relativiert, Teilhard verwickle sich in Widersprüche mit sich selbst. Für die katholische Theologie muß der Kernpunkt wieder einmal darin liegen, daß die Vervollkommnungsfähigkeit des Menschen auf dieser Welt behauptet wird. Außerdem glaubt Teilhard dem lieben Gott in die Karten schauen zu können, wenn er die Voraussetzungen definiert, unter denen Christus wieder auf Erden erscheinen wird. In diesem Punkt aber will die Theologie ihr Unwissen bewußt beibehalten. Sie ist nicht so optimistisch wie Teilhard de Chardin und erklärt daher, daß gerade ihre Ablehnung der Vollendbarkeit des Menschen diesen vor der Entmenschlichung durch sich selbst schützt.

Und man muß ihr zugute halten, daß bisher alle menschlichen Selbstvervollkommnungsversuche nicht nur erfolglos waren, sondern im geraden Gegenteil ihrer Intention, in der Katastrophe, endeten – oder wollte etwa jemand behaupten, der existierende „Sowjetmensch" sei eine Höherentwicklung des homo sapiens? Solange die Kirche so denkt, ist sie keine „totalitaristische" Organisation, trotz Unfehlbarkeitsdogma, Unerbittlichkeit des Lehramtes und trotz der Fortexistenz einer Glaubenskongregation, die dieses hütet.

Nach dem Tod Kardinal Šepers im Jahre 1981 übernahm der bisherige Erzbischof von München-Freising, Joseph Kardinal Ratzinger, das Amt des Präfekten der Glaubenskongregation. Papst Johannes Paul II. erklärte, die Kongregation sollte zur Entwicklung der kirchlichen Lehre beitragen, und das setzte einen dynamischen Akzent, den man üblicherweise mit der Arbeit dieses Amtes nicht verbindet. Ähnlich Kardinal Ratzinger: die Glaubenskongregation solle der Suche nach der christlichen Wahrheit dienen.

Wenn aus diesen Äußerungen zu entnehmen wäre, daß der Hüter des Lehramtes seine Aufgabe nicht ausschließlich statisch versteht, zumal Kardinal Ratzinger im Unterschied zu seinen Amtsvorgängern Šeper und Ottaviani aus der wissenschaftlichen Theologie herkommt, dann wäre einiges an Hoffnung berechtigt: daß gerade die Glaubenskongregation mit ihrem neuen Selbstverständnis vergessen macht, daß sie in der historischen Nachfolge der Inquisition und des Heiligen Offiziums steht; vielleicht sogar, daß sie als eines der wichtigsten Kurienämter einen wesentlichen Beitrag leisten kann zur neuen Einheit der Christenheit, diesem kirchenpolitischen Imperativ der Gegenwart.

X. DIE INQUISITION DER „ANDEREN"

Am 16. Juli 1054 legte die päpstliche Gesandtschaft am Hofe des Kaisers von Konstantinopel, bestehend aus Humbert von Silva Candida, dem Kanzler der römischen Kirche namens Friedrich von Lothringen und dem Erzbischof Peter von Amalfi, auf den Altar der Kirche „Hagia Sophia" eine Urkunde nieder, bevor die Messe begann. In dieser Urkunde sprachen sie im Namen des Heiligen Stuhles über den Patriarchen von Konstantinopel und seine Anhänger das „Anathema" aus. Der Patriarch Michael Kerullarios versammelte am 21. Juli desselben Jahres die gerade anwesenden Metropoliten und verfluchte seinerseits die Lateiner. Damit standen sich die abendländische und die morgenländische Christenheit als „Ketzer" gegenüber, und wir kommen in Verlegenheit, wenn wir eine Antwort auf die Frage suchen, warum das so sein mußte.

Natürlich hatte die Ketzerbulle auf dem Altar der Hagia Sophia auch eine Begründung beigefügt: die Griechen hätten kein Zölibat für ihre Priester, sie fasteten am Samstag nicht, sie verwendeten beim Abendmahl gesäuertes Brot usw. – das kann als Begründung für das größte Schisma in der Christenheit nicht ausreichen. Dann war da noch der leidige theologische Disput um die Frage, ob innerhalb der Dreieinigkeit der Heilige Geist vom Vater und vom Sohne gleichermaßen ausgehe oder nur vom Sohne; ersteres behaupteten die Lateiner, letzteres die Griechen. Es ließe sich dazu vieles sagen, nur eines nicht: daß es eine hinreichende Erklärung für das west-östliche Schisma abgibt. Denn in allen anderen theologischen Fragen lagen Rom und Konstantinopel höchstens um Nuancen auseinander. Niemand wäre im Westen auf den Gedanken gekommen, aus Eigenheiten der östlichen Kirche, die eher folkloristischer Art waren, eine Grundsatzfrage zu machen: wenn zum Beispiel die Griechen behaupteten, in ihren Ikonen bestehe zwischen dem abgebildeten heiligen Thema und seiner Erscheinungsform in Linie und Farbe eine „mystische Seinseinheit", die Muttergottes lebe also auch in ihrer Ikone (nicht real, sondern eben „mystisch"), dann konnten sich das auch die Lateiner für ihre mannigfaltigen Heiligenbilder gefallen lassen.

Die östliche Kirche bezeichnet sich als „orthodox", also als „rechtgläubig". Der Ausdruck „katholisch", mit „allumfassend" übersetzt, kann nichts anderes bedeuten, denn eine Kirche ist nur dann „allumfassend", wenn sie „rechtgläubig" ist – würde sie im Glauben irren, wäre ihr Anspruch auf Allgemeinheit ein Bruch mit der Wahrheit! Die unterschiedliche Benennung desselben Sachverhaltes ist aber auch kein Zeichen dafür, daß beide Kirchen einen Exklusivitätsanspruch erheben, der die jeweils andere ausschlösse, denn die erwähnten Streitpunkte reichen zum

Beleg dafür bei weitem nicht aus, auch nicht für die umdüsterten und geographisch beschränkten Gemüter des Jahres 1054. Es mußte damals mehr im Spiele sein, also natürlich wieder einmal die Politik.

Die römische Kirche, die sich in dieser Zeit gerade mit ihrem Einzigartigkeits- und Heiligkeitsanspruch, den man als „cluniazensische Reform" kennt, zu erheben begann, konnte die faktische Unabhängigkeit der Patriarchate von Konstantinopel, Antiochia, Jerusalem und Alexandria nicht hinnehmen. Da dienten einige abweichende griechische Sitten und die Frage des Ausgangs des Heiligen Geistes auch vom Sohne als Reizpunkt, der zum endgültigen Bruch führte. Die schroffe Behauptung der Unvergleichlichkeit Roms durch Humbert von Silva Candida, der sich dabei als kirchenpolitischer Herostrat auf denkbar undiplomatische Weise profilierte, war der äußere Ausdruck der Grenzen, an die die cluniazensische Reform im Osten stieß. Und daß sie im Westen möglich gewesen war, ohne am Bosporus jemals eine Rolle zu spielen, das beleuchtete wiederum, wie sich Westen und Osten schon in den Jahrhunderten davor rettungslos auseinandergelebt hatten. Unter diesen Umständen allerdings kam es plötzlich auch auf die Säuerung oder Nichtsäuerung von Hostien an.

Wie nun war mit den östlichen Häretikern aus dem Blickwinkel Roms heraus zu verfahren? Sobald eine Inquisition organisiert war, auf das strengste, wenn man logisch dachte. Doch die Eroberung Konstantinopels durch die Kreuzfahrer (1204) führte zwar zu der Aufrichtung eines „lateinischen Kaiserreiches", aber nicht zu der Möglichkeit, Ketzerverfolgungen durchzuführen. Denn zum einen waren die abendländischen Ritter, die nun am Goldenen Horn amtierten und wie ihre griechischen Vorgänger zwischen den Schlachtfeldern des Balkans und Kleinasiens hin- und herhetzten, denkbar schwache Repräsentanten des „weltlichen Armes". Zum anderen hatten die Päpste genug damit zu tun, auch nur die wichtigsten Posten einer katholischen Hierarchie im Osten dauerhaft zu besetzen. An den Aufbau einer Verfolgungsbehörde unter den feindlichen, durch die westliche Feudalherrschaft bis aufs Blut gereizten Griechen war überhaupt nicht zu denken.

Und zum dritten erkannten die Päpste bald, daß ihre Glaubensbrüder auf dem Thron von Konstantinopel bei weitem nicht so mächtige Gesprächspartner waren wie die Griechen, die sich in Kleinasien um den Mittelpunkt Nikaia herum ein Reich schufen, das sich die Wiedereroberung der Kaiserstadt zum erklärten Ziel gemacht hatte. Es wurde daher ventiliert, ob nicht die Griechen die Oberherrschaft Roms anerkennen würden, und zwar in direkten Verhandlungen: ein ganz und gar nicht erfreuliches diplomatisches Spiel in den Augen des „lateinischen Kaisers." Wenn also die Päpste solches Interesse am Kaiserreich Nikaia bekundeten, konnten sie unmöglich so scharf gegen die „Ketzer" vorgehen, wie sie es gleichzeitig in Südfrankreich taten, und das war nur die Konsequenz aus ihrer Einsicht, daß sie dazu nicht in der Lage waren. Glaubensverfolgung ist selbstverständlich auch immer eine höchst irdische Machtfrage.

1261, als die Truppen von Michael VIII. Palaiologos Konstantinopel ohne Mühe zurückeroberten, war der Traum vom lateinischen Kaiserreich schließlich zu Ende. Damit war erneut bestätigt, was nur die Maßlosigkeit der Kreuzfahrer für kurze Zeit versteckt hatte und was die Päpste schon sehr bald durchschaut hatten, auch wenn ihre Invektiven gegen die Griechen auf dem 4. Laterankonzil (1215/16) und auf dem 1. Konzil von Lyon (1243 - 45) weiterhin aufrechterhalten wurden: der Arm Roms reichte nicht hinaus über die Straße von Otranto; die „Ketzer" der griechisch-orthodoxen Kirche waren zu weit entfernt, zu zahlreich und zu mächtig, um die Scheiterhaufen des Abendlandes fürchten zu müssen.

Es ist demnach ergiebiger, diese Kirche selbst ins Blickfeld zu rücken, zum ersten Mal in unserer Darstellung aus dem römisch-katholischen Kreis herauszutreten und zu fragen, wie der griechische Osten gegen seine Ketzer vorging. Denn wenn es dort auch niemals ein „Heiliges Offizium" gab, schon allein mangels Zentralisation, wie sie dem römischen Denken selbstverständlich und notwendig war, so wäre es doch sehr verwunderlich, wenn es nicht auch unter den Griechisch-Orthodoxen blutige Eiferer gegeben haben sollte, die unter den eigenen Glaubensbrüdern ihre Opfer suchten.

Solange der Kaiser in Konstantinopel residierte, der „Basileus der Rhomäer", war er hierzu besonders befähigt, denn er betrachtete sich ganz fraglos als das Oberhaupt der Kirche, und das in einem viel größeren Ausmaß, als es die Kaiser des Heiligen Römischen Reiches im Westen gegenüber dem Papst in Rom jemals beanspruchten. Denn der Kaiser von Konstantinopel war der direkte Erbe Konstantins des Großen, der die christliche Kirche zum ersten Male in der Spätantike als legale Religionsgemeinschaft zugelassen und bewußt gefördert hatte. Er war ihr Herr gewesen – hatte ihn doch Eusebius von Caesarea als „von Gott gewählt" bezeichnet! Daran hatte sich in den Stürmen der Völkerwanderung überhaupt nichts geändert, da die Germanen nur den westlichen Teil des Reiches zerschlugen und ihre eigenen Staaten auf seinem Boden bildeten. Aber nach dem Abflauen der großen Völkerwanderung standen die Grenzen des oströmischen Reiches immer noch fest an: an der Donau, bis die Bulgaren aus dem Norden kamen, und am Euphrat, bis die mohammedanischen Araber Ägypten, Syrien und Palästina dem Basileus auf immer entrissen.

717 trugen sie ihre Offensive zum zweiten Male bis vor die Tore der Reichshauptstadt, wo der tüchtige Feldherr Leo III., nach seiner kleinasiatischen Landschaft fälschlich „der Isaurier" benannt, obwohl er aus

Germanikeia in Nordsibirien stammte, sich zum Kaiser aufgeschwungen hatte und Konstantinopel erfolgreich verteidigte. Mit der Flotte der Mohammedaner wurde das berühmte „griechische Feuer" fertig, mit einem ihrer wesentlichen religiösen Gedanken aber nicht: mit dem Verbot, sich von Allah ein Bild zu machen. Überall im oströmischen Reich zierten Statuen und Ikonen mit Darstellungen Christi, der Gottesmutter, der Heiligen und von Szenen aus dem Evangelium Kirchen und Paläste, doch der Ansturm des Orients ließ den Gedanken zurück, daß all dies nicht mit dem Wesen des christlichen Glaubens vereinbar sei. Kaiser Leo selbst machte sich, vielleicht auch durch Einflüsse des Judentums bestimmt, zum fanatischen Vorkämpfer dieser Idee. Er war Soldat auch in religiösen Dingen, und daher mußte eine riesige Ketzerverfolgung die Konsequenz seiner Überzeugung werden.

Vereinfachend gesagt: die europäischen Teile des Reiches und die Mönche wollten unbedingt an der Bilderverehrung festhalten, die Mönche, weil sie so Andachtspunkte schufen, die den Strom der Gläubigen in ihre Klöster lenkten und ihnen neben einem blühenden geistlichen auch ein blühendes finanzielles Gedeihen bescherten. Die Bischöfe Kleinasiens standen auf der Seite des Kaisers und nannten sich „Ikonoklasten", in freier (und auch etwas aggressiver) Übersetzung „Bilderstürmer", ihre Gegner waren die „Ikonophilen" oder „Ikonodulen", letzteres ebenfalls eine aggressive Bezeichnung: „Ikonen-Knechte". Womit wir bereits die Argumentation der Ikonoklasten ansprechen: Bilderverehrung sei in Wirklichkeit Götzendienerei, bereits im Alten Testament verboten. Die Ikonophilen, an ihrer Spitze Patriarch Germanos von Konstantinopel, wehrten sich: man verehre durch die Bilder hindurch das Heilige, keinesfalls das Material der Ikonen. Wenn man dem Material mit besonderer Ehrfurcht begegne, etwa indem man die Farben zum Malen mit Weihwasser verrühre und Splitter von Reliquien daruntermische, dann nur deshalb, weil die Bilder ein Abbild der charismatischen Uridee seien, die dahinterstünde. Die Auferstehung Christi etwa sei die Idee des Triumphes Gottes und auch des zur Heiligkeit geläuterten Menschen über den Tod; sie stelle sich auf Erden eben in der Ikone dar, da die ewige Idee gar nicht anders in das endliche irdische Leben hinabsteigen könne. Entscheidend sei, daß Christus nicht nur Gott, sondern auch wahrhaft Mensch geworden sei, dann dürfe er aber auch auf menschliche Art dargestellt werden. Die Gegner machten sich der Nähe zur Ketzerei des Monophysitismus schuldig, die das tatsächliche Menschentum Christi nicht anerkennt.

Dagegen schrieb Kaiser Leo theologische Traktate, unterstützt von Konstantin, seinem Sohn und Mitregenten. So ehrlich er es also meinte, war er doch Politiker genug, um erst einmal die Reaktion des Volkes zu testen. Dies mußte ihn doch nachdenklich machen: Im Jahre 726 befahl er einem seiner Offiziere, das Christusbild über dem Bronzetor des kaiserlichen Palastes zu entfernen. Daraufhin rottete sich das „ikonophile" Volk zusammen und erschlug den Offizier sofort. Aus Mittelgriechenland setzte sich eine Flotte in Bewegung, um den Ketzerkaiser zu stürzen, wurde aber am Hellespont abgefangen. Noch hatte das Reich Besitzungen in Italien und übte die Oberhoheit über den Patriarchen von Rom aus, der sich selber als Papst bezeichnete: Gregor II. sperrte dem Basileus die Ablieferung von Steuergeldern aus Italien, da er entschieden bilderfreundlich eingestellt war.

Leo ließ sich nicht entmutigen: in einem Edikt verbot er die Bilderverehrung, und als er den Patriarchen Germanos – wie erwartet – nicht zur Loyalität hierfür gewinnen konnte, setzte er ihn ab und ernannte an seiner Stelle den gefügigen Anastasios. Gregor II. exkommunizierte den Anastasios, von nun an herrschte zwischen West und Ost Kirchenspaltung.

Nach dem Tod Leos III. (741) bestieg sein Sohn als Konstantin V. den Thron. Die Dynastie war durch den Streit um die Bilderverehrung ernsthaft bedroht, da Konstantin gegen seinen Schwager Artabasdos, der sich ikonophil gebärdete, über ein Jahr lang den Thron verlor und Konstantinopel durch Waffengewalt von dem ikonoklastischen Kleinasien aus zurückgewinnen mußte. Artabasdos wurde öffentlich geblendet, und ebenso geschah es seinen Anhängern, unter denen höchste Regierungsbeamte waren: auch sie wohl nicht nur Opportunisten, sondern von der theologischen Unrichtigkeit der Ansichten Konstantins überzeugt. Der Kaiser hatte sich dazu verstiegen, eine Wesenseinheit des „Abgebildeten" mit dem Bild festzustellen, um damit die Unhaltbarkeit der Bilderverehrung zu erweisen – denn wie konnte ein Maler daran denken, das Wesen Christi auf der Leinwand einzufangen? Er näherte sich damit bei aller Hochgespanntheit der Argumentation allerdings primitiv-magischem Denken.

Und er tat den Schritt, den sein Vater noch nicht gewagt hatte: 754 berief er in Konstantinopel ein Konzil zusammen, das er als ökumenisch bezeichnete, obwohl von der westlichen Kirche und von den orientalischen Patriarchen keine Bischöfe dazu entsandt worden waren. Das Konzil verkündete endgültig, daß die Bilderverehrung verboten sei, die vorhandenen Ikonen vernichtet werden müßten, die Ikonodulen mit dem Bann belegt seien und Kaiser Konstantin V. „apostelgleich" sei. Den Ikonodulen fehlte es jedoch nicht an Kraft und Mut zum Widerstand. Ihr Wortführer wurde der Abt Stephanos Neos, den der ikonoklastische Pöbel der Hauptstadt im November 767 auf der Straße lynchte. Konstantin war vor Glaubenseifer gezwungen, seine Beamtenschaft zum Teil dem Henker auszuliefern, sowohl zivile als auch militärische Spitzen der Verwaltung büßten ihre Überzeugung mit dem Tode. In der Provinz stellte ein „Stratege", also der Chef der zivilen und militärischen Verwaltung, die Mönche vor die Wahl: Austritt aus dem Kloster und Verheiratung oder Blendung und Verbannung. Der Kampf ging also nicht nur gegen die Bilder, sondern auch gegen das Mönchtum überhaupt.

Konstantin V. hatte nach dem Konzil jedoch immer noch nicht genug: er verbot die Heiligenverehrung und die Anbetung der Gottesmutter ganz allgemein. Viele Mönche flohen entsetzt nach Süditalien, wo sie dem Zugriff aus Konstantinopel nicht mehr ausgesetzt waren. Konstantin V. war schon fast auf dem Weg, das Christentum an den nüchternen sunnitischen Islam anzugleichen, als er 775 starb. Die Bilderverehrer, die schließlich siegten, belegten ihn zur Rache mit dem Beinamen „Kopronymos", „der mit dem besudelten Namen". Leo IV., sein Sohn und Nachfolger, regierte nur 5 Jahre und erreichte seinen Blutdurst daher nicht. Bilderfreundliche Hofbeamte ließ er „nur" auspeitschen und ins Gefängnis werfen.

Es hat kein katholischer Großinquisitor größere Machtfülle besessen und dementsprechend unnachsichtiger für den Glauben getötet und gefoltert, als es die Kaiser aus der „isaurischen" Dynastie taten. Die mannigfaltigen Palastintrigen, Revolten, Aufstände und Winkelzüge der folgenden Zeit sind eng mit theologischen Betrachtungen zur Bilderfrage verbunden. Ikonoplastische Soldaten sprengten sogar ein Konzil, das die Kaiserin Irene, Gemahlin Leos IV., nach Konstantinopel im Jahre 786 zusammengerufen hatte, und mußten anschließend in Kleinasien gegen die Moslems beschäftigt werden. Denn die Kaiserin war bilderfreundlich und setzte 787 auf einem erneuten Konzil von Nikaia diese ihre Linie auch durch. Damit waren die Ikonoklasten aber noch nicht geschlagen, und wenn man aus der byzantinischen Geschichte jener Jahre einen hinreichend schwülen, intrigenreichen und verwickelten Roman gestalten wollte, dann dürften weder im Vordergrund noch in den Kulissen Menschen jedes Standes und jeglicher hierarchischen Stufe fehlen, die über das Wesen der Ikone laut nachdenken und damit unmittelbare politische Aktion in Gang setzen.

Kaiser Leo V. (813 - 820) ging wie seine Namensvorgänger abermals daran, die Bilderverehrung zu verbieten, denn diese Frage entwickelte sich für den Basileus immer mehr zu einem Mittel, um die Kirche vollständig widerspruchslos unter seine Kontrolle zu bringen. Aber was dem Gewaltmenschen Konstantin Kopronymos nicht gelungen war, das schaffte auch Leo V. nicht. Am 1. Weihnachtsfeiertag des Jahres 820 wurde er vor dem Altar der Hagia Sophia von Soldaten, die sich als Chorsänger verkleidet hatten, umgebracht.

Der Nachfolger, Michael II. (820 - 829), selber der Ermordung durch Leo nur knapp entkommen, verhielt sich in der ikonoklastischen Frage maßvoll, konnte aber nicht verhindern, daß Rebellen in Kleinasien sich wieder der Argumente der Bilderfreunde bedienten, um einen Aufstand zu entfesseln, der bis vor die Stadtmauern von Konstantinopel brandete. Wenn diese Bewegung auch soziale Ursachen hatte und sich die Erbitterung der kleinen Leute gegen den Steuerdruck und die willkürliche Verwaltung der Zentrale zunutze machte, so zeigte sie doch, daß das Thema noch nicht totgelaufen war.

Kaiser Theophilos (829 - 842) nahm den Kampf noch einmal auf und ließ sich dabei zur Grausamkeit hinreißen: zwei Mönchen aus Palästina ließ er ikonoklastische Verse mit glühenden Eisen auf die Stirne brennen. Der eine, mit Namen Teophanes, wurde Metropolit von Nikaia, nachdem er diese Prozedur überlebt hatte und nachdem mit dem Tod des Kaisers Theophilos die Bilderstürmerei abgewirtschaftet hatte. Unter Kaiser Michael III. (842 - 867) wurde auf einer Synode im Jahre 843 die Bilderverehrung wiederhergestellt. Rom hatte nun keinen Anlaß mehr, das Schisma mit Konstantinopel andauern zu lassen, aber beide Kirchen hatten sich ohnehin schon sehr auseinandergelebt.

Dem Basileus aber war es nicht gelungen, die Kirche seinem Willen gefügig zu machen, und ihre Unabhängigkeitsbestrebungen bereiteten auch den Nachfolgern Michaels III. noch mancherlei Schwierigkeiten, denen hier nicht nachzugehen ist. Man hat die Zeit der ikonoklastischen Streitigkeiten als „ein für Byzanz verlorenes Jahrhundert" bezeichnet, und auf dem theologischen Feld bestand der Ertrag derartig mörderischen Aufwandes auch nur in einer genaueren Fassung der Lehre von der Ikone. Auf politischem Gebiet aber ist ein Schaden sicherlich eingetreten: die Bilderstürmerei trug dadurch, daß sie dem Basileus die westliche Kirche entfremdete, wesentlich dazu bei, daß der Papst sich unter den Schutz des Frankenkönigs stellte, von dem er religiöse Eskapaden nicht zu erwarten hatte, und damit wurde sie eine der Ursachen der Begründung der abendländischen Kaiserwürde auf Kosten der Byzantiner. In Aachen konnte man durchaus abschätzen, worum es dabei in Konstantinopel ging: Kaiser Ludwig der Fromme, der Nachfolger Karls des Großen, ließ auf einem Konzil in Paris (825) das von Michael II. eingeführte Bilderverbot ausdrücklich verurteilen. Die frischgebackenen karolingischen Kaiser durften sich dabei als Hüter der Rechtgläubigkeit gegenüber den griechischen Ketzern betrachten!

Und spiegelbildlich betrachteten die Byzantiner alle als Häretiker, die sich mit katholischen Gedanken irgendwie identifizierten. Erst recht den Demetrios Kydones, unter den Kaisern Johannes VI. Kantakuzenos und Johannes V. Palaiologos im 14. Jahrhundert verschiedentlich erster Minister. Der hatte Latein an der „Summa contra Gentiles" des Thomas von Aquin gelernt und die „Summa theologiae" des heiligen Dominikaners ins Griechische übersetzt; als er auch noch den Ausgang des Heiligen Geistes vom Vater und vom Sohne, wie es der lateinischen Lehre entsprach, in einer Streitschrift verteidigte und 1360 zum Katholizismus übertrat, war er der dauernden Anfeindungen des Patriarchen Philotheos Kokkinos und des größten Teiles der Bevölkerung gewiß, die von den Lateinern nun einmal nichts wissen wollte – und man kann es ihr besonders nach den Erfahrungen des nur so genannten „vierten Kreuzzuges", der die frommen Ritter zur Einnahme von Konstantinopel führte, eigentlich auch nicht verdenken. Wer wie Demetrios Kydones das scholastische Denken des Hochmittelalters für Konstantinopel fruchtbar machen, wer die geistige Kultur aus der Zeit der beginnenden Inquisition dort einpflanzen wollte oder, um es auf der Ebene der Philosophie auszudrücken: wer die Begegnung des Abendlandes mit Aristoteles dem Morgenland nahebringen wollte, der hatte im Reich des Basileus keine Stätte.

Die Byzantiner liebten die moderne rationale Dialektik nicht, sie fühlten sich eher heimisch im hierarchischen, traditionellen und festgefügten Weltbild ihrer Väter und griechischen Kirchenväter. Ein Abendländer, der eine Ikone ohne theologische Hintergedanken betrachtet, wird den Eindruck einer merkwürdigen Starre haben, die ebensoviel an Leben verliert, als sie an religiöser Aura gewinnen mag. Die Disputationslust, das Für und Wider gleichberechtigter Argumente bei Thomas von Aquin ist für sie eine zu unruhige Atmosphäre; Demetrios Kydones mußte im Osten ein Einzelgänger bleiben, ebenso wie Johannes V., der eine seiner Kaiser, der sich sogar persönlich nach Rom begeben und dort den Irrtümern des orthodoxen Glaubens abgeschworen hatte. Das Kirchenvolk im Osten wollte nicht, und auch das Kirchenvolk war eine Quelle der Legitimität. Demetrios Kydones galt als „Mesazon", als „Vermittler" bzw. „undurchsichtiger Zwischengänger". 1390 ging er ins freiwillige Exil nach Venedig, 1397/98 starb er auf Kreta, damals im venezianischen Machtbereich.

Daneben war die theologische Auseinandersetzung im Reich nicht nur politisch gefärbt, wie am Bilderstreit und an dem umfassenden Thema der Stellung zur abendländischen Scholastik ersichtlich, sondern auch rein theologisch. Die Griechen hatten nun einmal seit klassischen Zeiten Lust am Diskutieren, Distinguieren oder auch Haarspalten, wenn man es so will, verbunden mit unnachgiebiger Rechthaberei. Den Sokrates hatten die Athener nicht deshalb den Schierlingsbecher trinken lassen, weil er sie mit seinen mehr oder weniger aufgedrängten Gesprächen die Anfangsgründe der Dialektik lehren wollte, sondern weil er ihnen vermittels dieser Dialektik beizubringen versuchte, daß sie allesamt Ignoranten waren!

Nun ging es rund um Ägäis und Propontis (heute das Marmara-Meer) um die Frage, ob das Licht, das Christus bei seiner Verklärung auf dem Berg Tabor umstrahlt hatte, ungeschaffen sei oder geschaffen. Mönche

einer kontemplativ-mystischen Richtung nämlich, die „Hesychasten"
(von griechisch „hesychia" = Ruhe), hatten behauptet, sie könnten dieses Licht in Versenkung und geistlicher Konzentration erblicken, gleichsam als Vorahnung des ewigen Glanzes im Jenseits. Man sieht, auch hinter diesem aus dem Boden gestampften Thema verbarg sich eine domi-
nante Frage byzantinischer Innenpolitik: welchen Einfluß durften die
Mönche haben? Wie weit ging dieser auf Kosten der Amtskirche und der
weltlichen Regierung mit dem Basileus an der Spitze? Der Streit um die
Natur des Lichtes vom Tabor wurde mit der nach Verfassungsrecht unvermeidlichen kaiserlichen Einmischung geführt und brachte auf beiden
Seiten zahlreiche Märtyrer hervor.

Barlaam aus Kalabrien und sein Mitstreiter Akindynos argumentierten
rational: das Licht sei eventuell für die besonders erleuchteten Teilneh-
mer an der biblischen Verklärungsszene sichtbar gewesen, nicht aber
mehr heutzutage: denn wenn es vergänglich sei, dann sei es schon ver-
gangen, wenn aber ewig, dann könne es der Mensch nicht erkennen.
Das göttliche Sein sei für Menschen unsichtbar, darauf habe man sich
schließlich als Dogma geeinigt. Die Hesychasten konterten: es gebe Ver-
mittlungsstufen zwischen Gott und den Menschen; so wie Gottes Liebe
und Gnade, die auf Erden wirke, sei auch das Licht der Ewigkeit in mysti-
scher Verzückung auf Erden erschaubar.

Man sollte es nun nicht glauben, daß diese Frage die Gemüter der Byzantiner noch mehr beunruhigte als der Zusammenbruch ihrer politischen Welt im 14. und 15. Jahrhundert. Die osmanischen Sultane erober-
ten Stück um Stück alles Land rund um Konstantinopel, bis das Volk der
orthodoxen Rhomäer nur noch hinter den gigantischen Stadtmauern aus
der Zeit des Kaisers Theodosius unter sich war; aber es glaubte weiterhin
fest daran, daß Gott sein auserwähltes Volk nicht im Stich lassen werde,
denn Rechtgläubigkeit auf Erden war nur denkbar im Rahmen eines Reiches unter der Herrschaft des rechtgläubigen Basileus. Diese Überzeugung war sonst in kritischen Zeiten ein fester moralischer Halt gewesen,
doch jetzt wurde sie nur zum konkludenten Eingeständnis auch geistiger
Hilflosigkeit. Der Staat Gottes war nach byzantinischer Ansicht identisch
mit dem oströmischen Reich, zumal man aus dem Buch Daniel im Alten
Testament schloß, daß das Römische Reich das letzte auf Erden vor dem
Weltuntergang sein werde.

Eigentlich hätte also die Weltgeschichte mit dem Einzug des türkischen Sultans Mehmed II. in Konstantinopel (1453) aufhören müssen.
Aber die unterworfenen Byzantiner arrangierten sich sehr schnell mit
dem osmanischen Sieger, und er integrierte sie sofort kirchenpolitisch in
sein Reich. Mehmed II. setzte schon in den Tagen nach der Eroberung einen neuen Patriarchen von Konstantinopel ein, den er mit Rechten religiöser und weltlicher Selbstverwaltung ausstattete, und dessen Zustän-

digkeit die gesamte orthodoxe Bevölkerung des untergegangenen „Rhomäerreiches" umfaßte. Das fortbestehende Patriarchat von Konstantinopel als letztes administratives Überbleibsel eines Reiches, das nach seinem Selbstverständnis nicht nur im Geiste leben durfte, sondern nach juristischer und machtmäßiger Wirklichkeit verlangte, war ein Anknüpfungspunkt für das Fortbestehen griechischen Staatsbewußtseins.

Gleichzeitig war es ein Anlaß für die Großfürsten von Moskau, ihr Staatsbewußtsein so religiös zu fundieren, daß sie sich zum Zaren, sprich: zum Kaiser, aufschwingen konnten. Die Karolingerkaiser hatten den Konstantinopolitanern anläßlich des Bilderstreites schon vorgeworfen, daß sie Ketzer seien und daher das Kaisertum zu Recht an den Westen verloren hätten. Das war eine etwas dünne Argumentation gewesen, die auch damals nicht alle überzeugte, und die Argumentation der Moskauer im 15. Jahrhundert war es erst recht: Konstantinopel habe mit dem lateinischen Westen eine Union angestrebt (Konzil von Ferrara und Florenz 1438/39), und das sei Ketzerei gewesen. Mit dem Fußfall vor Mehmed II. und dem Empfang des Bischofsstabes aus den Händen des ungläubigen Türkensultans sei das Maß voll gewesen: nun sei Moskau der einzige Hort der Rechtgläubigkeit, die Patriarchen von Konstantinopel seien notorische Ketzer – zumal die Orthodoxie sich notwendigerweise in einem Reich verkörpern müsse, und dafür stehe nur das Großfürstentum Moskau zur Verfügung.

In der Tat war die Politik der Patriarchen am Goldenen Horn nicht ohne Eigenwillen. Was z. B. sollte ein orthodoxer Geist von dem Fall des Kyrillos Lukaris halten, der zwischen 1620 und 1633 viermal das Patriarchenamt bekleidete (der Sultan benützte die Vergabe dieses höchst wichtigen und daher höchst begehrten Amtes, um daraus Handsalbe zu ziehen. Da es völlig in seiner Willkür lag, wem er es auf wie lange Zeit gab, und er das auch rücksichtslos ausspielte, waren seine Einnahmen enorm, und Kyrillos Lukaris mußte daher viermal zur Bewerbung antreten). Kyrillos' Amtszeit fiel in die Zeit der heftigen Auseinandersetzungen zwischen Katholiken und Protestanten in Westeuropa; er schrieb schon 1608 einen Brief an Papst Paul V., in dem er dessen Primat anerkannte. Dafür tauchte 1629 in Genf ein von ihm stammendes Glaubensbekenntnis in Lateinisch auf, in dem er unter Aufgabe orthodoxer Glaubensartikel dem Calvinismus huldigte. An diesem zweiten Punkt erhitzten sich die Gemüter. Die orthodoxe Kirche wollte von Luthers Reformation und ihren Folgeerscheinungen nichts wissen, und dabei nützte es Kyrillos Lukaris nichts, daß er in einem Brief an die Ruthenen beteuerte, orthodox bleiben zu wollen. Fast erscheint er uns wie sein Zeitgenosse Wallenstein, der sich am Ende seines Wirkens zwischen alle vorhandenen Stühle setzte, und was diesem die Schweden, Franzosen und Österreicher waren, das waren dem orientalischen Kirchenfürsten die Katholiken, Calvinisten und Orthodoxen.

Kein Zweifel, Kyrillos Lukaris war ein Ketzer und wurde auch als ein solcher behandelt. Wahrscheinlich haben seine orthodoxen Gegner einige blutdürstige Türken angestiftet, ihn in einer dunklen Straße von Istanbul im Jahre 1638 umzubringen. Auf dem Konzil von Jassy an der Moldau (1642) wurde seine Haltung als „Protestantismus" verdammt. Es war dem Patriarchen um eine Annäherung auf dem Gebiet der Rechtfertigungslehre gegangen: wenn Luther fragt, wie der Mensch in seinem Handeln Gnade vor Gott finden könne, so beschäftigt ebendies den orthodoxen Gläubigen auch, wenn er als Ziel seines Lebens die „theosis", die „Vergottung", unmißverständlicher: „die Erfüllung mit Göttlichem" betrachtet.

Wenn die widersprüchliche Figur des Kyrillos Lukaris in ihrem Handeln durchsichtiger wäre, dann könnte man ihn als einen Märtyrer der Ökumene bezeichnen, so aber bleibt nur das Fazit, daß die Ostkirche sich im Zeitalter der Glaubenskriege vom katholischen und protestantisch-reformierten Europa abkapselte.

Mehr noch die Russen: bei ihnen fiel die Rechtgläubigkeit mit der Zugehörigkeit zur russischen Nation zusammen. Die „Rhomäer" als auserwähltes Gottesvolk waren nicht identisch gewesen mit den Griechen, denn das Reich der Rhomäer war multinational bevölkert. Nicht so das sich nunmehr als heilig empfindende Rußland (auf die unterworfenen Tataren und finnischen Völker kam es nicht an). Die Idee vom auserwählten Volk hatte sich auf ihrer Wanderung von Konstantinopel nach Moskau geistig verengt. Daß die Rechtgläubigkeit ohne Inquisition nicht auskommt, dieser Gedanke wurde nun auch dem Moskauer Großfürsten Iwan III. (1462 - 1505) vorgetragen. Josif Sanin, nach der Gründung des Klosters Wolokolamsk unmittelbar westlich von Moskau auch Josif Wolozki genannt, hatte durch den kroatischen Dominikaner Benjamin von dem Vorgehen der spanischen Inquisition gegen die „judaizantes" gehört und empfahl dem Großfürsten, der sich als erster „Zar" nannte, eine solche Organisation auch in Rußland einzurichten. Denn auch in Rußland gebe es „Judaizantes" (auf russisch „schidowstwujuschtschie"), oder zumindest hatte der Metropolit von Nowgorod eine Vereinigung von Ketzern so genannt, die sowohl in Nowgorod als auch in Moskau bestand.

Er schrieb sie dem Einfluß eines Juden Sacharija zu, der aus Kiew gekommen war, das sich damals unter litauischer Herrschaft befand. Die Litauer aber hatten seit einem guten Jahrhundert das römisch-katholische Christentum angenommen; ihr Staatsgebilde war in beständige Grenzkonflikte mit dem Moskauer Großfürstentum verstrickt. Josif Wolozki repräsentierte daher die Fremdenfeindlichkeit der Russen, die vom Hofe unterstützt wurde, und wohl auch die russische Spielart des Antise-

mitismus. Das ist eine geistige Landschaft, die derjenigen der spanischen Inquisition recht ähnelt.

Die Lehre der „Judaisierenden" ist nur in dem einen Punkt mit der jüdischen Religion eindeutig in Verbindung zu bringen, daß sie Christus keinen höheren Rang zubilligte als Moses. Doch die Konsequenzen dieser Anschauung waren beträchtlich: Maria konnte dann nicht mehr als Gottesmutter verehrt werden, ein rationalerer Wind fegte durch das ganze christliche Lehrgebäude, was zu einer Bestreitung der Dreieinigkeit, der Heiligenverehrung und damit auch der Ikonen führte. Auch eine politische Komponente fehlte nicht: die Moskauer „Judaisierenden" erklärten es aus der Heiligen Schrift heraus für unzulässig, daß die Kirche weltlichen Besitz habe, was auf eine Infragestellung der weltlichen Position der Kirche überhaupt hinauslief. Dieses Verdikt traf auch die Klöster und die Mönche, wie im untergegangenen Byzanz zusammen mit der Hierarchie die Hauptstütze der orthodoxen Kirche.

Eine um so gefährlichere Bewegung war das, als sie ebensolche Tradition hatte wie die Anhäufung von Reichtümern in der orthodoxen Kirche. Diese hatte unter der religiös toleranten Mongolenherrschaft gut gelebt, war mit vielen Schenkungen bedacht worden und nach den weltlichen

Fürsten der größte Grundbesitzer im Land geworden. Der hohe Klerus trug sein Eigentum an Edelsteinen und kostbaren Gewändern offen zur Schau. Doch auch die an offiziellen Prunk mehr als die Westvölker gewohnten Russen erkannten bald, daß damit nicht nur die Herrlichkeit des Reiches Gottes versinnbildlicht wurde, denn das geistliche Engagement der Hierarchie und der besitzenden Mönche war recht unbefriedigend geworden. Niemand brauchte zu seinem Heile Mönche, die sich als Kostgänger der Allgemeinheit mästeten, ganz zu schweigen von den simonistischen Praktiken, die in einer Kirche, die über Vermögen zur Verschiebung verfügte, gang und gäbe werden mußten. Diese Entwicklung in Rußland war etwa gleichzeitig zu der Finanzkirche der Päpste in Avignon zu verzeichnen. Widerwillen gegen dieses Treiben vereinte sich mit häretischen Auffassungen: wer reich ist und borniert, dessen geistlicher Hintergrund wird eben unglaubwürdig.

In Nowgorod und Pleskau entstand die erste große russische Ketzer-Bewegung der „Strigolniki" (wahrscheinlich von russisch „stritsch" = „scheren", sofern die Häretiker keine Bärte tragen wollten, um sich von den juwelenfunkelnden Hierarchen zu unterscheiden). Sie wurde blutig unterdrückt um die Wende vom 14. zum 15. Jahrhundert. Man ersäufte die Ketzer im Wolchow-Fluß und in der Welikaja, die durch Pleskau fließt und in den Peipussee mündet. Aber die Ideen der Strigolniki waren mit Gewalt nicht restlos aus der Welt zu schaffen gewesen.

Am Ende des 15. Jahrhunderts tauchten die Bartscherer sozusagen als „Judaisierende" wieder aus dem Wolchow auf. Unterstützt wurden sie durch eine radikale Mönchsbewegung, die eben damals an der Wende vom 15. zum 16. Jahrhundert in Rußland blühte und ein Import vom heiligen Berge Athos war: wieder einmal wurde der Weltuntergang als nahe bevorstehend prophezeit. Dem mußte in strengster Askese und in Rückbesinnung auf die Kontemplation und auf das Gebot der Nächstenliebe im Christentum entgegengefastet, – gepredigt und – studiert werden. Das war kein vollständiger Rückzug aus der Welt, der ja mit dem Gebot der Nächstenliebe letztlich nicht vereinbar gewesen wäre, aber doch aus der Politik: die Mönche zogen über die obere Wolga in den unermeßlichen, einsamen, kargen und kalten Norden des europäischen Rußland, wo sie, um das Ideal ihrer Askese voll zu erfüllen, nicht in Gemeinschaftsklöstern lebten, sondern sich als Einsiedler weit und breit zerstreuten. Weltlicher Besitz war einer solchen Eremitenkirche nur Ballast.

Die Anhänger des Josif Wolozki ruhten nicht, bis sie unter der Regierung von Iwans III. Nachfolger, Zar-Großfürstin Wassili III. (1505 - 1533), zwei Exponenten der „Eremiten" gerichtlich aburteilen lassen konnten, Wassian Patrikejew und Maksim Grek (= „der Grieche"). Wohlgemerkt: durch staatliche Gerichte. Der Zar war also der Herr der Häretikerverfolgung, nicht die Kirche selbst. Damit hatten sich auch in diesem Punkt byzantinische Prinzipien in Moskau durchgesetzt. Josif Wolozki hatte die Hand dazu gereicht, indem er dem Zarentum die religiöse Aura verschaffte, die es brauchte, um wirklich der Nachfolger von Byzanz und auch dem westlichen Kaisertum des Heiligen Römischen Reiches, mittlerweile auch offiziell mit den Worten „deutscher Nation" ergänzt, ebenbürtig zu sein.

Die Lehren von der göttlichen und menschlichen Natur Christi übertrug Josif – mutatis mutandis – originellerweise auf den Zaren: „Der Zar ist seiner Natur nach allen Menschen gleich, seiner Macht nach gleicht er aber Gott dem Höchsten." Folglich hatte der Zar auch die Oberherrschaft über die Kirche; er konnte die Gegner des klösterlichen Besitzes als Häretiker verdammen und besaß gleichzeitig die Freiheit, den Kirchenbesitz einzuziehen – nicht prinzipiell, aber wenn er einen Teil davon brauchte. Daß die Ketzerei der „Judaisierenden" in Nowgorod blühte, war dann insofern zu verwerten, als der Zar dort unter dem Banner der Rechtgläubigkeit Kirchenbesitz für sich einzog. Das konnte man demjenigen nicht verargen, der als der „zweite Konstantin" gefeiert wurde und vom Mönch Filofej, dem Formulierer des Schlagwortes von Moskau als dem „dritten Rom", das keinen Nachfolger mehr haben werde, förmlich angebetet wurde: „Auf der ganzen Erde leitet und lenkt allein der rechtgläubige große russische Zar – wie Noah in der Arche von der Sintflut gerettet wurde – die Kirche Christi und festigt den orthodoxen Glauben."

Die Machtsteigerung Moskaus und die führende Rolle, die der orthodoxe Klerus dem Großfürsten schon fast andiente, um seinen starken Arm zur Vernichtung der Ketzer und zur Ausschaltung der besitzfeindlichen Eremitenmönche geliehen zu bekommen, setzten das Zarentum für die folgenden Jahrhunderte fest in den Sattel, auch kirchenpolitisch. Der Metropolit von Nowgorod Gennandi allerdings, einer der Hauptverfolger der „Judaisierenden", mochte daran gedacht haben, die großen Zeiten der westlichen katholischen Kirche im hohen Mittelalter auf russischem Boden zu wiederholen und dementsprechend eine kirchliche Inquisition einzurichten. Seine Umgebung kolportierte die Legende von der weißen Mitra, die von Kaiser Konstantin dem damaligen Papst Silvester überreicht worden sei zum Zeichen der höchsten Würde. Da die Päpste Ketzer geworden seien, sei diese „Engelskrone" nunmehr in Nowgorod aufgetaucht, sie, die so hoch über der Zarenkrone stehe wie Gott über den Menschen – aber Legenden machen auch im alten Rußland höchst selten Politik, und nach den Machtverhältnissen war eine orthodoxe Inquisition, etwa mit dem Metropoliten von Nowgorod an der Spitze, nicht durchsetzbar.

Wer hatte auch dem Mönch Filofej eingegeben, den Großfürsten derart zu feiern? War hier sanfte Nachhilfe vom Hofe am Werk gewesen? Jedenfalls hatte die orthodoxe Kirche nicht die Einheitlichkeit und taktische Freiheit, die Legende von der weißen Mitra in die politische Wirklichkeit umzusetzen. Sie blieb aber eine autonome Gemeinschaft, die trotz ihrer faktischen Machtlosigkeit dem Staat gleichberechtigt gegenüberstand. Ein Metropolit konnte allemal dem Zaren gegenüber freimütige Kritik wagen, wenn auch nicht viel mehr. Erst Peter der Große hat zweihundert Jahre später den Patriarchen von der Spitze verdrängt, indem er die Körperschaft des „Heiligen regierenden Synod" begründete, die eidlich darauf verpflichtet war, dem Zaren „ein gehorsamer und treuer Knecht und Untertan zu sein" und mit der Regierung der russisch-orthodoxen Kirche betraut war. Dieser Synod war also ein Werkzeug der Zaren, Peter hatte die rechtlich unabhängige Kirche durch eine Staatskirche abgelöst.

Wo auch immer in Rußland Ketzerverfolgungen auftauchen, liegt zumindest ihre Durchführung in der Hand des Zaren, nicht erst beim Henkersakt am Scheiterhaufen (der erste hatte 1504 in Moskau gebrannt), sondern auch schon im vorhergehenden Verfahren. Zar Alexej (1645 - 1676), der zweite aus dem Hause Romanow, wollte den russischen Anspruch auf die alleinige Rechtgläubigkeit modifizieren, um im Gegenzug unter den anderen orthodoxen Patriarchaten die vorherrschende Stellung des Patriarchats von Moskau durchzusetzen. Zwar hatten die Konstantinopolitaner im Jahre 1588 die kirchliche Loslösung Moskaus von Byzanz, die aus den erwähnten Gründen schon im 15. Jahrhundert erfolgt war, schließlich anerkannt und hatte Patriarch Jeremias im Januar 1589 den Metropoliten Iow ins Amt des Moskauer Patriarchaten eingeführt; dem kam aber der fünfte, d. h. letzte Rang innerhalb der orthodoxen Welt zu, und Zar Alexej schickte sich an, das zu ändern.

Zu diesem Zweck ließ er es zu, daß Patriarch Nikon die russische Liturgie an die Gepflogenheiten im übrigen rechtgläubigen Bereich anzugleichen versuchte. Nicht mit zwei Fingern wie bisher sollte das Kreuz geschlagen werden, sondern mit dreien. Das Halleluja war während der Messe nur zweimal anstatt wie bisher dreimal zu singen, usw. Also eine liturgische, keine theologische und erst recht nicht dogmatische Auseinandersetzung bahnte sich hier an, als die russischen „Altgläubigen" auf ihren bisherigen Riten bestanden, in der durch und durch konservativen Meinung, wenn Moskau schon das dritte Rom sei, dann müsse seine althergebrachte Liturgie ausschlaggebend bleiben, denn alles, was noch den Namen der Rechtgläubigkeit verdiente, habe sich ja im russischen Reich gesammelt. Das war wiederum der Ausdruck eines tiefen Mißtrauens gegen alles Fremde, nur diesmal nicht vom Zaren unterstützt.

1666/67 verurteilte eine Synode die Wortführer der Altgläubigen, deren bedeutendster Awwakum, Priester aus Nischni-Nowgorod (heute Gorki) war, und alle russischen Neuerungen im Ritual, die dem griechischen widersprachen, da sie „in Unvernunft, Einfalt und aus Mangel an

Bildung" eingeführt worden seien. Alle Gegner der Reform seien Häretiker, aus der Kirche ausgeschlossen und durch die weltliche Gewalt zu bestrafen. Das bedeutete praktisch eine Aufforderung zum Bürgerkrieg, denn die Altgläubigen erwiesen sich als sehr zäh. Im hohen karelischen Norden, auf einer Insel im Weißen Meer, lag das Solowezki-Kloster, dessen Insasse Gerassim Firsow sich im „Schreiben an einen Bruder über das Zusammenlegen der Finger" vehement für die Beibehaltung des Zwei-Finger-Kreuzes eingesetzt und damit die Haltung des ganzen Klosters zum Ausdruck gebracht hatte. Der Zar mußte seine Elitetruppe, die Strelitzen, hinaufschicken und das Kloster belagern lassen. Es wehrte sich mit Hilfe von 90 Kanonen – „Rußland ist groß und der Zar ist weit", und in der Nähe des Polarkreises war das Solowezki-Kloster wohl der einzige Stützpunkt einer gesitteten Ordnung überhaupt. Erst 1676 konnten die streitbaren Mönche überwältigt werden, und das auch nur durch Verrat.

Es wäre an dieser abgelegenen Stelle zwischen Wäldern, Seen und Sümpfen nicht eines Zweifingerkreuzes wegen so viel Blut geflossen, wenn die Altgläubigen nicht die ganze göttliche Weltordnung in Gefahr gesehen hätte. Da nun nach alt-russischem Denken auch die alltäglichsten Handlungen von religiösem Geist erfüllt sein mußten, waren solche Themen keine Kleinigkeit, auch wenn sie uns als nebensächlich erscheinen. Wer in der Messe das Halleluja nur zweimal sang, der würde auch die anderen geheiligten Sitten angreifen: das Wuchernlassen des Bartes, die traditionelle Kleidung, gar das Schminkverbot für Frauen, das Theaterverbot, das von den ketzerischen katholischen, protestantischen und reformierten Ausländern in der Moskauer Fremdenkolonie, dem Stadtteil „nemezkaja sloboda" („Deutsche Vorstadt", nach der größten Gruppe der dort lebenden Ausländer), beständig unterlaufen wurde (ein Sonderrecht für diese Leute war den Altgläubigen aus puristischen Gründen nicht vorstellbar). Awwakum verglich den Zaren und den Patriarchen Nikon gar mit den beiden Hörnern des apokalyptischen Untieres (Apokalypse 13, 11).

Wer der Hinrichtung entgehen wollte, floh in die unwegsamen Einsamkeiten des weiten Reiches, das sich damals schon bis zur Bering-Straße erstreckte, wenigstens nominell. Der auch im Westen populäre Anführer eines Aufstandes von Kosaken und Bauern, der Ataman Stenka Rasin, war mit von der Partie. Denn seinem durch den Widerstand gegen das System der Leibeigenschaft bedingten Aufstand gegen Moskau zwischen Don, Wolga und Ural strömten nun auch Rekruten zu, die für ihren Glauben kämpfen wollten. Awwakum wurde nach Sibirien deportiert, schließlich dem Scheiterhaufen übergeben. Er hob zum letzten Mal die Hand, um die ihn Umstehenden mit dem ketzerischen Zweifingerkreuz zu segnen, und als die Flammen bereits entzündet waren, sagte er, so sei nun die russische Erde durch Märtyrerblut gesegnet. Seine Anhänger sollten ihm nachfolgen, indem sie sich selber verbrannten, um so ebenfalls die Märtyrerkrone zu erringen. Viele Altgläubige folgten seiner Aufforderung tatsächlich und wählten den freiwilligen Feuertod, auch um der unchristlichen Verseuchung zu entgehen, gegen ihre Verfolger Gewalt anzuwenden. Nicht nur nach Sibirien mit seiner langen Tradition der Zwangsarbeit und staatlichen Menschenschinderei passen die Worte aus Awwakums Autobiographie: „Mein Christus hat unseren Aposteln nie befohlen zu lehren, daß man mit Feuer, Knute und Galgen die Menschen zum Glauben bringen solle."

Da die Bischöfe entweder abgesetzt wurden, wenn sie den Altgläubigen anhingen, oder sich der neuen kirchenpolitischen Linie anpaßten, hatten die Altgläubigen keinen Klerus mehr, denn die Priester konnten in ihren Augen nur von den Bischöfen gültig geweiht werden, die den Hörnern des apokalyptischen Untieres gefolgt waren. Dann konnten sie ihren Gottesdienst nur unter Auslassung der Handlungen feiern, die dem Priester vorbehalten waren, zum Beispiel der Spendung der Sakramente bis auf die Taufe, die auch Laien gültig vollziehen dürfen. Diese Altgläubigen waren die „Raskolniki", die „Abgespaltenen", und blieben es bis heute. Auch das wieder eine Ketzerei (denn was das ist, bestimmte der Zar durch den Moskauer Patriarchen), die durch Verfolgung nicht vollständig unterdrückt werden konnte!

Peter der Große schließlich gestand den Raskolniki zwar nicht die freie Ausübung ihres Kultus zu, ließ ihnen aber mitteilen, daß er sie nicht verfolgen wollte. Sie hatten nämlich im äußersten Norden des Reiches Niederlassungen gegründet, die auch im Wirtschaftsleben eine bedeutende Rolle spielten. Es hätte Peters Willen, mit rationalen Mitteln ein modernes Rußland zu schaffen, das den Staaten Westeuropas an Leistungsfähigkeit gleichkam, widersprochen, wenn er ihre Tüchtigkeit nicht seinen Zwecken dienstbar gemacht hätte. Außerdem waren sie unverzichtbar für die Getreideversorgung von St. Petersburg, des Zaren Lieblingsprojekt.

Es ist bekannt, daß unter Peter dem Großen die langen russischen Bärte abgeschnitten wurden, auch mit Gewalt durch herumreisende Regierungsbeamte; die Raskolniki durften ihre Bärte behalten, wenn sie eine Sondersteuer dafür zahlten, und ansonsten wurden sie doppelt besteuert und durften nicht in den Staatsdienst eintreten. So waren Rechtgläubigkeit nach zaristischem Verständnis, Fiskus und Verwaltungsapparat in seltenem Einklang.

Eine Entkrampfung des Verhältnisses zwischen den Altgläubigen und den offiziellen Orthodoxen brachte erst das Jahr 1971. Auf einem russischen bzw. sowjetischen Landeskonzil wurden die alten Riten als gleichwertig zu den ab dem 17. Jahrhundert geltenden anerkannt. Der Bann, der auf dem Konzil 1666/67 ausgesprochen worden war, sei ungültig von Anfang an, alle Polemiken gegen das Zweifingerkreuz hinfällig. Denn schließlich unterscheide man sich nur in den Riten, nicht aber in der Lehre.

Das Schicksal der Raskolniki hätte der orthodoxen Kirche eine Warnung sein können, sich nicht zum Untertanen der Zaren zu machen, denn mit dem Ketzerkampf des 17. Jahrhunderts hatte sie sich selbst tiefe Wunden geschlagen. Sie mußte auf die Dauer religiösen Kredit verlieren, denn eine servile Amtskirche würde über dem gebannten Blick nach Moskau und dann nach St. Petersburg ihre geistlichen Aufgaben aus den Augen verlieren, und wenn ernstzunehmende Häretiker auftauchten, so würde sie moralisch machtlos gegen diese werden. Die Beharrungskraft einer großen Organisation würde diesen Prozeß des Verfalls sicherlich eine Zeitlang aufhalten können.

Aber als im 19. Jahrhundert Anarchismus und Nihilismus in Rußland überhandnahmen, die sowohl die Kirche als auch den Zaren angriffen, und der einst so mächtige „Selbstherrscher" einen schleichenden Machtverfall erlitt, ob er nun persönlich fähig war oder nicht, da siechte auch die orthodoxe Kirche dahin. Nur der Umstand, daß christliche Gedanken in den intellektuellen maßgeblichen Kreisen des russischen Volkes sowieso immer mehr an Boden verloren und daß daher keine inspirierte Ketzerbewegung entstehen konnte, verhinderte es, daß sich um den eigenwilligen Grafen und weltberühmten Epiker Tolstoi keine Gemeinde bildete, die der Kirche wirklich gefährlich werden konnte. Denn das ist die Dialektik des Ketzerwesens: solange es bedeutsam ist, zeigt es durch seine vitale Existenz, daß die Bevölkerung von christlichen Gedanken bewegt ist, und das kommt der Kirche letztlich zugute: sie wird kontrovers gesehen, aber sie steht eben doch im Mittelpunkt.

Tolstoi aber blieb als interessanter Sonderling auf seinem Landgut von Jasnaja Poljana, und die Exkommunikation von 1901 änderte weder an seinem Leben noch an dem der Kirche etwas. Er war ein christlicher Radikalist, der die Amtskirche in Grund und Boden verachtete, der sich auf die Lektüre der Bibel zurückzog und das Ritual und den historisch entwickelten Katechismus über Bord warf; besonders nahm er Stellung gegen das Trinitätsdogma und die Transsubstantiationslehre. Mittelpunkt der Bibel war ihm die Bergpredigt – wie konnte er dann noch eine gemeinsame Sprache mit den Popen sprechen, die die Armee der Zaren segneten und deren außenpolitische Brutalitäten pauschal und automatisch guthießen! So bekam er auch die widersprüchlichen Auswirkungen eines Menschen mit, der sich den Satz der Bergpredigt „Widerstrebet nicht dem Bösen" zur Richtschnur gemacht hat. Denn eben diese Milde regt die „Bösen" gegen ihre Verkünder auf – womit die Verwirklichung der christlichen Lehre in diesem Punkt sicherlich so lange unmöglich ist, als es „Böse" auf der Welt gibt.

Mit seinen Sätzen „Christus hat in Wahrheit die Kirche zerstört" und „Religionen von einem historischen Standpunkt aus betrachten, heißt sie zerstören" spielte er die Unendlichkeit des religiösen Gefühls gegen die konkrete Wirklichkeit aus. Das führte ihn ins historische Nirgendwo einer Art von christlichem Anarchismus. Die Verlegenheit der erstarrten Orthodoxie angesichts der Unbedingtheit eines solchen Geistes ist menschlich verständlich und kirchenpolitisch auch, denn wieder trat hier einer an die Wurzeln des Christentums heran, ohne sich um das Verwaltungsmonopol der Amtskirche hierfür zu kümmern. Es war wie mit den Waldensern und bedenklichen Mystikern des katholischen Mittelalters. Auch eine weniger erstarrte Amtskirche hätte im Falle Tolstoi mit der Exkommunikation reagiert.

Er konnte nicht anders, denn er war unter denjenigen, von denen Spuren überliefert sind, einer der unbeirrbarsten Fanatiker der Wahrheit. Mangels adäquater Worte in den menschlichen Sprachen bezeichnete er sich als einen „Wahnsinnigen", als er niederschrieb: „Und das Licht erleuchtete mich vollends, und ich wurde eins mit dem, was da ist."

Aber mit der Aufzählung einiger, auch der zentralsten christlichen Gedanken des Grafen Tolstoi ist für sein Verstehen erst die Hälfte getan: seine Versuche, im Unendlichen zu denken und die Geschichte als überflüssig verengende Kulisse zu ignorieren, sind der Ausdruck der russischen Lebensart, deren geistvollster Vertreter er war: des „breiten Lebens", das eben gelebt werden muß und nur mühsam beschrieben und gar nicht definiert werden kann. Meinung und Leben gehen bei ihm ineinander über, wie bei seinem Individualismus nicht anders vorstellbar. Dieser Individualismus löst sich selbst auch schon wieder auf, da er für das „breite Leben" eine Fessel bedeutet. Da ist eine Verwischung der Grenzen, eine Vereinigung von Unvereinbarem, begrifflich am Rande des Faßbaren, besonders für westliche Menschen, ein Versuch der „Coincidentia oppositorum", die nur der Gottheit herstellbar ist. Aber die orthodoxe Frömmigkeit will nichts anderes, wenn sie von der „Vergottung" des Menschen spricht. Nur – und damit kehren wir sichtlich auf den Boden der verächtlichen Geschichtlichkeit zurück – wird derjenige eben zum Ketzer, der sich voraussetzungslos an sie heranwagt.

Man hat Tolstoi vorgeworfen, durch seine schonungslose Kirchenkritik und einige als kommunistisch interpretierbare Gedanken mitgeholfen zu haben am schließlichen Sieg des atheistischen Bolschewismus in Rußland. Aber Tolstoi war nicht identisch mit der Zeit, in der er lebte, und die Kirche hatte ohnehin schon ihr Ansehen zum großen Teil verspielt. Die Bolschewiken hätten daher auch dann gesiegt, wenn Tolstoi niemals gelebt hätte. Demnach bleibt nur ein Vorwurf moralischer Art, sich dem vordringenden Atheismus nicht widersetzt zu haben, denn draufgängerisch genug war der Graf zeit seines Lebens gewesen, trotz seiner ehrlichen Liebe zur Bergpredigt. (Das ist ein Widerspruch, der wahrscheinlich auch im „breiten Leben" aufzulösen wäre...)

Bemerkenswert, wie eine Figur des säkularisierten 19. Jahrhunderts, ein Mitglied der Aristokratie ohne materielle Sorgen, sich bemühte, in seinem Leben den Grund des Christentums zu erreichen. „Keiner kann mit Gedanken und Lehren allein ein Christ werden, sondern er muß es auch ins Werk bringen und versuchen, das Kreuz zu tragen, welches unser Fleisch zunichte machte". So hätte auch Tolstoi sprechen können, doch stammen diese Worte von Martin Luther. Das ganze Leben kann von dem Bemühen absorbiert werden, das Christentum radikal zu leben, und dies ist nicht an das „breite Leben" der Russen gebunden.

Die Zwickauer Tuchweber und Bergleute, von Luthers erstem erfolgreichen Widerstand gegen das Papsttum mächtig angeregt, sammelten sich im Jahre 1521 um ihren Propheten Klaus Storch. Der erklärte, Luther tue zu wenig, auch die Bibel sei nur ein kleiner Brennpunkt des göttlichen Geistes, man müsse sich dem Heiligen Geist voraussetzungslos hingeben, denn das Ende der Zeiten stehe bevor, da helfe nur noch das über alle Maßen inspirierte Reden mit Gott direkt.

Sie hatten auch Verbindungen zu reformatorisch gesinnten Kreisen um den Professor Karlstadt in Luthers Hochburg Wittenberg selbst. Die schütteten das Kind dadurch mit dem Bade aus, daß sie angesichts des unmittelbaren Hauches Gottes, den sie über sich verspürten, alles Lernen für überflüssig, gar sündhaft erklärten.

Luther täuschte sich nicht: hier waren der von ihm ins Leben gerufenen Bewegung ihre ersten Ketzer entstanden, denn solch eine Enthemmung der Geister hatte er niemals gewollt. Er trat ihnen predigend entgegen, allein auf die Gewalt seines Wortes vertrauend, getreu seiner in der Bulle Leos X. inkriminierten Behauptung, es sei wider den Willen des Heiligen Geistes, die Ketzer verbrennen zu wollen. Bekenntnisfreiheit tat not, „weil sonst diese Inquisitoren künftig Kamele verschlucken und Mücken seihen nach Belieben, und die Gläubigen trotz aller Bekenntnisse zu Ketzern machen würden."

In seiner Schrift „An den christlichen Adel deutscher Nation" hatte er aus der Betrachtung des Falles Jan Hus die Lehre gezogen, „man soll die Ketzer mit Schriften, nicht mit Feuer, überwinden, wie die alten Väter getan". Und als Thomas Müntzer ihn von Frankenhausen in Thüringen aus mit Verbalinjurien wie „Vater Leisetritt" und „des Teufels sicherlicher Erzkanzler" überschüttete, weil er sich an seinen Landesfürsten hielt und nicht aus dem Evangelium entnahm, daß die Armen, Leibeigenen und Geschundenen die wahren Adressaten der christlichen Botschaft seien, da erwiderte Luther fest: „Durch das Fechten mit dem Wort wird die Lehre bewährt... man lasse die Geister aufeinander platzen und

Wer dis gebet spricht mit andacht der het als meugen tag aplas als meng wonden vnser herr
nhs xps het emph angen durch vnser willen: Herre thu pse Ich ermanen dich dines gottlichen
volk omme li rates. vnd dines guten willen. Vn dner gutten ler. Vnd dner innerdroten dinstes
din din demutgr gehalsami vn dner ewige wish tit. Vnd dner pmer werenden roheit. Wil
tut dich li: der herre durch din gros erbarn hertikeit. Das du alles das an mir volbringest dz
es du loblich sige in der emkeit. Vnd mir trostlich sige in dirf. Amen

*Ablaßbrief aus der Zeit um 1430. Der übermäßige Ablaßhandel der katholischen Kirche war
Anlaß zum Ausbruch der Reformation.*

treffen! Werden etliche dann verführt, wohlan, so geht's nach rechtem Kriegslauf."

Wie das Wort des Evangeliums durch die Kruste der katholischen Tradition wegen seiner göttlichen Kraft wieder durchbrechen sollte, so sollte der geistige Kampf auch in den eigenen Reihen geführt werden. Luther nahm das Wort des Thomas von Aquin, daß sich durch Ketzereien der wahre Glaube „durch bessere Abklärung der Wahrheit" umso besser entfalte, wörtlicher als die katholische Kirche!

Zumindest anfangs, denn sobald eine Glaubensbewegung sich zu institutionalisieren beginnt, ist es erfahrungsgemäß mit ihrem frischen Bekenntnis zum geistigen Konflikt zu Ende. Da machte auch die evangelische Kirche keine Ausnahme, obwohl sie unter dem Zeichen religiöser Freiheit gegen Rom angetreten war. Es ist bekannt, daß im Bauernkrieg die Ideen Luthers mit sozialrevolutionären Absichten weitesten Ausmaßes zusammen verkündet wurden, und ebenso bekannt ist, mit welcher zügellosen Polemik Luther den Fürsten empfahl, möglichst viele Bauern zur Rache umzubringen. Auch hier fand Inquisition statt, und es macht eigentlich keinen Unterschied zur zeitgenössischen spanischen und römischen Spezialorganisation, wenn nicht evangelische Prediger folterten und hinrichteten, sondern im Auftrag der Fürsten die Soldateska des Truchseß von Waldburg das schmutzige Handwerk besorgte. Nun platzten nicht mehr nur die Geister aufeinander, denn Luther wollte die Reinheit seiner eigenen Lehre gewahrt wissen.

Ebenso wandte er sich gegen die Wiedertäufer, die behaupteten, Kinder dürften nicht getauft werden, weil sie den Sinn des Aktes noch nicht verstünden. Also müßte man ihn erst oder nochmal an Erwachsenen vornehmen. Damit verbanden sich sozialrevolutionäre Vorstellungen, die durch das Massaker am Ausgang des Bauernkrieges nicht vollständig ausgelöscht waren.

Die „Freiheit eines Christenmenschen" hatte Luther als eine innerliche verstanden und gleichzeitig gefordert, man müsse der Obrigkeit untertan bleiben. Es konnte nicht ausbleiben, daß diese Unterscheidung von vielen nicht mitgemacht wurde, die sich das Gottesreich auf Erden mit der Herstellung einer neuen sozialen Ordnung verbunden dachten – zwei Elemente, die untrennbar zusammen gehörten, solange die Religion einen dominierenden Platz im Bewußtsein der Menschen einnahm. Luther hatte in Deutschland eine Dynamik in Bewegung gesetzt, die er nicht gewollt hatte. Die Wittenberger Theologen hatten ein Gutachten erarbeitet, das die Hinrichtung der Wiedertäufer in Münster befürwortete, die dort vom Bischof der Stadt belagert und besiegt worden waren. Der Reformator gab nun seine Zustimmung dazu.

Der Standpunkt war wohl auch einigermaßen künstlich, einerseits einen Kampfgeist zu entfalten, der sich auch von den Machtmitteln der römischen Kirche und des mit ihr potentiell oder offen im Bündnis stehenden Kaisers nicht beeindrucken ließ, und zu behaupten, man lasse sich von niemandem auf der Welt „übertrotzen", und andererseits nicht zur Gewalt zu greifen, wie mächtig man das „reine Wort" auch immer ansah. Dem leistete der Beginn der Einrichtung von evangelischen Landeskirchen Vorschub. Wenn Luther die Fürsten brauchte, um seiner Bewegung das Überleben zu sichern, dann mußte er auch deren Gewaltsamkeiten in Kauf nehmen. Die Verfassungswirklichkeit im Reich hatte seinen evangelischen Idealismus eingeholt.

Auf dem Reichstag zu Speyer (1526) war sibyllinisch beschlossen worden, jeder Reichsstand habe in Sachen des Wormser Ediktes" so zu leben, zu regieren und es zu halten wie er es gegen Gott und Kaiserliche Majestät zu verantworten sich getraue". – Nach politischer Sachlage – der Kaiser war gegen den Papst und den französischen König außenpolitisch hinreichend beschäftigt, so daß sein Vorgehen gegen die Evangelischen ebensowenig zu erwarten war wie nach dem Wormser Reichstag 1521 – hieß das: tatsächlich innere Freiheit in Glaubensangelegenheiten. Landgraf Philipp von Hessen und Kurfürst Johann Friedrich von Sachsen nutzten die Zeit, um in ihren Territorien das erste evangelische Kirchenregiment zu errichten: eine Staatskirche, die den organisatorischen Rahmen schuf, in dem die evangelischen Prediger arbeiten konnten. Ihr oberstes Organ war das Konsistorium, eine durch den Landesherrn von Theologen und Juristen besetzte Behörde, das auch die Lehre fortsetzte, die verbindlich sein sollte. Ein Lehramt im Sinne des Papstes und der katholischen Kirche hat sie nicht: das kommt vielmehr nur dem Kirchenvolk zu. Aber da der einzelne Pfarrer seiner Landeskirche dienstverpflichtet ist, und deren Lehre sich nach einem Kanon von kirchlichen Lehrschriften richtet, ist er gleichzeitig auf diesen Kanon, zusammengefaßt im „Konkordienbuch", mitverpflichtet.

Bei den Enteignungen katholischer Klöster und sonstigen Zwangssäkularisierungen wurde gegen Katholiken oft tumultuarische Gewalt angewendet. Auch die innere Freiheit der Lehre war nicht schlechthin gewährleistet. Die theologischen Ansichten Melanchthons, der Luther (✝ 1547) um 13 Jahre überlebte, erregten vielerlei Anstoß bei den evangelischen Theologen. Da war es z. B. um die Frage gegangen, ob die Rechtfertigung vor Gott in dessen „forensischer" Gerechterklärung bestünde (so Melanchthon) oder ob sie im Menschen eine „reale Einwohnung Christi" voraussetzte (so Osiander, der Reformator Nürnbergs). Johann Funk, Hofprediger beim Herzog von Preußen in Königsberg, neigte zur Meinung Osianders, die vielen zu katholisch vorkam. Er wurde dafür 1566 enthauptet. Auch die evangelische Kirche dürstete in Wirklichkeit nach Blut, nur auf dem Umweg über das Landeskirchenregiment.

Dann gab es noch Kaspar Peucer (✝ 1602), Medizinprofessor in Witten-

berg und Leibarzt des Kurfürsten August I. von Sachsen, der des „Kryp-
tocalvinismus" verdächtigt wurde und daher harte Kerkerhaft zudiktiert
bekam, und den ebenfalls „kryptocalvinistischen" kursächsischen
Kanzler Nikolaus Krell, der wegen der Animosität zwischen Lutheranern
und Calvinisten 10 Jahre in Haft gehalten und 1601 schließlich hingerichtet wurde; dann die Pietisten, die an einem Grundpunkt evangelischer Theologie rührten, wenn sie die Gefahr für den Glauben weniger
in der Unklarheit der Lehre als in einem Mangel an Heiligung des akti-
ven Lebens sahen.

Denn wenn einer ihrer Ahnherren, Philipp Jakob Spener (1635 - 1705),
aus dem allgemeinen Priestertum der Gläubigen ableitete, daß jeder
Christ durch sein Leben das wahre Christentum lehren sollte, wie vertrug sich das mit dem Dogma Luthers, daß die Rechtfertigung vor Gott allein aus dem Glauben heraus möglich war? „Ein Lebemeister ist mehr
wert als 10 Lesemeister" hatte schon Meister Eckehart hierzu gesagt –
Speners Anklang an diesen Meister aller Mystiker zeigt, daß im Pietismus ein beständiger Spannungszustand in allen Religionen neu bestätigt wurde, nämlich der zwischen dem formulierten Dogma und der
freien Religiösität derjenigen, die den Glauben nicht formulieren und
dadurch intellektualisieren, sondern aus ihrem Gemüt heraus leben wollen. Spener forderte die Schultheologen dann auch noch damit heraus,
daß er ein Buch übertitelte „Behauptung der Hoffnung künftiger besse-
rer Zeiten" und darin die Möglichkeit ausdrückte, es würden auf Erden
noch „Zeiten der reineren Darstellung der Königsherrschaft Gottes" anbrechen. Das war immerhin verhalten formuliert, aber die Gegner sahen
darin einen Verstoß gegen die Augsburger Konfession, in der mit der Absage an den Chiliasmus solche Spekulationen ein für allemal ausgeschlossen werden sollten.

Spener stellte sich auch grundsätzlich in Opposition zu seiner Kirche,
als er von ihr in untergeordneten Fragen Duldsamkeit gegenüber abweichenden Pfarrern verlangte, was die Konsistorialräte als eine Aufforderung betrachteten, ihn und seine häresieverdächtigen Anhänger gewähren zu lassen. Denn ganz ohne Juristerei geht es auch in der Kirche der
evangelischen Freiheit nicht: wann war eine Frage nun in concreto „untergeordnet"? Oder war es nicht eine schleichende Entfremdung von der
bestehenden Kirche, wenn Speners Schüler August Hermann Franke
und Paul Anton in Leipzig „Bibelkollegien" abhielten, da die Heilige
Schrift die alleinige Glaubensquelle sei und derart eine „kleine Kirche
innerhalb der Kirche" bilden wollten? Wären die Pietisten aggressiv geworden, dann hätten sie mit ihrer Rückkehr zum Evangelium gar die Reformation erneut reformiert, denn es war seit knapp zwei Jahrhunderten
auch um Wittenberg herum so etwas wie eine verbindliche Tradition entstanden. Sonst wäre es ja überflüssig gewesen, ein „Konkordienbuch"

Luther als Junker Jörg. Nach einem Holzschnitt von Lukas Cranach.

aufzustellen, das u.a. die Augsburger Konfession und Luthers kleinen und großen Katechismus umfaßte.

1690 wurden die Bibelversammlungen von Franke und Paul verboten, Spener 1691 aus kursächsischen Diensten entlassen, wo er als Oberhofprediger gewirkt hatte. Dabei dürften aber nicht nur die „orthodoxen" Theologen mit Stimme bei Hofe mitgewirkt haben, sondern auch die moralischen Forderungen Speners, die Kurfürst Johann Georg II. nicht behagten, da er es vorzog, ein barockes „Weltkind" zu sein. Der Pietismus stellt noch heute einen lebendigen Faktor in der evangelischen Kirche dar, besonders in Württemberg.

Der Fall des Jakob Böhme (1575 - 1624) schließlich, des Schusters aus Görlitz, ist so dramatisch nicht, zeigt aber wiederum, wie wenig eine Amtskirche mit den unamtlichen Gedankengängen von Mystikern anfangen kann. Jakob Böhme war ein zarter Mensch, der viel las und die Fähigkeit hatte, mit den hochgebildeten Kunden seiner Schusterwerkstatt theologische Gespräche zu führen. 12 Jahre grübelte er nach: wie war Gott faßbar, wenn er so ganz über der Welt stand? Wie kam es, daß in seiner Schöpfung Gut und Böse im Streit miteinander lagen? 1612 schließlich warf er seine Gedanken und inneren Gesichte aufs Papier. Er nannte sein Werk „Morgenröte im Aufgang" und meinte damit, eine neue Gottesbetrachtung heraufzuführen.

Eine Abschrift davon kam dem Primarius der Görlitzer Pastoren, Georg Richter, in die Hände. Er witterte sofort Häresie, donnerte den Schuster von der Kirchenkanzel aus an und ließ ihm durch den glaubenseifrigen Stadtrat für die Zukunft das Schreiben verbieten.

Böhme duckte sich, aber die Fülle seiner Ideen ließ sich nach einigen Jahren nicht mehr anders bändigen, und er griff wiederum zur Feder. Nun war der Rat der Stadt nicht mehr so unbedingt der Pastorenschaft zu Willen, daher mußte Böhme allmählich aus Görlitz herausgeekelt werden – die Atmosphäre zwischen dem schwerfälligen, tiefsinnigen „deutschen Philosphen" einerseits und den Herren im schwarzen Talar andererseits, vor dem Hintergrund der engen Stadt, muß erstickend gewesen sein. Böhme fand durch Vermittlung von Freunden Aufnahme in Dresden, wo er bis zu seinem Tode verblieb.

Seine Visionen in umständlicher, von mystischen Bildern ebenso erleuchteter wie verdunkelter Sprache, setzen Gott als den „Urgrund", aus dem heraus „feuriger Liebeswillen" und finsterer Zornwillen" das Leben und die Welt „urständen". Der Kampf zwischen Licht und Finsternis findet schon in Gott selber statt und setzt sich daher in seiner Schöpfung fort. So interpretierte Böhme den Gott Luthers, der sich sowohl verhüllt als auch sichtbar ist, gleichzeitig ein Gott des alttestamentarischen Zorns und der neutestamentalischen Liebe ist. Daß Gott hier in lebendigem Zusammenhang mit der Natur gebracht wurde, roch nach pantheistischer Häresie im Widerspruch zu der offiziellen Vorstellung, daß er als ein ganz anderer über der Natur stehe. Außerdem hieß es, den manichäischen Dualismus ins protestantische Pfarrhaus einzuladen, wenn Gott in zwei Teile, das Licht und die Finsternis, zerlegt wurde. Nun hatte auch Wittenberg seinen Ketzer, der aus der Existenz des Bösen heraus die Doktrin von Gottes Allmacht erschütterte.

Böhme sah das Hell und Dunkel seines persönlichen Stiles die ganze Welt durchwalten, ein kindlicher Geist, der von sich bekannte, er „habe allein das Herz Gottes gesucht, sich vor dem Ungewitter des Teufels darin zu bergen". Seinen Schriften haftet ein rührender poetischer Glanz an, als ob in seine dumpfe Werkstatt verklärendes Sonnenlicht fiele. Ein Glanz, den der ehrenfeste Herr Primarius in seiner Verdattertheit sicherlich für den gleißnerischen Nährboden der Häresie gehalten hat!

Aber sehen wir die Dinge im richtigen Maßstab: wenn auch Protestanten sich untereinander verfolgt und teilweise dem Henker ausgeliefert haben, so war ihre Aktivität im Umfang doch sicherlich nicht zu vergleichen mit derjenigen der spanischen und römischen Inquisition sowie der Tragödie der Raskolniki in der russisch-orthodoxen Kirche. Die Aufteilung in einzelne Landeskirchen mag provinzialisierend gewirkt haben, hatte aber auch den Vorteil, daß sie den Verfolgungseifer abkühlte. Man konnte in Schwerin, Lüneburg und Halle nicht mit großer Geste Autodafés abhalten wie in Madrid, Toledo und Barcelona, den Zentren eines Weltreiches, in dem die Sonne der einzig seligmachenden Kirche nicht unterging und das daraus auch seine Legitimation herleitete.

Außerdem müssen wir beständig unterstellen, daß die Protestanten als Korrektiv das Gesetz hatten, nach dem sie angetreten waren: das der evangelischen Freiheit. Die Spannung zwischen dem autonomen Gewissen des Einzelnen und der Notwendigkeit, der Gemeinde eine objektive Wahrheit zu verkünden, beherrscht das „Lehrzuchtverfahren" der Protestanten nach wie vor. Zwar ist aus der skizzierten Verpflichtung des Pastors auf Evangelium und Bekenntnisschriften juristisch jederzeit ableitbar, daß ein Verstoß der Verkündigung gegen eins von beiden eine Verletzung des Anstellungsvertrages ist und geahndet werden muß. Doch wenn der Pastor nach bestem Gewissen Evangelium und Bekenntnis abweichend interpretiert, dann kann das Erfordernis der Objektivität der Verkündigung nicht seine subjektive Entscheidung aus dem Weg räumen.

Wenn es um den Glauben geht, scheut sich die protestantische Kirche, juristisch zu argumentieren: der „Christenmensch" ist eben innerlich frei, im Glauben gerade nicht an Obrigkeit und weltliches Gesetz gebunden. Die Meinungen stehen sich dann gleichberechtigt gegenüber, sie „platzen aufeinander", wie Luther sich billigend ausgedrückt hatte. Die katholische Glaubenskongregation versteht sich als Hüterin des Lehramtes, das evangelische Spruchkollegium im Lehrzuchtverfahren hat ein solches nicht zu hüten. In der Theorie bedeutet die Verknüpfung des Diensteides mit dem Evangelium, daß das Wort Gottes auch das bestehende Bekenntnis modifizieren kann, denn das Evangelium ist der wichtigere Maßstab von beiden. Man mag grundsätzlich daran zweifeln, ob niedergeschriebenes Wort tatsächlich ohne historisch gewachsene Interpretation, also das, was die katholische Kirche „Tradition" nennt, als Autorität für alle Zeiten genügt. Aber das ist nur ein Teilaspekt. Durch das

Festhalten am „bloßen" Evangelium meint die protestantische Kirche eigentlich, daß jegliche Tradition ständig daran überprüft werden kann, nicht also, daß es überhaupt keine Tradition zu geben habe. Die Berechtigung zur Überprüfung leitet sie aus der Autonomie des subjektiven Gewissens ab. Als einzelner steht der Mensch in seiner Verantwortlichkeit vor Gott und nicht vor der Gemeinde und daher auch nicht vor dem Spruchkollegium im Lehrzuchtverfahren. Es wird ein Schwebezustand zwischen subjektivem und objektivem Bekenntnis aufrecht erhalten, der zwar eine kirchenpolitisch eindeutige Linie eventuell verhindert, aber gerade dadurch geistlicher Bewegung freieren Spielraum gewährt.

So also war die Glaubensverfolgung einer Kirche, die sich deutlich vom Staat getrennt hielt in ihrem religiösen Leben, während sie ihm die Sorge um ihre äußere Fortexistenz vollständig übertragen hatte. Sofern der Staat diese „Arbeitsteilung" respektierte oder zumindest in seinen politischen Zumutungen an die geistlichen Gemeinden ein bestimmtes Maß nicht überschritt, drohte von ihm keine nennenswerte Verschärfung der Verfolgung. In Rußland hatten die Zaren zur (mißlungenen) Vernichtung der Raskolniki getrieben, das Gleichgewicht zwischen geistlich und weltlich war zugunsten des Staates umgekippt.

Es konnte aber auch von der geistlichen Seite aus umgekippt werden, nämlich wenn sich der Glaubenseifer dem Staat aufdrängte, und das geschah in den evangelisch-reformierten Gemeinden des Huldreich Zwingli in Zürich und des Jean Calvin in Genf. Zwingli (1484 - 1531) setzte beides nebeneinander: die von Gott gewollte Obrigkeit und – das Prophetenamt, denn im 16. Jahrhundert, so formulierte er die religiöse Erregung der Epoche, spreche Gott zu den Menschen deutlicher als früher; die Zeit der Propheten sei zurückgekommen, denn nunmehr gehe es wiederum um die Rückbesinnung auf die Heilige Schrift, und Propheten seien nach Paulus (1 Kor 14) in der Urgemeinde die vorbildlichen Ausleger des Evangeliums gewesen. Es sei aber Pflicht eines Christen, im Staate mitzuwirken und dafür zu sorgen, daß Gottes Gesetz in ihm befolgt werde, kurz: Zwingli muß dem Rat von Zürich zur Seite stehen, damit die Regierten nach Gottes Gesetz recht lebten.

Daß hier eine breite Einfallstraße für inquisitorische Tätigkeit geschaffen wurde, liegt auf der Hand. Gegner waren zuallererst die Anhänger des katholische Glaubens in Zürich, die jedoch nicht nur zugunsten der 7 Sakramente auftraten, sondern auch die Fortsetzung des „Reislaufens" im Sinne hatten. Das war die schweizerische Angewohnheit gewesen, sich als Söldner an auswärtige Mächte zu verkaufen, um außerhalb der kargen Gebirgswelt der Eidgenossenschaft durch Mord und Totschlag zu Wohlstand zu kommen. Die beteiligten Gemeinden und Kantone versprachen sich davon ebenfalls Gewinn, Zwingli aber hatte, Theologe und Politiker in einem (also Prophet!), davon abgeraten, um die Schweiz nicht im Hader der europäischen Mächte um sehr unsicheren Gewinn mitbluten zu lassen.

Nun rächte sich die Politik an dem Prediger, indem abgedankte Söldner durch die Straßen lärmten und Zwingli die Fenster einschlugen; einer von ihnen sprengte gar hoch zu Roß durchs Züricher Großmünster und nannte den Prediger einen Ketzer, Verräter und Seelenmörder. Zwingli vermutete, daß die rohen Gesellen Exponenten der katholischen Reaktion waren, und wetterte von der Kanzel aus gegen diese „Katilinarische Bande". Er hatte den Rat der Stadt so weit zu seiner Verfügung, daß daraufhin eine hochnotpeinliche Untersuchung angestellt wurde, die sogar einen der ersten Adeligen Zürichs, Junker Jakob Grebel, unter das Beil des Scharfrichters brachte.

Dann die Wiedertäufer, die auch in der Schweiz predigend und werbend durch die Lande zogen und Zwingli nicht nur wegen ihrer Ideen von der Erwachsenentaufe verhaßt waren, sondern auch, weil sie verschiedentlich die Berechtigung des Privateigentums in Zweifel zogen, für den Züricher Propheten eine der Stützen staatlicher und göttlicher Ordnung. „Wer weiter andere tauft, auf den werden unsere Herren greifen und ihn nach ihrem jetzt gefaßten Beschluß ohne Gnade ertränken lassen!", drohte er. Von 1527 - 1531 wurden an ihnen insgesamt fünf Todesurteile vollstreckt. Nach einem Ratsdekret vom März 1526, das den Wiedertäufern Verhaftung, Kerker, Verbannung und Ertränken angedroht hatte, wurden sie aber nicht als „Ketzer" hingerichtet, sondern als „Unruhestifter". Diese Sprachregelung kann man als verharmlosende Heuchelei verstehen, als ob es um gewöhnliche Kriminelle und nicht um Glaubensfeinde gegangen wäre, aber auch als ein Zeichen dafür, wie untrennbar in Zwinglis Verständnis öffentliche Ordnung und Religion zusammenhingen.

Der Glaubensdruck institutionalisierte sich auch, und das lag nur in der Konsequenz dieses Zusammenhanges; anstelle des bischöflichen Gerichtes, das über Ehesachen zu entscheiden hatte, setzte Zwingli ein eigenes Ehegericht, bestehend aus zwei „Leutpriestern", also Gemeindepfarrern, zwei Mitgliedern des „kleinen Rates" und zwei des „großen Rates", der beiden Regierungsorgane der Stadt, die sich kunstvoll gemischt aus Vertretern der Zünfte, der Reichen und des Adels zusammensetzten. Das sah zunächst nach einem sehr fortschrittlichen Sondergericht aus, um den Eigenheiten des Eherechts unvoreingenommen Genüge zu leisten, aber es entfaltete darüber hinaus eine inquisitorische Sonderdynamik: es wurde zum allgemeinen Sittengericht ausgestaltet, das sich auch präventiv-polizeilicher Mittel bediente, volkstümlicher ausgedrückt: es schickte seine Spitzel in der Stadt herum und erzeugte die drückende Atmosphäre allseitiger Denunziation und Schnüffelei, und

Johann von Leiden, der König der Wiedertäufer. Nach einem Stich von G. Aldegrever.

Zwinglis nimmermüde Energie ließ auch nicht zu, daß es seine Aufgabe tolerant oder gar lässig auffaßte. Auch auf dem Lande außerhalb Zürichs wurde pro Pfarrgemeinde ein „Stillstand" mit denselben Aufgaben und weitherzigen Befugnissen eingerichtet, der aus dem jeweiligen Pfarrer und zwei bis vier „Ehegaummern" als Beisitzer bestand.

Im Herbst 1531 erklärten Uri, Schwyz, Unterwalden, Luzern und Zug, die sogenannten „Inneren Orte", an Zürich den Krieg. Sie kämpften für die katholische Religion, das Beibehalten des „Reislaufens" und aus Mißtrauen gegen die fremde Welt der Städte. Zwingli zog mit ins Feld und fiel am 11. Oktober in der Schlacht bei Kappel, an der Straße zwischen Zürich und Zug gelegen. Die Katholiken fanden seine Leiche, vierteilten und verbrannten sie. Die Legende will, daß sein Herz dieses Ketzergericht unversehrt überstanden habe.

Es lebte weiter in Jean Calvin (1509 - 1604), nur noch konsequenter und politisch noch bewußter. Calvin war ein eiskalter, weil systematischer Fanatiker. Aus dem Obersatz „Gott hat mir die Gnade erwiesen, mir zu zeigen, was gut und was böse ist", folgt die unerschütterliche Selbstsicherheit seines Lehrens und Handelns. Die Bibel ist die alleinige Quelle des Glaubens, den Jean Calvin richtig erkannt hat. Die anderen Menschen können das nur höchst unvollkommen, denn sie sind „wilde und unbezähmbare Tiere" oder einfach „ein Dreck" (eine etwas drastische Überzeichnung des theologischen Tatbestandes der Erbsünde). Gottes Liebe zu ihnen, dokumentiert in der Erlösungstat Christi, ist absolut unfaßbar, ebenso wie seine Gnade. Wenn der Mensch „ein Dreck" ist, dann kann er auch zu dieser Gnade nichts hinzutun, Gott erlöst ihn oder auch nicht, je nach seinem unerforschlichen Ratschluß, der von ewig her besteht. Der Mensch ist also zur Erlösung oder zur Verdammnis prädestiniert.

Entsprechend seiner ziemlich verworfenen Natur kann ihm auch keine Freiheit des Denkens in religiösen Angelegenheiten zuerkannt werden, denn „wenn man den Menschen sich selbst überläßt, ist seine Seele einzig des Bösen fähig". Nach einem Satz der Scholastik verrät die Aussage über einen Gegenstand mehr über den Charakter des Aussagenden als über den Gegenstand selbst; wir wollen aber Calvin weiter folgen.

Kirchenzucht ist das Wichtigste für die Gemeinde; die Zucht ist niedergelegt im Gesetz der „Ordonnanzen" und dem „Konsistorium" anvertraut, das „die Gemeinde zu überwachen hat, damit Gott rein verehrt wird". Eine Trennung von kirchlichem und nichtkirchlichem Bereich ist nicht mehr möglich, da das Leben der Gemeindeglieder insgesamt vom Konsistorium zu überwachen ist; Calvin setzt sich zwar nicht an die Stelle der weltlichen Gemeindeoberen, aber er hat sie auch so in der Hand in Genf, wo er ab 1541 amtiert. Genf soll unter seinem Kommando zum Himmels-Jerusalem auf Erden werden, von hier soll die von ihm organisatorisch geläuterte und gestraffte Reformation die Ketzereien der Wiedertäufer und anderer Schwärmer in ihrem Schoß überwinden und nach Frankreich hinüberstrahlen, um auch dort den Sieg der Reformation zu befördern.

Dafür ist kein Mittel zu kleinlich: die Visitatoren des Konsistoriums halten täglich Umschau, haben volles Recht zur Durchsuchung und besuchen jeden Hausstand zum systematischen Durchkämmen jeden Monat regelmäßig. Es ist alles verboten, was nicht erlaubt ist, und die Entscheidung darüber, was erlaubt ist, behält sich Calvin von Fall zu Fall vor. Die Kleider der Frauen dürfen nicht zu lang sein, um der Hoffart, und nicht zu kurz, um der Unzucht keinen Vorschub zu leisten. Sie dürfen nicht übermäßig aufgeputzt sein, alle Schmuckstücke sind abgeschafft. Gold- und Silberstickerei, goldene Knöpfe, sonstiger Zierat, alles ist verboten. Die Mädchen dürfen vor dem 15. Lebensjahr keine Seidenroben, nach dem 15. Lebensjahr keine Samtroben tragen. Extravagante Frisuren sind beiden Geschlechtern verboten, eingemachte Früchte, andere Weine als der Rotwein des Landes, der Genuß von Wein außerhalb der eigenen vier Wände, Zutrinken, Wildbret, Pasteten, Würfelspiel, Kartenspiel, Hochzeitsgeschenke, außerehelicher Geschlechtsverkehr, Familienfeste mit mehr als 20 Personen, Handschuhe, Musik, bildende Kunst, Literatur, Briefe ins Ausland – alles, alles verboten. Wir befinden uns, jedenfalls nach Calvins Phantasie, anscheinend in einer Stadt der lebenden Toten.

Aber das Netz ist noch viel zu weitmaschig. Daher ist auch folgendes verboten: alle Taufnamen, die nicht biblisch sind, das lateinische Vaterunser, Ostern und Weihnachten als Festtage, „anders als in Gegenwart des Rates über öffentliche Angelegenheiten zu reden", Verabfolgen von Getränken und Speisen an Freunde, bevor diese ein Dankgebet verrichtet haben, Wirtshausbesuch. Geboten sind: regelmäßiger Gang zum Gottesdienst, zweimal am Sonntag, dreimal in der Woche, regelmäßiger Katechismusunterricht für die Kinder.

Bestraft wurden aktenkundig u. a. folgende Vergehen: Lächeln während der Taufe, Einschlafen während der Predigt, Kegelschieben, Verweigerung eines Vaters, seinem Sohn den Taufnamen Abraham zu geben, Eislaufen eines Mädchens, wo Eislaufen doch auch Mannspersonen verboten ist, Anbieten von Schnupftabak während des Gottesdienstes, übermäßiger Schmerz einer Witwe, die sich auf das Grab ihres verstorbenen Mannes geworfen hatte, „Monsieur" Calvin gesagt anstatt „Maître" Calvin, übermütiges Singen auf der Straße, eine Bohne im Kuchen zum Dreikönigstag. Drei Knaben hatten sich unsittlich miteinander vergnügt. Dafür war der Scheiterhaufen fällig, aber man begnadigte sie dazu, vor dem brennenden Scheiterhaufen Aufstellung zu nehmen.

Wagte da noch jemand, den Gipfel des Verbrechens zu erklimmen und Calvins Lehre zu bekritteln? Ein Gegner seiner Prädestinationslehre wurde an allen Kreuzwegen von Genf gegeißelt und verbannt, einer, der Calvin im Rausch beschimpft hatte, bekam die Zunge mit glühendem Eisen durchbohrt und wurde dann verbannt; ein anderer, der den Tyrannen einen Heuchler genannt hatte, wurde gefoltert und hingerichtet.

In fünf Jahren (1541 - 1546) wurden 13 Menschen aufgehängt, 10 geköpft, 35 verbrannt, 76 verbannt. Die Gefängnisse waren überfüllt, obwohl viele in ihnen Selbstmord begingen, um nicht unter die Folter zu geraten. Der Rat ordnete das Anlegen von Handschellen für Gefangene an, damit die Gefahr der sündhaften Selbstmorde gebannt werde.

Es verwundert nicht, daß Calvin der Inquisition in ihrer schärfsten

Ausformung nacheiferte, da er die Freiheit eines Christenmenschen nun einmal zur Strecke gebracht hatte und da er der reformatorischen Bewegung einen Stützpunkt der Konsolidierung geben zu müssen glaubte, so wie die römische Kirche den Angriff der Reformation fürchtete und daher die Inquisition in den eigenen Reihen schärfer handhabte. In Rom war man erschreckt über Terrainverlust, in Genf besorgt um die zersplitternde Wirkung des Prinzips der evangelischen Freiheit. Beide Lagebeurteilungen riefen nach den gleichen inquisitorischen Mitteln.

Etwas stark war es aber doch, daß Calvin sogar die Geschäfte der römischen Inquisition besorgte. Der Spanier Miguel Serveto war in Vienne u. a. als Leugner der Dreieinigkeit aufgefallen, hatte von dort fliehen müssen und sich ausgerechnet nach Genf begeben. Die Inquisition erfuhr, daß er an Calvin Briefe geschrieben hatte, und auf Verlangen gab der Reformator sie auch tatsächlich an sie heraus. Einem Auslieferungsbegehren kam er nicht nach. Denn Serveto war ihm ebenso verhaßt wie der Inquisition; bei der Dreieinigkeitslehre diagnostizierten beide Häresie. Und der Rat der Stadt befahl, daß er nach in Genf geltendem Reichsrecht als Ketzer langsam zu Tode geröstet würde (1553). Später wurde behauptet, Calvin habe aus Milde für Enthauptung plädiert, aber das sind Legenden. Calvin selber hatte schriftlich erklärt, über die Strafe kein Wort gesagt zu haben.

Die Mit- und Nachwelt war von diesem Zusammenspiel mit den römischen Henkern zutiefst enttäuscht, sie hatte evangelische Toleranz erwartet. Doch nach der oben skizzierten religionspolitischen Lage, wie sie Calvin verstand, hießen solche Erwartungen, von ihm Inkonsequenz zu erhoffen, und die war seine Sache gar nicht. Nach beständiger politischer Regel können zwei ansonsten feindliche Organisationen durchaus einmal ein gemeinsames Vorgehen gegen einen gemeinsamen Gegner durchexerzieren, denn davon haben beide Nutzen.

Überhaupt war Calvins Regiment für die Genfer ein ungeheurer Schock, etwa wie ihn ein Mensch des Westens erlebt, wenn er sich vorstellt, er müßte in dem Staat leben, den George Orwell in „1984" beschreibt, aber schließlich lernten die Genfer den Gehorsam, den ihnen der neurotische Asket eingeprügelt und -gefoltert hatte. Kein Zweifel, Calvin muß eben wegen seiner starren und unmenschlichen Verbissenheit in seine Schimäre des Himmels-Jerusalems auf Erden ein Führercharisma ausgestrahlt haben, gemischt aus Willen bzw. Verkrampfung und intellektueller Überlegenheit über seine Genfer Mitbürger. Farel, der treue Mitstreiter, war fast 20 Jahre älter als er, als er im Jahre 1536 den noch nicht 27jährigen händeringend bat, in Genf zu bleiben und die noch nicht reformierte Gemeinde in die Hand zu nehmen, und er unterwarf sich ihm bedingungslos. Es machte Calvin zum Führer, daß sein ganzes System von Gedanken und Handlungen eine eherne Einheit dar-

PROMPTE · · · · ET SINCERE ·

Jean Calvin. Nach einem Kupferstich von R. Boivia.

stellte, daß Recht, Religion und Politik für ihn untrennbar miteinander verbunden waren und er nicht anders auftreten konnte und wollte als er es wirklich tat.

Und Jean Calvin war so intelligent, daß er an seiner Aufgabe auch noch wuchs – in seinem Sinne: „ich übe ich in meiner Strenge zur Bekämpfung der allgemeinen Laster", bekannte er, der beständig an allen möglichen Beschwerden litt außer an Willensschwäche. Er war als Neurastheniker bei Hinrichtungen mit ihren schaudervollen Einzelheiten niemals anwesend, aber es sei besser, sagte er, wenn ein Unschuldiger

408

Strafe erleide, als wenn auch nur ein Schuldiger seinem Gericht entkomme – das natürlich identisch ist mit Gottes Gericht. Damit sind wir wieder beim Ausgangspunkt, seiner Überzeugung von der höchstpersönlichen Erleuchtung und von der Verworfenheit des Menschen – vielleicht war der Unschuldige, der da eben verbrannt worden war, von Gott negativ prädestiniert worden?

Hier dürfen wir fragen: wenn man an seiner Vorherbestimmung sowieso nichts ändern kann, warum macht sich Maître Calvin dann solche Mühe mit seiner Erziehung, besser gesagt Zurechtstutzung? Warum verschwendet er seine Predigtworte zum großen Teil an Verdammte? Calvin wollte eben politisch wirken, denn auch wenn er dauernd Theologie betrieb, vom Studium her war er Jurist und entsprechend auf das systematische Wirken in der Welt festgelegt. In seinem ersten und wichtigsten Werk, der „Institutio religionis christianae", steht die Verpflichtung zur politischen Tat mit herrscherlicher Unbedingtheit niedergeschrieben: „Da die Prediger als Verwalter und Verkünder des göttlichen Wortes bestellt sind, haben sie alles zu wagen und alle Großen und Mächtigen dieser Welt zu zwingen, sich vor der Majestät Gottes zu beugen und ihm zu dienen. Sie haben allen zu befehlen vom Höchsten bis zum Niedrigsten, sie haben die Satzung Gottes aufzurichten und das Reich des Satans zu zerstören . . . sie können binden und können lösen, den Blitz und den Donner schleudern, aber all dies gemäß Gottes Wort." Monumentaler hat niemand die Aufgabe des Predigers aufgefaßt.

Mit der Allgewalt des Predigers reckt sich eine Kirchenherrschaft empor, nicht der juristischen Konstruktion nach, aber in der Wirkung: was hilft es der Obrigkeit noch, daß sie von Gott ist, wenn ihr Maître Calvin zur Seite steht, dem Gott sein Wort zur Verwahrung gegeben und ihm obendrein erklärt hat, was gut und böse ist?

Es hat also nicht nur die katholische Kirche ihre Inquisition gehabt, die anderen christlichen Richtungen und Konfessionen folgten auf jeweils ihre Weise dem selben Prinzip. Wir müssen nicht mehr eigens die Puritaner, Anglikaner, Armenier, Nestorianer, Kopten und so weiter bemühen: das Christentum scheint derart streitsüchtigen Menschen in die Hände gefallen zu sein, daß es nirgends ohne Glaubensverfolgung regierte.

Ist die denn überhaupt notwendig – sie muß ja nicht gleich zum Scheiterhaufen führen? Hören wir dazu folgende Legende:

Ein Mönch war mit der Religion zerfallen, zweifelte an allem und lief daher eines Tages, als die Mitbrüder zur Messe schritten, aus seinem Kloster davon. Er stürmte in den Wald hinein, war froh, als er das Gebimmel des Gottesdienstes nicht mehr hörte, und ging immer weiter dahin, bis die Sonne im Mittag stand und er großen Durst verspürte. Da fand er vor sich ein klares Bächlein und bückte sich nieder und schlürfte in vollen Zügen das kühle Wasser. Als er aber den Kopf wieder hob, stand ein leuchtender Engel vor ihm, der blickte ihn ernst an und fragte: „Hat dir das Wasser, das du da getrunken hast, auch wirklich geschmeckt?" Und der Mönch bemeisterte sein Erstaunen und seine Furcht und erwiderte: „Ich habe noch nie köstlicheres getrunken." Aber der Engel wies mit der Rechten aufwärts und fuhr fort: „Siehst du dort oben die Quelle des Bächleins? Blicke hin, und du wirst erkennen, daß in ihr ein verfaulter Tierkadaver liegt, durch den das Wasser hindurchgeflossen ist, das dir hier weiter unten so köstlich geschmeckt hat." Da erstarrte der Mönch, als seine Augen dem Fingerzeig des Engels gefolgt waren, und er sah den Kadaver in der Quelle liegen, und er erkannte darüber hinaus: so benebelt ist des Menschen Fähigkeit zur Erkenntnis, daß ihm süß erscheint, was verdorben ist, und daß er für göttliche Wahrheit hält, was in Wirklichkeit vom Pesthauch der Ketzerei vergiftet wurde.

War das etwa zu erbaulich? „Nicht Kinder nur speist man mit Märchen ab", so hatten wir Lessing schon einmal zitiert. Außerdem könnte man daran zweifeln, ob die Notwendigkeit klarer Glaubensverkündigung auch die Notwendigkeit der Glaubensverfolgung mit einschließt. Hieße das nicht, die Inquisition zum Verkündigungsorgan zu machen? Aber prasselnde Scheiterhaufen als cathedra des Lehramtes zu bezeichnen, das ist ja wohl unmöglich.

Zurück zum „Märchen": Lessing meinte damit nur die verdummenden. Man muß ihn so maßvoll verstehen und darf daher die „Märchen" als Erklärungshilfe nicht ganz ausschließen. Gegen folgende Legende, die bekannter ist und aus dem griechisch-orthodoxen Kreis stammt, hätte er wahrscheinlich nichts einzuwenden gehabt:

Christus war auf die Erde zurückgekommen, und zwar ausgerechnet nach Sevilla zu einer Zeit, als dort die Inquisition in schauerlicher Blüte stand. In seiner unendlichen Milde und Güte ließ er sich dazu herbei, ein kleines Mädchen, dessen Sarg man gerade in die Kathedrale hineintrug, von den Toten aufzuerwecken. Das blieb den Häschern der Inquisition nicht verborgen, und sie ergriffen Christus, da sie alles erkannten, aber nicht das Göttliche in ihm, und warfen ihn in ihren Kerker. Der Großinquisitor aber, ein gleichzeitig asketischer und weltkluger Greis (so müssen Großinquisitoren sein!), hatte den Heiland wohl erkannt, und er konnte nicht anders, er stieg in der Nacht in den Kerker hinab und sprach Christus an: „Du bist gekommen, um zu stören, und du weißt das selbst. Doch morgen noch werde ich dich richten und als den schlimmsten Ketzer auf dem Scheiterhaufen verbrennen lassen, und dasselbe Volk, das heute deine Füße geküßt hat, wird morgen auf einen Wink von mir herbeistürmen, um Kohlen auf deinen Scheiterhaufen zu schaufeln.

Alles ist von dir dem Papst übergeben worden, und alles liegt jetzt folglich in den Händen des Papstes, du aber sollst überhaupt nicht mehr kommen. Willst du neue Wunder wirken? Damit würdest du die Men-

schen zum Glauben zwingen und sie also in ihrer Glaubensfreiheit beeinträchtigen."

Aber der Großinquisitor ist nicht nur ein Sophist, er sagt auch: „Fünf-
zehn Jahrhunderte lang haben wir uns mit der Freiheit der Menschen
herumgeplagt, doch jetzt ist unser Werk vollendet. Der Mensch ist von
Natur aus ein Empörer, und Empörer können nicht glücklich sein. Du
hast den Menschen die Freiheit gegeben, aber sie können mit ihr ja sowieso nichts anfangen, sie sind zu dumm für sie. Da haben wir die Erziehung an ihnen in die Hand genommen, und sie zwar zum Herdenvieh in
der Kirche gemacht, aber nur unter dieser Voraussetzung können sie ja
der unfaßbaren christlichen Wahrheit überhaupt allmählich näherge-
bracht werden. Du hast dem Satan in der Wüste widerstanden, als er dir
die Macht über die ganze Welt anbot, wenn du dich vor ihm niederwür-
fest, und du hast die Menschen nicht durch billige Wunder und materiel-
les Wohlergehen geködert, wie er von dir verlangte. Damit hast du das
Wesen der Menschen verkannt, aber wir haben auf Satan gehört und haben es erkannt und sind daher siegreich angetreten, dein Werk zu verbessern. Wir können es aber nicht ohne die Inquisition, damit die Lücke
gefüllt werde, die zwischen der Erhabenheit deiner Botschaft und der
Unvollkommenheit der Menschen besteht."

Und wie reagiert Christus auf diese Strafpredigt, nachdem er sie
stumm über sich hat ergehen lassen? „Er aber nähert sich schweigend
dem Greis und küßt ihn still auf seine blutleeren neunzigjährigen Lippen. Das ist seine ganze Antwort", sagt Dostojewski, der Dichter der Legende vom Großinquisitor.

Hier ließe sich gar manches anmerken, zum Beispiel daß der Großinquisitor Züge Jean Calvins trägt, wenn er zu religiösen Zwecken so politisch denkt. Setzen wir einmal voraus, daß es die Wahrheit, in deren
Dienst die Inquisition steht, wirklich gibt. Ist sie dann den Menschen tatsächlich nur mit Gewalt beizubringen? Bedarf es dazu des römisch-
katholischen und sonstigen Zwangsapparates als extremsten Zeichens
der kirchlichen Machtausübung oder sollte man sich anstatt auf die Politik lieber auf den Heiligen Geist verlassen? Hat die praktisch-pessimisti-
sche Menschenkenntnis des Großinquisitors recht oder Christus mit seinem Bruderkuß?

Das ist eine Frage, die bestehen wird, solange die Welt besteht.

NACHWORT

Das Christentum mag streitsüchtigen Menschen in die Hände gefallen sein; aber Jehovah, der Gott der Juden, ist selber streitsüchtig. Angesichts der verheerenden Wirkungen, die er im Gange des Alten Testamentes entfaltete, nimmt man zwar mit Interesse zur Kenntnis, daß er auch Gnade spenden kann, aber seine Leitung des auserwählten Volkes durch Unwetter und Katastrophen zeugt von einer vorwiegend harten Hand. Jehovah ist der Gott als Großinquisitor. Wir haben bereits gesehen, daß er befiehlt, die Zauberer nicht am Leben zu lassen, daß er nicht zuläßt, daß der Jude und die Madianiterin sich vereinigen (das war auch geistliche Unzucht, denn die Madianiter zogen die Juden von ihrem monotheistischen Glauben ab). Und Finess, Sohn des Eleazar, der die beiden in flagranti mit dem Speer durchbohrte, „mitten durch den Bauch" (Num 25,8), wird von Jehovah belobigt: „Er hat meinen Zorn gestillt, der ergrimmt war über die Sonne Israels, denn er ist in ihrer Mitte von meinem Eifer selbst beseelt worden . . ."

Denn „du sollst keine anderen Götter neben mir haben . . . denn ich, der Herr, dein Gott, bin ein eifersüchtiger Gott, der ich das Unrecht der Väter in den Söhnen bis zur dritten oder vierten Generation strafe . . ." Welch ein Ausbruch altorientalischer Grausamkeit, als Moses bei seiner Rückkehr vom Sinai das dumme, ketzerische Volk um das Götzenbild des goldenen Kalbes tanzen sieht und ausruft: „Zu mir, wer für den Herrn ist!" Und zu den Herbeigeeilten: „So hat der Herr gesprochen, der Gott Israels: Jeder von euch gürte sich mit einem Schwert; geht im Kreis durch das Lager, von einem Tor zum anderen, und jeder töte den Bruder, den Freund, den Verwandten" . . . An diesem Tag kamen um unter dem Volk ungefähr 3000 Menschen. Und Moses sprach darauf: „Heute seid ihr dem Dienst des Herrn geweiht worden, der eine um den Preis des eigenen Sohnes, der andere um den des eigenen Bruders; deshalb erteilte der Herr euch heute seinen Segen."

Das war das grausige Sühneopfer Jehovahs, dem es dabei vermutlich nicht darauf ankam, ob von den Getöteten jeder wirklich Ketzer des goldenen Kalbes war oder nicht. Es ist sowohl Inquisition als auch Opfer des Liebsten, was man hat, um sich Jehovah zu empfehlen. War das dem Abraham zugemutete Opfer seines Sohnes Isaak schon eine göttliche Brutalität gewesen, hier lag nicht nur versuchter, sondern vollendeter Mord vor! Oder auch: wir haben es zu tun mit der Übertragung der Gangster-Idee, daß gemeinsam begangene Verbrechen einen starken Zusammenhalt schaffen, ins Religiöse.

412

Das Abschlachten der Ketzer als Sühne vor Gottes Angesicht – es wäre verwunderlich gewesen, wenn kein einziger Inquisitor jemals diesen doch ziemlich unchristlichen Gedanken gehabt hätte. Das Blut der Märtyrer rettete die Kirche, das Blut der Ketzer sicherte ihren Zusammenhalt, wie das Lebendige, das in ein Bauwerk eingemauert werden muß, damit der Teufel es nicht zerstört. Daher brachten die Inquisitoren gerade dann dem Teufel ein Opfer, wenn sie glaubten, es Gott darzubringen.

Angesichts des rabiaten Vorgehens des Vorbildes Moses erstaunt es uns nicht, wenn später der Prophet Elias die Baalspriester im Bach Kischon ertränken ließ, „daß von ihnen auch nicht ein einziger entkomme!", und dafür der Ehre teilhaftig wurde, auf einem flammenden Wagen gen Himmel aufzufahren, von einem Wirbelsturm ergriffen. Und wenn im 2. Jahrhundert v. Chr. Mattatias fast wie damals Moses handelt, als der griechischstämmige König Antiochos Epiphanes die Ketzerei der hellenistischen Kultur und Philosophie unter den Juden einführen will und im Tempel zu Jerusalem einen Altar zu Ehren des Zeus Olympios aufstellen läßt. Das brachte das Faß zum Überlaufen. Ein Jude näherte sich dem Altar in Modin, um das durch königliches Edikt vorgeschriebene Zeusopfer zu vollziehen. „Da entflammte Mattatias vor heiligem Eifer, seine Eingeweide verkrampften sich, und aus Liebe zum Gesetz von Zorn entflammt, rannte er den Mann an, warf sich auf ihn und tötete ihn auf dem Altar." Und es brach der Aufstand der Makkabäer los, und die Familie des Mattatias, die Hasmonäer, regierte die Juden nach der Niederlage des Antiochos Epiphanes.

Unter ihrer Herrschaft entzweite sich das Volk in Pharisäer und Sadduzäer, ebenfalls ein Anlaß zu Ketzerverfolgungen. Die waren der Preis dafür, daß das Volk Israel als auserwähltes dem göttlichen Gesetz diente. Das Gesetz mußte respektiert werden, denn es war der Statthalter Jehovahs, und Israel mußte sich beständig entsühnen vor ihm, da war an Glaubenstoleranz nicht zu denken. So kam auch der Ketzer Jesus Christus vor Gericht – der Kreis der Darstellung schließt sich.

Wir könnten ihm weitere Kreise hinzufügen, um die Glaubensverfolgung in anderen Religionen zu beschreiben. Der Religionsstifter Mani, dessen Gedanken auf verschlungenen Wegen bis zu den französischen Albigensern wanderten, lebte im Reich des Schahs von Persien, der dem Glauben Zarathustras anhing. Die „Magier" am Hofe, eine herrschsüchtige Priesterkaste, bedeuteten dem Schah Bahram I., Mani verleite die Leute dazu, am zoroastrischen Dogma zu zweifeln, und immerhin sei die Stellung des Königs aller Könige, des Schahinshah, mit der Lehre Zarathustras untrennbar verbunden. Der König ließ Mani kommen: „Warum lehrst du lügnerische Lehren?" Mani gab die für einen überzeugten Religionsstifter einzig korrekte Antwort: „So ist es Gottes Wille", und wurde prompt verurteilt. Er lag im Gefängnis, mit dreifachen Ketten an den

Händen und an den Füßen angebunden, den Hals ebenfalls im Eisen. Nicht bewegen konnte er sich so, und 26 Tage dauerte sein Martyrium, bis er starb. Der Schahinschah ließ seinen Körper zerstückeln und den Hunden zum Fraß vorwerfen, sein Kopf wurde zur abstoßenden Warnung am Stadttor der Hauptstadt Gundeschapur aufgespießt. Seine Anhänger wurden blutig verfolgt, doch Manis Lehre verbreitete sich in Persien und Zentralasien bis nach Turkestan und bis ins chinesische Kaiserreich, wo der Arm des Schahinschah nicht mehr hinreichte.

Die Rache für die Intoleranz der „Magier" kam mit den arabischen Eroberungsarmeen ins Land, die den Islam mitbrachten. Die Perser wehrten sich geistig, indem sie sich weigerten, die Lehre Zarathustras vom Kampf zwischen Gut und Böse, Licht und Finsternis zugunsten des Islams zu vergessen. Es ließen sich da manche ketzerische Spekulationen an Zarathustra anknüpfen, zum Beispiel wenn man die Omayadendynastie in Damaskus, die das Kalifenamt innehatte, ins Dunkel stellte, und Ali, den Vetter Mohammeds, den die Omayaden beerbt hatten, als einzig rechtmäßigen Kalifen und damit als den Sohn des Lichtes darstellte. Das war eine der Ursachen für die schiitische (von „schiat Ali" = „Partei Alis") Abspaltung vom Islam, der mehrheitlich in der „sunna" (auf Arabisch: „der Brauch", nämlich des Propheten Mohammed) zusammengefaßt blieb.

Die Perser als klassische Ketzer des Islam mußten der Rechtgläubigkeit der Kalifen viele Opfer bringen, teilweise erlauchte Geister – solange die Kalifen ihren Einfluß auf der iranischen Hochebene noch nicht verloren hatten. Al Mamun, einer der Nachfolger Harun al Raschids im 9. Jahrhundert, richtetes sogar eine ganz spezielle Inquisitionsbehörde ein, die „mihna". Es ging um die Frage, ob der Koran seit Ewigkeit existiere oder erst von Allah geschaffen worden sei. Wenn Allah allmächtig ist, dann hat er alles Geschehen auf der Welt vorherbestimmt, also auch, daß er Mohammed auf dem Berge Horeb seine Offenbarung in arabischer Sprache geben wird. Dann ist der Text des Koran seit Ewigkeit in Allah existent gewesen. Oder er ist geschaffen, da das Wort, mit dem Allah aus seinem Jenseits unter die Menschen wirkt, an der Natur dieser Menschen teilhaben muß. Dann aber kann es kein Attribut von Allahs Wesen sein, denn wenn Allah der eine und absolute ist, dann kann keine irdische Sache zu seinem Wesen gehören, also auch nicht arabischer Text.

Das Thema ist so exotisch nicht, denn auch christliche Denker müssen sich auseinandersetzen mit der Frage der Präexistenz des Geschaffenen in Gott, in erster Linie der menschlichen Seele.

Al Mamun nun neigte der zweiten der skizzierten Denkrichtungen zu. Im Juni 827 verordnete er, die Lehre vom Geschaffensein des Koran sei die einzig richtige. Da die Gegenmeinung sich wacker zur Wehr setzte, verordnete der Kalif im Mai 833 zusätzlich, daß alle Kadis und Lehrer der „sunna" auf die amtliche Doktrin zu verpflichten seien. Während Al Mamun in Kilikien weilte, um einen Feldzug gegen die Byzantiner vorzubereiten, wurden die führenden Geister Bagdads vor den Oberkadi zitiert, der ihre Glaubensreinheit prüfen sollte. Der berühmteste der Vorgeladenen war der Jurist Achmed Ibn Hanbal, der das Verfahren als spannenden Prozeß empfand und seine abweichende Ansicht mit mancherlei Finten und Ausflüchten verbarg.

Als dem Kalifen die Protokolle zugeschickt wurden, befahl er erzürnt, die Ketzer nach Kilikien zu schicken, und Achmed Ibn Hanbal mußte sich zusammen mit anderen auf den Weg von Bagdad in Al Mamuns Hauptquartier in Tarsus machen. Vielleicht wäre er nicht mit dem Leben davongekommen, aber der Kalif starb überraschend, und der Oberkadi mußte zwar seines Amtes walten, war aber ein toleranter Mann, der niemanden wegen der Geschaffenheit des Korans ums Leben brachte. Um 850 schlief die „mihna" ein, auch deswegen, weil die Verfechter des ewigen Korans Al Mamun mit Erfolg der zoroastrisch-schiitischen Ketzerei verdächtigen konnten: er hatte nämlich Mohammeds Vetter Ali, den schiitischen Boten des Lichts, als den besten Mann nach dem Propheten selbst bezeichnet.

Man sieht, mit der Glaubensverfolgung war es wirklich überall das gleiche. Und es ist so auch in unseren Tagen: heute schlagen die Schiiten zurück, scharen sich um ihren Ayatollah Chomeini und bieten dem zeitgenössischen Publikum tagtäglich das Schauspiel einer religiös motivierten Raserei, die in ihrer geistigen Grundlegung über den Islam hinaus in den Licht-Dunkel-Mythos des Zarathustra und des Mani reicht. Denn das Schah-Regime, die USA bzw. der materialistische Westen waren und sind für Chomeini der „Scheitan", der Teufel, das Dunkel, Chomeini selber und seine Anhänger sind die Söhne des Lichtes, und zwischen beiden muß ein Kampf stattfinden. Der Kampf hat bis jetzt schon Zehntausende von Todesopfern gefordert.

Die Sunniten behandeln sich untereinander auch nicht zuvorkommender, denn „islamischer Fundamentalismus", wie das Schlagwort für die gegenwärtige geistige Unruhe in der mohammedanischen Welt heißt, ist nicht an zoroastrische Reminiszenzen gebunden. Jede Religion, die konsequent zwischen Gut und Böse unterscheidet, schafft sich ihre Feinde selbst; sie hat ein Feindbild und Ketzerei zwingend notwendig. So haben nach offiziellen ägyptischen Erkenntnissen die „Moslembrüder" Präsident Sadat im Oktober 1981 umgebracht, da seine West-Orientierung Ketzerei war; die säkularistisch eingestellte Regierung der Baath-Partei in Syrien muß dann ebenfalls auf der Ketzerliste stehen, weil sie die Religion aus dem öffentlichen Leben ausklammern will, eine nach islamischer Orthodoxie dem Willen Allahs und des Propheten diametral entgegengesetzte Absicht. Zu allem Überfluß ist Staatspräsident Assad in dem überwiegend sunnitischen Syrien auch noch Alawite, also Angehöriger einer schiitischen Sekte...

Aber verlassen wir das Feld der Religion: Glaubensverfolgung ist nur ein Sonderfall der Gesinnungsverfolgung. Es hat sich gezeigt, daß die moderne europäische Welt den Vorteil, den sie aus der Säkularisierung des staatlichen Lebens zugunsten von Toleranz und Sachlichkeit im Umgang miteinander zunächst erzielt hat, schon lange wieder verspielt hat. Denn sobald die Kirche ignoriert wird, treten Ideologien an die Stelle der Kirche, und ihre Vertreter sind um nichts weitherziger, als es irgendwelche spätmittelalterlichen Eiferer und bigotten Folterknechte waren. Muß man besonders an all die Konzentrationslager und Archipels GULag des 20. Jahrhundert erinnern? Angesichts der zeitgenössischen Greuel nehmen sich die vergangenen Ketzerverfolgungen hauptsächlich der katholischen Kirche eher als übersichtliche, bescheidene Schulbeispiele zum Thema Intoleranz aus. An allen Ecken und Enden des Globus rauchen die Scheiterhaufen, bildlich gesprochen. Wir haben innerlich überhaupt nichts überwunden.

„Allein die Menschen sind nicht besser dran, den Bösen sind sie los, die Bösen sind geblieben", sagt Mephisto in der Hexenküche dazu.

Die Inquisition ist heute weltweit mächtiger am Werk als jemals, denn man sollte so ehrlich sein, nicht nur das Phänomen in der römisch-katholischen Kirche, für das sich dieser Ausdruck freilich historisch eingebürgert hat, darunter zu verstehen, sondern alle Vorkommnisse, wo wegen abweichender Gedanken verfolgende Gewalt angewendet wird. Das Christentum hat uns gelehrt, daß nicht erst das Handeln moralisch zu werten ist, sondern schon der vorbereitende Gedanke – es hat uns die Gesinnungsethik gelehrt. Wer nun über die halbwegs begründbare Meinung eines anderen verächtliche Gedanken hegt, der fängt bereits an, ein Gregor IX. oder Torquemada zu sein, er mag sich so „aufgeklärt" fühlen wie er will. Demnach dürfte in gar vielen unauffälligen Staatsbürgern, die die Albigenserkriege nicht anders als mit Entsetzen zur Kenntnis nehmen können, ein Inquisitor stecken. Daß er nie zum Vorschein kommt (wirklich nie?), ist für die Gesinnungspolitik ohne Belang. „Inquisition", das ist eine allgemein-menschliche Geisteshaltung.

Und die Gewalt ist ein Ungeheuer, das allein und total gelten will und am Ende die Gedanken frißt. Auf einmal werden dann die „häretischen" Auffassungen und Zustände des zu Verfolgenden immer unwichtiger, es genügt plötzlich, daß er eine andere Hautfarbe hat – das ist kein Gedanke mehr, sondern nur das Ergebnis eines kurzen Hinschauens. Seine abweichende Meinung kann ihm notfalls angedichtet werden, wenn man sie als Feigenblatt zur Liquidation überhaupt noch braucht, als Reminiszenz an vernünftige Zeiten.

Denn es ist etwas im Menschen, das will töten. Es sucht sich irgendeinen Grund dafür, um während des Tötens sein Gewissen einzulullen. Solange dieses Etwas nicht verschwindet – und es wird nie verschwinden –, solange wird es „Inquisition" geben.

BIBLIOGRAPHIE

Auer, Johann; Ratzinger, Joseph:
Kleine Katholische Dogmatik, IX: Eschatologie – Tod und ewiges Leben, 5. Aufl., Regensburg 1978

Augustinus, Aurelius:
De Haeresibus (lateinisch-englischer Text), Washington 1956

Aussac, Fr. de Saint-Palais de:
La réconciliation des hérétiques dans l'église latine, Paris 1943

Baroja, Julio Caro:
Vidas mágicas e inquisición, Madrid 1967

Baschwitz, Kurt:
Hexen und Hexenprozesse, München 1963

Bauer, Walter:
Rechtgläubigkeit und Ketzerei im ältesten Christentum, Tübingen 1964

Belloc, Hilaire:
The great heresies, Freeport/NY 1968

Bennassar, Bartolomé:
L'Inquisition Espagnole XVᵉ – XIXᵉ siècle, Paris 1979

Benz, Ernst:
Geist und Leben der Ostkirche, Hamburg 1957

Bieberbach, Ludwig:
Galilei und die Inquisition, München 1938

Blumenberg, Hans:
Die Genesis der kopernikanischen Welt, Frankfurt 1975

Böckenförde, Ernst-Wolfgang:
Der Fall Küng und das Staatskirchenrecht, in: Neue Juristische Wochenschrift 1981, S. 2101 ff.

Böhm, Anton (Hrsg.):
Häresien der Zeit – Ein Buch zur Untersuchung der Geister, Freiburg 1961

Bornhak, Otto:
Staatskirchliche Anschauungen und Handlungen am Hofe Kaiser Ludwigs des Bayern, Weimar 1933

Borst, Arno:
Die Katharer, Stuttgart 1953

Brandl, Franz:
Staatsprozesse, Wien 1953

Brik, Hans Theodor:
Galilei und sein Prozeß, Berlin 1964

Büsser, Fritz:
Huldrych Zwingli, Zürich 1973
Campbell, G. A.:
Die Tempelritter, Stuttgart (o. J.)
Christie, Murray David:
A history of heresy, London 1976
Congar, Yves:
Der Fall Lefebvre – Schisma in der Kirche? Freiburg 1976
Coulton, George Gordon:
Inquisition and liberty, London 1969
Delbrück, Hans:
Geschichte der Kriegskunst (Bd. III), 2. Aufl. (Nachdruck), Berlin 1923
Dempf, Alois:
Sacrum Imperium – Geschichts- und Staatsphilosophie des Mittelalters und der politischen Renaissance, 2. Aufl., Darmstadt 1954
Deschner, Karlheinz:
Abermals krähte der Hahn, 2. Aufl., Stuttgart 1964
Dessauer Friedrich:
Der Fall Galilei und wir, Frankfurt 1957
Döbler, Hannsferdinand:
Hexenwahn, München 1977
Dokumentation des Pressedienstes des Sekretariats der Deutschen Bischofskonferenz zum Fall Küng
Döpmann, Hans-Dieter:
Die russische orthodoxe Kirche in Geschichte und Gegenwart, Wien 1977
Dossat, Yves:
Les crises de l'inquisition toulousaine au XIIIe siècle, Bordeaux 1959
Droz, Eugénie:
Chemins de l'hérésie, Genf 1970
Emery, Richard Wilder:
Heresy and inquisition in Narbonne, New York 1941
Enchiridion Symbolorum – definitionum et declarationum de rebus fidei et morum, Freiburg 1965
Eusebius Pamphilus von Caesarea:
Kirchengeschichte (Übersetzung: Häuser), München 1932
Fearns, James (Hrsg.):
Ketzer und Ketzerbekämpfung im Hochmittelalter, Göttingen 1968
Flade, Paul:
Das römische Inquisitionsverfahren in Deutschland bis zu den Hexenprozessen, Aachen 1972 (Neudruck der Ausgabe Leipzig 1902)
Flatten, Heinrich:
Der Häresieverdacht im codex iuris canonici, Amsterdam 1963

Fournier, Jacques (Jean Duvernoy Hrsg.):
Le registre d'inquisition de Jacques Fournier, Evêque de Panniers (1318 -1325) Toulouse 1965/66
Franzel, Emil:
Sudetendeutsche Geschichte, Augsburg 1958
Friedenthal, Richard:
Ketzer und Rebell – Jan Hus und das Jahrhundert der Religionskriege, München 1972
Garufo, Carlo Alberto:
Fatti e personaggi dell' Inquisizione in silicia, Palermo 1978
Gilabert, Francisco Marti:
La abolición de la Inquisición en España, Pamplona 1975
Gregor, Joseph:
Das spanische Welttheater, Wien 1937
Gregorovius, Ferdinand:
Geschichte der Stadt Rom im Mittelalter, München 1978
Grekulov, E. F.:
Pravoslavnaja inkvizicija v Rossii, Moskau 1964
Grendler, Paul F.:
The Roman Inquisition and the Venetian Press 1540 - 1605, Princeton 1977
Greinacher, Norbert; Haag, Herbert (Hrsg.):
Der Fall Küng – eine Dokumentation, München 1980
Grimm, Jacob:
Deutsche Mythologie, 4. Ausgabe, Gütersloh 1876
Groffier, Jean:
Le feu ardent des Vaudois, Aix-en-Provence 1981
Grundmann, Herbert:
Religiöse Bewegungen im Mittelalter, Hildesheim 1961
Ders.:
Ausgewählte Aufsätze, Teil 2: Joachim von Fiore, Stuttgart 1977
Ders.:
Ketzergeschichte des Mittelalters. Die Kirche in ihrer Geschichte: Ein Handbuch, hrsg. von K. D. Schmidt und E. Wolf, Göttingen 1963
Ders.:
Bibliographie zur Ketzergeschichte des Mittelalters (1900 - 1966), Rom 1967
Grundmann/Herding/Peyer:
Dante und die Mächtigen seiner Zeit, München 1960
Guitton, Jean:
Great heresies and church concils, London 1965
Haller, Johannes:
Das Papsttum – Idee und Wirklichkeit, Hamburg 1965

420

Hammes, Manfred:
Hexenwahn und Hexenprozesse, Frankfurt 1977
Hampe, Karl:
Deutsche Kaisergeschichte in der Zeit der Salier und Staufer, 12. Aufl.,
Heidelberg 1968
Harkianakis, Stylianos:
Orthodoxe Kirche und Katholizismus, München (o. J.)
Harnack, Adolf v.:
Lehrbuch der Dogmengeschichte, Tübingen 1931
Hasenhüttl, Gotthold; Nolte, Josef:
Formen kirchlicher Ketzerbewältigung, Düsseldorf 1976
Hasler, August Bernhard:
Wie der Papst unfehlbar wurde, München 1979
Hayward, Fernand:
Que faût-il penser de l'inquisition?, Aschaffenburg 1959
Heinemann, Heribert:
Kongregation für die Glaubenslehre – Deutsche Bischofskonferenz:
Verfahrenordnung bei der Prüfung von Lehrfragen, Trier 1973
Hertling, Ludwig:
Geschichte der katholischen Kirche, Berlin 1953
Hoensbroech, Paul Graf von:
Das Papsttum in seiner sozial-kulturellen Wirksamkeit, Leipzig 1904
Hösch, Edgar:
Orthodoxie und Häresie im alten Rußland, Wiesbaden 1975
Istorija papstva:
inkvizicii-kratkij spravočnik-putevoditel' – Moskau-Leningrad 1959
Ivánka, Endre von:
Rhomäerreich und Gottesvolk, Freiburg 1968
Jens, Walter (Hrsg.):
Um nichts als die Wahrheit – Deutsche Bischofskonferenz contra Hans
Küng. Eine Dokumentation, München 1978
Kalisch, Konrad:
Inquisition. Die Kampfesweise der politischen Kirche, Breslau 1937
Kamen, Henry:
Die spanische Inquisition, München 1980
Karrer, Otto:
Meister Eckehart – das System seiner religiösen Lehre und Lebens-
weisheit, München 1926
Kesten, Hermann:
Copernicus und seine Welt, Amsterdam 1948
Kieckhefer, Richard:
Repression of hersey in medieval Germany, Philadelphia 1979
Koči, Josef:

Hexenprozesse. Aus der Geschichte der Inquisition und der Hexenprozesse in den böhmischen Ländern vom 16. - 18. Jahrhundert (tschechisch), Prag 1973

König, Emil B.:
Ausgeburten des Menschenwahns im Spiegel der Hexenprozesse und
der Autodafes, Berlin (o. J.)

Lambert, Malcolm D.:
Medieval Heresy - Popular Movements from Bogumil to Hus, London
1977

Ders.:
Ketzerei im Mittelalter – Häresien von Bogumil bis Hus, München
1981

Lea, Henry Charles:
Geschichte der Inquisition im Mittelalter, Bonn 1905

Ders.:
Geschichte der spanischen Inquisition, Aalen 1980 (Neudruck der
Ausgabe Leipzig 1911)

Leibers J., Robert:
Die mittelalterliche Inquisition, Wesen und Unwesen, Kevlaer 1963

Lewin, Boleslav:
El santo Oficio en América. Y el más grande proceso inquisitorial en el
Perú, Buenos Aires 1950

Lietzmann, Hans:
Geschichte der Alten Kirche, Bd. 4, 2. Aufl., Berlin 1953

Lippold, Adolf:
Theodosius der Große und seine Zeit, 2. Aufl., München 1980

Llorca SJ, Bernardino:
La inquisición en España, Barcelona 1936

Llorente, Juan Antonio:
La inquisición y los Españoles, Madrid 1967

Ders.:
Memoria histórica sobre quál hasido la opinión nacional España
acerca del Tribunal de la Inquisición, Paris 1977

Lohse, Bernhard:
Epochen der Dogmengeschichte, Stuttgart 1963

Ders.:
Martin Luther – eine Einführung in sein Leben und sein Werk, München 1981

Longhurst, John E.:
The age of Torquemada, Lawrence/Kansas 1964

Lopez, Pasquale:
Inquisizione, stampa e censura nel regno di Napoli tra '500 e '600,
Napoli 1974

Lortz, Joseph:
Geschichte der Kirche in ideengeschichtlicher Betrachtung, Münster 1964

Lynch, John:
Spain under the Habsburg, Oxford 1969

Madaule, Jaques:
Das Drama von Albi, Olten/Freiburg 1964

Maisonneuve, Henri:
Etudes sur les origines de l'inquisition, Paris 1960

Martinez, Nicolas López:
Los judaizantes castellanos y la inquisición eu tiempo de Isabel la Católica, Burgos 1954

Maycock, A. L.:
The Inquisition. From its establishment to the great chism, London 1927

Medina, J. T.:
La primitiva inquisición americana (spanisch), Santiago de Chile 1914

Mendoca, Heitor Furtado de:
Primeira Visitacão do Santo Officio ás partes do Brasil, São Paulo 1929

Mercati, Angelo:
Il sommario del processo di Giordano Bruno, Cittá del Vaticano 1942

Murray, David Christie:
The great heresies, Freeport/NY 1968

Nelli, René:
Dictionaire des hérésies méridionales et des mouvements hétérodoxes ou indépendants apparus dans le Midi de la France depuis l'etablissement du Christianisme, Toulouse 1968

Nigg, Walter:
Das Buch der Ketzer, Zürich 1949

Ostrogorsky, Georg:
Geschichte des byzantinischen Staates, München 1963

Padover, Saul K.:
Joseph II. – ein Revolutionär auf dem Kaiserthron, Düsseldorf 1969

Patschovsky, Alexander (Hrsg.):
Quellen zur böhmischen Inquisition im 14. Jahrhundert (lat.), Weimar 1979

Piccolominus (Pius II.), Aeneas Sylvius:
De Gestis Concilii Basiliensis Commentariorum Libri II (lateinisch-englischer Text), Oxford 1967

Plaidy, Jean:
The Spanish Inquisition, Its Rise, Growth and End, New York 1967

Plate, Manfred:
Weltereignis Konzil, Freiburg 1966

Portmann, Adolf:
Der Pfeil des Humanen – über P. Teilhard de Chardin, Freiburg 1960
Poturzyn, M. J. Krück v.:
Der Prozeß gegen die Templer, Stuttgart 1963
Prescott, H. F. M.:
Maria Tudor, Stuttgart 1966
Prestige, G. L.:
Fathers and Heretics. Six studies in dogmatic faith, London 1954
Priolkar, Anant Kakba:
The Goa Inquisition, Bombay 1961
Rahner, Karl; Vorgrimler Herbert:
Kleines Konzilskompendium, 8. Aufl. Freiburg 1972
Rahner, Karl:
Gefahren im heutigen Katholizismus, Einsiedeln 1950
Ranke, Leopold von:
Deutsche Geschichte im Zeitalter der Reformation, Wien (o. J.)
Ders.:
Die römischen Päpste, Berlin 1941
Roll, Eugen:
Die Katharer, Stuttgart 1979
Rožicyn, V. S.:
Džordano Bruno i inkvizicija (russ.), Moskau 1955
Rüping, Hinrich:
Grundriß der Strafrechtsgeschichte, München 1981
Russel, Jeffrey B.:
Religious dissent in the Middle Ages, New York 1971
Schamschula, Walter (Hrsg.):
Jan Hus – Schriften zur Glaubensreform und Briefe der Jahre 1414-1415, Frankfurt 1969
Schlesinger, Gerhard:
Die Hussiten in Franken, Kulmbach 1974
Schmeidler, Bernhard:
Das spätere Mittelalter von der Mitte des 13. Jahrhunderts bis zur Reformation, Darmstadt 1962
Schramm, Percy Ernst:
Der König von Frankreich – das Wesen der Monarchie vom 9. zum 16. Jahrhundert, Weimar 1960
Schultz, Hans Jürgen:
Die Wahrheit der Ketzer, Stuttgart/Berlin 1968
Seibt, Ferdinand:
Deutschland und die Tschechen, München 1974
Selge, Kurt-Victor:
Texte zur Inquisition, Gütersloh 1967

Seppelt, Franz Xaver:
Das Papsttum im Spätmittelalter und in der Renaissance, 2. Aufl., München 1958
Serahim, Metropolit:
Die Ostkirche, Stuttgart 1950
Soldan, W. G.; Heppe H.:
Geschichte der Hexenprozesse, 3. Aufl. München 1911
Sprenger, Jakob; Institoris, Heinrich:
Der Hexenhammer, deutsche Übersetzung, Berlin 1920
Staedtke, Joachim:
Johannes Calvin, Zürich 1969
Steck, Karl Gerhard:
Die christliche Wahrheit zwischen Häresie und Konfession, München 1974
Stefan, Antonio de:
Riformatori ed eretici del medioevo, Palermo 1938
St. Thomae Aquinatis Summa Theologiae, Turin 1952
Teilhard de Chardin:
Auswahl aus dem Werk, Hamburg 1967
Theseider, E. Dupre:
Mondo cittadino e movimenti ereticali nel Medeo Evo, Bologna 1978
Turberville, A. S.:
The Spanish Inquisition, London 1968
Ders.:
Mediaeval heresy and the inquisition, London 1920
Vekene, E. van der:
Bibliographie der Inquisition. Ein Versuch. Hildesheim 1963
Vinke, Johannes:
Zur Vorgeschichte der spanischen Inquisition, Bonn 1941
Vischer, Melchior:
Jan Hus – Aufstand wider Kaiser und Reich, Frankfurt 1955
Voltaire:
Romans et Contes, Paris 1966
Ders.:
Dictionnaire Philosophique, Paris 1964
Voragine, Jacobus a:
Legenda Aurea, vulgo historia lombardica dicta, Osnabrück 1969 (Nachdruck d. 3. Aufl. 1890)
Wakefield, Evans (Hrsg.):
Heresies of the high Middle Ages, New York/London 1969
Winter, Eduard:
Ketzerschicksale – Christliche Denker aus neun Jahrhunderten, Zürich/Köln 1980

Zweig, Stefan:
Ein Gewissen gegen die Gewalt – Castellio gegen Calvin, Berlin 1954

REGISTER

427